A MINIMALIST APPROACH TO MODERN CHINESE

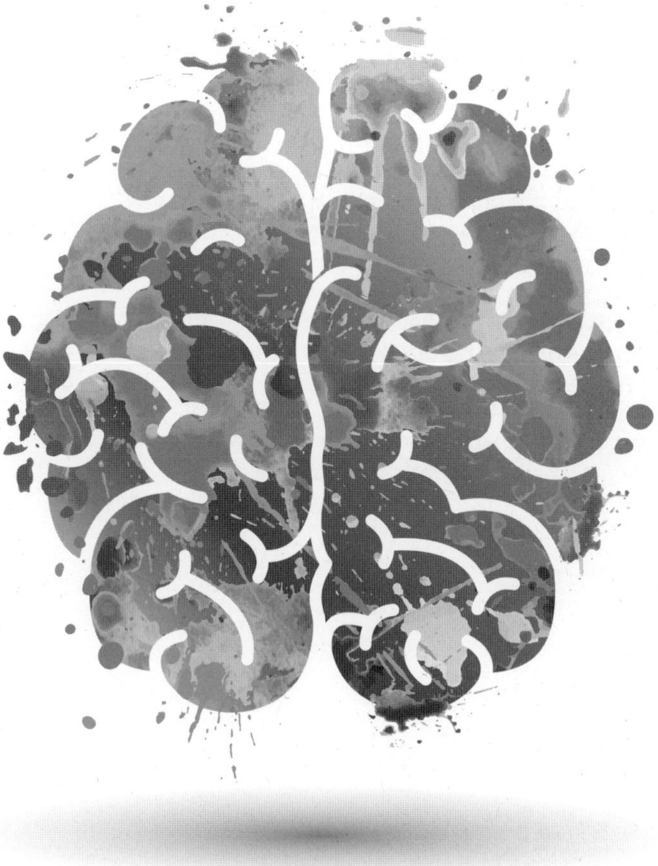

— 중국어 통사구조에 대한 생성문법적 해석 —

현대중국어

최소주의 생성문법

김종호 지음

한티미디어

저자 소개

김종호 金琮鎬

한국외국어대학교 중국어과 및 대학원 졸(학사: 1985, 석사: 1988)
연세대학교 대학원 중어중문학과 졸(박사: 1994)
성신여자대학교 중어중문학과 교수(1994.9-2009.8)
UC. Berkeley, center for chinese studies visiting scholar(2002.2-2003.2)
國立臺灣師範大學 文學院 國文係 客座教授(2018.2-2018.8)
北京語言大學 語言學係 短期 語言學教授(2019.06.28-2019.07.05)
한국외국어대학교 중국언어문화학부 교수(2009.09-현재)

『현대중국어 화제화 이중명사 구문 연구』(2011), 한국문화사
『현대중국어 10문형 50구문』(2011), 한국외국어대학교 출판부
『중국어 쉬운 문법』(2011)[김종호·강희명 공저], 다락원.
『도표로 보는 정통문법』(2012[2007]), 한국외국어대학교 출판부
『공자, 멋진 사람을 말하다』(2013), 한티미디어
『생성문법이란 무엇인가?』(2015)[공역], 한국문화사
『논어명구』(2017), HUINE, [세종학술도서(2018)]
『최소주의 생성문법 13강』(2018), HUINE
『한문해석공식: 촘스키가 논어를 읽는다면』(2019), 한티미디어, [세종학술도서(2019)]
『AI시대 기초한문공부: 생성문법으로 한문해석하기』(2020), 한티미디어
『공식으로 한문 텍스트 읽기: 5문형 16공식』(2023)[김종호·한수진 공저], 한티미디어
외 80여 편의 중국어학 관련 학술 논문

현대중국어 최소주의 생성문법

발행일 2023년 4월 28일 1쇄
지은이 김종호
펴낸이 김준호
펴낸곳 한티미디어 | 서울시 마포구 동교로 23길 67 Y빌딩 3층
등 록 제15-571호 2006년 5월 15일
전 화 02)332-7993~4 | **팩 스** 02)332-7995
ISBN 978-89-6421-462-6
가 격 32,000원
마케팅 노호근 박재인 최상욱 김원국 김택성
편 집 김은수 유채원 | **관 리** 김지영 문지희
본 문 이경은 | **표 지** 유채원

이 책에 대한 의견이나 잘못된 내용에 대한 수정 정보는 한티미디어 홈페이지나 이메일로 알려주십시오.
독자님의 의견을 충분히 반영하도록 늘 노력하겠습니다.
홈페이지 www.hanteemedia.co.kr | **이메일** hantee@hanteemedia.co.kr

이 저서는 2018년 대한민국 교육부와 한국연구재단의 지원을 받아 수행된 연구임(NRF-2018S1A6A4A01029092)
This work was supported by the Ministry of Education of the Republic of Korea and the National Research Foundation of Korea(NRF-2018S1A6A4A01029092)

머리말

중국어 통사구조에 대한 생성문법적 해석

'언어'는 인간의 종 특성(species-specific)적 산물이다. 이 언어가 뇌에서 어떻게 만들어지고 작동하는가? 이를 규명하는 일은 매우 흥미로운 일이다. 언어학은 생물학적으로나 인지학적으로나 인간연구의 본질이라 할 수 있다. 그래서 필자는 인간언어에 대한 뇌과학(Brain science)적 연구는 4차 산업혁명의 '꽃'이 되리라 기대한다. 향후 '언어학(Linguistics)'은 그 생성과 작동 시스템을 규명하는 측면에서 전통적인 언어학, 문학 등의 영역 외에 생물학(Biology), 뇌 신경학(Brain neurology), 컴퓨터공학(Computer science), 심리학(Psychology), 철학(Philosophy)등과 융합하여 발전할 것이다.

우리의 머릿속에서 언어가 어떻게 만들어지는지 설명할 수 있는가? 또, 가능한 한 그것을 **공식화**할 수 있을까? 언어 능력은 인간이 본연의 타고난 생물학적 능력이기 때문에 찾아낼 수 있을 것이다. 우리는 이런 믿음에 근거하여 생성문법학의 관점에서 중국어의 통사(syntax)에 대해 설명하고자 한다.

이 책은 **생성문법**(Generative grammar)의 최소주의 방안(the Minimalist Program)의 관점에서 기술된다. 우리는 '간명한 것이 아름답고, 진리에 가깝다'는 관점에 동감하며, 몇 가지 기술 관점을 밝힌다.

첫째, 인간의 **언어 능력(Language faculty)**은 하나님에 의해 타고난 것이다.

둘째, 한 인생이 점점 **성숙**해지고 완전해지듯, 중국어의 한 문장도 점점 성숙해지고

완전해진다. 모든 **구성소**(Constituent)**는 해당 핵**(Head)**을 중심으로 구성요소 간의 1:1 병합**(Merge)**을 통해 계층적으로 구조화**된다.

셋째, 인간이 만들어내는 모든 문장은 **완전한 구조체**이다. 즉, **어떤 구조성분은 눈에 보이지 않거나 발음되지 않더라도, 그것은 반드시 존재한다. 자신의 자리에 투명체처럼 존재**하며, 문장의 구조화와 해석에 기여한다.

이 책은 총 6장으로 구성된다.

1장 언어관과 문법학
2장 자질
3장 단어
4장 구의 이해와 도출
5장 명사성 구
6장 동사성 구

특히 '5장 명사성 구'에서는 '명사구(NP)', 양사구(ClP), 수사구(NumP), 한정사구(DP)등을 다룬다. '6장 동사성 구'의 편 폭은 매우 넓다. 동사구(VP), 형용사구(AP), 전치사구(PP), 부사구(AdvP), 경동사구(vP), 상조사구(AspP), 태조사구(VoiP), 양태사구(ModP) , 시제사구(TP) 및 보문사구(CP)에 속하는 초점사구(FocP), 화제사구(TopP), 어기사구(ForP) 등에 대해서 알아본다. 마지막으로 부정사구(NegP)에 대해 살펴본다.

독자들이 이 책을 통해 중국어 통사구조의 생성과 해석방법에 대해 아름다운 플랫폼을 만드는 계기가 되길 기대합니다. 이 학문의 길을 정리하며 여러 선생님께 감사합니다. 국내외 선후배 동료 학자들, 특히 중국어 전통문법학을 꼼꼼히 가르쳐주신 베이징대학의 육검명(陸儉明) 교수님, 생성문법학의 길로 인도해주신 한국외대의 김광섭 교수님과 대만 국립칭화대학의 채유천(蔡維天) 교수님, 언어와 뇌과학을 연결시켜주신 뇌신경 영상 분야 세계적인 석학 조장희 교수님께 깊이 감사드립니다. 믿고 잘 따라와 준 사랑하는 제자들에게 고마운 마음을 전합니다. 이 한 길을 끝까지 걸을 수 있도록 성원해준 가족, 특히 아내 김혜경에게 감사와 사랑을 전합니다. 인문학 불모의 시대에도 불구하고 이 책의 집필을 위해 3년간 지속적인 도움을 준 한국연구재단에 감사드립니다. 인간의 존엄성과 능력에 대한 인문과학적 탐구에 대해 국가와 사회의 지원이 더욱 왕성하길 기대합니다. 또, 이 책을 잘 편집해준 출판사 한티미디어 관계자들께 감사를 전합니다.

우둔한 자의 인생과 학문의 길에서 언제나 해주신 하나님께 모든 감사와 영광을 돌립니다.

2023.03.03

서울 동대문구 이문동 한국외국어대학교 연구동 109호에서

김종호 적음

차례

제 1 장

언어관과 문법학

1. 언어관
2. 문법학

본 장에서는 '언어'에 대해 생물학적 특성과 사회학적 특성에 대해 알아본다. 이어서 문법학에 대해 촘스키 이전의 시기를 **전통문법학 시기**로, 촘스키 이후를 **생성문법학 시기**로 나누어 각각의 특징적인 면면을 살펴본다.

1. 언어관

1.1. 언어의 생물성

만일 언어학을 다른 어느 학문에 귀속시킨다면, 그것은 사회 · 심리학에 속할까 아니면 생물·뇌과학에 속할까? 우리는 언어가 뇌 활동에 의해 만들어지는 것으로, 생물학적 연구 대상임을 분명히 한다. 사회 · 심리학에서 말하는 **'의사소통'** 문제는 언어의 2차적인 기능 문제를 지나치게 강조한 것이다. 예를 들어 우리는 물(water, 水)에 대해 정의하자면 '투명한 액체, 강 · 호수 · 바다, 과즙, 수액' 등등 여러 가지가 있겠다. 어떤 이는 역사 문화적인 의미에서 정의를 낼 것이다. 또, 어떤 이는 매우 주관적이고 개인적 관점에서 '물'을 정의할지도 모른다. 그러나 물의 본질을 가장 간명하게 나타내는 것은 **화학 분자식** 'H_2O'이다. 물의 본질을 과학적으로 해석하고, 거기에 역사문화, 지리적 함의를 추가하는 것이 좋겠다. 본서는 이러한 견해를 유지하기 위해 **'언어의 생물성'**에 대해 생각해본다. Chomsky는 1957년을 시작으로 1960년대에 '변형문법이론'을 내세웠는데, 이때부터 그의 목표는 어린이들의 몸 안에 내재된 보편문법[1]의 실체를 찾는 일이었다. 이는 'Chomsky **혁명**' 혹은 **'인지 혁명'**으로 불린다. 그의 언어이론은 다음과 같이 크게 세 가지로 요약할 수 있다.[2]

첫째, 우리 몸 안에는 보편문법이라는 **언어적 지식이 천부적으로 내재되어 있다**는 것이다. 따라서 어린이가 언어를 습득한다는 것은 후천적인 경험이나 학습에 의해 어른의 언어적 지식을 습득하게 된다는 것이 아니라, 어린이들에게 타고난 **보편문법이 개별문법으로 바뀌는 것**이라고 주장한다. 이는 그 당시 유행하던 경험주의나 행

---

1 **보편문법**(Universal Grammar, **普遍语法**)이란 아동 언어발전의 초기 상태이다. 그것은 교과서상의 어떤 언어의 문법 규칙이 아니다. 즉, 보편문법이란 식물의 씨앗에 비유할 수 있다. 겨자씨를 생각해보자. 그 속에는 이미 유전자적으로 거대한 겨자 나무의 밑그림이 있다. 이렇게 보면 보편문법이란 인간이 종 특성으로 가지는 유전적인 언어 능력이다. 한편, 고려해야 할 점은 보편문법 위에 주어지는 외재적 환경이다. 즉, 어린아이가 태어나서 성장하며 자신이 처한 상황에서 보고 듣는 것들은 그 아이의 언어적 자양분이다. 이 자양분은 언어의 개별성을 만드는 매개변인(Parameter)이다. 즉, 부모의 언어, 부모의 교양 수준, 문화의 차이 등등에 따라 아이마다 각각 개별성을 가진다.

2 金镇宇(2012[2011]:6-10) 참조.

동주의 이론을 본질적으로 뒤집는 관점이다.

둘째, 인간의 언어적 능력이나 지식은 크게 음운적인 것, 어휘적인 것, 통사적인 것, 화용적인 것 등으로 나뉘며, 이것들은 독립적이며 자율적으로 움직이는 몇 개의 하위기구, 즉 '모듈(module)'들의 집합체라고 본다.

셋째, 문장이 생성되는 절차는 여러 가지 문법 규칙들을 정교하게 조작하는 일련의 **연산적 절차**라고 본다. 생성문법 초기에는 이에 대해 심층구조(Deep structure)에서 그것을 변형시켜 표층구조(Surface structure)를 만들어내는 일련의 **변형규칙**이라고 설명한바, '**변형생성문법**'이라 명명하기도 하였다. 그러나 최소주의 시기(1993-현재)에는 구성소(Constituent) 각 요소들의 **자질 특성에 따른 병합(Merge) 원리**로 설명한다.

1980년대에 이르러 Chomsky는 언어학을 심리학의 일부가 아니라 생물학의 일부로 확고하게 인식한다. 그는 언어의 기원이나 진화의 문제를 Darwin의 진화론[3]에 맞추지 않는다. 즉, 언어가 오랜 기간을 걸친 자연적 선택 결과에 의해 생겨난 것이 아니라 지금으로부터 약 5만 년 전에 **돌연변이의 결과**로 생겨난 것이라고 본다. 또, 그는 이 시기에 이르러 언어학의 문제를 논함에 있어 '생물학'이나 '뇌'라는 단어를 자주 사용한다. Chomsky(2002)에서는 서명을 '자연과 언어(On Nature and Language)'라고 하였으며, 또 Chomsky(2005)은 '언어와 뇌(Language and Brain)의 문제를 논한다. 또 최근 Chomsky 외(2017)의 논제 "Language, mind and brain"에서 보듯, '정신-뇌(mind-brain)', '신경-언어 망(neural language network)', '**생물언어학(Biolinguistics)**'이라는 말들을 자주 사용한다.[4] 그의 이러한 관점은 생물학과 뇌신경학적 연구를 적극적으로 수용한다는 것이다. Chomsky의 이러한 견해와 가설은 인간의 종 특성(species feature/species-specific)인 언어의 본질을 파악하기 위한 과학적 접근이라 하겠다. 본서는 이러한 관점에서 언어의 생물학적 속성을 중시한다.

---

3 그의 진화론을 주창한 『종의 기원』은 1859년에 발간되었으며, 그의 주장은 생물의 발전 변화에 대한 그럴듯한 일부의 결과론적 증거가 될지도 모르지만, 또 다른 측면에서는 수많은 사람의 상상력과 창의력을 말살한 이론이라는 비판도 가능하겠다. 필자는 후자적 관점을 가진다.

4 Angela D. Friederici, Noam Chomsky, Robert C. Berwick, Andrea Moro & Johan J. Bolhuis (2017), Language, mind and brain. Nature Human Behaviour VOL1 pp713-722 참조.

생물학적으로 언어는 뇌의 어디에서 만들어질까? 이에 대해 생성문법학자들은 **언어습득 장치**(Language Acquisition Device, LAD) 가설을 제시한다. Chomsky(1965), Katz(1966), Neill(1966) 등 생득론자들은 변형생성문법을 배경으로 언어습득모형을 만들어 유아가 언어를 습득하는 데 있어 언어습득 장치가 필수적이라고 주장한다. 즉, LAD란 언어습득자인 인간이 생득적으로 갖춘 능력 장치이며, 여기에 일차 언어자료(primary linguistic data)를 접하게 되어 모국어로 습득하게 된다는 것이다.

그렇다면 우리 뇌에서 언어를 관장하는 부위는 어디일까? 일찍이 뇌에서 언어를 관장한다고 알려진 두 개의 영역이 있는데, 바로 **브로카 영역**(Broca's Area)과 **베르니케 영역**(Wernicke's Area)이다. 다음 뇌 모형도에서 두 영역의 위치를 보자.

(1) 브로카 영역과 베르니케 영역

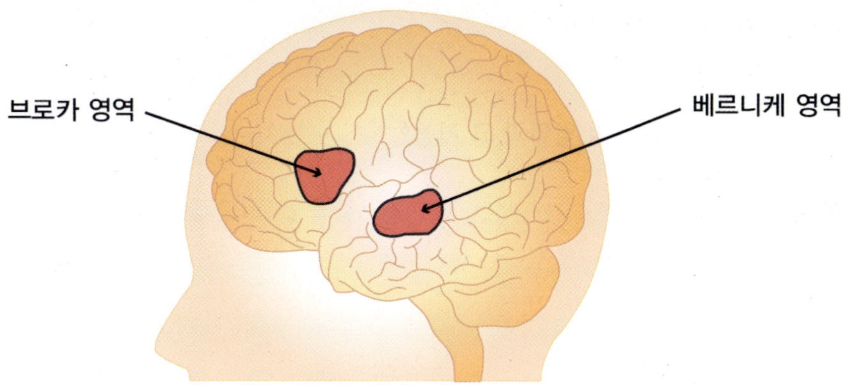

위 그림은 대뇌의 좌 측두엽의 모습이다. 여기서 언어를 관장한다고 알려진 곳의 하나는 브로카 영역으로, 프랑스 의학자인 Paul Broca(1824-1880)가 1861년에 보고한 것이다. 다른 하나는 베르니케 영역으로, 독일 의학자인 Carl Wernicke(1848-1904)에 의해 1874년 보고된 것이다. 한편, 20C에 들어서 미국의 Norman Geschwind (1926-1984)는 또 다른 영역인 **게쉬윈드 영역**(Geschwind's Territory)을 보고하였다. 이상 언어와 관련되는 대뇌 피질의 대체적인 위치와 신경회로의 모습을 살펴보자.

(2) 좌뇌 피질 언어 영역

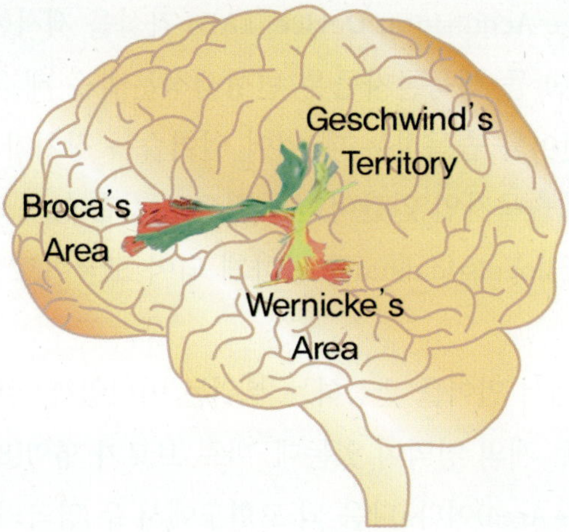

이를 다시 **브로드만 영역**(Brodmann's Area, BA)[5] 위에 표시하고, 브로드만 지도를 더 발전시킨 **칼 클레이스트**(Karl Kleist) 뇌지도 위에 언어와 관련된 각 뇌 영역의 기능을 보이면 다음 그림과 같다.

(3) 브로드만 영역 속 언어 영역과 그 기능[6]

5 **브로드만**(Korbinian Brodmann, 1868-1918)은 1909년 뇌의 영역을 52개의 구역(BA1-52)으로 나누고 각각 번호를 붙였는데, 이를 **브로드만 영역**(Brodmann's Area)이라 한다.

6 박문호(2018:134) 인용 및 참조. 이 그림의 인용을 허락한 박문호 박사와 김영사 측에 감사드린다.

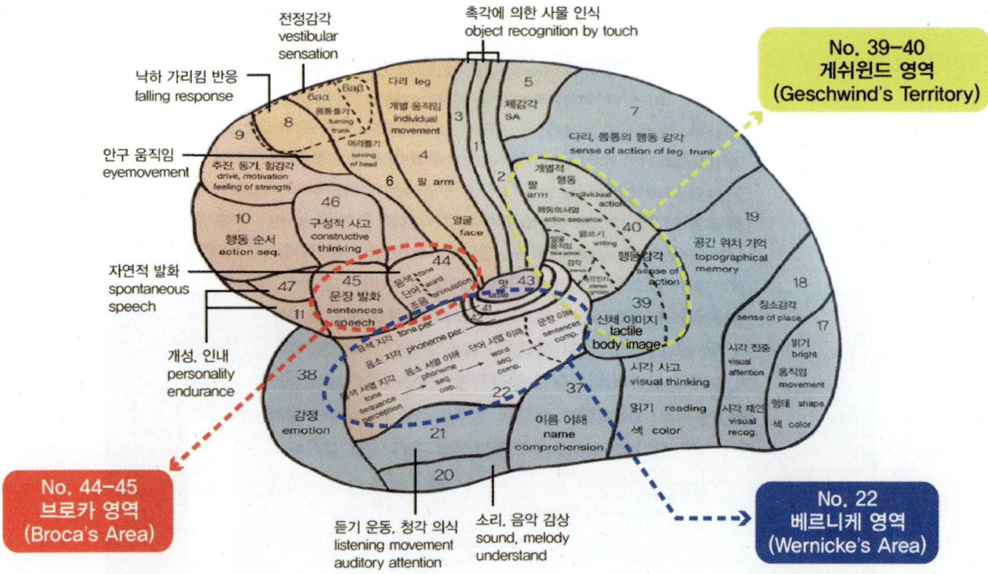

신경의 흐름에 근거하여 살펴보자. 먼저 **베르니케 영역**(BA 22)**은 톤**(tone)**의 구분, 음소와 단어 서열 이해, 문장의 이해 등에 관여**한다고 여겨진다. 즉, 이 영역은 언어적 정보에 대한 감지(perception)와 이해에 초점이 있다. 한편, **게쉬윈드 영역**(BA 39, 40) **에서는 음성이나 음운적 정보를 언어적 정보로 전환시키는 기능**이 있다고 여겨진다. 즉, 이 영역은 언어로의 전환(transfer)에 초점이 있다. 또, **브로카 영역**(BA 44, 45)**은 주로 실제적 조음**(articulation)**과 문법적**(**통사적**)**인 것에 대해 관여**한다고 여겨진다. 이는 뇌의 해당 부분이 손상되었을 때 보이는 실어증(Aphasia)을 통해 알 수 있다.[7]

뇌 신경 과학자로 **양성자 방출 단층촬영술**(Positron Emission Tomography, PET) 분야에 있어 세계적인 석학 **조장희**(**趙長熙,** 1936-) 교수는 언어가 뇌의 어디에서 어떤 과정을 거쳐 만들어지는지에 대해 채색화된 정밀한 이미지(imaging) 사진으로 보

7 이런 점에서 뇌의 베르니케 영역에 문제가 생긴 환자는 감각이나 말의 이해에 어려움을 겪게 되고, 뇌의 브로카 영역에 문제가 생긴 환자는 발음이나 문장의 문법적 구성에 어려움을 겪게 된다는 것이다. 다시 말해, 베르니케 영역에 문제가 생긴 환자는 유창하게 말은 하지만, 발화 내용에 대한 이해에 문제가 있다는 것이며, 브로카 영역에 문제가 생긴 환자는 언어적 이해력은 있지만, 구체적인 조음이나 제대로 된 문장을 말하는 데 문제가 있다는 것이다. 전자를 **베르니케 실어증**(Wernicke's Aphasia)이라 하고, 후자를 **브로카 실어증**(Broca's Aphasia)이라 한다. 그러나 이 둘이 동시에 발생하는 수도 있고, 서로 간에 일정 부분 영향을 주고받기 때문에 둘 사이를 명확히 구분하기가 어려운 경우도 있다.

여준다. 이는 실로 컴퓨터 공학, 신경학 등이 언어학에 주는 큰 선물이 아닐 수 없다. 먼저 브로드만 영역과 신경전달 섬유 다발(fiber)이 만들어내는 신경 회로(neural pass way)를 보자.

(4) 브로드만 영역에 표시된 언어 허브와 인지 센터[8]

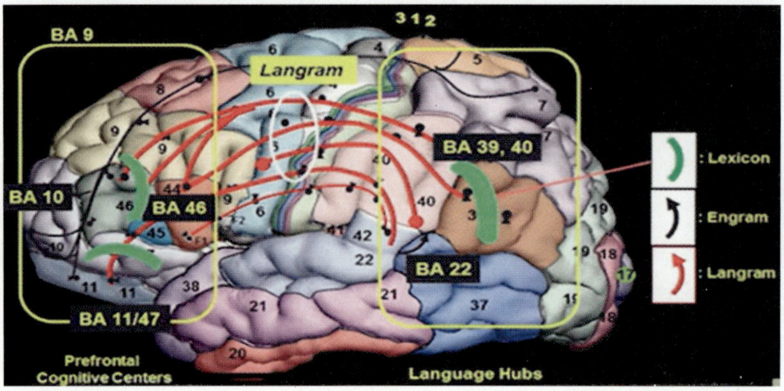

8 이 사진은 'https://www.youtube.com/watch?v=_8Mkb1hXzE8 조장희 박사-GCU, 뇌를 만나다'에서 인용.
한편, 최근에는 과학과 영상 기술의 비약적인 발전으로 브로드만의 뇌지도(좌하)를 더 세분화한 뇌지도(우하)를 그린다. 우하 그림은 Lingzhong Fan, Tianzi Jiang(2016)의 뇌 지도(Brain Atlas)이다. 우측 지도에서는 뇌의 같은 영역이 좌측의 지도에 비해 2-5개 정도 더 세분화하여 해당 부위의 기능에 대해 묘사한다.

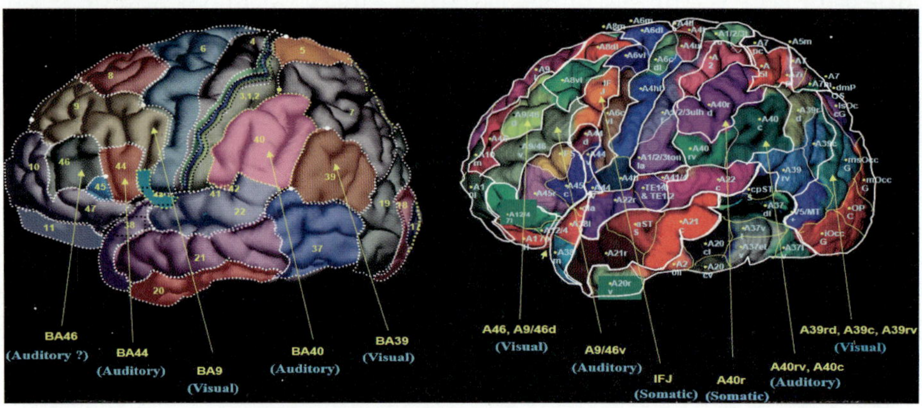

이 사진들(이하 동)은 조장희 교수의 허락 하에 고려대학교 녹색생산기술연구소 뇌과학융합센터 주관 2021 'Summer School of Neuroscience Lecture Ⅰ-Ⅴ' 및 보충 자료 파일을 인용한다. 위는 'Ⅱ Human Brain Atlas' 강의 자료이다. 뇌과학 공부에 여러 가르침 뿐만 아니라, 사진과 뇌 이메징 사용을 허락한 조장희 교수께 깊이 감사드린다.

그림 (4)는 좌뇌 피질의 측면 지도이다. 그림의 후반부(측두엽과 후두엽 포함)에 청각(Auditory, BA 41, 42), 시각(Visual, BA 17, 18), 체감각(Somatosensory, BA 5, 7)등 세 개의 **주요 감각 영역**이 있다. 여기에 베르니케 영역(BA 22)과 게쉬윈드 영역(BA 39, 40)을 포함하는 **언어 허브(Language Hubs)**를 설정한다. 전반부(전전두엽 및 측두엽의 일부)는 주로 **운동과 인지 영역**이다. 여기에는 **브로카 영역(BA 44, 45)**, **전전두 인지시스템(BA 46, 9, 10)**, **전전두 결정시스템(BA 10, 11, 47)** 등을 포함하는 **인지센터(Cognitive Centers)**를 설정한다. 이 둘 사이에는 **비언어적 요소(Engram)**를 **언어적 요소(Langram)**로 전환시켜 전달하는 많은 신경 다발이 있다.

한편, 언어의 기본 운용 단위인 어휘(Lexicon)는 언어 허브와 인지 센터에 모두 존재하는 것으로 보인다. 위의 사진을 인지와 신경 어휘(n-Lexicon) 정보의 흐름 차원에서 더 세부적으로 표현한 Zang-Hee Cho 외(2022)의 다음 그림을 보자.

(5) PET 이미지 사진으로 본 어휘의 생성과 흐름도[9]

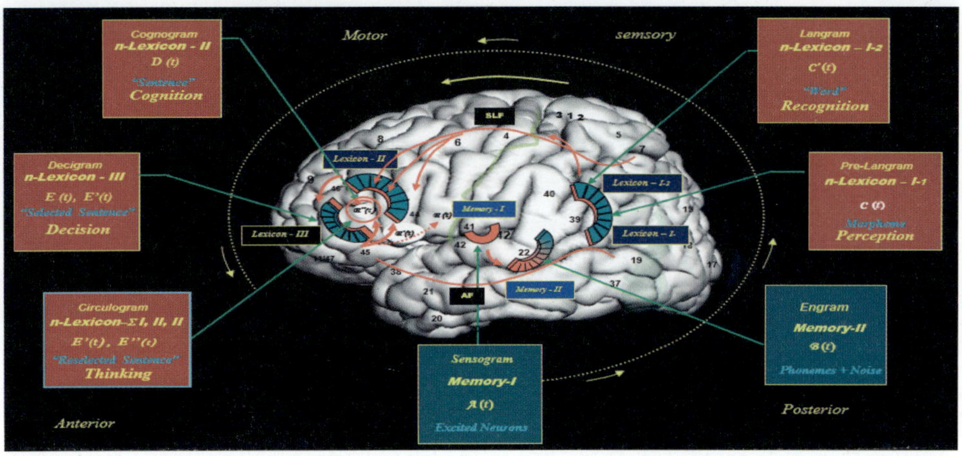

사진은 언어 허브의 중심에 있는 게쉬윈드 영역과 인지 센터에서 일어나는 현상들에 대해 보여준다. 조장희(2022)외는 대뇌 측두엽의 청각기관(Auditory)을 통해 청각 영역(BA 41, 42)으로 들어온 정보는 베르니케 영역에서 장단기 **기억장치**(Memory-Ⅰ, Memory-Ⅱ)를 거쳐 분류되지만, 아직은 언어적 어휘가 아닌 신경전달 물지로서

9 이 뇌 이메징 그림은 조장희(Zang-Hee Cho) 외(2022) 'Human Cognition and Language Processing with Neural – Lexicon Hypothesis'의 'Figure 14'를 인용.

의 'Engram'으로 본다. 이 정보는 **게쉬윈드 영역**(BA 39, 40)을 통과하며 언어적 **신경 어휘** I(n-Lexicon I)로 **전환**(transfer)되므로 이를 'Langram'이라 한다. 이 언어 정보는 이후 전두엽의 인지 센터(BA 46, 9, 10)로 이동되어 새로운 층차에서의 신경 어휘 II(n-Lexicon II)가 되며, 이를 'Cognogram'이라 한다. 언어 정보는 이후 결정에 관여하는 영역(10, 11, 47)[10]에서 언어적 신경 어휘 III(n-Lexicon III)이 되며, 이를 'Decigram'이라 한다. 이렇게 결정된 어휘 정보는 운동 영역(Motor, BA 6, 4)으로 전달된다. 이러한 과정을 통과한 정보는 척수 신경을 통해 우리의 손발이나 입술, 눈 등의 생체 기관을 통해 구체적인 운동으로 표현된다.[11]

이를 다시 다음 조장희(2021)의 신경 흐름도(flow diagram)를 통해 보자.

(6) 언어 정보처리 신경 흐름도[12]

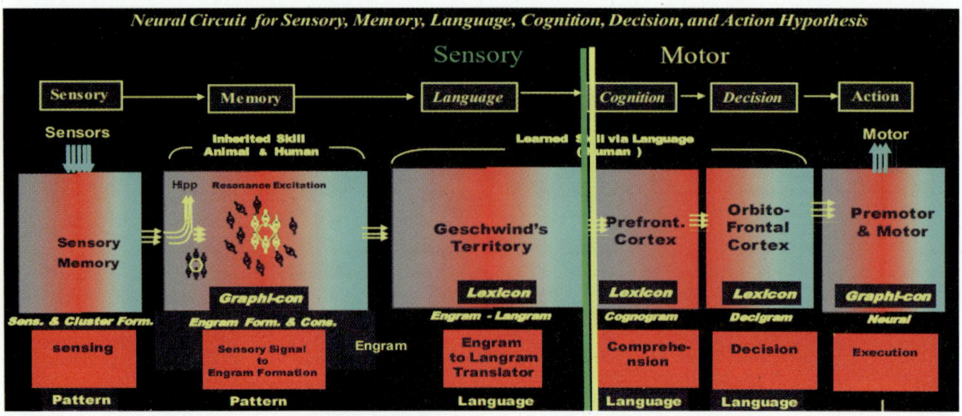

위 그림에서 보듯, 센서를 통해 대뇌로 들어오는 정보(Sensorgram)는 베르니케 영역(BA 22)을 통과하며 **일정한 패턴(pattern)으로 이해**된다. 그러나 이들은 아직 언어

10 이 영역은 전전두 하단의 변연계(The Limbic System)와 연결되므로 감정(emotion)과도 연계되는 영역이다. 즉, 인간의 선택과 결정은 감정과 깊은 관계가 있다 하겠다.

11 조장희(2021, 2022)는 좌하 'Circulogram'에서 보듯, 어휘(n-Lexicon II)와 어휘(n-Lexicon III)가 운동 영역으로 출력되지 않고 융합 축적되는 것을 '**생각(Thinking)**'이라고 한다.

12 조장희(2021), 'Summer School of Neuroscience Lecture V, Cognitive Processing of Human Brain' 인용.

화되지 않았으므로 'Engram'이라 칭한다. 이미 언급되었듯, 이 정보가 게쉬윈드 영역(BA 39, 40)을 통과할 때, 언어적 정보로 전환되며, 이를 'Langram'이라 칭한다. 이들 정보는 다시 인지 영역(BA 46, 9, 10) 등에서 인지되어지고, 이를 'Cognogram'이라 칭한다. 이들 정보는 다시 결정 영역(BA 10, 11, 47)에서 선택(/결정)되어지고, 이를 'Decigram'이라 한다. 이렇게 단계별로 성숙해진 언어 정보는 운동 영역(motor, BA 6, 4)으로 이동한다.

우리는 위의 그림 (5)-(6)을 통하여 감각기관을 통해 대뇌 피질로 들어오는 정보가 어떻게 어휘화되고 운동되고, 또는 생각이 만들어지는지에 대해 생각해보았다. 조장희(2021)는 감각(Sensory)에 들어 온 정보가 우리 머릿속에서 신경을 통해 어떻게 기억(Memory)과 결합하여 분류되고 범주화되며, 나아가 언어화(Language)되고, 인지(Cognition)되며, 결정(Decision)되고, 운동(Action)하게 되는지 등에 대해 다음과 같은 신경 회로도를 이용하여 설명한다.

(7) 언어 정보처리 신경 회로도[13]

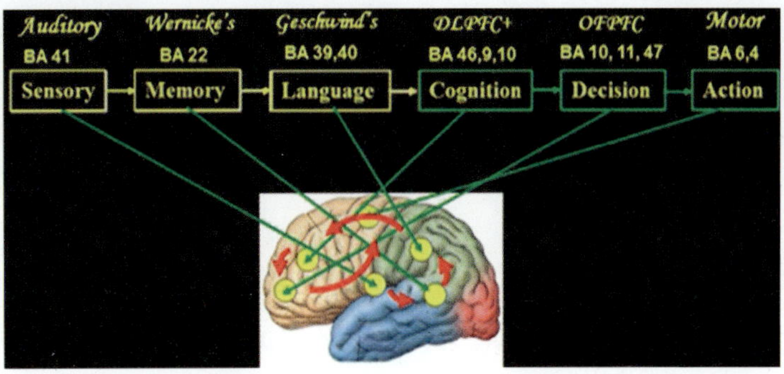

그림에 의하면, 청각 감각기관(Auditory, BA 41, 42)으로 들어온 소리는 베르니케(Wernicke's Area, BA22) 영역에서 음성과 음운 등의 **물질적(/비언어적) 정보(Engram)**로 이해되는데, 여기서 기존에 기억 장치에 기억된 요소와 비교하여 의미를 부여한다. 이를 언어로 전환시키는 시스템이 작동하는 영역이 바로 게쉬윈드 영역

13 이 사진은 'https://www.youtube.com/watch?v=_8Mkb1hXzE8 조장희 박사-GCU, 뇌를 만나다'에서 인용.

(Geschwind's Territory, BA39, 40)이다. **게쉬윈드 영역에서 언어적으로 변환된 정보(Langram)**는 **전두엽의 인지시스템**(DLPFC, BA 46, 9, 10)으로 보내어 인지되며, 다시 **전전두엽의 결정시스템**(OFPFC, BA 10, 11, 47)**에서 정보를 통한 선택과 결정을 한다. 이 언어적 정보는** 다시 **운동에 관여하는 시스템**(Motor, BA 6, 4)으로 보내지고, 척수를 통해 우리 몸에서 최종적으로 활동(/운동)이 일어난다. 이를 'SM-LCDA **가설**(SM-LCDA Hypothesis)'이라 하고, 이러한 신경 전달과정을 'SM-LCDA **회로**(SM-LCDA Pathway)'라 한다. 이상의 내용을 다시 뇌 속 이메징 영상으로 보자.

(8) 뇌 속 언어 정보처리 과정 이메징 영상[14]

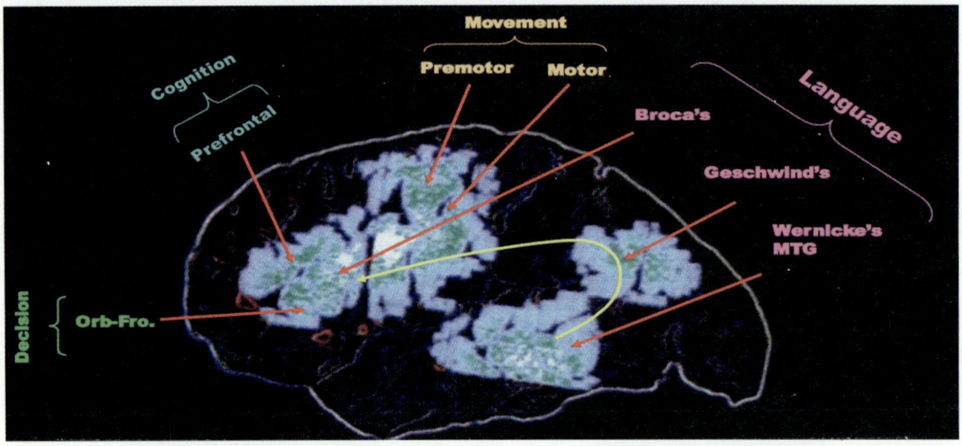

그림에서 보듯, **센서를 통해 들어오는 모종의 정보**(Sensorgram, Engram)를 패턴별로 이해하고, 언어적 정보로 전환시키고, 인지하고, 결정하여 운동으로 바꾸는 전 과정이 **언어 회로를 따라 진행**된다. 우리 대뇌 피질 속에 존재하는 이러한 **언어 신경 회로**는 인간이 듣거나, 보거나, 체감하고 느끼는 감각이 최종적으로 어떻게 행동으로까지 발전하는가를 보여준다.

이상의 가설은 인간 언어가 생물학적으로, '**대뇌 피질의 어느 부위에서 어떤 과정을 거쳐 생성되고, 입 밖으로 나오게 되는가**'를 말한다. 또, 인간의 두뇌활동, 특히 대뇌 피질의 주요 활동 내용이 **언어를 만드는 일**임을 알게 한다.

---

14 조장희(2021), 'Summer School of Neuroscience Lecture Ⅲ, Function and Locations' 인용.

1.2. 언어의 사회성

인간은 사회적 존재이다. 그러면 인간은 무엇을 통해 사회적 존재가 되는가? 그렇다. 인간은 **언어를 통해 사회화되고 사회적 존재가 된다**. 언어의 사회성은 아무리 강조해도 지나치지 않다. 陈阿宝·吴中伟(2002:1)는 "언어는 인류사회의 특유한 산물로, 일종의 특수한 사회현상이다. 언어는 사회가 존재함에 따라 존재하고, 사회가 발전함에 따라 발전한다. 사회를 떠나면 언어는 뿌리 없는 나무, 근원이 없는 물이 된다. 언어가 없다면 인간은 사상을 나타내고, 소통하고, 사회생산과 사회생활에 협동하는 것이 어렵게 되고, 사회도 존재하고 발전할 수 없게 된다."라고 한다. 언어의 사회성이 극도로 강조된 한 단락의 말이다.[15] 언어에 대한 이러한 정의는 사회 기능적 속성만을 지나치게 강조한 것이다. 따라서 언어의 본질, 즉 그것이 어디서 어떻게 생성되고, 발화되는지 등을 설명하는데 별 도움이 안 된다. 예를 들어 '물'을 기능에 따라 정의해보자. '인간이 매일 일정량을 마셔야 생존하는 액체'라는 식으로 정의하면 어떤가? 물의 본질을 잘 말하고 있는가? 물의 본질은 'H_2O의 분자 결합에 의해 생기는 액체'이다. 이런 정의가 물의 본질을 가장 간명하게 설명한다. 그 정의 위에 물의 기능과 속성에 대해 생리학적으로, 경제적으로, 문화적으로, 역사적으로, 정치적으로 다양하게 해석해야 할 것이다.

물론 '언어의 사회성'은 충분히 강조할 가치가 있다. 우리는 언어와 사회와의 관계, 즉 사회에 어떻게 반영되고, 그 결과 언어와 사회에 어떤 변화가 생기는지에 대해 사실적인 묘사를 할 수 있다. 이런 점에서 언어의 변천, 방언(dialects), 언어접촉, 언어교육 등에 대한 이해가 요구된다. 인간 사회 속에서 언어의 변천은 어음의 변화(sound change), 형태론적 변화(morphological change), 통사론적 변화(syntactic change) 등이 있다. 또, 방언은 지역 방언(regional dialect)과 사회 방언(social dialect)이 있어 언어의 사회성을 반영한다. 언어 간의 접촉이나 변화, 외국어교육 등도 언어의 사회성과 관련이 있다. 생물 언어학 혹은 신경 언어학적 관점에서 각종 '언어 장

---

15 매우 원론적이며, 그럴듯해 보이는 말이다. 그러나 언어의 사회성을 극단적으로 강조하는 것은 언어의 생물학적 속성이나 언어생성의 기제, 즉 언어 본질에 대한 탐구력을 크게 감소시킬 우려가 있다. 이런 환경하에서 대학 교육 현장에서조차 인간 언어를 사회 현상이요, 의사소통의 수단으로만 보는 기능주의적 관점이 팽배하다.

애증'에 대한 연구 및 공학적 차원에서의 컴퓨터 과학, 인공지능(AI) 등등의 언어 영역도 언어의 사회성과 관련이 있겠다.[16]

1.3. 언어의 경제성

1.3.1. 구조의 계층성과 순환성

인간의 대뇌 피질 속에서 발생하는 언어는 어떤 특징을 가지는가? 이에 대한 답은 여러 측면에서 할 수 있겠다. 인간 언어의 특징에 대해 다음과 같이 요약 정의해 볼 수 있다.

(9) 인간 언어의 특징

첫째, 언어는 분류화되고 범주화된 것(Classified and categorized)이다.
둘째, 언어는 계층적으로 구조화된 것(Hierarchically structured)이다.
셋째, 언어는 체계적이고 효율적인 것(Systematic and efficient)이다.
넷째, 언어는 학습가능한 것(Learning dependent)이다.
다섯째, 언어는 의사소통 수단(Social communication tool)이다.

첫째, '언어는 분류화되고 범주화된 것'이다. 이 정의는 인지적 입장에서 주로 단어 특징에 적용할 수 있겠다. 센서를 통해 들어온 신정보가 장단기 메모리의 기억과 비교를 통해 **분류되고 범주화된 것이 바로 단어**이다. 둘째와 셋째는 언어의 구조, 즉 통사론적 특징을 말한다. 넷째는 인간은 생물학적으로 '**언어 습득 장치**(LAD)'를 가지고 태어남으로 언어습득이 가능하다는 관점이다.[17] 다섯째는 우리가 흔히 말하

16 이에 대한 필자의 이해도는 높지 않고, 또 본서의 목적에도 빗나간다. 즉 본서의 목적은 중국어 통사(syntax) 현상에 대한 생성문법적인 해석이다. 따라서 언어의 사회성에 대한 언급은 간략히 줄인다.

17 본서는 '언어 습득 장치'가 있는 인간만이 인간 언어를 학습하고 습득할 수 있다고 본다. 빅데이터를 이용하여 언어를 습득하는 AI가 설령 유창한 언어구사력을 가진다 해도, 이는 생물학적으

는 언어의 사회 기능적인 특징을 말한다. 언어의 경재성을 설명하는 관점에서, 이상의 둘째, 셋째의 정의, 즉 '**통사구조의 계층성**'과 '**구 구조화의 효율성**'에 대해 생각해보자.

인간 언어는 **계층적으로 구조화**되며, 구조화된 그것의 **순환**(Recursion)을 통해 생성된다. 특히 목적어 종속절이나 관형어 종속절을 계층적으로 순환시켜 언어 구조를 경제적으로 이론상 무한히 확장시킬 수 있다. 다음 예를 보자.

(10) a. 老张觉得[小李不喜欢苹果]。
장씨는 [이군이 사과를 좋아하지 않는다고] 생각한다.
b. 老张觉得[小赵以为[小李不喜欢苹果]]。
장씨는 [[이군이 사과를 좋아하지 않는다고] 조군이 여긴다고] 생각한다.
c. 老张觉得[小王知道[小赵以为[小李不喜欢苹果]]]。
장씨는 [[[이군이 사과를 좋아하지 않는다고] 조군이 여긴다고] 왕군이 안다고] 생각한다.
d. 老张觉得[小郑理解[小王知道[小赵以为[小李不喜欢苹果]]]]。
장씨는 [[[[이군이 사과를 좋아하지 않는다고] 조군이 여긴다고] 왕군이 안다고] 정군이 이해한다고] 생각한다.

위의 예a-d에서 보듯 목적어 절의 숫자가 계속 늘어난다. 대괄호로 표시한 것처럼, a는 1개, b는 2개, c는 3개, d는 4개이다.[18] 이 구조의 도출(derivation)을 수형도[19]로 나타내면 다음과 같다.

로 만들어진 언어에 대해, 생물학적으로 습득하고 구사하는 것이 아니라, 수많은 경험적 데이터에 의한다는 점을 분명히 인식할 필요가 있다. 이는 '규격화'에는 높은 점수를 획득하겠지만, 감성과 창의성 그리고 '**영성(灵性)**' 및 각종 실수까지도 포함하는 '**생물성**'은 담보하지 못하기 때문이다.

18 한국어의 목적어 내포절은 내포하는 순서 표시(꺾쇠)가 중국어와 다르지만 목적어절의 확장과 수식양상은 똑같다. 한편, 한국어에서 '-다고'는 절(clause)을 당겨 진술의 의미를 부여하는 보문사(C)에 해당한다.

19 **수형도(Diagram, 树形图)**는 문장이 어떻게 만들어지는지(build-up), 또 문장의 구성소 구조(Constituent Structure)가 어떠한지를 계층적으로 나타낸다. 따라서 수형도는 문장의 구조를 제대로 표현하는 방법의 하나라 하겠다.

(11) '老张觉得[小郑理解[小王知道[小赵以为[小李不喜欢苹果]]]]'의 도출 수형도

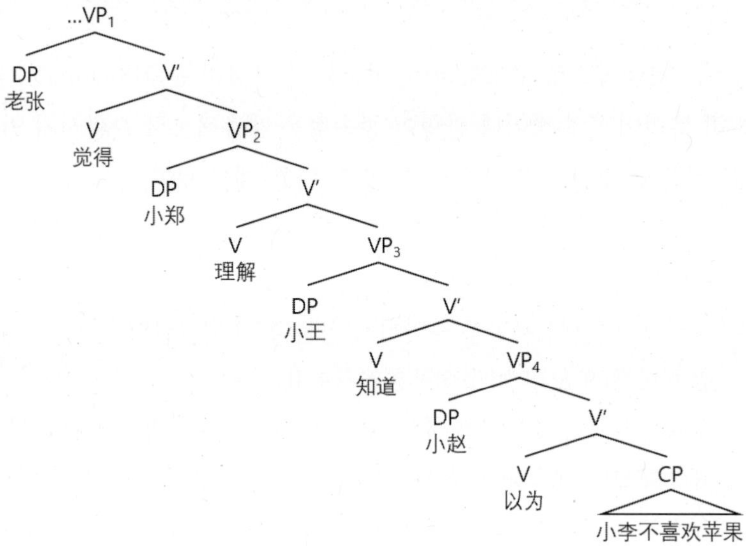

위 수형도에서 보듯, 이 문장의 구조는 4개의 **동사 핵**(V)에 의해 **절 보충어**들이 계층적으로 **병합**(Merge)된다. 이 병합의 층차성을 보자. 최하위 구조의 핵이 되는 동사 '以为'는 절(CP)인 [小李不喜欢苹果]를 보충어로 당겨 병합한다. 계속하여 상위 동사 핵 '知道'는 다시 크게 구조화된 [小赵以为[小李不喜欢苹果]]를 보충어로 당겨 병합한다. 계속하여 상위 동사 핵 '理解'는 이미 더 크게 구조화된 [小王知道[小赵以为[小李不喜欢苹果]]]를 보충어로 당겨 병합한다. 계속하여 최상위 동사 핵 '觉得'는 이미 더 크게 구조화된 [小郑理解[小王知道[小赵以为[小李不喜欢苹果]]]]를 보충어로 당겨 병합한다. 이론상, 이 도출은 무한히 발생할 수 있는 생산성을 확보한다(...VP). 이것이 바로 인간 언어의 통사구조 속에서 보이는 경제성의 일면이다. 우리는 위의 도출 과정에서 두 가지 명백한 특징을 볼 수 있다. 그것은 바로 구조의 **계층성**(Hierarchy)과 소위 **순환성**(Recursion)이다. 즉, (10)d의 긴 목적어 종속절은 동일한 구조(VP)를 계층적(VP_{1-4})으로 '순환'시킴으로써 이론상 무한히 확장된다는 점이다. 이는 고층 건물을 지을 때, 동일한 속성(소재)의 벽돌이나 구조체를 계속하여 쌓아 올리는 것으로 비유할 수 있겠다. 여기에 경제성과 효율성이 있다. 고민할 필요 없이 자동으로 쌓아 올리기만 하면 층수가 올라가게 된다. 여기에 또 계층성이

중시된다. (7)의 수형도에서 보듯, 각각의 동사는 계층적으로 점점 더 커진 보충어(목적어절)를 병합하여 확장된다. 따라서 계층성이 없는 아래와 같은 예는 순환 개념이 적용되지 않는다.[20]

(12) 商店里出售香水, 袜子, 鳄鱼牌皮鞋, 中华铅笔, 牛奶, 苹果, 自行车, ……。
상점에서는 향수, 양말, 악어표 구두, 중화 연필, 우유, 사과, 자전거…… 등을 판다.

(13) 他起床后, 睁开眼睛, 穿衣服, 穿袜子, 穿鞋, 去卫生间, 刷牙, 洗脸, 刮胡子, 回厨房, 生火, 炒鸡蛋, 泡茶, ……
그는 침대에서 일어나 눈을 뜨고, 옷을 입고, 양말을 신고, 신을 신고, 화장실로 가서, 양치질을 하고, 세수를 하고, 수염을 깎고, 주방으로 돌아와, 불을 붙이고, 계란을 부치고, 차를 끓이고,……

(12)는 명사를, (13)은 절을 각각 **병렬적으로 나열**한다. 즉, 일정한 성분을 선형(/평면)적으로 '**중복 배열**'한 것일 뿐 **계층성**이 없다. 따라서 구조 차원에서 경제성이 있다고 보기 어렵다.

인간 언어의 문장구조가 무한하게 확장이 가능한 이유는 무엇인가? 인간은 동일한 속성적 요소(/구조)를 계층적으로 계속 순환시킬 수 있는 일종의 '**언어 능력**'이 있기 때문이다. 결국, '인간 언어의 통사구조는 계층성과 순환성을 통해 경제성을 추구한다.' 하겠다.

1.3.2. 구조성분의 생략과 비명시성

인간의 뇌는 경제성을 추구한다. 뇌에서 만들어지는 언어도 철저하게 경제성을 추구한다. 언어의 경제성은 구조의 간략화, 즉 '**생략**'을 통해 드러난다.[21] 가능하면 간

---

20 宁春岩(2011:34-35) 예문 인용 및 참조.

21 이는 소위 **오컴의 면도날**(Occam's razor) 이론에 부합한다. 이는 메타-이론적 원리, 즉 '독립체는 필요성이 있는 경우를 제외하고 복합적이어서는 안 된다(entities must not be multiplied beyond necessity)'는 것이다. 따라서 가장 단순한 해결책이 일반적으로 옳은 것이라는 결론이다. 그러므로 한마디 말로 할 수 있는 것을 두 마디로 하지 말라는 것이며, 이러한 관점에서 문법연구는 다음과 같은 조건에 부합할 것을 요구한다. 첫째, 모든 좋은 문장을 생성하거나 규정할 수 있어야 하며, 모든 좋지 않은 문장을 제거할 수 있어야 한다. 둘째, 언어의 일반규칙을 세

단히 하고자 하는데, 심지어는 생략을 통하여 **비명시적인 표현**을 함으로써 수고를 덜고 경제성을 추구한다. 즉, 인간은 **구**(Phrase)[22] 구조를 만들 때 중복을 배제하고, '보이지 않는 구성성분'을 설정하여 표현한다.[23] 언어의 여러 층차에서 보이는 비명시성에 대해 살펴보자.

(1) 비명시적 핵 성분

첫째, 비명시적 경동사

중국어에서 대표적으로 비명시적인 존재가 바로 **경동사**이다. 먼저 다음 예[24]를 보자.

(14) a. 这个人总是**猫[N]着腰**走路。
이 사람은 늘 **허리를 고양이처럼 하고** 걷는다.
b. 老人可**宝贝[N]那个孩子**了。
노인은 **그 아이를 보배처럼 여겼다**.

(15) a. 汤武, **身[N]之**也。『孟子·尽心章句上 30』
탕왕과 무왕은 그것을 **몸이 되게(체화) 한** 것이다.
b. 皆将**轻[A]千里**而来告之以善。『孟子·告子章句下 13』
모두 장차 **1천리의 길을 가벼이 여기고** 와서 그에게 선으로써 알릴 것이다.

예(14)는 현대중국어의 예이고, 예(15)는 상고한어『孟子』의 예이다. 모두 소위 **특수한 술목구조**이다. 즉, 술어가 동사가 아니라 **명사나 형용사**이다. 왜 이런 일이 발생하였

을 수 있어야 하며, 근거 없는 규칙을 세우지 않아야 한다. 셋째, 충분한 방증이 있어야 하며, 관련된 논증은 많을수록 좋다.

22 본서의 '구' 개념은 절(clause, sentence)을 포함하는 통사부의 최대 단위이다.

23 언어에 대한 연구는 눈에 직접 보이는 직관(intuitive, 直观)적인 층차만을 고려해서는 안 된다. 인간의 언어 속에는 생략되어 언제나 발음되지 않는 부분(non-spell out)이 있기 때문이다. 언어연구는 마땅히 객관적인 시험과 판단의 기준(criteria)에 근거해야 한다. 이러한 관점에서 전통문법에서 중시하는 소위 원어민의 어감(语感)이라는 것도 해석의 대상일 뿐, 논증의 기초가 되기 어렵다.

24 예(14)는 沈阳 · 黄新骏蓉(2017:20)의 예이다.

는가? (14)a-(15)a는 소위 '**사동**(Causative, 使动)'을, (14)b- (15)b는 '**의동**(Cogitative/Cognitive, 意动)'을 표시하기 위한 화자에 의한 구조적 책략 때문이다. 전통문법은 명사나 형용사가 목적어를 가지려면 품사의 변화가 일어나야 하므로, 명사나 형용사가 동사로 '품사의 활용(转性)'이 일어난 경우라고 말한다. 이는 '술목구조(V+O)'라는 현상에 대한 결과론적인 설명이다.

이에 대해 우리는 겉은 술목구조이지만 그 속에서 일어난 변화를 설명하고자 한다. 즉, 보이지 않는 경동사(v) 핵으로 인하여 동사(V) 핵이 이동하는 현상, 즉 **핵 이동**(Head movement)이 발생한 것이다. 다음 (15)의 두 예를 수형도로 그려 '비명시적(/보이지 않는)' 경동사의 작동 양상을 보자. 먼저 사동의 의미를 나타내는 (15)a의 예를 보자.

(16) '汤武, **身[N]之**'의 수형도

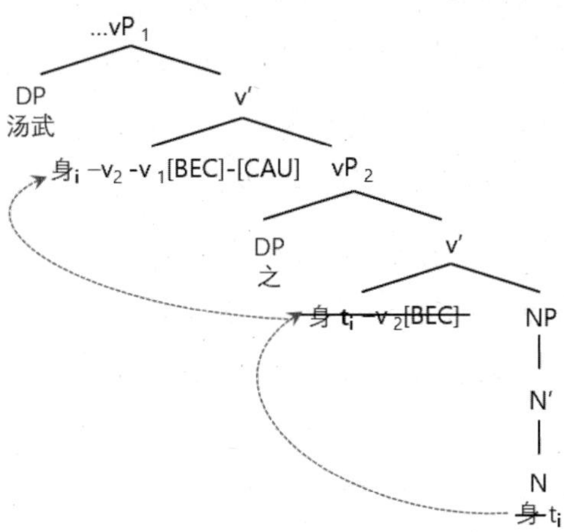

이 구조가 **사동 사건의미**를 표시하기 위해서는 두 개의 **경동사**가 필요하다. 이때, 경동사가 비명시적인 경우 핵 이동으로 인해 어순의 변화가 발생한다.[25]

수형도에서 보이지 않는 경동사 '-v[BECOME]'은 어휘 핵 身(N)을 병합시켜 '몸이 되다(身-BECOME)'를 만들고, 지정어 위치에는 그러한 **변화 〈대상자〉 의미역**의 '之'

25 경동사 사건의미에 대해서는 본서 제6장의 5.2에서, 핵 이동에 대해서는 제4장의 2.3.1에서 주로 다룬다.

를 배치한다. 이에 대해 다시 상위의 경동사 '−v[CAUSE]'도 비명시적이므로 하위의 핵 융합체 '身-BECOME'를 당긴 후 병합시켜 '몸이 되게 하다(身-BECOME-CAUSE)'를 만들고 지정어 자리의 **한정사구**(DP) '汤武'에게 **〈원인자〉 의미역**을 할당한다. 결국, '汤武는 그것으로 하여금 몸이 되게 하다(/체화시키다)'의 '사동' 의미를 만든다.

의동 표현인 (15)b에서도 비명시적 경동사에 의해 두 번의 핵 이동이 일어난다. 다음 수형도를 보자.

(17) '皆将轻[A]千里'의 수형도

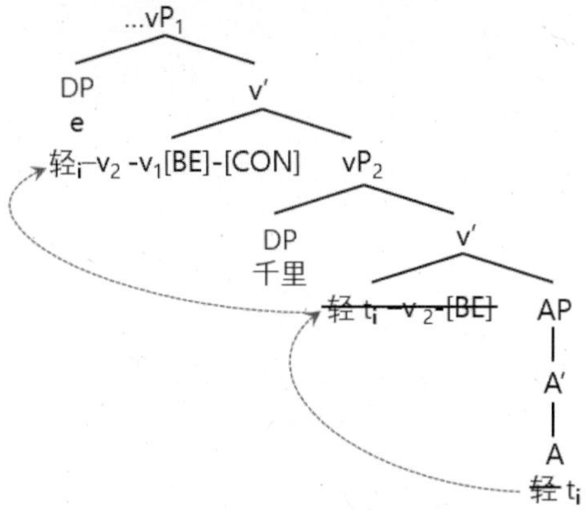

먼저 보이지 않는 경동사 '-v[BE]'은 어휘 핵 轻(N)을 병합시켜 '가볍다(轻-BE)'를 만들고, 지정어 위치에는 그러한 **묘사 〈대상자〉 의미역**의 한정사구 '千里'를 배치하여 '천리가 가볍다'의 의미를 만든다. 이에 대해 다시 상위의 경동사 '−v[CONSIDER]'는 하위의 핵 융합체 '轻-BE'를 당겨 병합시켜 '천 리를 가볍게 여기다(轻-BE-CONSIDER)'를 만들고 지정어 자리에 배치되는 한정사구(DP)에게 그렇게 인식하는 **〈인식자〉 의미역**을 할당한다. 결국, '(백성들은) 장차 다 천 리가 가볍다고 여기다'의 '의동' 의미를 만든다.

이상에서 보듯, 겉으로 드러나는 구조는 모두 술목구조로 같아 보이지만, 그 속에서 보이지 않는 **경동사의 유인에 의한 명사나 형용사 핵의 이동**이 발생하여 술목구조의 형식을 가지게 되며, 이때 작동하는 경동사의 차이로 인해 각각 '사동'이나 '의동'의 표현이 가능하게 된다. 결국 이런 현상은 **비명시적 성분들에 대한 해석력**이 있어야 해결될 문제이다. 즉, 술목구조로 드러난 현상에 근거하여 "명사나 형용사가 동사로 속성이 바뀐다"는 해석은 "왜 바뀌었는가"에 대해 타당한 근거를 대기 어렵고, 인간 언어의 통사적 연산에 보이는 **경제성**을 설명하기도 어렵다.

둘째, 비명시적 시제사

중국어는 **시제사**(Tense)**가 비명시적**이라는 큰 특징이 있다. 따라서 여기서는 영어의 시제사가 이동하고 빈자리를 남기는 현상을 통해 언어구조의 경제성 추구에 대해 알아보자.

먼저 다음 수형도를 보자.

(18) 발음되지 않는 시제사 자리

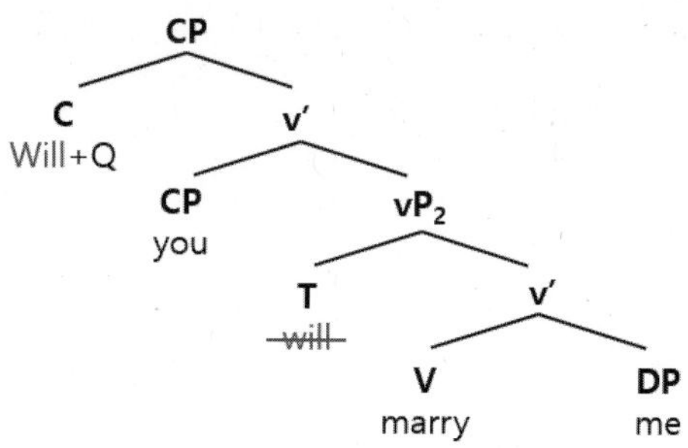

먼저, 이 이동에서 볼 수 있는 것은 이동 대상(T)을 복사(Copy)하여 상위의 핵(C)에 병합(Merge)시킨 후 **생략**(deletion)한 것이다. 따라서 이동 대상을 삭제하지 않는 것은 비문이거나 아직 삭제를 습득하지 못한 어린이의 발화에서 자주 보이는 현상이다.[26] 이렇게 본다면 시제사 핵(T)이 이동 후 남겨진 빈자리는 '단순히 없는 것'과는 다르다. 발음되지 않지만 그곳에 **흔적**(trace)이 남아 있다. 따라서 '시제사 자리에서보문사(C)로'의 핵 이동이 일어남으로 생긴 빈자리는 have **축약현상**(Have-cliticisation)

26 Andrew Radford(2012:156)의 예를 보이면 다음과 같다.
Can its wheels **can** spin?
Did the kitchen light **did** flash?
Is the stream **is** hot?
Was that **was** Anna?

에 있어 그렇지 않은 경우와 다르다. 다음 Andrew Radford(2012:157)의 예를 보자.

(19) a. Should$_i$ **they (t_i) have/*they've** called the police?
b. Will$_i$ **we (t_i) have/*we've** finished the rehearsal by 9pm?
c. Would$_i$ **you (t_i) have/*you've** come with me?
d. Could$_i$ **I (t_i) have/*I've** done something to help?

위의 예a-d는 조동사가 이동한 흔적이 남아 있으므로, 그 흔적을 건너뛴 축약이 일어날 수 없다. 즉 주어와 'have' 사이에는 틈(Gap)이 존재하므로 축약을 저지한다. 이를 통해 보이지도 않고 발음되지도 않지만 언어구조 속에는 비명시적인 요소가 작동한다는 사실을 확인할 수 있다. 결국, 이는 인간 언어의 통사 구조화에 보이는 경제성 추구라 하겠다.

셋째, 비명시적인 한정사(Null Det) 핵

명사성 기능 핵도 비명시적인 경우가 있다. 다음 예를 보자.

(20) **Italians** love **opera**.

예에서 주어와 목적어로 쓰인 두 논항의 앞을 보자. 한정성 유무를 표시하는 기능 핵 한정사(D)가 모두 비명시적이다. 이 구를 다음과 같이 '**표찰붙은 괄호**(Labeled bracketing)'로 나타낼 수 있다.

(21) [$_{DP}$ ∅[$_{NP}$ Italians]] love [$_{DP}$ ∅[$_{NP}$ opera]]

위의 예에서 '∅'가 있는 두 자리가 바로 비명시적인 한정사 핵의 위치이다. 소위 '**한정사구 가설**(DP Hypothesis)'에 의하면 **통사구조에서 논항으로 충당되는 모든 명사성 구는 한정사구**(DP)**로 투사**되어야 한다. 이 이론에 근거하면 명사구(NP)는 아직 논항으로의 자격이 없다. 따라서 일정한 구(/문장) 가운데 쓰인 명사성 구들은 모두 필연적으로 한정사구로 투사되어야 한다. 즉, 위의 두 논항 요소도 이론상 비명시적인 한정사로 상정되어야 마땅하다. 이런 비명시적인 한정사구는 인간 언어에서 **총칭적(generic)으로 해석**되는 공통성이 있다.

(2) 비명시적 논항 성분

첫째, 주어 생략

일정한 문맥에서 **주어가 비명시적인 경우**(Null Subject)는 이태리어, 영어, 한국어, 스페인어 등등 여러 언어에서 발견된다. 다음 예를 보자.

(22) They want [PRO] to become millionaires.

(23) It is difficult [PRO] to learn a foreign language.

영어에서는 to **부정사**(infinitival) 구에서 자주 주어 생략이 일어나며, 이는 **영대명사(PRO)로 표시된다.** 중국어의 경우도 예외가 아니다. 다음 예를 보자.

(24) A: 李四来了吗？
리쓰는 왔습니까?
B_1: 李四来了。
리쓰는 왔어.
B_2: 他来了。
그가 왔어.
B_3: **pro(/e)**来了。
e(/pro) 왔어.

예 B_3에서 보듯, 일정한 언어 환경하에서 주어 논항이 비명시적인 것은 언어의 경제성 측면에서 당연한 일이다. 특히 B_3의 경우 영대명사는 **주격**을 받는데, 이 경우를 **작은 영대명사**(pro)라고 한다.[27]

---

27 예(22)-(23)처럼 격(Case)을 설정할 수 없는 경우는 '큰 영대명사'라고 하며, 'PRO'로 표기한다. 또, (20)처럼 주격을 받는 경우는 작은 영대명사라고 하며, 'pro'로 표기한다.

둘째, 목적어 생략

목적어가 비명시적인 경우를 보자. 이는 목적어가 **화제화**(Topicalization)되고, 흔적을 남기는 경우이다. 다음 예를 보자.

(25) a. 《红楼梦》$_i$, 我读过 t_i。
홍루몽은 내가 읽은 적이 있다.
b. ??《红楼梦》$_i$ 我读过那本书$_i$。

(26) a. 小李$_i$, 我喜欢 t_i。
샤오리는 내가 좋아한다.
b. ??小李$_i$, 我喜欢他$_i$。

위 (25)a, (26)a의 't_i'는 핵 성분이 이동한 자리로 모종의 **틈**(Gap)이 있다. 위의 예 (16)에서 핵 성분이 이동하고 남은 흔적이 **축약현상을 저지**한다. 그렇다면 논항이 이동한 자리는 어떠할까? 예에서 보듯 목적어가 화제화하고 남은 자리에 다른 논항 성분을 추가하면 다소 어색한 문장이 된다. 빈자리는 **이동한 성분이 의미적으로 해석되어야 할 자리**이다. 여기에 다른 명시적인 논항 성분을 넣으면 의미에 혼선이 생길 가능성이 있기 때문에 어색해진다고 본다.

이상에서 살펴본 비명시적 경동사 핵, 시제사 핵, 한정사 핵 및 비명시적 논항 성분 등은 모두 인간 언어의 **경제성 추구**를 보여주는 예이다.

2. 문법학

여기서는 문법학의 흐름에 대해 생각해보자. 생성문법 이전, 즉 전통문법학 시기에는 '**문법은 규범적**(prescriptive)이어야 한다'는 것과 '문법은 실제 사용 현황을 보여주는 **기술적**(descriptive)인 것이어야 한다'는 두 견해가 팽배하였다. 또, 이러한 관점에서 언어를 연구하고 가르쳤다.

반면, 생성문법의 관점은 **인간의 언어 능력에 대해 해석**하고자 한다. 따라서 인간의 뇌 속에서 언어가 어떻게 만들어지는지에 대해 가설하고 설명하고자 한다.

2.1. 전통문법학

2.1.1. 언어 현상에 대한 묘사

우리는 생성문법 이전의 문법학을 **전통문법학**이라고 통칭한다. 전통문법학은 다시 현대 언어학의 아버지, **구조주의 언어학**(Structural linguistics)의 원류, **기호학**(sémiologie)의 창시자로 불리는 대학자 **소쉬르**(Ferdinand de Saussure, 1857-1913) 이전과 이후로 다시 나누어볼 수 있겠다. 그러나 언어 구조로 도출되어 문자화된 결과와 현상을 연구 대상으로 하며, 귀납적인 방법을 주로 사용하는 관점은 같다고 보아 전체를 묶어서 '전통문법학'이라 칭한다.

전통문법학적 관점에서 강조하는 것은 **인간의 언어 현상에 대한 묘사와 규범화**이다. 이 전통문법의 특징을 요약하면 다음과 같다. 첫째, 의미를 언어 연구의 기준으로 삼았으며, 이를 통해 실사와 허사를 분류한다. 둘째, **문장성분 분석법**을 통해 문장을 주요 성분, 부속 성분[28], 독립 성분으로 나누고, 해당 성분을 주어, 서술어, 목적어, 보어, 부사어, 관형어, 독립어 등으로 구분한다. 셋째, 하나의 문장에서 중심어 두 개를 찾아 이를 '주어'와 '서술어'로 명명하였다. 이 두 개의 중심어에 딸린 성분을 순서대로 찾아 '목적어', '보어', '관형어', '부사어' 등으로 명명한다. 이런 관점은 문장의 핵심적인 부분과 부가적인 부분을 구분하는 데 유리하다. 이런 점에서 **문법 교육**에 도움이 된다. 그러나 언어 구조의 계층성을 파악하지 못하는 한계가 있다.

전통문법학의 선구자 인 소쉬르는 언어를 사회현상으로 보며, 그것의 구조적인 체계성을 강조한다. 그의 몇 가지 중요한 견해를 살펴보자. 첫째, 언어기호의 표기성과 의미를 구분하여 '**기표**(signifiant)'와 '**기의**(signifié)'의 개념으로 나누었다. 둘째, 언

28 부속 성분은 종속(从属) 성분으로도 불린다. 부속 성분은 다시 부차(副次) 성분과 부가(附加) 성분으로 나눌 수 있다. 부차 성분은 이차(二次) 성분이라고도 한다. 부차 성분에는 목적어와 보어가 있고, 부가 성분에는 관형어와 부사어가 있다.

어 집단의 인습체계인 '**랑그(langue, 语言)**'와 개개인의 발화, 즉 언어 행위인 '**파롤(parole, 言语)**'의 개념을 제시하였다. 전자는 추상적이고 사회적인 측면의 개념으로 개인에 의해 생성되거나 수정되지 않으며, 후자는 개인적인 것으로 화자의 의도, 감정, 목적, 상황에 따라 다르게 나타난다. 셋째, 언어를 세월이 흐름에 따라 변화하는 '**통시태(diachronie)**'와 어떤 특정한 시대에 존재하는 '**공시태(synchronie)**'로 구분하였다. 넷째, 언어구조의 '**통합 관계(syntagmatic relation, 组合关系)**'와 '**계열 관계(paradigmatic relation, associative relation, 聚类关系)**'의 개념을 제시하여 언어연구의 이론과 방법에 새로운 지평을 열었다.

한편, 미국의 대표적인 구조주의(structuralism) 언어학자인 **블룸필드(Leonard Bloomfield)**는 그의 저서 『언어(Language)』(1933)에서 '**직접 성분 분석(Immediate Constituent Analysis, IC, 直接成分分析法)**'을 제시하였다. 이 방법은 'IC analysis'라고도 하는데, 문장을 여러 개의 연속적인 층이나 구성성분으로 나누는 분석 방법이다. 이에 **층차분석법**이라고도 한다. 예를 들면 "The old man ran away."라는 문장을 직접 구성성분으로 나누면, 'the old man'과 'ran away'가 된다. 'the old man'의 직접 구성성분은 다시 'the'와 'old man'이 되고, 'old man'은 다시 'old'와 'man'으로 나뉜다. 이런 분석법은 **인접하지 않는 구성성분 사이의 관계를 규정하는 데 어려움이 있다**. 무엇보다 이미 도출된 언어 현상의 결과물에 대한 분석에 치중하며, 통사구조의 생성과 도출 과정에 대한 논의는 없다.

한편 중국어 특히 대륙의 문법학계의 경우 **전통문법학의 효시인 『마씨문통(马氏文通)』**(1898) 이래 오늘날에 이르기까지 주류는 구조주의 문법학이다. 특히 중국어가 형태 표지가 매우 적다는 언어적 특징으로 인해 언어 단위의 **분포**(distribution)에 근거한 문법 설명이 주류를 이룬다. 그 단적인 예로 술어 동사 앞에 위치하는 명사성분은 거의 무조건으로 주어로 처리하고, 술어 동사 뒤에 위치하는 명사성분은 거의 무조건으로 목적어로 처리하는 것이다. 이렇듯 구조나 분포에 입각한 설명은 현상에 대한 묘사의 범위를 벗어나기 힘들다. 이는 통시적이든 공시적이든 간에 중국어 통사구조가 우리의 머릿속에서 어떻게 도출되는지 설명하는 데 한계가 있다.

2.1.2. 귀납적 묘사

전통문법학의 구조주의 언어학은 문장의 구조분석에 있어 **직접 성분 분석법**을 사용하여 구조 성분 간의 조합을 묘사한다. 이 분석법은 **언어부호의 선형성(線形性)과 조합성**을 중시한다. 즉 하나의 문장 혹은 통사 구조체는 단어의 선형적 배열순서가 있을 뿐만 아니라 일정한 문법 규칙에 따라 한층 한층 조합된다는 것이다. 하나의 문장 혹은 문법 구조를 분석할 때, 해당 구조의 층차에 따라 차례대로 분석하며, **직접적인 구조성분 사이의 관계**를 표시한다. 이러한 분석법을 직접성분 분석법, 혹은 **층차분석법(层次分析法)**이라 한다. 분석할 때는 먼저, 중심어를 확정하고, 그 중심어와 직접적인 관계를 가지는 나머지 성분 간의 관계를 **이분법적으로 나누어 확정**한다. 분석 대상 구조체에 대해 단어에 이르기까지 이와 같은 방법으로 계속 나누고 그 관계를 기술한다. 이렇게 나누어 확정해가다 보면, 모든 구조체는 큰 것(전체 구조)에서 작은 것(단어)으로 층차성을 보이며 나뉜다. 이런 분석법을 '층차분석법'이라고 하는 까닭이다. 중국어에서 층차분석법의 예를 보자.

(27) a. 那瓶酒喝醉了张三。
b. 那瓶酒把张三喝醉了。
c. 那瓶酒喝得张三醉了。

위의 예a-c는 각각 문장 구조는 다르지만, 그 의미는 모두 '그 술이 张三을 취하게 했다.'라고 해석된다. 각각의 경우에 대한 층차분석 결과를 보자. 이미 언급한 대로 층차분석법의 기본 원칙은 해당 구조체에 대하여 '직접 성분+직접 성분'의 2분법이다. 이때 큰 것에서 작은 것으로 2분하여 맨 마지막에는 단어에 이르기까지 분할하여 해당 단어의 품사성을 기술한다. 결국, 이러한 분할 관계를 통해 두 직접 성분간의 문법 관계를 묘사하자는 것이다. 구체적인 예를 보자.

(28) (27)a. 那瓶酒喝醉了张三'의 층차분석

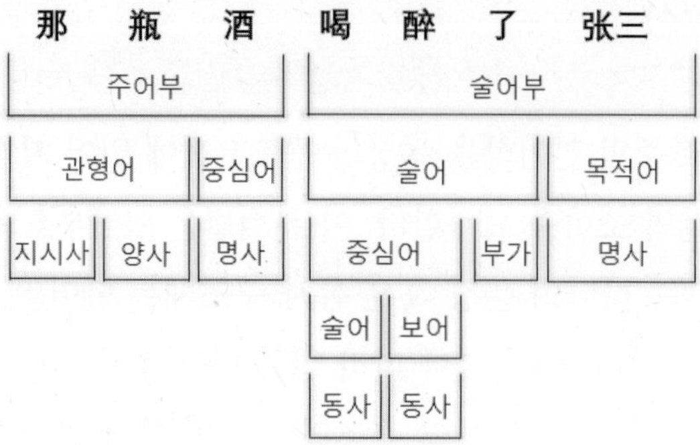

먼저 제1층차에서 전체 구조체에 대해 2개의 직접 성분인 주어부 '那瓶酒'와 술어부 '喝醉了张三'을 나눈다. 제2층차에서는 '那瓶酒'에 대해 기능적 관점에서 '관형어(那瓶)'와 '중심어(酒)'로 2분하며, 술어부 '喝醉了张三'에 대해서도 기능적 관점에서 '중심어(喝醉)+부가어(了)'의 1과 '목적어(张三)' 1로 이분한다.[29] 술부의 '중심어(喝醉)'는 다시 '술어(喝)'와 '보어(醉)'로 나눈다. 마지막 제3 층차에서는 개별 요소에 대해 품사성을 기술한다.

(27)b는 **겸어(兼语)**를 설정하는지의 여부에 따라 다음과 같이 두 가지로 층차를 분석할 수 있다. 먼저 겸어를 설정하지 않는 경우의 분석을 보자.

(29) (27)b. 那瓶酒把张三喝醉了'의 층차분석(1)

29 여기서 주의할 점은 소위 '허사'는 직접 성분으로 치지 않는다는 것이다. 즉 '부가'라고 기록할 뿐 중심어와의 문법 관계 및 그 품사성을 기술하지 않는다. 예를 들어 중심어인 술어 동사가 목적어를 가질 때, 전통문법에서 말하는 '부가성분'인 '-了, -着, -过' 등은 층차분석의 대상으로 취급받지 못한다.

제1층차에서 2개의 직접 성분인 중심어부 '那瓶酒把张三喝醉'와 부가어 '了'를 나눈다. 제2층차에서는 2개의 직접 성분인 주어부 '那瓶酒'와 술어부 '把张三喝醉'를 나누고, 제3층차에서는 '那瓶酒'에 대해 기능적 관점에서 '관형어'와 '중심어'로 이분하며, 술어부 '把张三喝醉'에 대해 기능적 관점에서 '부사어(把张三)'와 '중심어(喝醉)'로 이분한다. 마지막 층차에서는 개별 요소에 대해 품사성을 기술한다.

다시, '张三'을 소위 겸어로 처리하는 분석을 보자.

(30) (27)b. 那瓶酒把张三喝醉了'의 층차분석(2)

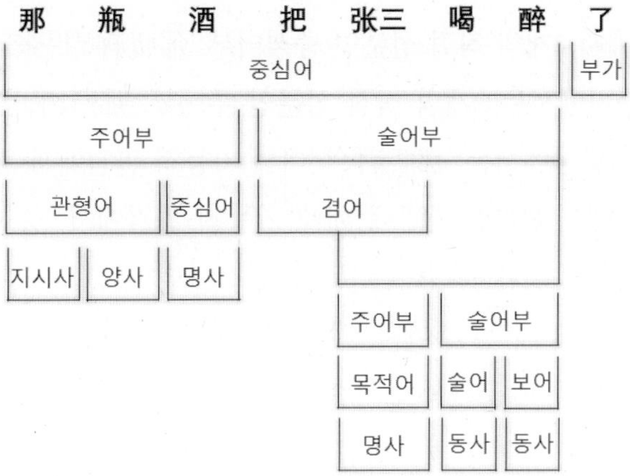

그림에서 보듯, 제1층차, 제2층차는 위와 동일하다. 다만 제3층차에서 술어부에 '겸어'를 설정하고, 이에 대해 제4층차에서는 겸어 이하 부분을 주어부 '张三'과 술어부 '喝醉'를 나누고, 해당 술어부는 다시 '중심어(喝)'와 '보어(醉)'로 나누며, 마지막 층차에서는 개별 요소에 대해 품사성을 기술한다.

이제 (27)c의 층차분석을 보자. 이 역시 겸어에 대한 처리 방식에 따라 둘로 나누어볼 수 있다.

(31) (27)c. 那瓶酒喝得张三醉了'의 층차분석(1)

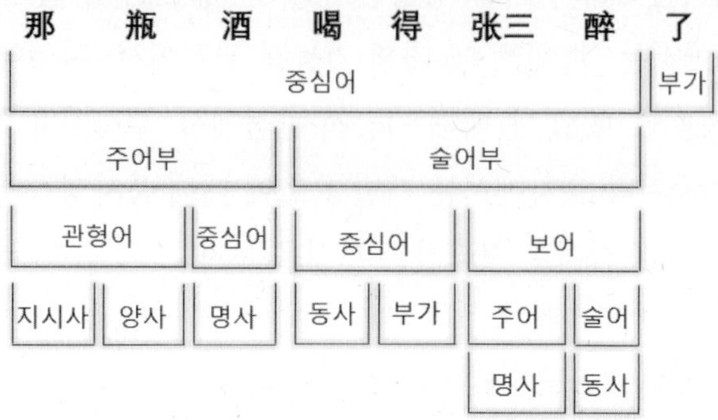

먼저 제1층차에서 2개의 직접 성분인 중심어부 '那瓶酒喝得张三醉'와 부가어 '了'를 나눈다. 제2층차에서는 2개의 직접 성분인 주어부 '那瓶酒'와 술어부 '喝得张三醉'를 나누고, 제3층차에서는 '那瓶酒'에 대해 기능적 관점에서 '관형어'와 '중심어'로 이분하며, 술어부 '喝得张三醉'에 대해 기능적 관점에서 '중심어(喝得)'와 '보어(张三醉)'로 이분한다. 이때 중심어는 '동사(喝)'와 '부가(得)'로 최종 기술된다. 제4층차에서는 다시 보어에 대해 '주어(张三)'와 술어(醉)'로 나눈 후 마지막 마지막 층차에서는 개별 요소에 대해 품사성을 기술한다.

한편, '张三'을 소위 겸어로 처리하면 다음과 같이 분석된다.

(32) (27)c. 那瓶酒喝得张三醉了'의 층차분석(2)

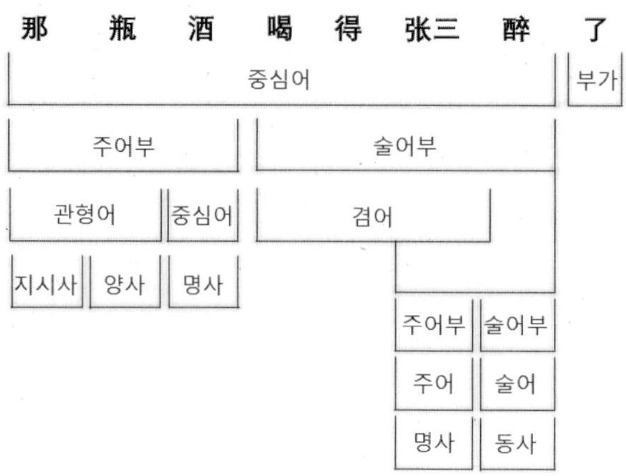

먼저 제1층차, 제2층차는 위와 동일하다. 다만 제3층차에서 술어부에 '겸어'를 설정한다. 이에 대해 제4층 차에서 주어부는 마지박 단계로 단어의 품사성을 기술하고, 겸어 이하 부분을 다시 주어부 '张三'과 술어부 '醉'를 나눈다. 다시 제5층차에서는 주어부와 술어부에 대해 '주어'와 '술어'로 성분을 기술하고, 마지막 층차에서는 개별 요소에 대해 품사성을 기술한다.

이상의 예를 통해 보듯, 층차분석법은 분리된 분석대상 간의 직접적 관계를 설명하는데 유리한 면이 있다.[30] 그러나 이러한 설명법은 주어진 문장 구조체에 대한 분석에 중점을 둘 뿐, 그것이 어떻게 조직화 되는지에 대해 설명하는 것이 아니다.

2.2. 생성 문법학

2.2.1. 언어 능력에 대한 해석

촘스키의 언어관은 기본적으로 **플라톤의 문제**(Plato's Problem)에서 비롯된다. 그것은 인간에게 들어오는 언어적 정보량은 그처럼 적은데 어떻게 그렇게 방대한 언어적 정보를 처리할 수 있는가에 대한 질문이다.[31]

한 인간이 태어나 받을 수 있는 언어적 자극이라는 것은 미미하다. 아이가 태어나 어머니를 비롯한 가족 및 주변인들로부터 받을 수 있는 언어적 정보량은 많지 않다.

---

30 이와 같은 전통문법학적 관점은 소위 **기술문법**(Descriptive grammar)이나 **규범문법**(Normative grammar/prescriptive grammar)을 탄생시켰다. 기술문법은 문법 사항에 대해 가능한 한 자세히 묘사하는데 중점이 있다. 또 기술문법에 근거한 규범문법은 문법상의 규범에 대해 학습자에게 미리 기술하여 알려주는데 주안점이 있다.

31 이와 반대되는 관점도 존재한다. 즉, **'오웰의 문제**(Orwell's problem)'로, 1948년 조지 오웰이 1984년을 예측한 소설에서 출현하는 빅브라더 출현의 문제이다. 이는 많은 인풋이 있는 똑똑한 사람들이 오히려 극소수의 독재자(아웃풋)에 의해 지배받는 현상이 생기는 원인이 무엇인가에 대한 물음으로 '플라톤의 문제(Plato's problem)'과 정반대 현상이다. 결국, 촘스키(Chomsky)가 『언어 지식(Knowledge of Language)』에서 논한 **'플라톤의 문제'와 '오웰의 문제'는 언어의 생성 및 도출 과정의 창조적인 면과 제약적인 면**을 잘 설명해주고 있다. 전자는 "인간에게 제한된 자료밖에 주어지지 않는데 어떻게 그만큼 많이 알 수 있는가?"의 창조성의 문제이고 후자는 "인간이 접근할 수 있는 정보가 많음에도 불구하고 왜 그만큼 아는 것이 없는가?"의 문제이다.

그러나 아이가 대여섯 살만 지나면 못하는 말이 별로 없는 것 같다. 하물며 10년 남짓한 정도의 시간[32]이 지나면, 인간은 자신의 모국어를 통해 이론상 무한히 긴 문장을 시간적으로 끊임없이 말해내는 능력[33]이 있다. 그가 이전에 들어본 문장만을 말한다면 전혀 불가능한 일일 것이다. 생성문법학은 어린이가 생득적인 언어 습득 장치를 가지고 태어나며, 그 위에 일차적인 언어 데이터를 접하여 이런 결과를 얻는다고 설명한다. 이런 점에서 생성문법의 관점은 경험주의(Empiricism)나 행동주의(behaviorism)가 아니라 **심성주의(Mentalism)** 혹은 **인지주의(Cognitivism)**적인 것이다.

인간의 언어 능력이 타고 난다는 주장 차원에서, 촘스키는 인간에게 천부적인 **보편문법(Universal Grammar, UG)**이 있다고 가설한다. 즉, 인간에게 생득적인 UG가 있으므로, 그 위에 개별 언어의 데이터가 더해져 자신의 모어를 만든다는 것이다. 즉, 인간에게 들어오는 언어적 기본 정보가 적더라도 인간은 보편문법을 통해 이해하고, 그 위에 모어를 통한 **매개변인(Parameter)**적 특수성을 더하여 엄청난 언어 정보처리가 가능하다는 것이다. 특히 이 보편문법은 모든 인간에게 동일하게 적용되는 일종의 **종 특성**이다. 따라서 인종과 민족에 상관없이 어떤 인간도 모두 언어를 배울 수 있는 능력을 가지고 태어났음을 말한다. 결국, 인간이 동물과 본질적으로 다른 점은 **언어적 존재**라는 것이다.

인간에게 언어가 없다면, 인간은 정신적인 문화는 말할 것도 없고, 현재와 같은 물질 문명을 일굴 수 있었을까? 불가능했을 것이다. 설령 일정한 정도의 문화체계를 갖추었다 할지라도 언어가 없다면 그것을 존속시킬 능력이 없다. 한 예를 보자. 필자는 2012년 여름 중국 쓰촨성(四川省) 광한시(广汉市)에 있는 싼싱뚜이(三星堆) 문화 유적지를 관광하였다. 싼싱뚜이 박물관에 진열된 각종 유적은 지금으로부터 대략 3000년 전의 문화, 즉 신석기시대 후기의 문화로, 중원의 하(夏)·상(商) 시기의 문화

---

32 **결정적 시기 가설(Critical Period Hypothesis, CPH)**은 언어 습득에는 결정적 시기가 있다는 언어학 및 심리학 가설이다. 결정적 시기가 지나면 제1언어(모국어)를 습득할 수 없으며 제2언어(외국어)도 원어민만큼 유창하게 못 하게 된다고 본다. 이와 관련하여 사람으로 태어났지만, 영유아기에 어떤 원인으로 동물(늑대, 개, 원숭이 등)과 살게 되었다가 사춘기를 지나서 발견된 사람들의 이야기가 가끔 보고된다. 그들은 결국 인간 언어를 습득하지 못하게 되었다고 보고된다. 이런 예에서 과학자들은 인간이 신경의 기본단위인 뉴런이 체계화되고 이를 통해 사고와 관념이 형성되는 특정 기간에 교육을 받지 못하면 영원히 학습효과를 기대할 수 없다고 주장한다.

33 여기서 말하는 능력은 어휘의 수량이나 질 차원에서 말하는 것이 아니라 '통사적 조작 능력'을 말한다.

로 보인다는데, 도대체 그 문화의 주체를 모른다는 설명이었다. 혹자는 원시 촉(蜀) 문화라고도 하지만, 그들의 청동 마스크를 보면 전혀 동양인 같이 생기지 않았다.

해설사의 설명에 의하면 그들에게 문자가 없었다고 한다. 그러고 보니 꽤 거대하고 멋진 석기, 도기, 청동기 등등의 많은 유물들이 진열되어 있었지만 문자적인 표식을 발견할 수 없었다. 그렇다. 그들에게도 분명 음성 언어가 있었을 것이다. 그러나 문제는 언어의 한 요소인 '문자'가 없었다는 점이다. 문자가 없었다는 것은 문화 전승의 핵심적 도구가 없었다는 것을 의미한다. 즉, 싼싱뚜이 문화는 문자의 미비로 말미암아 계속 전승되지 못하고 미지의 문화로 남게 된 것이다.

촘스키(1996)는 겉으로 드러나는 언어를 **'외재 언어'** 또는 **'E-언어(External Language, E-language)'**라고 하고, 이 E 언어를 만들어내는 뇌 속에 내재된 언어를 **'내재 언어'** 또는 **'I-언어(Internal Language, I-language)'**라 한다. 촘스키는 또 외재 언어를 거울(mirror)로, 내재 언어는 뇌(brain)로 본다. 즉, 우리가 보고 듣고 말하는 언어 현상은 '거울에 비친 그림자'에 해당하며, 우리 뇌 속에 있는 언어적 시스템은 그림자를 만드는 '원 물질'이라는 것이겠다.

그렇다면 이 **생득적인 언어 능력**, LAD, UG, I-언어 등은 우리 인간의 뇌 속에 언제 생겼을까? 다아윈(Darwin) 같은 진화론자들은 인간이 단세포에서 다세포로, 해양생물에서 육지생물로 진화하였다고 주장한다. 그렇다면 언어도 수많은 세월 동안 진화한 결과물일까? 우리는 이런 관점에 동의하지 않는다. 아마도 인간이 셈하는 연대로는 정확하지 않지만[34] 창조주(Big creator)가 인간을 만들 때 이미 우리 뇌 속에 부여한 것이리라. 다음 성경 구절을 보자.

(33) **여호와 하나님**이 흙으로 각종 들짐승과 공중의 각종 새를 지으시고 **아담이 무엇이라고 부르나 보시려고** 그것들을 그에게로 이끌어 가시니 아담이 각 생물을 부르는 것이 곧 그 **이름**이 되었더라「창세기 2:19」

성경에 근거하면, 인간이 흙으로 지음을 받은 창세 이래부터 인간은 언어적 존재

---

34 인간의 언어 기원에 대해 진화론자들은 "언어는 오랜 기간에 걸친 자연적 선택의 결과로 의해서 생겨난 것"이라고 보는 반면, Chomsky는 **"약 5만 년 전쯤 특이한 돌연변이**에 의해 생겨난 것"이라고 본다. 金镇宇(2012[2011]:8) 인용 및 참조.

이다. 하나님이 지으신 아담은 언어를 구사하여 각 생물에게 이름을 부여한다. 즉, 아담은 사물에 대한 개념을 분류하고 범주화하여 이름 짓고, 단어를 만들어 기억하고, 이 단어들을 병합시키고, 그 병합체의 구조 관계에 대해 인지하여 **'이름 붙이기/표찰 달기(Labelling)'를 할 수 있는 능력을 부여받은 존재**로 창조되었다.

병합(Merge)은 생성문법 최소주의의 핵심이다. 병합은 '극단적으로 단순하고 추상적인 것'이라는 촘스키의 말처럼 매우 단순하게 전개된다. **그것은 철저하게 1:1, 즉 이분지적으로 전개된다.** 2진법은 셈에서 가장 단순한 연산(computation)이다. 즉, 인간의 뇌는 어떤 대상들을 병합할 때, 가장 단순하고 빠른 이분지적인 방식을 사용한다. 이는 병합이 철저하게 경제성을 준수하며 일어난다는 의미이기도 하다. **인간 언어의 창의성**은 그가 들어보지도 못한 완전히 새로운 문장을 만들어낼 수 있다는 것인데, 이런 능력은 모두 병합 능력으로부터 온다는 것이다.[35] 이를 레고 블록 쌓기로 비유할 수 있다. 가장 간단하고 단순한 두 개체가 병합되어 한 덩어리가 되고, 다시 그런 과정을 수없이 반복하면서 이론상 무한히 큰 구조체도 만들어낸다.

한편 촘스키는 언어연구에 있어서 과학적인 접근을 매우 중시하며, 이른바 **'적절성/타당성'**을 추구할 것을 주장한다. 즉, 관찰의 적절성, 기술의 적절성, 설명의 적절성이다. **'관찰의 적절성'**은 관찰 대상에 대한 문제, 즉 관찰(observation)이 가능한 대상(what)이어야 할 것을 말한다. **'기술의 적절성'**은 과정이나 절차가 적절하게 기술(description)되어질 수 있어야 한다는 것이다. 즉, 이는 방법(how)적인 적절성을 말한다. 한편, **'설명의 적절성'**은 까닭(why)이나 원인에 대한 설명(explanation)이 적절해야 함을 말한다.[36]

이상에서 보인 세 단계의 적절성은 비단 과학적 적절성뿐만 아니라 언어연구에도 보장되고 추구해야 할 방향이라 하겠다.

---

35 이런 점에서 '강최소주의' 관점이 생기게 되었는데, 이는 'UG에는 병합 하나의 연산 조작만 있고, 나머지 연산은 인지적인 조작일 뿐'이라는 관점이다.

36 세 가지 '적절성/타당성'에 대한 설명의 예로, '사과나무에서 사과가 떨어진다.'는 사실을 통해 **만유인력의 법칙**(Law of Universal Gravity)을 정의해보자. 우리는 현실 속에서 사과나무에서 사과가 떨어지는 것과 같은 유사한 현상을 늘 **관찰**할 수 있다. 또, 사과가 땅에 떨어질 때의 속도를 '질량(/무게)×높이(/거리)'의 방식으로 **설명**할 수 있다. 또 사과가 떨어지는 **까닭**은 지구의 인력이 작용하기 때문임을 설명할 수 있다.

2.2.2. 연역적 해석

생성문법 언어이론의 과제는 무엇인가? 그것은 언어의 생성 문제, 즉 인간이 나면서부터 가지는 것으로 가설되는 언어습득 장치를 설정하고 설명하는 데 있다. 이를 위한 설명법은 먼저 가설을 세우고 이를 증명하는 **연역적 방식**이다. '가설을 세우고 이를 증명하는 연역적 방식'은 경험주의적 접근법(Empirical approach)이 아니라 **이성주의적 접근법**(Rational approach)이다.

이런 관점에서 2.1.2의 층차분석 예(27)에서 살펴본 동일한 예문의 생성과 도출에 대해 수형도를 통해 살펴보자.

(27)' a. 那瓶酒喝醉了张三。
b. 那瓶酒把张三喝醉了。
c. 那瓶酒喝得张三醉了。

위 문장들은 사용 어휘와 구조가 약간씩 다름에도 불구하고 동일한 의미를 나타낸다. 왜 이런 결과가 생겼을까? 어휘가 다르고 구조가 다르다면 당연히 다른 의미를 표시하는 것이 일반적인 언어 현상임에도 말이다.

우리는 다음과 같은 이론과 관점을 들어 (27)a-c의 생성과정을 설명한다. 첫째, **경동사 이론**(light verb theory)이다. 둘째, **핵이동 가설**(Head movement theory)이다. 셋째, **통사 위치의 계층성**(syntactic hierarchy)에 대한 관점이다.[37]

---

37 이러한 이론에 대한 자세한 설명과 적용은 본서 제4장과 제6장에서 다룬다.

(34) (27)a. 那瓶酒喝醉了张三'의 수형도[38]

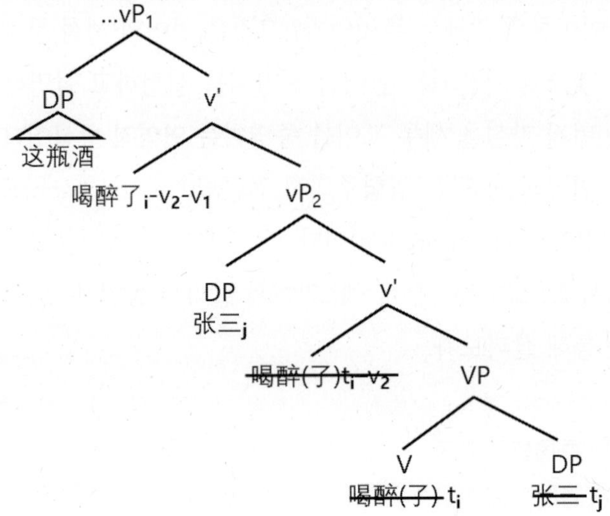

(35) (27)b. 那瓶酒把张三喝醉了'의 수형도

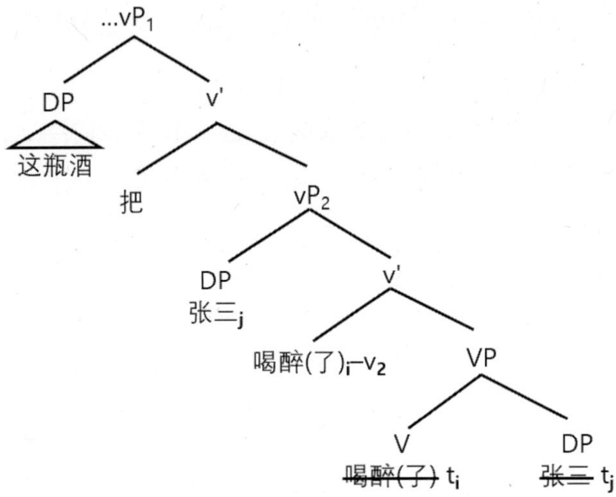

38 邓思颖(2010:98) 참조.

(36) (27)c. 那瓶酒喝得张三醉了'의 수형도

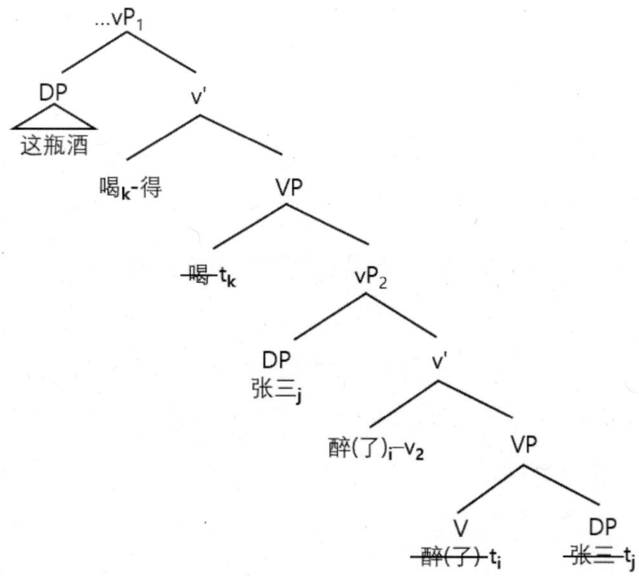

첫째, **경동사 이론**[39]을 이용한 설명을 보자. 경동사는 동사구에 대해 모종의 사건 의미를 부여하는 기능어이다. 경동사는 '把'나 '-得'처럼 명시적인 경우도 있지만, 위의 수형도 (30)에서 '-v_1', '-v_2'로 표시된 것처럼 비명시적인 경우도 있다. 여기서 '-v_1[CAUSE]'와 '-v_2[BECOME]' 이들 두 경동사는 층차적으로 결합되어 **'사동' 사건 의미**를 표시한다. 수형도의 병합 순서와 층차에 따른 의미 변화를 설명하면 다음과 같다. 먼저 vP_2에서는 동사 '喝'가 '변화결과'의 사건의미를 부여하는 경동사 '-v_2'와 병합하여 '喝醉(了)[40]$_i$-v_2'의 구조체로서 '장싼이 취하게 되다'라는 의미가 생성된다. 핵 융합체 '喝醉(了)$_i$-v_2'가 vP_1에서 '사역'의 의미를 부여하는 '-v_1'와 다시 한 번 병합함으로써, '이 술이 장싼으로 하여금 취하게 하다'라는 '사동'의 사건의미가 생긴다.

39 경동사(v)와 경동사구(vP)에 대한 설명은 본서 제3장의 3.4.1과 제6장의 5를 각각 참조하라.

40 '了'는 상조사(Aspect particle)의 하나로 경동사구(vP) 위에서 도출된다. 여기서는 경동사구에 대한 설명에 중점을 두어 언급하지 않고 괄호 속에 넣어 수형도를 그리고 넘어간다. 자세한 내용은 본서 제6장의 6.1에서 다룬다.

둘째, **핵 이동 가설**(Head movement theory)[41]을 이용한 설명이다. 위 예에서 경동사 핵은 기능핵으로써 하위의 어휘 핵 동사를 당겨 병합한다. 또, 계속하여 상위의 비 명시적인 경동사를 향해 이동한다. 이 구조를 도출하기 위해서는 핵(V)에서 핵(v)으로의 이동이 일어난다고 가설한다.

셋째, **통사적 계층성**(syntactic hierarchy)에 대한 가설을 이용한 설명이다. 이미 여러 번 언급되었다시피 모든 통사적 구조체는 계층성을 가진다. 이때 상위 계층의 성분은 하위 계층의 각 성분에 대해 **성분통어**(C-command)한다.[42]

이상에서 보인 바와 같이 생성문법은 일정한 관점에서 이론과 가설을 세운 후 이에 근거하여 구(Phrase)의 도출 과정을 연역적으로 설명한다.

2.2.3. 언어습득 장치

한 인간이 태어나 언어를 배우고 구사하며 산다는 것은 경이로운 일이 아닐 수 없다. 그러나 인간이 어떻게 언어를 구사하게 되는지를 설명한다는 것은 단순한 문제가 아니다. 이에 대해 노암 촘스키(Noam Chomsky)는 인간이 **언어습득 장치**(Language Acquisition Device, 言语习得装置)를 가지고 태어난다고 본다. 이는 LAD를 마치 인간의 **성장판**(physeal plate, 成长板)처럼 하나의 **생물학적 기관**으로 보는 것이다. 촘스키는 인간의 뇌 속에 언어습득과정에 중심적 역할을 하는 일종의 특수기관이 있으며, 이 가상의 장치가 언어습득 장치(LAD)라고 주장한다. 이에 대해 현대 뇌과학은 이것이 인간의 좌뇌 측두엽 피질 속에 있는 **베르니케 영역**(Wernicke's Area), **브로카 영역**(Broca's Area), **게쉬윈드 영역**(Geschiwind's Territory)을 포함하며 엄청난 수의 신경회로에 의해 연결되는 실체임을 보여준다.

---

41 핵 이동에 대한 구체적인 설명은 본서 제4장의 2.3.1을 참고하라.

42 성분통어에 대한 자세한 설명은 본서 제4장의 3.2.3을 참고하라.

(37) 베르니케, 브로카, 게쉬윈드 영역 신경 다발[43]

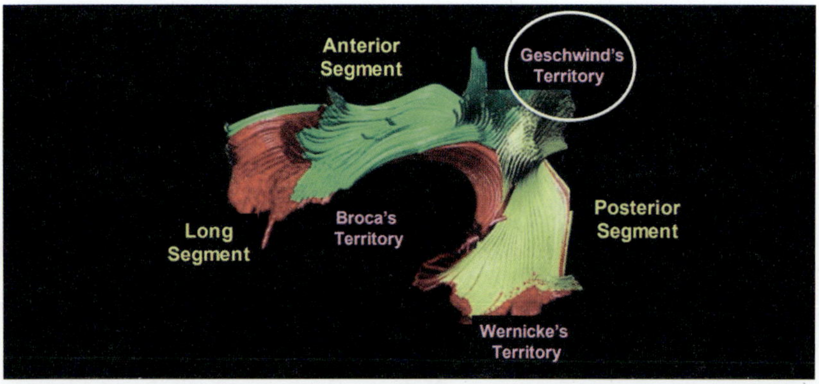

언어습득 장치 안에는 모든 언어에 필요한 기본 원칙이 담겨 있고, 인간은 누구나 선천적으로 언어적 능력을 타고났으며, 각각의 언어를 사용하는 사회 환경에서 해당 언어에 접촉하게 되면, 그 **일차 언어 자료**(primary linguistic data)를 기초로 하여 해당 언어를 자신의 모국어로 습득하게 된다는 것이다.

(38) 베르니케, 브로카, 게쉬윈드 영역과 신경회로[44]

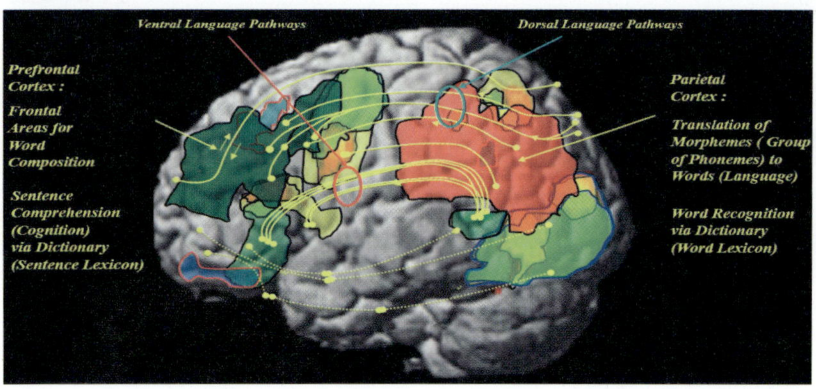

---

43 조장희(2021), 'Summer School of Neuroscience Lecture Ⅳ, Human Brain Connectome'에서 인용한 Catani's Two Segment Theory with DTI(2005)의 그림을 재인용 함.

44 사진은 조장희(2021) 서울대 언어학과 콜러큠, Oct29, 2021의 PPT 사진을 인용한 것으로, 좌뇌 측두엽을 종단으로 잘라서 **베르니케 영역-게쉬윈드 영역-브로카 영역** 등을 연결하는 신경 다발의 흐름을 보인 것이다. 참고로 그는 이 부위의 측두엽을 흐르는 10개의 신경 회로(neural pass way)를 설정한다.

Angela D. Friederici, Noam Chomsky(2017)[45]도 생물 언어학적 방법론을 중시하여 "언어와 정신 그리고 뇌(Language, mind and brain)"의 관계를 설명하려 한바, 그들이 제시하는 **언어 신경 회로망** 그림을 보자.

(39) 촘스키 외(2017)의 언어 신경 회로도

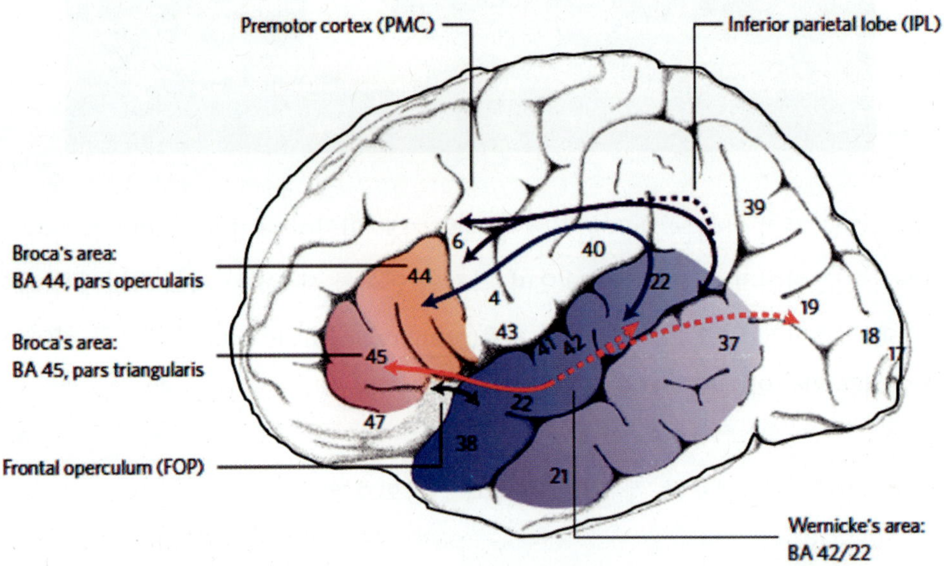

그들이 영상화한 신경회로 망을 보자. 그림에서 보듯, 인간의 언어 신경망은 대뇌 좌 측두엽에 분포한다. 그들은 언어 전달 신경 회로를 **등 쪽 회로**(Dorsal fiber tracts)와 **배 쪽 회로**(Ventral fiber tracts)**로** 구분하고, 이에 속하는 각각 2개의 회로를 그려 총 4 개의 회로를 그린다. 등 쪽의 **하나는 하위의** BA 22-40-44 **회로**[46]이고, 다른 하나는 상위의 BA22-39-40-6 회로이다. 배 쪽도 두 개를 그리는데, 하나는 상위의 BA22-45 회로이고, 다른 하나는 하위의 BA22-47,45 회로이다. 등 쪽 혹은 배 쪽의 구분된 두 회로들은 각각 상하와 앞뒤에 있어 차이를 보이기는 하지만, **기본적으로 베르**

45 Angela D. Friederici, Noam Chomsky, Robert C. Berwick, Andrea Moro & Johan J. Bolhuis (2017), Language, mind and brain.

46 이 회로는 기존에 말해지던 베르니케 영역에서 브로카 영역을 거치는 회로에 해당한다. 전체 그림을 통해 보듯 촘스키 외(2017)에서는 등 쪽과 배 쪽의 두 회로 영역을 나누어 상정한다.

니케 영역인 BA 22를 출발점으로 하며, 브로카 영역인 BA 44, 45를 귀착점으로 한다.

맥닐(McNeil, 1966)은 언어 습득 장치가 지니는 생득적 언어 특성으로 다음과 같은 **네 가지의 능력**을 제시한다. 첫째, 환경 속에서 언어음과 비언어음을 구분할 수 있는 능력, 둘째, 언어적 사건들을 여러 군으로 조직화할 수 있는 능력, 셋째, 단지 일정한 언어체계 유형만이 가능하고, 다른 유형들은 불가능하다는 것을 아는 능력, 넷째, 직면하는 언어적 자료로부터 가능한 한 가장 간결한 체계를 구성하기 위하여 발달 과정상의 개인적 언어체계를 끊임없이 평가할 수 있는 능력 등이다.[47] 특히 두 번째 능력과 관련하여 인간은 문장의 타입을 그 기능에 따라 '진술', '의문', '명령', '감탄' 등으로 조직화할 수도 있고, 시제에 따라 문장을 '과거', '현재', '미래'로 조직화할 수 있으며, 사건의미에 따라 '활동(DO)', '상태(BE)', '변화결과(BECOME)', '사동(CAUSE- BECOME)', '의동(CONSIDER-BE)' 등으로 조직화할 수도 있다.

유아는 부모의 말을 무의식적으로 듣게 되지만, 언어습득 장치로 인해 그 말을 흡수할 수 있고, 얼마 지나지 않아 자신도 모르는 사이에 모국어로 습득하게 된다. 즉, 아이는 선천적으로 갖게 된 언어습득 장치로 인해 배우지 않아도 각기 다른 품사를 구별하고, 자동으로 단어를 순서대로 배열할 수 있는 언어 능력, 즉 언어의 문법 형식을 지정하고, 적절한 문법을 선택하게 된다. 촘스키는 언어를 습득할 수 있도록 하는 **보편문법(Universal Grammar)** 지식이 언어습득 장치에 미리 프로그램화되어 있어 아동이 언어 입력(language input) 시 별다른 노력을 기울이지 않고도 자동으로 언어를 습득할 수 있다고 본다. 즉, 인간은 언어습득 장치를 통해 언어를 습득한다는 것이다. 이런 관점에서 **모국어는 배우는 것(learning)이라기보다 습득하는 것(acquisition)**이라는 견해이다. 이 언어습득 장치는 **0세부터 13세**까지 가장 활발하게 작동되며, 사춘기가 지나가면 이 능력은 현저히 저하된다고 한다. 이는 우리의 신체 성장판이 사춘기를 지나면서 퇴화하는 것과 유사하다 하겠다.[48]

---

47 이러한 능력 중 둘째-넷째에 해당하는 것들은 소위 문법 혹은 통사 현상에 대한 **인지능력**이다. 이에 대해 촘스키(1995)는 "문법/통사 현상은 뇌/마음의 모습을 보여주는 거울(Grammar/Syntax as a Mirror into Brain/Mind)"이라 한다. 즉, 통사 현상이란 뇌 속에서 만들어지는 언어를 비춰주는 거울이라는 것이다. 그렇다면, 우리는 언어 현상을 통해 인간 언어를 관장하는 뇌의 작동과 메커니즘의 일면에 대해 역추적하는 근거가 될 수도 있겠다.

48 이는 촘스키를 지지하는 생성문법 학자들의 주장이다. 구조주의 문법 학자들은 말을 배우기 전의 어린 아동은 어떠한 지식도 가지고 있지 않으며, 하나하나 기억 속에 저장함으로써 말을 배

2.2.4. 생성문법학의 흐름

1957년 촘스키(Abram Noam Chomsky, 1928-)에 의해 생성 통사론이 세상에 나온 지 이제 60여 년의 세월이 흘렀다. 그는 변형생성문법의 창시자로 언어학 연구사에서 큰 획은 그은 인물이다. 현대 언어학자 중에 그처럼 영향력이 큰 사람은 없을 것이다.[49]

생성문법은 '표준이론'에서 '최소주의'에 이르기까지 짧지 않은 세월을 거치며, 생성문법의 조작수단은 그 모습이 적지 않게 변하였다. 그러나 생성문법의 철학사상 혹은 형식 통사론의 이론적 기초는 여전하다. 생성문법학의 언어처리, 주로 통사 처리에 대한 기술적 관점을 흐름으로 정리하면 다음과 같다.

첫째, 언어는 **인간 고유의 능력**이다. 인간은 문장 생성의 기본적인 몇 가지 원리를 설정정하여 이를 반복 적용하여 무한히 긴 문장과 무한수의 문장을 생성할 수 있다는 관점이다. 이런 점에 기초하여 인간의 창조적인 언어 능력과 언어습득 능력에 대해 밝히는 데 일차적인 목적을 둔다. 둘째, 인간의 본유적인 언어는 **언어 능력**(Language Competence)과 **언어 수행**(Language Performance)으로 나뉜다. 최소주의에 이르러서는 언어 능력을 **인지 체계**(Cognitive System)와 **수행 체계**(Performance System)로 나눈다. 셋째, '구절구조 문법'의 한계를 지적하면서 심층구조와 표층구조로 된 통사구조를 설정하고 이 두 구조 사이에 변형의 기제를 설정하여 변형생성문법의 과정을 설명한다. 이 '**변형생성문법**'은 이후 여러 번의 수정 과정을 거치게 된다. 최소주의 시기로 가면서 **자질**(Feature)**과 병합**(Merge) **이론**이 중시된다. 이상의 내용에 대해 자세히 살펴보자.

1) 초기 표준이론 시기의 모듈 구조

이는 생성문법 초기 1960-70년대에 해당하는 시기로, **변형생성문법 시기**라고도

워가는 것으로 본다. 국립특수교육원(2009), 『특수교육학 용어사전』 인용 및 참조.

49 2021년인 오늘날도 생성문법의 영향은 여러 곳에서 보인다. 학문적 지지자들은 소위 '촘스키안'이라고 불린다. 촘스키가 재직했던 메사스세츠이공대학(MIT, 麻省理工大学)은 전 세계 대학 중 공학뿐만 아니라 현대언어학 분야에서도 부동의 1위를 차지한다.

한다. 이 시기의 언어처리 **모듈**(module) 구조는 다음과 같이 표시할 수 있다.[50]

(40) 초기 표준이론 시기의 언어처리 모듈

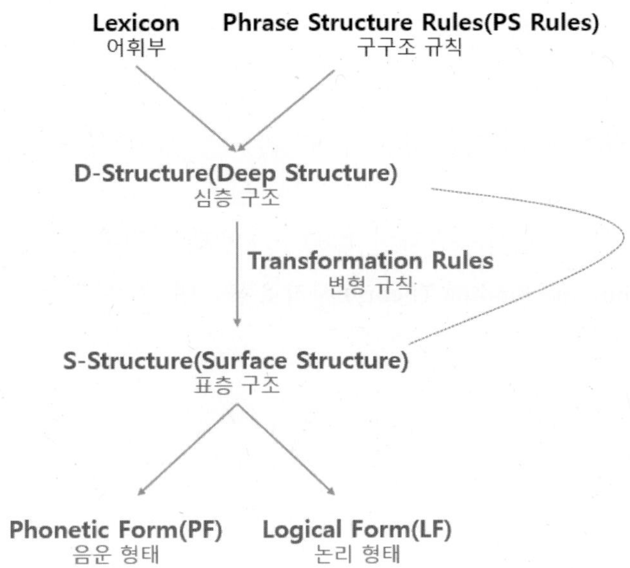

생성문법 초기에는 '구절구조규칙'과 '변형규칙'[51]으로 이루어진 규칙 체계 해석에 중심을 두었다. 이 시기를 **표준이론**(Standard Theory, 标准理论) 시기라고도 한다. 이시기 촘스키의 저작을 살펴보자.

이 시기 관련된 저작은 Chomsky(1957)의 『Syntactic Structures(변형생성문법의 이론)』과 Chomsky(1965)의 『Aspects of the Theory of Syntax(통사이론의 제상)』 등이 있다.

또, 그의 언어이론은 계속 변화되었는데, Chomsky(1970)의 「Remarks on nominalization(명사화에 관한 견해)」, Chomsky(1971)의 「Deep structure, surface structure and semantic interpretation(심층구조, 표층구조 및 의미 해석)」, Chomsky(1973)의 「Conditions on transformations(변형의 조건)」 등의 세 저작은 소위 **확장표준이론**

50 이하 생성문법 각 시기의 구조 모듈은 蔡维天(2016)의 한국외국어대학교 코어사업 특강 자료(유인물)를 인용한다. 참고로 Chomsky는 蔡维天의 박사 학위과정 지도교수이다.

51 기본적인 변형규칙으로는 '첨가', '삭제', '대치', '이동'이 있다.

(Extended Standard Theory)에 관한 것이다.

한편, Chomsky(1976)의 「Constraints on rules of grammar(문법 규칙의 필요조건)」, Chomsky(1977)의 「On wh-movement(wh-의문사 이동에 대해)』 및 Chomsky & Lasnik (1977)의 「Filters and control(여과와 통제)」 등은 **수정 확대표준이론**(Revised Extended Standard Theory)에 관한 것이다.

2) 지배결속이론 시기의 모듈 구조

이는 생성문법의 중반시기로 대략 1980-1990년대 중반까지이다. 소위 **지배결속이론**(Government and Binding Theory) 시기로 불리며, 이 시기 언어처리 모듈은 다음과 같이 나타낼 수 있다.

(41) 지배결속 이론 시기의 언어처리 모듈

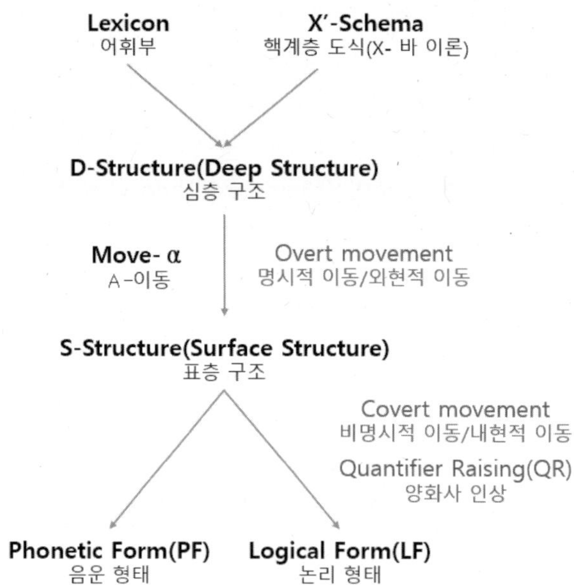

이 시기는 규칙체계 중심에서 **원리체계 중심의 문법**으로 수정되었다. 원리체계 중심 단계에서는 '구절구조규칙'을 폐기하는 등 규칙체계는 가능한 축소하고 원리체계(원리와 매개 변인)[52]를 발전시켰다. 따라서 '변형규칙'은 '**이동규칙**'으로 축소되었다. 이 시기를 **원리와 매개변인**(Principles and Parameters, 原理与参数) **이론 시기**라고도 한다.

이 시기의 저작으로는, Chomsky(1981) 『Lectures on government and binding(지배 · 결속 이론 강좌)』, Chomsky(1982) 「Some Concepts and Consequences of the Theory of Government and Binding(지배와 결속이론의 몇몇 개념과 그 결과)」 및 Chomsky (1986a) 「Barriers(장벽이론)」 등이 있다.

3) 최소주의 시기의 모듈 구조

이 시기는 대략 1993년을 기점으로 현재까지이며, 소위 **최소주의**(**Minimalism, 혹은 Minimalist Program, 微言主义, 最简方案**)라 한다. 이 시기의 언어처리 모듈은 다음과 같이 나타낼 수 있다.

(42) 최소주의 시기의 언어처리 모듈

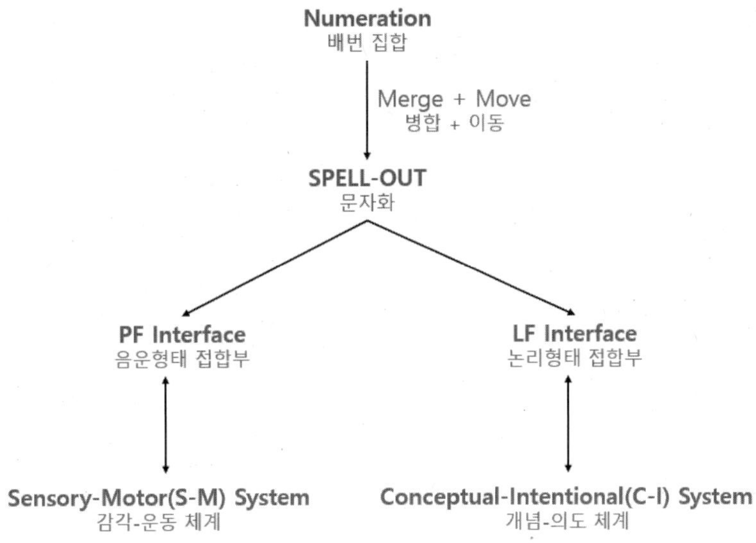

52 원리체계에는 **핵계층이론**(X-bar Theory), **지배결속이론**(Goverment and Binding Theory, GB Theory), **격이론**(Case Theory), **의미역이론**(θ-role Theory), **결속이론**(Binding Theory), **통제이론**(Control Theory) 등이 있다. 여기에는 **투사원리**(Projection Principles)가 적용된다.

그림에서 보듯, 통사부의 기능을 극도로 단순화한 것을 알 수 있다. 배번집합이 이루어지고 나면, 자질에 따른 병합과 일부의 이동만이 남는 간단한 영태이다. 이 시기 생성문법의 이론은 **자질(Feature)** 중심의 이론으로 발전한다. 소위 D-구조, S-구조를 제거하고, 음성 형태와 논리 형태 표시 층만 남기고 **어휘 항목의 자질**만 활용한다. 이 단계에서는 경제성 개념을 도입하여 **문법 이론을 최소화**하여 언어의 도출을 설명한다. 최소주의에서는 α-이동(논항이동)은 자질 점검을 위한 이동에 국한시키며 '**병합(Merge)**'이라는 새로운 개념을 도입한다. 최소주의에 대한 초기의 생각은 Chomsky (1995)의 『Minimalist Program(최소주의 언어이론)』에 실린 네 편의 글이 대표한다.[53] 한편, Chomsky(1998a)의 「Some Observations On Economy in Generative Grammar(생성문법의 경제성에 대한 견해)」, Chomsky(1998b)의 「Minimalist Inquiries: the framework(최소주의 연구토론: 틀)」, Chomsky(1999)의 「Derivation by Phase(국면적 파생)」과 Chomsky(2001/2004)의 「Beyond explanatory adequacy(해석의 적절성을 넘어)」 등도 이시기의 저작이다. 촘스키의 생성문법에 관한 논저인 Chomsky (2005) 「Three Factors in Language Design(언어설계의 3요소)」는 최소주의의 철학적 기초에 대해 정리하고 있으며, 언어학 연구의 중점을 화자의 머릿속에 있는 문법 규칙, 즉 소위 I-언어(internal language) 및 I-언어의 공통기초가 되는 보편문법에 둔다. 또, 최근 Angela D. Friederici, Robert C. Berwick, Andrea Moro & Johan J. Bolhuis 등과의 공동 논문(2017) 「Language, mind and brain(언어, 마음 그리고 뇌)」는 Chomsky의 언어학적 지평을 생물언어학적 관점에서 **뇌 과학(Brain Science)**으로까지 넓힌 것이다.

이상 생성문법 최소주의 시기의 모듈로 하나의 완전한 문장을 만들어내는 과정을 우리는 다음과 같이 간략히 그려본다.[54]

---

53 이 책의 장 목차를 보이면 다음과 같다. 제1장 「The Theory of Principles and Parameters(원리와 매개변인이론」은 Chomsky와 Lasnik의 합작이다. 제2장 「Some Notes on Economy of Derivation and Representation(도출과 표시의 경제성에 대한 소고)」은 이전 1986년 촘스키의 매사추세츠 공과대학의 강의 기록을 정리한 것이다. 제3장의 제목은 「Minimalist Program for Linguistic Theory(언어이론의 최소주의 프로그램)」이다. 원래는 촘스키의 1992년 가을학기의 강의 기록인데, 내부 교정 후 1993년에 정식으로 출판되었다. 이 장은 최소주의가 정식으로 형성된 표지이자, 촘스키가 정식으로 지배와 결속 이론 중 대부분의 기술 수단을 버린 분수령이다. 제4장 「Categories and Transformations(범주와 변형)」은 Chomsky(1994b)의 단행본 『Language and thought(언어와 사상)』을 수정하여 실은 것이다.

(43) 최소주의 모듈에서 한 문장의 도출도

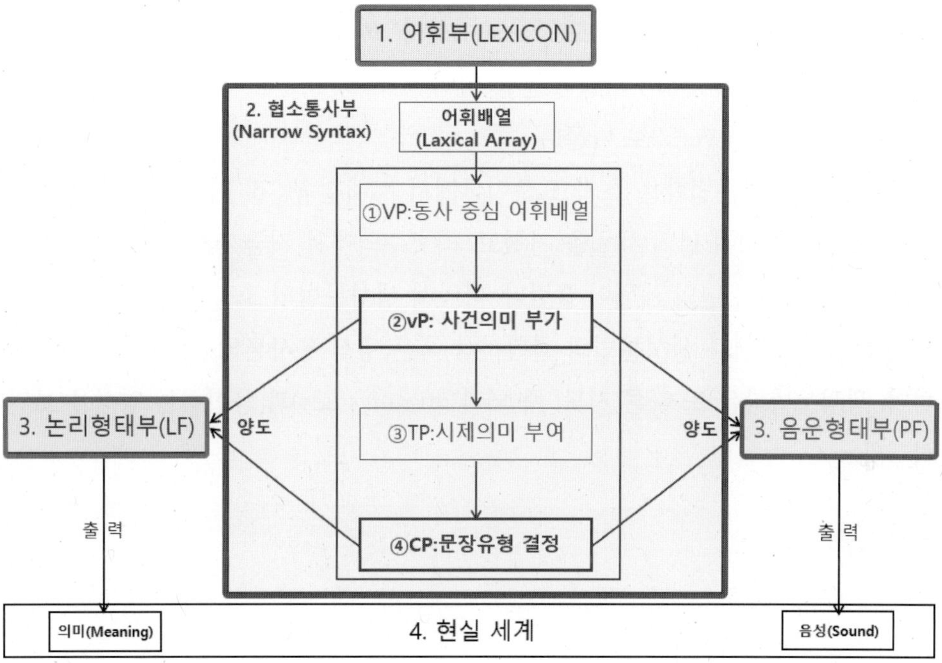

인간이 무슨 말인가를 하고 싶은 경우를 상정해 보자. 먼저 어휘부에서 해당 문장에 소용되는 모든 단어들을 **통사부**(Syntax)[55]로 가져올 것이다. 이렇듯 한 문장의 표현(representation)을 도출하기 위한 연산과정의 시발점에 되는 어휘 항목(lexical item)의 집합체를 **배번집합**(Numeration)이라 한다. 이렇게 선택된 어휘들을 통사부에서 배열한다. 이것이 바로 **어휘배열**(lexical arrey, LA)이다. 어휘배열은 만들고자 하는 문장의 숫자에 따라 그것의 수도 계속 늘어날 수 있다. 위의 그림은 하나의 문장을 도출하는 것을 상정하므로 하나의 어휘배열이 일어날 것이다. 여기에 **선택**(Selection), **부합**(Match), **일치**(Agree), **병합**(Merge) **등의 연산**이 일어나 계층적으로

---

54 이 그림은 Chomsky(2001)을 인용한 김용석(2012:54)의 "탐침자-목표물" 문법체계의 그림과 한수진(2018:18)의 표3을 참조하여, 필자가 수정 및 제안한 것이다. 특히 통사부에서 하나의 문장이 생성되는 경우를 상정하여 그린 것이므로, 순환되는 어휘배열 과정은 생략되었고, 한 문장이 성숙되는 과정을 고려하여 VP-vP-TP-CP등이 도출되는 과정을 추가하였다. 어찌 보면 이는 하나의 문장이 도출되는 한 장의 필름 도면이라 하겠다.

55 필자의 생각에, '통사부(Syntax)'는 문법적인 것에 관여한다고 여겨지는 대뇌 피질 브로카 영역, 특히 BA 45에 존재할 것이라 여긴다.

도출되는 것이 VP-vP-TP-CP 등이다. 이중 의미적으로나 구조적으로 안정성을 띠는 vP나 CP는 소위 **국면**(Phase)을 만들어 각각 **논리형태부**(Lexical form, LF)와 **음운형태부**(Phonetic form, PF)로 **양도**(Transfer)한다. 이렇게 양도된 문장(/구성소)은 LF PF의 점검을 받은 후, 대뇌 피질의 운동 영역인 BA 6, 4)로 보내진 후 척수를 거쳐 입을 통해 현실 세계(World)로 나온다.

종합컨대, 생성문법학은 초기 표준이론에서 지배결속(GB) 이론을 거쳐 최소주의에 이르기까지 30여 년의 세월을 거쳤고, 최소주의에서 지금까지 다시 30년의 세월이 흘러 도합 60여 년의 세월이 흘렀다. 따라서 생성문법의 조작수단은 그 모습이 많이 변하였다. 그러나 생성문법의 철학사상 혹은 **형식 통사론**의 이론적 기초는 여전하며, 생성문법학은 또 다른 시도, 즉 뇌과학(Brain study)과 융합하는 양상을 보인다 하겠다.

제 2 장

자질

1. 정의와 속성
2. 형식자질
3. 자질과 연산

자질(Feature)은 병합(Merge)과 더불어 최소주의 통사론의 핵심 개념이다. 자질은 단어가 가지는 모종의 속성이다. 하나의 단어는 일반적으로 여러 개의 자질로 구성된다.

생성문법 이전에는 통사론의 기본단위가 단어라고 인식되었다. 그러나 생성문법에서는 통사부에 형태소보다 더 작은 단위인 **자질이 통사부 운용에 참여한다**고 본다.[1] 최소주의 저작인 Chomsky(1995)에서는 **통사부의 운용 단위를 자질로 간주**하고, 이러한 자질의 종류와 기능, 해석에 관한 이론을 전개했다. 이러한 논의가 바로 '자질점검 이론(Checking theory)', '자질일치 이론(Agree Theory)' 등이다. Chomsky(1995:277)는 통사부에서 운용되는 대표적인 통사 자질로 범주자질, 일치자질(/파이자질), 격자질, 강자질 등의 **형식자질**을 제시한다.

언어학에서 말하는 '자질(Feature)'을 건축자재에 비유한다면, 건축의 재료의 속성, 즉 '소재'가 되겠다. 예를 들어 벽돌의 소재만 보더라도 흙, 시멘트, 플라스틱, 금속 등 매우 다양하며, 골조도 나무나 철근뿐만 아니라 다양한 '자질'의 금속 혹은 비금속 소재를 사용할 수 있다. 문장의 '집'을 짓는 가장 작은 단위인 '자질'도 건축의 '소재'처럼 역시 다양하다. 제2장에서는 자질에 대해 알아보자.

1 생성문법에서도 '단어(/어휘)'는 물론 중요한 개념이다. 그러나 단어는 '자질들의 집합체'라는 관점에서 보듯, 각 단어가 가지는 '자질'을 중시한다. 한편, 전통문법에서 말하는 최소 문법단위인 형태소는 정의와 기능 차원에서 자질과 다르다. 특히 기능적인 점에서 형태소는 주로 단어 구성(word compounding) 차원에서 다뤄지나, 자질은 '**통사부의 운용**(주로 이동의 동인)' 차원에서 다룬다.

1. 정의와 속성

문장의 '집'을 짓는 차원에서 각 자재(벽돌, 골조, 목재, 타일, 페인트, 유리 등등)의 '소재'에 해당하는 것은 '자질(Feature)'이다. 자질을 정의해보자.

(1) 자질은 문법 시스템의 가장 작은 단위로, 모든 문법 현상의 출발점이다.

여기서 두 가지 점에 대해 생각해보자. 첫째, '**가장 작은 단위**'란 무엇을 의미하는가? 둘째, '**문법 현상의 출발점**'이란 무엇을 말하는가.

1.1. 최소 문법단위

제1장의 2.2.4에서 생성문법학에서 말하는 언어처리 부문으로서의 어휘부(lexicon), 통사부(syntax), 논리형태부(LF), 음운형태부(PF) 등의 용어를 언급한 바 있다. 이들은 모두 언어, 구체적으로 문장을 생성해내는 각 공정이라고 볼 수 있다. 우리가 문장을 만들어낼 때, 공정상 어휘부에서 통사부로 들어가는 가장 작은 단위가 '자질(Feature)'이다.[2] 따라서 생성문법학의 관점에서 문법단위의 크기를 다음과 같은 순서로 정리할 수 있다.

(2) 문법단위의 크기
　　자질(Feature, 特征) < 단어(Word, 词) < 구(Phrase, 短语)

위와 같은 순서는 전통문법에서 금과옥조처럼 말하는 '**형태소**(Morpheme, 语素) < **단어**(Word, 词) < **구**(Phrase, 短语) < **문장**(Sentence, 句子)'의 순서와 다르다. 즉,

---

2 자질은 '음성자질(phonological Features)', '의미자질(semantic Features)', '형식자질(formal Features)' 등으로 나뉜다. 생성문법학은 주로 통사론에 집중하므로, 통사부에서 운용되는 **형식자질**(예: 범주자질, 격자질, 일치자질, 확대투사자질, 의문자질 등등)을 중시한다.

문장의 문법단위 중 가장 작은 요소와 가장 큰 요소에 대한 견해가 다르다. 여기서는 '가장 작은 요소'에 대한 견해 차이에 대해 생각해보자.

전통문법학의 관점에 따르면, 가장 작은 문법단위는 '형태소'이며, 그 정의는 '음과 의미를 가지는 가장 작은 결합체'이다.[3] 이 정의가 맞다면, 실체는 있지만 음이 없는(/눈에 보이지 않는) 요소나 단어, 즉 소위 '**공범주(Empty Category)**'의 문제를 설명할 수 없다. 다음 대화를 보자.

(3) A: 李四来了吗？
리쓰는 왔습니까?
B_1: 李四来了。
리쓰는 왔어.
B_2: .他来了。
그가 왔어.
B_3: e(/pro)来了。
e(/pro) 왔어.

A의 질문에 대해 대화자는 B_1, B_2, B_3의 순으로 말할 수 있는데, 결국 B_3처럼 '李四'를 말하지 않아도 되는 단계가 있다. 그러면 B_3의 'e' 자리에 아무것도 없는 것인가? 그렇지 않다. '李四'나 '他'는 표면적으로만 들을 수 없을 뿐 실제로는 보충 할 수 있다. 이러한 성분을 통사론에서 공범주라 한다. 즉, B_3에서는 술어 '来了'앞에 하나의 공범주 주어('e' 를 사용하여 표시)가 있다. 의미적인 면에서, 이 공범주는 바로 '李四'를 지칭한다. 생성문법학은 공범주에 대해 많은 연구를 하여, 그것들이 확실히 자연언어의 문법에 존재한다는 것을 증명하였다.[4].

공범주는 여러 종류가 있는데, 예문 B3와 같은 공범주를 '**작은 영대명사(pro, 小零代词)**'라고 하며, 그 문법적 자격(/성질)은 '**음운 형태가 없는 주격(nominative Case)의 대명사**'이다. 만약 눈에 보이고 발음되는 대명사 '他'를 형태소(이자 단어)라고 한

---

3 『中学教学语法系统提要』(1984:2)는 "형태소는 가장 작은 음과 의미의 결합체이며, 가장 작은 문법단위이다(语素是最小的语音语义结合体，是最小的语法单位。)"라고 정의한다.

4 Huang(1982, 1984b, 1987a, 1989) 등 참조.

다면, 그에 대응하는 작은 영대명사(pro) 역시 형태소(/이자 단어)이다. pro와 같은 공범주는 비록 음운 형태가 없어 우리의 귀로 들을 수는 없지만, 명시적인 경우와 동일한 의미와 문법 기능을 발휘한다. 이처럼 공범주가 문법에서 실제로 존재하는 실체라면, 우리는 어음이 없는 형태소를 받아들여야 하며, 이런 점에서 형태소의 정의, 즉 '음과 의미의 최소 결합체'라는 정의에 맞지 않는 문법단위가 존재하게 된다.[5] 결국, 형태소는 단어 구성을 설명하는 차원에서는 매우 유용한 개념이지만, 통사구조를 설명하는 데는 한계가 있다. 우리가 '자질'을 가장 작은 통사 단위로 삼는 이유이다.

1.2. 문법현상의 출발점

단어는 음운, 의미, 형식(문법)자질들의 복합체이다. 이중 통사부에서 가장 중시하는 자질은 바로 '형식자질'이다. 형식자질만이 통사부에서 어떤 구조체를 만드는 조작을 발생시키는 힘을 가지기 때문이다. 이처럼 '형식자질'은 각종 문법현상을 일으키는 본질이자 출발점이다. 다음 예를 보자.

(4) 张三很喜欢李四。
장싼이 리쓰를 좋아한다.

---

5 이런 점을 반영한 탓인지 주요 언어학 교재에서는 의미와 기능으로부터 형태소의 정의를 내린다. (1) Morpheme: the smallest unit of language that carries information about meaning or function(의미나 기능의 정보를 지니는 언어의 가장 작은 단위). O'Grady, Dobrovolsky and Aronoff(1997: 265). (2) Morpheme: the smallest unit of grammatical structure(문법적 구조의 가장 작은 단위). Radford(1997: 265). (9) Morphemes are units of meaning and they cannot be decomposed into smaller units with identifiable meaning(형태소는 의미의 단어들이고 그들은 인식 가능한 더 작은 의미의 단위로 나눠 질 수 없다.). Haegeman(2006: 38). (3) Morpheme: smallest units of linguistic meaning or function(언어적 의미 또는 기능의 가장 작은 단위). Fromkin, Rodman and Hyams(2007: 553).
상술한 해석에 근거하자면, 형태소는 기본적으로 의미와 기능의 단위이다. 그렇지만, 의미의 어느 부분을 형태소라고 하느냐의 문제도 있다. '马'를 예로 들자. 만약 의미의 각도에서만 본다면 '马'는 '포유동물', '사지가 강건하며', '얼굴이 길고', '귀가 곧게 서 있으며', '갈퀴가 있고', '발굽이 있으며', '털이 있는 긴 꼬리' 등으로 분해할 수 있다. 그럼 이렇게 미세한 의미를 모두 중국어 '马'만을 구성하는 형태소라고 할 수 있을까?

(5) 李四$_i$, 张三很喜欢 t_i 。
리쓰는 장싼이 좋아한다.

예(5)는 중국어의 화제구문으로, 예(4)로부터 온 것이다. 즉, '李四'가 목적어의 위치에서 문두로 이동하여 **화제(Topic)**가 되고, 남은 '张三很喜欢'은 '진술(comment)'이 된다.[6] 예(5)에서 '李四'는 이동의 대상이며, 이동의 동기는 심리적인 것이다.[7] 따라서 이동이라는 수단을 사용한 것은 문장이 발음(/문자화, Spell out) 될 때, '화제-진술'이라는 틀(frame)을 구성하기 위함이다. 즉, 어떤 한정적인 명사구를 문두에 배치함으로써 화제화시키는 수단이 화제화 '이동'인데, 이러한 이동을 일으키는 출발점이 바로 **화제핵(TOPIC)**이 가지는 모종의 **형식자질**이다. 즉, 우리 머릿속에 어떤 한정적인 명사구를 **화제화(Topicalization)**시키려는 의도가 있다면, 통사부에서는 화제사 핵을 설정하게 된다. 또, 이 핵은 화제화시키려는 논항을 화제사구의 지정어(TopP-Spec) 자리로 이동시키려는 **확대 투사 원리(Extended Projection Principle)**를 만족시키는 **확대투사 자질(EPP Feature)**을 가진다. 이처럼 화제화뿐만 아니라, 각종 문법현상도 그에 상응하는 형식자질 때문에 발생한다. 그러므로 우리는 형식자질은 모든 문법현상의 출발점이라고 본다. 형식자질에 대해 이에 대해 구체적으로 살펴보자.

---

6 沈家煊은 'comment'를 '评述(Crystal, 2000)'로, 徐烈炯 · 刘丹青(2007)은 '述题'라고 번역한다. 본서는 한국 학계에서 일반적으로 쓰는 '진술'로 번역한다.

7 화제어의 문두 출현은 초점(focus), 신정보(new information, 新信息), 구정보(old/given information, 旧信息) 등과 같은 의미 · 화용상 화자의 심리적 요구를 만족시키기 위함이다.

2. 형식자질

2.1. 형식자질의 이해

건축에 있어 여러 자재들을 결합시켜 최종적으로 건물을 짓듯, 문장의 '집'을 지을 때도 여러 자재들을 결합시켜 구조화시킨다. 그 출발점이 바로 '자질(Feature)'이다. 우리는 통사론적 관점에서 이처럼 다른 요소들을 결합(/확장)시키는 자질을 **'형식자질(formal Features)'**, **'문법자질'** 혹은 **'통사자질'**이라 한다. 중국어 단어 '牛(소)'를 예로 살펴보자.

(6) 소(牛)의 자질
  a. 음운자질: [설첨중비음], [비원순고원음], [원순고원음], [제2성]
  b. 의미자질: [포유동물], [뿔이 있음], [꼬리가 있음], ……
  c. 형식자질: [+ 명사성]

예(6)에서 보듯, 음운자질에 해당하는 부분은 'niú'로 그 표현이 간단하다. 그 조음(造音) 위치와 방법을 간단히 묘사해주면 그만이다. 또 형식자질도 [+ N]으로 역시 간단하다. 그러나 의미자질은 다르다. 우선 '포유동물이고, 몸이 크고, 한 쌍의 뿔이 있고, 꼬리 끝에는 긴 털이 나있고, 힘이 세고, ……'[8] 등등으로 매우 복잡하며, 주관적인 관점에 따라 계속적으로 나열될 수 있다.

위에서 살펴본 바와 같이, 어휘부에서는 '소(牛)'에 대해 음운자질, 의미자질, 형식자질의 모든 자질을 포함한다. 그러나 건축현장에 해당하는 통사부에서 관심 가지는 것은 자재들을 어떻게 구조화시키느냐이다. Chomsky(1995)에 의하면 형식자질만이 통사부에 사용되어 연산(/계산)에 적용된다. 즉, 형식자질은 통사적 운용(건축자재들을 당기고 이동시키켜 조합하는 등)의 동기를 부여함으로써, 병합(Merge)을 강요하는 출발점이다.

---

8 『现代汉语词典』(第7版), 商务印书馆(2017:969).

Chomsky(1995)에서 가정되는 단어의 자질에는 음운형태부에서 해석되는 **음운자질**, 논리형태부에서 해석되는 **의미자질**, 그리고 통사부(Syntax)의 운용과 관련된 **형식자질**이 있다. 형식자질에는 범주자질(Categorial Features), Φ-자질(phi Features), 격자질(Case Feature), 강(/힘)자질(Strength Feature) 등이 있다. 본서는 형식자질에 대해 김랑혜윤(2006[2005]:37-64)을 참고로 다음과 같이 분류한다.

2.2. 형식자질의 분류

2.2.1. 기능 차이

형식자질은 자질이 보이는 기능 차원에서 범주자질, 파이자질, 격자질로 나뉜다. 먼저 다음 분류표를 보자.

(7) 형식자

형식자질의 유형		
범주자질	**Φ(phi)자질**	**격자질**
동사성[+ V], 명사성[+ N]	성, 수, 인칭	주격, 목적격

1) 범주자질

범주자질(Category Features)은 어휘의 병합과 분포에 관여하게 하는 자질이다. 즉 각 단어의 품사 기능을 담당하는 자질이다. 범주자질은 명사성 [+ N]과 동사성 [+ V]의 두 자질로 나뉜다. 이러한 자질 특성에 따라 단어를 나눈다. 즉, [+ N]의 자질을 가지는 단어로는 명사, 경명사, 양사, 수사, 한정사(대명사), 구별사(/비술어형용사) 등이 있다. 한편, [+ V]의 자질을 가지는 단어로는 동사, 경동사, 경형용사, 경전치사, 상조사, 태조사, 양태사, 시제사, 보문사, 초점사, 화제사, 어기사 등이 있다.[9]

9 명사성 [+ N] 자질을 가지는 단어에 대한 자세한 내용은 제3장 3.2를, 동사성 [+ V] 자질을 가지

2) 파이자질

파이자질(Φ phi Features)은 형태적 일치를 일으키는 자질로, **일치 자질**이라고도 한다. 언어에서 성, 수, 인칭 등이 바로 일치(agreement)를 요구하는 파이자질이다.

3) 격자질

격자질(Case Features)은 일치자질의 하나로, 통사적 분포에 의해서 명사구에 나타나는 형태적 자질이다. Chomsky(1981, 1986)는 격자질을 **구조격**(Structural Case)과 **비구조격**(non-structural Case)으로 나누며, Chomsky(1995)에서는 주로 주격과 목적격을 포함하는 구조격에 대해 설명한다. Woolford(2006)에 의하면 **비구조격은 다시 어휘격**(Lexical Case)**와 내재격**(Inherent Case)**으로 나뉜다**.[10]

한국어는 **격조사**를 사용함으로써 명사성구(DP)의 격자질이 명시적으로 잘 드러나는 언어이다. 또, 영어 인칭대명사의 경우 **격변화**라는 **형태변화**를 일으킨다. 반면 중국어의 명사성구는 어떠한 경우도 격이 명시적으로 드러나지 않는다. 그러나 중국어의 명사성구도 비록 격조사의 사용이나 형태변화가 없다 하더라도 구체적인 문맥 상황에서 당연히 **비명시적이나마** 격자질을 가진다. 언어가 되려면, 명시성 여부와 관계 없이 어떤 것이 주어인지, 어떤 것이 목적어인지 알게 해주는 현상은 반드시 존재해야 하기 때문이다.

2.2.2. 해석 가능성 여부

형식자질은 또 해석성(interpretable) 유무에 따라 **해석성 자질**(interpretable Feature: iF)과 **비해석성 자질**(uninterpretable Feature: uF)로 나눌 수 있다. 통사자질들은 음

는 단어에 대한 자세한 내용은 제3장 3.3을 참고하라.

10 **어휘격**은 명사구를 선택(selection)하는 핵(동사, 전치사 등)의 어휘적 속성에 의해 결정되며 통사적으로 예측 불가능하나, **내재격**은 명사구에 부여되는 의미역 위치(θ-position)에 따라 결정되어 구조상에서 비교적 규칙적으로 분포한다. 목표점(Goal)의 의미역을 받는 여격(dative) 명사구와 외부논항 역할을 하는 능격 등이 내재격에 해당한다. 고희정(2018:14-16) 참고.

성형식(PF)이나 논리형식(LF)에서 해석 가능 여부에 따라 해석가능 자질과 해석불가 자질로 나뉜다. 예를 들어, 일치(/파이)자질은 명사에 부여될 경우 **명사 고유의 속성**으로 해석이 가능하지만, 동사구나 시제사에 부여될 경우 해석 불가능한 자질로 **통사부에서 점검-삭제되어야 한다**.

Chomsky(1995)에서는 **완전 해석(Full Interpretation, FI)의 원칙**을 따라, **모든 어휘 자질이 해석 가능한 상태로 점검되어 음성형태부(PF)와 논리형형태부(LF)로 보내져야 한다**고 본다. 따라서 **어휘부에서 들어온 해석 불가 자질들을 점검-삭제하여 해석이 가능한 어휘로 만드는 것이 통사부의 주요 역할**이다. Chomsky(1995)에서는 uF 자질을 점검하기 위해서 어휘가 해당 자질을 점검할 수 있는 영역과 병합(Merge)하는 과정이 바로 이동(Movement)이라고 설명한다.

다음 해석 가능성 여부에 따른 자질 분류표를 보자.

(8) 형식자질의 분류(2)

해석성 자질	비해석성 자질
범주자질	격자질
명사의 Φ자질	동사나 형용사의 Φ자질
	접사자질
	강자질

해석성 자질에 속하는 자질을 보자. 여기서 범주자질은 어떤 단어가 동사성[+ V]인가 아니면 명사성[+ N]인가의 문제이다. 모어 화자들은 어휘부에서 해당 단어를 통사부로 가져오는 단계에서부터 어떤 단어가 동사성인지 명사성인지를 해석하는 데 문제가 없다. 마찬가지로 명사라고 파악된 단어의 **Φ(phi)-자질**이라고 불리는 성(gender), 수(number), 인칭(person)등도 우리 머릿속에서 해석하는 데 문제가 없다. 이상의 자질들은 모두 해석성 자질이다.

비해석성 자질에 속하는 자질을 보자. 이는 통사부에서의 연산을 위해 어휘부에서 어떤 단어를 가져올 때, 머릿속에서 해석되지 않는 자질이다. **명사가 가지는 격자질은 비해석성 자질**이다. 통사부에서의 연산을 위해 어휘부에서 어떤 명사를 가져왔지만 이것이 주격으로 쓰일지 목적격으로 쓰일지에 대한 해석은 그 단어가 구체적으로 사용될 때만이 비로소 해석된다. 또,통사부에서의 연산을 위해 어휘부에서 [+ V]성 범주자질을 가져올 때, **동사나 형용사, 시제사 등의 Φ(phi)-자질은 비해석성**이다. 예를 들어 어휘부에서 시제사 BE를 가져왔다고 치자. 이때 이 BE가 어떤 성, 수, 인칭 등의 자질적 성질을 가지고 있는지는 확정할 수 없다. 해당 BE가 구체적으로 이동과 병합 등을 통해 점검될 때만이 이런 Φ(phi)-자질이 비로소 해석되고 그에 따라 형태도 확정된다. 또 단어보다 작은 형태의 **접사자질도 비해석성**이다. 다른 성분과 핵이동을 통해 병합한 후에야 비로소 해석이 가능하다. 또, 이동을 유발하는 **강자질(EPP F)도 비해석성 자질**이다. 논항이동을 통해서 점검을 받아야 해석(삭제)되는 자질이다.

결국, 이러한 비해석성 자질에 대한 해석은 우리 머릿속 통사부에서 이루어진다. 따라서 통사부에서 비해석성 자질에 대해 체크하고, 일치되게 하고, 또, 모종의 성분을 이동시키는 등의 연산이 발생하는 것이다.

2.2.3. 이동 동인의 유무

형식자질은 또 그 특성의 강약에 근거하여 '**강 자질**'과 '약자질'로 분류할 수 있다. 이때 강자질은 이동의 동인이 되는 자질이다. 이를 **힘자질**(Strength Feature)이라고도 하며, 해당 자질이 이동을 통해서 점검되어야 하는지, 아니면 그 자리에 있다가 논리형태부(LF)에서 점검되어야 하는지를 알리는 자질이다. 강자질은 Chomsky (2000) 이후 이동을 일으키는 **확대투사 자질**(EPP Feature)[11]**로 통합**되었다. 다음 표를 보자.

---

11 **확대투사원리**(Extended Projection Principle)**를 만족시키는 자질을 EPP자질**이라 한다. Williams (1980), Chomsky(1981, 1986), Rothstein(1985) 참조. 주어 이동을 유발하는 이러한 자질에 대해 촘스키는 '강 명사구 자질(strong NP-Feature, Chomsky 1995)', '강 한정사 자질(强限定词, strong D-Feature, Chomsky 1995)', '확대투사 자질(EPP Feature, Chomsky 2001)', '해석되어지지 않은 굴절 자질(uninterpretable inflectional feature, chomsky 2007)', '일치자질(agreement, Feature, Chomsky 2008)' 등 여러 명칭으로 부르기도 한다.

(9) 형식자질의 분류(3)

가시적 이동 동인 자질
EPP 자질

강 자질이라 함은 통사부에서 반드시 해석되어야 하는 자질이다. 즉, 반드시 해석되고 삭제되어야 하는 자질이다. 소위 핵 단어나 모종의 논항을 이동시키는 힘을 가진 확대투사 자질을 가리킨다. Chomsky(1995)에 따르면, 소위 '**강 자질**(Strong Feature)[12]'은 해석되지 않으면 음운형태부에서 충돌을 일으키기 때문에 **문자화/음운화 이전에 반드시 점검을 통해 삭제**(deletion)**되어야 하는 자질**이다. 촘스키는 문자화 이전의 가시적 이동원인이 강 자질에 의한 것이라고 본다. 예를 들어보면, 우리가 문장이라는 집을 지을 때, 기둥처럼 반드시 사있어야 하는 경동사구, 시제사구, 보문사구 등의 핵인 경동사(v), 시제사(T), 보문사(C) 등은 모두 가시적 이동을 일으키는 EPP 자질을 가진다. 예를 들어 경동사의 경우는 동사를 아래로부터 당기어 병합하고, 자신의 지정어 자라에는 향우 주어가 될 한정사구(DP)를 배열한다. 또, 시제사와 보문사의 핵도 EPP 자질을 해석하기 위해 모종의 논항을 각자 자신들의 지정어 자리로 이동시키는 작용을 한다. 또, 각종 구문을 만드는 핵, 즉 초점 구문을 만드는 초점표지핵(FOCUS), 양사구를 만드는 양태사 핵(MOD), 화제사구를 만드는 화제사 핵(TOPIC) 등도 모두 가시적 이동을 일으키는 EPP 자질을 가진다. 다음 수형도에서 강 자질인 EPP 자질을 점검하고 삭제하는 예를 보자.

(10) '《红楼梦》, 我读过。의 도출에서 보이는 EPP 자질 점검

12 강 자질이란 T핵이나 C핵 등이 가지는 자질로 음운형태부에서 충돌을 일으키기 때문에 문자화 이전에 점검을 통해 반드시 삭제되어야 하는 자질이다. Chomsky(1995) 3장 참조. 영어는 의문사구의 경우 비해석성 보문사(C)가 가지는 비해석성 강자질 Q는 해석성 자질 'Wh-Feature'의 이동을 통해 반드시 점검되어야 한다. 따라서 'wh-' 의문사는 반드시 문두로 이동한다.

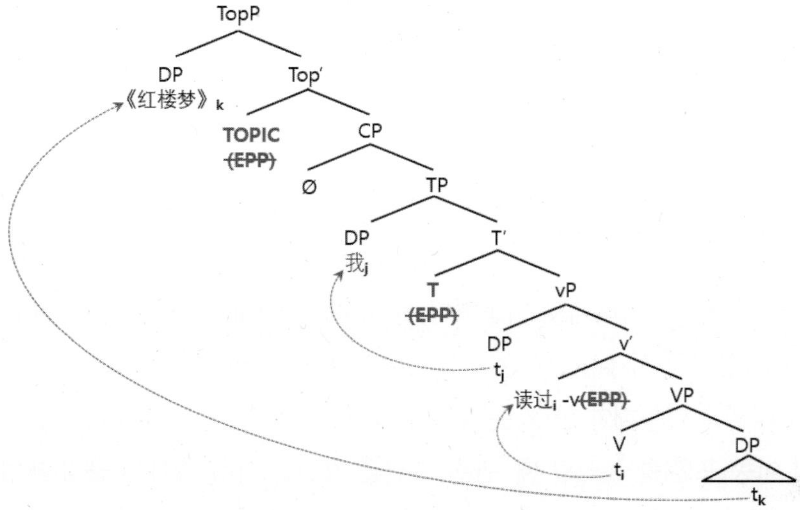

수형도에서 보듯, 경동사(v), 시제사(T), 보문사(C) 등은 모두 가시적 이동을 일으키는 EPP 자질을 가진다. 이 자질은 강자질이며, 비해석성 자질이다. 따라서 이는 반드시 해석(/점검)되어야 한다. 이를 만족시키기 위해 이들은 각각 동사 '读过', '我', '《红楼梦》'을 이동시키고 삭제하는 연산이 발생한다. 수형도에서 t_i, t_j, t_k는 각각 '读过', '我', '《红楼梦》'이 삭제되고 **흔적**(trace)을 남긴 자리이다.

자질과 연산과의 관계에 대해 좀 더 알아보자.

3. 자질과 연산

3.1. 자질유인

Chomsky(1995)에서는 자질점검이 일어나는 환경과 원리의 핵심이 '**자질유인**(Attract F)'이라고 본다. 자질유인 이론에 따르면 이동의 대상은 자질점검이 가능한 자질 F인데, 자질이 이동할 때에 이것보다 가까운 위치에 해당 자질을 갖는 또 다른 어휘소가 있으면 이동이 불가하다고 규정한다. 다음 예를 보자.

(11) *John$_i$ seems that **it** was told <~~John~~$_i$> that Mary is beautiful.

자질 유인(Attract F) 이론[13]에 따르면, 언어에서 (11)과 같은 **초인상(super-raising)이 일어나지 않는다**. 즉, 하위절의 John은 주절의 주어 자리로 격을 받기 위해서 이동하고자 한다. 그러나 중간에 it이라는 격자질을 가진 다른 요소가 존재하므로, John은 it을 넘어서 단번에 상위의 주어 자리로 이동할 수 없다. 따라서 John은 마치 징검다리를 건너듯 차례대로 이동해야 한다. 즉, 먼저 it의 자리로 이동하고, 이어서 동사 seem 상위의 시제사(T)가 가지는 일치자질인 Φ(phi)-자질과의 일치를 위해 전체 주어 자리로 이동해야 한다. 유인자입장에서 보면, 상위의 핵은 하위의 핵(연동된 성분의 이동 포함)을 유인할 때, 관련 자질을 가지는 가장 가까운 곳의 핵이나 성분을 끌어 당길 뿐 건너뛴 성분을 당기는 것이 아니라는 것이다. 따라서 '자질유인'에 의한 이동은 철저히 **최소성과 경제성의 원칙**에 따라 운용되며, 이동의 원인이 불분명한 이동은 발생지 않는다는 것을 의미한다.

3.2. 자질점검

형식자질은 구조성분 간의 **자질점검(Feature Checking)**을 통해 삭제되어야 한다. 다음 대화에서 B 문장의 도출 과정에서 보이는 자질점검에 대해 살펴보자.[14]

(12) A: What happened to the protestors?

B: They were arrested.

(7)-(9)의 자질 분류에서 살펴본 바, 해석성 자질과 비해석성(uninterpretable) 자질의 분류를 상기해보자. 명사의 범주 자질이나 Φ(phi)-자질은 해석성 자질(iF)이다. 반

13 자질유인(Attract F): (상위의 핵 요소)K는 F(자질)가 K의 하위 표찰과 점검 관계를 이룰 수 있는 가장 가까운 자질일 때, F를 유인한다(K attracts F if F is the closest feature that can enter into a checking relation with a sublabel of K). Chomsky(1995:297).
한편, '최소거리 유인책'에 관한 예는 본서 제4장의 2.3.1을 참고하라.

14 Andrew Radford(2012[2004]:284-287) 참조.

면, **명사의 격 자질**과 시제 범주를 나타내는 **동사의 Φ(phi)-자질**은 **비해석성 자질**(uF)이다. 이 말은 (12) B의 도출(derivation)이 시작될 때, A의 명사 표현인 'the protestors'를 의미하는 대명사 'THEY'의 Φ-자질인 인칭, 수 등은 해석성(/아는 것)이지만, 그것의 격 자질(Case-Feature)과 'BE' 동사의 Φ-자질인 성과 수는 비해석성(/모르는 것)이라는 말이다. 이상의 내용을 고려하여 B의 'THEY'와 'BE'의 해석성 유무에 따른 자질 상황을 나타내면 다음과 같다.[15]

(13) 'They were arrested.'의 자질 상황
- THEY → [3-Pers, Pl-Num, **u-Case**]
- BE → [Past-Tns, **u-Pers, u-Num**]

위의 자질 상황에서 'THEY'와 'BE'로 표시한 것은 아직 자질점검이 안 되어 그 형태를 확정하지 못하였기 때문이다. 도출이 진행되기 전 상태에서 'THEY'는 명사이므로 3인칭 복수인 것을 알 수 있지만, 그것의 격은 비해석성(u-Case)이다. 시제를 표시하는 'BE'는 'arrested'에 근거해 과거임(Past-Tns)을 알 수 있지만, 그것의 인칭(u-Pers)과 수(u-Num)는 비해석적이다. 따라서 비해석적인 요소들은 모두 자질 점검을 통해 해석되어져야 한다. 이제 (12)B 'They were arrested.'의 도출 과정에서 보이는 자질점검에 대해 구체적으로 살펴보자.

(14) 'They were arrested.'의 도출에서 보이는 자질 점검(1)

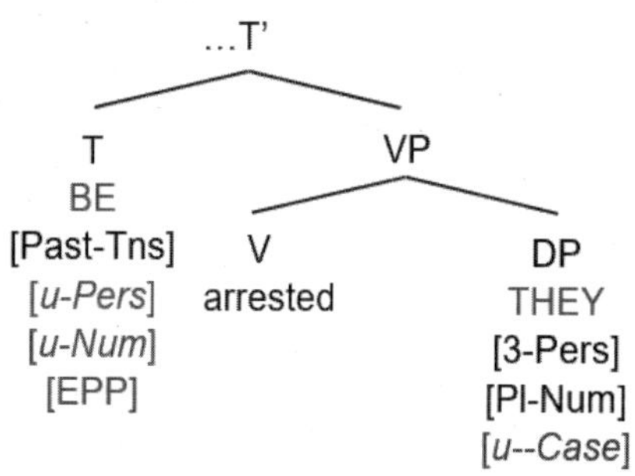

15 여기서 'THEY'와 'BE'를 대문자로 표시한 것은 아직 Φ-자질이나 격자질을 부여받지 않은 상태임을 나타내기 위한 것이다.

수형도는 동사구(VP)가 시제사구(TP)로 투사되는 **중간투사**(intermediate projection, T') 과정이다. 이 수형도에서 **값을 부여받지 못한 자질들**(Unvalued Features)을 찾아보자. 이들은 **점검되기 전에는 어떻게 발음(/문자화)해야 할지 알 수 없다**. 따라서 반드시 값을 부여 받아야(valued) 한다. 즉, **'비해석성 자질들**(u-Features)'**은 논리형태부**(LF)**에서 해석적 역할을 할 수 없으므로 삭제**(deletion)**되어야 한다**.

먼저 동사 핵 'arrested'가 보충어 'THEY'와 병합(Merge)하여 동사구(VP)를 도출한다. 다시 시제사(TENSE)가 핵이 되어 동사구(VP)를 보충어로 삼아 병합하는 과정을 보여준다. 이때, **시제사 'BE'는 동사 'arrested'를 통해 과거시제로 해석**되나, 그것의 인칭(u-Pers)과 수(u-Num)는 비해석적이므로 그것들은 해석되고 삭제되어야 한다. 이를 위해 동사의 보충어로 쓰인 **'THEY'의 자질들을 복사**(copy)**하여 'BE'의 자질들을 점검하고 삭제한다**. 이를 통해 'BE'의 인칭과 수가 확정된다. 따라서 **3인칭 과거형인 'were'로 확정**된다. 이를 통해 'BE'의 파이자질은 점검되어 해석되었다.

이제 'BE'의 EPP 자질과 'THEY'의 격자질 등이 점검받아야 할 때이다. 즉, 이 문장이 중간투사를 넘어 최대투사(Maximal projection)를 해서 더 완전한 문장으로 생성되어야 할 시점이다.[16] 다음 수형도를 보자.

(15) 'They were arrested.'의 도출에서 보이는 자질 점검(2)

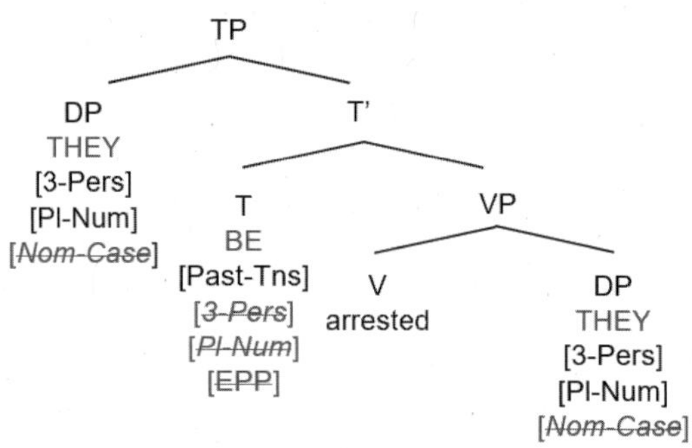

시제사(T) 'BE'는 자신이 가진 강자질인 확대투사자질(EPP Feature)을 점검하기 위해 구조체 내에서 자신의 지정어 자리로 이동시킬만한 대상(논항)을 찾는(/**탐침**한)

16 구의 도출 과정상에서 보이는 투사(projection)에 대해서 본서 4장의 1.2를 참고하라.

다. 찾다 보니 한정사구(DP)인 'THEY'만이 적격대상이다. 이에 이것을 복사하여 시제사구의 지정어(TP-Spec) 자리로 논항이동(A-movement)[17]시킨다. 이 '확대투사'를 통해 두 가지 비해석성 자질이 점검을 받는다. 즉 'BE'는 자신이 가진 **강 자질인 확대투사자질(EPP Feature)**을 'THEY'의 이동을 통한 확대 과정을 만족시킴으로 점검받은 후, 자신의 역할을 다 하였으므로 삭제한다. 또 'THEY'는 이동을 통해 주어의 위치에 배열됨으로써, 자신의 비해석성 자질인 격(u-Case)이 점검받는다. 이는 결국, '시제사는 자신의 지정어(Spec) 위치의 논항에게 주격(Nominative)을 준다.'[18]라는 말이 증명되는 것이다. 이로써 격이 확정적이지 않아 'THEY'로 표기되었던 것이 드디어 주격으로 해석되어 'They'의 형태로 확정된다. 이상의 연산 과정을 통해 'They were arrested.'는 비교적 완전한 문장인 시제사구(TP)로 최대투사된다.

3.3. 자질일치

Chomsky(1995)에서는 **문장 전체를 통사부의 기본 운용 단위**로 보았으나, 그 이후 발표된 최소주의 통사론 논문들에서는 문장보다 작은 단위인 **국면(phase)**을 통사부의 운용단위로 보아야 한다고 주장한다(Chomsky, 2001, 2004, 2008). 국면을 중심으로 **통사부의 운용이 주기적(cyclicity)으로 적용**된다.[19] 또한, **탐침(probe)**에 의해 일치가 일어난다고 주장하고, 이동과 일치를 분리하여 설명해야 함을 말한다.

먼저 **일치이론(Agree theory)**에 대해서 살펴보자. Chomsky(1995)에서 제안된 점검이론(checking theory)에서는 어휘소가 형태적 자질까지 모두 가진 상태로 통사부에 도입된다. 그러나 일치이론에서는 **어휘소가 일치를 통해서 그 형태적 자질을 획득하게 된다**고 주장한다. 따라서 **일치(Agree)란 통사적으로는 비해석성 자질을 없애는 기능을 하고, 형태론적으로는 어휘자질의 값(value)을 부여하는 것**으로 이해된다.[20]

---

17 논항이동(A-movement)에 대해서는 본서 제4장의 2.3.2를 참조하라.

18 시제사구(TP)에 대해서는 본서 제6장의 8에서 다룬다.

19 즉, 비교적 안정적인 단위인 경동사구(vP) 단위로 논리형태부와 음운형태부로 보내져 점검된 후 언어수행 시스템으로 송출되는 일이 주기적으로 계속 진행된다는 것이다.

20 일치이론의 주요 개념을 요약하면 아래와 같다.

이제 영어 to 부정사 주어 인상구문[21]의 분석을 통해 일치이론의 실례를 알아보자.

(16) [***Susan***$_i$ T seems [<***Susan***$_i$> T_{def} to be [<***Susan***$_i$> sleepy]]]

예(16)에서 최하위의 Susan은 점검받아야 할 '격자질'과 '일치자질'이 있는 상태로 sleepy의 '주어(/내부주어)'가 되어 '[Susan sleepy]'를 생성한다. 이에 대해 'TO' 부정사의 시제사 (T) 또한 일치자질(φ-자질: 성, 수, 인칭)을 가지고 있으므로, T와 Susan 사이에서 자질 일치를 위해, Susan은 부정사구의 주어 자리로 논항이동한다. 그러나 부정사구의 T는 완벽한 시제사가 아닌 불완전한(defective) T[22]로, Susan의 '격자질'은 점검하지 못한다. 이후 주절의 동사 'seem'에 영향을 미치는 상위의 시제사 T가 Susan과 일치를 위해 Φ-자질을 점검하고 Susan은 Φ-자질 일치[23]의 결과로 '격자질'

---

a. 최소 탐색(minimal search) : 탐침자 P는 성분통어의 영역에서 있는 목표물(goal) K와 일치를 이루고, 필요한 경우 K는 P의 지정어 자리로 이동할 수 있다(Chomsky, 2004:109).

b. 활성화 조건(activity condition) : 해석불가 자질이 탐침자 P와 목표물 K를 통사부에서 활성화할 수 있으며, P와 K의 자질부합(matching)은 일치(agreement)에 이른다(Chomsky, 2001:4).

c. 국지성 조건(locality condition) : 탐침자 P와 목표물 M사이에 P와 부합하는 자질을 가지는 K가 존재하는 경우 K는 P와 M 사이의 일치를 막는 간섭효과를 일으킨다(Chomsky, 2001:6). 고희정(2018:16-18) 참고 및 재인용.

한편, 일치의 예는 본서 제6장 8.2 '주격 부여와 주어 문제'를 참고하라.

21 '인상 동사(Rasing verb)'에 대해서는 본서 제3장의 3.3.1의 ⑦을 참조하라.

22 to 부정사(infinitve, 不定词)란 품사를 확정할 수 없어서 '不定词'라 한다고도 하는데, 우리는 이를 영어 시제사(Tense)의 하나로 본다. 다만 확정적인 시제(과거, 현재, 미래)를 줄 수 없는 한계가 있는 시제사이기 때문에 정형절(주어와 시제를 갖춘 안정적인 절)을 구성하지 못하는 불완전한 시제사(T_{def})라 하겠다.

23 자질상의 일치를 이루기 위해서는 탐색자는 반드시 목표물을 자신의 표찰영역(domain of LB(K))(즉, 투사범주) 내에 포함하고 있어야 한다. 일치가 적용되면 탐색자와 목표물의 비해석성 자질들은 모두가 값을 부여받고 양도(TRANSFER) 후 논리형태부에서 삭제된다. 일치가 적용되기 위해서는 먼저 탐색자와 목표물 사이에 자질상의 '합치(Match)'가 먼저 이루어져야 하는데, '합치'란 동일 자질 간의 확인(Identity)을 의미한다. 따라서 일치는 반드시 동일 종류의 phi-자질을 갖는 핵범주들 사이에만 적용된다. 또한 일치(Agree)는 다음과 같은 소위 활동성 조건(activity condition) 하에서 적용된다.
일치의 연산이 적용되기 위해서는 탐색자와 목표물이 모두 활동적이어야 한다.(Probe and goal must both be active for Agree to apply.)
탐침자와 목표물로서 일치를 이루는 한 쌍의 범주가 있고, 일치를 통해 상대 범주의 비해석성 자질을 삭제하기 위해서는 반드시 그 범주가 성, 수, 인칭의 phi-자질을 모두 가져야 한다. 즉, phi-자질이 완전(complete)한 범주가 되어야 한다. 이에 관해 Chomsky(2001)는 phi-자질의을 점검받고 다시 문두로 이동하여 주격을 받아 주어가 된다. 이 구는 이상의 도출 과정을 통해 해석 가능한 상태가 되고, 이런 상태로서 음운형태부(PF)와 논리형태부(LF)로 전달된다.

결국, '**자질점검**'이란 문장 내의 요소들이 처음부터 특정한 자질을 가지고 있어 이를 점검(checking)해준다는 의미이고, '**자질 일치**'란 문장 내의 어떤 요소의 자질값(Feature value)이 문장의 다른 요소와 일치(agree)를 통해 자질값을 부여하는 것을 말한다.

이상에서 보다시피 한 문장의 생성에서 발생하는 모든 작동은 형식자질들에 대한 점검 차원에서 발생한다. 이처럼 **'형식자질'은 선택(Select), 점검(Checking), 부합(Match), 일치(Agree), 병합(Merge) 등 통사적 연산(computation)의 출발점이다**. 즉 일정한 문장을 이루는 단어들의 조합에 있어 비해석성 자질(u-Feature)이 전부 해석되면, 해당 구조체는 경동사구(vP) 혹은 보문사구(CP)라는 비교적 고정적인 **국면(phase)**을 이루어 논리형태부(LF)와 음운형태부(PF)로 송출되고, 여기서 부문별 해당 점검이 끝나면 입 밖으로 출력되어, 우리가 듣고 이해할 수 있는 '문장(/발화체)'이 된다. 결국, 통사부에서 운용되는 **형식자질은 문법시스템 상의 최소단위이며, 문법현상의 출발점**이라 하겠다.

중국어 '문장의 집'도 기본적으로 동일한 과정을 거쳐 지어진다. 우선 자질점검의 이해 차원에서 시제사구(TP)와 화제사구(TopP)의 도출에서 공통적으로 보이는 확대투사 자질의 점검과 일치 양상을 보자.

(17) a. 我喜欢汉语句法学。
나는 중국어 통사론을 좋아한다.

완전성 조건(Φ-completeness condition)을 제시했다.
α는 자신과 부합의 쌍을 이루는 β의 비해석성 자질들을 삭제하기 위해서 반드시 phi-자질상 완전해야 한다.(α must be Φ-complete to delete uninterpretable features of the paired matching element β.)
김용석(2012:159-160) 참고 및 재인용.

b. 汉语句法学$_i$, 我喜欢 t_i。
중국어 통사론은, 내가 좋아한다.

문장의 집을 짓는 절차를 알아보기 위해 먼저 b에 대한 수형도를 보자.

(18) '汉语句法学$_i$, 我非常喜欢 t_i。'의 도출

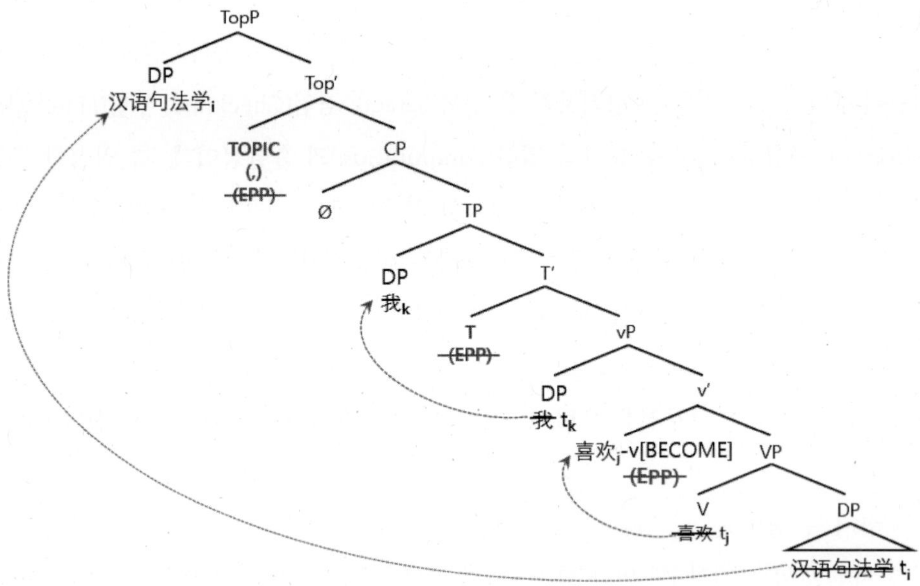

위 수형도에서 주어 '我'는 비명시적 시제사(T)의 EPP 자질점검과 일치를 위해 경동사구의 지정어(vP-Spec) 자리에서 시제사구의 지정어(TP-Spec) 자리로 논항이동한다. 즉, 시제사핵(T)의 확대투사자질(EPP Feature) 점검과 격일치를 위해 '我'의 이동을 유발하고, '我'는 이를 통해 주격(Nominative)을 부여받는다.[24] 또, 마지막으로 '汉语句法学$_i$'도 동사핵의 보충어 위치에서 흔적(ti)을 남기고 화제사구의 지정어(TopP-Spec) 자리로 이동한다.[25] 이 역시 **화제사핵(TOPIC)의 EPP 자질 점검**을 위해

24 영어라면 'me'와 'I'의 형태적 차이가, 한국어라면 격조사 '-이/가, -은/는'의 부가 등이 있어 명시적인 차이가 보일 것이다. 이런 점에서 vP-Spec의 '我'와 TP-Spec의 '我'는 격 차원에서 같은 대상이 아니다.

25 이러한 현상을 **화제화**(Topicalization)라고 한다. 화제화는 화자가 어떤 내용을 진술의 대상으

서이다.

이상을 통해서 보듯, 중국어에서 시제사의 한정사구(DP)에 대한 주격 부여 및 화제화 이동의 출발점 역시 '형식자질의 점검과 일치'라는 자질 연산에서 비롯된다.[26]

로 삼고 싶을 때, 그것을 문두에 배치시키는 언어 조작의 하나이다. 이 과정에서 보이는 자질점검 양상은 화제핵(TOPIC) 속에 있는 모종의 자질, 즉 EPP **자질 점검을 만족시키기 위한 것**이다. 즉 목적어 위치에 있던 '汉语句法学'를 문두로 이동시키는 조작이다. 't_i'는 그 흔적(trace)이며, 의미를 해석할 때는 이곳에 '汉语句法学'를 넣어서 해석한다. 중국어는 특징적으로 인칭, 수, 시제 등에 있어 형태변화를 일으키지 않는 언어이다. 그러나 동사핵의 경동사 위치로의 이동, 보충어 혹은 지정어 위치의 논항들이 보이는 이동 등은 형식자질들의 점검을 위해 연산이 일어난 결과라 하겠다. 화제사구(TopP)에 대해서는 본서 제6장 9.3에서 다룬다.

26 다만, 중국어는 격(Case)이나 시제(Tense)의 형태 변화가 명시적이지 않기 때문에 시각적으로 드러나지 않지만, 비명시적으로 이 모든 변화가 발생하는 것이다.

제 3 장

단어

1. 단어의 정의와 속성
2. 중국어 품사 분류 문제
3. 단어 분류

단어(word)란 무엇인가? 그 정의를 말하자면 백 가지가 넘을지도 모른다.

우리는 단어가 인간의 뇌 속에서 발생하는 인지 작용의 한 결과물이라고 본다. 이미 본서의 제1장의 2.2에서 언급한 바 있듯, 언어란 외부로부터의 어떤 정보가 시·청각 등 감각기관을 통해 대뇌 피질로 들어온 후, 베르니케 영역을 통과하면서 이해되고, 게쉬윈드 영역에서 언어(/단어)적으로 전환된 후, 브로카 영역을 통해 통사구조를 만들고, 운동기관으로 보내져 발화되는 것이라 믿어진다. 이 언어(/인지) 정보의 흐름 속에서 대뇌 피질로 들어온 감각 정보를 기존의 기억장치에 저장되어있는 것(단어/정보)들과 비교할 것이다. 그결과 **분류되고(Classified) 범주화된(Categorized) 결과물이 음운과 문자의 옷을 입고 사람의 입 밖으로 나온 것이 바로 단어**이다.[1]

제3장에서는 단어의 정의와 속성, 중국어 품사 분류에 따른 여러 문제에 대해 구체적으로 살핀다. 본서는 단어 분류의 근거로써 단어의 자질과 기능성 유무에 따라 분류한 후 그 결과를 요약하여 표로써 제시한다.

---

1 조장희(2019, 2021세미나, 2022세미나)는 단어(lexicon)란 "언어부호 저장 단위(Language Code Storage Unite)"라고 말하며, 분류화와 범주화 및 체계적 구조화의 도움을 통해 "ENGRAM"이 "LANGRAM"으로 전환된 입력 데이터로 게쉬윈드 영역에 있을 것으로 믿어지는 것이라고 본다.(It is believed to be in the Geschwind's Territory with which the input data "ENGRAM" can be translated to "LANGRAM" by help of classification, categorization and systematic organization.). https://www.youtube.com/watch?v=_8Mkb1hXzE8 조장희 박사-GCU, 뇌를 만나다. 참조.

1. 단어의 정의와 속성

1.1. 정의

전통문법학에서 **단어는 최소의 자립적 문법단위**로 정의된다. 여기서 '최소'와 '자립 단위'라는 두 개념을 이해하자. 먼저 '자립 단위'란 무엇인가? 이는 누구의 도움 없이도 독립적으로 운용될 수 있다는 의미이다. 흔히 말하는 구도, 문장도 독립적으로 운용될 수 있다. 그러나 형태소는 자립적인 것도 있고, 비자립적인 것, 즉 의존적인 것도 있으므로 단어의 자립성에 미치지 못한다. 그러므로 여기서 '최소'라는 개념을 잘 이해 해야 한다. 즉, 자립적으로 쓰일 수 있는 단위 중 '최소'라는 것이다. 따라서 단어는 그 의미뿐만 아니라 구조, 크기, 속성 등에 따라 매우 다양한 의미와 기능을 가진다.

비유하자면 '단어'는 마치 문장의 집을 짓는 **가장 작은 운용 단위**인 벽돌 같다. 문장이라는 건축물을 잘 만들기 위해 이 벽돌들의 속성을 잘 이해해야 한다. '소재/자질'에 따른 벽돌의 종류가 매우 다양하듯 단어도 그 자질에 따라 다양한 의미와 기능을 가진다. 우리는 이미 언급한 **'자질(Feature)'에 근거**하여 단어를 다음과 같이 정의한다.

(1) 단어(word)는 자질 집합체(Feature Inventory)이다.

1.2. 속성

단어의 정의에서 보이는 '자질 집합체'란 무슨 말인가? 단어는 여러 속성적 자질들로 구성된 복합체라는 말이다. 그렇다면 단어 속에는 어떤 속성적 자질(/정보)들이 들어있을까? 그 속에는 다음과 같은 여러 종류의 자질(/정보)들이 저장되어있다.

(2) 단어 속에 저장되는 자질과 정보

	단어
a	음운자질(phonetic Features)
b	의미자질(semantic Features)
c	**범주자질(category Features)**
d	**격자질(Case Features)**
e	**일치자질(agreement Features)**
f	어휘의미
g	**내용어/기능어**

단어 속에는 많은 정보가 담겨 있다. 이 중 **품사**는 이상의 여러 자질과 정보 중에서 주로 c, d, e, g등을 통해 구별된다. 그렇다면 단어 'dog'의 자질 및 정보들을 써보자.

(3) 'dog'의 자질과 정보

	dog
a	/dɔ(:)g/
b	동물, 포유류,···
c	**[+ N]**
d	**주격(nominative Case)/목적격(accusative Case)**
e	**단수(singular), 3인칭(3rd person)**
f	개
g	**내용어**

단어 'dog'는 이상의 자질과 정보에 근거하여 명사로 분류된다.
또, 단어 'ate'의 자질과 정보를 써보자.

(4) ‘ate’의 자질과 정보

ate	
a	/eit/
b	행위, 동작,…
c	**[+ V]**
d	**격(uF: 비해석성 자질)**
e	**과거(past)**
f	먹다
g	**내용어**

단어 ‘ate’는 이상의 자질과 정보에 근거하여 동사로 분류된다.

이상의 내용에 근거한다면, 단어 dog와 ate는 자질과 정보 중 음운자질(a), 의미자질(b), 의미자질(g) 뿐만 아니라 소위 문법자질/형식자질(c-e)및 기능성(f) 등을 포함하는 **집합체**이다. 본서는 이상에서 논의된 내용을 기반으로 ‘**단어는 자질 집합체**’라고 정의한다. 다시 말해 이 정의는 단어가 문법적인 자질([인칭], [성], [수], [상], [양상], [시제], [형태격], [구조격], [범주]) 등뿐만 아니라 의미적인 자질([서술어의 유형], [논항], [한정성/비한정성], [가산/불가산]) 및 음운적인 자질[2] 등을 모두 포함하는 복합적인 존재임을 말한다.

2 단어가 음운자질을 보여주지 않는 경우, 즉, 비명시적인 한정사자질(D), 확대투사자질(EPP Feature), 영대명사(pro/PRO), 공범주 등도 똑같이 중시되어야 한다.

2. 중국어 품사 분류 문제

2.1. 분류의 양면성

전통문법에서 말하는 단어의 분류 중 '**품사**'란 단어의 **분포**와 그에 따른 **문장성분 충당기능**을 고려한 분류이다. 라틴 문법의 전통 아래 이러한 품사 분류는 긴 세월 동안 금과옥조처럼 받들어져 왔다. 그러나 이제 이러한 품사 분류는 중국어 단어가 가지는 여러 특성상 재고할 필요가 있다.

2.1.1. 난해성

1) 형태 기준의 한계

중국어의 단어는 **형태 기준**(morphological criteria)으로 그 품사성을 분류하기 어렵다. 중국어는 굴절적 형태소(inflectional morpheme)나 파생적 형태소(derivational morpheme) 가 매우 적기 때문이다. 이점은 전통문법 책에서 자주 언급되므로 여기서는 간략히 줄인다.

2) 의미 기준의 한계

중국어의 단어는 **의미 기준**(semantic criteria)으로 그 품사성을 분류하기 어렵다. 사물의 이름이면 명사이고, 의미적으로 활동(action)을 나타내면 동사인가? 다음 예를 보자.

(5) a. 食夫稻, <u>衣</u>夫锦, 于女安乎？『论语 · 阳货 21』
이 쌀밥을 먹고, 이 비단옷을 입는 것이, 너에게 편안한가?
b. 无<u>友</u>不如己者。『论语 · 学而 8』
자신만 못한 사람을 사귀지 마라.

(5)a에서 '衣', b에서 '友'의 품사는 무엇인가? 우리는 이들 단어의 의미를 잘 안다. '衣'와 '友' 모두 명사이다. 그러나 위 문장구조 속에서 그것들의 기능은 모두 동사로 기능한다. 아무런 형태변화가 없는데도 말이다. 또 다음 예를 보자.

(6) a. 这<u>哭</u>, 不仅仅是高兴, 激动, 同情的哭, 而是有种深层的内涵。
이 울음은 단지 기쁨, 감동, 동정의 울음이 아니라 깊은 의미를 가지는 것이다.
b. 这些<u>研究</u>主要是在他的研究室里进行的。
이들 연구는 주로 그의 연구실에서 진행된 것이다.

(6)a에서 '哭', b에서 '研究'의 품사는 무엇인가? 동사인가? 우리는 이들 단어의 의미와 기능을 잘 안다고 생각한다. 바로 동사이다. 그러나 위 문장구조 속에서 그것들의 기능은 모두 명사로 기능한다. 중국어 단어가 가지는 이러한 특성은 의미 기준에 의해 단어의 품사를 구분하는 것의 한계를 보여준다.

3) 분포 기준의 한계

중국어의 단어는 **분포 기준**(distributional criteria)으로 그 품사성을 분류하는 데 역시 한계가 있다. 물론 분포 기준은 단어의 속성과 기능을 파악하는 좋은 기준이 되는 것은 틀림없다. 이에 따라 여기서는 분포 기준에 의해 중국어 품사 분류의 가능성을 타진해보고, 특히 단어 분류에 문제가 되는 단어의 **겸류(兼类)**에 대해 알아본다.

어떤 한 언어의 표현방식의 문법적 차이는 통상 그 언어의 단어 위치에 근거하여 결정된다. 이것은 해당 단어의 문법적 기능에 근거한 것이다. 일찍이 朱德熙(1985)는 "품사 분류는 단어의 분포에 근거해야지 단어의 의미에 근거해서는 안 된다."라고 했다. 이는 바로 이 '**분포(分布)**'를 중시하는 관점이다.[3] 먼저 이런 관점에서 설명하는 熊仲儒(2013:1-2)의 예를 보자.[4]

---

3 현대중국어에 이러한 분포주의적 관점을 도입한 이는 黎锦熙(1992[1924])이다. 그는 '문장에 근거해 품사를 결정해야 하며(句本位), 문장을 떠나면 품사가 없다(依句辩品, 离句无品)'라는 점을 주장한다.

4 부호가 의미하는 바는 다음과 같다. "___" 상응하는 단어의 분포 위치; "∧" '그리고/또한' ; "∨" '혹은' ; "+" '모종의 속성을 가짐'; "-" '모종의 속성을 가지지 않음'; "!" '모종의 속성만을 가짐'을 각각 표시한다.

(7) a. 명사 : [+수량 _____] ∧ [-부사_____]
b. 동사 : [+_____목적어] ∨ [-很_____]
c. 형용사 : [-_____목적어] ∧ [+很_____]
d. 구별사 : [!_____명사]
e. 부사 : [!_____동사] ∨ [!_____형용사]
f. 수사 : [!_____양사]
g. 양사 : [! 수사_____]

이제 (7)을 해석해보자.

a. 명사 : [수량사]의 뒤에 위치할 수 있고, [부사]의 뒤에는 출현할 수 없다.
b. 동사 : [목적어]의 앞에 위치할 수 있거나, [很]의 뒤에 출현하지 않으면 된다.[5]
c. 형용사 : [목적어]의 앞에 위치할 수 없고, [很]의 뒤에 출현한다.
d. 구별사 : 단지 [명사] 앞에만 위치할 수 있다.
e. 부사 : 단지 [동사] 앞에만 위치할 수 있거나, [형용사] 앞에만 위치할 수 있다.
f. 수사 : 단지 [양사] 앞에만 위치할 수 있다.
g. 양사 : 단지 [수사] 뒤에만 위치할 수 있다.

이상의 분포 표준에 근거하여 실제적으로 품사를 구별해보자.

(8) a. 喜欢 : 很**喜欢**语言学 [+很_____] ∧ [+_____목적어]
b. 漂亮 : 很**漂亮** [-_____목적어] ∧ [+很_____]

'喜欢'은 '很'의 뒤에도 출현할 수 있고, 목적어의 앞에도 출현할 수도 있다. '漂亮'은 '很'의 뒤에만 출현할 수 있으나, 목적어 앞에는 출현할 수 없다. 이 분포 표준에 근거하여, '喜欢'은 동사이고, '漂亮'은 형용사이다.

그러나 다시 다음 '多'의 예를 보자.

5 이 조항의 뒷부분은 중국어의 **심리 · 인지 동사**의 경우를 고려하면 적절하지 않다.

(9) a. 他**多**了十块钱。 ＊他很多了十块钱。
그는 10원이 많아졌다.
b. 他钱很**多**。 ＊他钱很多了十块。
그는 돈이 많다.

분포 표준에 근거하면, (9)a의 '多'는 **동사**이고, (9)b의 '多'는 **형용사**이다.

熊仲儒(2013:2)의 견해가 맞는다면, 중국어의 '多'는 문자, 음운, 의미적으로 하나의 단어가 두 가지 품사로서의 자격을 가지는 경우이다. 이를 **겸류사(兼类词)**라 한다. 문제는 형태표지가 거의 없는 중국어 단어의 품사를 분포에 의거하여 구별한다면, 단어의 이런 겸류현상은 피할 수 없다. 이에 "실사는 품사 구별이 없다(实词无类)"는 설명법[6]과 "단어는 정해진 품사 구별이 없다(词无定类)"라는 견해가 나오게 된다. 이는 朱德熙(1985)가 설파한 대로 중국어 품사와 통사성분(통상적으로 말하는 문장성분) 사이에는 일대일 대응 관계가 없다. 다음 '老实'의 예를 보자.

(10) a. 小张很**老实**。
장군은 성실하다.
b. **老实**比虚伪好。
성실함은 꾸밈보다 좋다.
c. 小张是**老实**的人。
장군은 성실한 사람이다.
d. 你得**老实**告诉我。
너는 나에게 성실하게 말해 주어야 한다.

중국어는 단어의 문법기능을 알려주는 각종 **접사**(접두사, 접미사)의 수가 현격히 적다. 또, 단어가 문장 가운데서 운용될 때 형태변화가 없다. 이런 까닭에 소위 형용사라고 판단되는 '老实(성실하다)'가 문장 속 분포에 따라 형태의 변화 없이 각각 술어, 주어, 관형어, 부사어의 여러 가지 문장성분으로 쓰인다.[7] 그러니 어떤 품사가 어

---

6 高名凯(1953)는 「关于汉语的词类区别」에서 "중국어의 단어는 실사와 허사로 구분할 수 있으며, 실사는 다시 분류할 필요가 없다"고 한다.

7 그러나 한국어 해석을 보면, '老实'의 뜻이 '성실하다' '성실함' '성실한' '성실하게' 처럼 각각 적

느 위치에 분포한다는 '**분포론**'으로 중국어 단어의 품사를 판정하기가 어렵다.

중국어에서 "단어는 정해진 유별(품사 구별)이 있다"는 말을 하기 위해서는 반드시 겸류현상(兼类现象)을 축소시켜야 한다. 무제한적으로 겸류현상을 확대하면, "단어는 정해진 유별(품사 구별)이 없다(词无定类)"는 말이 되기 때문이다. 그러나 겸류현상에 대한 여러 학자들의 관점은 일치하지 않는다. 예를 들어 黄伯荣 · 廖序东(2007)은 다음과 같이 5종의 겸류현상을 제시한다.

(11) a. 동사/명사 겸류 : 病, 建议, 领导, 工作, 代表
b. 명사/형용사 겸류 : 左, 科学, 经济, 标准, 理想
c. 형용사/동사 겸류 : 忙, 热闹, 丰富, 明白, 努力
d. 형용사/부사 겸류 : 共同, 自动, 定期
e. 형용사/동사/명사 겸류 : 麻烦, 方便, 便宜

邵敬敏(2007)은 다음과 같이 6종의 겸류현상을 제시한다.

(12) a. 동사/명사 겸류 : 病, 电, 指导, 报告
b. 명사/형용사 겸류 : 圆, 红, 方便, 内行
c. 형용사/동사 겸류 : 热, 饿, 满足, 繁荣
d. 형용사/부사 겸류 : 长期, 基本, 临时, 高速
e. 동사/전치사 겸류 : 在, 对, 给, 跟
f. 접속사/전치사 겸류 : 和, 跟, 因为, 为了

겸류현상으로 인하여 품사 구분이 어렵다는 것을 간파한 陆俭明(2005)교수는 겸류현상에 대해 비교적 엄격한 기준을 가진다. 그는 문법학계에서 겸류에 속하는지 아닌지 의견 차이가 있는 다음과 같은 예에 대해 모두 **동음이의어**일 뿐 겸류현상이 아니라고 본다. 이는 겸류현상을 엄격히 제한함으로써 품사분류의 복잡성을 제거하려는 의도이다.

절하게 형태가 변화한다. 이처럼 중국어는 형태표지를 위주로 문법기능을 나타내는 언어가 아니다. 따라서 상대적으로 다음에 살펴 볼 중국어의 '어순(语序)'과 '허사(虚词)'의 문법기능이 매우 중시되는 특징이 있다.

(13) a. **锁：동사/명사**

把门**锁**$_1$上。

문을 잠그세요.

买了一把**锁**$_2$。

자물쇠 하나를 샀다.

b. **代表：동사/명사**

他**代表**$_1$我们班发言。

그는 우리 반을 대표해서 발언했다.

他是人民的**代表**$_2$。

그는 인민의 대표이다.

c. **报告：동사/명사**

现在**报告**$_1$大家一个好消息。

지금 여러분에게 좋은 소식 하나를 보고합니다.

这起事故你给写个**报告**$_2$。

이번 사고를 일으킨 것에 대해서는 당신이 보고서를 써야 합니다.

d. **研究：동사/명사**

他**研究**$_1$人类史。

그는 인류사를 연구한다.

这笔研究经费只用于艾滋病**研究**$_2$。

이 연구비는 에이즈 연구에만 쓰인다.

e. **死：동사/형용사**

他爷爷**死**$_1$了。

그는 할아버지가 돌아가셨다.

这个人脑筋很**死**$_2$。

이 사람은 머리가 아주 굳었다.

f. **白：형용사/부사**

那墙刷得很**白**$_1$。

그 벽은 하얗게 칠해졌다.

我**白**$_2$跑了一趟。

나는 한바탕 헛걸음했다.

(13)a-d에서 각각 두 예문은 모두 동사와 명사의 겸류와 관련된 것이다. 그러나 여기서 둘 사이에 뜻과 기능에 있어 명백한 차이가 있다고 본다. 따라서 동음이의어일 뿐이다. 또, e는 동사와 형용사의 겸류와 관계된 것으로 보이지만, 실상은 뜻이 전혀 다른 단어라고 본다. 또, f는 형용사와 부사의 겸류와 관계된 것으로 보이지만, 역시 뜻이 전혀 다른 단어라고 본다. 결국, 겸류현상을 엄격히 제한함으로써 품사 분류의 복잡성을 제거하려는 의도이다. 이는 영어의 경우를 생각할 때 일리가 있는 견해이다. 즉, 영어에서는 일정한 접사를 사용함으로써 문법 기능만 달리해도 다른 단어로 보기 때문이다. 계속하여 겸류사에 대한 陆교수의 견해를 보자.

g. **方便：겸류사**
  这儿交通很**方便**$_1$。
  여기는 교통이 아주 편리하다.
  大大**方便**$_2$了顾客。
  고객을 대대적으로 편리하게 하였다.
h. **正式： 겸류사**
  他是**正式**$_1$代表。
  그는 정식 대표이다.
  我**正式**$_2$**提**出申请。
  나는 정식으로 신청서를 제출합니다.

위의 예 (13)g에서 '**方便**$_1$'은 형용사이고, '**方便**$_2$'는 동사이지만, 모두 용언이며, **같은 의미**를 가진 것이므로 겸류사로 본다. 또, h의 '**正式**$_1$'은 형용사(/구별사)이고, '**正式**$_2$'는 부사이지만 역시 모두 용언이며, **같은 의미**이므로 겸류사로 본다. 다시 기준으로 돌아가자. 이들이 기능상 같고, 또 뜻이 같다 하여 하나의 단어가 여러 개의 품사성을 가진다고 할 수 있는가? 이말은 '같은 기능'이라는 말과 '다른 품사'라는 말이 서로 모순이 된다. 결국, 이 문제는 하나의 개체가 여러 용도로 사용된다고 설명하는 것이 좋은지, 아니면 서로 다른 개체인데 어음이 동일한 경우라고 주장하는 것이 좋은지의 문제이다. 본서는 (13)g-h에 대해서도 위의 예 (13)a-e처럼 역시 **동음이의어로 보는 것이 일관성이 있는 견해**라고 본다.

2.1.2. 가능성

1) 기능범주 가설

이상에서 살펴본 바와 같이, 고대중국어이든 현대중국어이든 단어의 형태적 기준이나 의미적 기준, 또는 분포 기준에 근거하여 품사를 분류하는 것은 중국어 단어의 속성과 기능을 제대로 파악하지 못할 가능성이 매우 크다. 이런 점에서 **기능범주 가설**(Functional Category Hypothesis, 功能范畴假设)은 주의를 끌기에 충분하다. 기능범주 가설은 '**기능범주가 단어의 이동을 유발하고 병합을 결정한다**.'라고 가설한다. 반면 어휘범주에 해당하는 단어는 결합(/병합)의 자질이 없다고 본다. Lin(2001)은 중국어에서는 주어뿐만 아니라 목적어도 동사와 반드시 선택관계를 가지는 것이 아니라고 본다. 즉, 이 말은 목적어를 선택하는 동사의 결합 자질 정보 혹은 논항 정보는 동사가 아니라 **동사를 확장하는 기능범주에서 나온다**는 것이다. 다음 예를 보자.

(14) a. 他吃苹果。
그가 사과를 먹는다. <대상자>
b. 他吃食堂。
그는 식당에서 먹는다. <장소>
c. 他吃大碗。
그는 큰 그릇으로 먹는다. <도구/수단>

동사 '吃'의 뒤에는 왜 이처럼 다양한 성분들이 올까? 마치 동사 '吃'가 세 종류의 논항을 취한 것 같다. 동사 '吃' 속에 많은 어휘 항목이 있어서 이런 일이 발생한 것인가? 아니면 목적어의 힘이 동사 '吃'를 선택할 만한 능력이 있는 것인가? 기능범주 가설에 의하면 둘 다 아니다. '吃+보충어' 보다도 계층이 높은 곳에 있는 모종의 기능범주를 표시하는 단어(/핵성분)가 동사 '吃'를 **확대투사함(/확장시킴)**으로써 이런 일이 일어난다고 본다. 다음 수형도를 보자.

(15) 기능범주 경동사의 동사구 확장의 예

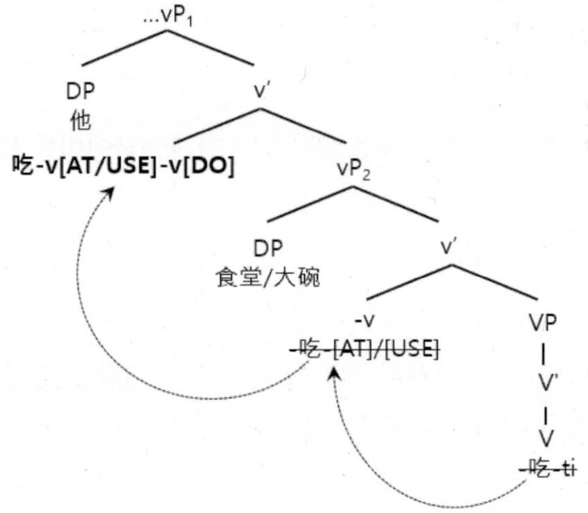

위의 수형도에서 DP는 **한정사구**이고, V는 동사, v는 경동사이다. 각각의 **경동사** 'DO/AT/USE'[8]는 동일한 동사 '吃'에 대해 **성분통어**함으로써, a는 (먹는) 활동을 하다, b는 장소에서 (먹다), c는 도구로 (먹다) 등과 같은 문법 의미를 부가시킨다.[9] 따라서 '吃' 뒤에 해당하는 성분들이 오는 것을 용인하는 것이다. 여기서 '吃'는 기능범주(+F)의 단어인 경동사에 의해 확장되는 어휘범주(-F)의 단어이다. 이처럼 기능범주의 단어는 어휘범주의 단어를 취하여 확장함으로써 다양한 문법의미를 부가한다.

熊仲儒(2013:237)도 기능범주 가설에 근거하여 단어를 **어휘범주(词汇范畴, lexical category)**와 **기능범주(功能范畴, functional category)**[10]로 나눈다. 그의 단어 분류를 보면 다음과 같다.

---

8 수형도에서 보듯, 경동사 'DO'는 'AT/USE'에 비해 위계가 높다. 蔡维天(2016)은 전자를 **외부 경동사**, 후자를 **내부 경동사**라한다. 더 자세한 내용은 제6장의 5.3을 참조하라.

9 이런 예는 더 있다. '**吃父母**(凭借) 부모에게 의지하다(의거); **吃环境**(目的) 분위기를 먹다(목적)'. 한편 '외부 경동사'는 자신의 수평 위치에 있는 지정어(Spec)에게도 일정한 의미역을 할당한다. 이에 대해서는 본서 '제6장 5. 경동사구'에서 구체적으로 다룬다.

10 **기능범주**(Functional category)**는 어휘범주**(Lexical category)**를 확대하는 범주**이다. 본서에서 말하는 어휘범주와 기능범주의 구분은 전통문법의 실사와 허사의 구분과는 완전히 대응하지 않는다. 기능범주는 이동과 병합뿐만 아니라, 논항 선택과 의미역 할당을 유발하는 품사를 통틀어 이르는 말이다. 熊仲儒(2013:58) 참고.

(16) **어휘범주**: 명사, 동사, 형용사, 전치사 등

(17) **기능범주**: 경명사(轻名词, light noun), 경동사(轻动词, light verb), 경형용사(轻形容词, light adjective), 경전치사(轻介词, light preposition), 한정범주 D, 시제범주 T, 화제범주 Top 등

여기서 기능범주란 어휘범주를 확대시키는 범주이다. 다시 말해 **이동과 병합뿐만 아니라, 논항 선택과 의미역 할당을 유발하는 단어들을 묶어 부르는 명칭**이다. 따라서 전통문법에서 말하는 실사와 허사의 구분 속에서 '허사'의 개념과 유사한 개념이기는 하나 같은 개념은 아니다.[11] 이러한 내용에 근거하여 아래의 밑줄 친 단어들의 속성을 수형도를 통해 살펴보자.

(18) a. 无<u>友</u>不如己者。『论语 · 学而 8』
자기만 못한 사람을 사귀지 말라.

b. 食夫稻, <u>衣</u>夫锦, 于女安乎 ? 『论语 · 阳货 21』
이 쌀밥을 먹고, 이 비단옷을 입는 것이 너에게 편안한가?

(19) a. 这<u>哭</u>, 不仅仅是高兴, 激动, 同情的哭, 而是有种深层的内涵。
이 울음은 기쁨, 격동, 동정의 울음일 뿐만 아니라 일종의 심층적인 의미가 있는 것이다.

b. 这些<u>研究</u>主要是在他的研究室里进行的。
이 연구는 주로 그의 연구실에서 행해진 것이다.

11 전통문법에서 말하는 '실사'와 '허사'의 분류와 비교하여 상당한 차이를 보이기 때문이다. 가장 큰 차이는 다음과 같다. [+ N], 즉 명사성 단어 중 양사, 수사를 기능범주로 분류하는 것이다. 또, [+ V], 즉 동사성 단어 중, 전치사와 부사를 어휘범주로 치는 것이다. 자세한 설명은 제3장의 3에서 차례대로 다룬다.

(20) '(18)a, b'의 간략형 수형도

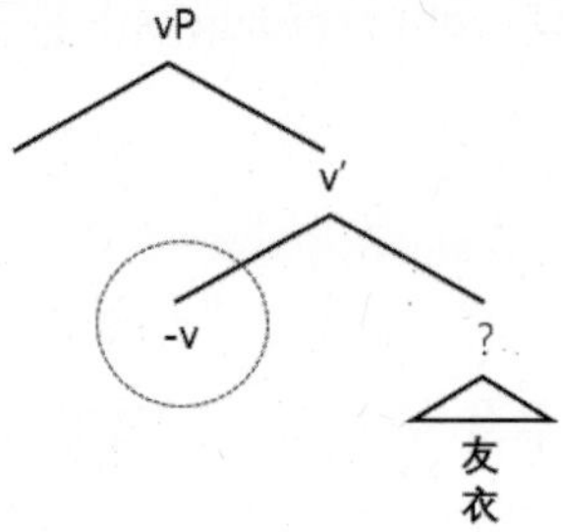

(21) '(19)a, b'의 간략형 수형도

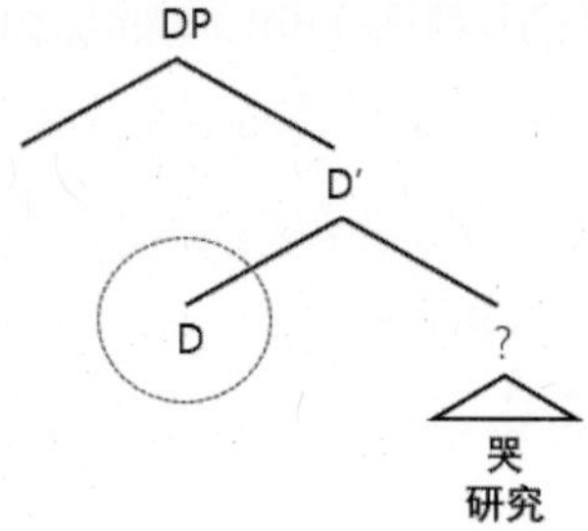

위 수형도에서 (20)의 '友'와 '衣' 그리고 (21)에서 '哭'와 '研究' 위에 표찰을 붙인다면 무엇일까? 문제는 이들 단어의 의미나 품사적 선입견을 버리고, 이들 단어가 무엇에 의해 확장되는가를 보아야 한다. 즉, 중요한 것은 해당 단어들이 어떤 기능범주에 의해 확장되느냐이다. (20)의 '友'와 '衣'는 기능범주인 **경동사에 의해 확장**된다. 즉, 그것들의 최대투사체(Maximal projection)가 경동사구(vP)라면 경동사(v)의 보충어로 병합된 '友'와 '衣'는 당연히 동사구(VP)로 투사되어야 하고, 그러기 위해서 '友'와 '衣'는 동사(V)이어야 한다. 같은 이치로 (21)에서 '哭'와 '研究'는 기능범주인 **한정사(D)에 의해 확장**된다. 즉, 최대투사체가 한정사구(DP)라면 한정사(D)의 보충어로 병합된 '哭'와 '研究'는 당연히 명사구(NP)로 투사되어야 하고, 그러기 위해서 '哭'와 '研究'는 명사(N)이어야 한다.[12] **중국어에서 어휘범주에 속하는 어떤 단어의 품사 구분은 기능범주의 확장에 의해 결정된다는 것이다.** 우리는 중국어 품사성 판정에 관한 熊仲儒(2013)의 기능범주가설에 동의한다.

결국, 우리는 '단어는 정해진 품사적 구별이 있다'는 견해에 동의한다. 겸류 현상에 대해서 매우 드물게 나타나거나 혹은 극단적으로는 아예 발생하지 않는다고 본다. 따라서 소위 '겸류 현상'을 보이는 경우는 모두 **동음이의어**로 처리하는 것이 좋다고 본다. 이는 '단어의 품사를 결정할 수 없다'거나, '하나의 단어가 여러 개의 품

---

12 경동사 핵은 동사구를 보충어로 병합하고, 한정사 핵은 명사구를 보충어로 병합한다는 간단한 원리를 인식하면 문제는 금방 해결된다. 즉, **"哭, 研究"가 동사성 기능범주(v)의 확장을 받으면, 그것들을 동사이다. 만일 그것들이 명사성 기능범주(D)의 확장을 받으면, 그것들은 명사**이다.

사를 겸한다'는 관점이 아니다. 이는 **'어떤 단어가 기능범주의 연산에 의해 확장될 때, 해당 단어의 품사가 비로소 결정된다'**는 관점이다. 아울러 이런 기능범주 연산의 출발점은 단어의 자질에 의해 발생한다고 본다. 따라서 단어의 **자질**(Feature), 특히 **범주자질**(Categoy Feature)에 근거하여 중국어 단어의 품사를 분류한다.

2) 단어의 연속성

단어를 분류할 때, 단어 자질의 양극단 사이에는 중간적 속성을 가진 것이 있어 둘 사이에는 연속성이 존재한다. 즉 [+ N]성 단어와 [+ V]성 단어의 사이, [+ F]성 단어와 [− F]성 단어[13]의 사이에는 연속성이 있다. 우리는 단어의 분류 차원에서 이점도 고려한다.

내용어와 기능어는 하나의 연속체를 이룬다. 이론적으로 어떤 내용어는 **문법화** 과정을 거쳐 기능어로 쓰일 수 있다. 심지어 음성이나 문자 형태는 없지만 문법적 기능은 가지는 그야말로 '투명인간' 같은 단어도 존재할 수 있다. 이런 점에서 기능어의 끝자락에 위치하며 음성적으로 실현되지 않지만 엄연히 존재하는 단어들에 대한 이해가 필요하다. 다음 그림을 보자.

(22) 내용어와 기능어의 연속성

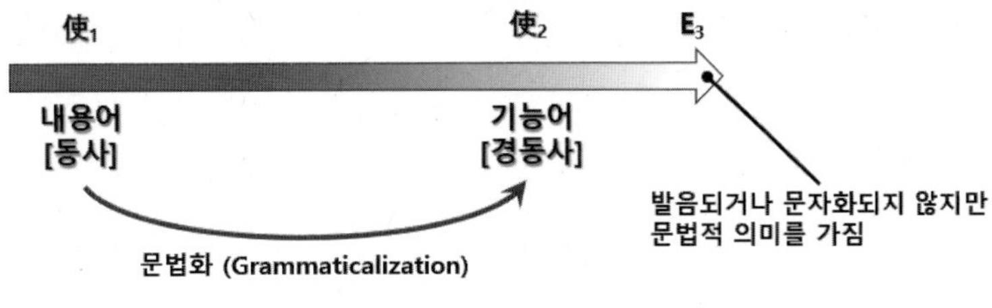

위 그림에서 어휘 의미의 농도가 짙은 '使$_1$'은 동사 '시키다, 부리다'이고, 어휘의미의 농도가 옅어진 '使$_2$'는 경동사로 '…하게 하다'이며, 문자나 음성적으로 실현되

13 중국 전통문법에서는 이를 실사(实辞)와 허사(虚辞)라는 개념으로 분류하였으며, 우리의 분류와 크게 보아 일치하는 점도 있지만, 세부적인 내용에 있어서는 상당히 다르다. 이에 이 용어를 사용하지 않는다.

지는 않지만(non-spell out) 문법적 의미를 가지는 'E_3'**는 사동 경동사의 비명시적 형태**이다. 이처럼 하나의 단어가 내용어에서 기능어로 옮겨가는 과정을 **문법화**라고 한다. 이처럼 어떤 단어는 두 극점 사이의 연속선상에 있다는 것이 바로 **연속통**(continuum, 连续统)의 개념이다[14]. 본서는 사동이나 의동을 나타내는 경동사를 중시한다. 특히 '술목구조'의 해석 차원에서 'E3'처럼 문자화되지도 않고, 발음되지도 않는 경동사가 있다. 그것은 비명시적이지만 명백한 문법의미를 가진다.

3) 단어의 비명시성

단어 분류 차원에서 해결해야 할 중요한 문제 중 하나는 **단어의 비명시성**(covert) 문제이다. 위에서도 이미 언급되었듯 연속통 선상에서 비명시적인 '사동' 경동사가 존재함을 보았다. 이뿐만 아니라 담화상황에서 생략되어 보이지 않는 단어도 존재한다. 다음 대화를 보자.

(23) A: 张三来了吗？
B$_{-1}$: <u>张三</u>来了。
B$_{-2}$: <u>**他**</u>来了。
B$_{-3}$: <u>----</u>来了。

(23)에서 A의 질문 대상인 '张三'은 B$_{-1}$에서는 '张三'으로, B$_{-2}$에서는 '**他**'로, **B$_{-3}$에서는 발음되거나 문자화하지 않은 공범주 '----'로 각각 실현**되었다. 우리는 이를 주격을 받은 영대명사 'pro'[15]라고 한다. 결국, '**他**'가 의미하는 것은 원래 '张三'이라는 실체였지만, 점점 기능화되어 실체를 지시만 하는 한정사로서의 '**他**'가 되었고, B$_{-3}$에서는 발음되거나 문자화하지 않는 단계까지 존재한다. 그러나 그것은 문법상 여전히 주어로서 기능한다는 것을 대화자 쌍방은 이미 안다.

---

14 Ross, John Robert(1973[1972]: 1)에서는 동사가 명사화하는 과정에 대한 설명이다.

15 상대적으로 격을 받지 않은 영대명사는 대문자로 하여 'PRO'라고 쓴다.

2.2. 품사 분류의 근거

2.2.1. 범주자질

무엇에 근거하여 중국어의 단어를 분류할 것인가? 이에 대해 우리는 형식(/문법) 자질의 하나인 **범주자질**(Category Feature)에 근거하여 다음과 같이 두 종류로 분류한다.

(24) 단어는 그것의 범주자질에 근거하여 [+ 명사성(N)] 품사와 [+ 동사성(V)] 품사로 나뉜다.

여기서 [+ N]은 명사가 아니라 명사적 성질(범주자질)을 가지는 단어를 말하고, [+ V]도 동사가 아니라 동사적 성질(범주자질)을 가지는 단어를 말한다. 자질적 특성에 대해 생각해보자면, **[+ N]에 속하는 단어**들은 그것과 병합되는 다른 단어에게 격(case)을 주지 못하는 공통점이 있다. 한편, **[+ V]에 속하는 단어**인 동사와 전치사는 자신의 보충어(Complement)에 대해 **의미역**을 줄 수 있다.

그렇다면, '범주자질'에 따라 단어를 분류할 때의 장점은 무엇인가? 그것은 의미에 따른 단어 분류의 복잡성을 현저하게 제거할 수 있다는 것이다. 범주자질은 본질적으로 단어의 속성일뿐 단어의 의미는 고려하지 않기 때문이다. 범주자질에 따라 분류된 [+ N]과 [+ V]은 품사범주에서 나타나는 기본적인 형식자질이다. 이는 통사부에서의 연산에 필요한 자질이다.[16] 이러한 [+ 명사성] 자질과 [+ 동사성] 자질에 따라 우선적으로 각각 '명사'와 '동사'의 두 가지 품사를 분류할 수 있다. 그런데 재미있는 것은 이미 연속통 개념에서 본 바와 같이 자질적으로 [+ N]와 [+ V] 사이의 끼인 것도 있을 수 있다는 것이다. 다음 표를 보자.

---

16 이 두 가지 형식자질을 [+ nominal]과 [+ verbal]로도 표현할 수 있으며, [+ N]과 [+ V]로 약칭한다. 중국어 전통문법에서는 지시 범위에 차이가 있기는 하지만, 전자를 '체언(体词)'으로, 후자를 '용언(谓词)'으로 명명한다. 이러한 분류법은 Chomsky(1965)에서 보인다. Andrew Radford(2012[2004]:58-60) 재인용 및 참조.

(25) [+ N]과 [+ V]에 따른 품사 분류와 그 중간 상태

품사분류 / 범주자질	명사(N)	$?_1$	$?_2$	동사(V)
[+ N] 자질	+	+	-	-
[+ V] 자질	-	+	-	+

연속통 개념을 적용한다면, 자질상 [+ N]과 [+ V] 사이에는 중간 단계가 존재할 수 있다. 그렇다면 위 도표에서 '$?_1$'과 '$?_2$'를 규정해주어야 하겠다. 따라서 우리는 다음과 같이 정리할 수 있다.

(26) a. [+ N, - V] → 명사(N)
b. [- N, + V] → 동사(V)
c. [+ N, + V] → 형용사(A)
d. [- N, - V] → 전치사(P)

자질에 따라 이렇게 설정된 단어(/품사)들이 가지는 기능상의 특징에 대해 생각해 보자.

첫째, [+ N]의 명사와 형용사

이들은 직접적으로 명사성 보충어를 가지지 못한다. 다음의 형용사의 예를 보자.

(27) a. 他对人很**热情**。
그는 사람들에게 매우 친절하다.
b. 我们**忠实**于教育事业。
우리는 교육사업에 충실하다.

예(27)에서 보듯, [+ N] 자질을 가지는 형용사 '热情'이나 '忠实'은 명사성 보충어를 취할 수 없다. 따라서 보충어와 유사한 추가적 정보를 추가하려면 다른 간접적 조치를 취해야 한다. 즉, a에서 보듯 전치사 '对'를 통해 '人'과 간접적 관련성을 가진

다. 또, b에서 보듯 전치사 '于'를 통해 '教育事业'과 간접적 관련성을 가진다. 이들은 당연히 '热情'이나 '忠实'의 논항이 아니라 각 전치사들의 논항이다.

둘째, [- N]의 동사와 전치사

이들은 직접적으로 명사성 보충어를 가질 수 있다. 다음의 예를 보자.

(28) a. 我们都**尊重个人的自由。**
우리는 모두 개인의 자유를 존중한다.
b. 他住**在首尔**。
그는 서울에서 산다.

a의 '尊重'은 동사(V)로, [- N, + V]의 자질을 가지기 때문에 명사성 보충어 '个人的自由'를 직접 취할 수 있고, b의 '在'는 전치사(P)로, [- N, - V]의 자질을 가지기 때문에 명사성 성분인 '首尔'을 보충어로 직접 취한다.

한편 표(25)에서 '$?_1$'의 경우처럼 명사성 자질[+ N]과 동사성 자질[+ V]을 모두 가지는 단어, 즉 소위 형용사(A)에 대해 좀 더 생각해보자. 먼저 다음 예를 보자.

(29) A_1: 你看, 这件衣服穿得怎么样？
이봐, 이 옷 입은 거 어때?
B_1: 真不错, 很**中国**！不过……。
좋아, 아주 중국적이야! 그러나…….
A_2: 不过什么？
그러나 뭐?
B_2: 你这张脸实在是很**外国**。
네 얼굴은 사실 아주 외국 스타일이야.

우리는 (29)B_1, B_2의 '中国'나 '外国'에 대해 명사라고 생각된다. 그러나 위 예에서 이들은 정도부사 '很'의 수식을 받아 술어로 쓰인다. 어떻게 그 이유를 설명할 것인가? 결국, 이 단어들은 [+ N] 자질 뿐만 아니라 [+ V] 자질, 즉 술어가 될 수 있는 소위 형용사의 성격도 가지기 때문이다.[17] 이에 속하는 단어로 '民主, 科学, 理想, 中国, 香

港' 등이 있다. 전 3자는 지칭성이 강하고 분명한 후 2자에 비해 상대적으로 [+ V] 성질이 더 강해 보인다.

명사와 동사라는 이 두 가지 품사의 구분은 형식자질, 즉 범주자질의 차이에 근거하는 것이다. 또, 이렇게 분류된 품사는 보다시피 기능상 일정한 특징을 보인다. 명사성 품사는 주로 사물을 나타내는 '**지칭 기능**'이 있다. 동사성 품사는 주로 동작, 행위, 변화등을 나타내는 '**서술 기능**'이 있다. 다음 예를 보자.

(30) 小李来了。
샤오리가 왔다.

명사성 품사가 나타내는 지칭은 '什么(무엇)'나 '谁(누구)'로 질문할 수 있다. 동사성 품사가 나타내는 진술은 '怎么样(어떻게)'으로 질문할 수 있다. 즉, 위의 예문에서 '小李'는 '谁(누구)'를 사용하여 '谁来了?(누가 왔는가)'로 질문할 수 있다. 한편, '来(오다)'는 '怎么样(어떻게)'을 사용하여 '小李怎么样了?(샤오리는 어떻게 되었는가?)'로 질문을 할 수 있다. 이 기준을 통해 판단한다면 '小李'는 [+ N]의 형식(/범주)자질로 이루어진 명사성 품사로 **지칭 기능**을 가진다. 또 '来'는 [+ V]의 형식(/범주)자질로 이루어진 동사성 품사로 **진술 기능**을 가진다.[18]

명사성 품사와 동사성 품사는 단어의 범주자질에 따라 크게 두 가지로 분류한 것이다. 따라서 단어의 구체적인 양상에 따라 더 세부적으로 분류할 수 있다. 즉, 어떤 단어들은 대상, 사물 등을 나타내는 지칭성 기능을 가지지 않지만, 명사성 품사와 밀접한 관계가 있다. 이런 점에서 '구별(형용)사'나 명사 및 주로 지시성을 가지는 '양사', '수사', '한정사' 등도 역시 명사성 품사로 친다. 같은 이유로, 일부 단어는 동작, 행위, 변화 등 진술의 기능을 가지지 않지만, 동사성 품사와 긴밀한 관계가 있다. 즉,

---

17 또 다음 괄호 부분의 단어가 보이는 성격도 위와 같다.
a. 东风桥头市场也有点[国际], 而且很不[中国]。
b. 她太不[教条]了, 根本不接受老师灌输给她的理论。
c. 不再[幼稚]也不再[书生], 人也野了, 话也粗了。

18 여기서 [+ N]이나 [+ V]는 단어의 의미자질과는 무관한 것이다. 이는 본서의 제2장에서 살펴본 바, 소위 범주자질이다. 이런 자질은 문법적 기능을 일으키므로 문법자질 혹은 형식자질이라고도 한다.

'전치사'나 '동태조사', '어기사' 등도 동사성 품사의 하나로 분류한다. 본서는 중국어 단어에 대해 문법적 자질적 친소관계(쉽게 말해 누구와 함께 출현하는가)에 따라 다음과 같이 분류한다.

(31) 범주자질에 의한 단어의 분류[19]

범주자질	단어의 하위 분류
명사성 품사[+ N]	명사, 구별사, **경명사**, 양사, 수사, **한정사**
동사성 품사[+ V]	동사, 형용사, 부사, 전치사, **경동사**, **경전치사**, **경형용사**, **정도사**, **상조사**, **태조사**, **비교-대상사**, **양태사**, **시제사**, **보문사**, 접속사

위 각각 품사에 대해서는 뒤에서 개별적으로 설명한다.

2.2.2. 기능자질

단어는 의미의 실재성 유무에 따라 '**내용어**(lexical/content words)'와 '**기능어**(functional words)'로 나뉜다.[20] 내용어는 묘사적, 서술적 정보(예: 명사(N), 동사(V), 형용사(A), 전치사(P))를 전달한다. 반면, 기능어는 문법적 정보(예: 인칭, 수, 성, 한정성, 격, 시제 등)를 전달한다.

단어는 또 **[기능성(+F)] 자질**과 **[비기능성(-F)] 자질**에 따라 나뉜다. 즉, 위에서 말한 내용어(어휘성 단어)는 [- F]자질을 가지며, 기능성 단어는 [+ F]자질을 가진다. 기능성 단어의 이해를 위해, 기능성 요소(element)에 대한 Abney(1987)의 설명을 보자.[21]

---

19 이는 전통문법학에서 단어를 체언(体词)과 용언(谓词)으로 나누는 견해와 유사하나 그 분류의 내용은 적잖이 다르다. 한편 볼드체는 전통문법에서 일반적으로 분류하지 않는 것들이다.

20 내용어가 기술적 내용(descriptive content)을 가지는 것과 달리, 기능어(Functional Categories)는 문법적 관계를 나타낸다. 따라서 **기능어는 일반적으로 반의어(antonyms)가 없다**.

21 Abney(1987:64-65)에서 'Functional elements'에 대해 정의한 원문을 옮기면 다음과 같다.

1. Functional elenents constitute closed lexical classes.
2. Functional elements are generally phonologically and morchologically dependent. They are generally stressless, often clitics or affixes, and sometimes even phonolo-

(32) 기능성 단어의 특징

a. 기능성 요소(elements)는 폐쇄적인 종류이다.

b. 기능성 요소는 음운적, 형태적으로 독립성이 결여된다.

c. 기능성 요소는 오직 하나의 보충어를 선택하며, 해당 보충어는 일반적으로 논항이 아니다. 논항 성분은 CP, PP 또는 DP이며, 기능성 요소는 IP, VP, NP를 취한다.

d. 기능성 요소는 흔히 뒤에 있는 보충어와 분리할 수 없다.

e. 기능성 요소는 의미 설명 기능이 결핍되며 주로 문법관계를 나타낸다.

a와 관련하여, 기능성 요소(/단어)는 '**폐쇄류(closed class, 封闭类)**'이다. 기능성 단어는 기본적으로 그 수가 비교적 고정되어 있고, 임의로 새로운 단어를 만들 수 없다. 이런 점에서 우리는 중국어의 대명사를 단순한 지시와 한정의 기능을 가지는 기능성 단어로 보며, 명시적인 한정사(D)라고 본다. 즉, '**我, 你, 他**'등은 폐쇄류에 속한다. 반면 내용어(/어휘성 단어)에 속하는 명사와 동사는 **개방류(open class, 开放类)** 이다. 이에 속하는 명사와 동사는 시대와 장소의 변화에 따라 임의로 새로운 단어가 계속 출현한다.

b와 관련하여, 기능성 단어는 음운면에서 독립성이 결핍되어 강세를 받지 않으며, 형태적인 면에서는 접어(clitic, 附着形式) 혹은 접사(affix), 심지어 비명시적인 형태로 나타난다. 이런 점에서 볼 때, 기능성 단어에 속하는 중국어 상조사(예: -了, -着, -过)와 보문사 중 어기사는 경성으로 발음되며, 형태적인 면에서는 각각 동사(엄밀하게 말하면 경동사구)와 절에 부착된다. 반면, 어휘성 단어에 속하는 명사와 동사는 본래 성조로 읽으며, 형태적인 독립성이 강하다.

---

gically null.

3. Functional elements permit only one complement, which is in general not an argument. The arguments are CP, PP and (I claim) DP. Functional elements select IP, VP, NP.
4. Functional elements are usually inseparable from their complement.
5. Functional elements lack what I will call "descriptive content". Their semantic contribution is second-order, regulating or contributing to the interpretation of their complement. They mark grammatical or relational Features, rather than picking out a class of object.

c와 관련하여, 기능성 단어는 일반적으로 자신의 보충어와 논항관계를 가지지 않으므로 의미역을 할당하지 못한다. 이런 점에서 중국어의 **동사나 전치사는 자신의 보충어 논항을 가지며, 그 논항에 대해 의미역을 할당**하므로 기능어라고 볼 수 없다.[22]

d와 관련하여, 기능성 단어는 자립성이 없다. 즉, 자신의 보충어와 들러붙어 분리되지 않는다.

e와 관련하여, 기능성 단어에는 '**기술적 내용**(descriptive content)'이 없다. 즉, 기능성 단어인 상조사(예: 了, 着, 过)와 어기사 보문사로 쓰이는 '吗' 등은 일종의 문법관계만을 나타낸다. 반면, 어휘성 단어인 명사 '书'는 '책'이라는 실재적인 존재물을 표시하며, 동사 '读'는 '읽다'라는 구체적인 동작이나 행위를 표시한다.

본서에서 말하는 어휘성 단어와 기능성 단어는 각각 중국어 전통문법학에서 말하는 '실사(实词)', '허사(虚词)'와 유사한 점도 있으나 그 구체적인 설명과 분류는 꽤 다르다.[23] 본서는 단어에 대해 범주자질과 기능성 유무에 근거하여 다음과 같이 분류한다.

---

22 이는 생성문법학에서 전치사를 내용어로 보는 한 근거가 되겠다. 영어에서도 전치사 'to'나 'on'은 자신의 보충어 논항에게 각각 〈수혜자〉, 〈장소〉 등의 의미역을 할당한다. 따라서 이러한 정의에 근거하여 논항성 보충어를 가지는 요소는 기능성 단어로 보기 어렵다. 즉, 여기서 언급하는 '논항성분 CP, PP, DP' 등은 동사나 전치사의 보충어가 된다. 또, '기능성 요소는 IP, VP, NP를 취한다'는 말에서 'IP(/TP)'는 기능어 시제사(Tense)가, 'VP'는 기능어 경동사(v, Light verb)가, 'NP'는 기능어 양사, 수사, 한정사 등이 각각 취한다.

23 특히 명사성 단어인 '대명사, 수사, 양사', 동사성 단어인 '형용사, 부사, 전치사' 등에 있어 기능성 유무에 대한 견해가 전통문법과 다르다. 구체적인 차이와 분류에 대해서는 단어 분류의 해당 부분을 참고하라.

(33) 범주자질과 기능자질에 따른 단어의 분류[24]

범주자질	기능자질	단어의 품사 분류	범주분류
명사성 품사 [+ N]	내용어(- F)	명사(N), 구별사(Dw)	어휘범주
	기능어(+ F)	**경명사(n)**, 양사(Cl), 수사(Num), **한정사(D)**	기능범주
동사성 품사 [+ V]	내용어(- F)	동사(V), 형용사(A), 부사(Adv), 전치사(P)	어휘범주
	기능어(+ F)	**경동사(v), 경형용사(a), 정도사(Deg), 경전치사(p), 상조사(Asp), 태조사(Voic), 비교-대상사(Target- Compare), 양태사(Mod), 시제사(T), 보문사[C: 초점사(Foc), 화제사(Top),** 어기사(For)**]**, 접속사(Conj)	기능범주

3. 단어 분류

건축을 위해 자재 창고에 쌓여있는 벽돌이라도 용도가 다 다를 수 있듯, 우리 머릿속 **어휘부**(lexicon)에 저장된 단어들도 그렇다. 따라서 단어도 그 자질 속성과 기능에 따라 분류하여 사용해야 한다.

우리는 어휘 가운데 주어나 목적어로 쓰일 수 있는 것들을 묶어서 '명사성' 단어라고 한다. '명사성' 단어의 공통적인 범주자질(category Feature)은 [+ N]이다. 한편, 어휘 가운데 술어로 쓰이며, 보충어 논항(argument)[25]을 가지는 것들을 묶어서 '동사성' 단어라고 한다. 동사성 단어의 공통적인 범주자질은 [+ V]이다.

이제 이상 2.2에서 다룬 내용에 **어휘범주**(Lexical category)와 **기능범주**(Functional category)의 개념을 추가하여 단어를 분류해보자.

---

24 표에서 볼드체는 전통문법서에서는 일반적으로 구분하지 않는 품사이다. 각 단어에 의한 확장의 구체적인 내용은 제3장과 4장의 해당 부분을 참고하라. 한편, 괄호 속 각 영문 약자는 다음의 생략형이다. D=determiner(한정사), v=light verb(경동사), T=tense(시제사), C=complementizer(보문사).

25 논항은 술어 동사의 선택에 의해 도입되는 명사성 단어나 구, 절 등에 대해 부르는 명칭이다. 논항은 본서 제3장의 3.3.과 제6장 1.3에서 다룬다.

3.1. 명사성[+ N]·내용어[- F]

'명사성[+ N] · 내용어[- F]'는 어휘범주(Lexical category) 사이다. 이에 속하는 품사는 명사, 구별사(/비술어형용사) 등이다.

3.1.1. 명사[N]

명사(Noun)는 N으로 약칭한다. 명사는 전형적인 내용어(-F)이다. **명사는 통사부(Syntax)에서 명사구(NP)로 최대투사(Maximal projection)**된다.

명사는 사람이나 사물의 명칭, 시간, 장소 및 방위 등을 나타낸다. 영어에서는 형태론적 기준상 굴절적 복수접사 '-s'의 사용, 명사 파생 접사 '-tion', '-sion', '-ness' 등을 사용한다. 중국어의 경우도 단어 생산성은 약하지만 굴절적 복수접사 '-们'이 있다. 또 몇몇 명사 **파생 접사**가 있다. 요약하면 다음과 같다.

(34) 명사화 접두사

<table>
<tr><td rowspan="7">접두사</td><td>第-</td><td>第一(첫째), 第二(둘째)</td></tr>
<tr><td>初-</td><td>初一(초하루), 初二(초이틀)</td></tr>
<tr><td rowspan="2">老-</td><td>老虎 (호랑이), 老鼠(쥐) , 老鹿(사슴)</td></tr>
<tr><td>老师(선생님), 老王(왕씨.왕군)</td></tr>
<tr><td>小-</td><td>小王(왕군), 小李(이군), 小弟(동생)</td></tr>
<tr><td>阿-</td><td>阿妈(엄마), 阿爸(아빠) , 阿姨(이모)</td></tr>
</table>

(35) 명사화 접미사

<table>
<tr><td rowspan="4">접미사</td><td>복수 명사화</td><td>-们</td></tr>
<tr><td rowspan="3">일반 명사화</td><td>-子[26]</td></tr>
<tr><td>-头</td></tr>
<tr><td>-儿</td></tr>
</table>

명사는 일반적으로 [+ N] 기능어인 양사와 수사, 한정사에 의해 기능범주로 확대된다. 특히 일정한 구조 속에서 [+ N]성 내용어들은 최종적으로 한정사(D)에 의해 DP로 최대투사된다.[27] D핵의 **엄마절점(母亲节点, mother node)**[28]인 DP는 일반적으로 동사, 전치사에 의해 보충어 논항으로 선택된다. 명사는 부사의 수식을 받을 수 없다.

3.1.2. 구별사[Dw]

구별사(Distinguishing Word, 区别词)는 Dw로 약칭한다. 이 품사는 사물에 대한 속성적 구별과 관련이 있다. 구별사는 특성상 술어로 충당되지 못하므로 '**비술어형용사(non-predicate adjective, 非谓形容词)**'라고도 한다.[29]

구별사는 그들의 구별성 의미자질에 따라 다음과 같은 **대립 쌍**을 가진다.[30]

(36) 구별사의 대립 쌍

男 nán (남성의)	↔	**女** nǚ (여성의)
雌 cí (암컷의)		**雄** xióng (수컷의)
公 gōng (수컷의)		**母** mǔ (암컷의)
双 shuāng (짝수의)		**单** dān (홀수의)

26 접미사 '-子'는 대부분 A류처럼 접사성이 강하여 경성화(轻声化)되지만, B류처럼 접사성이 약하여 제 성조를 유지하는 경우도 있다.

-子	A류	-zi	**일반 사물 표시**	•帽子, 胖子, 杯子, 椅子, 句子
	B류	-zǐ	**새끼, 종자, 씨, 알 표시**	鱼子, 瓜子, 棋子
			물리학 용어	电子, 分子, 原子
			사람 표시	孔子, 才子, 独子, 孙子, 孝子

27 이를 DP**가설**(DP Hypothesis)이라 한다. 본서 제3장의 3.2.4 및 제5장의 4를 참고하라.

28 직접 **관할 관계**에 있는 절점을 부모, 자식 관계에 비유하여 **자매**(sister) **절점**, **딸**(daughter) **절점**, **엄마**(mother) **절점** 식의 용어로 사용한다. 자매 절점은 엄마 절점이 같은 절점들을 말하고, 딸 절점은 어떤 절점에 의해 직접 관할되는 절점을, 엄마 절점은 어떤 절점을 직접 관할하는 절점을 말한다. 김용하 · 박소영 · 이정훈 · 최기용 저, 『한국어 생성 통사론』, (2018:86) 참고.

29 朱德熙(1982), 黄伯荣·廖序东(2002b)' 吕叔湘, 饶长溶(1981), 胡裕树(1995) 등 참조.

30 이 형용사는 의미나 기능적인 면에서 일반 형용사와 차이가 크기 때문에, "区别词"라 하여 품사의 일종으로 구분하기도 한다. 陆俭明 등(1993:279), 김종호(2012) 참조.

正 zhèng (정/정식의)		副 fù (부/보조의)
金 jīn(금으로 만들어진)		银 yín(은으로 만들어진)
初级 chū jí (초급의)	↔	高级 gāojí (고급의)
大型 dàxíng (대형의)		小型 xiǎoxíng (소형의)
彩色 cǎisè (천연색의)		黑白 hēibái (흑백의)
公共 gōnggòng (공공의)		唯一 wéiyī (유일한)

위의 예에서 보듯, 어휘들이 가지는 '구별성' 때문에 이들은 상대적인 의미 쌍을 만든다. 또, 이 구별사들은 **형태소로서 기능**을 하는 경우도 흔히 볼 수 있다.

(37) 男生(남학생), 女生(여학생), 公鸡(수탉), 母鸡(암탉)

위의 어휘들은 하나의 단어인가 아니면 구인가? 답하기가 곤란하다. 종합하자면, 구별사는 형태소적 특성이 강하며, 술어기능을 못하는 비교적 특수한 단어라 하겠다.

구별사는 다음과 같은 특징을 지닌다.

(38) a. 일반적으로 주어와 목적어로 기능할 수 없다.
b. 술어가 될 수 없다.
c. 모두 명사를 직접 수식할 수 있다.
d. 거의 대부분 '的'를 부착하여, 명사를 수식할 수 있다.
e. '的'를 부착하여 '是'의 뒤에 사용할 수도 있다.
f. 일반적으로 '不'나 '很'의 수식을 받지 않는다.

구별사는 이처럼 독립성이 결여되고 명사나 조사 '的'의 앞에 출현하는 강한 교착성(黏着性)을 보이기 때문에 단어로 분류하기 어렵다고 보기도 한다.[31] 즉, 구별사와

31 朱德熙(1982)는 이런 단어들을 '区别词'라고 정의했다. 또한, '구별사는 명사나 조사 '的' 앞에 출현하는 교착어(黏着词)'라거나, '의미적 관점에서 보면, 구별사가 나타내고자 하는 것은 일종의 분류 기준인데, 이로 인해 구별사가 종종 쌍을 이루거나(成对), 구조(成组)를 만들게 되는 것'이라고 주장했다. 이러한 성질로 볼 때, **구별사는 조어 성분으로 보인다는 것**이다. 구별사의 이러

명사 간의 관계가 비교적 공고하기 때문에 구별사가 포함된 구조의 내부는 한정사, 수사, 양사 등에 의해 확대되지 않는다. 다음 예를 보자.

(39) a. *小型的**这一台**机器
b. **这一台**小型的机器

한정사, 수사, 양사 등은 b처럼 구별사가 포함된 구조의 외부에 위치한다.

한편, 대부분의 구별사는 '的'와 함께 복합어나 파생어를 구성할 수 있다. 이렇게 구성된 파생어는 '的'를 핵으로 하는 명사성 성분이 된다.

(40) a. 这个盘子是**方的**。
이 쟁반은 네모 모양이다.
b. 这些文件是**绝密的**。
이 문서들은 극비이다.

따라서 아래 a처럼 '的'가 없거나, b처럼 술어 동사가 없으면 비문이 된다.

(41) a. *这个盘子是方。/ *这些文件是绝密。
b. *这个盘子方的。/ *这些文件绝密的。

또, 구별사는 [+ N] 자질을 가지므로, [+ V] 자질을 가지는 성분을 연결하는 접속사에 의해 연결되지 못한다. 다음 邓思颖(2011:30)의 예를 보자.

(42) a. 奇怪而且可怕的病
이상하고 더구나 무서운 병
b. *天生而且慢性的病
??선천적이고 더구나 만성적인 병

한 특징 때문에 熊仲儒(2013:250)은 "문법적 기준에서 보면, 구별사는 단어로 분류할 수 없으나, 구별사를 반드시 단어에 포함시켜야 한다면, 범주자질을 가지지 않는 단어로 보는 것이 타당하다."고 주장을 한다.

중국어 접속사 '而且'는 오직 동사성[+ V] 성분만 연결하고 명사성[+ N] 성분은 연결할 수 없다.[32] 즉, 예(42)a처럼 술어 기능을 가질 수 있는 형용사 '이상하다(奇怪)'와 '무섭다(可怕)'는 연결할 수 있다. 반면 예(42)b의 '선천적인(天生)'과 '만성적인(慢性)'은 구별사에 속하므로, '而且'는 이 두 단어를 연결할 수 없다. 이는 구별사가 명사적 속성임을 증명하는 예이다.

한편, 구별사 '天生'과 '慢性'등을 형용사로 분류하기 어려운 또 하나의 이유가 있다. 그것은 바로 이들이 정도 범주 '很'에 의해 확장되지 않는다는 것이다. 즉, **구별사는 '很'에 의한 확장이 불가능**하다.

3.2. 명사성[+ N]·기능어[+ F]

'명사성[+ N] · 기능어[+ F]'는 **기능범주(Functional category) 사**이다. 이에 속하는 품사는 경명사, 양사, 수사, 한정사 등이다.

3.2.1. 경명사[n]

경명사(noun)는 소문자 'n'으로 약칭한다. 경명사는 [+ N] 자질을 가지며, 한정사 '的'와 더불어 관형어 절이 있는 한정사구를 만드는 기능성(+F) 단어이다.[33] 경명사는 통사부에서 **경명사구(nP)**로 최대투사된다.

경명사는 명시성 유무에 따라 다음과 같이 구분된다.

---

32 吕叔湘(1980), 饶长溶(1981: 81-82) 참조.

33 이는 계층 차원에서, 동사구(VP)에 대해 사건의미를 부여하는 속성이 있는 경동사와 비교하면 좋겠다.

(43) 경명사의 분류

경명사의 기능		예
명시적인 경명사	한정사 '的'와 더불어 관형어 절이 있는 한정사구 구성	所
비명시적인 경명사	한정사 '的'와 더불어 관형어 절이 있는 한정사구 구성	∅

먼저 명시적인 경명사 '所'에 대해 알아 보자.

(44) a. 他所看见的外国人
그가 본 외국인
b. 他所听说的事儿
그가 들은 일
c. 他所参观的展览会
그가 참관한 전시회

현대중국어에서 명시적 경명사 '所'는 한정사 '的'와 함께 관형어 절이 있는 한정사구(DP)를 구성한다. 수형도를 통해 이 구가 도출되는 과정을 보자.

(45) 명시적 경명사구 '他所看见的外国人'의 도출 수형도

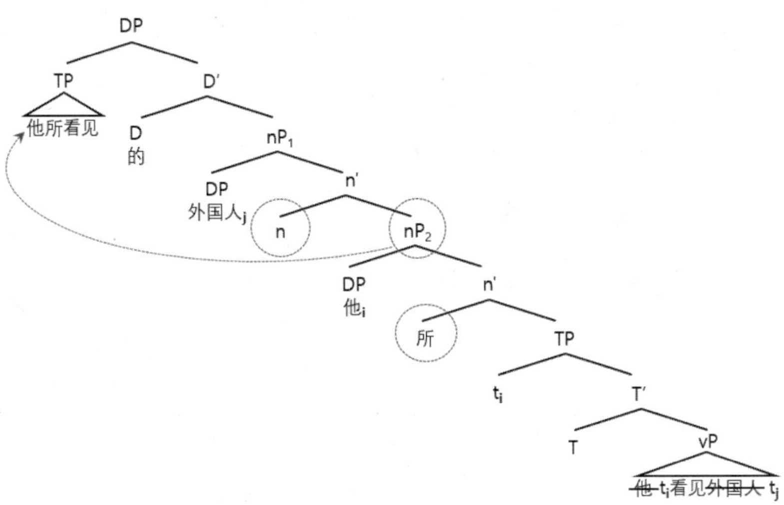

먼저 **명시적인 경명사 '所'**는 시제사구(TP) '他看见外国人'을 보충어로 취하여 명사화된 '他所看见外国人'의 경명사구(nP_2)를 만들고, 여기에 다시 **비명시적인 경명사**가 개입하여 그 지정어 자리(nP_2-Spec)에 향후 피수식어가 될 성분 '外国人'을 배열하고, 상위의 경명사구(nP_1)를 만든다. 이때 한정사 핵 '的'이 이 경명사구(nP_1)를 보충어로 당기고, 자신의 지정어 자리에는 하위의 경명사구(nP_2) 전체를 이동시킨다.

비명시적인 경명사가 연산에 참여하는 한정사구의 예를 더 보자.

(46) a. 他开车。
　　그가 자동차를 운전한다.
　b. 他写文章。
　　그는 글을 쓴다.

위 a를 예로 들어, '他开车'는 표현의 필요에 따라 '开车的他'나 '他开的车'처럼 관형어 절을 가지는 구(DP)로 표현할 수 있다. 이 관형어절화 과정에 비명시적인 경명사가 작동한다. 熊仲儒(2013:113)의 수형도를 보자.

(47) a. '开车的他'의 수형도　　b. '他开的车'의 수형도

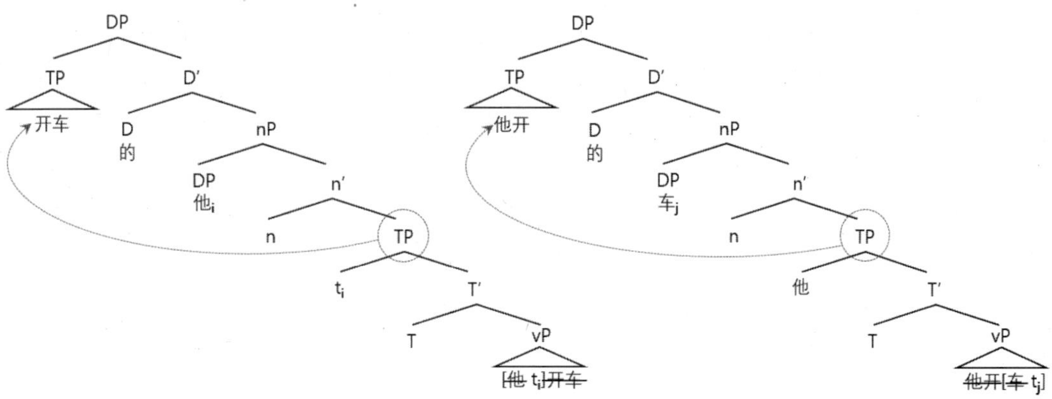

수형도에서 비명시적 경명사 n에 주의하자. n은 절(TP)을 보충어로 취하여 **명사화**시킨다. 이것이 경명사의 속성이자 기능이다. 핵 n은 자신의 지정어 자리(nP-Spec)에 TP 속 임의의 한정사구(DP)를 이동시킬 수 있다. 즉, 우선은 a와 같이 가까운 '他'를

이동시키겠지만, b처럼 '车'를 이동시킬 수도 있다. 이렇게 하여 경명사구(nP)로 투사된다. 이런 경명사구는 'DP 가설'에 의하면 최종적으로 한정사구(DP)로 투사되어야 기능적 안정성을 가지게 되는데, 이를 위해 **한정사 핵 '的'**가 쓰인다.[34] 핵 '的'는 nP를 보충어로 병합하고, 자신의 지정어 위치에는 삭제되지 않은 절(TP) 성분 전체를 이동시킨다. 이러한 과정을 소위 **'관형어절화(/관계화)'**라고 하며, DP의 지정어 자리(DP-Spec)로 이동된 절(TP)을 소위 **'관계 종속절(关系子句)'**이라 한다.

3.2.2. 양사[Cl]

양사(Classifier, 量词)는 Cl로 약칭한다. 양사의 주요 기능은 명사를 분류하는 것이며, 의미적으로는 계량 단위를 나타낸다. 양사는 사물의 계량에 대한 **'지시성'**에 중점이 있으므로, 우리는 기능어(+F)의 하나로 본다. 양사는 통사부에서 **양사구(ClP)**로 최대투사된다. 朱德熙(1979:9)는 양사를 '부명사(副名词)'라고 칭하며 명사의 한 작은 부류로 여긴다.

중국어 양사 분류는 비교적 복잡하다. 그 종류가 많을 뿐만 아니라 하나의 동일한 양사가 여러 사물에 대해 계량 기능을 가질 수도 있기 때문이다. 김종호(2012)는 **양사의 전용성(专用性)과 차용성(借用性)**에 근거하여 다음과 같이 분류한다.

(48) 양사 총람표

양사의 분류			수량구의 예
명량사	전용	개체	一个人 yí ge rén (한 사람)
		집체	一**群**人 yì qún rén (사람 한 무리)
		도량형	一**公里** yì gōnglǐ (1 Km)

34 결과적으로 동사구가 중심어를 수식하는 구조이므로 중국어에서는 반드시 '的'를 써야 한다. 한국어에서는 '-ㄴ'의 어형변화가 일어나며, 그 뒤에 '-것'의 불완전 대명사가 오는 경우가 흔하다. 중국어의 경우 '的' 위에서 한국어의 어형변화와 불완전대명사의 기능이 함께 일어나는 것과 같은 현상이 발생한다. 따라서 중국어의 '的'는 상황에 따라 '사람', '사물', '방식/도구' 등 다양한 지시성을 가진다.

<table>
<tr><th colspan="3">양사의 분류</th><th>수량구의 예</th></tr>
<tr><td rowspan="8">명량사</td><td rowspan="5">전용</td><td>시간</td><td>一个小时 yí ge xiǎoshí (한 시간)</td></tr>
<tr><td>화폐</td><td>一块钱 yí kuài qián (일원)</td></tr>
<tr><td>글(문장)</td><td>一篇文章 yì piān wénzhāng (문장 한 편)</td></tr>
<tr><td>미정('不定')</td><td>一些人 yìxiē rén (몇몇의 사람)</td></tr>
<tr><td>복합양사</td><td>人次 réncì (연인원)</td></tr>
<tr><td rowspan="3">차용</td><td>용기(容器)</td><td>一壶茶 yì hú chá (한 주전자의 차)</td></tr>
<tr><td>신체</td><td>一头(的)汗 yì tóu (de) hàn (온 이마에 가득한 땀)</td></tr>
<tr><td>사물</td><td>一桌子(的)菜 yì zhuōzi (de) cài (한상 가득한 요리)</td></tr>
<tr><td rowspan="3">동량사</td><td colspan="2">전용</td><td>大吃一顿 dà chī yí dùn (크게 한 끼 먹다)</td></tr>
<tr><td rowspan="2">차용</td><td>신체 일부</td><td>看一眼 kàn yì yǎn (눈길을 한 번 주다)</td></tr>
<tr><td>일반 명사</td><td>切两刀 qiē liǎng dāo (두 번 자르다)</td></tr>
</table>

표에서 보듯, '명량사'는 사물에 대한 계량을, '동량사'는 동작이나 행위에 대한 계량을 각각 나타낸다. 또, '전용 양사'는 양사로 전용되는 경우를, '차용 양사'란 기물이나 사람 신체의 일부를 빌어서 양사로 대용하는 경우를 각각 이른다.

3.2.3. 수사[Num]

수사(numeral, 数词)는 Num으로 약칭한다. 수사는 사물의 수량에 대한 '**지시성**' 표현에 중점이 있으므로, 기능어(+F)의 하나로 본다. 수사는 통사부에서 **수사구(NumP)**로 최대투사된다.

수사의 주요 기능은 사물의 숫자를 나타내는 것이므로, 명사와 밀접한 문법관계를 가진다. 중국어의 수사는 일반적으로 명사와 직접적으로 결합할 수 없고, 양사와 결합하여 '수사(数词)+양사(量词)+명사(名词)'의 어순을 이룬다. 아래의 내용은 수사에 대한 김종호(2012)의 분류이다.

1) 기수

'**숫자의 기술**'에 중점을 둔 수사를 가리키며, 다음과 같이 분류된다.

(49) 기수의 분류와 예

수사의 분류 및 수읽기			표기 방법 및 읽기
기수	정수	22	二十二 (단 단위와 십 단위의 '2' → 二로 읽음)
		102	一百零二
		110	一百一十 ('百, 千, 万' 앞의 '一' → 반드시 읽음)
		10002	一万零二 (세 자리 수 이상의 수 중간의 '0' 한 번만 읽음)
		22222	两万两千二百二十二 (단위 '千', '万', '亿' 등이 맨 앞자리에 쓰일 때→'两'으로 읽음)
	분수	$3\frac{2}{3}$	三又三分之二
		22%	百分之二十二
	소수	0.01	零点零一
	배수	两倍	两倍

2) 서수

'**순서' 표현**에 중점을 둔 수사를 가리키며, 다음과 같이 분류된다.

(50) 서수의 분류와 예

서수	접사성 기능어 사용	[第-]	第二名 (2등)
		[头-]	头一名 (1등)
		[前(/后)-]	前(/后)三等 (앞[/뒤]에서 3등)

서수	접사성 기능어 사용	[初-]	**初**二 (초이틀)
		[老-]	**老**大 (맏이), **老**三 (셋째)
		[首-]	**首**次 (첫 번째), **首**届 (제 1차)
		[大-]	**大**儿子 (장남), **大**哥 (맏형)
	접사성 기능어 사용 안 함	年月日/曜日 표시	1998**年** 2**月** 11**日** **星期**三 (1998년 2월 11일 수요일)
		行列 표시	二**叔** (둘째 숙부), 三**叔** (셋째 숙부)
		편제(编制) 표시	二**班** (2반), 五**号** (5번), 六**楼** (6층)
		열거 표시	一. 开会 (1. 개회), 二. 报告 (2. 보고)
		등급 표시	头**等** (1등), 二**等** (2등)
		기타 어구	末**位** (꼴찌), 最后的一个 (최후의 하나)

3) 개수

'개략적 수' 표현에 중점을 둔 수사를 가리키며, 다음과 같이 분류된다.

(51) 개수의 분류와 예

개략수	**수사 연용**	잇닿은 수 연용	两三个月 (이삼개월), 三四公斤 (3 ~ 4㎏)
		잇닿지 않은 수 연용	三五天 (3일내지 5일)
	'来' 부가	수사 + "来" + 양사 + (명사)	十**来**个人 (10명 정도)
		수사 + 양사 + "来" + 명사	十块**来**钱 (10원 정도)
	접사성 기능어 사용	[- 多]	四十**多**岁 (40여 세), 一百**多**公斤 (100여 ㎏)
		[- 左右]/[- 上下]/[- 前后]	四十(岁)**左右**/**上下**/**前后** (40세 가량)
		[- 把]	千**把**块钱 (천원 쯤의 돈)
		[- 以上(/下)]	四十岁**以上**(40세 이상), 五十岁**以下**(50세 이하)

3.2.4. 한정사[D]

한정사(Determiner)는 D(/Det)로 약칭한다. 한정사는 뒤따르는 명사의 **'지시적 속성'**을 결정하는 품사의 하나이므로, 기능어(+F)의 하나로 본다. Abney(1987), Chomsky(1995) 등에 따르면 한정사는 명사에 대한 지칭(referentiality) 기능, 한정성(definiteness), 양화(quantification) 정보 등을 나타내는 기능어이다. 한정사는 통사부에서 한정사구(DP)로 최대투사된다.

한정사는 명시성 여부를 중심으로 다음과 같이 분류할 수 있다.

(52) 중국어 한정사의 분류

명시성 여부	중간 분류	예
명시적 한정사	지시대명사(指事代词)	这, 那, 某
	인칭대명사(人称代词)	我, 你, 他
	재귀대명사(反身代词)	自己
	의문대명사(疑问代词)	谁, 什么
	수식/소유 한정사	的
비명시적 한정사		∅(pro/PRO)

표에서 보는 바와 같이 한정사는 지시성의 차이에 따라 몇 가지 부류로 나뉘며, 명시성 여부에 따라서 나뉘기도 한다. 비명시적 한정사 중 'pro'는 주격의 영대명사를, 'PRO'는 주격을 받지 않는 경우의 영대명사를 각각 표시한다.

한정사는 명사와 밀접한 문법 관계를 가지므로, 명사성 단어의 하나로 분류한다. **한정사는 궁극적으로 명사가 완전하게 쓰일 수 있도록 하는 기능범주어**의 하나이다. 다음 예를 보면,

(53) A: What are you looking for?
B_1: A(/The/Another/That) chair.
B_2: *Chair. / *Comfortable chair.

한정사가 쓰인 B_1은 모두 성립하지만, 그렇지 않은 B_2는 성립하지 않는다. 이처럼 한정사는 내용어처럼 기술적인 내용은 가지지 않지만, 명사의 용법을 완전하게 하는 기능이 있다. 영어에서는 각종 대명사나 'all', 'some', 'one' 등도 한정사의 하나로 본다.

(54) a. We republicans do not trust you democrats.
b. All this are problem.
c. John has a red car and Jim has a blue one.

본서는 전통문법에서 소위 '대명사'라고 칭하는 품사를 대표적인 한정사로 본다. 예를 들어 인칭대명사 '당신(你), 나(我), 그(他)', 지시대명사 '이(这), 저(那), 매(每)', 의문대명사 '누구(谁), 무엇(什么)' 등은 모두 사람, 장소, 사물 등에 대한 지시(/지칭) 기능이 있다. 또한 제2강에서 언급한 **공범주의 대명사(pro/PRO)도 명사를 지칭하는 기능이 있다**. 따라서 이들은 모두 **한정사에 포함**된다.[35]

결국 한정사는 핵이 되어 명사성[+ N] 단어나 구를 보충어[36]로 취함으로써 최종적으로 한정사구(DP)로 투사시키는 품사이다.[37] 다음 예를 보자.

(55) 한정사구(DP)의 투사 양상

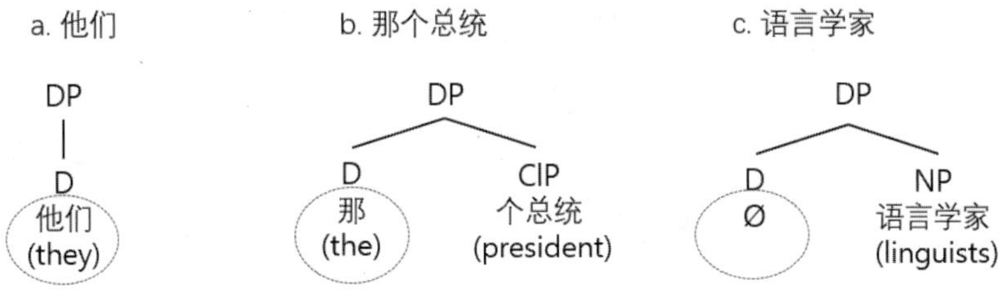

35 한편, 고유명사에 속하는 '장싼(张三)'이나 '북경(北京)'등도 한정의 의미가 있다. 그러나 이 단어들은 본래 명사에 속하는데 통사적 조작을 통하여 한정사와 병합된 것이므로 한정사라 할 수 없다(본서 제5장의 4 참조). 영어에서 한정사(Determiner, D, Det)인 the, this, that(지시대명사) 등도 뒤따르는 명사에 대한 **지시적 속성**을 결정하는 기능이 있다.

36 핵 성분이 어떤 성분을 자신의 자매관계 위치로 당겨 직접적으로 병합할 때, 이 성분을 **보충어**(complement)라 한다. 자세한 내용은 본서의 제4장의 2를 참고하라.

37 한정사구(DP)에 대해서는 본서 제5장의 4에서 자세히 다룬다.

위 그림을 보자. a는 **명시적인 한정사인 인칭대명사** '他们'이 보충어 없이 직접, b는 **명시적인 한정사** '那'가 양사구 '那个总统'를 보충어로 하여 한정사구(DP)로 최대투사(Maximal projection)된 것이다. 이처럼 명시적인 한정사에 의해 투사된 한정사구는 지시성과 한정성을 모두 가진다.[38] 한편 c의 예는 비명시적인 한정사 핵에 의해 보충어 '语言学家'가 한정사구로 투사된 경우이다. 이 경우 한정사가 눈에 보이지는 않지만 D의 자리에 엄연히 존재하면서, 명사구(NP)를 보충어로 취하여 한정사구로 최대투사된 경우이다. 이런 '**비명시적인 한정사구**'는 일반적으로 '**총칭**'이나 '**부분**'의 의미를 나타낸다.[39]

여기서 명칭 문제 하나를 주의하자. (55)a-c에 대해 전통문법에서는 모두 명사구(NP)라고 하는데, 생성문법에서는 **한정사구(DP)**로 본다는 것이다. 즉, 이는 최소주의에서 주장하는 바, **한정사(D)의 출현 여부**(overt or covert)**와 상관없이 통사부에서 대명사를 포함한 모든 명사적 표현은 최종적으로 한정사구**(DP)**로 투사된다**는 **한정사구 가설**(DP hypothesis)의 입장이다.

3.3. 동사성[+ V]·내용어[- F]

'동사성[+ V] · 내용어[- F]'는 어휘범주(Lexical category) 사이다. 이에 속하는 품사는 동사, 형용사, 전치사, 부사 등이다.

---

38 여기서 '지시성'은 가리키는 대상이 구체적으로 존재하는지를, '한정성'은 그 대상이 누구(/무엇)인지 청자(/독자)도 아는 상태임을 의미한다. 중국어에서 한정사가 명시적/외현적이면 해당 명사는 지시성과 한정성을 모두 가지며, 한정사가 비명시적/내현적이면 해당 명사는 지시성은 가지지만 한정성은 가지지 못한다.

39 예c에서 보듯, 중국어나 영어 모두 눈에 보이지 않는(null/covert) 한정사로 구성되는 한정사구(DP)를 설정한다. 영어의 경우 복수 형태를 통해 '**총칭**' 혹은 '**부분**'의 의미를 나타낸다.

(1) **Eggs** are fattening. 총칭적(generic) : 'eggs in general'

(2) I had **eggs** for breakfast. 부분적(partitive) : 'some eggs'

3.3.1. 동사[V]

동사(Verb)는 V로 약칭한다. 동사는 동작 행위, 심리 활동, 존재, 변화, 성질, 상태 등을 나타내는 내용어(-F)이다. 동사는 통사부(Syntax)에서 **동사구(VP)**로 최대투사(Maximal projection)된다.

동사는 의미특징, 기능특징 등에 따라 다양하게 분류될 수 있다.[40]

첫째, 의미적 특성에 따른 동사의 분류이다. 즉, 동사의 동작(动作/action), 과정(过程/process) 혹은 상태(状态/state)에 따른 분류, 자주성(自主/active) 혹은 비자주성(非自主/nonactive) 등에 따른 분류, 심리성의 유무에 따른 분류 등이 있다.[41]

둘째, 기능성에 따른 동사의 분류이다. 즉 타동성(transitivity)에 따라 자동사(Intransitive Verb)와 타동사(Transitive Verb)로 구분한다. 동사의 타동성 측면에서 볼 때, 동사는 무언가 빈 구멍을 가진 단어들이다. 그래서 그 공간을 메꾸어 완전하게 되길 추구한다. 이런 점에서 동사 분류의 한 포인트는 동사가 보충어와 병합할 때, 몇 개의 논항(빈 구멍을 채우는 요소, 즉 보충어 성분)을 필요로 하느냐이다.

(56) 동사의 논항과 동사 분류
  a. 1항(/가) 동사(one-place predicate) : 한 개의 논항을 필요로 하는 동사
  b. 2항(/가) 동사(one-place predicate) : 두 개의 논항을 필요로 하는 동사
  c . 3항(/가) 동사(one-place predicate) : 세 개의 논항을 필요로 하는 동사

중국어 동사를 **타동성(transitivity)**에 근거하여 분류하면 대체로 다음 표와 같다.[42]

---

40 영어에서는 형태론적 기준상 3인칭을 표시하는 굴절적 접사 '-s'의 사용, 시제를 표시하는 '-s, -ed'등이 있다. 또 분포적으로 조동사의 뒤에 위치한다.

41 Vendler(1967), Perlmutter(1978), Pullum(1988), Dowty(1979), Buzio(1986), 李临定(1990), 김종호(2011)등 참조.

42 이 표는 何元建(2011)을 참고로 본서의 저자가 수정한 것이다.

(57) 중국어 동사 분류표

자동사 (不及物动词)	1항 동사 (一元动词)	①	비대격동사(非宾格动词) : 来, 到, 死, 病, <u>起</u>, <u>坐</u>, <u>站</u>[43], 谢, 跑$_2$ 发生, 出现
		②	1항 능격동사 : 开$_1$, 关$_1$, 沉$_1$, 吓$_1$, 感动$_1$
		③	비능격동사(非作格动词) : 笑, 唱, 哭, 飞, 跑$_1$, 签名, 撒谎, 跳舞
		④	정태동사 : 红$_1$, 黄, 好, 坏, 漂亮, 丰富$_1$, 繁荣$_1$
타동사 (及物动词)	2항 동사 (二元动词)	⑤	2항 능격동사(作格动词) :开$_2$, 关$_2$, 沉$_2$, 吓$_2$, 感动$_2$, 红$_2$, 丰富$_2$, 繁荣$_2$
		⑥	대격동사(宾格动词) : 吃, 说, 看, 跑$_3$[44]
		⑦	인상동사(提升动词) : 好像, 看来, 估计, 似乎
		⑧	ⓐ 일반 절 논항 동사 : 认为, 承认, 宣布, 表示
			ⓑ ECM 절 논항 동사 : 期待, 要求, 建议
	3항 동사 (三元动词)	⑨	ⓐ 수여동사 : 送, 交, 问, 教, 告诉, 通知
			ⓑ 탈취동사 : 借, 欠, 赢, 偷

위의 표는 개략적인 동사 분류이다.[45] 동사 분류에 있어 중요한 몇 가지 사항을 원문자 순서에 따라 보충한다.

① **비대격동사**(Unaccusative Verb, 非宾格动词)

비대격동사는 쉽게 말해 1개의 논항을 가지며, **주어의 자발적 의지가 개입될 수 없는 동사**이다. 비대격동사는 보충어 논항에게 **목적격**(Accusative Case)**을 부여하지 못한다**. 따라서 문장의 도출시에 목적어 자리에 온 논항은 목적격을 받을 수 없으므로, 문두로 이동하여 주격을 받는다. 비대격동사로 소위 '존현 동사(在, 出现)', '기동 동사(发生, 开始)', '왕래발착 동사(到, 来, 去)' 등이 있다.

---

43 신체동작을 나타내는 이 동사들은 명령문에서 경동사 -v[DO]**에 의해 확장될 경우 비능격동사**로 기능할 수 있다.

44 跑$_1$(뛰다: 능격동사), 跑$_2$(도망가다: 비대격동사), 跑$_3$(찾아다니다). 이들은 의미적으로나 기능적으로 볼 때, **동음이의어**로 보는 것이 좋겠다.

45 이 표는 대략적인 동사 분류 기준표이다. 동사 분류 역시 소위 연속통의 관점에서 볼 때, 중간적 속성을 보이는 것들이 존재한다. 黄正德 (2007:18)도 동사의 분류는 "부류를 건너뛰거나 경계선이 모호한 점을 면하기 어렵다."고 지적한다.

(58) a. 火车到了。
기차가 도착했다.
b. 矿工死了。
광부가 죽었다.
c. 他病了。
그는 병났다.
d. 许多学生站着。
많은 학생들이 서있다.
d. 花谢了。
꽃이 졌다.
e. 头发白了。
머리가 하얘졌다.
f. 事情发生了。
일이 생겼다.
g. 奇迹出现了。
기적이 일어났다.

예문에서 보듯, 비대격 동사구문의 주어는 [-의지]의 변화 〈대상자〉이다. 이 동사들은 대개 변화결과 사건의미를 나타내는 **경동사[BECOME]에 의해 확장**된다. 따라서 **상(Aspect) 범주는 대개 '了'로 확대**된다.

'来'와 '发生'을 예로 비대격동사의 한 특징을 보자.

(59) a. 客人来了。
그 손님이 왔다.
b. 事情发生了。
그 일이 터졌다.
c. 家里来了客人。
집에 **어떤** 손님이 왔다.
d. 这里发生了事情。
여기는 (어떤) 일이 (하나) 터졌다.

a와 b에서 보듯, 비대격동사 '来'/'发生'의 대상자인 '客人'/'事情'은 비대격동사에 의해 목적격을 받지 못하므로, 앞으로 이동하여 **주격**(Nominative Case)을 부여받는다. 그런데, c나 d에서 보듯, 소위 존현문에서 목적격을 받지 못하는 비대격 대상이 여전히 동사 뒤에 남아 있다. 이들 예문에 대한 한국어 번역을 보자. 왜 '손님(客人)'/'일'이 목적격으로 해석되지 않고 주격으로 해석되는 걸까? 그렇다면 '客人'/'事情'의 문장성분은 무엇일까?[46] 이에 대해 전통문법에서는 목적어라는 설과 주어라는 설이 비등(比等)하다. 우리는 이때의 '客人'/'事情'은 주어임에도 불구하고 장소명사 '家里'/'这里'에 막혀 이동하지 못한 것으로 본다.[47]

② **1항 능격동사**(One-Place Ergative Verb, 一元作格动词)

이는 1개의 논항을 가지는 능격동사를 말한다. 1항 능격동사 구문은 대개 **수동태**의 형식이며, 역시 변화결과 사건의미를 나타내는 **경동사**[BECOME]**에 의해 확장**된다.

(60) a. 门开了。
문이 열렸다.
b. 船沉了。
배가 가라앉았다.
c. 我吓了一跳。
나는 깜짝 놀랐다.
d. 我感动了。
나는 감동되었다.

③ **비능격동사**(Unergative Verb, 非作格动词)

비능격동사는 쉽게 말해 1개의 논항을 가지며, 자발적 의미가 개입되는 동사이다.[48] 이는 영어에서 'dance', 'sing', 'telephone' 등처럼 수동태를 만들지 못하고 **항**

46 이에 대한 더 자세한 내용은 본서 제6장의 8.2에서 다룬다.

47 이로 인해 '家里'/'这里'도 문두라는 주어의 한 특성을 유지하고, 술어 뒤의 '客人'/'事情'은 격 일치가 됨으로 둘 다 주어로 보는 설도 주장이 가능하다. 본서 제6장 8.2의 '2) 주어 문제' 부분을 참조하라.

48 비대격동사와 비능격동사는 1개의 논항을 가진다는 점은 같지만, **주어의 의지**가 개입되는가의

상 능동태로만 말해지는 동사이다. 이런 동사는 동사 자체 내에 목적어를 이미 품고 있다. 또 주어는 자발성, 주체성을 가진다. 따라서 활동 사건의미를 나타내는 **경동사 [DO]에 의해 확장**된다. 중국어의 예문을 보이면 다음과 같다.

(61) a. 她笑了。
그녀는 (웃음을) 웃었다.
b. 她唱了。
그녀는 노래(를)불렀다.
c. 鸟飞了。
새가 날았다.
d. 他跑了。
그는 달리기(를)했다.
e. 她睡着了。
그녀는 잠(을)들었다.
f. 小李签名。
샤오리는 서명(을)한다.
g. 小李撒谎。
샤오리는 거짓말(을)한다.

위의 예에서 보듯, **비능격동사는 [+ 활동]의 사건의미를 나타내지만, 대격의 목적어를 가지지 않는 자동사**이다. 따라서 대격으로 해석되지 않는 **시량이나 동량 보(충)어와 잘 호응**된다.[49]

여부에 따라 갈린다. 전자는 개입이 불가하고 후자는 개입된다. 따라서 **서로 다른 경동사에 의해 확장**된다.

49 비능격동사 중, 소위 '签名', '跳舞', '撒谎'이합동사는 수량이나 시량보어를 가질 때 분리된다. 따라서 단어인가 구인가의 문제가 발생하므로 여기서는 예를 들지 않는다. 한편, 위 단어들의 어소인 '签', '跳', '撒'등은 모두 비대격 동사로 쓰일 수 있는 것들이다. 그런데도 이들이 목적어를 가진 단어가 된다면 그것은 이합동사, 즉 관용어가 된다는 것이고, 자동사로 처리된다는 것이 흥미롭다.

(62) a. 她笑了很长时间。
그녀는 한참 동안 웃었다.
b. 她唱了很多次。
그녀는 여러 번 노래했다.
c. 鸟飞很长时间。
새가 오랜 시간 동안 난다.
d. 她只睡了个小时。
그녀는 겨우 한 시간 동안 잤다.

비능격동사와 비대격동사는 모두 목적어를 가지지 않는 특징이 있다. 또한 이들이 경동사에 의해 확장될 때, 전자는 **활동[DO] 표시 경동사에 의해 확장**되며, 후자는 **변화결과/달성[BECOME] 표시하는 경동사에 의해 확장**된다. 따라서 다음과 같은 차이가 있다.

(63) a. 火车到了。→ 那儿到了火车。
그곳에는 기차가 도착했다.
b. 矿工死了。→ 那儿死了矿工。
그곳에는 광부가 죽었다.
c. 许多学生站着。→ 那儿站着许多学生。
그곳에는 많은 학생들이 서있다.
d. 事情发生了。→ 那儿发生了事情。
그곳에는 일이 생겼다.
e. 奇迹出现了。→ 那儿出现了奇迹。
그곳에는 기적이 일어났다.

(64) a. 她笑了。→ *那儿笑了她。
b. 她唱了。→ *那儿唱了她。
c. 鸟飞了。→ *那儿飞了鸟。
d. 她睡着了。→ *那儿睡了她。
e. 小李签名。→ *那儿签名小李。
f. 小李撒谎。→ *那儿撒谎小李。

(63)에서 보듯 비대격동사는 **존현문을 생성**할 수 있지만, (64)에서 보듯 능격동사는 그렇지 못하다. 이는 두 동사구를 확장할 때, **사건의미를 나타내는 경동사가 다르기 때문**이다. 즉 전자는 변화결과 사건의미를 나타내는 v[BECOME]이지만, 후자는 활동 사건의미를 나타내는 v[DO]이다.[50]

④ **정태동사**(Stative Verb, 静态动词)

이 역시 자동사의 하나로, 술어가 형용사인 경우다.[51] 따라서 상태 사건의미를 나타내는 **경동사[BE]에 의해 확장**된다. 그 특징을 생각해보자.

(65) 他应该明白明白这个道理。
그는 마땅히 이 도리를 안다!

(66) a. *他(应该)明明白白这个道理。
b. 他对这个道理明明白白。
그는 이 도리에 대해 명명백백하다.

먼저 **일반동사와 형용사와의 차이점**을 보자. (65)에서 보듯 일반 동사인 '明白明白'는 술어로서 직접적으로 목적어를 가진다. 그러나 (66)a에서 보듯 소위 형용사 '明明白白'는 직접적으로 목적어를 가지지 못한다. 따라서 b에서 보듯 형용사가 명사성 논항을 가져야 할 경우라면, 전치사구 '对(~에 대해)'를 사용한다. 즉, 이 두 단어 '明白明白'와 '明明白白'는 모두 주어에 대한 서술기능을 가지므로 동사로 분류한다.[52] 단,

---

50 즉, **존현문**이 나타내는 존재, 출현, 소실 등의 술어는 속성적으로 '변화결과 사건의미'를 수반하거나 전제로 하지만, '활동 사건의미'의 술어는 그렇지 않기 때문이다. 경동사구(vP)의 사건의미에 대해서는 본서 제6장의 5.2.1과 5.2.3을 참고하라.

51 Chao(1968), Li and Thompson(1981), 纪宗仁(2005), 邓思颖(2011) 등에서도 중국어의 '형용사'는 동사로 분류된다. 그러나 『中学教学语法系统提要』와 대다수 현대 중국어 문법 교과서를 포함하여 '형용사'는 하나의 독립적인 품사로 처리하고 있다. 또한 전통문법학에서 말하는 '형용사'를 동사의 한 부류로 간주하는 것이 중국어 생성문법학의 주된 견해도 아니다. Huang, Li and Li(2009: 23)는 '형용사'는 반드시 하나의 독립적인 품사로 분류하여야 한다고 본다. 그는 전치사 '~에 대해(对)'에 대한 검증과 'AABB'와 'ABAB'식 중첩형식의 검증을 통하여 '형용사'와 동사를 구분한다. 본서에서는 형용사의 특성을 고려하여 2.4.2에서 따로 분류하여 설명한다.

52 본서는 전통문법학에서 말하는 '형용사'를 이 '정태동사'에 포함시킬 수 있다고 본다. 전통문법

'明白明白'는 타동사로, '明明白白'는 자동사(/정태동사)로 분류하는 근거이다.

⑤ **2항 능격동사**(Two-Place Ergative Verb, 二元作格动词)

이는 1항 능격동사와 달리 타동사로만 쓰이며, **'사동' 사건의미를 나타내는 경동사 [CAUSE-BECOME]에 의해 확장된다**. 따라서 2항 능격동사는 **〈원인자〉 주어**를 가지는데, 이 주어는 **[± 의지성]**이다. 먼저 [+ 의지]의 주어인 예를 보자.

(67) a. 他开了门。
그는 문을 열었다.
b. 水手们沉了船。
선원들은 배를 가라앉혔다.
c. 他故意吓了我一跳。
그는 고의로 나를 깜짝 놀라게 했다.
d. 他感动了我。
그는 나를 감동시켰다.

(67)에서 주어는 **[+ 의지]의 행위자**이다. 이때는 c의 경우처럼 모두 부사어 '故意**(고의적으로)**'를 넣어 말할 수 있다.

그러나 사동의 사건의미를 가지는 2항 능격동사의 주어는 일반적으로 **[- 의지]의 〈원인자**(causer)**〉 주어**이다(자세한 내용은 본서의 6장의 5.2.4 참조). 다음 예를 보자.

(68) a. **这一撞**开了门。
이 한 방이 문이 열리게 했다.
b. **风暴**沉了船。
폭풍이 배를 침몰시켰다.
c. **树影**吓了我一跳。
나무그림자가 나를 깜짝 놀라게 했다.

학자인 吕叔湘(1979: 32)도 일찍이 "형용사를 동사에 병합시켜 반 독립적인 작은 분류로 여기는 것도 한 가지 방법일 수 도 있다"라고 지적한 바 있다.

d. 这封信感动了我。

이 한 통의 편지가 나를 감동시켰다.

이때는 의지성 술어를 수식하는 부사어 '故意'를 넣어 말할 수 없다.

⑥ **대격동사**(Accusative Verb, 宾格动词)

이는 자신의 보충어 논항에게 **목적격**(Accusative Case)을 부여하는 동사이다. 대격동사는 비대격동사와 짝을 맞추어 이해하면 좋다.

(69) a. 她死了。[비대격]

그녀는 죽었다.

b. 她杀了一只鸡。[대격]

그녀는 닭 한 마리를 잡았다.

대격동사는 동사가 몇 개의 논항을 가지느냐에 따라 나누어 볼 수 있다.

(70) a. 他吃饭。(논항이 2개인 경우)

그는 밥을 먹는다.

b. 我送她一本书。(논항이 3개인 경우)

나는 그에게 책 한 권을 보낸다.

⑦ **인상동사**(Rasing Verb, 提升动词)

이는 '好像, 看来, 估计, 似乎' 등의 동사를 말한다. 이들 동사는 **종속절의 주어를 자신의 주어자리로 끌어올리는(/인상하는) 특징**이 있다.[53] 예를 보자.

(71) a. 小李$_i$好像[t_i]开了大门。

샤오리는 마치 대문을 연 것 같다.

---

53 관련 내용은 본서 제2장의 3.3의 **주어 인상과 자질일치** 문제를 참조하라.

b. 小李$_i$看来[t_i]病了。
   샤오리는 보아하니 병이 난 것 같다.
c. 小李$_i$似乎[t_i]又来了。
   샤오리는 아마도 또 온 것 같다.
d. 小李$_i$估计[t_i]去了台北。
   샤오리는 아마도 타이베이에 간 것 같다.

위 (71)의 각 예에서 보듯, **인상동사**의 주어는 목적어 절 속 [t_i]의 주어가 올라왔고, 화자는 생략되었다. 화자는 인상동사 구문을 통해 주어에 대한 주관적인 예상이나 추측을 나타낸다. 또, 화자의 주관적 판단을 나타내는 형용사구 '很容易(쉽게)', '很遗憾(유감스럽게도)', '不幸(불행히도)' 등도 종속절의 목적어를 앞으로 이동시키는 구문을 만들 수 있다.

(72) a. **很容易**讨好小李。
   샤오리의 기분을 맞추기는 쉽다.
b. 小李$_i$**很容易**讨好[t_i]。
   샤오리는 쉽게 기분이 맞추어진다.

이 역시 일종의 인상동사 구문이며, 화자는 목적어에서 인상된 주어에 대해 주관적인 예상이나 추측을 나타낸다.

⑧ 절 논항을 보충어로 가지는 동사

이런 동사는 절 논항 속 성분에 대한 지시성 차이에 따라 둘로 나뉜다. ⓐ류는 절 논항을 가지는 일반적인 동사이다. ⓑ류는 소위 '**예외 격 표시**(ECM, Exceptional Case Marking)' **동사**이다. 먼저 다음 예를 보자.

(73) a. 小李**认为**[胜任任务]。
   샤오리는 임무를 감당할만하다고 여긴다.
b. 小李**宣布**[参加竞选]。
   샤오리는 경선에 참가한다고 선포한다.

(74) a. 小李**期待**[胜任任务]。

샤오리는 고통을 이겨낼 만하다고 기대한다.

b. 小李**要求**[还要努力]。

샤오리는 더 노력해야 한다고 요구한다.

생략성분의 지시성 차이로 인하여, (73)은 중의적이고, (74)는 중의적이지 않다. 즉, 두 부류의 동사는 절 목적어를 가지는 점에서 차이가 없어 보이지만, 실제적으로 절 목적어 속의 주어가 가지는 지시성에서 차이가 있다. 何元建(2011:236-240)은 예문에서 주어가 빠진 자리에 '小李'를 대신할 만한 **회생대명사**(resumptive) '他'를 넣어 주절 주어와 종속절 주어 사이에 생기는 **결속 관계**(Binding Relations)[54]의 차이를 설명한다.

(75) a. 小李$_i$认为[**他**$_{i/j}$胜任任务]。

샤오리$_i$는 그$_{i/j}$가 임무를 감당할만하다고 여긴다.

b. 小李$_i$宣布[**他**$_{i/j}$参加竞选]。

샤오리$_i$는 그$_{i/j}$가 경선에 참가한다고 선포한다.

(76) a. 小李$_i$期待[**他**$_{*i/j}$胜任任务]。

샤오리$_i$는 그$_{*i/j}$가 임무를 감당할만하다고 여긴다.

b. 小李$_i$要求[**他**$_{*i/j}$还要努力]。

샤오리$_i$는 그$_{*i/j}$가 더 노력해야 한다고 요구한다.

(75)a-b에서 '他'는 주어인 '小李' 혹은 '小李 이외의 어떤 사람' 모두 가리킬 수 있다. 그러나 (76)a-b에서 '他'는 주어인 '小李'를 가리키면 비문이 되고, '小李 어떤 사람'만을 가리킬 수 있다. 이에 대한 영어의 예를 보면,

(77) a. John$_i$ expected [that **he**$_{i/j}$ would leave soon].

b. John$_i$ **expected** [**him**$_{*i/j}$ to leave soon].

---

54 '**결속**'은 관련된 두 성분 간에 **성분통어와 공지시가 일어나는 경우**를 말한다. 쉽게 말해 **지시성** 혹은 **호응**으로 이해해도 좋다. 본서 제4장의 3.1.3을 참고하라.

a의 경우는 종속절의 대명사 'he'는 **정형절**을 구성하는 시제사(tense)에 의해 **주격**을 받는다. 그러나 b의 경우는 시제사가 비정형절을 구성하는 'to'이므로, 이런 시제사(T)는 지정어 자리의 대명사에게 주격을 주지 못하므로, 예외적으로 앞의 **동사 'expect'가 뒤의 대명사**에게 **목적격**을 준다. 이런 동사를 '예외 격 표시(ECM)' 동사라 한다.[55] 예(76)에서 보듯, 중국어에서도 ECM 동사에 속하는 '**期待, 要求, 建议**' 등 동사들도 유사한 특징을 보인다. 즉, **주절 주어와 종속절 주어(/목적어**: 영어 'to' 구문에서는 ECM 동사에 의해 실제적으로 목적격을 받음)**간에 지시성의 차이**를 보인다.

⑨ 3항 동사(Three-Place Verb, 三元动词)

이는 세 개의 논항을 가지는 동사이다. 즉, 3항 동사는 한 개의 주어와 두 개의 목적어 논항을 가진다. 이를 '**이중목적어구(double object structure, 双宾句)**'라 한다. 동사의 의미에 따라 ⓐ**수여동사**, ⓑ **탈취동사**로 나눌 수 있다. 각각 나누어 예를 보자.

ⓐ 수여 동사

이는 'S+IO+DO'의 형식으로, 행위자 주어가 간접목적어에게 무엇인가를 **전달해 주는 동사**, 즉 '送, 交, 问, 教, 寄, 托, 发, 赏, 输, 告诉, 通知' 등의 동사를 말한다.

(78) a. 小李送老张一本书。
　　 샤오리는 라오장에게 책 한 권을 보냈다.
　 b. 小李送一本书给老张。
　　 샤오리는 책 한권을 보내서 라오장에게 주었다.
　 c. 小李寄给老张一本书。
　　 샤오리는 라오장에게 책 한 권을 부쳐주었다.

a는 이중목적어구문이다. 그러나 b의 경우는 이중목적어구문이 아니라 **연동구문**이다. 한편, c에서 보듯, 수여동사는 '**동사+给'의 형태**[56]로도 잘 쓰인다.

55 Chomsky(1981,1986a,1986b), 何元建(2011:236-240) 재인용.

56 '**V+给' 형태의 도출**에 대해서는 본서 제6장의 1.3.2에서 자세히 다룬다.

ⓑ **탈취 동사**

이는 행위자 주어가 간접목적어에게서 무엇인가를 가져오는 동사, 즉 '借, 买 欠, 赢, 偷' 등의 동사를 말한다.

(79) a. 小李赢了小张一百块钱。
샤오리는 샤오장에게 100원을 땄다.
b. 小张偷了小李一百块钱。
샤오장은 샤오리에게서 100원을 훔쳤다.

탈취동사 중에 '借, 买' 등은 **양방향성**을 가진다. 따라서 '주는 경우'에는 **'给'를 추가**하여 방향성을 확정할 수 있다.

(80) a. 小李借了小张一百块钱。
샤오리는 샤오장에게서 100원을 빌렸다.
샤오리는 샤오장에게 100원을 빌려주었다.
b. 小李借<u>给</u>了小张一百块钱。
샤오리는 샤오짱에게 100원을 빌려주었다.

한편, 수여의 '주다'나 탈취의 '받다' 의미가 없는 일반 동사도 이중목적어구문의 형식을 띠는 경우가 있다.

(81) a. 小张吃了小李一顿大餐。
샤오장은 샤오리에게서 크게 한턱 얻어먹었다.
b. 小张开了小李一个玩笑。
샤오장은 샤오리에게 농담 하나를 했다.
c. 小张占了小李一个便宜。
샤오장은 샤오리에게 편리를 하나 봐줬다.
d. 小张打了小李一个嘴巴。
샤오장은 샤오리를 뺨을 한 대 때렸다.

위의 b, c는 소위 **이합동사**로 이루어진 관용적인 표현이고, d의 경우는 두 목적어 사이에 **'전체+부분'의 집합관계**를 가지는 비교적 특수한 예이다.

3.3.2. 형용사[Adj]

형용사(Adjective)는 A로 약칭한다. 형용사도 대표적인 내용어(-F)이다. 형용사는 통사부에서 **형용사구(AP)로 최대투사**되고, 이어서 **정도사(Deg)에 의해 정도사구(DegP)로 확장**된다.

형용사는 속성이나 상태를 묘사한다. **성질 형용사**란 사물의 각종 성질 혹은 모양을 나타내는 형용사로 '好, 大, 高, 矮'등을 이르며, **상태 형용사**란 사물의 각종 상태를 나타내는 형용사로 '通红, 雪白'등을 이른다. 한편, **'-然'**[57]은 **형용사 접사**로 단어 생산성은 약하지만 접사의 하나로 볼 수 있다.

1) 성질 형용사

沈家煊(1997)은 성질 형용사는 술어로 기능하며, 다음의 몇 가지 특성이 있음을 설명한다.

첫째, 성질 형용사의 확장

성질 형용사는 정도부사[58]를 통해 확장된다.

(82) a. 很懒, 非常好
게으르다, 아주 좋다
b. 更大, 比较高
더 크다, 비교적 높다

57 **형용사화 접사적** 용법의 '-然'을 쓰는 단어로 '突然(갑작스럽다), 自然(자연스럽다)' 등이 있다.

58 이것을 정도부사로 볼 것인가 정도사로 볼 것인가의 문제는 좀 더 진전된 논의를 필요로 할 것이다. 전자는 어휘범주로, 후자는 기능범주로 보는 관점이다. 본서는 후자로 본다.

c. 那么木,　　　　　　　　这么好
　그렇게 무뚝뚝하다,　　　이렇게 좋다
d. 有点儿热　　　　　　　有点儿冷
　좀 덥다　　　　　　　　좀 춥다.

예(82)의 부사는 모두 [+ 정도]의 기능의미를 나타낸다. a는 단순 정도, b는 비교 정도, c는 지시 '대명사'를 사용한 정도성 표현이고, d는 불만의 어투를 가진 정도성 표현이다.

이러한 성질 형용사의 통사적 특징에 대해 熊仲儒(2013)는 '성질 형용사는 **정도 기능범주**에 의해 확장된다'고 보고, 다음과 같은 수형도를 통해 설명한다.

(83) 성질 형용사의 정도 범주에 의한 확장

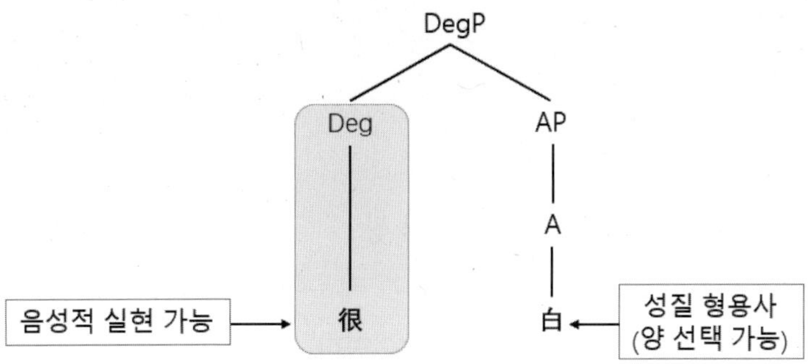

위 수형도는 성질 형용사구를 확대하는 도출 도이다. 즉, 성질 형용사에 대한 **양의 자질에 대해 점검하는 정도범주**(degree, 量度范畴)를 나타낸다. 이렇게 본다면 정도 부사, 특히 '很'은 기능범주 사의 일종인 **정도사**(Deg)이다.

한편, 성질 형용사는 단어 구성과 구 구성의 연산(计算)에 참여할 수 있으나, 정도 범주에 의해 확장을 받은 후에는 단어구성 연산에 참여할 수 없고, 통사적 연산에만 참여할 수 있다.

(84) 성질 형용사의 단어 연산 및 구 연산 참여 가능 여부

정도 범주 확장 전		정도 범주 확장 후	
단어 구성	구 구성	단어 구성	구 구성
好朋友(절친)	好的朋友(좋은 친구)	* 很好朋友	很好的朋友
高楼(고층건물)	高的楼(높은 건물)	* 很高楼	很高的楼
漂亮女孩(얼짱녀)	漂亮的女孩(예쁜 소녀)	* 很漂亮女孩	很漂亮的女孩
危险人物(위험인물)	危险的人物(위험한 인물)	* 很危险人物	很危险的人物
简单方法(간편법)	简单的方法(간단한 방법)	* 很简单方法	很简单的方法

'*'는 구조나 문장이 성립하지 못함을 의미한다(이하 동).

왜 이런 일이 생기는 것일까? 성질 형용사가 정도사의 확장을 받기 전에는 단어 구성과 구 구성에 있어 비교적 자유롭다. 그러나 정도범주의 확장을 받으면, 이미 정도사구(DegP)가 되었으므로, 단어보다 층차가 높다. 따라서 단어 속에 단어보다 더 높은 층차 범주의 실체가 있는 모양이 되어 위계 상 모순이 되기 때문이다.

둘째, 성질 형용사의 긍정과 부정의 대립 쌍

성질 형용사는 속성적인 의미를 표시하기 때문에 **긍정과 부정의 짝**이 있다. 한편, '不'로 부정된 구조는 상당한 정도 **단어성**을 띤다.

(85)	不馋	不对	不疼	不高
	입맛이 없다	그르다	아프지 않다	높지 않다
	不好 不合适	不漂亮	不富有	
	안 좋다	부적합하다	예쁘지 않다	부유하지 않다

셋째, 성질 형용사의 상

성질 형용사는 **상**(Aspect)을 나타내는 성분에 의해 확장되어, '**변화**'나 '**지속**'을 나타낼 수 있다.

(86) a. 走的人多了。
간 사람이 많아졌다.
b. 这朵花红了一点儿。
이 꽃이 좀 붉어졌다.
c. 瘦了下来。
살이 빠졌다.
d. 兴奋起来。
흥분하기 시작했다.
e. 亮着燈。
등이 켜져 있다.

a-c는 '실현', d는 '시작', e는 '지속'을 각각 표시한다.

넷째, 성질 형용사와 목적어

성질 형용사는 뒤에 명사성 성분을 수반할 수도 있다.

(87) a. 红了脸。
얼굴을 붉혔다.
b. 斜着身子。
몸을 비스듬히 하다.
c. 忙了你一天。
하루종일 너를 바쁘게 하였다.
d. 高你一头。
너보다 머리 하나만큼 크다.
e. 大他三岁。
그보다 세 살 많다.

성질 형용사는 뒤에 오는 명사성 성분을 획일 적으로 목적어라고 할 것인지의 문제는 계속하여 논하기로 하자. 예a-c는 형용사가 **사동 경동사에 의해 확장**된 경우이고, e-f는 **비교 범주에 의해 확장**된 경우이다. a의 예를 통해 경동사에 의해 확장된 성질 형용사구의 도출에 대해 알아보자.

(88) 경동사에 의해 확대된 성질 형용사 '红'의 타동성

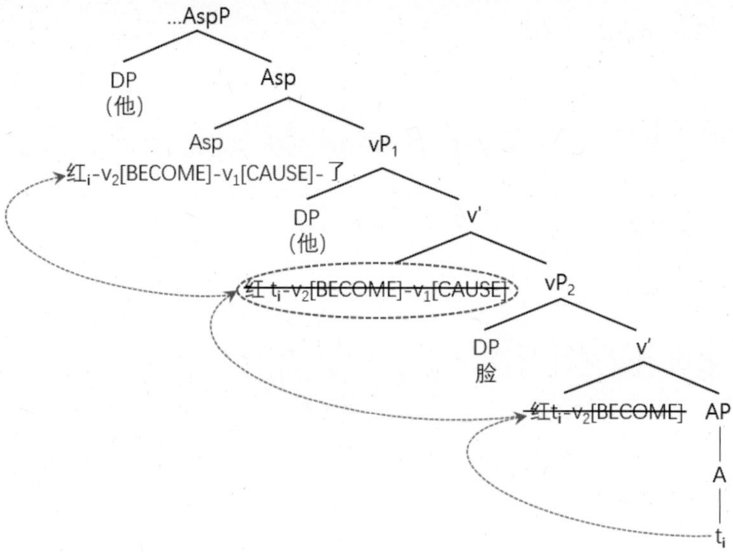

'红'은 먼저 형용사구(AP)로 투사되고, 변화결과 사건의미를 나타내는 경동사 -v[BECOME]에 의해 확장된다. 이때 지정어 위치에는 변화의 **〈대상자〉** '脸'이 배열된다. 이 경동사구(vP_2)에 대해 사동의 경동사 -v[CAUSE]가 작동하여 '红-v_1[BECOME]-v_2[CAUSE]'의 병합을 이루어 '붉어지게 하다'의 **사동의미**가 생긴다. 그리고 이 **융합술어**의 지정어 자리에는 **〈원인자〉**를 배열하여 사동의 경동사구를 도출한다. 이 구를 변화표시 상조사(Asp) 핵 '了'가 다시 확장하였다. 결국 '红'은 두 경동사의 융합에 의해 소위 **'사동'의 사건의미를 나타내는 동사적 용법**이 된다. 그렇다고 하여 후속 성분을 목적어라고 하기에는 석연치 않은 점이 있다.[59] 우리는 왜 이렇게 되는지를 해석하고 설명하는 데 집중할 뿐, 이것이 '목적어다 아니다'를 주장할 필요를 느끼지 않는다.

59 이렇게 구성된 구조에서 술어의 뒤에 오는 성분은 목적어인가? 이를 한국어로 번역해볼 때, (87)a-c처럼 목적격을 받는 경우도 있고, d-e처럼 목적격을 받지 못하는 경우도 있다. 따라서 획일적으로 목적어라고 하는 것은 문제가 있다.

2) 상태 형용사

상태 형용사는 정도 범주에 의해 확장되지 않는다. 즉, '很'에 의해 확장되지 않는다. 상태 형용사를 분류해보자.

(89) 상태 형용사의 형태에 따른 분류

분류			예
중첩식	**단음절(AA的)**		小小的(자그마한), 红红的(빨간)
	이음절(ABAB)		笔直笔直(쭉 곧다), 雪白雪白(새하얗다)
이음절 형용사			煞白(창백하다), 冰凉(차디차다), 通红(새빨갛다), 稀烂(흐물흐물하다), 精光(말끔하다)
접사를 가진 형용사	접미사		黑**乎乎**(시꺼멓다), 绿**油油**(푸르고 윤기 나다), 慢**腾腾**(꾸물거리다), 硬**邦邦**(굳고 딱딱하다)
	접중사	A里AB	慌**里**慌张(갈팡질팡하다), 傻**里**傻气(멍청하다)
		A不BC	灰不留秋(희끄무레하다), 白不呲咧(색이 바래다)

상태 형용사(구)는 **비명시적인 정도사에 의해 확장**된다. 熊仲儒(2013)는 이를 다음과 같은 수형도로 표시한다.

(90) 상태 형용사에 대한 정도 범주의 확장

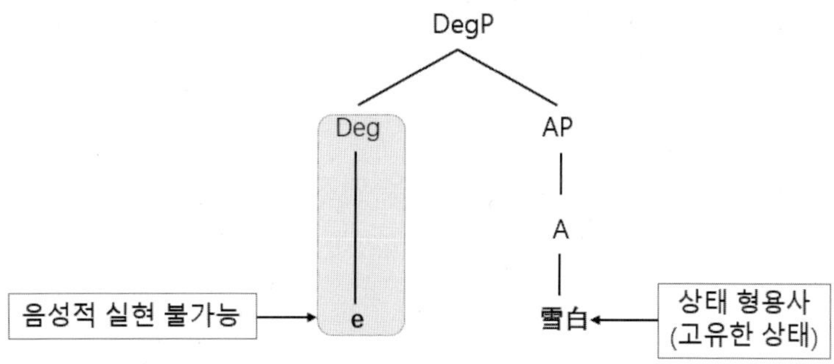

상태 형용사는 자체적으로 고유한 양의 자질을 가지므로, **정도범주의 음성적 실현을 필요로 하지 않는다**. 이는 상태형용사가 직접적으로 술어로 사용될 수 없음을 의미한다.

한편, 상태 형용사는 자주 '的'에 의해 확장된다. 즉, 상태형용사는 직접 관형어가 될 수 없다. 반드시 **한정사 '的'**의 확장을 받은 후 비로소 관형어가 될 수 있다.

(91) a. <u>雪白的</u>衬衫
새하얀 셔츠
b. <u>红通通的</u>脸
새빨간 얼굴
c. <u>古里古怪的</u>人
괴상한 사람

3.3.3. 전치사[P]

전치사(Preposition, 介词)는 P로 약칭한다. **전치사는 반드시 보충어를 취하며, 그에 대해 모종의 '의미역'을 할당하는 내용어(-F)이다**. 전치사는 통사부에서 **전치사구**(PP)로 최대투사된다.[60]

우리는 단어 분류의 근거인 단어의 범주자질에 대해 다음과 같이 정리한 바 있다.

(92) a. 명사(N): [+ N, - V]
b. 동사(V): [- N, + V]
c. 형용사(A): [+ N, + V]
d. 전치사(P): [- N, - V]

전치사와 동사와 공통적으로 [- N] 자질을 가진다. 본서는 중국어 전치사가 주로 동사로부터 기원되었고 동사와 밀접한 관계가 있는 점[61], 특히 자신의 보충어 논항

60 전치사구(PP)에 대한 내용은 본서 제6장의 4를 참조하라.

61 영어에서는 전치사를 다음과 같이 분류하기도 한다.

에게 모종의 의미역을 할당하는 점 등을 고려하여 **동사성 내용어**로 분류한다.

전치사를 분류해보자. 김종호(2011)는 전통문법적 관점에서 전치사를 분류하고 해당 용례를보인다.

(93) 의미에 따른 전치사 분류와 용례 표

분류		예문
시간, 장소, 방향 표시	시간 '기점'	这雨从昨天晚上一直下到现在。
	'시점'	我是在你走了以后才去的。
	구체 장소 '기점'	由$_1$天安门经前门到琉璃厂。
	추상적 단계의 '장소'	在中学教育的基础上还要进行兩年专业培训。
	'근접'	欢迎你们到北京来。
	'이탈'	北京饭店离机场远吗?
	'지나감'	他们沿着375路向西直门方向骑去。
'근거' 표시		根据我方産品的具体情况, 我们认为在电视上播放为好。
		那就按你说的买。
'수단'이나 '방법' 표시		你不是要用信用卡提款吗?
'원인' 표시		他因病没有上班。
'목적' 표시		谢谢, 为友谊幹杯!
'대상' 표시	공동행위 '跟, 同'	那家公司同中国有商业往来。
	행위주체 '由$_2$'	什么时候去由我们定。
	관계 '对, 关于'	他对我点点头表示同意。
	전치 '把, 将'	昨天把王府井的几家时装店都跑遍了。

(1) He fell **down**. 〈자전치사〉
(2) He fell **down the stairs**. 〈타전치사〉
특히 (1)의 경우 전치사인가 부사인가 구분하기가 쉽지 않다. 이와 같은 분류는 전치사도 타동성(transitivity)의 차이가 있다고 보는 견해이다. 즉, 목적어를 가지는 경우를 타전치사, 목적어가 없는 경우는 자전치사라 한다.

분류		예문
'대상' 표시	피동 '被, 给$_1$'	衣服被雨淋湿了。
	수여 '给$_2$'	你有事可以给我打电话。
	비교 '比'	依我看，比中档的高级不了多少。
	제외 '除, 除了'	阅览室里除报纸以外还有杂誌。
	대리 '替'	明天我替他讲课。
	봉사 '为$_2$, 给$_3$''	我在北京饭店给你们订了个房间。
	어투 '連'	他们连一句话也没说。

3.3.4. 부사[Adv]

부사(Adverb)는 Adv로 약칭한다. 부사는 내용어(-F)로, 흔히 형용사나 동사를 수식하거나 한정하여 범위, 시간, 빈도, 어투 등등의 다양한 의미를 나타내는 어휘범주에 속하는 품사이다.[62] 부사는 통사부에서 **부사구(AdvP)**로 최대투사된다.

부사는 명사, 동사, 형용사, 전치사 등 네 개의 주요한 어휘범주(four major lexical categories) 이외의 단어들이다. 부사는 일반적으로 동사와 수식어와 피수식어의 관계이므로, 동사와 비교적 밀접한 관계가 있다. 그러나 핵의 요구와 관계없이 필요에 따라 어디든 들러붙는 자유로운 속성의 품사이다. 즉, 부사구는 여타 핵의 보충어 성분이 되지 못하고, 임의로 다른 성분 앞에 부가되는 성질이 있다. 따라서 **부가어 (Adjunct)**라고도 한다.

김종호(2011)는 현대중국어 부사에 대해 그 의미를 중심으로 다음과 같이 귀납한다.[63]

---

62 부사구(AdvP)의 투사와 도출에 대해서는 본서 제6장의 3에서 다룬다.

63 아래 도표에서 기존의 **정도부사에 해당하는 부분**은 삭제되었다. 본서는 정도사를 기능범주에 속하는 하나의 품사로 설정하기 때문이다. 따라서 이 부분은 정도사의 분류시에 사용되었다. 본장의 3.4.2를 참조하라. 한편, 부정부사도 기능핵의 하나로 설정하여 생략되었으며, 이에 대해서는 6장의 10에서 따로 다룬다.

(94) 의미에 따른 부사의 분류표

분류	의미		예
시간부사	과거	시역	向来, 从来, 历来
		비시역	已(经), 曾(经), 刚(刚)
	현재		正$_1$, 正在, 在
	미래	시역	**早晚, 迟早, 眼看**
		비시역	将要, 快要
	미확정시	시역	**永远, 始终, 老(是), 总(是), 一直**
		비시역	立刻, 马上, 就, 赶紧, 赶快, 连忙, 预先, 儘早, 及早
		시점강조	**正$_2$, 正好, 恰好, 刚好, 恰巧, 刚巧**
빈도부사	빈도	순수빈도	**常(常), 往往, 再, 再三, 屡次**
		동류표시	**也, 又**
상태부사	평가성		自然, 毅然, 亲自, 贸然, 轻易, 欣然, 私下, 暗暗, 默默
	존재, 상태성		仍然, 依然, **渐渐, 逐步, 逐渐**, 忽然, 忽地, 偶尔
범위부사	총괄		都, 全, 凡是, 统统(通通), 总共,大都, 大致, 大体
	개별		就$_1$(是), 单(单), 光(是), 只(是), 仅(仅), 独自, 唯独
	공통		一共, 一起, 一块儿, 一概, 一幷, 一律
	장소		到处, 处处, 满处
어기부사	긍정	확신, 인정	其实, 确(实), 的确, 一定, 明明, 果然, 难怪, 最好, 只好
		감탄	可, 就$_3$, 实在, 简直
		필연	必定, 势必, 务必, 千万
		추측	大概, 大约, 也许, 或许, 兴许
		다행	幸亏, 好在, 幸而, 幸好
		의외	偏偏, 居然, 竟然, 原来
		반전.의외	倒, 却, 反而, 反正, 索性
	의문.의심		岂, 难道, 到底, 究竟, 何必

그러나 의미에 근거한 부사의 분류는 그 경계가 명확하지 않다. 부사는 어휘의 수가 많고, 개별 부사의 의미도 다양하다. 기능적으로 한 개의 부사가 여러 개의 의미를 가지는 경우도 있고, 개별 부사의 기능이 또 다른 어떤 부사와 서로 같거나 비슷한 점

이 있다. 따라서 어떤 학자는 부사 분류의 난해성을 마치 잡탕밥 같다고도 한다. 어떤 부사가 내용어인지 기능어인지의 문제는 개별 부사가 특정 문장 안에서 구체적으로 어떻게 사용되는지 면밀히 살펴본 후에야 판단할 수 있겠다. 본서는 **대부분의 부사는 내용어(-F)적 성격**을, **일부의 부사는 기능어(+F)적 성격**을 가지는 것으로 이해한다.

한편, 부사는 문장에서의 분포에 유의할 필요가 있다. 즉 범위, 시간, 상태부사 등은 대개 '**주어**'의 뒤 술어의 앞에 위치하여 주어의 행위나 상태등을 표시한다. 이런 부사를 성분수식 부사라 한다. 반면 일부의 부사는 주어의 앞 문두에 위치하여 문장의 내용에 대한 '**화자**'의 심리적 태도나 평가의 의미를 표시한다. 이런 부사를 문장수식 부사라 한다. 부사에 대해 분포적 수식기능 차원에서 분류해보자.

첫째, 성분수식 부사

문장 내에서 어느 한 성분만을 수식하는 기능을 가지는 부사를 이른다. 위에서 제시한 범위부사, 상태부사, 시간 및 빈도부사 등의 대부분이 여기에 해당한다. 어휘목록은 위에서 언급한 것으로 대체한다.

둘째, 문장수식 부사

문두에 위치하여 문장 전체의 내용에 대하여 화자의 각종 심리적 태도를 나타내는 부사를 총칭하여 이른다. 문장수식 부사는 대부분 '어기부사'이지만 소수의 '정도부사, 상태부사, 시간부사' 등도 문장수식 기능을 할 수 있다.[64] 그 어휘 목록을 정리하면 다음과 같다.

(95) 문장수식 부사의 분류

분류		예
문장 수식 부사	[+ 어투]	其实, 确(实), 的确, 明明, 果真, 果眞, 难怪, 一定, 难道, 到底, 何必, 大概, 也许, 幸亏, 好在, 幸而, 幸好, 居然, 竟然, 原来, 反正
	[+ 정도]	尤其, 起码, 至少, 至多, 差不多, 几乎, 尽量
	[+ 시간]	向来, 素来, 从来, 历来, 早晚, 迟早, 眼看, 一直, 立刻, 马上, 正好, 正巧, 恰好, 恰巧, 刚好, 刚巧
	[+ 상태]	渐渐, 逐渐, 照例

64 이 말은 이런 부사들은 성분수식과 문장수식이 모두 가능함을 의미한다.

3.4. 동사성[+ V]·기능어[+ F]

'동사성[+ V] · 기능어[+ F]'는 기능범주(Functional category) 사이다. 이에 속하는 품사는 경동사, 정도사, 경형용사, 경전치사, 조사(상조사, 태조사 포함), 비교사-대상사, 양태사, 시제사, 보문사(초점사, 화제사, 어기사 포함), 접속사 등이다.

3.4.1. 경동사[v]

1) 경동사의 정의와 속성 및 분류

경동사(light verb, 轻动词)는 소문자 v[65]라고 약칭한다. **경동사는 보충어인 동사구(VP)에 사건의미(eventualty)를 부여하는 동사성 기능어(+F)[66]이다**. 통사부(Syntax)에서 경동사는 동사구를 보충어로 병합하여 경동사구(vP)[67]로 최대투사(Maximal projection)된다.

경동사가 부여하는 사건의미는 **활동(DO)**, **상태(BE)**, **변화결과(BECOME)**, **사동(CAUSE-BECOME)**, **의동(CONSIDER-BE)** 등이 있다. 이중 사동(causative)과 의동(Cogitative/Cognitive)은 두 개의 경동사가 계층적으로 병합하여 나타내는 일종의 복합 사건의미이다.[68]

경동사 이론(light verb theory)는 하루아침에 솟아난 것이 아니다. 즉 Grimshaw and Mester(1988), Larson(1988), Hale & Keyser(1993)등에 의해 이론이 제기되고, Chomsky(1995, 1998, 1999), Huang(1994) 등에 의해 이론이 심화 · 정돈되었고, Lin

---

65 소문자 'v'와 대문자 'V'는 두 종류의 서로 다른 품사이다. 작은 글씨(/기울임 꼴) 'v'를 사용하여 경동사를 표시하는 것은 Chomsky(1995)가 채용한 방식이다.

66 중국어 전통문법 학계에서도 이와 비슷한 개념을 제기했다. 즉, 의미상 비교적 '허(虛)'한 동사를 차동사(次动词)', '조동사(助动词)', '부동사(副动词)'라고 명칭 하는데, 예를 들어 '把, 被, 教, 让, 给' 등의 단어이다. 王力(1984[1944]:26), 朱德熙(1979:9) 등 참조.

67 경동사구(vP)에 대해서는 본서 제5장의 5절에서 자세히 논한다.

68 경동사를 '경(轻)'이라고 호칭하는 이유는 동사에 비해 경동사의 의미가 비교적 '허(虛)'하고 특정한 의미만을 나타내기 때문이다. 경동사가 정식적으로 통사론의 한 품사로 간주된 것은 Chomsky(1995)이다. 현재 생성문법학의 문헌에서 경동사에 대한 이해가 완전히 일치한 것이 아니며, 경동사가 포괄하는 범위는 어떤 것은 넓고 어떤 것은 좁다. Lin(2001), 邓思颖(2010) 등 참조

(2001), 冯胜利(2005), 邓思颖(2010), 何元建(2011), 熊仲儒(2013), 梅广(2015), 蔡维天(2016, 2017)[69], 김종호(2018) 등에 의해 중국어에 적용되었으며, 계속 발전 중인 이론이라 하겠다. 이상의 내용을 종합하여 표로 보이면 다음과 같다.

(96) 경동사의 분류와 중국어의 예[70]

경동사의 기능과 경동사의 분류		사건의미	예
통사 위치	명시성 여부		
외부	명시	활동[DO]	作/做, 进行, 加以[71]
		상태[BE]	(是), (有)[72]
		변화결과[BECOME]	给, -得
		사동[CAUSE-BECOME]	把, 使, 让, 叫
		의동[CONSIDER-BE]	以…为, 以为
	비명시	활동[DO]	∅[DO]
		상태[BE]	∅[BE]
		변화결과[BECOME]	∅[BECOME]
		사동[CAUSE-BECOME]	∅[CAUSE-BECOME]
		의동[CONSIDER-BE]	∅[CONSIDER-BE]
내부	명시		在, 到, 給, 用, 靠, 有, 着

---

69 그는 특히 **내부 경동사**와 **외부 경동사**를 분류한 바, 이에 대한 자세한 설명은 본서 6장의 5.3을 참고하라.

70 표에서 보듯, 경동사는 명시적인 것도 있고, 비명시적인 것도 있다. 표에서 '∅'는 비명시적인 경동사를 표시하는 것으로, 눈에 보이지 않지만 모종의 실체가 존재한다는 의미이다.

71 何元建(2011:219)은 朱德熙(1961)에 근거하여 전통 문헌에서 말하는 '형식 동사(形式动词)' '作, 进行, 加以,予以, 给以, 干, 开展, 展开, 实行, 举行' 등을 '**집행 경동사**(performance light verb)'라 한다. 이들은 본서에서 말하는 **활동**[DO] 사건의미를 나타낸다.

72 괄호한 (是)와 (有)는 현대중국어에서 어휘 핵으로서나 기능 핵으로서나 모두 상용도가 매우 높은 단어들로, 이들이 경동사적 기능을 가지는지 여부는 좀 더 진일보한 연구가 필요하다고 여겨 괄호 속에 표시하였다.

경동사의 기능과 예 경동사의 분류		사건의미	예
통사 위치	명시성 여부		
내부	비명시		∅[AT], ∅[TO], ∅[WITH/USE], ∅[FOR], ∅[EXIST]

-[BECOME]은 [BEC]으로, [CAUSE]는 [CAU]로, [CONSIDER]는 [CON]으로 각각 줄여쓰기도 한다.

이제 경동사가 표시하는 사건의미의 이해를 위해 하나의 단어로 이해되는 '生'이 서로 다른 경동사의 확장에 의해 서로 다르게 해석되는 다음 예를 보자.

(97) a. 父**生**我身, 母鞠我身.『四子小学』
아버지는 내 몸을 **낳으시고**, 어머니는 내 몸을 기르신다.
b. 子曰: "**生**, 事之以礼."『论语 · 为政 5』
공자께서 "(부모가) **살아계시**면, 예의로써 그들을 섬긴다."라고 말씀하셨다.
c. 本立而道**生**.『论语 · 学而 2』
근본이 서면, 도가 **생긴다**.
d. 药医者药, 以**生**之.『栢谷集』
약을 쓰는 의사는 약을 써서, 그를 **살린다**.

위의 예에서 공통적으로 등장하는 술어 동사 '生'은 각각 문장 속에서 다른 사건의미를 나타낸다. a는 활동 사건의미의 '낳다', b는 상태 사건의미의 '살다(/존재하다)', c에서는 변화결과 사건의미의 '생기다', d에서는 사역의미의 '살게 (되게) 하다/살리다'로 각각 다르게 해석된다. 이처럼 같은 동사 '生'이라도 상위에서 작동하는 **경동사의 다름에 의해 서로 다른 사건의미가 확정된다**. 또한, 이 사건구조에 참여하는 논항들의 의미역도 확정된다.

2) 경동사의 논항 선택

술어 핵은 논항을 선택한다. 이때 논항을 선택하는 술어의 핵 성분을 무엇으로 보아야 하는가의 문제가 있다. 즉, 어휘범주인 동사로 볼 것인지, 아니면 기능범주인 경동사로 볼 것인지에 대한 문제이다. **동사 중심설에서 논항 선택의 주체는 동사**이고, **기능범주 중심설에서 논항 선택의 주체는 기능범주**이다. 다름의 예를 보자.

(98) a. 李四<u>**死了父亲**</u>。
리쓰는 부친이 돌아가셨다.
b. 李四<u>**吃饭馆**</u>。
리쓰는 식당에서 (밥을) 먹는다.

위의 예a에서 동사 '死'가 '父亲'을 선택하는 것은 가능하지만, '李四'를 선택하는 것은 맞지 않다. 왜냐하면 '죽은 사람은 리쓰가 아니기 때문'이다. 또한 b에서 '吃'가 '李四'를 선택하는 것은 가능하지만, '饭馆'을 선택하는 것은 불가능하다. 왜냐하면 '리쓰는 식당에서 밥을 먹는 것이지, 식당이라는 장소 자체를 먹거리로 삼을 수는 없기 때문'이다. 결국, 예a의 '李四'와 **b의** '饭馆'을 선택하게 하는 무언가에 대한 이해가 필요하다. 그것은 바로 동사구를 보충어로 선택하고, 자신이 필요로하는 성분인 논항에게 의미역을 할당하는 **경동사**이다.

3.4.2. 정도사[Deg]

정도사(Degree)는 Deg로 약칭한다. 정도사는 형용사구(AP)를 보충어로 취하여 정도성을 부가하는 **기능어**(+F)이다. 정도사는 통사부에서 **정도사구**(DegP)로 최대투사된다.

정도사를 분류해보자.[73]

---

73 이러한 분류는 시도성이 있는 것이다. 향후 진전된 연구를 기대한다.

(99) 정도사의 분류

분류	보충어	기능	예
명시적 정도사	성질 형용사구	주관성 정도	**很**, 挺, 太, 非常, 格外, 十分, 相当
		비교 정도	**最**, 特别, 更, 愈(越), 比较, 较为, 最为
		수량 정도	**稍**, 稍微, 起码, 至多, 至少, 有点儿, 差不多, 几乎
		동작 정도	**极力**, 竭力, 尽量
비명시 정도사	상태 형용사구		∅

3.4.3. 경형용사[a]

경형용사(adjective)는 소문자 a로 약칭한다. 경형용사는 기능어(+F)이다. 경형용사는 통사부에서 형용사구(AP)를 확장한 정도사구(DegP)를 보충어로 취하여 **경형용사구**(aP)로 최대투사된다. 이해를 위해 다음 수형도를 보자.

(100) '李四小两岁'에서 경형용사의 기능

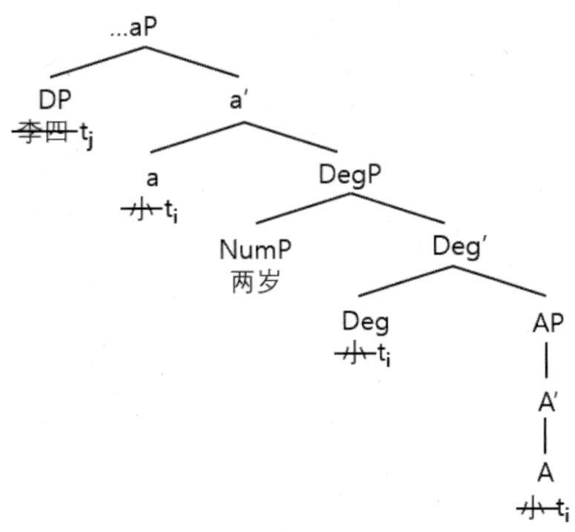

수형도에서 **경형용사 핵** a는 정도사구를 보충어로 병합하여 모종의 상태묘사 기능을 한다. 또한 자신의 지정어 자리(aP-Spec)를 만듦으로써 논항 '李四'가 배열될

공간을 만든다.

3.4.4. 경전치사[p]

경전치사(preposition)는 소문자 p로 약칭한다. 경전치사는 기능어(+F)이다. 경전치사는 통사부에서 **경전치사구(pP)**로 최대투사된다.

熊仲儒(2013:247-248)는 전치사는 어휘범주에 속하며, 그것의 논항 성분은 역시 기능범주에 의해서 확장된다고 본다. 즉, 마치 경동사처럼 경전치사(light preposition, 轻介词)가 있어 전치사구를 보충어로 택하여 논항의 자리를 만들고, 논항에 대해 의미역을 준다는 것이다. 다음 영어의 예를 보자.

(101) a. The book is on the table.
그 책은 테이블 위에 있다.
b. I'm from Korea.
나는 한국에서 왔다.

이처럼 전치사가 두 개의 논항을 취하는 현상을 설명하기 위해 경전치사(p)를 설정한다. 다음 수형도를 보자.

(102) 경전치사의 논항 도입과 'The book is on the table'의 도출 수형도

a. 경전치사구 모형

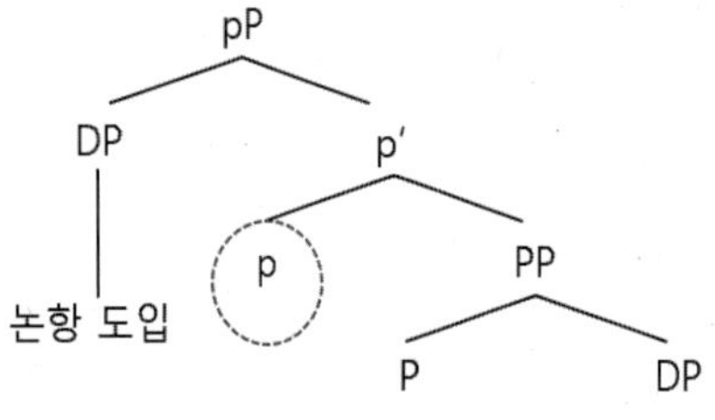

b. 경전치사구에 의한 논항 추가의 예

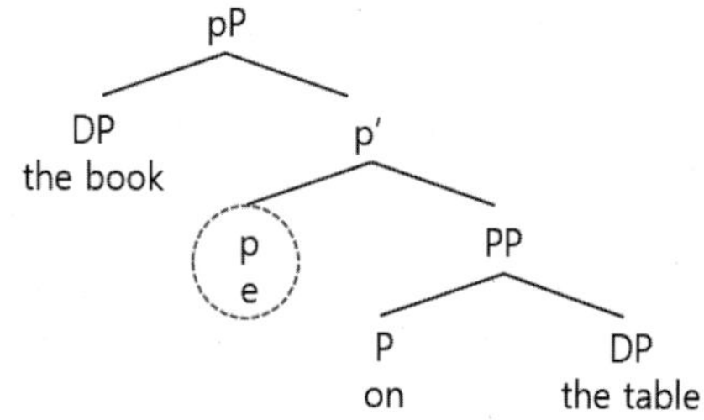

수형도는 전치사구(PP)의 위에 경전치사구(pP)를 설정함으로써 한 개의 논항 자리(the book 자리)를 만들 수 있음을 보여준다.

3.4.5. 조사(Part)

1) 상조사[Asp]

조사(Particle)의 하나인 상조사(Aspect)는 Asp로 약칭한다. **상조사는 경동사구(vP)를 보충어로 취하여 사건(event)에 대해 양상을 나타낸다.** 즉, 동작이나 행위의 시작, 진행, 완료, 상태 등의 정보를 부여하는 동사성 기능어(+F), 즉 기능 범주에 속하는 품사의 하나이다. 상조사는 통사부에서 **상조사구(AspP)**로 최대투사된다.

중국어에서 '상(体/体貌)'을 나타내는 성분을 '상표기(aspect markers, 体标记)'라고도 한다. 예로 '-着, -了, -过'가 있다. 중국어 전통문법학계에서는 이러한 성분을 '조사(助词)'에 포함시키고, '동태조사(动态助词)'라고 한다. 『中学教学语法系统提要』, 刘月华 등(1983, 2001), 张志公 등(1985), 邢福义 등(1991), 胡裕树 등(1995), 北大中文系(2004) 및 黄伯荣, 廖序东(2002b)등에서 모두 독립된 품사의 하나로 취급한다.[74]

2) 태조사[Voic]

조사의 하나인 태조사(Voice)는 Voic로 약칭한다. 태조사는 경동사구(vP)를 보충어로 취하여 능동이나 수동태(passive)를 나타내는 동사성 기능어(+F)이다. 태조사는 통사부(Syntax)에서 **태조사구(VoiP)**로 최대투사(Maximal projection)된다.

능동태는 〈행위자(Agent)〉 주어의 입장에서 내는 목소리이며, 수동태는 지배 〈대상자(Theme)〉 주어의 입장에서 내는 목소리라 하겠다. 이런 점에서 피동문은 수동태에 속한다. 피동구문과 관련된 태조사구(VoiP)의 자세한 내용은 제6장의 6절에서 주로 다룬다.

---

74 그러나 张静 등(1980), 朱德熙(1982), 邓思颖(2010) 등은 상표기를 동사의 **접미사**로 처리한다. 중국어의 상표기가 독립적인 품사인가에 관해서는 여전히 논쟁의 소지가 있다. 邓思颖(2003b) 참조. 한편, 상조사구(AspP)의 자세한 내용은 본서 제6장의 6에서 주로 다룬다.

3.4.6. 비교(Com)-대상사(Tar)

'비교-대상사'는 비교표현을 위한 기능범주에 속하는 단어 조합이다. 안정적인 '비교' 표현을 위해서는 한 쌍의 기능어(+F), 즉 **비교사**(Compare)와 **비교대상사**(Target)가 필요하다. 이 둘을 묶어서 '비교-대상사'라 하겠다.

비교-대상사는 명시성 유무와 기능에 따라 다음과 같이 구분된다.

(103) 비교-대상사의 명시성 여부에 따른 분류

분류	보충어	비교사의 예	
		비교사	비교대상사
명시적인 비교사	정도사구(DegP) 경형용사구(aP) 비교사구(ComP)	更, 最	比, 跟, 像, 不如, 没有
비명시적인 비교사	정도사구(DegP) 경형용사구(aP) 비교사구(ComP)	∅	∅

통사부에서 먼저 비교사가 경형용사구(aP)를 보충어로 취하여 비교사구(Compare Phrase)로 투사되고, 이에 대하여 '비교-대상사'가 핵이 되어 **비교대상사구**(Target Phrase)로 투사된다. 다음 비교-대상사구의 도출에 대해 살펴보자.

(104) 비교-대상사구의 도출

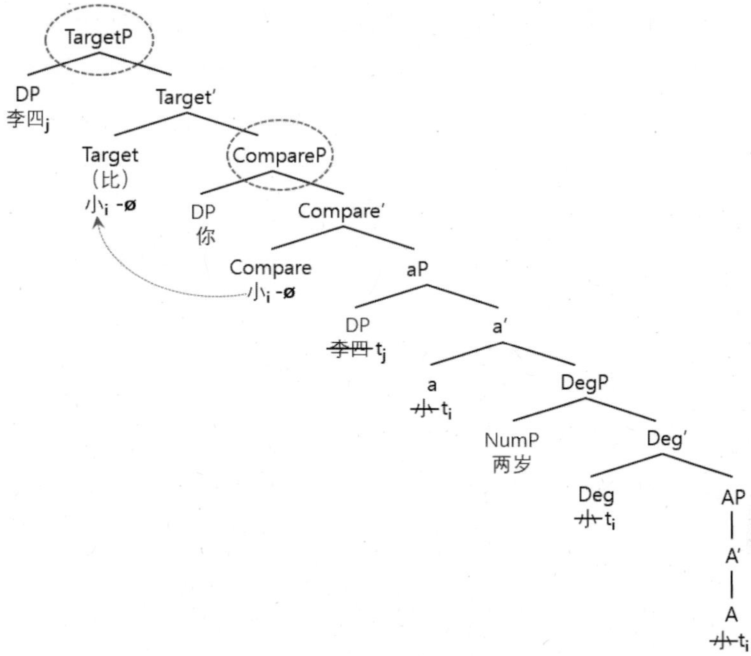

위의 수형도에서 **비교 객체대상 '你'는 비교사구 지정어**(CompareP-Spec) **위치**에 나타나고, **비교주체대상 '李四'는 비교대상사 지정어**(TargetP-Spec) **위치**에 나타난다. 수형도에서 '(比)'는 비교대상사 핵이 비명시적인 경우이다. 결국 이 둘의 명시성 여부를 떠나 이들이 짝을 이루어 출현해야 완전한 비교구문이 도출된다 하겠다.

3.4.7. 양태사[Mod]

양태사(Modals)는 Mod로 약칭한다. 양태사는 동사성 기능어(+F)이다. 양태사는 통사부(Syntax)에서 **양태사구(ModP)**로 최대투사(Maximal projection)된다.

양태(Modality)란 명제에 대한 화자의 능력이나 의무, 태도나 지식의 상태 등을 반영하는 문법 형식이나 내용을 말한다. 양태는 주로 조동사에 의해서 표현되는데, 그 분류가 비교적 복잡하다. Palmer(2001)는 양태의 기본 범주를 **명제 양태**(prepositional modality)와 **사건 양태**(event modality)로 나눈다.[75] 명제적 양태는 다시 **인식**

75 F.R.Palmer(2001), 『Mood and Modality』 22p 참조.

적 양태(epistemic modality)와 증거적 양태(evidential modality)로 나뉘는데, 인식적 양태는 사실성의 판단이고, 증거적 양태는 명제를 단언하는 근거가 무엇인지를 표시한다. 사건 양태는 다시 **의무적 양태**(deontic modality)와 역동적 양태(dynamic modality)로 나뉜다. 의무적 양태는 허가성(permissive)과 의무성(obligative), 공약성(commissive)이 포함되며, 역동적 양태는 능력성(abilitive)과 자발성(violitive)이 있다. 이를 도표로 나타내면 다음과 같다.

(105) 양태의 분류

대분류	중간 분류	양태 의미
명제 양태	**인식적 양태**	명제에 대한 주관적 인식
	증거적 양태	명제 단언의 근거
사건 양태	**의무적 양태**	허가, 의무, 공약성
	역동적 양태	능력, 자발성

양태의 분류도 그것의 의미에 치중하다보면 쉽지 않다. 역시 통사적 위치를 주로 하는 것이 파악에 유리한 면이 있다. 양태사가 확대투사된 양태사구는 **시제사구의 바로 아래**에 위치하지만, 어기사는 일종의 보문사로 문장의 최상위층에 위치한다.[76]

3.4.8. 시제사[T]

시제시(Tense)는 T로 약칭한다. 시제사는 경동사구(vP) 이상의 단계를 보충어로 취하여 과거, 현재, 미래 등의 **시간정보**를 부여하는 기능어(+F)이다.[77] 시제사는 **확대투**

76 본서 제6장의 8절에서는 양태를 '**인식적 양태**'와 '**의무적 양태**'로 나누고, 중국어 문장에 나타나는 양태성에 대해 살펴본다.

77 시제사(T)를 통사론에서 하나의 독립적인 품사로 분석하는 것은 이미 Pollock(1989)과 Chomsky(1995: §2) 등에서 볼 수 있다. 중국어는 시제사가 비명시적인 대표적인 언어이다. 그러나 중국어에서 소위 '了$_2$'를 시제사로 보기도 한다. Tang(1998), 邓思颖(2002c, 2003b), Sybesma (1996), Xu(1997), Zhang(1997), 熊仲儒(2003b), 胡建华, 石定栩(2005), 石定栩·胡建华 (2006)

사자질(EPP F)을 가지므로, 지정어 자리로 이동시킨 논항에게 **주격(Nominative)를 부여**하는 기능이 있다. 시제사는 통사부(Syntax)에서 **시제사구**(TP)로 최대투사(Maximal projection)된다.

현대중국어에서 명시적인 시제사를 발견하기가 어렵다.[78] 즉 중국어는 형태적인 면에서 영어처럼 시제를 나타내는 −ed, -s 등의 접미사가 없다. 또, 영어처럼 굴절적 변화를 가지는 BE 동사나 조동사(Auxilary)에 의해 나타나지도 않는다. 이 때문에 어떤 이들은 '중국어는 시제가 없다'고 말하기도 한다. 그러나 시제를 나타내는 고정적인 표현방식이 결여되었다 해서 '시제가 없다'는 말을 할 수는 없다. 일정한 사건의 미를 표현함에 있어 현실 세계와 관련시키는 시제 개념이 없다면, 그 언어는 사고와 의사소통에 있어 너무나 큰 결함이 있기 때문이다. 이런 점에서 중국어에서 시제 정보를 나타내는 기능을 담당하는 품사의 특수성을 인정할 필요가 있다. 즉, 중국어의 시제는 영어나 여타 시제 형식을 가지는 언어와 다른 형태로 존재하리라는 것이다. 중국어의 시제는 일정한 담화 현실 속에 생략되어 눈에 보이지 않는 경우, 즉 비명시적인 경우가 많으며, 어떤 때에는 **시간명사나 시간부사 등의 어휘적 수단**을 통해 표시되기도 한다.

(106) 중국어 시제사의 분류

분류		예
비명시적 시제사	과거	∅
	현재	∅
	미래	∅

'∅'는 비명시적으로 존재함을 의미한다.

시제사구(TP)의 자세한 내용은 제6장의 9절에서 주로 다룬다.

등 참조. 한편, 어떤 이는 '중국어에는 시제가 없다'고 말하는데, '시제'가 없는 언어는 없다. 따라서 명시적인 '시제사'가 없다고 해야 적절한 말이다.

78 邓思颖(2010)은 명시적인 과거 시제사로 '来着, 了' 등을 제시한 바 있으나, 시제사로 볼 근거가 약하여 표에 제시하지 않는다.

3.4.9. 보문사[C]

보문사(Complementizer, 标句词)는 C로 약칭한다. 보문사는 시간사구(TP)를 보충어로 취하고, 그것에 대해 일정한 기능적 분류(Sentence Type)를 표시하는 동사성 기능어(+F)이다.[79] 보문사는 통사부(Syntax)에서 **보문사구(CP)**로 최대투사(Maximal projection)된다.

전통문법에서는 문장의 기능/어기에 따라 문장을 평서문, 의문문, 명령문, 감탄문의 네가지로 나눈다. 문장의 기능적 분류에 있어 '**억양(语调)**'은 매우 중요하다. 억양은 비분절음이지만, 문장의 종류를 나타낼 수 있다. 따라서 보문사의 하나로 치는데 무리가 없다. 또 전통문법에서 어기조사로 분류되는 일부의 단어(吗, 吧, 啊)도 문장 종류를 결정하는 기능이 있다. 또 초첨을 표시하는 단어도 문장과 관련하여 기능하므로 역시 보문사의 하나로 볼 수 있다. 본서에서는 이들을 묶어서 보문사에 속하는 단어로 묶은 후 후 각각 나누어 기술할 것이다.[80]

(107) 중국어 보문사의 분류와 예

분류		예
명시적 보문사	진술	초첨사, 화제사, 어기사, 문장부호(。)
	의문	초첨사, 화제사, 어기사, 문장부호(？)
	명령	초첨사, 화제사, 어기사, 문장부호(！)

---

79 영어에서의 **보문사(Complementizer, C)**에 대해 Radford(2012[2004]: 52-57)는 다음과 같이 'that', 'if', 'for' 등의 예를 든다.

(a) I think [**that** you may be right].

(b) I wonder [**if** you can help me].

(c) I'm anxious [**for** you to receive the best treatment possible].

그의 설명에 의하면, 각각 꺾쇠 부분은 동사의 보충어이며, (a)의 'that'는 자신의 보충어 정형절에 대해 '진술의 힘'을 가짐을 표시(Finite declarative force)하고, (b)의 'if'는 자신의 보충어 정형절에 대해 '의문의 힘'을 가짐을 표시(Finite interrogative force)하며, (c)의 'for'는 자신의 보충어인 비정형절에 대해 '서상법적 표현임'을 표시(Non-finite irrealis force)한다.

80 邓思颖(2010)은 '吗, 吧, 啊'등에 대해 어기사(F)라고 약칭하고, 독립된 품사의 하나로 여긴다. 한편, 종속절 표시 접속사 '因为, 虽然, 如果' 등을 보문사의 한 종류로 치기도 한다. Lee(1986), 汤廷池(1989), Cheng(1991), A. Y. -H. Li(1992), Aoun and Li(1993), Tsai(1994), Tang(1998), 石定栩·胡建华 (2006), 何元建(2007) 등 참조.

분류		예
	감탄	초첨사, 화제사, 어기사, 문장부호(!)
비명시적 보문사	진술	어조
	의문	어조
	명령	어조
	감탄	어조

표에서 보듯, 중국어에서 보문사에 속하는 명시적인 것들로는 '초점사' , '화제사', '어기사' 등이 있다. 이들을 간략히 소개하면 다음과 같다.[81]

1) 초점사[Foc]

초점사(Focus)는 Foc라고 약칭한다. 초점사는 언어 표현의 필요에 따라 경동사구(vP)와 CP의 사이에 위치하여 강조를 나타내는 동사성 기능어(+F)이다. 초점사는 통사부에서 **초점사구(FocP)**로 최대투사된다.

2) 화제사[Top]

화제사(Topic)는 Top라고 약칭한다. 화제사는 시제사구(TP)의 위에 위치하며, 해당 문장의 진술대상을 주어 앞으로 이동시키는 강력한 확대투사(EPP) 자질을 가지는 기능어(+F)이다. 화제사는 통사부(Syntax)에서 **화제사구(TopP)**로 최대투사(Maximal projection)된다.

중국어에서 **화제사**는 명시적인 것과 비명시적인 것이 모두 있는데, 명시적인 것들에 대해서 전통문법에서는 **화제표지(Topic Marker)**라고 하며, '啊, 嘛, 吧, 呢' 등이 있다.

81 보문사구(CP)의 자세한 내용은 제6장의 9에서 초점사구(FocP), 화제사구(TopP), 어기사구(ForceP)로 구분하여 자세히 다룬다.

3) 어기사[For]

어기사(Force)는 For라고 약칭한다. 어기사는 구(phrase)의 최상위 계층에 위치하여 서법(Mood)[82]을 나타내는 동사성 기능어(+F)이다. 어기사는 통사부에서 **어기사구(ForP)**로 최대투사된다.

중국어에서 상용하는 어기사로는 '的, 了, 呢, 吧, 吗, 啊' 등이 있다. **서법(mood)**은 '앎'이나 '믿음' 등, 사태에 대한 화자의 심리적 태도가 일정한 문법적 절차에 의해 표시되는 형태 · 통사 범주이다. 의미범주인 '양태'와 대비해서 사용된다.[83] 서법은 서실법(fact mood), 서상법(thought mood) 및 서의법(will-mood)으로 나누어 볼 수 있다.

서실법은 사태를 현실적으로 파악하는 서법의 하나이다. 한국어의 서실법에는 직설법과 회상법이 있다. **서상법**은 사태에 대한 화자의 추측 내지 추정과 관련되는 양태성이 일정한 문법적 절차를 밟아 표시되어지는 서법으로, 영어의 가정법(접속법)이나 조건법이 이에 해당한다. **서의법**은 의지적 서법(volitive mood)라고도 한다. 명령법, 청유법, 허락법, 약속법, 경계법과 같이, 화자의 의도를 표현하는 서법을 말한다.

3.4.10. 접속사[Conj]

접속사(Conjunction)는 Co(/Conj)라고 약칭한다. 접속사는 명사구와 명사성구, 동사성구와 동사성구를 연결하는 동사성 기능어(+F)이다. 접속사는 통사부(Syntax)에서 **접속사구(ConjP)**로 최대투사(Maximal projection)된다.

전통문법에서 '跟, 和, 同' 등은 전치사와 접속사의 두 품사성을 가지는 '겸류사'라고 한다. 이들 단어는 형태적으로 어느 품사에 속하는지 확정할 수 없다. 따라서 통사적 기능, 즉 어떻게 기능하는가에 따라 품사를 확정할 수밖에 없다.[84] 이러한 사실은

---

82 语气는 서법(mood)을 가리키는데, 언어 행위 혹은 담화와 관련된 특징을 가리킨다. 주로 발화의미를 나타내며, 발화시의 문맥과 관련이 있다. 邓思颖(2010:165-166) 참고. 윤병달(2009:414-436)은 서법(mood)과 양태(modality)는 용어나 기능·의미적으로 혼동과 이견이 있다고 하나, 우리는 그것들의 통사 위치가 각각 시제사구의 위와 아래로 분명히 다르다는 것을 강조한다.

83 고영근·구본관(2011:562), 562 참고.

84 예를 들어 '我和他一起看电影。'에서 '和'는 '我'와 '他'를 연결시키는 문법관계를 가지는가 아니면 '他'와만 문법관계를 가지는가에 따라 각각 접속사와 전치사로 나뉜다.

접속사와 전치사가 매우 밀접한 관계가 있다는 것을 의미한다.[85] 결국, 접속사는 전치사보다 더 '허화(虛化)' 된 일종의 품사로 순수하게 두 성분 간의 관계를 나타낸다.

이상 본서의 품사 분석은 중국어 단어의 대부분 영역을 포함하지만 모두 다 논의했다고 할 수는 없다. 향후의 연구를 기대한다.

단어의 분류에 대한 전체 내용을 종합하여 표로 나타내면 다음과 같다.

(108) 현대중국어 단어 분류표

<table>
<tr><th colspan="2">명사성 단어 [+ N]</th><th colspan="3">동사성 단어 [+ V]</th></tr>
<tr><td>내용어(- F) 어휘범주</td><td>기능어(+ F) 기능범주</td><td>내용어(- F) 어휘범주</td><td colspan="2">기능어(+ F) 기능범주</td></tr>
<tr><td>명사(N)</td><td>경명사(n)</td><td>동사(V)</td><td colspan="2">경동사(v)</td></tr>
<tr><td>구별사(Dw)</td><td>양사(Cl)</td><td>형용사(A)</td><td colspan="2">경형용사(a)</td></tr>
<tr><td></td><td>수사(Num)</td><td>전치사(P)</td><td colspan="2">정도사(Deg)</td></tr>
<tr><td></td><td>한정사(D)</td><td>부사(Adv)</td><td colspan="2">경전치사(n)</td></tr>
<tr><td></td><td></td><td></td><td colspan="2">상조사(Asp)</td></tr>
<tr><td></td><td></td><td></td><td colspan="2">태조사(Voic)</td></tr>
<tr><td></td><td></td><td></td><td colspan="2">비교(Com)-대상사(Tar)</td></tr>
<tr><td></td><td></td><td></td><td colspan="2">양태사(Mod)</td></tr>
<tr><td></td><td></td><td></td><td colspan="2">시제사(T)</td></tr>
<tr><td></td><td></td><td></td><td rowspan="3">보문사 (C)</td><td>초점사(Foc)</td></tr>
<tr><td></td><td></td><td></td><td>화제사(Top)</td></tr>
<tr><td></td><td></td><td></td><td>어기사(Force)</td></tr>
<tr><td></td><td></td><td></td><td colspan="2">접속사(Conj)</td></tr>
</table>

-기능어의 배열순서는 확장 시의 계층성을 고려하여 배열한다. 즉 품사가 하단 부에 속할 수록 단어 확장시에는 상위에 위치하는 배열이다.

---

85 王力(1980: 332)은 "전치사와 접속사의 경계는 매우 모호하므로, 우리는 이들을 통합하여 연결사라고 호칭한다."라고 한다.

(109) 생성문법과 전통문법의 품사 명칭과 기능성 여부 대조표

<table>
<tr><th></th><th colspan="3">본서의 명칭과 속성</th><th>전통문법학의 명칭</th></tr>
<tr><td rowspan="6">명사성
[+ N]</td><td colspan="2">명사(N)</td><td rowspan="2">[- F]
어휘범주 사</td><td>명사</td></tr>
<tr><td colspan="2">구별사(Dw)</td><td>구별사 또는 비술어 형용사</td></tr>
<tr><td colspan="2">경명사(n)</td><td rowspan="4">[+ F]
기능범주 사</td><td></td></tr>
<tr><td colspan="2">양사(Cl)</td><td>양사</td></tr>
<tr><td colspan="2">수사(Num)</td><td>수사</td></tr>
<tr><td colspan="2">한정사(D)</td><td>대명사, 구조조사(的)</td></tr>
<tr><td rowspan="15">동사성
[+ V]</td><td colspan="2">동사(V)</td><td rowspan="4">[- F]
어휘범주 사</td><td>동사</td></tr>
<tr><td colspan="2">형용사(A)</td><td>형용사</td></tr>
<tr><td colspan="2">전치사(P)</td><td>전치사</td></tr>
<tr><td colspan="2">부사(Adv)</td><td>부사, 의성사, 감탄사</td></tr>
<tr><td colspan="2">경동사(v)</td><td rowspan="11">[+ F]
기능범주 사</td><td>전치사, 차동사</td></tr>
<tr><td rowspan="2">조사(Prt)</td><td>상조사(Asp)</td><td>동태조사</td></tr>
<tr><td>태조사(Voice)</td><td>전치사</td></tr>
<tr><td colspan="2">비교(Com)-대상사(Tar)</td><td>전치사, 동사</td></tr>
<tr><td colspan="2">양태사(Mod)</td><td>일부 부사, 조동사</td></tr>
<tr><td colspan="2">시제사(T)</td><td></td></tr>
<tr><td rowspan="4">보문사
(C)</td><td rowspan="2">초점사(Foc)</td><td>일부의 부사(是, 就, 只)</td></tr>
<tr><td>억양, 일부 어기조사</td></tr>
<tr><td>화제사(Top)</td><td>화제표지(啊, 嘛, 吧, 呢)</td></tr>
<tr><td>어기사(For)</td><td>어기조사</td></tr>
<tr><td colspan="2">접속사(Conj)</td><td>접속사</td></tr>
</table>

-기능어는 일반적으로 **명시적인 경우와 비명시적인 경우의 짝**이 있다.

이렇게 분류되어진 단어들은 원칙적으로 모두 핵이 되어 자신의 구(XP)로 투사할 수 있다. 이에 대해 각 품사들이 **명사성 구(최종 투사체는** DP)와 **동사성 구(최종 투사체는** CP)를 만들 때, 그 각 **구의 통사적 위계**를 대략 다음과 같이 표시할 수 있다.

(110) '명사성(+ N) 단어 핵과 구의 통사 위치'

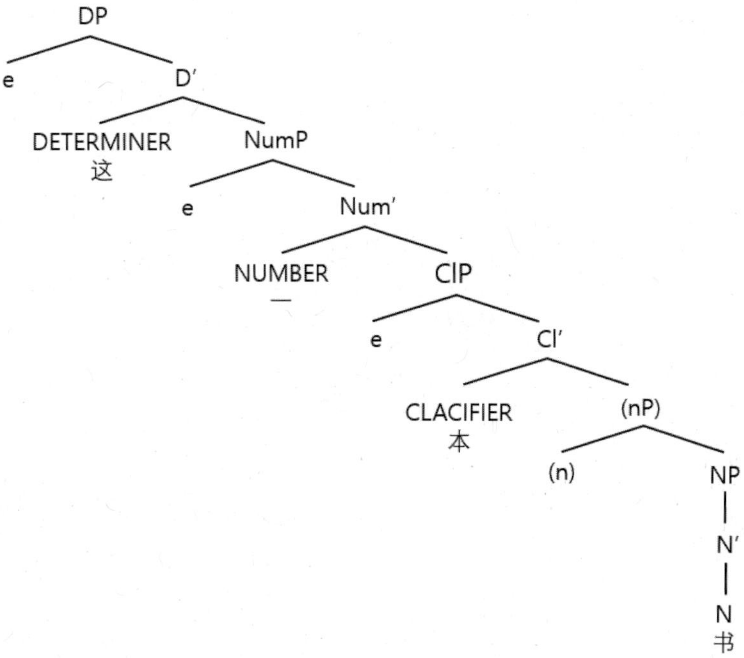

- 그림에서 경명사구의 '(nP)'는 반드시 필요한 과정은 아님을 의미한다.
- 핵 '书(N)', '本(Cl)', '一(Num), '这(D)'가 각각 차례대로 올라가며 해당 핵의 구로 투사되고, 최종적으로 **한정사구(DP)**로 투사된다.

(111) '동사성(+V) 단어 구의 통사 위치'

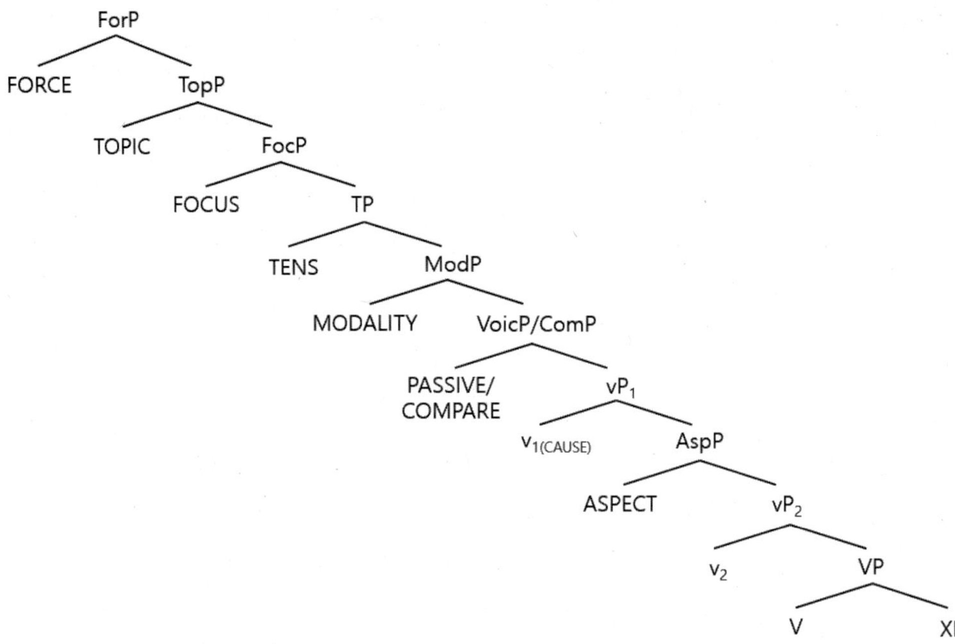

- 계층이 많아 중간투사 과정은 생략한다.
- 수형도에서 ComP는 비교사구(Compare Phrase)를 의미한다.
- 핵 'V', 'v', 'Asp', 'Voi', 'Mod', 'T', 'Foc', 'Top', 'For' 등이 각각 차례대로 올라가며 해당 핵의 구로 투사되고, 최종적으로 **보문사구(CP)**의 일종인 'ForP'로 투사된다.

제 4 장

구의 이해와 도출

1. 구의 성격과 배열
2. 병합
3. 구 구조의 계층성과 순환성

문장의 집을 짓는 차원에서 이제 건축 현장인 **통사부(Syntax)**로 진입한다. 이곳은 문장의 '집'인 **구(Phrase, 短语)를 짓는 건축 현장**이라 할 수 있다. 통사부에서는 자재부에서 보내온 단어, 즉 어휘의 '벽돌'과 기타 재료들을 결합시켜 좋은 집을 짓고자 한다. 이곳의 공정은 간단하나 매우 과학적이고, 단순해 보이나 매우 흥미롭고, 심지어 아름답기까지 하다. 먼저 통사부에서 좋은 문장을 만들기 위해 벌이는 공정과 그 작동 원리, 즉 일종의 **플랫폼(Platform)**에 대해 구체적으로 살펴보자.

1. 구의 성격과 배열

자질과 단어가 어휘부(Lexicon)에서 통사부로 입력(input)되는 성분이라면, 구는 통사부에서 자질과 단어를 병합시켜 출력(output)되는 산물이다. 이 출력물은 논리형태부(LF)[1]와 음운형태부(PF)로 보내져 점검을 받은 후 입을 통해 구체적으로 발화된다. 통사부의 출력물인 구에 대해 알아보자.

1.1. 통사부의 최대 단위

생성문법에서 최소 문법단위는 자질(Feature, 特征)이며, 그 위에 단어(Word, 词)가 있고, 그 위에 '구(Phrase)'가 있다. '구'는 다음과 같이 정의된다.

(1) 모든 구는 '핵(Head)'을 포함하는 단어로 구성되며, 통사부에서 출력되는 가장 큰 문법단위이다.

위의 정의에 의하면, 모든 구는 반드시 '**핵(Head, 中心语)**'을 가지는 단어가 중심이 되어 구성된다. 또, '구'가 '가장 큰 문법단위'라는 말은 병합 조작의 최종 결과물이 구라는 것이다. 따라서 구와 구로 연결된 아무리 긴 구조체라도 역시 '구'라는 말이다.

여기서 우리가 바꿔야 할 관점이 하나 있다. 그것은 '구가 단어보다 복잡하다'던지, '복잡한 것은 구이고 간단한 것은 단어'라는 전통문법적인 고정관념이다. 구는 그 구조의 복잡성이나 길이와 필연적인 관계가 있는 것이 아니라 '**위계의 차이**'가 있을 뿐이다. 다음 수형도를 보자.

1 논리형태부(LF)는 통사-의미 접합부(interface)이며, 의미 해석과 관련된 모든 문법적 구조가 제공되는 언어적 표현의 층이다. 김광섭(2018:296) 참조

(2) 단어와 구의 위계 차이

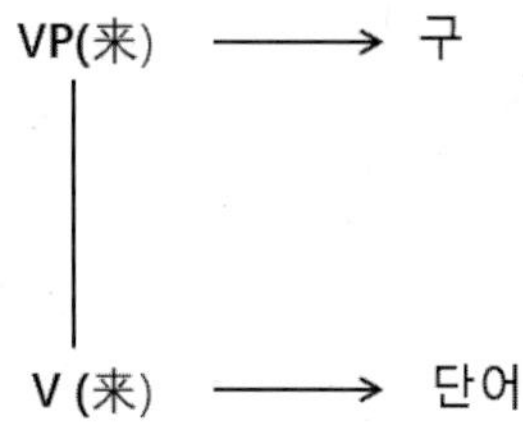

위 수형도는 단어 '来'가 구 '来'로 투사(projection)[2]됨을 보여준다. 즉 단어(V)인 '来'와 구(VP)인 '来'는 외견상 같지만 사실 서로 다른 **통사계층**에 속한다. 즉, 구는 단어에 비해 그 복잡성이나 길이 차이에 따른 개념이 아니라 계층적으로 더 높은 위치에 있는 것이라는 뜻이다.

1.2. 핵의 최대 투사체

통사부의 임무는 단어를 구로 만드는 것이다. 따라서 통사부에서 만들어진 구조체는 반드시 구이어야 한다. 통사부가 설령 어휘부에서 한 개의 단어(X)만 선택한다 하더라도, 이론적으로 이 한 개의 단어 역시 자신의 속성을 가지는 구(XP)로 최대투사(Maximal projection)된 것이다. 다음 수형도를 보자.

---

2 투사는 핵어(head word; 핵으로서의 단어)가 구로 확대되는 과정을 가리킨다. 투사범주란 핵어가 확대된 성분이다. 예를 들어, students of physics와 같은 명사구는 핵어 students 의 투사범주이다. 또한 명사 students가 명사구 students of physics로 투사된다고 말할 수도 있다.
투사범주(=투사체)는 단계에 따라 최소투사 범주, 중간투사 범주, 최대투사 범주로 구분할 수 있다. 최소 투사(minimal projection)는 다른 성분의 투사가 아닌 성분을 말한다. 따라서 핵(즉, 단어)은 최소 투사범주가 된다. 중간투사 범주 (intermediate projection)는 단어보다 크고 구보다 작은 성분을 말하며, 최대 투사범주(maximal projection)는 동일한 핵을 가진 더 큰 성분 속에 포함되지 않은 성분을 말한다. 예를 들어, He is proud of you와 같은 문장에서 형용사구 proud of you는 형용사 proud 의 투사범주이고 proud를 핵으로 하는 더 큰 성분 내에 포함되어 있지 않기 때문에 최대 투사범주이다. Andrew Radford 저, 이홍배 역(2019:711) 참조.

(3) 구는 핵의 최대투사체

위 수형도에서 X는 임의의 한 단어이고, XP는 임의의 구이다. 엄격히 말하면 X는 다른 성분과 병합을 하지 않았으나, 통사부에서는 그 자체가 핵이며, 최종적으로 구로 투사된다. 즉, X는 핵이고 단어 계층에 속하며, XP는 핵 X가 최대투사된 구이다. 결국, 통사부의 임무는 단어를 구로 만드는 것이므로, 구를 구성하지 못하는 단어는 통사부에서 존재할 수 없다.

(4) 모든 단어는 통사부에서 핵이 되며, 반드시 자신의 최대 투사체인 구를 구성한다.

(4)에 근거한다면, 본서 3장에서 살펴본 모든 단어는 이론상 자신을 핵으로 하는 최대투사체인 구를 만들 수 있다. 예를 들어 명사성[+ N] 단어에 의한 명사구(NP), 양사구(ClP), 수사구(NumP), 한정사구(DP) 등과 동사성[+ V] 단어에 의한 동사구(VP), 경동사구(vP), 형용사구(AP), 부사구(AdvP), 전치사구(PP), 상조사구(AspP), 양태사구(ModP), 시제사구(TP), 보문사구(CP), 화제사구(TopP), 접속사구(ConjP) 등등이다.

단어가 핵이 되어 최대투사 할 때, 만약 보충어와 병합된다면, 보충어는 반드시 구이어야 한다. 따라서 다음과 같은 수형도는 적절하지 않다.

(5) 잘못된 XP의 도출

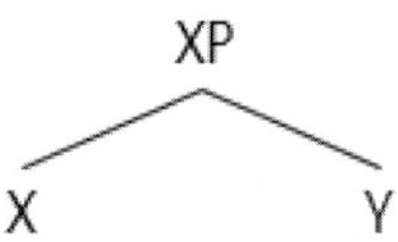

왜 위와 같은 구 구조는 성립하지 않을까? (4)에 근거할 때, 'XP'로 최대투사된 구의 핵은 X이다. 여기서 Y가 핵이라면, 구는 'YP'로 투사되어야 한다. 그렇다면 보충어로 쓰인 X/Y의 한 절점에는 XP/YP라고 적어야 한다. 위와 같이 표시되면 어느 것이 핵인지 구분할 수 없게 된다. 즉, 구에게 이름을 제대로 붙여주지 못한 결과가 되어 통사부에서 제거된다. 만약 X가 핵이라면, 정확한 표현방식은 아래에서 제시하는 (6)의 수형도이다. 이 수형도에 중국어의 단어를 대입시켜보자.

(6) XP의 도출과 예

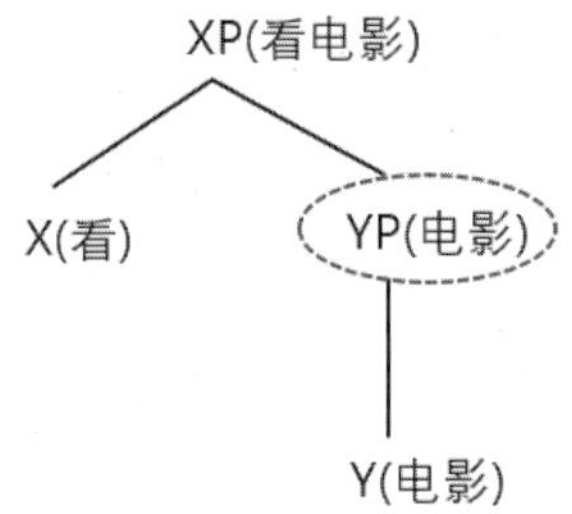

Y가 핵이 아니라면 보충어이다. 보충어인 Y는 반드시 구(YP)를 형성한 후에야 핵 단어인 X와 병합할 수 있다. 따라서 '电影(영화)'은 Y에서는 단어이고, YP에서는 구 상태이다. 이제 구 '看电影(영화를 보다)'에 대한 통사적 분석을 보자. 핵인 '看'은 언제나 단어 형태이다. 즉, 핵인 '看(보다)'은 단어(X)이고, 구(YP)인 '电影'과 병합되어 또 다른 구(XP)인 '看电影'을 구성한다. 이상에서 보듯 구의 구조는 '看电影(XP)'과 같이 상대적으로 '복잡'할 수도 있지만, '电影(YP)'처럼 하나의 단어로 이루어질 수도 있다.[3]

통사부는 어휘부에서 가져온 건축 재료인 어휘를 통해 문장의 '집'인 구를 짓는 곳이다. 집을 지을 때는 단번에 완성되는 것이 아니다. 중간과정이 필요하다. 이때 소용되는 이론이 소위 **'핵계층이론(X´-Theory)'**이다. 이는 간단히 말해 모든 구는 핵이 있고, 그 핵의 중간투사(X') 과정을 거쳐 최대투사체로 도출된다는 이론이다. 여기서 중간투사와 최대투사의 성질과 기능성에 대해 잠간 짚고 넘어가자.

---

3 이처럼 '电影'은 어휘부에서는 하나의 단어이지만, 통사부에서는 하나의 구이다. 이상에서 보듯, 본서에서 말하는 '구'의 개념은 전통문법의 '구'와 다르다. 중국어 전통문법에서도 같은 '短语'라는 용어를 쓴다. 그러나 이는 단어와 문장(句子) 사이에 위치하는 문법 단위의 개념이다. 전통문법에서는 일반적으로 短语가 词보다 '크며', 그 구조는 비교적 '복잡하다'고 여긴다. 张志公(1985:34)은 심지어 "하나의 구는 항상 두 개 이상의 단어를 포함한다."고 한다. 그에 말에 근거하면, '电影(영화)'은 단어이고 '看电影(영화를 보다)'는 구라는 적절하지 않은 결론에 빠질 수밖에 없다.

1) 중간투사

'**중간투사**(Intermediate projection)'란 무엇인가? 중간투사는 어떤 속성을 가지는지 알아보자. 중간투사는 구의 완전한 형태인 최대투사로 가는 중간 단계이다. 따라서 **중간투사체는 완전하지 않은 구성소**(constituent)이므로, 병합과 이동 등에 사용될 수 없다. 다음 예를 보자.

(7) a. She hit him right on the nose.
  b. *On the nose, she hit him right.
  c. Right on the nose, she hit him.

(7)a에서 전치사구 'on the nose'를 문두로 이동시킨 결과인 (7)b의 문장은 성립하지 않는다. 그 이유를 다음 수형도를 통해 보자.

(8) 'Right on the nose'의 수형도

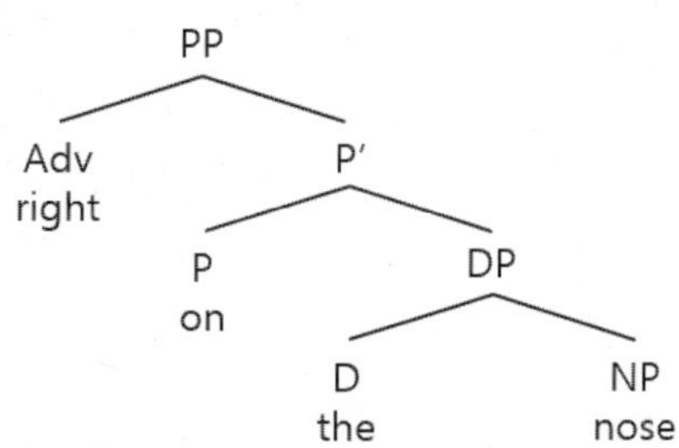

수형도에서 보듯 여기서의 'on the nose'는 전치사 핵 'on'의 중간투사 단계이다. **중간투사체**(P': on the nose)는 마치 준공검사가 떨어지지 않은 집과 같다. 따라서 자립적으로 운용되기에 한계가 있다. 그러므로 반드시 최대투사체(PP)가 되어야 한다. 즉, 중간투사체에 부사어 'right'가 포함되거나, 다른 지정어(Specifier) 성분이 와야 한다. 이런 이유에서 중간투사체인 'on the nose'가 독자적으로 문두로 이동하는 (7)b는 성립하지 못한다. 즉, (7)c처럼 최대투사체가 이루어진 경우에 비로소 문두로의 이동이 자유로워진다. 그렇다고 해도 영어에서 이 구조체의 속성은 여전히 전치사를 핵으로 하는 구이다. 따라서 다음과 같이 부사구(AdvP)로 투사될 수는 없다.

(9) 'Right on the nose'의 잘못 도출된 수형도

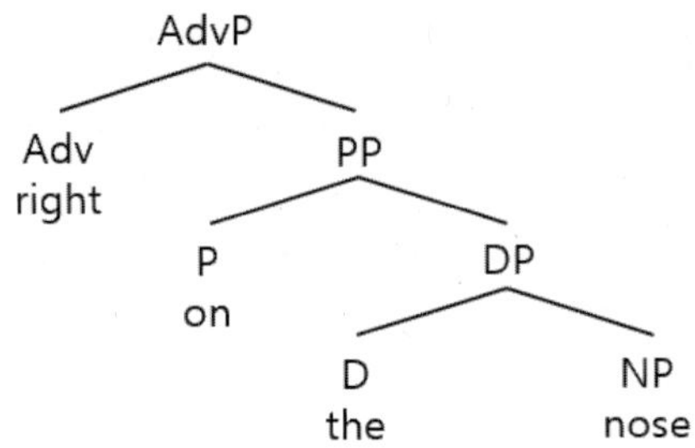

이를 통해 부사가 핵으로서 전치사구(PP)를 보충어로 병합하는 가설은 성립할 수 없음을 알 수 있다.[4]

이상에서 모든 구조체는 중간투사 과정이 필요하고, 이 중간투사체는 완전한 것이 아니라는 것을 알게 되었다. 따라서 수형도로 표시할 때, 중간투사 단계는 생략하는 경우가 많다. 결과적으로 통사부에서 완전한 구조체(/구성소), 즉 최대투사체를 만들기 때문이다.

2) 최대투사

최대투사(Maximal projection)**한 구를 '구성소**(constituent)**'라 한다**. 이 말은 구성소, 즉 최대투사체만이 병합과 이동 등에 사용될 수 있다는 말이다.

'구성소'란 어떤 한 계층적 구조 내에서 **하나의 덩어리로 기능**하는 단어나 어구를 가리킨다. 문법분석 중에 종종 어떤 투사체(projections), 즉 어떤 구성소가 완전한지, 그것의 성질이나 기능이 다른 것과 같은지의 여부를 확인할 필요가 생긴다. 이런 점에서 구성소인지 아닌지에 대한 몇 가지 구성소 테스트 방식을 사용한다. 여기에는 '**등위접속법**(Coordination)', '**대체법**(Substitution), **전치배열법**(Preposing) 등이 있다. 다음 예를 보자.

4 통사부에서 부사어는 임의적인 성분, 즉 부가어(Adjunct)이다. 즉 부사(Adverb)는 자신이 핵이 되어 부사구(AdvP)로 최대투사될 수는 있지만, **자신이 보충어를 가지는 핵이 되지는 못한다**. 이는 부사가 다른 구성소와 필연성을 가지는 결합(병합)을 하지는 못한다는 것을 의미한다.

(10) A: What does he do to keep fit?
좋은 상태를 유지하기 위해 그는 무엇을 합니까?
B: Run **up the hill** and **up the mountain.**
(그는) 언덕**과** 산까지 뜁니다.

(11) **The chairman** has resigned from the board, and **he** is now living in Utopia.
그 회장은 위원회로부터 사직했고, 그리고 **그**는 지금 유토피아에서 살고 있다.

(12) The press said that the chairman would resign from the board, and **resigned from the board** he has.
그 신문은 그 회장이 위원회로부터 사임할 것이라고 보도했고, **위원회로부터 사임을** 그는 했다.

(10)B는 등위 접속사(and, or)로 접속된 'up the hill **and** up the mountain'를 통해 양자가 같은 성격의 구임을 보여준다. 따라서 각각은 하나의 구성소로 인정된다. (11)의 'The chairman'은 하나의 단어 'he'로 대체됨을 통해 이 둘은 같은 대상을 가리키키는 구성소로 파악된다. (12)에서 'resigned from the board'는 비교적 긴 절 상태(vP)이지만 경동사구로 투사된 하나의 구성소이므로, 그 전체가 함께 'he has'의 뒤에서 해당 절의 문두로 전치 이동한다.[5]

이상을 통해 보듯, 구 구성에 있어 이동과 운용, 즉 접속, 대체, 이동 등 조작의 단위는 중간투사체가 아니라 하나의 '구성소'를 이루는 **최대투사체**이다.

---

5 전치배열과 관련하여, 흥미로운 점은 영어에서는 시제사 'to'가 들어간 TP보다는 오히려 더 낮은 계층의 vP가 전치 이동이 자유로움을 보여준다. 다음 예를 보자.
a. I will certainly try to give up smoking.
b. Give up smoking, I will certainly try to.
c. *To give up smoking, I will certainly try.
위의 b에서 경동사구(vP)는 전치배열(Preposing)이 가능하다. 그러나 c에서 비정형(infinitival)의 시제사 to를 쓴 TP는 전치이동이 불가하다. 결국, TP는 더 완전한 문장이지만 '너무 무거워서' 이동이 자유롭지 않다고 볼 수 있겠다. 결국, **최대투사체의 자격을 갖춘** 가장 작은 최대투사체인 vP가 전치이동이 자유로운 구성소라 하겠다. 이런 점에서 **vP와 CP를 강 국면**(strong phase)으로 파악한다.

1.3. 구 구성성분의 배열

1.3.1. 핵과 보충어

이론적으로 핵과 보충어로 구성할 수 있는 어순은 2개이다. 즉, 배열상 핵이 먼저인가 보충어가 먼저인가에 따른 어순이다. 전자를 핵 선행 어순이라 하고, 후자를 핵 후행어순이라 한다.

1) 핵 선행 어순

먼저 핵이 보충어를 선행하는 다음 수형도를 보자.

(13) 핵 선행 어순 도출도

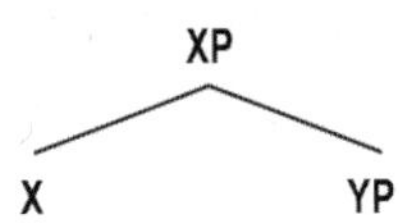

수형도에서 핵 X는 보충어 YP를 선행한다. 이러한 어순을 '**핵 선행 어순**(Head initial word order)'이라 한다. 이 어순을 보이는 언어는 중국어와 영어 등이다. 핵 선행 어순 관점에서 보면 수형도(13)과 같은 '핵+보충어' 즉, 'X+YP'구조는 인간 언어의 기본적인 어순구조라는 것이다.

2) 핵 후행 어순

핵이 보충어를 후행하는 다음 수형도를 보자.

(14) 핵 후행 어순 도출도

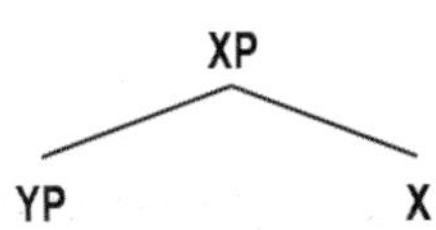

이러한 어순을 **핵 후행 어순**(Head final word order)이라 한다. 한국어, 일본어 등의 어순이 이에 해당한다. 이것을 주장하는 이들은 수형도(14)와 같이 구성된 '보충어+핵' 즉, 'Y+XP'가 인간 언어의 기본적인 어순구조라 한다.

이상에서 살펴본 바와 같이 핵 선행 어순이냐 핵 후행 어순이냐의 문제는 모두 자연언어에서 가능한 도출이며, 개별 언어에서 보이는 사실적 현상이다.[6] 따라서 두 입장 모두 맞는 말이다. 다만, 본서는 중국어 통사 현상을 해석하는 입장에서 핵 선행 어순의 관점에서 통사문제를 바라볼 것이다.

(15) 중국어에서 핵은 보충어의 앞에 위치한다.

1.3.2. 지정어

일정한 구조체에서 통사성분이 보이는 계층의 문제, 즉 통사성분의 '상하' 문제는 통사론의 주요한 관심사이다. 이는 각각의 성분들이 어떻게 상응하는 '어순(word order, 语序)'으로 배열되느냐의 문제이다.

지정어(Secifier)의 배열에 대해서는 의견이 비교적 일치된다. 즉, 지정어가 구의 가장 앞에 위치한다고 가설한다. 이는 핵의 '중간투사(Intermediate projection)' 위치와 평행된 앞 위치이다. 다음 수형도를 보자.

(16) '지정어+X+YP' 어순의 도출

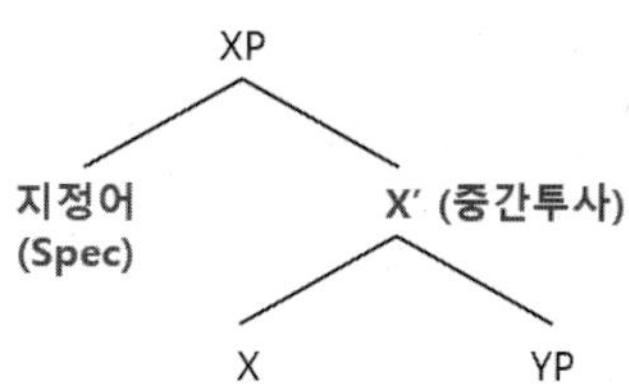

---

6 '핵 선행 어순'은 Kayne(1994)의 '어순 대응 공리(Liner Correspondence Axiom; LCA)'에서, '핵 후행 어순(Head final)'은 Naoki Fukui and Yuji Takano(1998)의 '선형화(linearization) 이론'에서 각각 주장되었다.

위 수형도의 어순은 '지정어+X+YP'으로 적절한 도출이다. 그러나 다음 수형도를 보자.

(17) * 'X+YP+지정어' 어순의 도출

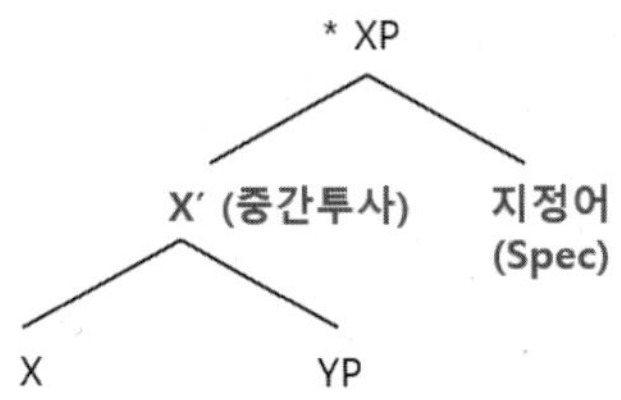

(17)의 구조는 지정어가 '중간투사'의 뒤에 위치하는 경우이다. 그러나 세상의 각종 언어 현상을 보면 이런 가능성이 없다고 한다. 즉, **자연언어**에서는 이런 어순이 적용되지 않는다. 지정어의 위치에 대한 이상의 내용에 근거하여 다음과 같이 정의한다.

(18) 지정어는 항상 핵의 앞/좌측(/상위 계층)에 위치한다.

1.3.3. 부가어

부가어(Adjunct) 성분은 [+ 동사성] 핵 성분의 앞에서 병합되지만, 핵과 부가어 간의 병합은 필연 관계가 없다. 즉 부가어는 핵이 필연적으로 요구하지도 않았는데 다가와서 수식기능을 하는 성분이다.

수형도 상에 부가어의 위치를 표시하면 다음과 같다.

(19) 부가어의 위치

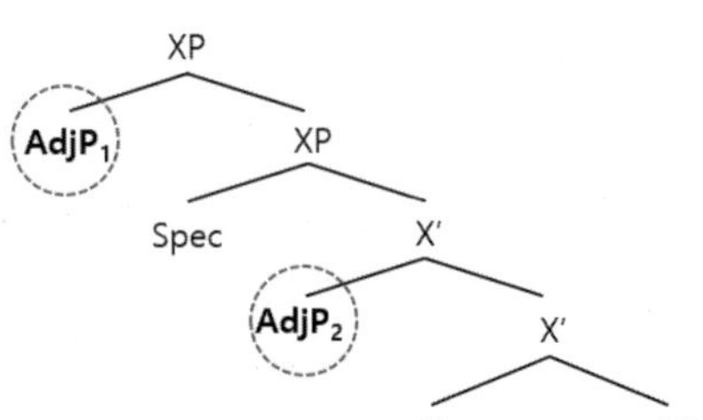

위 수형도에서 보듯, 부가어는 'AdjP$_1$'의 위치(절의 밖)과 'AdjP$_2$'의 위치(절의 내부)에 배열될 수 있다. 전통문법에서 말하는 '부사어(Adv)'는 부가어에 속하는 한 성원이다. 이 명칭을 빌어 말하면 전자(/상위)는 **문장수식 부사**이고, 후자(/하위)는 **성분수식 부사**이다.

2. 병합

인간은 여러모로 경제성을 추구한다. 언어의 구조화에 있어서도 마찬가지이다. 그것은 하나님이 우리의 뇌를 그렇게 만들었기 때문이다. 인간도 언어 구조체인 구를 만드는 데 있어 가장 경제적인 방식을 추구한다. 그 방법이 바로 병합(Merge)이다. 그렇다면 또 어떻게 병합하는 것이 가장 경제적일 것인가? 이런 점에서 병합과 관련된 몇몇 문제에 대해 생각해보자.

2.1. 병합의 정의와 핵 구조

2.1.1. 병합의 정의

병합(Merge, 合并)이란 '합친다'는 의미이다. 언어 재료인 단어가 아무리 많이 쌓여있어도 이들을 합쳐서 더 크고 완전한 구조로 만드는 능력이 없다면 인간의 언어나 동물의 언어나 별 차이가 없을 것이다. 이처럼 인간 언어능력의 원천인 병합이란 무엇인가?

(20) 병합이란 통사부에서 일어나는 것으로, 두 개체를 하나로 묶어 새로운 개체를 생성하는 조작(operation)이다.

이때 합쳐서 이루어진 '새로운 개체'는 합치기 전의 두 개체 중 어느 하나의 속성을 그대로 간직한다. 다음 예를 보면,

(21) a. 我想**吃**。
  b. 我想**吃饭**。

(21)a의 '吃'는 b의 '吃饭'으로 대체(substitution)할 수 있다. 이런 일이 가능한 이유는 무엇인가? 이는 '吃饭'이 '吃'와 **동일한 속성**을 가지기 때문이다. 결국, 구 '吃饭'은 핵 '吃'에 의한 병합의 결과물이며, 여전히 이 핵의 자질(/속성)인 **동사성**을 유지한다. 이는 다음과 같이 나타낼 수 있다.

(22) '吃饭'의 병합

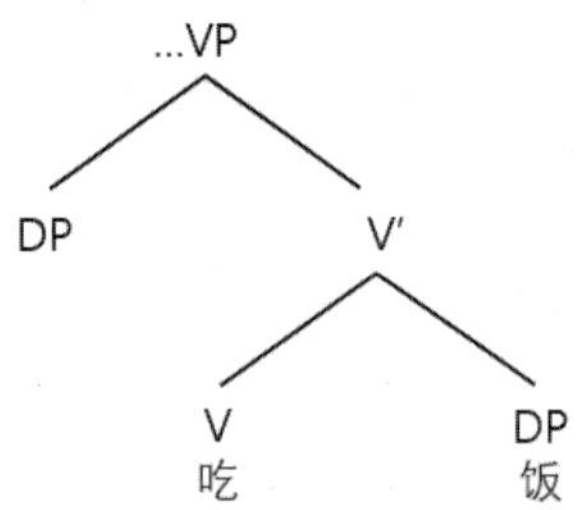

= [...$_{VP}$ DP [$_{V'}$ [吃 饭]]]

그림에서 좌측을 '**수형도**(Diagram, 树形图)', 우측을 '**표찰붙은 괄호**(Labeled bracketing, 带标加括法)'라 하며 서로 등가이다. '...VP'에서 세 점은 향후 계속 투사될 수 있으나 생략되었음을 의미한다. 위 수형도는 세 개의 절점(node)를 가지는데, 각 절점에 위치하는 요소들에 대한 명칭을 살펴보자. 좌하의 절점에 위치하는 '吃(V)'를 **핵**(Head)이라 하고, 우하의 절점에 위치하는 '饭'은 **보충어**(Complement)라 하며, 두 절점을 연결하는 선은 이 둘이 병합(Merge)됨을 의미한다. 하위의 이분지 절점은 동사핵(V)이 중간투사(Intermediate projection)한 **단계**(V')이며, 상위의 이분지 절점은 동사핵이 최대투사(Maximal projection)한 단계로, **동사구**(VP)라 한다. 이 수형도는 핵인 V가 자신 보충어와 병합을 통하여 자신의 문법적 속성을 가지고 상위의 동사구(VP)로 투사됨을 의미한다. 따라서 다음과 같이 정의한다.

(23) 핵은 투사된 구의 문법적 속성을 결정한다.

위 수형도를 예로 들면, 동사 핵 '吃'의 투사체인 '吃饭'은 동사적 속성을 가짐으로 동사구(VP)가 된다는 뜻이다. 이상의 내용을 수형도 위에 표시해보자.

(24) '吃饭'(VP)은 '吃'(V)의 투사체

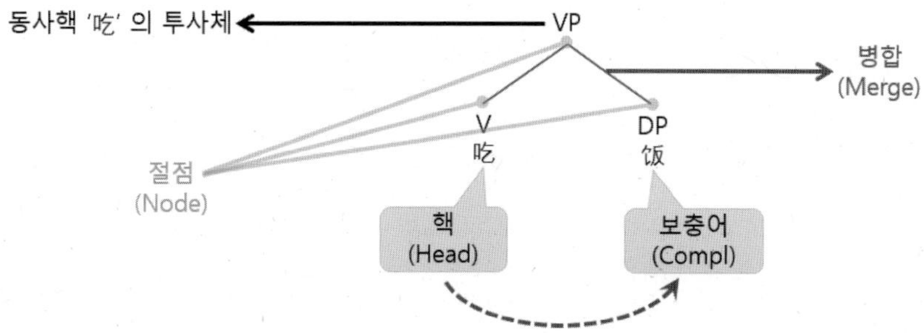

통사부는 어휘부에서 필요한 단어를 가져온 다음, 구를 만들기 위해 단어를 결합하는 조작을 담당한다. 이때 단어를 결합하는 조작을 '병합'이라 하며, 이런 일련의 과정을 '**도출**(**Derivation, 推导**)'이라고 한다.

(25) 도출이란 어휘부에서 가져온 단어들을 결합시켜 유의미한 계층구조를 만드는 일련의 과정이다.

'**병합**'은 통사부의 가장 중요한 조작이며, 통사구조를 형성하는 필수적인 수단이다. 통사부(Syntax, 句法)는 어휘부(Lexicon, 词库)의 단어를 추출하여 안정적인 구를 도출하여, 다른 부분, 즉 논리형태부(LF)나 음운형태부(PF)에게 제공한다.[7] 이러한 역할을 구체적으로 실행하는 방법이 바로 '병합'이며, 그 일련의 과정이 '**도출**'이다.

7 병합은 선택성과 국부성(局域性)을 만족시켜야 한다. 선택성이 관여하는 것은 '누구와 누구가 병합해야 하는 가'의 문제이고, 국부성은 누구와 누구가 '어디에서 병합되느냐'의 문제이다. 이 두 요구는 언어의 모든 구조체, 즉 단어, 구, 문장에 있어 모두 동일하다. 이런 의미에서 단어, 구, 문장의 구조 원칙은 모두 같다.

모든 통사구조에서 핵 단어는 필수적이다. 모든 통사구조는 핵 단어의 투사체이기 때문이다. 다시 말해 핵이 없는 언어 구조체는 없다. 핵이 먼저 조건을 제시하며 보충어 성분을 당긴다. 즉, 핵(Head)은 적절한 보충어가 필요하며, 보충어에 대해 특정한 통사적 형태나 의미적 특징을 요구한다. 그리고 최종적으로 핵은 투사체의 이름표를 결정짓는 요소이다. 이상의 내용을 일반화하여, 수형도로 나타내면 다음과 같다.

(26) 핵, 보충어 및 지정어

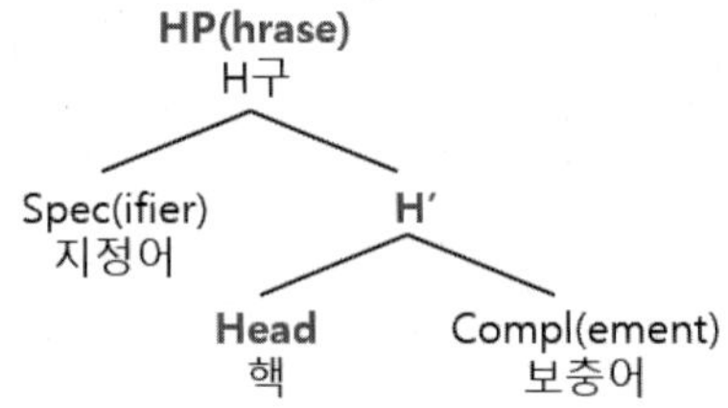

이를 다시 다음과 같이 레이블링, 즉 표찰붙은 괄호로 표시할 수 있다.

(27) [$_{HP}$ [Spec [$_{H'}$ [Head Compl]]]]

2.1.2. 핵 구조

병합은 두 개의 통사성분을 결합하여, 다시 하나의 결합체를 만드는 조작이다. 이렇게 만들어진 **구는 반드시 핵을 가진다**. 따라서 핵이 없는 구는 없다. 이제 병합의 두 직접적 주체인 **핵과 보충어**의 관계에 대해 알아보자.

어휘부에서 통사성분 X와 Y 두 개를 선택하는 이분지 병합은 아래와 같은 집합(set, 集合)의 방식으로 그 관계를 나타낼 수 있다.

(28) {X, Y}

(28)의 집합에서 핵이 무엇인지 모른다면, 우리는 병합을 이야기할 수 없다. 따라서 핵을 설정해야만 한다. 이때 핵이 무엇이냐에 따라 그 병합체는 다음과 같은 두 개의 수형도로 표현할 수 있다.

(29) 핵에 따른 두 병합체

a.

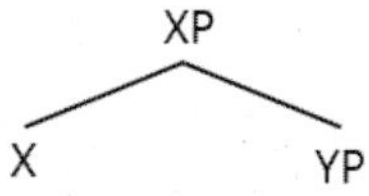

b.

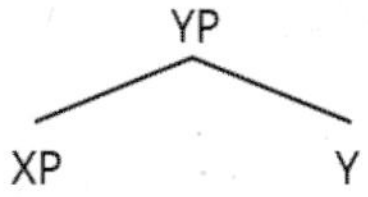

그림 (28)a는 X가 핵이 되어 XP로 투사된 경우고, (28)b는 Y가 핵이 되어 YP로 투사된 것을 나타낸다. 즉 전자는 X의 문법적 속성을 반영하는 구이고, 후자는 Y의 문법적 속성을 반영하는 구이다.

이제 X를 핵으로 위 a를 보자. 만약 여기에 새로운 성분이 추가되지 않으면, 도출 과정은 여기서 병합을 멈출 것이다. 여기서 XP는 최고 계층이며, 이를 X핵이 최대투사(Maximal project)된 '구(Phrase)'라 한다.

다시 통사부가 어휘부에서 단어 X, Y, Z 세 개를 선택하는 병합에 대해 생각해보자. 이 경우는 핵의 수에 따라 둘로 나뉜다.

1) 핵이 한 개인 경우

위의 예(29)a-b가 한 번의 병합으로 도출되었다면, 이제 Z성분을 추가하여 병합이 두 번의 이루어지는 구의 도출을 상정해 보자. 이때 핵이 X 하나라면, 그 구조체는 여전히 하나의 핵 'X'에 의한 구조체가 되며, 이를 도식화하면 다음과 같이 표현할 수 있다.

(30) 핵 X의 투사체(1)

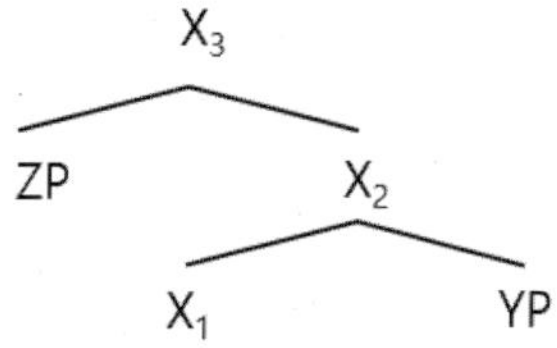

위(30)의 수형도는 핵 'X'가 '$X_1 \rightarrow X_2 \rightarrow X_3$'으로 투사된 구조체이다. 만약 도출 과정이 이 수형도에서 제시된 부분까지 도출된 후 멈추었다면, X_3은 전체 구조에 대한 표

찰(label)이며, 핵 X가 최종적으로 투사된 하나의 구이다. 이때 X_2는 구 X_3과 핵 X_1 사이에 낀 단계로, 이를 '**중간투사**(Intermediate Projection)' 단계라 한다. 본장의 1.2에서 이미 언급한 바 있듯, 이 중간투사는 통사적으로 독립적이지 못한 단계이다. 통사론에서는 '중간투사'에 대해 일반적으로 '**바**(bar, 杠)'로 표시하며, 아래 그림 (31)의 '**X'**'로 표시한다. 결국, {X, Y, Z} 세 개의 성분이 하나의 핵 'X'에 의해 병합된 구는 일반화하여 아래와 같이 표현할 수 있다.

(31) 핵 X의 투사체(2)

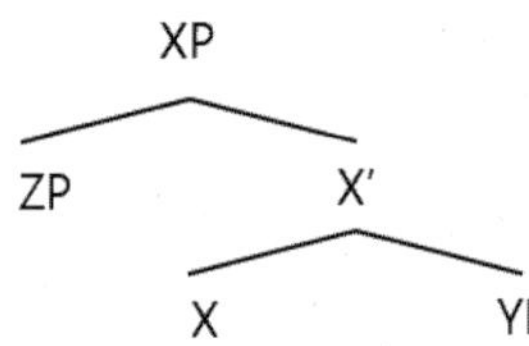

모든 병합은 이분지적(binary)으로만 발생한다. 위의 그림에서 YP는 가장 먼저 핵 X와 병합된 통사성분이며, ZP는 두 번째 병합에서 개입된 통사성분이다. 그림에서 X, YP, ZP가 있는 위치는 구(XP)를 구성하는 각 통사 성분의 자리이다. 이들 성분의 통사적 위치를 기술하기 위해 **핵**(Head, 中心语), **보충어**(Complement, 补足语), **지정어**(Specifier, 指定语)등의 용어를 사용한다.[8] 수형도상에 통사성분의 위치와 그 명칭을 표시하면 다음과 같다.

---

8 각 성분에 대한 이홍배(1991:271,276,283,295)의 용어해설을 옮기면 다음과 같다.

1. **핵**(Head) : 구의 속성을 결정하는 주요 단어를 말한다.
2. **보충어**(Complement) : 핵과 결합하여 근본적으로 핵과 같은 종류의 범주로 투사되는 표현을 가리킨다. 보충어는 핵과 형태·통사·의미적으로 밀접한 관계를 가진다.
3. **지정어/명시어**(Specifier) : 자신을 포함하는 구의 핵을 선행하는 특정 유형의 성분이 수행하는 문법기능을 말한다.
4. 부가어(Adjunct) : 사건이 일어나는 시간, 장소 또는 방식을 명시하는 데 사용되는 성분이나 확대된 성분을 만들기 위해서 다른 성분에 부가되는 성분을 가리킨다.

(32) 통사성분의 위치와 명칭

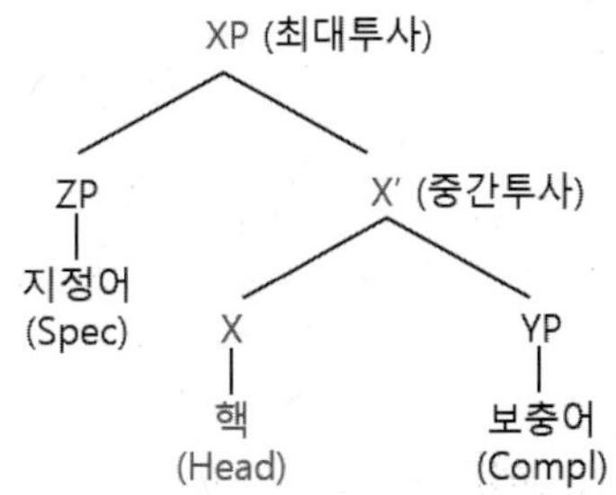

2) 핵이 두 개인 경우

통사부가 어휘부에서 추출한 X, Y, Z 세 개의 통사성분을 병합할 때, 핵이 두 개라면 다음과 같은 구 구조를 도출해 낼 수 있다.

(33) 핵이 두 개인 병합관계

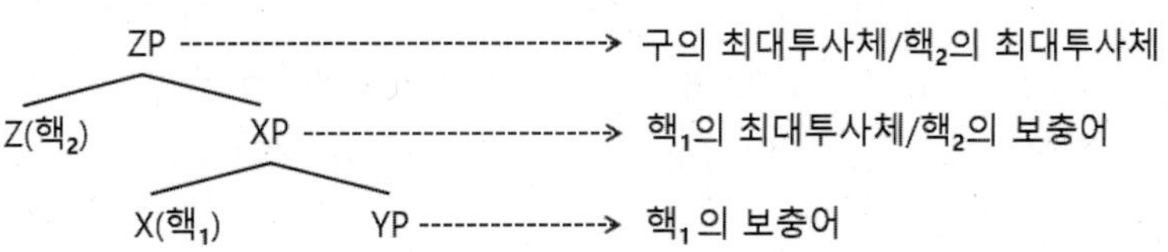

위의 수형도에서 X와 Y P 의 병합은 XP로 최대투사되었고, 여기에 다시 핵 Z로 인해 최종적으로 ZP로 최대투사되었다. 수형도에서 1단계의 구조체 XP는 이중 신분이다. 즉, 핵 X의 최대투사체이자. 핵 Z의 보충어이다. ZP는 Z를 핵으로, XP를 보충어로 하여 최대투사된 구이다. 결국, (33)은 계층관계를 가지는 두 개의 핵으로 이루어진 하나의 구조체(ZP)이다.[9]

9 이상의 병합관계는 또 다른 핵이 계속적으로 오더라도 동일하게 작동하는 순환원리이다. 이론적으로 인간은 이런 순환적 병합방식을 통해 무수한 핵을 포함하는 무한히 긴 구조체(Phrase)를 만들 수 있다. 인간 언어 구조의 계층적 **순환성**(Recursion)에 대해서는 본 장의 3.2에서 구체적으로 설명한다.

3) 핵의 속성

핵은 구의 속성을 결정짓는다. 또, 핵이 가지는 자질적 선택 정보에 근거해 구조 중에서 출현하는 어떤 성분 Y나 Z를 선택하는 힘이 있다. 이는 핵이 선택 정보를 가지기 때문에 생기는 것이다.

첫째, 핵은 **범주선택(C-selection) 정보**가 있다. 동사 핵을 예로 들어보자. 朱德熙(1982)는 어떤 동사는 단지 체언성 목적어만을 가질 수 있으며, 용언성 목적어를 가지지 못함을 말한다. 다음 예를 보자.

(34) a. 买(票), 捆(东西), 喝(一杯), 驾驶(汽车), 修理(电灯)
  b. 打算(参加), 主张(先调查), 希望(快调查)

(34)a는 체언성 목적어를 가지는 동사이고, b는 용언성 목적어를 가지는 동사이다. 즉, '체언성 목적어'라 함은 [+ N]의 범주자질을 가지는 성분에 대한 말이고, '용언성 목적어'함은 [+ V]의 범주자질을 가지는 성분에 대한 말이다. 朱德熙(1982)의 의견을 생성문법학의 관점으로 말하자면, 핵 동사는 자신의 보충어를 선택함에 있어 범주적으로 어떤 것을 선택하는가를 결정한다는 것이다. 이런 측면에서 핵은 범주선택의 정보를 가진다.

둘째, 핵은 또한 **의미선택(S-selection) 정보**도 가진다. 여기서의 의미는 어휘의미가 아니라 논항의 역할(/기능적) 의미를 말한다. 다음 예를 보자.

(35) a. 张三踢了球。
  장싼은 공을 찬다.
  b. *球踢了张三。
  공은 장싼을 찬다.

어떤 동사 핵은 반드시 〈행위자(agent)〉 주어를 선택한다. a의 동사 핵 '踢'가 그렇다. 이 동사는 〈행위자〉를 선택하여, 자신의 주어로 삼는다. 따라서 b의 '球'는 〈행위자〉의 자질을 가질 수 없으므로, 핵 동사의 요구에 부합하지 못하기 때문에 주어가 될 수 없다. 따라서 b는 성립하지 못한다. 이러한 현상은 핵이 가지는 의미선택 정보로 인하여 발생한 것이다.

이처럼 핵은 자신이 구성한 구조의 전체 속성, 즉 범주와 의미적 속성을 결정한다. 즉, 파생식 합성어 단어의 속성은 핵 형태소[10]가 결정하듯, 구의 속성은 해당 구를 만드는 핵이 결정한다.

2.2. 병합의 종류와 성질

2.2.1. 내·외부병합

1) 내부병합

'**내부병합**(Internal Merge)'은 일정한 구조 내에서 이미 선택되어 병합된 단어를 복사(copy)하여 도출(derivation)이 진행 중인 구조와 다시 병합시키는 조작이다.[11] 따라서 내부병합은 (한 개의 독립적이고) 구조적 관계가 있는 성분들 간에 병합되는 연산 과정이다.

내부병합은 '핵 이동'과 '논항 이동'의 두 종류가 있다. 이에 대해서는 '2.3 병합과 이동'에서 따로 설명한다.

---

10 파생식 합성어의 속성적 구별 역시 그것의 핵이 결정한다. 예컨대, 중국어의 "-子", "-儿", "-头" 역시 그것으로 구성되는 합성어의 범주적 특성(/품사성), 즉 명사성[+ N]을 결정한다.
"-子": 板子 塞子 骗子 傻子 胖子
"-儿": 盖儿 花儿 印儿 黄儿 尖儿
"-头": 念头 看头 吃头 甜头 苦头
비록 이들 접사는 결합하는 어근의 품사성과 상관없이 파생어를 명사로 바꾼다. 핵의 관점에서 보면, 이들 접사는 핵으로서 이들 합성어의 품사성을 결정한다.

11 지배결속이론과 같은 최소주의의 이전 이론에서는, '이동'이란 문자 그대로 어떤 단어나 구가 제자리에 흔적을 남기고 위치이동을 한다는 것을 의미하였다. 그러나 **최소주의**에서는 이러한 이동을 **복사이론**(copy theory)으로 재해석한다. 복사이론에 의하면, 이동은 복사(copy)와 병합(merge)으로 이루어져 있다(이동 = 복사 + 병합). 이동이 복사와 병합으로 이루어져 있으면, 이동이 발생할 경우 여러 개의 복사본이 만들어지게 되고, 여러 개의 복사본 중에서 통상적으로 **하나의 복사본만이 발음**되고 해석된다. 즉, 선택되지 않은 나머지 복사본은 통사-음운 접합부(PF)와 논리형태부(LF)에서 생략된다. 김광섭(2018:182) 참고.

2) 외부병합

'**외부병합**(External Merge)'이란 어휘부(Lexicon)에서 새로운 어휘를 통사부(Syntax)로 끌어와 도출이 진행 중인 구조와 결합시키는 조작이다. 따라서 이는 이동에 의한 병합이 아니다.

영어에서 비대격동사(Unaccusatives)[12]의 주어가 어떻게 형성되는가를 통해 외부병합의 실현 양상을 보자.

(36) a. There have arisen several complications.
b. Several complications have arisen.

위 a, b에서 보듯 영어의 비대격동사인 'arisen'은 외부병합과 내부병합에 의한 두 종류의 주어를 가질 수 있다. 먼저 a의 도출을 보자.

(37) 'There have arisen several complications.'의 도출

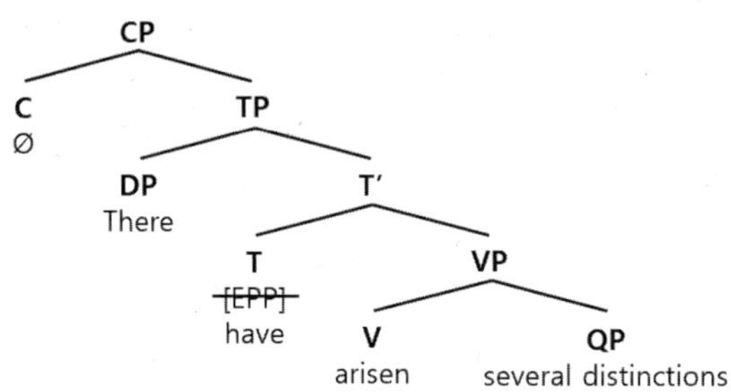

수형도에서 보듯, 주어 자리(TP-Spec)에 있는 There는 하위 계층에서 이동한 것이 아니다. 이것은 어휘부에서 직접 가져온 것이다. 이러한 병합을 '외부병합'이라 한다.

한편, (47)b의 도출 과정을 보자.

(38) 'Several complications have arisen.'의 도출

---

12 비대격동사에 대해서는 본서 제3장의 3.3 및 제6장의 5.2의 해당 부분을 참조하라.

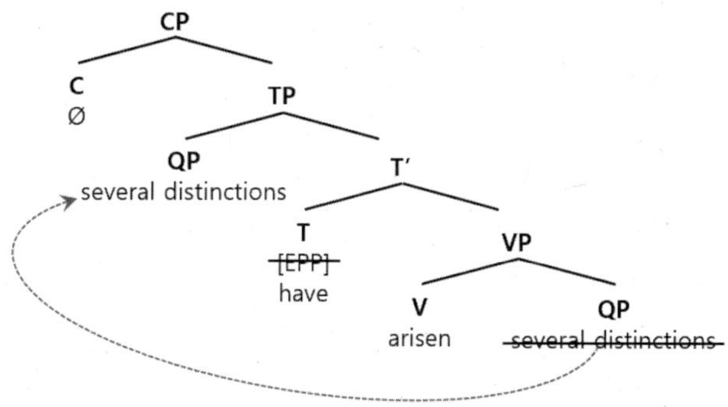

이 경우는 시제사(T)의 확대투사자질(EPP)을 충족시키기 위해 동사의 보충어였던 논항 'several complications'을 복사하여 TP-Spec의 자리로 이동시켰다. 따라서 이 경우는 구의 내부성분을 복사하고 이동시킨, 즉 '내부병합'이다. 결국, 내부병합과 외부병합의 차이는 새롭게 병합되는 내용물의 출처가 어디인가, 즉 기존 통사구조 내부인가, 통사구조 밖 어휘부인가에 달려 있다 하겠다.

2.2.2. 병합의 이분지성

최소주의(Minimalist Program)이론에서 모든 병합은 오로지 두 개의 통사성분만으로 이루어진다. 이를 병합의 '**이분지 원리(Binarity Principle)**'라 한다.

(39) 모든 병합은 이분지적(binary)으로만 진행된다.

통사부에서는 어떤 두 개의 통사성분을 이분지적으로 병합하여 하나의 구를 만든다. 여기에 또 다른 핵이 작동해도 역시 1:1 병합이 발생하며, 이는 계속적으로 순환(Recursion)된다. 결국, 모든 병합은 이분지적인 1:1 병합만이 존재한다. 이는 또한 우리의 뇌가 요구하는 가장 빠르고 경제적인 연산시스템일 것이다.

'구'를 구성하는 방향은 '아래에서 위로(down to up)'이다. 즉, 가장 하단의 핵 단어로 시작하여 최종적으로 하나의 **계층구조(hierarchical structure, 层次结构)**를 형성한다.

이상의 내용에 대해 수형도를 통해 확인해보자. 먼저 다음 예문의 B를 도출하는 수형도를 보자.

(40) A: What are you doing?

B: <u>We are trying to help you</u>.

(41) 'We are trying to help you.'의 도출

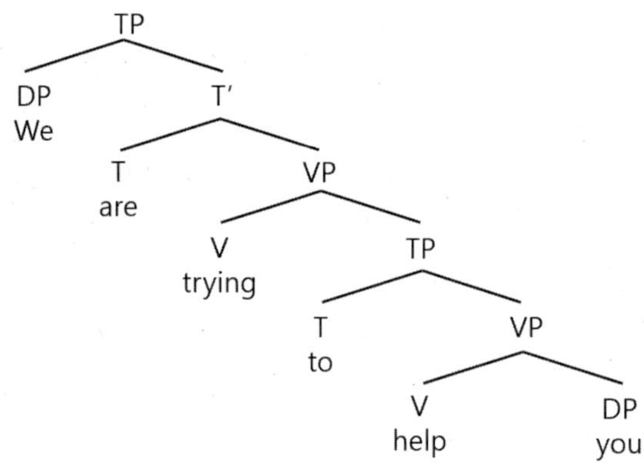

위의 수형도는 5개의 층위를 가지는 비교적 복잡해 보이는 수형도이다.[13] 그러나 각각의 층차마다 모두 이분지적으로 구성된다. 따라서 최소주의에서 다음과 같은 수형도는 인정되지 않는다.

(42) 'We are trying to help you.'의 잘못된 도출

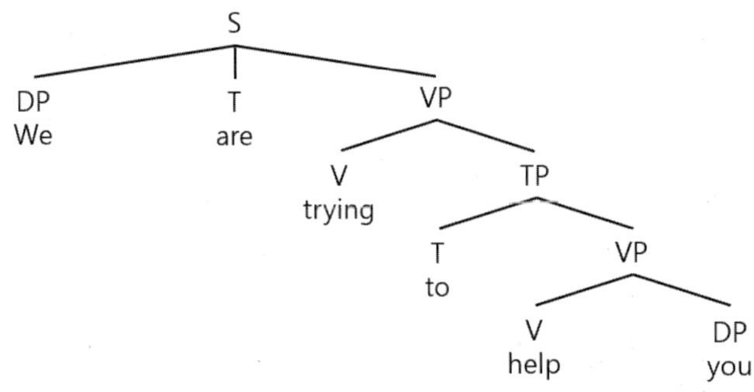

---

13 영어의 문장은 반드시 주어를 필요로 하므로 반드시 시제사구(TP)까지 투사되어 시제사구 지정어(TP-Spec) 자리에 주어를 위치시켜야 한다. 따라서. 영어의 시제사(T)는 확대투사 자질(EPP Feature)을 가지고 있다고 가정되며, 이를 통해 주어가 도출된다. 시제사구(TP)에 대해서는 본서 6장의 8에서 자세히 설명한다.

최상층부가 이분지적이지 않으며, 이 경우 핵이 무엇인지 판별할 수도 없다. 이런 병합은 '병합의 이분지 원칙'을 위반하였으므로 제거된다.[14]

2.3. 병합과 이동

이미 2.2.1에서 언급한 바와 같이 내부병합은 통사부에서 일정한 구를 도출하는 과정에서 이미 병합조작을 거친 성분을 다시 복사하여 **다시 병합시키는 일련의 조작**이다. 그러므로 이과정에서 발생하는 **이동 또한 일종의 병합**이다. 즉 내부병합은 '핵 이동'과 '논항 이동'의 두 종류의 이동을 통해 실현된다. 여기서는 이동 차원에 중점을 두어 이해해보자. 그러면, 이동(Movement)이 발생하는 원리는 무엇인가?

촘스키(1995)가 제시한 외현적 이동에 관한 몇몇 원리는 다음과 같다.

첫째, **계산효율의 원리**(The Principle of Computational efficiency)이다. 세상 만물은 끊임없이 '계산'하며, 이는 언제나 '계산효율의 원리'를 따른다. 예를 들면, 물은 낮은 곳으로 흐르는데 이것 역시 '만약 B지점이 A지점 보다 낮다면 A지점에서 B지점으로 흘러야 한다.'는 연산원칙을 거친다. 만약 두 개의 돌출된 장애물이 'A'와 'B'의 사이에 가로놓여 있는데 하나는 좀 높고 다른 하나는 그에 비해 좀 낮다면, 물은 힘을 적게 들이는 비교적 낮은 장애물을 넘어 아래로 흘러갈 것이다.

둘째, **도출의 경제성 원리**(Economy condition of Derivation)이다. 통사적 도출을 구성하는 모든 조작(병합과 이동)은 경제성 원리를 만족시켜야 한다. 이는 '오컴의 면도날(Occam's razor)'로 비유되며, 어떤 현상을 설명할 때 불필요한 가정을 해서는 안 된다는 것이다. 즉, 같은 현상을 설명하는 두 개의 주장이 있다면 간단한 쪽을 선택하라는 것이다.

셋째, **최후수단 원리**(Principle of Last Resort)이다. 명사성 논항성분이 의미역을 받는 위치는 바로 구조격을 받는 위치이고, 의미역과 구조격이 짝을 이루는 구조를 '표준구조(canonical structure)'라고 한다. 모든 이동은 이런 표준구조에서 시작되며,

---

14 위 수형도는 생성문법의 최소주의 이전 단계인 지배-결속이론에서 사용되었다. 그러나 최소주의에서는 문장 S를 $[_{TP}\ [_{DP}\ \text{we}]\ [_{T'}\ [_{T}\ \text{are}]\ [_{vP}\ [_{VP}\cdots\ ]]]]$와 같은 **2분지의 통사구조**로 정의한다.

모든 외현적 이동에는 반드시 원인이 있으며 아무런 이유 없이 제멋대로 이동할 수는 없다. 따라서 표준구조에서 원래의 위치에 그대로 있는 것이 우선적인 선택이고, 이동하지 않아도 된다면 그대로 둔다. 이것이 '최후수단의 원리'가 함의하는 것이다.

넷째, **이기성 원리**(Principle of Greed)이다. 이동은 어떤 원인으로 인해 어쩔 수 없이 일어난 것으로, 그 이동의 원인은 **'비해석성 자질**(uninterpretable Features)**'의 점검**을 위해서이다. 만약 어떤 한 성분이 '비해석성 자질'을 갖고 있지 않다면 이동할 필요가 없고 원래의 위치에 있으면 된다는 것이다.

결국, 이동은 경제학이나 철학에서 말함직한 '계산 효율, 경제성, 최후수단, 이기성' 등의 원리와 조건 아래서 발생한다는 것이다. 이제 핵이동과 논항이동에 대해 구체적으로 살펴보자.

2.3.1. 핵이동

핵 이동(Head Movement)이란 계층적으로 동일한 속성을 핵이 동일한 속성을 가진 핵의 필요에 의해 어느 한 핵 쪽으로 이동하는 현상이다. 즉, 핵 이동은 반드시 **'핵에서 핵으로 이동**(Head to Head movement)'한다. 이런 핵 이동현상은 일반적으로 상위 핵의 **유인**에 의해 하위의 핵이 상위의 핵 쪽으로 일어나며, 완전한 구를 도출하기까지 연속적으로 발생한다.

(43) 핵 이동 예시도

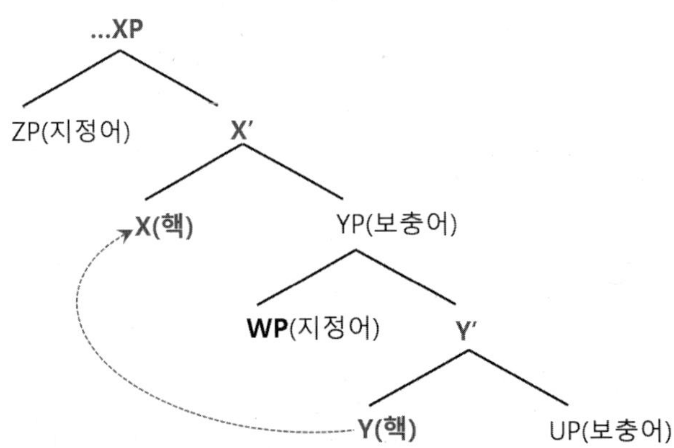

수형도에서 보듯, 하위의 핵 'Y'는 상위의 핵 'X'를 향하여 이동한다. 이러한 이동을 '핵 이동'이라 한다. 다음 수형도를 통해 중국어에서 핵 이동의 양상을 살펴보자.

(44) 중국어 핵 이동의 예

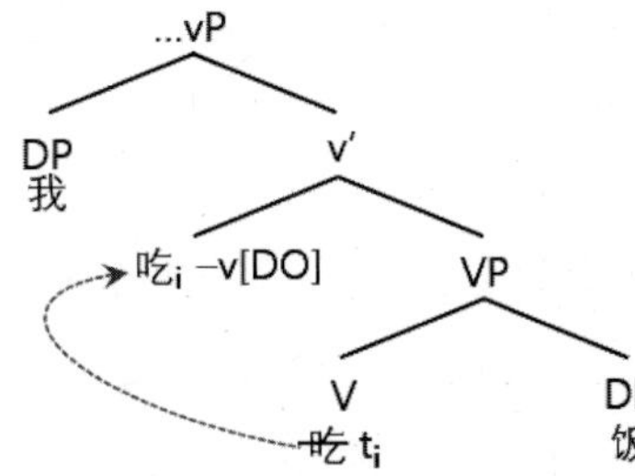

수형도에서 보듯, 't_i'의 자리에 있던 동사 핵 '吃'는 흔적을 남기고, 경동사 핵의 위치로 이동한다.[15] 이를 통해 '$吃_i$-v[DO]'라는 '융합 핵'(complex Head)을 이룬다. 이렇게 보면, 핵 이동도 병합의 일종이다. 즉 하위의 핵이 상위의 핵에 이끌리어 병합됨으로써 상위 핵의 속성으로 융합되는 현상이다.

핵 이동의 조작에 있어 적용되는 것은 '**최소거리 유인책 원리**(Attract Closest Principle/ACP)'이다. 상위에 위치하는 강자질의 핵은 하위 구성소에서 자신의 속성과 유사한 속성의 성분을 당기는 힘이 있는데, 이때 가장 가까이에 있는 구성소로부터 그것을 유인한다. 이를 최소거리 유인책이라 한다. 이상의 내용에 근거하여 다음과 같이 정의한다.

(45) 핵은 핵의 자리로만 이동한다. 이때 최소거리 유인책의 원리가 적용된다.

핵은 왜 이동하는가? 상위 핵이 필요에 의해 하위 핵의 이동을 유발하기 때문이다. 이런 핵 이동은 범언어적이다. 영어에서 의문문을 만들 때 시제사 핵이 보문사 핵으로 이동하는 'T → C' 핵 이동을 보자.

---

15 '$吃_i$'의 첨자 '$_i$'는 동일지시 표지로, 하위 '흔적(trace)$_i$'의 자리에서 **병합을 위해 복사하고 삭제한 것**임을 표시한다.

(46) "Will you marry me?"의 도출

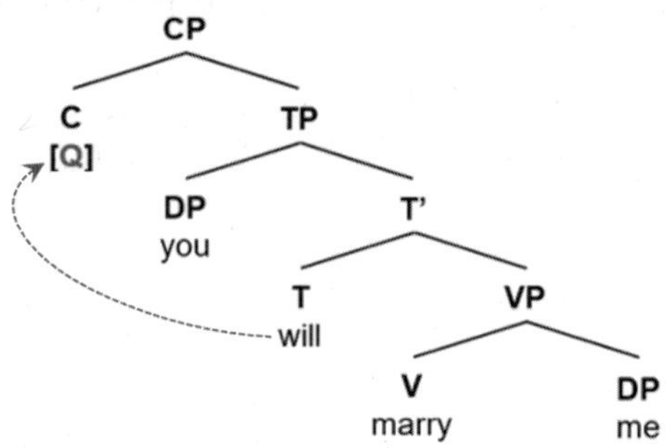

수형도에서 조동사 'Will'이 문두에 위치하는 이유는 무엇일까? Chomsky(1995)는 비명시적(null/covert)한 보문사(C) 핵에 대한 설명에서 "C는 영어 의문문에서 강한 핵이며, 강한 핵의 자리는 적절한 유의 명시적인 구성소에 의해 채워져야 한다."고 본다.[16] 한편 여기서의 이 보문사(C)는 문장의 타입, 즉 의문문을 구성하는 기능성 핵이므로, 의문의 'Q' 자질을 가진다. 따라서 이 빈 자리를 채우기 위해 'Q' 자질은 '적절한 유의 명시적인 구성소', 즉 [+ V] 속성의 핵을 당기게 된다. 이때 가능성이 있는 것은 'will'과 'marry' 두 가지이지만 경제성 원칙(/최소거리 유인책)에 입각해 가까운 것을 당겨 "Will you marry me?"의 의문문을 도출한다. 결국 보문사(C)의 강자질인 'Q' 핵이 핵 이동을 유발하여 동질의 시간사 핵 'T'를 당겨 병합한 것이다. 이와 같은 핵 이동의 조건은 무엇인가? 그것은 '**상위 핵이 가장 가까운 핵을 당기며,**[17] **이동할 때는 다른 핵을 건너뛰지 못한다.**'는 것이다.

이제 중국어에서 경동사구의 구성에 있어 핵인 경동사에 의한 핵 이동 유발과 저지 상황을 보자. 먼저 경동사 핵 '-得[BECOME]'가 핵 이동을 유발하는 예를 살펴보자.

---

16 Chomsky(1995): "C is a strong Head in questions in English and that a strong Head position has to be filled (i.e. occupied) by an overt constituent of an appropriate kind." 이는 일찍이 Baker(1970)가 의문문의 C핵에는 비명시적이지만 의문을 표시하는 "Q" 자질이 있으며, 이 Q가 조동사(Aux)를 유인(Attract)한다는 설을 적용한 것이다. Andrew Radford(2012:151-154). 재인용 및 참조.

17 영어에서의 핵 이동에는 극소수이지만 **하향 이동**도 일어난다. 하향식 'T → V' 핵 이동을 보자.

'He enjoys syntax.(그는 통사론을 즐긴다.)'

(47) 这段山路**走得**他气喘吁吁。

이(구간의) 산길은 그로 하여금 숨을 헐떡거리게 하였다.

먼저 이 구의 도출 과정을 수형도로 살펴보자.

(48) '这段山路走得他气喘吁吁'의 도출 수형도

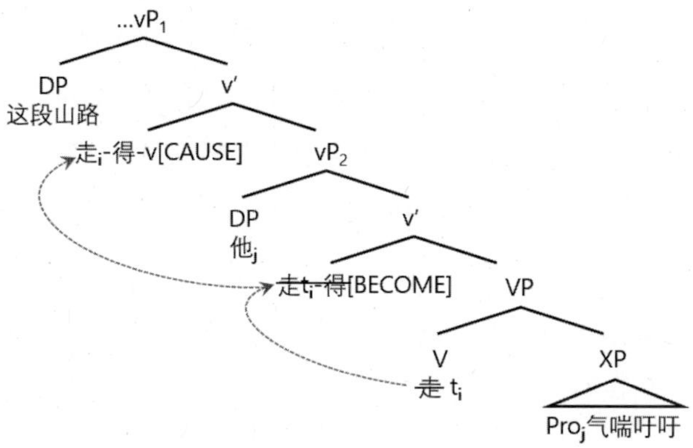

그림에서 보듯, **'-得'**로 실현된 경동사 기능범주 핵은 **접사적 성격이 강하다**. 즉 스스로 완전하지 않기에 핵 이동을 유발한다. 이에 어휘범주의 동사(V) 핵 '走'는 경동사 '-得[BECOME]'의 위치로 핵 이동한다.[18] 그리하여 '그는 걸어서 숨이 가쁘게 되

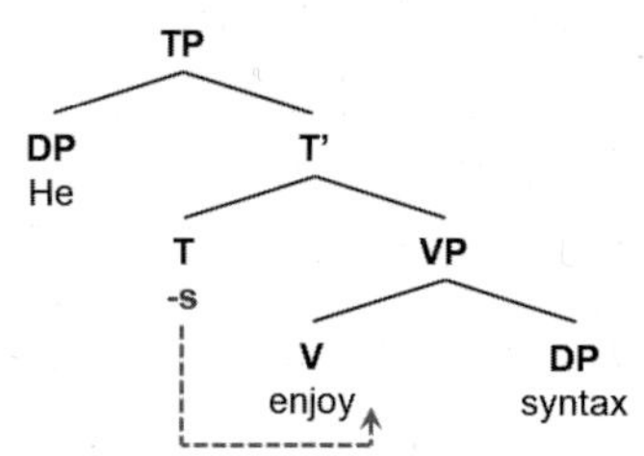

동사핵 'enjoy'가 'syntax'를 보충어로 병합한 동사구(VP)에 시제가 부가되기 위해, 시간사(T)가 동사를 보충어로 당겨 시제사구(TP)로 최대투사 하려한다. 이때 T요소는 자질점검을 통해 3인칭 단수의 굴절적인 '-s'임을 알 수 있다. 이 '-s'는 동사 핵을 당기는 것이 아니라 스스로 동사 핵 'enjoy'의 뒤로 이동한다고 본다. 이 이동은 **아마도 음운형태부(PF)에서 일어나는 것으로 보이며**, 접사가 '팔짝 뛰어내린다'는 의미로 **"접사도약(affix hopping)"**이라 한다. 결국, 현대 영어에서 **시제표시 접사(-s, -ed) 등은 약한 시제접사(Weak tense affix)일 뿐이므로 V를 유인하지 못하는 것**으로 보인다. 그러나 이런 하향식 핵 이동의 예는 이 경우에만 해당하는 것으로 보인다. Andrew Radford(2012:118,161,172,174) 참조.

다'라는 변화결과(BECOME)의 사건의미가 표시된다. 화자는 여기에 〈원인자〉를 더하여 사동(accusative)의 의미를 표현하고자 하므로, 다시 원인을 나타내는 경동사 v[CAUSE]를 설정한다. 그런데 이 경동사 역시 음성적으로 실현되지 못하는 비명시적인 경우이므로 다시 하위 계층의 핵 이동을 유발한다. 그리하여 하위의 핵 융합체 '走得'는 다시 원인표시 경동사의 위치로 핵 이동한다. 결국, 접사적 성격이 있는 경동사 '-得'나 음성적으로 실현되지 않는 경동사 v[CAUSE]는 모두 핵 이동을 유발한다. 중국어에서 '-得'처럼 음성 형식이 있는 기능범주의 핵 중 상(Aspect) 조사 핵 '-着, -了, -过' 등은 역시 어휘범주의 핵, 즉 동사 **핵(V) 이동을 유발**시킨다.[19]

반면, 핵 이동을 저지하는 경우를 보자. 교착성이 있는 '-得'와 달리 음성적으로 실현되며 완전한 경동사 핵 '把'는 **핵 이동을 저지**한다. 다음 수형도를 보자.

(49) '这段山路把他走得气喘吁吁'의 도출 수형도

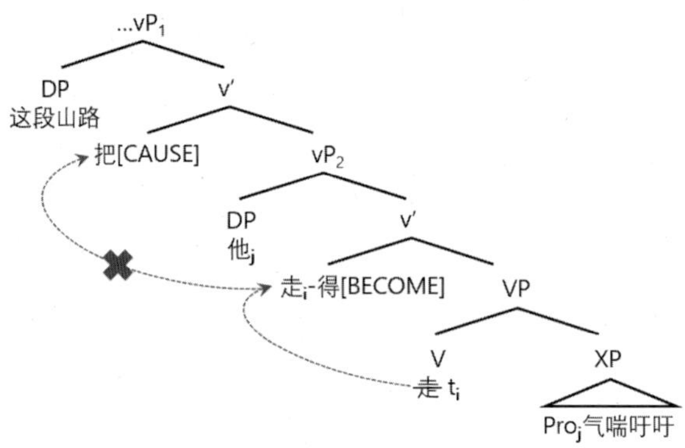

18 영어의 'V to v' 이동의 예는 다음과 같다.

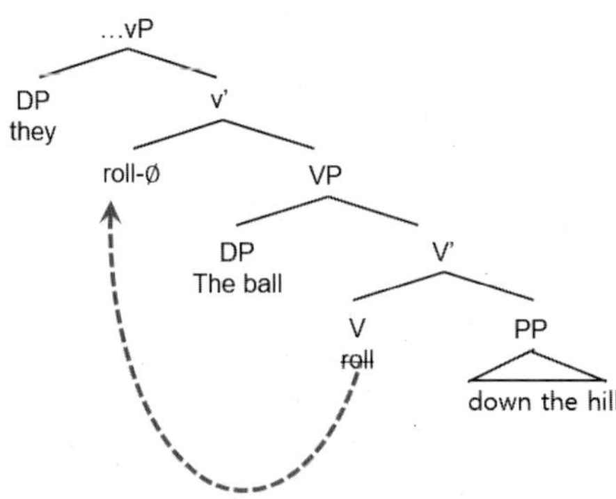

19 상조사구(AspP)에 대한 자세한 내용은 본서의 '6장'의 6에서 다룬다.

절(XP) 논항을 보충어로 가지는 동사핵은 '-得[BECOME]' 경동사에 의해 핵 이동을 하여 '走得'를 구성한 후, 다음 이동은 발생하지 않는다. 명시적인 경동사 핵 '把'가 이동을 저지하기 때문이다. 하물며, 다음과 같은 건너뛰기식의 핵 이동은 용인하지 않는다.

(50) 이동 제약을 어긴 '*这段山路走他得气喘吁吁'의 도출 수형도

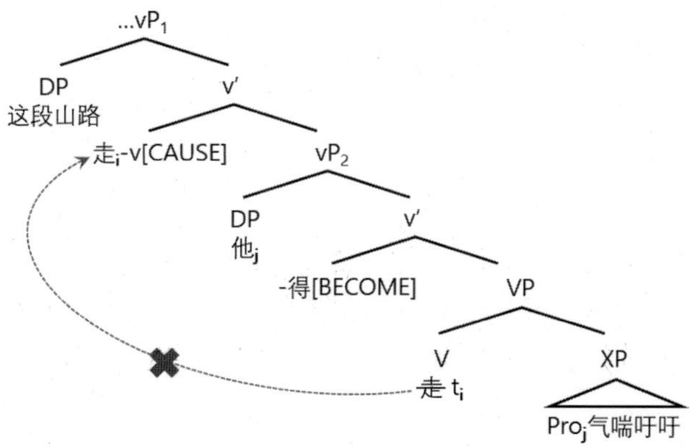

핵 이동은 정의 (45)에서 밝힌 것처럼 경제성 원칙에 근거한 **최소거리 유인책 혹은 국부성 제약(locality restriction, 局域性限制)을 준수**하므로, 차례차례 한 단계씩만 이동할 수 있다. 따라서 위(50)과 같이 '走'는 '-得'를 뛰어넘어 이동할 수 없다. 이렇게 도출된 '这段山路走他得气喘吁吁'는 문법에 맞지 않아 폐기된다.

2.3.2. 논항이동

핵 이동이 '**핵에서 핵으로 이동**'하듯, 논항이동도 '**논항의 자리에서 논항의 자리로 이동**'한다.

'**논항**(argument, 论元)'이란 **주어나 목적어처럼 술어가 꼭 필요로 하는 요소**이다.[20]. 다시 말해 논항은 마치 술어 동사가 초대하는 '손님'과 같은 존재이다. 모든

---

20 논항은 각 술어나 경동사에 의해 의미역(Thematic role, 题元角色)을 할당 받는다. 논항구조(Argument structure)는 한 술어가 취하는 논항들 간의 관계를 나타내는 구조로서, 술어의 어휘

술어 동사는 자신의 성질에 맞는 개수의 논항을 필요로 한다.[21] 다음 수형도에서 논항의 명칭과 그 배열을 보자.

(51) 논항의 배열: 내부논항과 외부논항

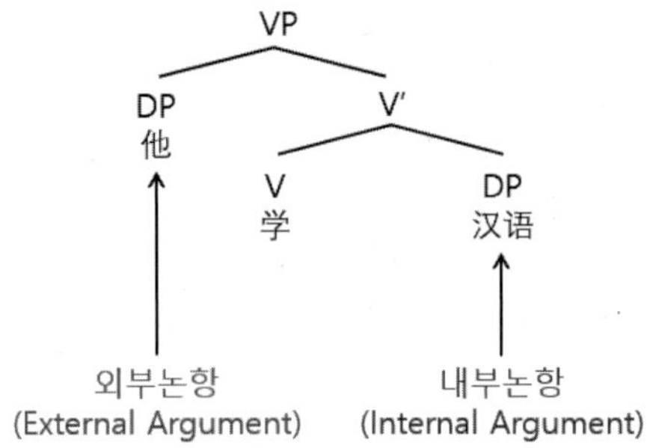

동사 핵 '学'을 중심으로 하여 그 보충어 '汉语'를 **내부논항**(internal argument)이라 하고, 지정어(Spec) 위치에 놓인 '他'를 **외부논항**(external argument)이라 한다. 이를 통해 핵구조에서 논항이 위치할 수 있는 곳은 두 군데임을 알 수 있다. 즉, 보충어 위치와 지정어 위치이다.

논항 역시 일정한 통사구조를 완성시키기 위해 이동할 수 있다. 다음 수형도를 보자.

적 특성에 속한다(이상 정태구 1994:214).

논항이 될 수 있는 것은 일반적으로 보통의 명사구, 변항(variable), 대용어(anaphor), 대명사구(Pronominals) 등이다(강명윤 역 1998:51). 그러나 학자에 따라 술어가 다른 술어 및 그 술어의 논항구조를 논항으로 취할 수 있고 보기도 한다. 이상 정태구(1994:214).

21 즉, 1가 술어(one-place predicate)는 하나의 논항을, 2가 술어(two-place predicate)는 두 개의 논항을, 3가 술어(three-place predicate)는 세 개의 논항을 필요로 한다. 중국어 전통문법학에서는 소위 '**0가 술어**'로 '下雨', '下雪' 등을 예로 들기도 하나, 영어나 한국어로 번역하면 1가 술어이다. 한편, 논항은 일반적으로 술어 동사와 선택 관계를 가지는 한정사구를 상정하지만, 명제도 논항이 될 수 있다. 논항과 의미역에 대한 내용은 본서 제6장의 5.2-5.3에서 다룬다.

(52) 논항이동 양상

a. b.

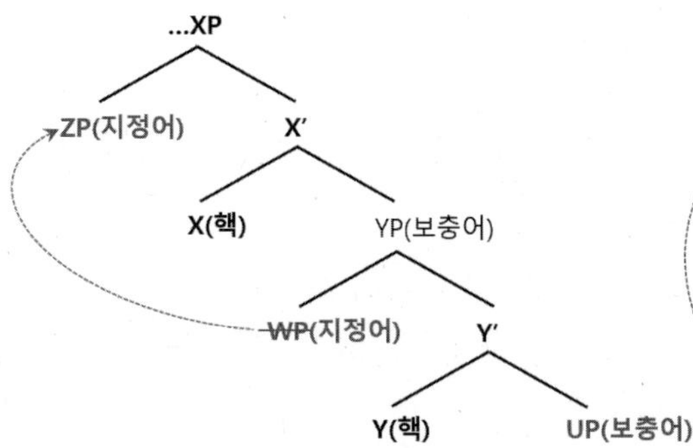

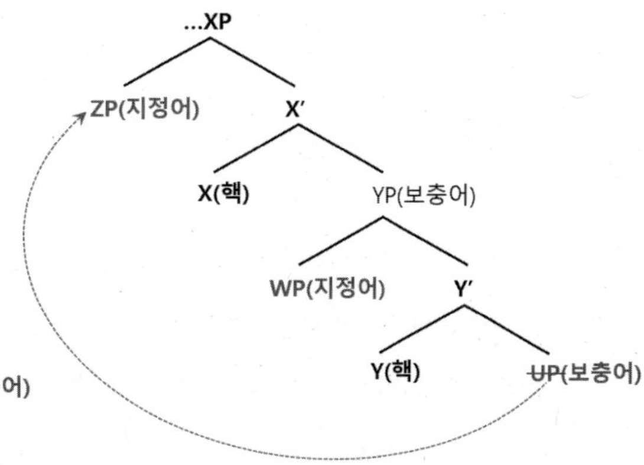

수형도 a-b에서 보듯, 논항은 '하위의 지정어에서 상위의 지정어로, 혹은 보충어 위치에서 상위의 지정어 위치로 이동할 수 있다. 이를 '**논항이동**(Spec to Spec movement, A-movement)'이라 한다. 중국어에서 논항이동의 예를 보자.

1) 지정어(Spec) → 지정어(Spec) 이동

(53) '他吃饭'의 논항이동

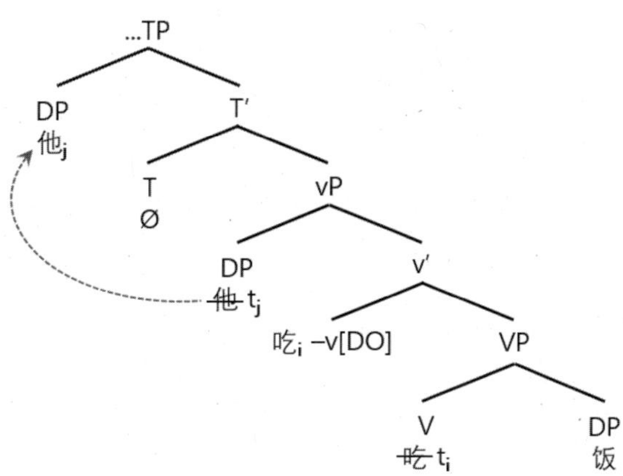

수형도에서 경동사구(vP)의 지정어 위치에 있던 논항 '他'는 주격을 받기 위해 시제사의 지정어 자리(TP-Spec)로 이동하였다. (52)a와 (53)의 예에 근거하여 다음과 같

이 정의한다.

(54) 지정어 자리의 논항은 지정어 자리로만 이동한다. (spec to spec movement).

2) 보충어(Compl) → 지정어(Spec) 이동

한편, (52)b에서 이미 보인 바 있듯, 보충어 논항도 지정어 자리로 이동이 가능하다. 이런 이동의 예로 영어 'Wh-이동'과 중국어 화제화 이동을 보자. 먼저 영어 'Wh-이동'에서 논항의 이동을 보자.

(55) 영어 'Wh-이동' 의 예

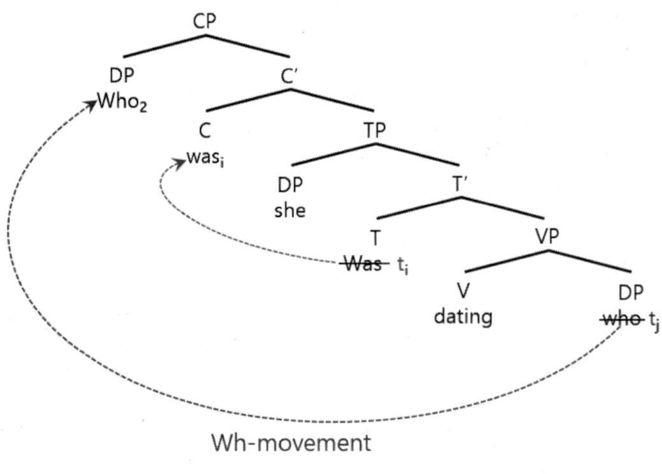

그림에서 보듯, 보문사(C) 핵이 가지는 Q 자질의 유인에 의해 시제사(T) 핵인 'was'가 C핵 자리로 이동(핵이동)하고 나면, 보문시구의 지정어 자리(CP-Spec)가 비게 된다. 이때 영어의 의문사들은 반드시 이 지정어 자리를 채우는 이동을 한다. 이때 이동 가능성이 있는 논항은 'she'와 'who'이지만, Q 자질의 영향으로 반드시 소위 의문대명사로 쓰인 논항, 즉 'who'가 이동한다. 이러한 이동을 소위 '**의문사 이동(Wh-movement)**'이라 한다.

중국어에서는 논항이동의 예로 화제화 논항이동을 들 수 있다. '汉语句法学$_i$,我喜欢[t_i]。'을 예로 보자.

(56) 중국어 화제화 논항이동

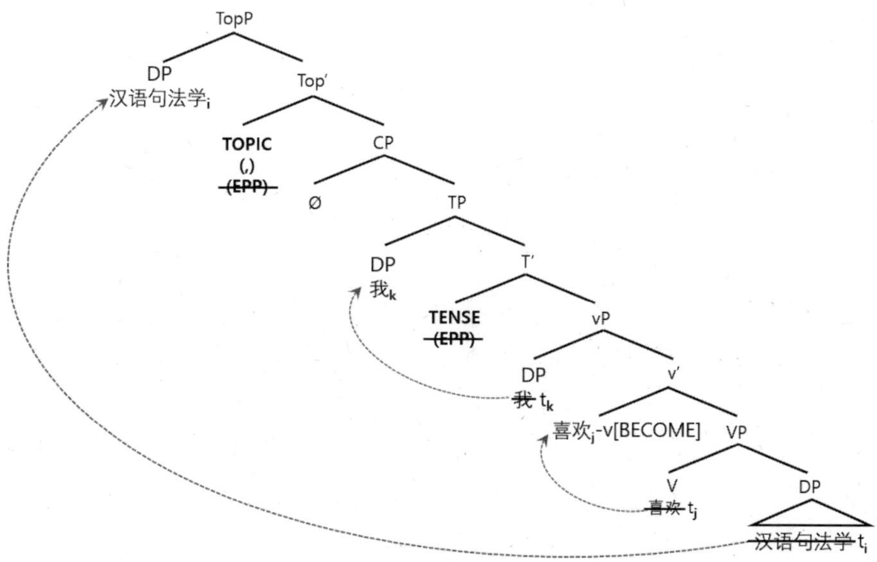

화제핵(TOPIC)은 강한 이동 동인 자질인 **확대투사자질**(EPP F)을 가진다. 이 자질을 점검하고 해석하기 위해 동사핵의 보충어 논항인 '汉语句法学'가 화제사구의 지정어 자리(TopP-Spec)로 이동한다. 중국어에서 보이는 이런 화제 논항은 역시 논항 자리인 '**지정어 자리로만 이동한다**'는 것을 보여준다.

2.4. 병합과 표찰달기

병합은 일정한 원리에 따라 더 크고 안전한 구를 만들어 의사전달을 수행하고자 함에 있다. 그렇기에 병합을 통해 실로 다양한 구조체(/구성소)가 만들어진다. 이 구조체들에게 이름을 붙이는 것이 바로 표찰달기이다.

모든 사람이나 사물에는 그 속성과 존재를 나타내는 이름이 있듯, 모든 구(Phrase)에도 각각 그에 걸맞은 이름이 필요하다. '표찰달기'란 이처럼 각종 구성소에 대해 '이름표기'를 하는 것이다. 다음 표찰달기의 두 예를 보자.

(57) '吃饭'의 표찰달기

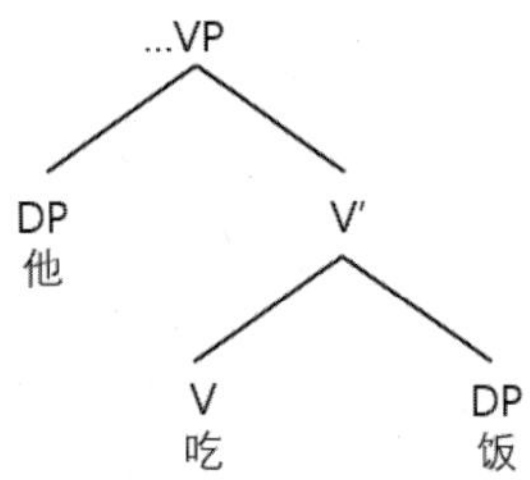

= $[_{VP}$ 他 $[_{V'}$ $[_{V}$ 吃$]$ $_{DP}$ 饭$]]]$

위 그림에서 좌측을 '**수형도**(Diagram)', 우측을 '**표찰붙은 괄호**(Labeled bracketing)'라 하며 서로 등가이다. 수형도의 각 절점에 표기된 것이 표찰(/명찰)이다. 우측의 대괄호의 앞에 붙은 것 역시 표찰이다. 그렇다면 표찰달기의 원리는 무엇인가?

2.4.1. 표찰달기의 원리

먼저 **핵 표시의 원리**(Headedness Principle)를 따른다.

(58) 모든 구성소(constituent)는 핵이 있어야 한다. 이때 핵은 병합하는 두 성분 중의 한 성분이다.

여기서 볼 때, 언어구조에 있어 핵 이름 표시는 반드시 필요한 것이고, 병합되는 둘 중의 하나가 대표가 된다. 이때, 병합에 있어 **병합의 원인이 되는 측**(먼저 만나자고 한 측, 즉 무엇인가 아쉬운 측, 당기는 측)이 핵이요 대표가 된다. 예를 보자.

(59) 핵의 보충어 선택

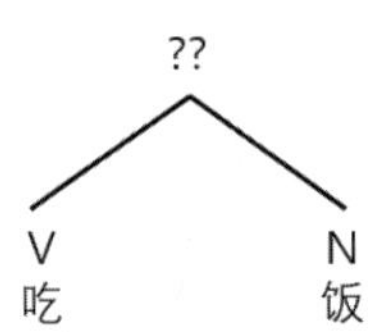

수형도 (59)는 동사 '吃'와 명사 '饭'가 병합되었음을 말해주는데, 과연 누가 핵인가? 핵 설정은 반드시 필요한 것이고, 병합되는 둘 중의 하나가 대표가 된다. 그렇다

면, 이 병합에 있어 먼저 만나자고 한 것, 즉 무엇인가 아쉬운 쪽이 누구인가의 문제이다. 동사 '吃'를 생각해 보자. '먹다'라는 의미야 있지만 독립적으로 존재할 때, 아쉬움이 있다. '무엇을' 먹었는지, '누가' 먹었는지 등을 모르면 매우 답답하다. 그래서 동사 '吃'는 구체적인 상황 속에서 이런 명사들을 당겨 병합하려고 하는 속성이 있다. 말하자면 동사 '吃'는 채워지지 않은 두 공간이 있는 단어이다. 그래서 우리는 위의 병합에 있어 동사 '吃'를 핵(Head)이라 하고, 명사 '饭'을 보충어(Complement)라고 하며 다음과 같이 표찰달기를 한다.

(60) 핵 설정과 표찰달기

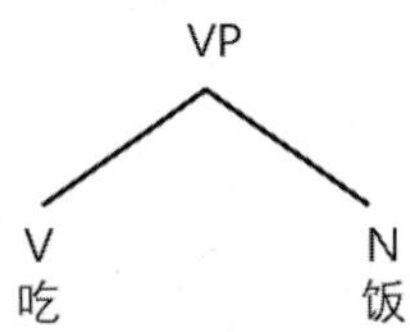

위는 핵 이름 표시의 원리에 입각한 표찰달기이다. 동사 '吃'와 명사 '饭'의 병합체에 대해 '동사를 핵으로 하는 구'라는 점에서 '동사구(VP, Verb Phrase)'라고 표찰달기를 한다. 이는 **모든 핵과 보충어 간 병합에 적용되는 원리**이다.

2.4.2. 표찰달기의 의미

핵 이름 표시의 원리를 통해 강조되듯, 언어구조에 있어 표찰달기는 반드시 필요한 것이다. 그렇다면 이 표찰달기는 인간의 사유(思惟)와 어떤 관계를 가지는가? 인간이 자신들이 인지와 사유의 표현물인 언어 구조체에 표찰달기를 하는 능력이 있다는 것은 무슨 의미인가? 그것은 바로 인간이 언어 능력을 타고난다는 의미이다. 즉, **한 개인에게 있어서는 선천적으로 언어체계를 장악하는 능력이 있다는 것**이며, **인간과 인간 사이에는 피차의 사유체계를 이해한다는 것**이다.

우리가 어떤 대상에 대해 표찰달기를 할 수 있다는 것은 그 존재를 존재답게 한다. 김춘수 시인의 싯구처럼 '꽃이라고, 그의 이름을 불러주었을 때 그는 나에게로 와서 꽃이 되었'듯이 말이다. 만약 구성소(constituent)에 대해 이름표를 붙이지 못하면 어떤 일이 일어날까? 구조에 대해 이름표를 붙이지 못한다는 말은 계층구조에 대해 이해하지 못한다는 말과 같다. 이는 실제적으로 계층적인 수형도를 그릴 수 없음을 말한다. 즉 자신의 언어에 대해 계층적으로 이해할 수 없다는 말이다. 언어의 계층적 순환구조를 이해할 수 없고, 또 만들 수도 없다는 말이겠다. 그렇다면, 인간은 언어를 통해 고차원적인 논리적 사유를 할 수 없게 될 것이다.

결국, 인간에게 부여된 위대한 언어능력은 인간이 자신들이 병합시켜 만들어가는 언어 구조체에 '표찰달기'를 할 능력이 있다는 것이다.

3. 구 구조의 계층성과 순환성

인간 언어의 구 구조는 계층성과 순환성이 있어 빠르게, 그리고 경제적으로 도출하고 이해할 수 있게 된다. 구 구성성분의 배열과 그 계층성 및 순환적 연산 등에 대해 알아보자.

3.1. 구 구조의 계층성

3.1.1. 계층성의 이해

구의 구조는 선형적(linear)인 것이 아니라 계층적(hierarchical)인 것임은 아무리 강조해도 지나치지 않다. 구는 통사적으로 층위를 가지기 때문이다.[22] Rizzi(1997)는

---

22 통사적 층위는 음운과도 관련이 깊다. 다음 구를 발음할 때, 성조 변화의 기제로서 구의 층차성을 생각해보자.

小李买老酒。

3 3 3 3 3

이에 대해 선형적(linear)으로 이해하여 '2 2 2 2 3'으로 발음하면 곤란하다. 즉, 이 구 구조의 계층성(hierarchical)을 고려하여 다음과 같이 발음하는 것이 적절하다.

통사 층위에 대해 "보문사층(补词层) - 굴절층(曲折层) - 어휘층(词汇层)"의 삼분법을 제기한 바가 있다. 蔡维天(2015 : 257)은 중국어 양태사로서 조동사의 분포를 계층에 따라 세 구역으로 나누었는데, 이는 Rizzi(1997)의 삼분법과 일맥상통한다. 다음 수형도를 보자

(61) 통사계층의 분류와 양태사의 분포관계

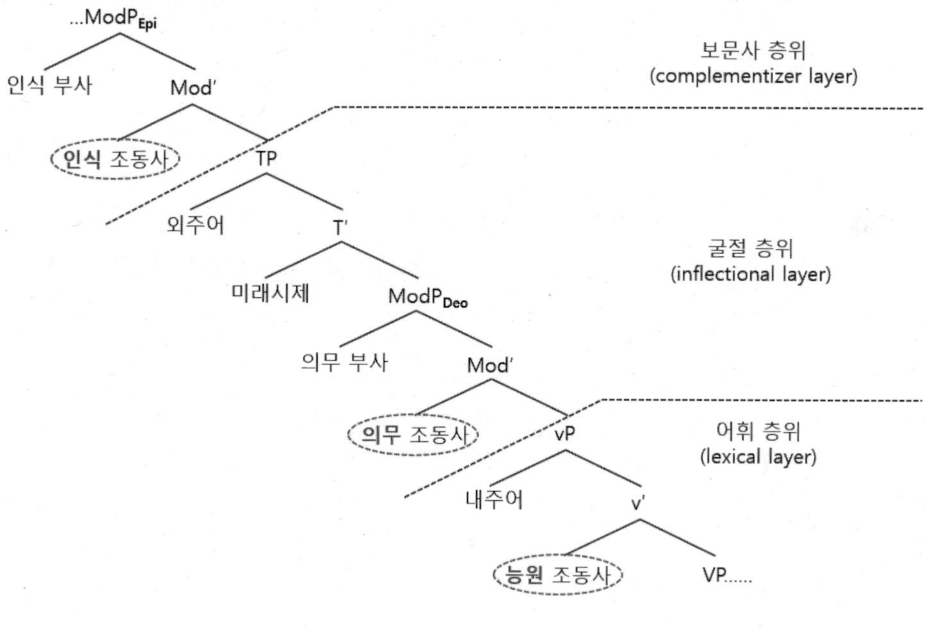

蔡维天(2010:216)에 따르면 중국어에서 양태를 나타내는 조동사는 계층적으로 배열된다. 어휘 층위에서 출현하면 **능원조동사**로서의 기능을, 굴절 층위에 있으면 **의무**(deontic) **조동사**로서의 기능을, 보문사 층위에 있으면 **지식**(epistemic) **조동사**의 기능을 보인다. 다음 예를 보자.

[老李] [买[老酒]]
[[3 3] [3 [3 3]]]
[[2 3] [3 2 3]]
[2 2 3 2 3]

(62) a. 吾少也贱, 故多**能**鄙事。『论语 · 子罕 2』[表能力的动词]
나는 젊었을 때 빈천했었기 때문에 (지금은) 천한 일도 잘 할 수 있다.
b. 小李很**能**吃辣。 [表能力的助动词]
샤오리는 매운 것을 잘 먹는다.
c. 小李下个月就**能**出狱了。 [表允准的助动词]
샤오리는 다음 달에 출옥한다.
d. 小李脚刚好, 明天**能**上山。 [表能够的助动词]
샤오리의 다리는 낳아졌으니 내일은 산에 오를 수 있을 것이다.
e. 台风刚走, 明天**能**上山了。 [表可能的助动词]
태풍이 막 지나갔으니 내일은 산에 오를 수 있을 것이다.

이는 양태사로서 조동사 '能'의 계층에 따른 용법이다. a는 동사로서의 용법이고, 이하 조동사로 쓰이는 경우도 약간씩의 차이를 보인다. b는 모종의 '능력'을 나타내며, c는 '허가'의 의미를, d는 '충분함'을, e는 '가능성' 등을 각각 표시한다. 그렇다면, a는 어휘 층위에, b-c는 굴절 층위에, d-e는 보문사 층위에 놓일 가능성이 크다.

3.1.2. 관할

언어의 통사구조는 철저하게 계층성을 가지며 구조화된다. 통사 계층의 '상하' 관계를 나타내는 '**관할**(domination, 支配)'에 대해 알아보자. 구의 도출을 수형도로 표현할 때의 가장 큰 장점은 통사 계층의 '상하'관계를 시각적으로 표시할 수 있다는 점이다. 여기서 계층 간의 상하관계를 표시하는 것 중의 하나가 바로 '관할' 개념이다. 먼저 다음 그림을 보자.

(63) 관할 표시도

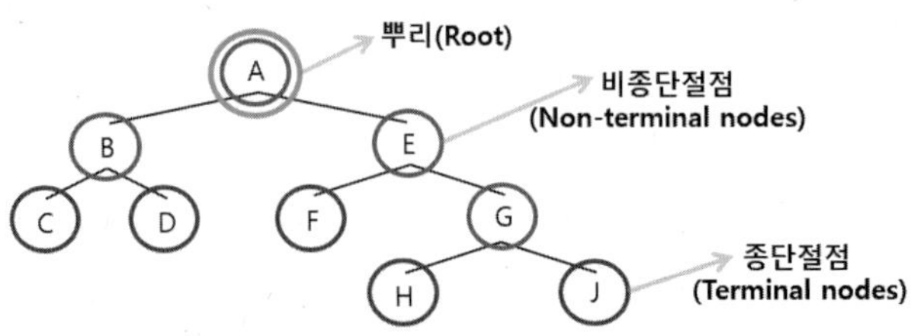

위 그림에서 영어 알파벳은 통사구조의 각 성분을 표시하며, 성분 A-H 등은 모두 각각의 **절점**(node, 节点)이다. 시각적인 느낌만으로도 우리는 A가 가장 높은 위치에 있고, H와 J는 가장 낮으며, G는 H와 J보다 높다는 것을 알 수 있다. 한편, 'C, D, F, H, J'는 더 이상의 분지절점이 없다. 이를 **종단절점**이라 한다. 따라서 종단절점은 음성, 의미, 문법자질들의 집합체인 단어의 배열 위치이다. 반면 분지절점이 있는 'B, E, G'를 **비종단절점**이라 한다.

'관할'은 절점과 절점 간 **수직관계**를 나타낸다. 각 절점과 절점 간에 선으로 연결되어 있는데 선의 상위에 있는 절점과 선의 하위에 있는 절점들 간에는 '**관할관계**'가 있다. 즉 상위의 절점이 하위의 절점을 관할한다. 간단한 수형도를 통해 보자.

(64) 구 성분의 관할 표시도

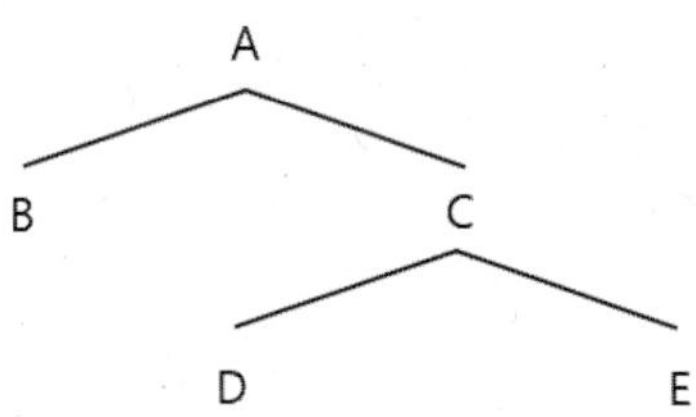

위 수형도에서 A는 선의 가장 상위에 위치하며, B와 C는 각각 절점이 A와 연결되어 있으므로, A는 B와 C를 관할한다. 마찬가지로, D와 E는 각각 C와 연결되어 있으며, C의 하위에 위치하므로, C는 D와 E를 관할한다. 결국 A는 최종적으로 자신의 하위에 있는 모든 절점들에 대해 관할한다. 관할관계는 **지배성**(transitivity, 支配性)이 있으며 이론상 계속적으로 확대될 수 있다.

3.1.3. 성분통어와 결속이론

1) 성분통어의 이해

구의 계층성을 나타내는 또 하나의 주요한 개념이 바로 **성분통어**(Constituent command; C-command, 统领)[23]이다. 성분통어는 모종의 구조체에 대해 계층상의 '상하' 관계를 파악하는 가장 중요한 개념이다. 다음 정의를 보자.

(65) 어떤 성분 X 위의 첫 번째 분지절점이 또 다른 어떤 성분 Y를 관할하고, X와 Y가 서로를 관할하지 않으면, X는 Y 및 그 하위 절점에 위치하는 모든 성분들을 성분통어 한다.

위의 정의에 따르면, 어떤 구성소 A는 그와 자매(sister) 관계[24]를 가지거나, 그 자매 관계의 구성소가 포함(contain)하는 성분에 대해 성분통어한다.

이제 각 구성소 간의 성분통어 관계에 대해 알아보자. 다음 수형도를 보자.

(66) 성분통어 관계의 확인

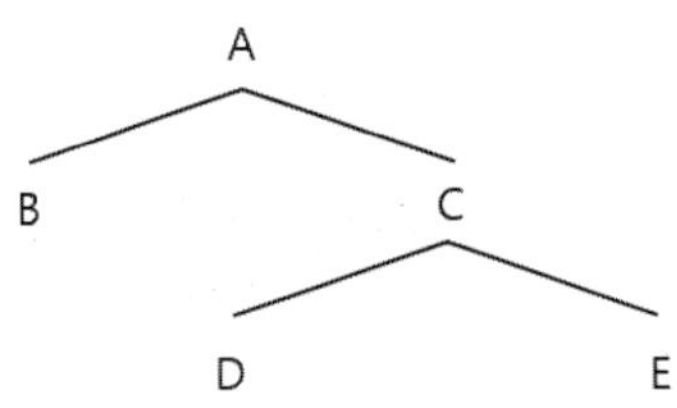

성분 B를 예로 들면, B의 첫 번째 상위 절점은 A이다. A의 하위에는 두 개의 **분지절점(branching, 分叉)**인 B와 C가 있다. 이때 B와 C 사이는 수평적 자매(sister) 관계이므로 서로 관할하지 않는다. 따라서 (65)의 정의에 따라 B는 C, D, E 이 세 절점을 모두 성분통어한다. 다시 B와 C가 성분통어 관계인지의 여부를 확인해 보자. 먼저 B 성분에서 출발하여 그것의 선을 따라 위로 올라가고 첫 번째 분지 절점에서 멈추어 방향을 바꾼 다음, 그 분지 절점에서 하행선을 타고 내려와서 C까지 내려갈 수 있는지를 살펴본다. 만약 이것이 가능하다면[25] B는 C와 C가 관할하는 모든 절점에 대해 성분통어 관계를 가진다.

---

23 학자에 따라 **'성분지휘'**라는 용어를 쓰기도 한다(김용하 외 2018).

24 자매관계란 피차 수평적인 위치에 있으며, A와 B가 자매관계를 가지면, A와 B는 서로가 서로를 성분통어하는 관계이다. 이를 **'상호성분통어(Mutual C-command)'**라고 한다. 여기서 'C-Command'는 구성소 사이의 성분통어(constituent command)인데, 혹자는 자매관계 성분간의 성분통어이므로 'C'의 발음에 견주어 'sister command'라고 부르기도 한다.

25 이때 B와 C 사이는 피차 서로 성분통어하는 관계이다.

다음 수형도(67)-(70)을 통해 성분통어의 개념을 확실히 하자.

(67) 성분통어 관계 확인 절차(1)

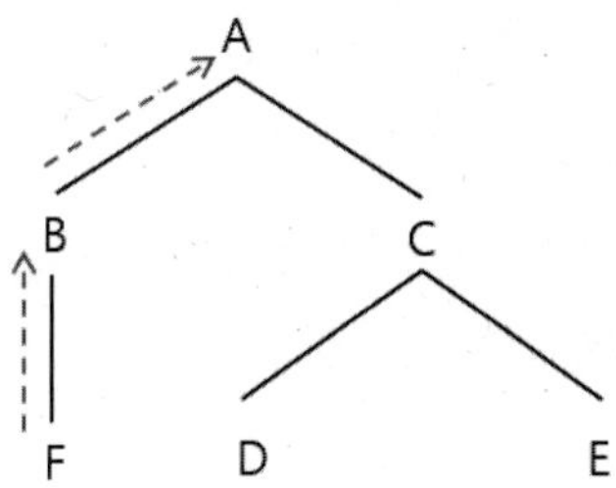

얼핏 보기에 가장 하위에 있는 것 같아 보이는 F와 E 간의 성분통어 관계를 규정해보자. 위에서 말한 어떤 성분이 첫 번째 분지 절점에서 방향을 바꾸는 방법을 사용해보자. 먼저 F에서 출발하여 첫 번째 상위 분지 절점을 찾는다. 여기서 상위 절점 B는 분지 절점이 아니므로 한 층위 더 올라가서 분지 절점을 찾아야 한다. 즉, F의 첫 번째 분지 절점은 A이므로 여기서 멈춘다. 또, 다음 수형도를 보자.

(68) 성분통어 관계 확인 절차(2)

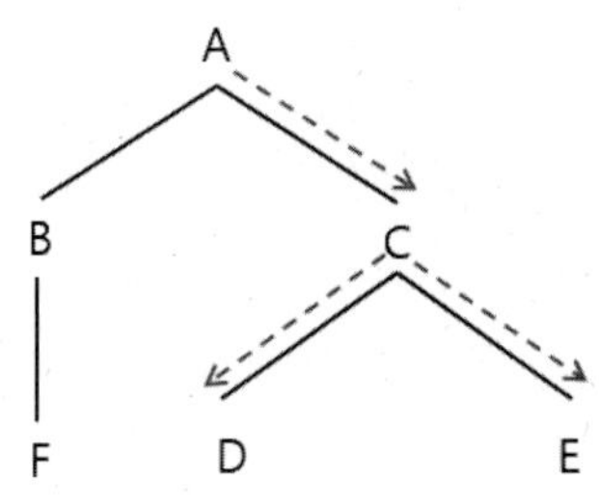

F는 A라는 첫 번째 분지절점을 찾았으므로, 여기서 방향을 바꾸어 내려온다. 하강하는 중에 이때 C라는 절점에 도달하게 되며, C는 D와 E를 관할한다. 따라서 F는 C를 포함하여 그것이 관할하는 이하의 모든 절점, 즉 C, D, E에 대해 성분통어 관계를 가진다.

그렇다면, F의 반대쪽에 위치하는 E도 역시 F를 성분통어할 수 있는가? 그것은 불가하다. 다시 위와 같은 절차에 따라 성분통어 관계를 검사해보자.

(69) 성분통어 관계 확인 절차(3)

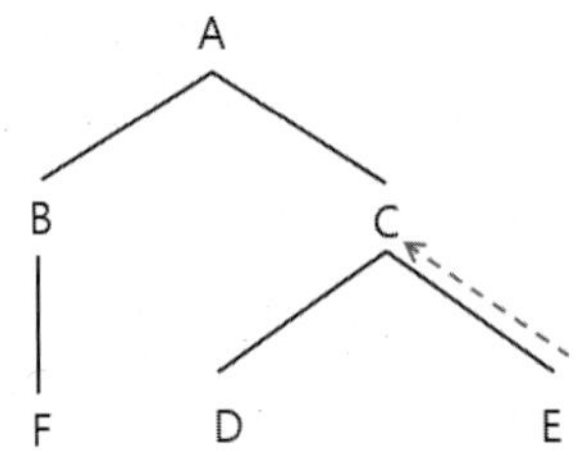

먼저 E에서 출발하여 첫 번째 상위 절점을 찾는다. C는 E의 첫 번째 분지절점이므로 멈춘다. 다시 다음 수형도를 보자.

(70) 성분통어 관계 확인 절차(4)

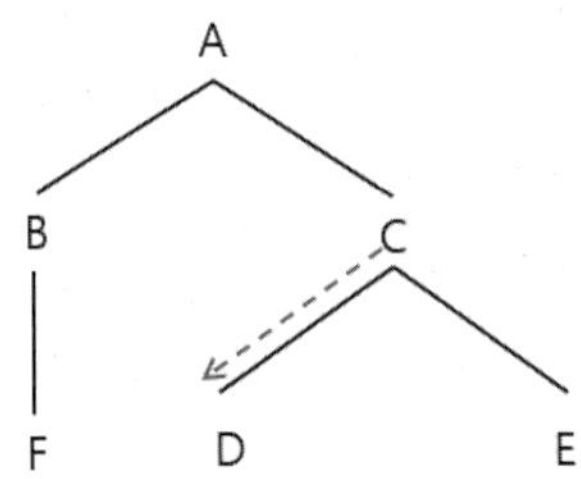

E의 상위에 있는 첫 번째 분지 절점 C에서 방향을 바꾸어 내려오면, 절점 D에 도착하고 더 이상 관할하는 구성소가 없다. 따라서 E는 D만을 성분통어할 뿐이다. 다시 말해 E는 C이상의 계층으로 올라갈 수가 없게 됨으로 당연히 F에 도달할 방법이 없다. 결국, 통사계층상 두 성분 F와 E는 수형도상에서 같은 계층에 있는 것처럼 보이지만, 실제적으로 F의 계층이 E보다 높다는 것을 알 수 있다. 이처럼 성분통어는 구 내부에 있는 두 성분 간의 구조적 계층 관계를 정확히 파악할 수 있게 해준다.

성분통어는 구조계층에서 성분 간의 '상하'관계를 파악하게 함으로써 관련된 문법 현상을 해석할 수 있게 한다. 다음 예를 보자.

(71) John shot a criminal on the wall.

이 문장은 부가어로 쓰인 전치사구 'on the wall'의 수식 범위 때문에 중의성이 발생한다. 그러나 그 차이를 발견하고 설명하기가 매우 어렵다. 여기에 성분통어의 개념을 적용하면 시각적으로 그 계층 관계를 파악할 수 있다. 다음 수형도를 보자.

(72) 'on the wall'이 'shot a criminal'을 성분통어하는 경우

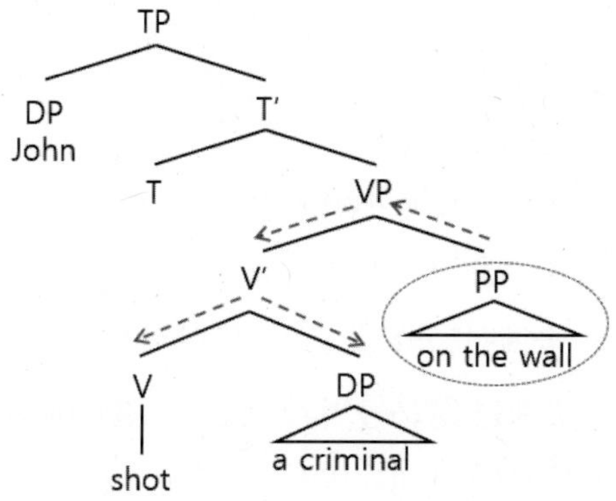

위 수형도에서 전치사구 'on the wall'은 동사구(VP) 'shot a criminal'을 성분통어한다. 따라서 John의 행위 shot과 그 대상 a criminal이 모두 'on the wall'의 성분통어를 받는다. 따라서 John의 행위는 벽에서 발생했으며, 행위의 대상인 범인도 벽에 있는 상황이다. 즉, '존은 벽에서 벽에 있는 범인을 쏘았다'라고 해석된다. 또, 다음 예를 보자.

(73) 'on the wall'이 'a criminal'을 성분통어하는 경우

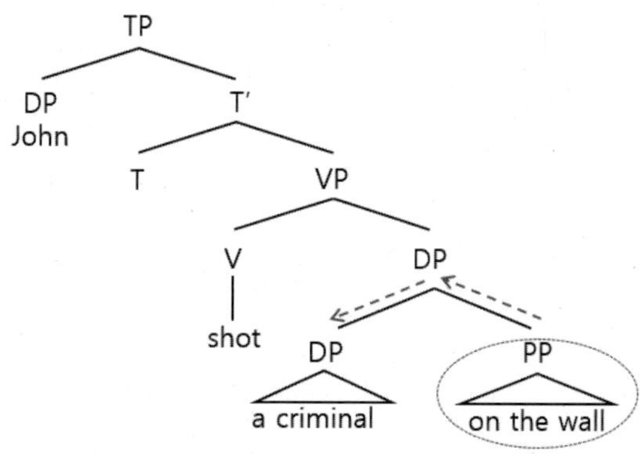

위 수형도는 전치사구 'on the wall'이 한정사구(DP) 'a criminal'만을 성분통어한다. 따라서 John의 행위 shot은 'on the wall'의 성분통어를 받지 않는다. 따라서 그의 동작은 벽이 아닌 곳에서 발생했으며, 범인만 벽에 있는 상황이다. 즉, '존은 (벽 이외의 곳에서) 벽에 있는 범인을 쏘았다'라고 해석된다.

이상에서 본 것처럼 (71)의 중의성은 매우 큰데도 이것을 증명하기란 쉽지 않다. 이때 수형도 (72)-(73)처럼 성분통어 관계를 사용하면 그 통사적 계층 차이에서 생기는 의미 차이를 시각적으로 명쾌하게 설명할 수 있다.

2) 성분통어와 결속이론(Binding Theory)

성분통어는 구 구조 속에서 구성소 간의 통사적 관계성을 확인하는 좋은 방법이다. 한 편 구성소 간의 관계는 성분통어와 더불어 '**결속**(Binding)'이라는 개념으로도 설명된다. 결속이란 선행사와 재귀대명사, 대명사, 고유명사 간의 관계에 대한 개념이다. 다시 말하자면, 결속이란 선행사가 재귀사를 **성분통어**(C-command) 해주고, 재귀사는 선행사와 **공지시관계**(co-index)가 있을 때를 말하는 개념이다. 이때 재귀사를 대용어(anaphor)라 한다.

결속이론(binding theory)에서는 세 가지의 결속조건을 제시하는데, 이에 대해 역시 성분통어 개념을 이용하여 이해하면 좋다.

(74) **결속조건 A : 재귀대명사 대용어(anaphor)**는 선행사에 의해 **문장 내에서 반드시 결속되어야 한다.**(An anaphor must be bound within its local domain.)

이 정의는 선행사가 문장 내에서 재귀내명사 '自己(자기, -self)'를 성분통어 해야 함을 의미한다. 즉, '결속조건' A는 대용어 중 재귀대명사를 위한 조건이다. 재귀대명사(-self)류는 지칭성이 매우 약하여 **같은 절**(local domain) **안에 반드시 공지시**(co-index)**되는 선행사(/결속어)를 필요로 한다**고 이해된다. 다음 예를 보자.

(75) a. [He$_i$ must feel proud of **himself$_i$**.]
b. *[John$_j$ think [that Marry likes **himself$_j$**.]]

(76) a. [$_{TP}$ 张三$_i$很欣赏他自己$_i$] 장싼$_i$은 **자기 자신**$_i$을 좋아한다.

b. *[$_{TP}$ 张三$_j$认为[$_{CP}$ [$_{TP}$ 李四很欣赏他**自己**$_j$]]]

(75)a의 'himself$_i$'의 경우와 마찬가지로, (76)a에서 대용어 '自己i'는 자신의 결속 영역내(하나의 문장 내)에서 결속어(binder) '张三i'를 찾을 수 있다. 따라서 정문이다. 그러나 (75)b의 'himself$_j$'와 마찬가지로, (76)b의 대용어 '自己$_j$'도 자신의 결속 영역(같은 절) 내에서 결속어를 찾을 수 없다. 즉, 절 밖에서 결속어 '张三$_j$'를 찾을 수밖에 없는데, 이렇게 되면 이 문장은 결속조건 A를 위반하므로 비문이 된다. 즉, 이 말은 선행사가 동일한 문장 내에서 '自己'를 성분통어 해야 함을 의미한다.

다시, 결속조건 A, 즉 재귀대명사의 결속조건을 만족시킬 것 같은 아래 예문이 성립하지 않음을 설명해 보자.

(77) a. * Supporters of **president**$_i$ may blame **himself**$_i$.

b. * **Supporters**$_j$ of president may blame **themselves**$_j$.

a는 'president'와 'himself'가 한 절 안에 있고, b는 'Supporters'와 'themselves'가 한 절 안에 있어 결속조건 A를 만족시키는 것처럼 보인다. 그러나 먼저 다음 수형도를 그려보자.

(78) 'Supporters of **president**$_i$ may blame **himself**$_i$.'의 도출도

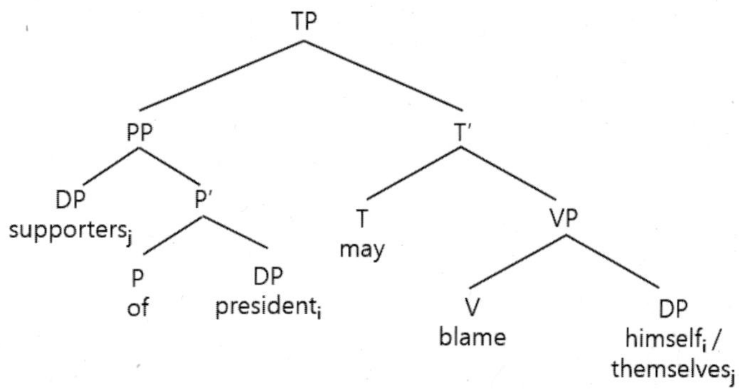

이 수형도에서 **결속조건을 만족시키는 성분통어 개념**을 적용해 보자. 먼저 예문 a

와 관련하여 'himself$_i$'는 의미적으로 'president$_i$'를 공지시해야 옳은 문장이다. 그러나, 수형도에서 보듯 'president$_i$'는 of만을 성분통어할 뿐, 대용어 'himself$_i$'를 성분통어하지 못한다. 따라서 비문이다. 또 b와 관련하여, 'supporters$_j$'와 공지시되게 하기 위해 'himself$_i$'를 'themselves$_j$'로 바꾼다 해도, 'supporters$_j$'는 'of president$_i$'만을 성분통어할 뿐, 이 재귀대명사 'themselves$_j$'를 성분통어할 방법이 없다. 따라서 역시 비문이다.

이어서 결속조건 B에 대해 알아보자.

(79) **결속조건 B : 대명사적 대용어(anaphor)는 선행사에 의해 문장 내에서 결속되지 않아야 한다.** (A non-anaphoric pronominal must be free within its local domain.)

이 '결속조건' B는 대용어가 대명사인 경우의 조건이다. 대명사적 표현은 아래 (80)-(81)의 b처럼 **국부영역(/로컬 도메인/같은 절) 밖에 있어야만 성립**한다. 다시 말해서 선행사(/결속어)는 절 밖에서 대명사 대용어를 성분통어해야 한다는 말이다. 다음 예를 보자.

(80) a. *[John$_i$ likes **him$_i$**.]
b. [John$_j$ think [that Marry likes **him$_j$**.]]

(81) a. *[$_{TP}$ 张三$_i$很欣赏**他$_i$**]。
b. [$_{TP}$ 张三$_j$认为[$_{CP}$ [$_{TP}$李四很欣赏**他$_j$**]]]。
장싼이$_j$는 리쓰가 **그$_j$**를 좋아한다고 여긴다.

(79)a와 (80)a에서 대용어 'him$_i$'이나 '他$_i$'는 자신의 결속 영역 내(하나의 문장 내)에서 결속어(binder)가 있으므로 비문이다. 반면 (79)-(80)b의 경우, 대용어 'him$_j$'과 '他$_j$'는 절 밖에서 결속어 'John$_j$'과 '张三$_j$'를 가진다. 따라서 합법적인 문장을 만든다.

이상 (75)-(76)과 (80)-(81)의 예를 통해 볼 때, 결속조건 A와 결속조건 B는 서로 상보적 분포(complementary distribution)[26]를 보인다. 즉 재귀대명사와 대명사는 같은

26 이는 대명사와 재귀대명사는 기능은 같으면서 나타나는 환경들이 다르므로 인해 생기는 변이

지시기능을 가지나, 문장 내에서 성분통어되고 결속될 때는 '재귀대명사'를 사용하고, 문장 밖에서 성분통어되고 결속될 때는 대명사를 사용한다는 것이다.

이제 결속조건 C를 보자.

(82) **결속조건 C** : 지시적 표현(R-expression)은 어떤 경우에도 결속되면 안 된다.
(An R-expression must be free within the overall structure containing it.)

이 '결속조건' C는 대용어가 고유명사인 경우의 조건이다. 여기서 **지시적 표현**이란 지시성이 강한 **고유명사**를 가리킨다. 즉, '철수', '존', '张三'과 같은 지시적 표현들은 대상에 대한 지시성이 가장 세다. 따라서 **어떤 경우라도 선행사와 결속되어서는 안 된다**는 것을 말한다. 다시 말해서 선행사(/결속어)는 절 안이든 절 밖이든 고유명사 대용어를 성분통어하면 안 된다. 다음 예를 보자.

(83) a. *[He$_i$ likes **John$_i$**.]
b. *[He$_j$ think [that Marry likes **John$_j$**.]]

(84) a. *[$_{TP}$ 他$_i$很欣赏张三$_i$]。
b. *[$_{TP}$ 他$_j$认为[$_{CP}$ [$_{TP}$ 李四很欣賞张三$_j$]]]。

고유명사에 의한 지시적인 표현인 'John'이나 '张三'은 a처럼 절 안이든, b처럼 절 밖이든 모두 선행사에 의해 성분통어되지 않는다. 이는 고유명사가 지시성이 강하여 다른 대명사에 의해 결속되지 않는 것이라 하겠다.

3.1.4. 제도이론

'**제도이론**(Cartographic approach, **制图理论**)'[27]은 명칭처럼 가능한 상세하고 세

형태소(allo-morpheme)라는 것을 의미한다. 즉, 같은 절 내에서 선행사가 있으면 재귀대명사를 사용하고, 선행사가 절 밖에 있으면 대명사로써 공지시 해야 한다는 말이다. 이는 결국 재귀대명사와 대명사는 상보적 분포관계에 있음을 의미한다.

27 **제도이론**은 1990년대 말에 이탈리아에서 개최된 일련의 관련 세미나에서 제기되었는데, 생성문법학자인 Rizzi와 Cinque 등이 대표적인 학자로 꼽힌다. 이러한 분석을 통해 학자들은 여러

심하게 통사구조를 위해 지도를 그리는 이론이다(Rizzi 2004). 이 이론은 TP(/IP/FinP) **와 CP 사이**를 세분하여 층차화시켜 표시한다. 이를 통해 이 기능범주에 무엇이 있는지, 또한 어떤 계층적 순서에 따라 확대가 전개되는지를 살펴보고 한다. 제도이론은 마치 지도에서 사용하는 등고선처럼 수형도를 제도화하여 기능범주의 위치를 세분하여 확정하는데, 이를 통해 통사 연구의 심화에 기여한다.

Pollock(1989)은 굴절범주(Inflectional category) 'I'를 시제 'T'와 일치 'Agr' 등의 범주로 분리한 바 있다. 이어서 **Rizzi(1997)는 CP-분리가설(the split CP Hypothesis)** 을 세워 **보문사 범주** 'C'**를 어기(Force), 초점(Foc), 화제(Top), 정형절(FinP) 등의 기능범주로 분리**한다. 여기서 최상위 구는 문장의 유형을 표지하는 핵 Force(발화 수반력)에 의해 이루어지며, 최하위 구는 문장의 정형성과 비정형성을 표지하는 정형사(Finiteness : 실제적으로 시제사) 핵에 의해 이루어진다. 이 사이, 즉 Rizzi(1997:298-299)에 의해 제시된 '**좌연구조(Left Periphery)**'에는 복수의 화제사구(TopP)와 초점구(FocP)가 출현할 수 있다.[28] 좌연구조를 나타내는 다음 수형도를 보자

(85) 제도이론의 좌연구조

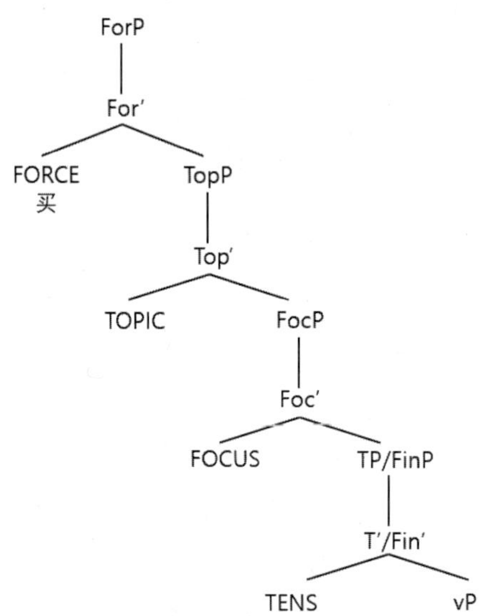

언어 간의 보편성(universality)과 개별성(individuality)을 해석하여, 언어에 내재하는 규칙을 밝히는 데 매진한다. 傅玉(2011:196-197) 참고.

28 何元建(2018:392) 재인용 및 참고.

수형도에서 보듯, 좌연구조란 시제사구(TP/IP/FinP) 이상의 구조체, 즉 보문사구(CP)에 해당하는 구조체를 가리킨다.[29]

결국, 제도이론은 좌연구조에 해당하는 CP를 세분화하여 초첨사구(FocP), 화제사구(TopP), 어기사구(ForP)등으로 나누어 통사현상을 계층화시켜 자세히 살펴보자는 생각에서 출발한다 하겠다.[30]

3.2. 구 구조의 순환성

인간의 언어와 동물의 언어가 보이는 차이는 무엇일까? 언어학적으로 볼 때 본질적인 차이는 구 구조의 '**순환성(Recursion, 递归性)의 유무**'에 있다고 하겠다.

언어의 순환성 문제는 기호 시스템이라는 관점에서 출발한다. 인간과 동물은 자신들의 사회 내부 소식을 교환하거나 교류할 수 있다. 이때 **동물이 사용하는 매개체는** '**신호(signals)**'이지만, **인간이 주로 사용하는 것은** '**기호(symbols)**'이다. 이런 점에서 '**인간은 기호를 사용하는 유일무이한 종(symbolic species)**'라고 말해지기도 한다. 그렇다면 동물이 주로 사용하는 교류 시스템인 '신호'와 인간이 주로 사용하는 교류 시스템인 '기호'의 차이는 무엇인가? 먼저 그 수량에서의 엄청난 차이를 보인다. 동물의 '신호'는 조합을 통해 확장되는 인간 언어의 '기호'에 비해 제한적이다. 또, 매개체에서도 차이를 보인다. 어떤 동물은 몸짓을 사용하여 나타내고, 어떤 동물은 냄새를 사용하기도 하며, 혹은 초음파를 사용하기도 한다. 한편, 어떤 동물들은 인간과 같이 음성을 사용하지만 역시 본질적으로 차이가 있다. 그것은 인간이 사용하는 '기호'는 동물의 경우와 달리 순환성이 있다는 점이다. 인간 언어에 보이는 순환성에 대해 알아보자.

---

29 '시제사구(TP/IP/FinP)'로 말한 것은 이들이 모두 시제사를 핵으로 한다는 것에 의거한다. 영어에서 시제사(T)는 대표적 **굴절소(Inflectional)**이며, 정형절(定型節)과 비정형절을 만드는 요소이다. 여기서 Fin(finite)은 정형사 핵을, FinP는 정형구를 의미한다. 정형절(finite clause)라는 용어는 I/we/she/they와 같은 주격 주어를 가질 수 있는 경우의 절을 가리킨다. 영어에서 대격(/목적격) 또는 영격(PRO) 주어를 가진 동사나 절은 비정형절이다. 예를 들어 "You should try [PRO to help]"처럼, 부정사(infinitive) 형태나 분사(participle) 형태는 모두 비정형절에 속한다.

30 이에 대한 자세한 내용은 본서 제6장의 9, 10에서 다룬다.

3.2.1. 구절 구조 규칙의 순환

문장에서 절(clause) 구조가 순환되는 양상을 보기 위해 다음과 같은 **구(절) 구조규칙**(phrase structure rules)[31]을 보자.

(86) 구절 구조 규칙 속의 순환성
(i) S → NP + VP+(S)
(ii) VP → V + NP(/S)
(iii) NP → Det +N

위의 규칙에서 화살표는 왼쪽의 부호를 오른쪽의 기호로 바꾸어 다시 쓰라는 지령(instruction)이다. 따라서 (i)에서 S(문장)는 NP(명사구)와 VP(동사구)로 다시 쓴다(/출력된다). 여기서 괄호 **속의 'S'는 반복적으로 나타날 수 있는 내포절을 설명**하기 위한 것이다. (ii)에서도 마찬가지로 VP는 V와 NP로 출력된다. 여기서도 NP 대신 절 목적어(S)가 올 수 있다. (iii)의 NP도 Det(한정사)와 N(명사)로 다시 쓴다. 특히 이상 (i)과 (ii)의 다시쓰기(/출력)에서 공통적으로 나타날 수 있는 S는 다시 입력되어 'NP + VP+(S)'나, 'V + NP(/S)'를 계층적으로, 반복적으로 출력할 수 있다. 따라서 이론적으로 내포절 구조는 끊임없이 순환될 수 있다. 위의 소위 '**다시쓰기 규칙**(rewriting rules)'은 인간 언어의 순환성을 나타낼 수는 있지만 다소 추상적이다. 이어서 자연언어를 통해 통사적 순환성의 구체적인 예를 보자.

3.2.2. 절의 순환

절의 순환, 특히 목적어 종속절이나 관형어 종속절은 **계층적 순환**을 통해 이론상 무한히 확장될 수 있다. 다음 예를 보자.

---

31 이 규칙은 원래 생성문법 초기에 문장 내 언어 요소 간의 통사적 관계를 설명하고, 적수의 규칙으로 많은 문장을 생성해낸다는 것을 밝히기 위해 고안되었다. 그러나 최소주의 시기에는 그 용어나 개념이 많이 바뀌었다. 여기서는 단지 내포문의 '절' 구조가 순환적으로 계속됨을 보이고자 하여 인용한다. George Yule, 노진서 · 고현아역(2009: 100-101) 참조.

(87) a. 老张觉得**[小李不喜欢苹果]**。
장씨는 [이군이 사과를 좋아하지 않는다고] 생각한다.
b. 老张觉得**[小赵以为[小李不喜欢苹果]]**。
장씨는 [[이군이 사과를 좋아하지 않는다고] 조군이 여긴다고] 생각한다.
c. 老张觉得**[小王知道[小赵以为[小李不喜欢苹果]]]**。
장씨는 [[[이군이 사과를 좋아하지 않는다고] 조군이 여긴다고] 왕군이 안다고] 생각한다.
d. 老张觉得**[小郑理解[小王知道[小赵以为[小李不喜欢苹果]]]]**。
장씨는 [[[[이군이 사과를 좋아하지 않는다고] 조군이 여긴다고] 왕군이 안다고] 정군이 이해한다고] 생각한다.[32]

위의 예에서 보듯, 목적어 절의 숫자가 계속 늘어난다. a는 1개, b는 2개, c는 3개, d는 4개이다. 이 구조의 도출에 대한 다음 수형도를 보자.

(88) '老张觉得**[小郑理解[小王知道[小赵以为[小李不喜欢苹果]]]]**'의 도출 수형도

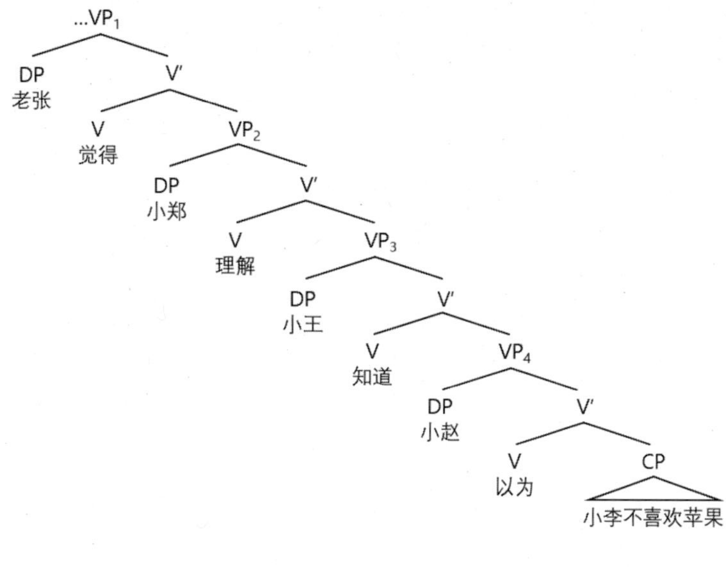

32 한국어의 목적어 내포절은 내포하는 순서 표시(꺾쇠)가 중국어와 다르지만 목적어절의 확장과 수식양상은 똑같다. 한편, 한국어에서 '**-다고**'는 절(clause)을 당겨 진술의 의미를 부여하는 보문사(C)에 해당한다. 해당 중국어 예문은 宁春岩(2011:34)을 참고하여 수정한 것이다.

위 수형도에서 보듯, 4개의 동사핵(V)에 의해 절 보충어들이 계층적으로 병합된다. 가장 먼저 그리고 가장 아래에서 절(CP)인 [小李不喜欢苹果]는 '以为'의 보충어로 병합된다. 계속하여 [小赵以为[小李不喜欢苹果]]는 '知道'의 보충어로, 다시 [小王知道[小赵以为[小李不喜欢苹果]]]는 '理解'의 보충어로, 다시 [小郑理解[小王知道[小赵以为[小李不喜欢苹果]]]]는 가장 상위에 있는 최후 동사 '觉得'의 보충어로 각각 병합된다. 이처럼 목적어 종속절은 **동일한 구조**(VP)**를 계층적**(VP_{1-4})**으로 '순환'**시킴으로써 이론상 무한히 확장된다.

인간 언어의 문장구조가 무한하게 확장이 가능한 이유는 무엇인가? 인간은 동일한 통사구조를 계층적으로 계속 순환시킬 수 있는 능력이 있기 때문이다.

그러나 다음과 같은 예는 엄밀한 의미에서 순환성이 있는 것이 아니다.

(89) 商店里出售香水, 袜子, 鳄鱼牌皮鞋, 中华铅笔, 牛奶, 苹果, 自行车, ……。
상점에서는 향수, 양말, 악어표 가죽, 중화 연필, 우유, 사과, 자전거…… 등을 판다.

(90) 他起床后, 睁开眼睛, 穿衣服, 穿袜子, 穿鞋, 去卫生间, 刷牙, 洗脸, 刮胡子, 回厨房, 生火, 炒鸡蛋, 泡茶, ……
그는 침대에서 일어나 눈을 뜨고, 옷을 입고, 양말을 신고, 신을 신고, 화장실로 가서, 양치질을 하고, 세수를 하고, 수염을 깎고, 주방으로 돌아와, 불을 붙이고, 계란을 부치고, 차를 끓이고, ……

(89)의 문장이 길어진 것은 단일 성분(명사)을 병렬적으로 많이 나열했기 때문이다. (90)도 마찬가지이다. 단일구조(술목구조 성분)를 병렬적으로 많이 나열했을 뿐이다. 지능이 비교적 높은 동물도 이와 유사한 구조를 만들지도 모른다.[33] 물론 인간의 언어도 이러한 구조화를 포함한다. 그러나 인간의 언어는 이외에 위에서 살펴본 계층적 순환 구조체계를 사용한다는 것이 동물과 다른 본질적인 차이이다.

언어에서 문장의 구조는 무한하지만, 사람이 후천적 경험에서 귀로 들은 문장구조는 어느 정도 한정되어 있다. 그러나 일정한 연령대에 이른 어린이는 자기가 전혀 들

---

33 지능이 발달한 어떤 침팬지들은 수십 개의 단어를 나열할 줄 알고 뜻도 구분할 수 있다고 한다. 그러나 그들은 **통사적인 순환성**을 사용할 줄 모르기 때문에, **구**(Phrase)**를 계층적으로 확장**할 수 없다. 이점에서 인간과 동물의 언어는 본질적인 차이가 있다.

어본 적이 없는 문장구조를 구사할 수 있다. '자극-반응'이라는 행동주의 학습이론으로는 그가 어떻게 자극이 없었던 문장구조를(/에) 구사(/반응)할 수 있는지 설명하기 어렵다. 이처럼 사람들이 말 할 수 있거나 알아듣는 문장구조는 그가 이전에 들어본 적 있는 언어의 입력 양보다 훨씬 많고 다양하다. 이는 인간이 가지는 언어구조에 대한 '창조성' 때문이며, 이 언어적 창조성은 계층 구조적 '순환성'을 통해 표현된다.

제 5 장

명사성 구

1. 명사구(NP)
2. 양사구(ClP)
3. 수사구(NumP)
4. 한정사구(DP)

본서의 제3장 3.1-3.2에서 [+ N] 범주자질과 기능성 유무에 따라 품사에 대해 명사(N), 경명사(n), 구별사(Dw), 양사(Cl), 수사(Num), 한정사(D) 등으로 나눈 바 있다. 또, [+ N] 자질이 투사된 모든 구를 '명사성 구'라고 정의한 바 있다. 이제 명사구(NP)를 시작으로 '명사성 구'에 속하는 개별 구의 통사적 특성에 대해 알아보자. 이에 투사의 계층에 따라 명사구(NP), 양사구(ClP), 수사구(NumP), 한정사구(DP)의 순으로 각 구의 성질과 기능 등에 대해 살펴본다.[1]

1 중국어에서 경명사(n)와 구별사는 기능상 독립적인 구성소(Constituent)로 투사시켜 설명하기가 쉽지 않다. 즉, 구별사는 구별사구로 투사되기보다는 형태소적 특성을 보이며 명사구로 융합되는 현상이 있다. 한편, 경명사구는 구를 명사화하여 관형어 절을 만드는 기능이 있다. 이에 대해서는 제5장의 4.3 '한정사구(DP)'에서 다룬다.

1. 명사구(NP)

1.1. 명사 어휘범주

명사구(NP)를 정의해보자.

(1) a. 명사구(NP)는 어휘범주사에 속하는 **명사(N) 핵**이 **최대투사(Maximal Projection)**한 구이다.
b. 명사 핵은 천상천하 만물에 대한 이름을 표시한다.

어휘범주인 명사구는 명사성만 있을 뿐, 빈구석이 많다. 즉, **계량성, 수, 한정성 등이 개입되지 않은 구**이다. 따라서 통사부에서 운용되기에 부족한 구이다. 결국, 명사는 운용의 안정성을 위해 기회가 있을 때마다 양사, 수사, 한정사 등 **기능범주에 의해 확장되고자 한다**. 다음 수형도를 보자.

(2) '高中的老师'의 수형도

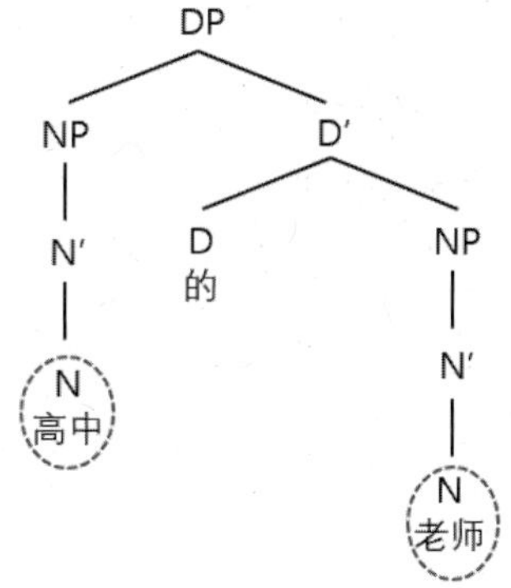

이 수형도는 한정사 핵(D) '的'가 명사구(NP) '老师'를 보충어로, 명사구(NP) '高中'을 지정어로 택하여 한정사구(DP)로 최대투사된 것이다. 여기서 한정사 핵 '的'에 병합되기 전 이들 명사구 '高中'과 '老师'는 한정성을 확정할 수가 없다. 즉 '老师'를 예로 보면, 어떤 선생님을 가리키는지, 청자가 인지하는 선생님인지 확정할 수 없다.

그저 매우 매우 추상적인 '선생님'이라는 의미일 뿐이다. 이처럼 명사구는 한정성에 관한 정보를 확정할 수 없는 구이다.

그러나 위 수형도에서 보듯, 한정사 핵(D) '的'에 의해 확장된 후의 명사구, 특히 '老师'는 지정어 위치에 있는 '高中'의 한정을 받는다. 이 구조에 들어오기 전의 그것과는 달라진 것이다. 또 한정사구로서의 '高中的老师'는 일정한 문맥이 주어진다면 한정성을 가질 수 있다. 결국, **어휘범주인 명사구**는 양사, 수사, 한정사 등 **기능범주의 확장을 받을 때** 주어, 목적어, 관형어 등의 문장성분으로 쓰일 수 있다.

1.2. 명사구의 서술성

명사구에서 흥미로운 내용 중의 하나는 명사구가 직접적으로 술어가 될 수 있는가에 대한 것이다. 사실 명사는 자질이 [- V]이고, 부사의 수식을 받을 수 없으므로, 직접적으로 술어가 될 수 없다는 것이 정설이다. 그러나 熊仲儒(2013:240-241)은 다음과 같은 예를 들어 명사구가 술어가 되는 구의 도출 과정을 설명한다.

(3) a. 她都大姑娘了。
그녀는 이미 다 큰 아가씨가 됐다.
b. *她都姑娘了。
c. 她都是大姑娘了。

(3)a의 문장은 성립하므로, 명사구 '大姑娘'은 술어이고, 또 부사(어) '都'의 수식을 받는다고 말할 수 있다. 그렇다면 그렇게 될 수 있는 까닭은 무엇일까? 다음 수형도를 보자.

(4) '她都大姑娘(了)'의 수형도

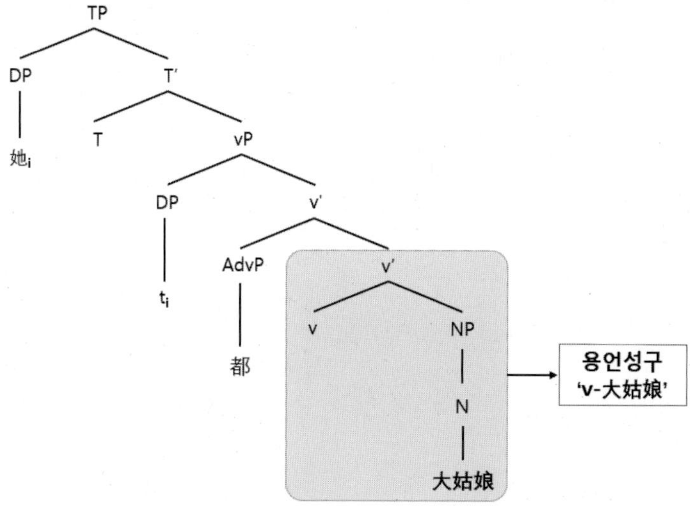

부사는 용언성 성분만 수식하며, 명사를 수식할 수 없다. 즉, (2)b는 성립하지 않는다. 그런데 '大姑娘'은 [+ N]과 [+ V]자질을 공유하는 형용사[2] '大'로 이루어진 복합명사가 됨으로써 동사성이 강화된 후 경동사 -v[BECOME]에 의해 기능 확장을 받는다. 즉, '大姑娘'이 일정한 통사적 조작을 거쳐 'v-大姑娘'의 구조체를 형성한 후에는 용언성구(vP)가 되어 부사의 수식을 받을 수 있게 된다는 것이다.[3] 설득력이 있는 견해이다.

한편, 본서는 (3)c의 경우를 통하여 동사 '是'가 발음되지 않는 경우를 상정한다. 특히 소위 명사술어문을 부정문으로 바꾸면 모두 **'是'가 살아나 발음된다**. 다음 예를 보자.

(5) a. 她北京人。 → a'. 他<u>不是</u>北京人。
그녀는 베이징 사람이다. 그녀는 베이징 사람이 아니다.
b. 她大姑娘了。 → b'. 她<u>不是</u>大姑娘。
그녀는 다 큰아가씨가 됐다. 그녀는 다 큰아가씨가 아니다.

그렇다면 (5)b'는 다음과 같은 수형도를 그릴 수 있다.

---

2 형용사의 범주자질에 대해서는 본서 제3장의 2.2.1을 참조하라.

3 여기서 상조사 '了'가 변화 결과를 표시하기 때문에 '大姑娘'이 술어가 되는데 일정한 역할을 한다고 볼 수도 있다. 우선은 명사구의 특성 차원에서 생각해보기로 하자.

(6) '她不是大姑娘'의 수형도

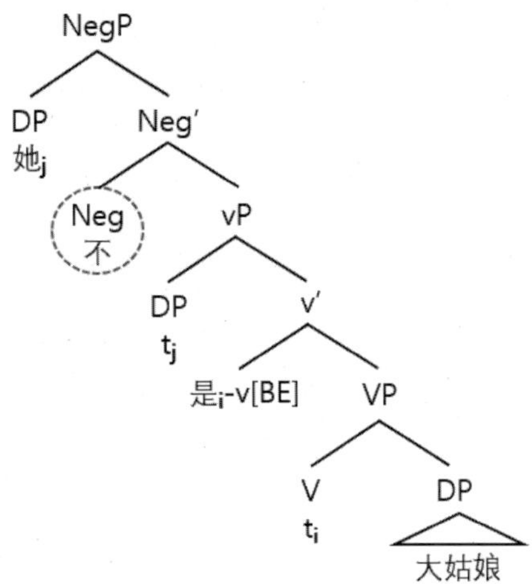

즉, (5)a-b가 부정문으로 바뀔 때는 동사 '是'가 삽입되어야 한다.

동사 '是'가 발음되지 않는 경우, 즉 **명사가 술어로 쓰이는 것으로 보이는 예**를 더 보자.

1) 대구를 사용하는 복합 명사구

다음 예를 보자.

(7) a. 这个人黄脸, (ES)黑眼睛。
이 사람은 노란 얼굴에, 검은 눈동자이다.
b. 她妹妹黑皮鞋, (ES)白衬衫。
그녀의 여동생은 검정색 구두를 신고, 흰색 셔츠를 입었다.
c. 这孩子圆圆的脸, (ES)大大的眼睛。
이 아이는 둥그런 얼굴에, 큰 눈망울이다.

이상의 예에서 뒷 문장을 생략하여 대구를 없애면 문장이 성립하지 않는다.

(8) a. *这个人黄脸。
b. *她妹妹黑皮鞋。
c. *这孩子圆圆的脸。

이를 통해 묘사적인 명사구를 대구적으로 배열하면, 해당 명사구의 술어성은 증폭된다.

2) 수량 명사구

일부의 **수량 명사구도 직접 술어로 충당**될 수 있다. 다음 예를 보자.

(9) a. 房顶上**一只喜鹊**。
지붕 위에 한 마리 까치가 있다.
b. 桌上**许多灰尘**。
탁자 위에 많은 먼지가 있다.

그러나 수량의미의 수식이 없으면, 구는 성립되지 않는다.

(10) a. *房顶上**喜鹊**。
b. *桌上**灰尘**。

이상의 내용을 통해 보듯, 명사구(NP) 자체로는 그 용도가 매우 제한적임을 알 수 있다. 즉, 명사구는 **기능범주에 의해 확장되어야 구체적인 문장에 자유롭게 쓰일 수 있다**. 즉, 명사구는 양과 수, 그리고 한정성에 의해 그 기능이 확장되어야 그 기능성이 성숙된다. 이에 대해 차례대로 살펴보자.

2. 양사구(ClP)

2.1. 계량 기능범주

양사구(ClP)를 정의해보자.

(11) a. 양사구(ClP)는 기능범주사인 양사(Cl) 핵이 명사구(NP)를 보충어로 병합하여 최대투사된 구이다.

b. 양사 핵은 명사구에 대해 계량적 지시성을 추가한다.

중국어에서 양사는 명사구에 지시성과 계량성을 부가하는 기능 핵이다. 먼저 다음 그림을 보자.

(12) '∅本书'의 수형도

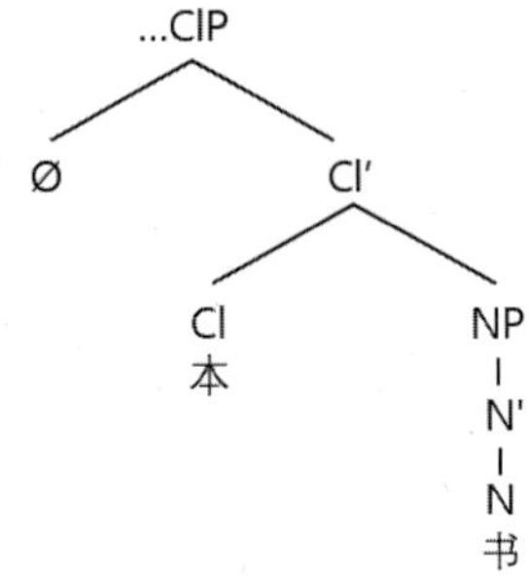

양사는 수사와 병합하기 전에는 양의 의미보다 명사에 대한 지시기능이 더 중한 것 같다. 즉 '那(e)本书'에서 양사 '本'은 자신이 지시하는 것이 '책'이라는 것을 나타낸다.[4]

4 양사는 명사구와 수사 사이에 위치하므로, **지시성**과 수의 **계측성**을 동시에 가지는 것 같다. 이에 대한 연구는 LISA L.-S. CHENG AND RINT SYBESMA(2014:248-274)에서 비교적 자세히 다룬 바 있다.

2.2. 양사 '个'의 지시성

현대중국어에서 사용빈도가 매우 높은 양사 '个'는 지시의 폭이 넓어 사람과 사물을 모두 지시할 수 있다. 따라서 종종 **중의현상**(ambiguity)이 발생한다. 다음 예를 보자.

(13) a. 两位高中的老师
두 분의 고등학교 선생님
b. 两所高中的老师
두 고등학교의 선생님
c. 两个高中的老师
두 고등학교의 선생님/두 분의 고등학교 선생님

c는 명백하게 중의적이다. 그러나 a와 b는 중의성이 없다. 그 원인은 바로 양사의 차이에 있다. '位'는 사람만을 지시하고, '所'는 기관이나 모종의 장소 등을 지시하기 때문에 중의성이 생기지 않는다. c의 '个'는 지시의 폭이 넓어 사람과 사물을 모두 지시할 수 있다. 따라서 중의현상이 발생한다.

(14) '两个高中的老师'의 수형도

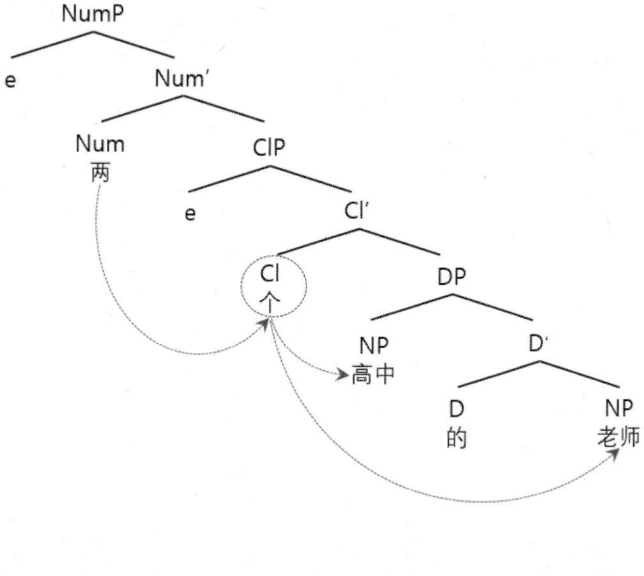

수형도에서 보듯, 양사 '个'는 성분통어를 통해 '高中'을 수식할 수도 있고, '老师'를 수식할 수도 있다. 따라서 중의성이 발생한다. 결국, 양사구는 양사가 명사구를 보충어로 하여 최대투사된 구로서, 계량성과 지시성을 가지지만 수(number)에 의한 확장이 없으면 그 기능상 여전히 한계가 있다 하겠다.

3. 수사구(NumP)

3.1. 수 기능범주

수사구(NumP)를 정의해보자.

(15) a. 수사구(NumP)는 기능범주사에 속하는 수사(Num) 핵이 명사구(NP) 혹은 명사구에서 확장된 양사구(ClP)를 보충어로 병합하여 최대투사된 구이다.
b. 수사 핵은 보충어에 대해 수의 지시성을 추가한다.

수사는 보충어 성분에 대해 수량성을 부가하는 **기능핵**으로 작용한다. 다음 수형도를 보자.

(16) '三所高中的老师'의 수형도

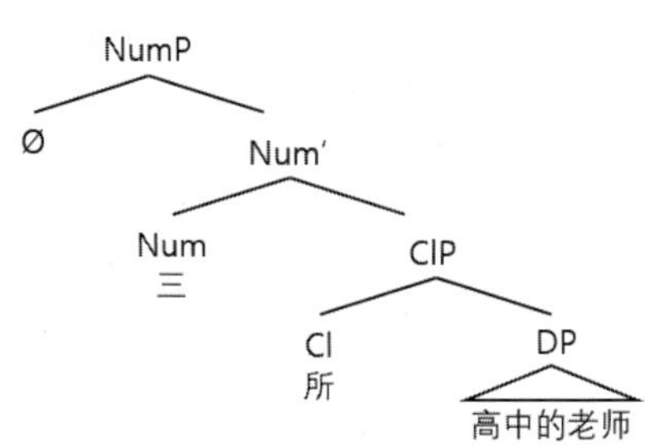

이 수형도에서 수사와 양사는 모두 명사성 성분을 확장하는 기능범주로 작동한다. 수사는 최고 상위 계층의 핵으로 작용한다. 수사 핵은 모친 절점(핵의 바로 위 절점)을 향하여 자신의 자질을 수사구(NumP)로 투사한다.

수사는 일반적으로 강하게 읽으며, 생략할 수 없다.

(17) a. 我有两个弟弟和一个妹妹。
나는 남동생 둘과 여동생 하나가 있다.
b. 我要的是一支钢笔, 不是两支钢笔。
내가 원하던 것은 한 자루의 만년필이지 두 자루가 아니다.
c. 一个苹果加一个苹果等于几个苹果?
사과 하나에 하나를 더하면 몇 개의 사과가 될까요?

3.2. 수사 '一'의 특성

1) '一'의 비명시성

수사 '一'는 비명시적인 경우가 많다. 수사가 생략된 다음 한정사구의 수형도를 보자.

(18) '那/每/某[Ø]本书'의 수형도

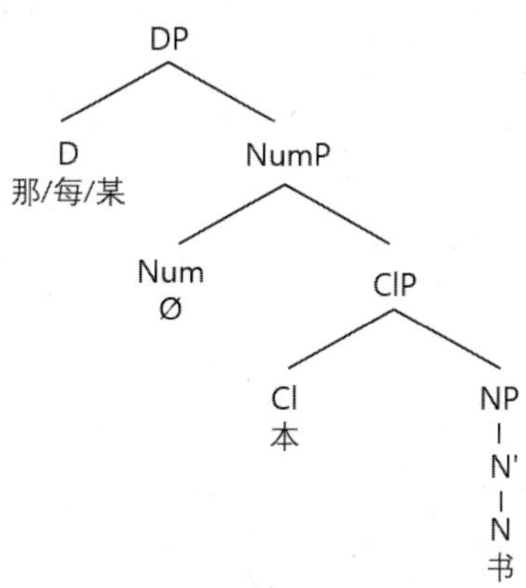

원어민 청자는 '那/每/某[Ø]本书'라는 말을 들으면, 그들은 수량상 당연히 '한 권의 책'을 상정한다. 발음되지는 않았지만 생략된 'Ø'는 수사 '一'라는 것을 즉각 알아챈다.

2) '一'를 포함한 구의 중의성

명사성구는 수사구로 투사되면 그 기능이 비교적 광범위해진다. 이런 점에서 어떤 구가 수사구인지 한정사구인지 구분하기 쉽지 않은 경우가 있다. 즉, **'一+양사+명사'** 구조가 어떤 경우에는 수사구(NumP)로, 어떤 경우에는 한정사구(DP)로 해석되는 경우가 있다. 다음 예를 보자.

(19) a. 他没吃什么, 只吃了一个面包。
그는 뭐 먹은 게 없고 빵 하나만 먹었다.
b. 他面包吃得不多, 只吃了一个面包。
그는 빵을 많이 먹진 못하고, 한 개의 빵만 먹었다.

(19)a의 경우, '一'는 앞뒤 문장의 문맥상 생략할 수 있지만, '面包'는 절대 생략할 수 없다. 반면, b의 '面包'는 앞뒤 문장의 문맥상 생략할 수 있지만, '一'는 생략할 수 없다. 두 내용의 예를 보이면 다음과 같다.

(20) a. 他没吃什么, 只吃了面包。
그는 뭐 먹은 게 없고 빵만 먹었다.
b. 他面包吃得不多, 只吃了一个。
그는 빵을 많이 먹지 않고, 딱 하나만 먹었다.

陆俭明(2005)은 이러한 현상은 **초점 민감 연산자 '只'의 의미지향과 관련이 있다**고 본다. (20)a의 '只'는 명사성 성분인 '面包'를 지향하므로, '面包'는 생략할 수 없다. 이때 수사 '一'은 생략이 가능하다. b의 경우는 그 반대 현상이다. (20)b의 '只'는 수사 '一'을 지향하므로 생략할 수 없다. 결국, 전자는 수보다 더 높은 계층의 한정사구(DP)로 투사되기 때문이고, 후자는 수사구(NumP)로 투사되기 때문이다. 두 경우를 설명하는 다음 수형도를 보자.

(21) '一个面包'가 한정사구(DP)로 이해될 때 '只'의 의미지향

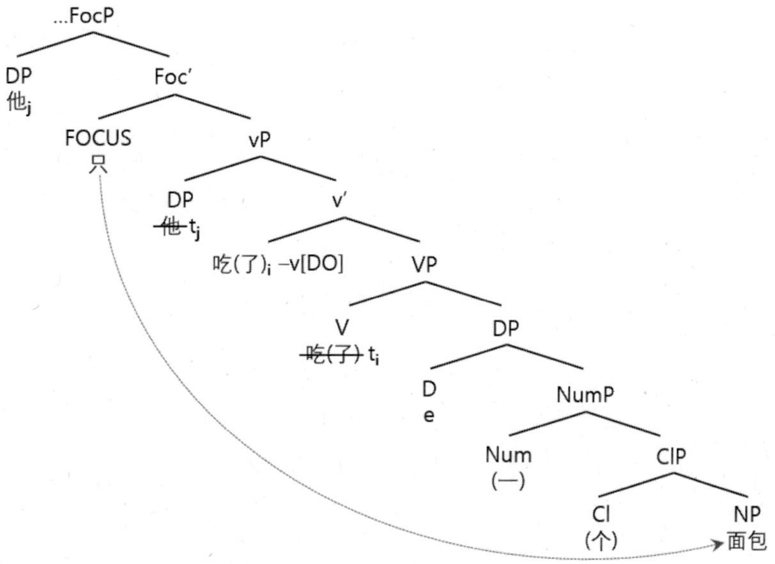

이때의 '只'는 '面包'를 지향한다. 또, 다음 수형도를 보자.

(22) '一个面包'가 수사구(NumP)로 이해될 때 '只'의 의미지향

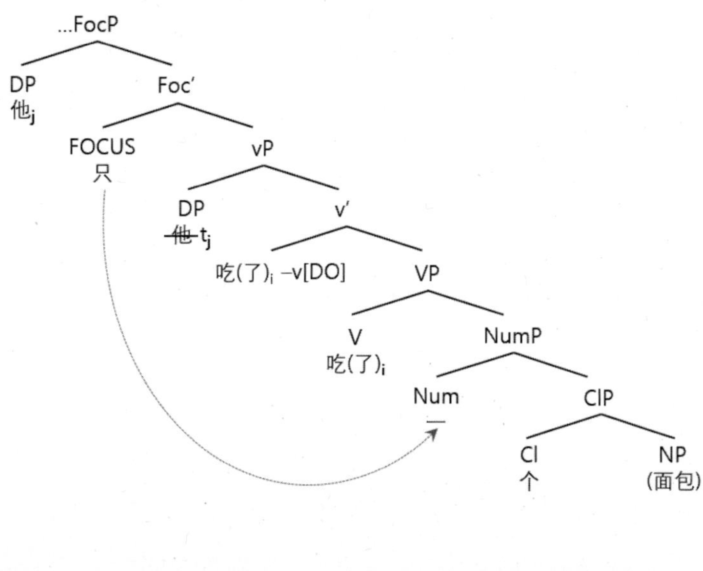

이때의 '只'는 수사 '一'를 지향한다.

결국, (19)a는 '面包'의 지시성이나 한정성에 초점을 두는 한정사구(DP)로 이해되고, b는 수사 '一'에 초점을 두는 수사구(NumP)로 이해된다. 한편, 이러한 중의 현상은 초점에 민감한 연산자인 '只'가 위치적으로 수사와 한정사를 모두 성분통어 할 수 있기 때문에 발생한다. 그러나 이런 중의성은 a나 b의 각 앞 절과 같은 문맥 상황이 주어지면 즉시 해소된다.

4. 한정사구(DP)

한정사구(DP)는 기능성(+F) 품사인 한정사(D, Determiner)를 핵으로 하여 최대투사된 구이다. 이는 이미 살펴본 바와 같이 어휘범주인 명사에 대해 양사, 수사의 기능범주의 핵들이 차례대로 투사한 후 최종적으로 투사하는 단계이다. 따라서 이를 건축자재로 비유하자면, 그것은 **명사성[+ N]을 기능적으로 최대로 투사한 비교적 단단하고 안정적인 벽돌**이라 하겠다. 한정사구는 동사의 빈 구멍을 채우는 **논항(argument)으로 자연스럽게 쓰일 수 있다**.

4.1. 한정사 기능범주

1) 정의와 핵 분류

통사부에서 명사성 단어나 구는 최종적으로 한정사구로 최대투사된다. 즉, 한정사가 핵이 되어 명사구, 양사구, 수사구, 수량사구등을 보충어로 취하여 최대투사하는 구가 바로 한정사구이다. 우리는 한정사구를 다음과 같이 정의한다.

(23) a. 한정사구(DP)는 기능범주사에 속하는 한정사(D) 핵이 명사구(NP) 혹은 명

사구에서 확장된 수사구(NumP)를 보충어로 병합하여 최대투사된 구이다.
b. 한정사 핵은 보충어에 대해 한정적 지시성을 추가한다.

한정사구의 핵인 한정사는 다음과 같은 속성과 기능이 있다.

(24) 한정사의 속성과 기능
(i) 한정사(D)는 명사성 구를 보충어로 삼아 한정성과 지시성을 부여한다.
(ii) 한정사는 명시적(overt)일 수도, 비명시적(covert)일 수도 있다. 명시적인 한정사는 한정성과 지시성을 동시에 나타낼 수 있다. 반면 비명시적인 영 형식의 한정사는 비한정적 지시나 총칭성(generic)을 나타낸다.

중국어의 한정사를 표로 보이면 다음과 같은 것들이 있다.

(25) 중국어 한정사의 분류

분류		예
명시적 한정사	지시대명사(指事代词)	这, 那, 某
	인칭대명사(人称代词)	我, 你, 他
	재귀대명사(反身代词)	自己
	의문대명사(疑问代词)	谁, 什么
	수식/소유 한정사	的
비명시적 한정사		∅

표에서 보는 바와 같이 [+ N] 자질을 가지는 최고 계층의 기능성 핵인 한정사도 명시적인 것도 있지만 비명시적인 것도 상정된다. 한정사구의 구성은 다양하다. 다음 수형도를 보자.

(26) 한정사구 모형도

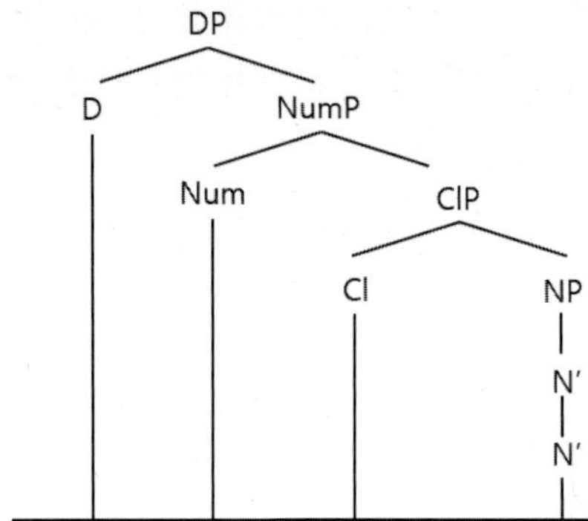

	D	Num	Cl	NP
a	这	一	本	书
b	e	一	本	书
c	e	e	本	书
d	e	e	e	书

수형도에서 a-d 모두 한정사구(DP)이다. 즉 a는 한정사, 수사, 양사가 모두 명시적인 한정사구이고, d는 그것들이 모두 비명시적인 한정사구이다. 이는 해당 기능범주의 핵들이 비명시적이지만 역시 일정한 문맥 상황하에서는 역시 모두 작동할 수 있음을 보여주는 것이다.

2) 기본구의 도출

한정사구 '这三个学生'에 대한 수형도를 보자.

(27) '这三个学生'의 도출

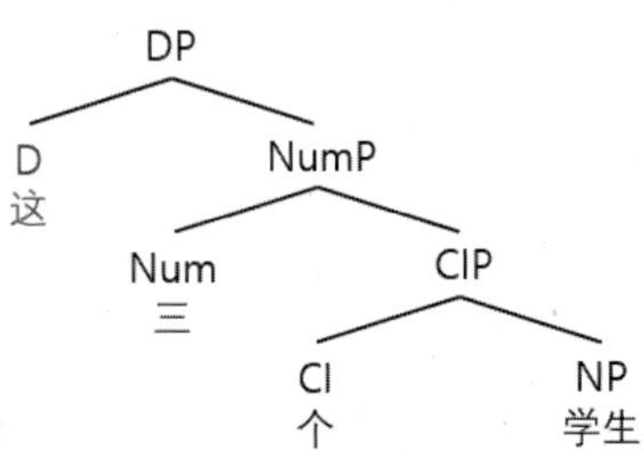

수형도에서 보듯, '这三个学生'는 먼저 양사(Cl) '个'가 핵이 되어 명사구(NP) '学生'과 병합하여 양사구(ClP)를 도출하고, 다시 수사(Num) '三'이 핵이 되어 양사구를 보충어로 하여 병합하여 수사구(NumP)를 도출한다.[5] 여기에 한정사 '这'가 어휘부에서 선택되어 통사부에 들어가면, 수사구를 보충어로 병합하여 위와 같은 한정사구(DP)가 도출된다.[6] 수형도를 통해 볼 때, 중국어 '这三个学生'는 '한정사구'이지, '명사구'가 아니다. 명사구는 단지 이 한정사구의 한 부분, 즉 '学生'만을 가리킬 뿐이다. 위의 수형도를 다음과 같이 '표찰붙은 괄호(Labeled Bracketing)'로 표현할 수 있다.

(28) $[_{DP}$ 这$[_{NumP}$ 三$[_{ClP}$ 个$[_{NP}$ 学生$]]]]$

이상 여러 예에서 보듯, 한정사는 통사 계층상 한정사구의 가장 높은 위치에 놓이고, 명사는 가장 낮은 위치에 놓인다. 이를 선형관계로 보면, 한정사는 가장 앞쪽에 있고, 명사는 가장 뒤에 놓인다. 따라서 중국어는 '한정사+수사+양사+명사'의 선형적인 어순을 이룬다.[7]

한편, 위에서 제기한 '**한정사+수사+양사+명사**'의 한정사구(DP)는 수사(Num)가 비명시적인 다음과 같은 구조에도 적용된다.

(29) a. 那本书
그 한 권의 책
b. 每本书
매 한 권의 책
c. 某本书
어떤 한 권의 책

---

5 이를 위로부터 아래로 해석할 수도 있다. 즉 수형도에서 한정사(D)는 하나의 수량구를 선택하여 보충어로 삼고, 수사는 하나의 양사구를 선택하여 보충어로 삼으며, 양사는 하나의 명사구를 선택하여 보충어로 삼는다는 식이다. 그러나 이 구의 최종적인 핵은 한정사이며, 이 구는 한정사의 속성을 가지게 된다. 따라서 하위에서부터 상위로 확대 투사되는 과정을 따라 해석하는 것이 좋다.

6 이는 Tang, Chih-Chen Jane(1990), Li, Y.-H. Audrey(1999)등에 의해 현대중국어 한정사구(DP) 분석의 기본 구조로 인식되어진다. 이창호(2011) 재인용 및 참조.

7 이처럼 병합은 순서가 있으며, 항상 두 성분이 하나로 병합되고, 낮은 데서 높은 데로 올라가며, 최소의 것으로부터 시작하여 좀 더 크고 복합한 구조를 이룬다는 것을 알 수 있다. 이러한 절차에 따른 조작을 통해 통사부에서 계층이 있는 구 구조를 이룬다.

그런데 a. '那本书', b. '每本书', c. '某本书'는 각각 '那一本书', '每一本书', '某一本书'로 해석된다. 邓思颖(2010:69) 은 Tang, Chih-Chen Jane(汤志真, 1990) 등을 인용하여 이들 중간의 '一'가 음운적으로 생략되었다고 본다. 표면적으로는 '一'을 들을 수 없지만, 실제적으로 수사가 통사부 내에 여전히 존재한다. 그 근거는 다음과 같다. 첫째, 의미적인 차원에서 a의 '那本书'와 c의 '某本书'는 단지 책 한 권만을 가리킨다. 둘째, '那本书'와 '那一本书'는 의미에 영향을 주지 않으며 자유롭게 서로 대체할 수 있다. 그러므로, a-c의 한정사구는 모두 아래 수형도와 같이 나타낼 수 있다.

(30) '那/每/某[Ø/e]本书'의 투사

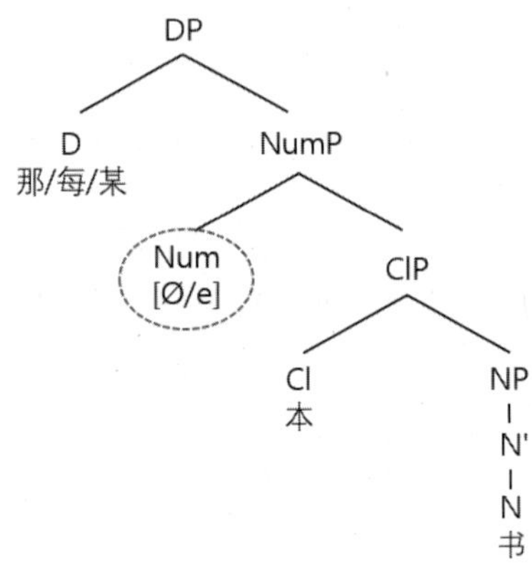

수형도에서 ∅는 음성적으로 실현되지 않는 수사의 자리이지, '수사가 없다'라고 말하면 옳지 않다. 해석할 때 '하나(一)'의 의미가 드러나기 때문이다. 이 수사 '一'는 음운 층위(PF)에서 생략된 것으로 간주된다.

3) 명시적 한정사

첫째, 지시대명사

중국어의 지시대명사는 명시적인 한정사이다. 지시대명사 '这, 那'는 자신의 보충어에게 '지시성'과 '한정성'을 모두 부여한다. 다음 예를 보자.

(31) [这]是书。

이것은 책이다.

(32) 别说[那]。

그것을 말하지 마세요.

지시대명사 '这, 那'는 단독으로 쓰이며, 지시성과 한정성을 표시한다. 따라서 청자는 '这'나 '那'가 가르치는 실체가 무엇인지와 또 어떤 것을 의미하는지 감지한다. 한편, 단독으로 쓰일 수 있다는 말은 단독으로 한정사구(DP)로 투사될 수 있다는 것을 말한다.

(33) '这, 那'의 도출

위 수형도에서, 보듯 한정사 '这, 那'는 통사부에서 단독으로 중간투사 과정(D')을 거쳐 한정사구(DP)로 투사된다. 이 때, 이들 각 한정사는 각 구의 핵이자, 유일한 구성원이다.

둘째, 인칭대명사

중국어의 인칭대명사 '我, 你, 他' 등도 명시적인 한정사이다. 이들은 '지시성'과 '한정성'을 가지며 단독으로 쓰일 수 있다. 이들도 단독으로 한정사구(DP)로 투사될 수 있다.

(34) '我, 你, 他'의 도출

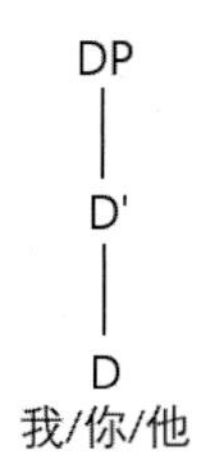

위 수형도에서 보듯 한정사인 '我, 你, 他'는 통사부에서 단독으로 중간투사 과정(D')을 거쳐 한정사구(DP)로 투사된다. 이 때, 이들 각 한정사는 각 구의 핵이자, 유일한 구성원이다.

그렇다면, 인칭대명사를 명사의 한 부류로 보지 않고 한정사라는 독립적인 품사로 처리할 때의 장점은 무엇인가? 이를 통해 통사계층의 순서, 즉 어순에 민감하게 반영할 수 있게 된다는 점이다. 즉, 다음과 같은 구조가 왜 비문법적인지를 잘 이해할 수 있다.

(35) * 两位他们

만약 전통문법에서 말하는 것처럼 '他们'이 소위 '대명사(代词)'이고, 대명사는 명사의 한 부류에 속한다면, 중국어의 어순구조상 위의 '수사+양사+명사' 구조는 성립되어야 마땅하다. 그러나 명백한 비문이다. 왜인가? 이미 살펴보았듯, 한정사는 계층적으로 명사성구에서 최상위 계층이기 때문이다. 따라서 위 (35)처럼 한정사 '他们'이 최하위에 오는 구조는 일반적으로 도출되지 않는다.[8]

(36) '*两位他们'의 도출

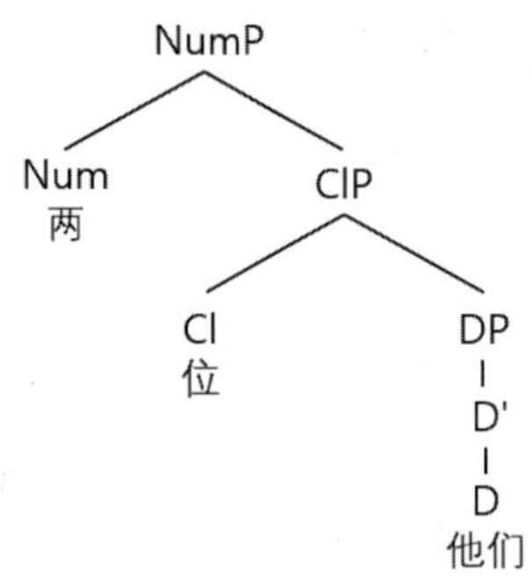

수형도에서 '他们'은 한정사구에서 가장 높은 계층에 속하는 한정사임에도 불구하고 가장 낮은 계층, 즉 양사나 수사의 보충어 위치에 배열함으로써 성립하지 않는다.

8 Tang(1999), 邓思颖(2002) 참고.

그러나 한정사 '他们'이 정상적인 위치에서 도출된 다음 예를 보자.

(37) '他们两位客人'의 도출

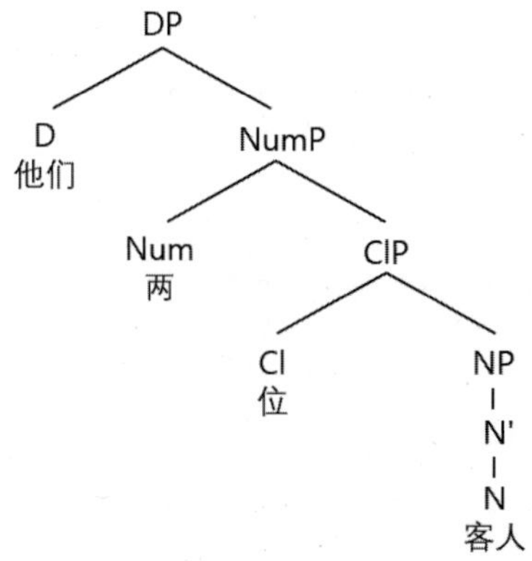

(37)의 '他们两位客人'는 정상적으로 투사된 구로, 그 도출 과정은 위의 수형도와 같다. 즉, '客人'는 명사이며, 최종적으로 명사구로 투사되어 양사 '位'의 보충어로 쓰이고, 그것은 다시 수사 '两'의 보충어로 쓰이고, 최종적으로 한정사 '他们'의 보충어로 쓰여 한정사구로 투사된다. 한정사 '他们'은 가장 상위의 계층에 놓인다. 이상의 사실은 중국어의 '인칭대명사'는 한정사에 속하며, 한정사구의 가장 높은 위치에서 도출된다는 것을 말한다.

셋째, '的'

명시적인 한정사 '的'는 소위 관형어절(/관계절)화와 밀접한 관계가 있으므로, 이하 4.3에서 따로 다루기로 한다.

4) 비명시적 한정사

한정사 중에는 비명시적이어서 발음되지 않는 것도 설정된다. 즉, 눈에 보이지 않는(null/covert) 한정사로 구성되는 구도 역시 한정사구(DP)이다. 비명시적인 한정사로 구성된 한정사구는 **'총칭'** 혹은 **'부분'**의 **지시성**을 가진다.

(38) a. **Italians** love opera.
이탈리아 사람들은 오페라를 사랑한다.
b. **Eggs** are fattening.
계란은 (사람으로 하여금) 살찌게 한다.
c. I had **eggs** for breakfast.
나는 아침으로 계란 몇 개를 먹었다.

위 a의 'Italians', 'opera', b의 'Eggs'는 비명시적인 한정사구이며, **총칭적(generic)**으로 해석된다. 한편, c의 경우는 그 지시성이 **부분적(partitive)**으로 해석된다. 즉, '몇 개의 계란(some eggs)'로 해석된다. 특히 비명시적인 한정사구는 'Italians', 'opera', 'Eggs', 'eggs' 등에서 보듯 인구어에서는 일반적으로 복수의 형태를 사용한다.

여기서 한 가지 주의할 점이 있다. 그것은 비명시적인 한정사구는 지시성은 있지만 한정성은 없다는 것이다. 위의 예를 통해서도 보듯, 이들 한정사가 비명시적인 한정사구는 어떤 대상에 대해 '총칭'적이거나 '부분'적으로 지시할 뿐, 화자나 청자가 인지하는 특정의 것을 가리키지는 않는다. 이와 달리 지시대명사나 인칭대명사 등 한정사에 의한 한정사구는 지시성과 한정성을 모두 가진다. 결국, 한정사가 비명시적이면 지시성은 있지만 한정성은 없다는 것을 말한다.

4.2. 지시성과 한정성

어휘범주인 명사구는 기능범주인 한정사에 의해 확대투사됨으로서 지시성과 한정성을 가진다. 王广成(2013:18)은 명사의 지시적 속성을 다음과 같이 분류한다.

(39) 명사의 지시적 표현 분류

<table>
<tr><td rowspan="4">지시적
(有指, referential)</td><td>총칭 지시
(类指, generic)</td><td colspan="2"></td></tr>
<tr><td rowspan="3">개별 지시
(个指, non-generic)</td><td>한정 지시
(定指, definite)</td><td></td></tr>
<tr><td rowspan="2">비한정 지시
(不定指,
indefinite)</td><td>실체적 지시
(实指, specific)</td></tr>
<tr><td>비실체적 지시
(虚指, non-specific)</td></tr>
<tr><td>비지시적
(无指, non-referential)</td><td colspan="3"></td></tr>
</table>

이에 대해 임지룡 · 윤희수(2009:145-160,182-183)의 설명을 보면, 발화시에 화자가 청자의 주의를 끌려고 하는 어떤 사물의 특정한 실례는 지시대상물(referent)이고, 청자의 주의를 지시대상물로 이끄는 의사소통 행위는 **지시(reference)**이며, 지시 행동은 지시표현(referring expression)을 통해 달성된다. 총칭지시(generic reference)는 전체로서의 한 부류에 관해 말할 때 사용된다. 개별지시(individuative reference)는 한 사물의 개별적 실례에 관해 말할 때 사용된다. **한정지시(definite reference)**는 화자와 청자 둘 다 접근할 수 있(/알고 있)는 실례에 적용된다. 따라서 한정적이라고 화자가 가정할 수 있게 하는 조건, 즉 발화상황, 현재의 담화, 사회-문화적 틀의 공유된 지식이 존재한다. 비한정지시(indefinite reference)는 한정지시의 상대 짝이다. 실체적 지시(specific reference)는 특정한 실체가 청자의 마음속에는 존재하지 않고 화자의 마음속에만 존재하는 경우이다. 비실체적 지시(non-specific reference)는 특정한 실체가 화자와 청자의 마음속에 존재하지 않고 가상으로만 존재하는 경우이다.

이상의 내용에 대해 계층을 고려하여 표시하면 다음과 같다.

(40) 지시성과 한정성과의 관계

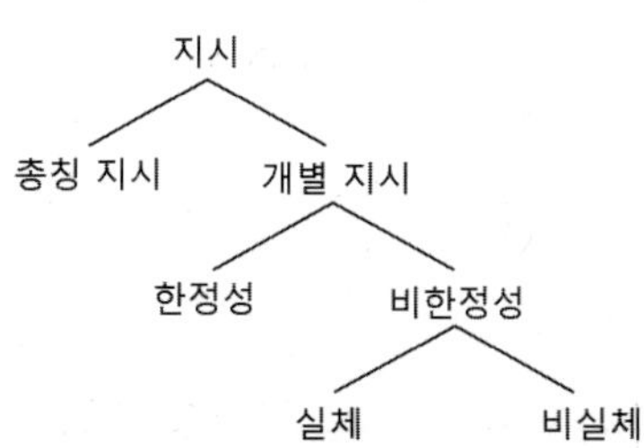

陈平(1987)은 명사성 성분의 지시성에 대해 한정성의 유무에 따라 7개의 부류로 나눈다.

(41) 지시성과 한정성에 따른 명사성 성분의 분류
A그룹: 인칭대명사
B그룹: 고유명사
C그룹: '这/那'+(양사)+명사
D그룹: 민명사
E그룹: 수사+(양사)+명사
F그룹: '一'+(양사)+명사
G그룹: (一)+양사+명사

이는 다시 A-C는 한정지시(定指)로, F-G를 비한정지시(不定指)로, D-E는 한정지시, 비한정지시 모두 가능한 경우로 나뉜다. 이는 수형도에 기반하여 아래와 같이 표시할 수 있다.

(42) 한정성의 유무에 따른 명사성 구의 구조

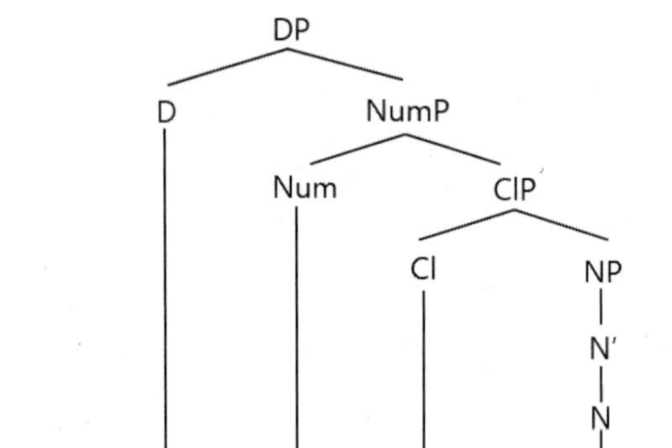

	D	Num	Cl	N
A	인칭대명사/我			
B	고유명사/北京			
C	지시대명사/这	(수사)	(양사)	명사/书
D				민명사/书
E		수사/一	(양사)	명사/书
F	一$_i$	t_i	(양사)	명사/书
G	(一$_i$)	t_i	양사/本	명사/书

표에서 빈자리는 원래 없는 자리, 괄호는 유무와 무관한 자리, 'ti'는 이동한 자리를 각각 의미한다. 그렇다면, A-C는 '인칭대명사, 고유명사, 지시대명사(这/那)' 등이 있는 경우이다. 이러한 성분들은 한정적 지시성이 있다. D-E는 한정범주의 위치가 비어 있으므로, 이런 경우의 한정성은 언어환경을 통해 확정된다. F-G는 수사 위치에서 한정사 위치로 투사된 '一'가 있으며, 이는 영어의 'a'와 유사하며 비한정적 지시이다.

한정성 문제를 더 논하기 위해 다음 예를 보자.

(43) a. **客人**到办公室来了。
　　그 손님이 사무실에 왔다.
　b. 办公室来了**客人**。
　　사무실에 **어떤 손님**이 왔다.

a의 '客人'은 한정이 있기 때문에 화자와 청자가 모두 아는 대상이다. 반면, b의 '客人'은 비한정적이기 때문에 화자만 알게 된 정보이다. 이러한 한정성은 화제 기능범주 핵(TOPIC)이 부여하는 한정성과 관련이 있겠다. 다음 수형도를 보자.

(44) '(43)a, b'의 수형도

a. '**客人**到办公室来了'의 도출

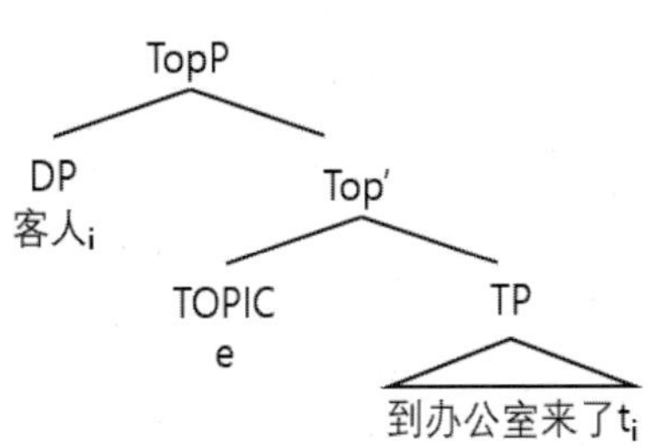

b. '办公室来了**客人**'의 도출

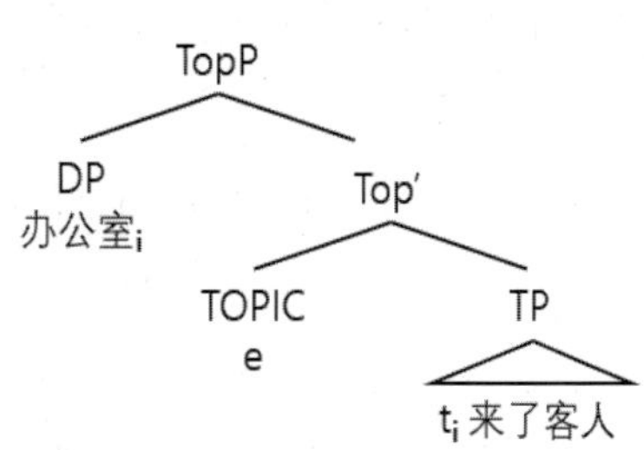

화제사(TOPIC) **핵은 확대투사자질**(EPP)**과 한정성 부여**의 기능을 가진다. 따라서 시제사구(TP) 속의 한정성 부여 대상자를 찾아 화제사구 지정어 위치(TopP-Spec)로 이동시키고, 한정성의 문법의미를 부여한다. 따라서 a의 '客人'은 [+ 한정지시(定指)]

로 해석되며, b의 '客人'은 지시성만 있을 뿐 한정성은 없다.

1) 고유명사의 한정성

고유명사는 특정한 개인이나 장소를 가리킨다. 따라서 모든 고유명사는 한정성과 지시성을 가지며, 한정사구(DP)로 투사된다. 예를 들면 '李四, 北京站' 등이다. 그런데 어떻게 이 고유명사들의 한정성을 증명할 수 있을까?

언어의 보편성에 근거하여 볼 때, 중국어 고유명사도 한정사구로 투사되는 것이 틀림없을 것이다. 그러나 문제는 중국어의 고유명사가 투사된 한정사구는 영어의 관사 혹은 부정관사처럼 명시적인 형태로 나타나지 않는다는 것이다.

(45) a. *这李四 [**the**] Lisi
*이 李四
b. *那北京站 [**the**] Beijing station
*그 베이징역

영어에서 고유명사는 반드시 한정사(정관사)를 가진다. 그러나 위의 예에서 보듯, 중국어 고유명사는 한정사(지시대명사/관형사)로 나타낼 수 없다.

그렇다면 **고유명사가 가지는 한정성을 가지는 기본적인 특성을 어떻게 해석할 수 있을까?** 이와 관련하여 邓思颖(2010)은 朱德熙(1982:42)를 인용하여 고유명사가 보통명사로 기능하는 예를 든다.

(46) 有[两个李逵], 一个是真李逵, 一个是假李逵。
李逵이라는 두 사람이 있는데, 한 사람은 진짜 李逵이고 한 사람은 가짜 李逵이다.
(47) 中国要是有[两条长江], 情形就不同了。
중국에 만약 두 개의 长江이 있다면, 상황이 달라진다.

위의 예에서 양사 뒤에 오는 고유명사는 보통명사로 기능한다. (46)의 '李逵'은 이미 비한정적이다. 결코 『水浒传』에 나오는 유일무이한 李逵을 가리키지 않는다. (47)의 '长江'도 역시 비한정적인 대상으로 바뀌었다. 세상에서 유일무이한 长江을 가리키지 않는다. 그렇다면 '长江'이 보통명사로 쓰이는 '两条长江'의 도출 과정을 보자.

(48) '两条长江'의 도출

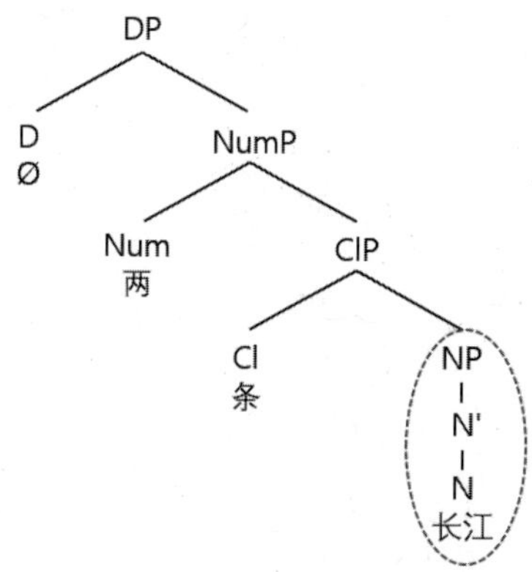

이 도출이 성립한다면, 여기서의 '长江'은 단지 비명시적 한정사구에 속하는 하나의 (보통)명사(구)일 뿐이다. 이 명사핵 '长江'은 선행하는 '条'와 '两'에 막혀 비명시적인 한정사의 위치로 이동할 수 없다. 이 한정사구의 핵(D)이 비명시적(covert)이기 때문에, 이 '长江'은 지시성은 있지만 한정성을 획득할 길이 없다.[9] 따라서 보통명사로 해석된다.

고유명사의 비한정적 용법의 예를 하나 더 보자. 鲁迅의 작품『阿Q正传』속 '阿Q'는 본래 사람의 이름이며, 고유명사이다. 그러나 이 단어는 '阿Q'는 '阿Q적 특성을 가진 부류의 사람'을 가리킬 때도 사용된다. 즉 **총칭(generic, 类指)** 의미를 가지는 보통명사로 쓰인다. 따라서 이때의 '阿Q'도 역시 (46)의 '李逵'처럼 한정사구(DP)로 투사되지 못하고, 한정사구(DP) 속의 명사구(NP)로 투사될 뿐이다. 다음 수형도를 보자.

(49) 보통명사 '阿Q'의 도출

9 여기서 '지시성'과 '한정성'에 대해 더 생각해 보자. 우리가 동물원에 갔을 때, '원숭이에게 먹이를 주지 마시오!'라는 경고문이 있다고 치자. 여기서 '원숭이'는 다른 동물이 아니라 '원숭이'라는 총칭적 의미에서의 '지시성'은 있지만 '한정성'은 없다. 즉 경고문을 보는 사람은 어느 원숭이를 한정하(/가리키)는지 알 수 없다.

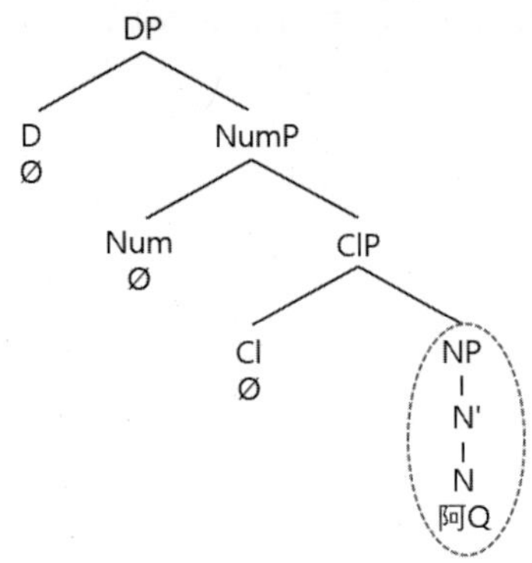

이 경우는 예(42) 'D'의 민명사에 해당하는 예이다. 만약 이때의 '阿Q'가 한정사 핵의 위치로 이동하지 않으면, 한정성을 가지지 못하고 보통명사로 해석되는 것이다. 즉 소설작품 속의 고유명사인 '阿Q'가 현실 사회에서는 한정성이 없는 **총칭적인 개념**으로 투사된 것이다.

그렇다면 한정성을 특징으로 하는 고유명사가 어떻게 한정성이 없는 보통 명사적 용법으로 쓰일 수 있는가를 해석해야 한다. 이 해석을 위해 어떤 학자들은 어휘부의 명사가 두 종류의 속성을 가진다고 가정한다.10 다음 예를 보자.

(50) a. **Dog** came.
그 개가 왔다.
b. I invited **Dog/*dog**.
난 **Dog**씨를 여기 초대했었다.

(51) a. Tall **Kims** are rare sight.
키 큰 **김씨들**은 아주 보기 드물다.
b. Tall **Kim** showed up here.
키 큰 **김씨**가 여기 나타났었다.

영어의 dog의 가장 보편적인 용법은 (50)a에서 보듯 보통명사이지만, b에서는 고유명사의 역할을 한다. (51)a의 Kims는 보통명사의 역할을 하지만, b의 Kim은 사람

10 邓思颖(2010) 참조. 예문은 邓思颖(2010:79-81) 재인용.

의 성이며 고유명사에 속한다. 그렇다면, 하나의 단어가 보통명사와 고유명사의 두 특성을 동시에 가진다고 해석할 수 있을까? 이 말이 맞다면, 예를 들어 'KIM'은 동음이의어라고 해야 한다. 그런데 이는 'KIM'의 한 의미는 한정성이 없는 보통명사이고, 또 다른 의미는 한정성이 있는 고유명사라는 양립할 수 없는 말이다. 만약 이 말이 맞다면, 어휘부 내의 모든 명사는 고유명사와 보통명사가 쌍을 이룬다고 가정해야 할 것이다. 영어의 'Dog/dog'나, 'KIM/KIMS'처럼 형태가 다르다면, 고유명사와 보통명사의 차이를 발견하기가 그래도 쉽겠지만 중국어의 경우는 그렇지도 않다.

이 문제에 대한 해결방안으로 **Longobardi(1994)의 'N-to-D 이동 가설(N-to-D movement hypothesis or N-raising, 移位分析)'**이 인용된다.[11] 'N-to-D 이동 가설'에서 고유명사는 본래가 보통명사라고 가정된다. 그렇다면, 보통명사 '长江'이 고유명사로 도출되는 과정을 생각해보자.

(52) 고유명사 '长江'의 도출 과정

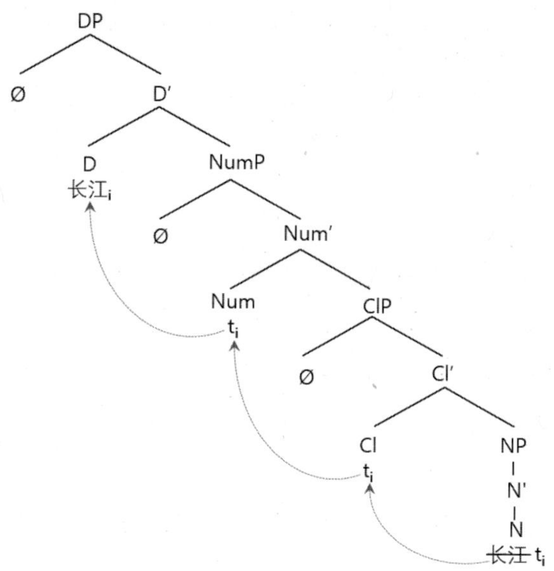

11 Giuseppe Longobardi(1994)의 논제는 'A Theory of N-Movement in Syntax and Logical Form'이다. 이 **'명사 핵이 한정사 핵으로 이동한다'**는 'N-to-D 이동가설'은 Cheng and Sybesma (1999), Borer(2005), Sio(2006), 邓思颖(2010) 등에서 인용된 것으로 중국어 고유명사를 분석하는 유력한 방법이다.

위 수형도에서 보듯, 보통명사(NP)인 '长江'은 핵(Head) 상태(N)에서 상위의 비명시적인 여러 핵을 타고 계속 이동하여 한정사구의 '핵' 위치인 D까지 이동한다. 이때 't_i'는 그것이 남긴 흔적(trace)이다. 즉, 양사구의 '핵(Cl)' 위치로, 다시 수사구의 '핵(Num)' 위치로, 다시 한정사구의 '핵' 위치인 D까지 이동한다. '长江'이 경유한 것은 모두 핵이므로, '长江'의 이동은 **'핵 이동(Head to Head movement, 中心语移位)'**이다. '长江'은 결국 한정사구(DP)로 투사되어 한정성을 가지는 고유명사로 이해된다. 결국, 이와 같은 핵이동은 보통명사에 대해 한정성을 표현하기 위한 과정이자 조건이다. 즉, 고유명사가 도출될 때, 어휘부(Lexicon)에서 핵 성분인 양사, 수사, 한정사 등이 모두 비명시적인 것들이 선택되어 통사부(Syntax)로 보내져야 한다는 것을 의미한다. 통사부에서는 이 자질들을 이용하여 고유명사 '长江'을 만들어낼 것이다.

2) 보통명사의 한정성

고유명사뿐만 아니라 원형의 보통명사도 문두 화제화라는 통사적 분포를 통해 한정성을 표현할 수 있다. 보통명사가 화제화한 다음 예를 보자.

(53) 狗要过马路。

(그)개가 찻길을 건너가려고 한다.

(54) 狗今天特别听话。

(이)개는 오늘은 특별히 말을 잘 듣는다.

일정한 언어환경 속에서 (53)-(54)의 문두에 위치하는 '狗'는 보통명사의 한정적 용법으로 해석된다. 이처럼 보통명사가 한성적 용법으로 쓰이는 것을 어떻게 해석할 것인가? 이 역시 **Longbardi(1994)의 'N-to-D 이동 가설'** 이론을 인용할 수 있다.[12] 이 역시 고유명사의 이동방식과 기본적으로 같다. 다음 수형도를 보자.

---

12 Cheng and Sybesma(1999), Borer(2005), Au Yeung(2005), Sio(2006) 및 Huang, Li and LI (2009:§8)과 Wu and Bodomo(2009), 邓思颖(2009e) 등도 인용한다. 邓思颖(2010) 재인용.

(55) 보통명사 '狗'의 한정적 용법 도출 과정

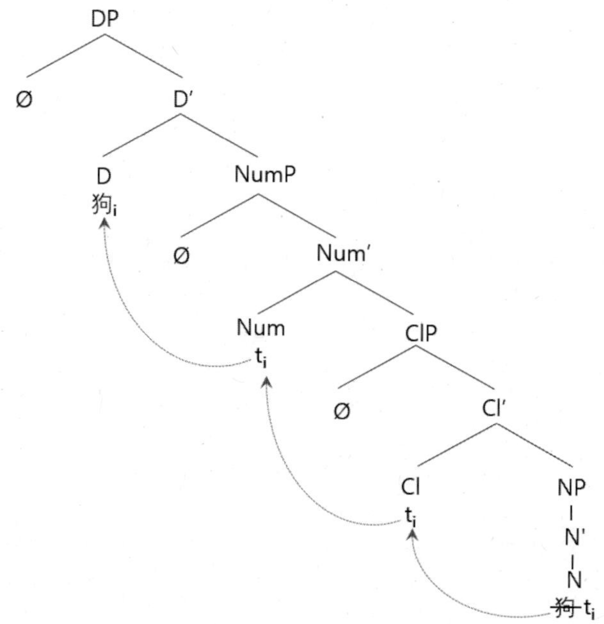

수형도에서 보듯 '狗'는 핵 이동을 통해 한정사의 위치로 이동하여 'D-狗'의 핵 융합체를 생성한다. 이 이동은 원래 한정성 의미가 없던 '狗'로 하여금 한정성을 부여한다. 결국, 이러한 한정성은 보통명사가 문두 위치배열이라는 통사적 변화를 통해 실현된 것이다.

이상의 내용을 종합해보자. 'N-to-D **이동 가설**'의 장점은 무엇인가? 만약 이 가설이 성립한다면, 다음 두 문제에 대한 답이 된다. 첫째, 고유명사는 반드시 한정성이 있어야 한다는 주장을 해석할 수 있다. 둘째, 보통명사가 어휘부에서 '비한정성과 한정성'이라는 상이한 성질을 동시에 가진다는 성립하기 어려운 가설을 세우지 않아도 된다.

한편, 영어 한정사구(DP)에서 '강조를 위해', 한정사 핵의 보충어 중 일부가 분리되어 지정어(Spec) 위치로 이동하는 경우가 있다.

(56) a. [$_{DP}$ a [$_{NP}$ quiite so rapid recovery]]
b. [$_{DP}$ quiite so rapid [$_{D'}$ a [$_{NP}$ ~~quiite so rapid~~ recovery]]]

이를 수형도로 보이면 다음과 같다.

(57) '[$_{\text{DP}}$ quiite so rapid [D' a [$_{\text{NP}}$ ~~quiite so rapid~~ recovery]]]'의 도출

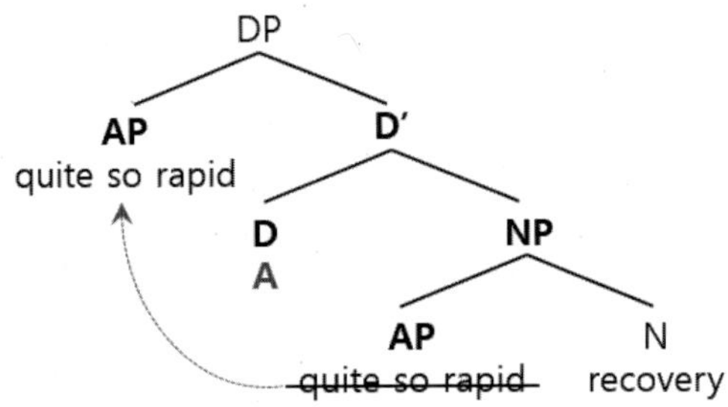

이러한 관점은 영어에서 흔히 보이는 소위 'too…to…' 용법의 설명에도 적용된다. 그 예와 수형도를 보자.

(58) 'This is too difficult a question to solve'의 도출

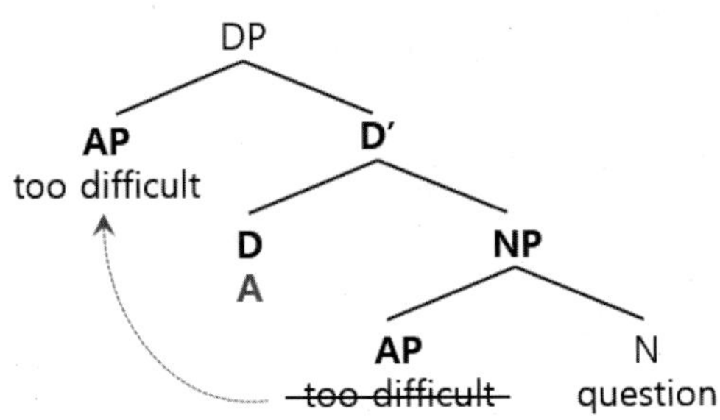

중국어나 한국어에도 유사한 현상이 보인다. 그 예와 수형도를 보자.

(59) a. 那个很难的问题 → 很难的那个问题
[DP 那[CIP [个很难的问题]]] → [DP 很难的 [D' 那 [CIP 个[~~很难的~~问题]]]]
b. 그 매우 어려운 한 문제 → 매우 어려운 그 한 문제
[DP 그 [NumP 매우 어려운 한 문제]] →
[DP 매우 어려운 [D' 그 [NumP ~~매우 어려운~~ 한 문제]]]

이를 수형도로 표시하면 다음과 같다.

(60) '那个很难的问题'의 도출

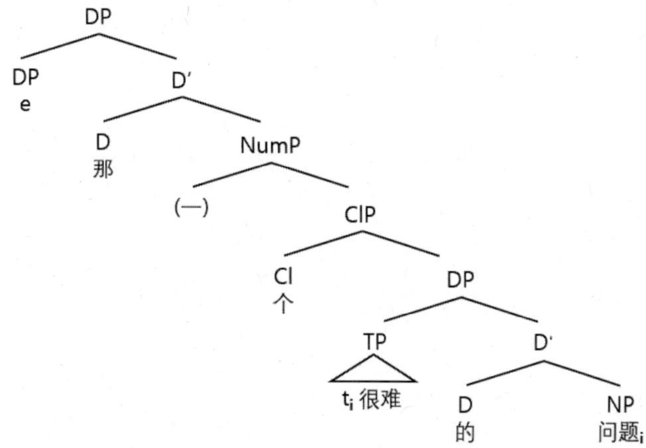

(61) '很难的那个问题'의 도출

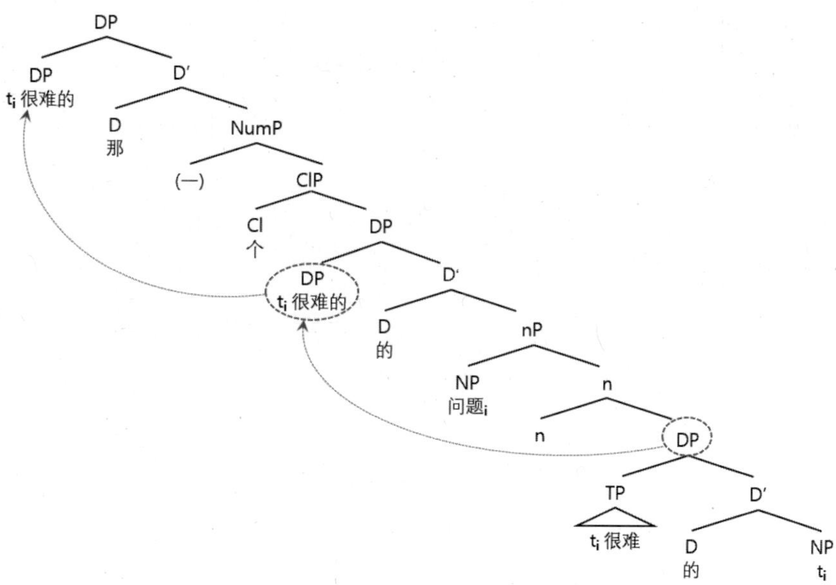

이상의 여러 예를 통해 한정사구(DP)의 내부에서도 보문사구(CP)의 내부처럼 핵이동이나 논항이동이 발생함을 알 수 있다. 특히 수식어 성분의 이러한 이동에 대한

가설은 다음과 같은 문법현상을 설명하는데 도움이 된다. 즉, **어째서 수식어가 피수식성분의의 뒤에 위치하는가**를 설명할 수 있다. 먼저 다음 예를 보자.

(62) a. something **special**
특별한 어떤 것
b. somebody **new**
새로운 사람

영어에서 명사성 [+ N] 핵인 (접사적) 형태소 '–thing'이나 '–body' 등이 한정사 핵(D) 'some' 쪽으로 핵 이동하는 현상이 있다. 다음 수형도를 보자.

(63) 'something special', 'somebody new'의 도출

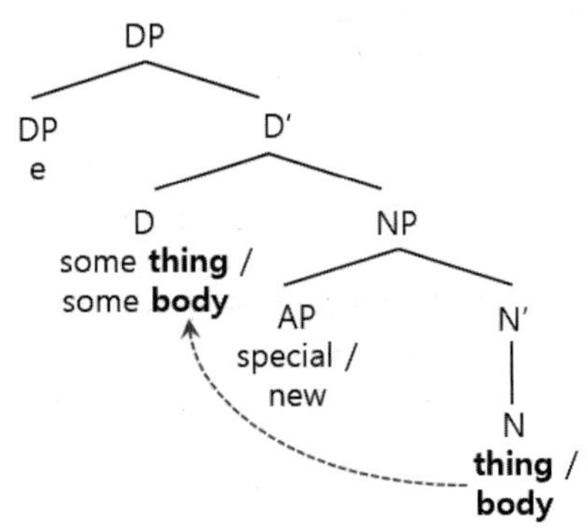

종합컨대, 명사성 구의 최종 투사체인 **한정사구의 내부에서도 핵과 논항의 이동**을 통해 언어의 자유로운 표현을 돕는다고 하겠다.

4.3. 한정사 '的'와 관계절화

4.3.1. '的'자 구의 도출

1) 관계 종속절의 구성

명시적인 한정사(D) '的'는 **관계 종속절**을 구성하는 역할을 할 수 있다. '관계 종속절 구성'이란 경명사(n)의 명사화와 관계화 작용에 의해 하위 절 속의 어떤 명사구가 경명사구의 지정어 자리(nP-Spec)으로 올라가고, 한정사 핵(D)은 이 경명사구를 보충어로 취하여 병합함으로써 **'的+중심어'** 구조가 도출된다. 이때 중심어를 제외한 하위 절(TP)은 핵인 '的'의 지정어 자리로 올라갈 수 있다. 이 과정을 통해 관형어 절이 생성된다. 이를 **관계절화**라 한다. 다음 熊仲儒(2013:113)의 예를 보자.

(64) a. 他开车
그가 자동차를 운전하다
a'. [开车]的他
자동차를 운전한 그 사람
b. 他开车
그가 자동차를 운전하다
b'. [他开]的车
그가 운전한 자동차
c. 他用某种技术开车
그는 어떤 기술로 자동차를 운전한다.
c'. [他开车]的技术
그가 자동차를 운전한 기술
d. 他在某个场地开车
그는 어떤 곳에서 자동차를 운전한다.
d'. [他开车]的场地
그가 자동차를 운전한 곳

(64)a-d를 관계절화한 결과가 (64)a'-d'의 '[ ]' 부분이다. 통사부에서 어떤 조작 과정을 거쳐 이러한 구가 도출되었을까? a에서는 주어 '**他**', b에서는 목적어 '车'가, c에서는 부사어의 일부분인 '技术'이, d에서도 부사어의 일부분인 '场地'가 각각 '**的+중심어**' 구조의 중심어 자리로 올라간다. 각 예의 도출 과정을 수형도로 보이면 다음과 같다.

(65) 'a'. [开车]的他'의 도출

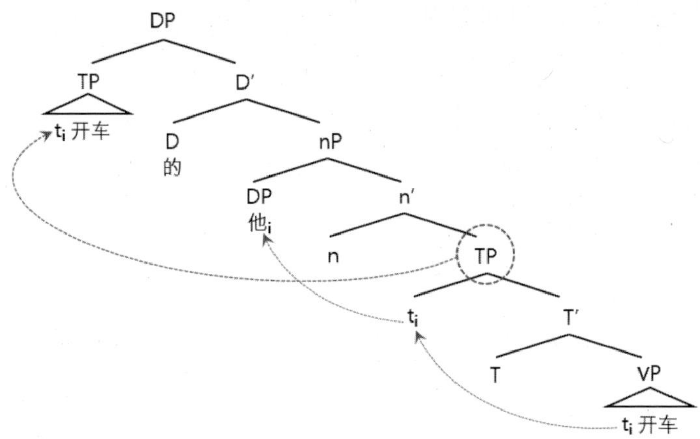

위 수형도에서 관계절화하는 과정은 다음과 같다. 먼저 vP는 시제 기능범주 T의 확대를 받아, TP가 됨으로, '他'는 TP의 지정어 위치로 이동하여 주어가 된다. 경명사 핵 n은 TP를 보충어로 택하여, nP가 되며, 이때 '他'를 다시 nP의 지정어 위치로 이동시킨다. nP가 다시 한정사 핵 D에 의해 확장이 되어, 한정사구(DP)로 최대투사 된다. 이때, D는 '的'로 음성 실현이 되고, 하위의 절 TP는 비어 있는 DP의 지정어 위치로 이동하여 관계 종속절 구조 't_i开车的他$_i$'가 도출된다.

다시 b'의 도출 과정을 보자.

(66) 'b′. '[他开]的车'의 도출

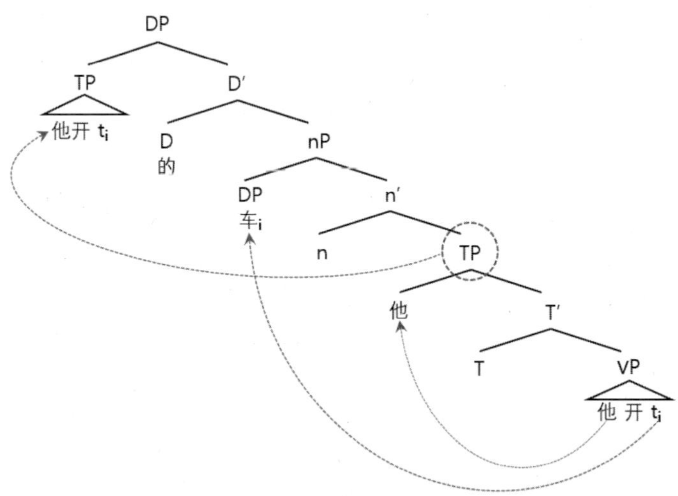

이 도출의 과정도 위와 동일하며, 다만 nP-Spec의 지정어 위치, 즉 중심어 자리에 어떤 단어를 놓느냐의 차이만 있을 뿐이다. 여기서는 '开'의 대상자 논항인 '车'를 위치시킨 경우이다.

다시 c'의 도출 과정을 보자.

(67) 'c' '[他开车]的技术'의 도출

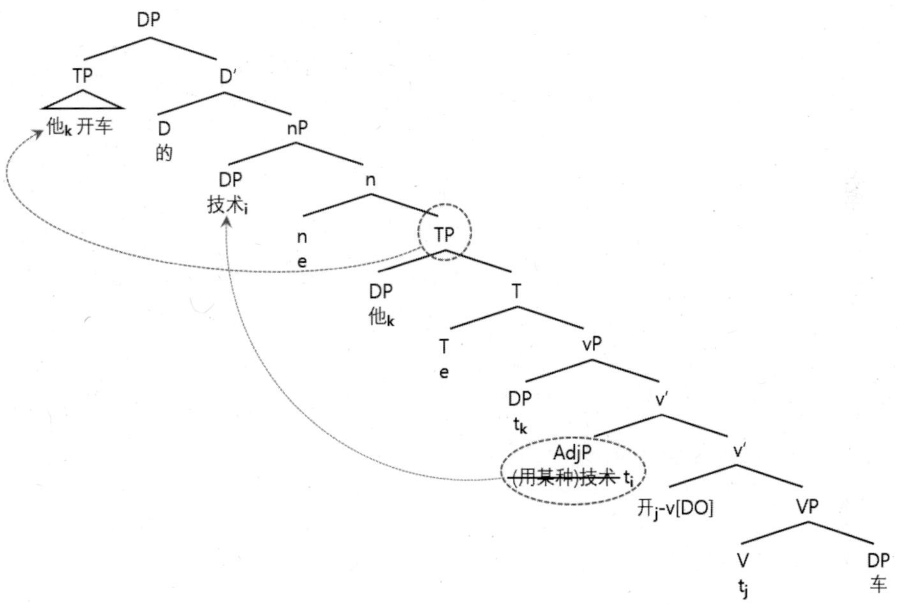

이 도출의 과정도 위와 동일하며, 다만 nP-Spec의 지정어 위치, 즉 중심어 자리에 어떤 단어를 놓느냐의 차이만 있을 뿐이다. 여기서는 부사어의 자리에서 방식을 나타내는 '技术'을 이동시켜 위치시킨 경우이다.

다시 d'의 도출 과정을 보자.

(68) 'd'. '[他开车]的场地'의 도출

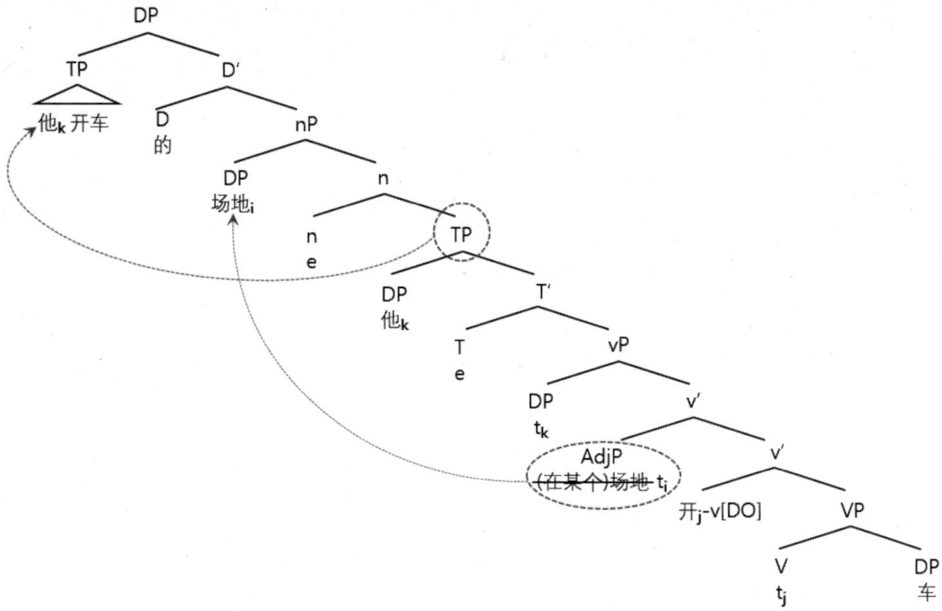

이 도출의 과정도 위와 동일하며, 다만 nP-Spec의 지정어 위치, 즉 중심어 자리에 어떤 단어를 놓느냐의 차이만 있을 뿐이다. 여기서는 부사어의 자리에서 장소명사 '场地'을 이동시켜 위치시킨 경우이다.

2) 관계 종속절의 해석

관계종속절 구조의 해석은 '관계'나 '소유'를 표시하는 경우를 제외하면, 상당한 정도 임의성이 있다. 특히 관계종속절은 동사핵이 비명시적이므로 해석에 유의해야 한다. 다음 수형도를 보자.

(69) a. 小王的父亲
샤오왕의 부친
b. 小王的书
샤오왕의 책

(69)a는 '관계' 하나로 해석되지만, b는 여러 가지 해석이 가능하다. 먼저 b의 가능

한 해석에 대해 생각해 보자.

(70) '小王的书' 해석

a. 샤오왕의 책

b. 샤오왕이 지은 책

c. 샤오왕이 산 책

d. 샤오왕이 판 책

e. 샤오왕이 보낸 책

f. 샤오왕이 받은 책

g. 샤오왕이 편집한 책

e, 샤오왕이 읽은 책

h, 샤오왕이 빌려 간 책

i, 샤오왕에 관한 책

j. 샤오왕이 (어떤 사람에게 시켜서) 쓰게 한 책

……

'소유' 표시의 (70)의 a를 제외한 b-j의 해석은 내부에 어떤 동사를 사용하느냐에 따라 달라진다. 이런 점에서 (69)a와 b의 도출에 관한 수형도를 통해 차이가 발생하는 원인에 대해 생각해보자.

(71) '小王的父亲'의 도출

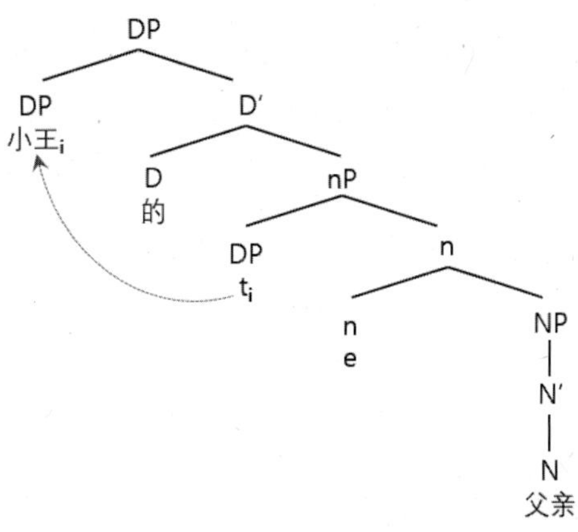

표면적으로 양자는 같은 '的+중심어'의 구조이지만 그 속을 들여다보면 명백한 차이가 있다. a는 기능범주인 경명사 핵 n이 명사구(NP)를 경명사구(nP)로 투사된 후 다시 的를 쓰는 한정사구로 투사되었다. 이 과정에서 경명사구의 지정어 위치에 있던 '小王'을 한정사구의 지정어 위치로 논항이동하여 도출된 것이다. 따라서 여기서는 '小王'과 '父亲' 사이에 '모종의 관계'[13]라는 의미외에 다른 해석이 끼어들 여지가 없다.

그러나 (69)b의 도출 과정을 생각해 보자.

(72) '小王的书'의 도출

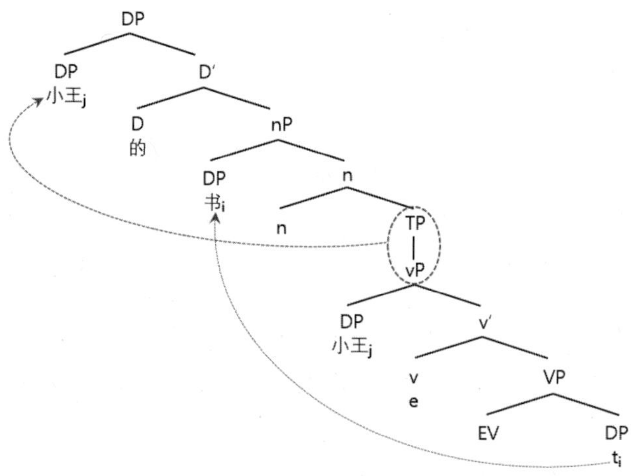

수형도에서 보듯, 경명사는 비명시적인 경동사구(vP) 혹은 시제사구(TP)를 보충어로 취한 후 다시 '的'를 쓰는 한정사구로 투사된다. 이렇게 본다면, 경동사구(vP) 혹은 시제사구(TP) 단계에서 '小王'과 '书' 사이에는 어떤 동사를 개입시키느냐에 따라 의미가 달라진다. 그러므로 '小王的书'는 (70)에서 보듯 서로 다른 여러 해석이 가능하다. 이러한 현상이 생기는 원인은 '小王的父亲'과 '小王的书'의 내부구조가 (70)a를 제외하고 서로 다르기 때문이다.

---

13 한편, 기타 술어와 관련 없이 생기는 '소유'나 '소속' 등의 의미도 이러한 구조일 것이다.

4.3.2. '的'자 구의 지시성

'的' 한정사구의 중심어는 그 출처의 차이에 따라 지시성의 강도에 차이가 있다. 즉, 논항으로부터 선택된 중심어는 비교적 쉽게 '的'구로부터 지시될 수 있으나, 부사어에서 선택된 중심어는 '的'구로부터 지시되기가 상대적으로 어렵다.

(73) a. 小王喝的啤酒
샤오왕이 마신 맥주
b. 小王喝啤酒的方式
샤오왕이 맥주를 마시는 방식

예(73)a의 **중심어는 논항 위치에서 선택**이 되었으나, b의 **중심어는 부사어 위치에서 선택**되었다. 이들이 한정사구의 중심어로 도출되는 과정에 대해 알아보자.

(74) '小王喝的啤酒'의 도출

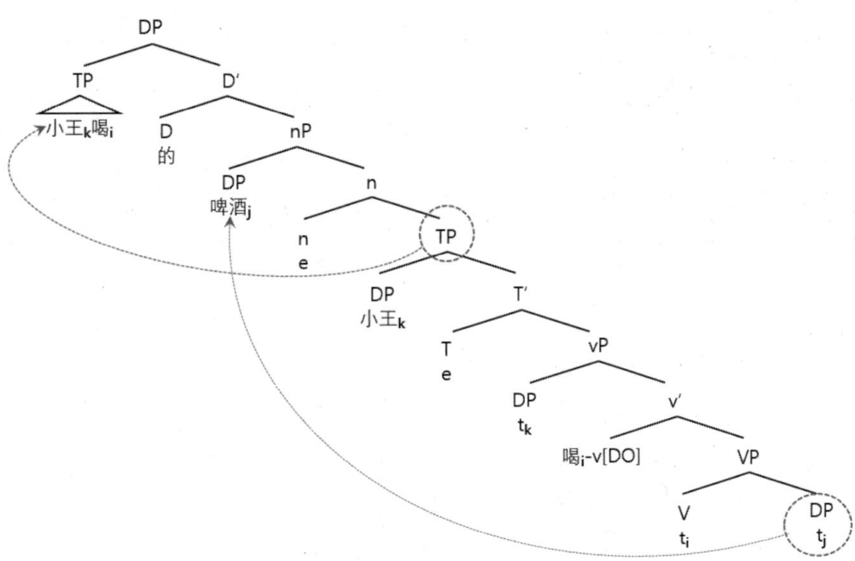

'啤酒'는 원래 논항 자리, 즉 '喝'의 보충어 자리(t_j)에서 경명사구의 지정어 자리(nP-Spec)으로 이동된 중심어이다. 이제 부사어에서 선택된 단어가 중심어가 되는

예를 보자.

(75) '小王喝啤酒的方式'의 도출

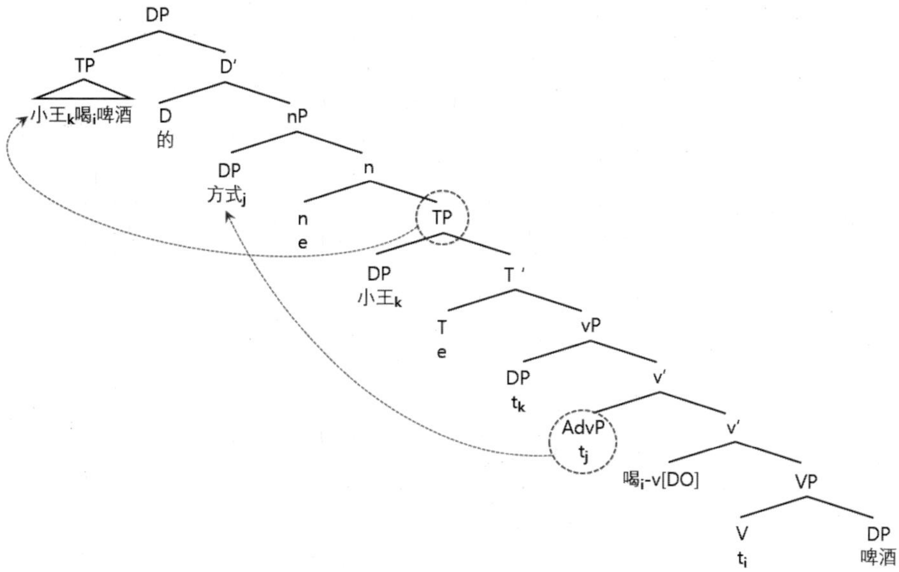

'方式'는 원래 부사구(AdvP)의 자리, 즉 '喝'를 수식한 자리(t_j)에서 경명사구의 지정어 자리(nP-Spec)으로 이동하여 도출된 것이다.

이상과 같은 이치에 근거하여 熊仲儒(2013:119-120)는 중심어가 생략된 '的'구에서 논항이 생략된 자리가 지시하는 것이 무엇인지를 파악하는 것이 수월하다고 한다. 다음 예를 보자.

(76) a. **做完了的[∅]**可以走。
다 한 사람은 가도 좋다.
b. **吃早饭的[∅]**已经走了。
아침을 먹은 사람(들)은 이미 떠났다.

(77) a. **吃的[∅]**已经准备好了。
먹을 것은 이미 준비되었다.
b. **他把没有做好的[∅]**也拿来了。
그는 잘 되지 않은 것도 가지고 왔다.

(79) a. **我洗的[∅]**是凉水。
내가 씻은 물은 찬물이다.
b. **他切的[∅]**是那把刀。
그가 자른 도구는 그 칼이다.

생략된 중심어를 가늠해보자. (76)a, b는 앞 뒤의 두 동사의 〈행위자〉 논항으로부터 온 중심어이므로 중심어를 유추하기가 쉽다. (77)a, b는 앞 동사의 〈대상자〉 논항으로부터 온 중심어이다. (78)a는 〈재료〉나 〈도구〉로부터, b는 〈도구〉 논항으로부터 온 중심어가 각각 생략된 것이다. 한편, 더 깊은 곳에서 도출되는 경우는 술어와 논항 간의 관계를 함께 살펴야 하는 부담이 있다.[14]

---

14 예를 들어 〈여격〉, 이나 공동 〈행위자〉 논항으로부터 온 중심어인 경우는 성립 여부에 이견이 있을 수 있다.
예) a. ??**我**给**他**书的[∅]叫张三。
?내가 그에게 책을 준 사람은 장싼이라고 부른다.
b. ??**我**跟**他去南京**的[∅]是张三。
?내가 그와 남경에 함께 간 사람은 장싼이다.

제 6 장

동사성 구

1. 동사구(VP)
2. 형용사구(AP)
3. 전치사구(PP)
4. 부사구(AdvP)
5. 경동사구(vP)
6. 조사구(PartP)
7. 양태사구(ModP)
8. 시제사구(TP)
9. 보문사구(CP)
10. 부정사구(NegP)

본서의 제3장 3.3-3.4에서 [+ V] 자질이 투사된 모든 구를 '동사성 구'라 정의하고, [+ V] 범주자질을 가지는 품사에 대해 동사(V), 형용사(A), 전치사(P), 부사(Adv), 경동사(v), 경형용사(a), 경전치사(p), 조사(Part), 양태사(Mod), 시제사(T), 보문사(C) 등으로 나눈 바 있다. 이중 **어휘범주 사에 속하는 동사성구**는 동사구(VP), 형용사구(AP), 전치사구(PP), 부사구(AdvP) 등이다. 반면 **기능범주 사에 속하는 동사성구**는 경동사구(vP), 조사구(PartP), 양태사구(ModP), 시제사구(TP), 보문사구(CP) 등이다.

이에 본 장에서는 동사구(VP)를 시작으로 '동사성 구'에 속하는 개별 구의 통사적 특성에 대해 알아보자. 특히 하위분류되는 조사구(PartP)는 상조사구(AsP)와 태조사구(VoiP)로 나누어 살펴보고, 보문사구(CP)도 초점사구(FocP), 화제사구(TopP), 어기조사구(ForP)등으로 각각 나눈 후, 각 구의 위계에 따라 그것들의 성질과 기능 등에 대해 살펴본다.[1]

1 본서의 제6장 '동사성구'는 편장 구성이 다소 길다. 따라서 동사성구는 다시 어휘범주사와 기능범주 사의 차이에 근거하여 나누어 기술할 수도 있다. 그러나 동사성 구는 모두 [+ V] 자질을 가지는 단어 핵의 투사체이므로 원칙을 중시하여 함께 기술한다.

1. 동사구(VP)

1.1. 동사 어휘범주

1) 동사구의 정의

동사구를 정의해보자.

(1) a. 동사구(VP)는 **어휘범주사**에 속하는 **동사(V)가 핵(Head)**이 되어 VP로 최대투사(Maximal projection)된 구이다.
b. 동사 핵은 자신의 보충어에 대해 선택성을 가진다.

동사구를 만드는 단초인 동사(V)는 어휘범주에 속하는 단어이다. 동사는 **보충어를 선택할 때, 의미선택 정보(S-selection)와 범주자질 선택 정보(C-selection)를 가진다**. 이런 점에서 본서는 동사를 모든 구를 만드는 출발점이라고 본다. 이 동사는 어휘범주의 단어이므로, 기능범주의 확장 없이 단독적으로 쓰이는 데는 한계가 있다. 그러므로 표현의 필요에 따라 **기능범주인 경동사, 상조사, 태조사, 양태사, 시제사, 보문사 등의 확장을 요구**한다.

2) 동사구의 도출 위치

먼저 통사구조 속에서 동사구(VP)가 도출되는 위치를 찾아보자.

(2) 동사구(VP)의 도출 위치

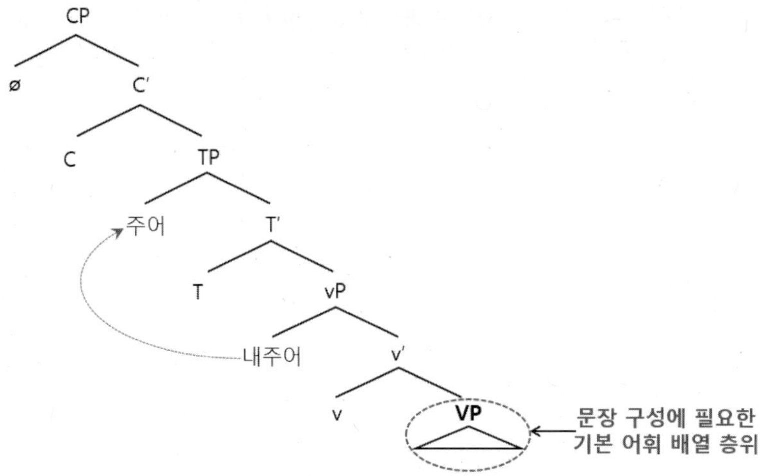

수형도에서 보듯, 동사구는 가장 낮은 위치에서 가장 먼저 도출된다. 그것은 언어의 집짓기 과정 중 가장 완성적인 구조체(CP)를 향해 투사되는 과정 중 첫 번째 단계이다. 동사구는 문장을 구성하는 **주축 선의 출발점**이다. 따라서 경동사, 시제사, 보문사 등에 의해 연속적으로 확장된다.

동사구를 만드는 단초인 동사는 빈 구멍을 가진 단어들이다. 동사의 빈 공간이 어디인지 다음 수형도를 통해 보자.

(3) 동사구(VP)의 도출

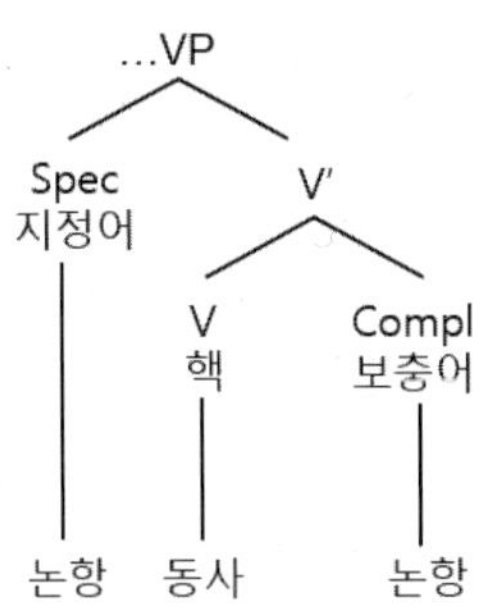

어휘부에서 추출한 동사 핵을 중심으로 하여 **보충어 및 지정어에 위치할 단어를 배열**하여 첫 번째로 만드는 구가 바로 동사구(VP)이다. 여기서 두 **논항**(argument)의 위치, 즉, **보충어**(Complement) **자리와 지정어**(Specifer) **자리가 논항으로 채워져야**

할 공간(Place)이다. 본서 1.3에서는 특히 보충어 논항에 대해 자세히 논한다.

1.2. 동핵구조

동핵구조(verb head-structure)란 동사 핵이 **느슨한 단어(/약 단어) 형태**인 것을 말한다. 어휘부에서 추출된 한 단어가 통사부에 들어가면, 그것은 반드시 스스로 핵이 되는 최대투사 범주인 구(Phrase)로 투사된다. 그런데 동핵구조는 마치 하나의 동사처럼 투사한다. 즉, 동사가 핵(V)의 중간투사 범주(V')로 투사하기 전에 또다시 동사 핵(V) 구조로 투사되는 개념이다. 다음 수형도를 보자.

(4) 동핵구조 예시도

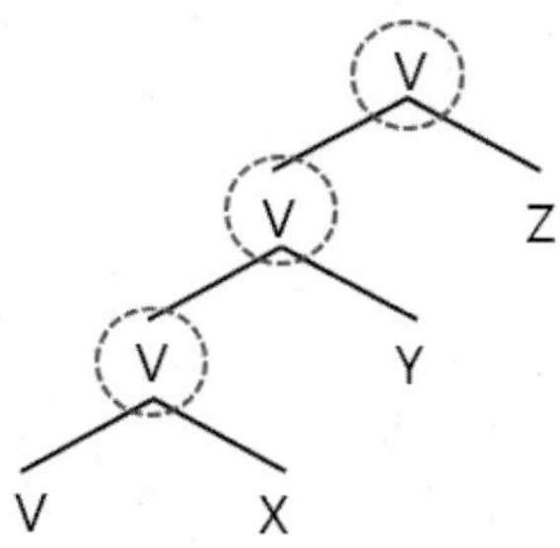

위의 그림에서 보듯, 동사핵 'V'는 모종의 성분 'X'와 병합되지만 다시 'V'로 투사되고, 다시 'Y' 요소, 'Z' 요소 등과 계층구조를 보이며 계속적으로 병합되지만, 여전히 V로 투사된다. 이런 구조를 **동핵구조**라 한다.[2] 何元建(2011)은 중국어 동사와 긴밀히 결합하는 상표현식(体貌式), 방향보어식(趋向式), 가능보어식(能愿式), 의문식(疑问式) 등의 동핵구조(약 단어 구조)를 제시한다.[3]

---

2 Sadler & Arnold(1993)는 통사범주에서 생성된 '단어구조(词结构)'를 통사구조 속의 차 단어구조(lexical sub-tree)로 보고, 이것들은 단어로서의 기능을 가진다고 본다. 何元建(2011)은 이러한 핵 구조는 단어구조에 상당하지만 단어는 아니다"라고 한다. 그는 Di Sciullo & Williams(1987)를 참고하여 "진정한 단어구조는 어휘부에서 생성된 것으로 강한 단어성(strongly lexical)이지만, **통사부에서 생성된 단어구조는 약한 단어성(weekly lexical)**을 지닌다"고 본다. 다시 말하면, 전자는 형태론 범주에서 생성된 단어이고, 후자는 통사범주에서 생성된 "단어구조"라는 것이다. 何元建(2011:182) 참고 및 재인용.

何元建(2011:183)이 제시하는 동핵구조 도출 규칙을 요약하면 다음과 같다.

(5) 동핵구조 도출 규칙

(ⅰ) 동사는 핵이고, 다른 성분이 핵에 병합되어도 다시 동사 핵으로 운용된다.

(ⅱ) 만약 하나 이상의 병합성분이 있으면, 매번 병합하여 이루어진 구조체는 새로운 구조성분이 된다.

(ⅲ) 동사 핵 구조는 단어구조처럼 우분지구조이다.

그러면, 何元建(2011)의 예를 중심으로 몇몇 동핵구조 구의 도출과 통사기능에 대해 알아보자.

1) 방향표시 동핵구조

이 동핵구조는 통사부에서 동사와 방향보어가 병합하여 구성하는 '핵 구조'이다. 다음 예를 보자.

(6) '跑过来'의 도출

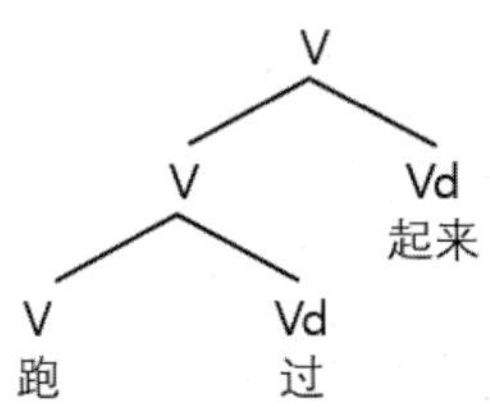

수형도에서 Vd는 방향동사이다. 방향표시 동핵구조를 설정할 때 장점은 무엇인가? 이를 이용하여 방향보어구 어순의 도출 과정을 계층적으로 해석할 수 있다는 점이다. 다음 예를 보자.

---

3 汤廷池(1992), 何元建(2011)는 중국어 상(Aspect) 표시 단어와 방향동사는 통사범주에서 동사의 구조에 병합·생성되는 것이라고 본다. 한편, 邓思颖(2010)은 상(aspect) 표현 요소, 방향보어 표현 요소 등을 접사로 처리한다. 본서는 **상 표현은 통사범주**로, **방향보어는 동핵구조**로 본다.

(7) a. 他跑进屋里来了。
그는 방 안으로 뛰어 들어왔다.
b. 他扛进屋里来三口袋面。
그는 방 안으로 세 포대의 밀가루를 메고 들어왔다.

해당 예문에 대한 다음 수형도를 보자.

(8) 방향표시 동핵구조의 도출

a. 他跑进屋里来了。

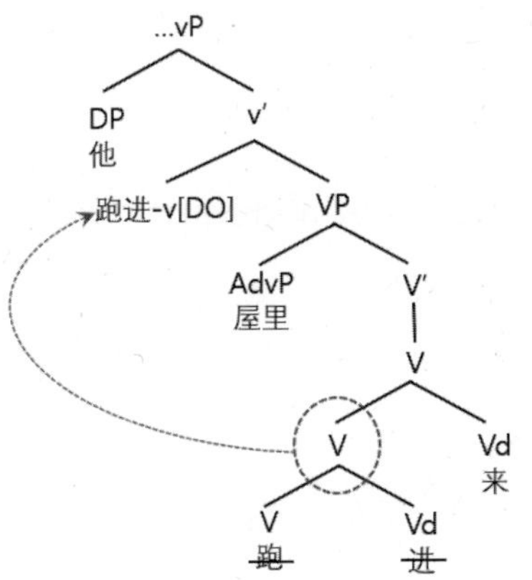

b. 他扛进屋里来三口袋面。

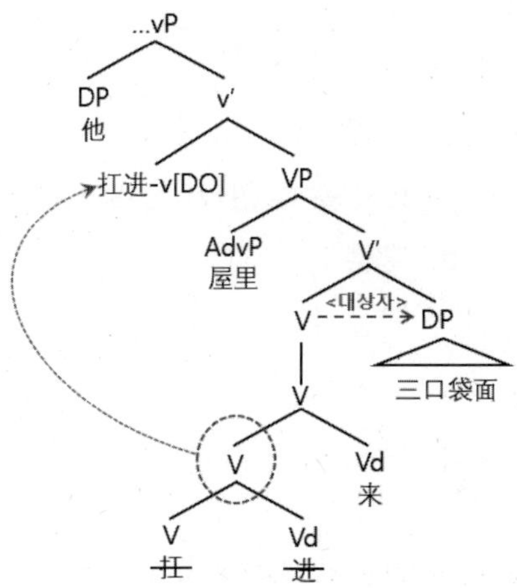

a는 보충어가 없는 방향표시 동핵구조의 도출의 예이고, b는 보충어가 있는 방향표시 동핵구조 도출의 예이다. 위 수형도 a를 통해 보듯, 보충어가 없는 방향표시 동핵구조는 '来'를 제외한 부분만 경동사를 향하여 핵이동한다. 이 이동으로 인해 원래 동사구의 지정어 자리에 있던 **장소표시 부사어(AdvP) '屋里'는 동사 뒤에 위치하게 되어 표면적으로 마치 목적어처럼 보인다. 그러나 목적격을 부여받을 위치가 아니므로 목적어로 보는 것은 근거가 약하다**.

위 수형도 (8)b에서 보듯, 이 경우는 방향표시 동핵구조가 보충어 '三口袋面'를 가지며, 이에 대해 **〈대상자〉 의미역과 목적격을 부여한다**. 따라서 **명실상부한 목적어**이다. 여기서 '来'를 제외한 부분만이 경동사를 향해 핵 이동한다. 이로 인해 '来'는 장소부사어 '屋里'의 아래, 보충어 '三口袋面'의 사이에 위치한다.

2) 양태표시 동핵구조

이 동핵구조는 통사부에서 동사와 가능·불가능의 **양태**(modality)[4]를 표시하는 '-得-', '-不-'를 병합하여 만든 핵 구조이다. 이런 동핵구조는 **단어화는 경향**이 매우 강하다.[5] 다음 예를 보자.

(9) 가능·불가능의 양태표시 동핵구조의 조어성

a. 来得及 시간에 댈 수 있다	↔	来不及 시간에 댈 수 없다
b. 受得了 견딜 수 있다	↔	受不了 견딜 수 없다
c. 对得起 떳떳할 수 있다(/낯이 서다)	↔	对不起 떳떳할 수 없다(/미안하다)
d. 吃得下 먹을 수 있다	↔	吃不下 (배불러) 먹을 수 없다

(9)c를 예로 하여 가능·불가능 표시 동핵구조의 도출 과정을 보자.

(10) a. '对不起'의 도출

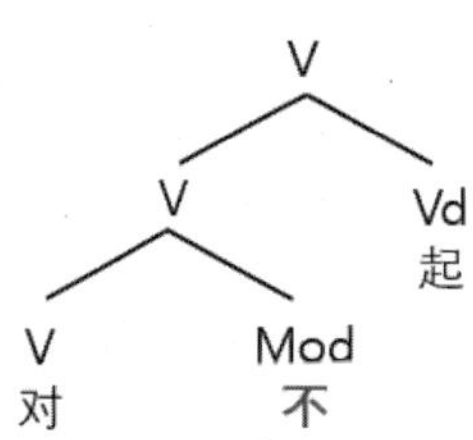

b. '对得起'의 도출

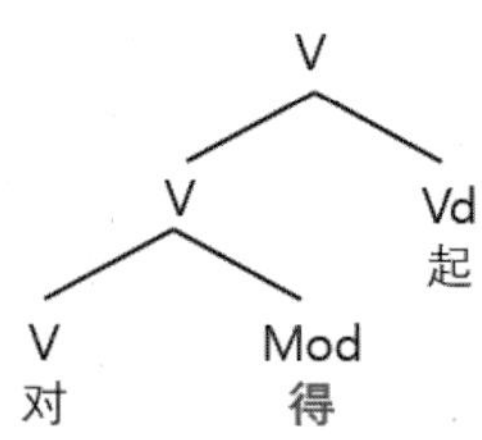

---

4 양태(modality)란 양태사(modals)를 사용하여 문장이 표현하는 사태(eventuality)의 **진리치(truth value)에 대해 표출된 주어 혹은 화자의 주관적 관점이자, 또 그러한 언어적 표현법**을 이른다. 양태를 나타내는 주요한 요소는 양태사이며, 영어에서는 주로 조동사(auxiliary) may/might, can/could, must, shall/should, will/would) 등에 의해 표현된다. Victoria(1974, 제9판), 谢富惠 외 역(2011[1999]: 118-119, 790) 참조. **양태사구(ModP)**에 대해서는 본서 제6장의 7에서 다룬다.

5 이런 점에서 전통문법에서는 '-得-'와 '-不-'를 접사의 하나인 '**접중사(/接腰词)**'로 보기도 한다.

(10)a, b에서 V는 동사 핵이고, Mod는 양태사이며, Vd는 방향동사이다. 동핵구조는 동사적인 속성을 가짐으로써 계속해서 동사구(VP)로 투사하려 하며, 이를 통해 경동사의 보충어로 충당될 수 있다.

이제 양태표시 동핵구조에 의해 도출되는 다음 예를 보자.

(11) '我对不起大家'의 도출

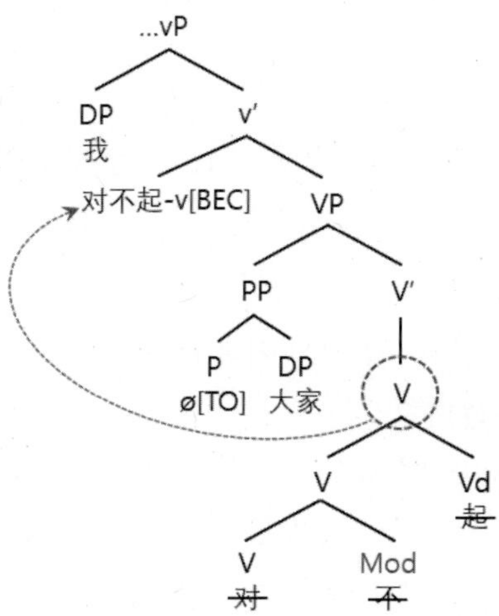

수형도에서 보듯, '불가능'을 의미하는 **동핵구조 '对不起'**는 경동사 v[BEC]에 의해 상위 계층으로 **핵이동**한다. 이에 동사구의 지정어 자리에 위치한 '大家'는 동핵구조의 뒤에 놓여 표면적으로 마치 목적어처럼 보인다. 그러나 '大家'는 원래 동사구의 지정어(VP-Spec) 자리에 있던 성분이고, 이 자리는 목적격을 받는 위치가 아니다. 따라서 이것이 동사의 뒤로 위치변화가 생겼다 하여 목적어라고 보는 것은 타당한 근거가 없다.[6]

6 이는 아마도 '向/给'등에 대응하는 비명시적인 **전치사/경동사** [TO]에 의해 〈수혜자〉 의미역과 여격(dative)을 부여받을 것이다. 蔡维天(2016, 2017)은 이런 전치사를 **내경동사(inner light verb)**로 처리한다. 그렇다면 위의 수형도와 다른 수형도가 그려진다. 이에 대해해서는 제6장 5.3에서 다룬다.

3) 의문표시 동핵구조

이 동핵구조는 통사부에서 동사와 의문표시 어휘항목(lexical item, 词项) 및 '부정사(Neg)'로 구성된 핵구조이다. 현대중국어에서 이런 동핵구조를 쓰는 의문식은 'V不V', 'V没(有)V' 및 이들을 문미에 운용한 '부가식' 등이 있다. 이중 'V不V'는 비실현의 의문을, 'V没(有)V'는 실현 여부를 각각 질의한다.

첫째, 비실현의 의문표시 'V不V' 구조

동핵구조는 술어 앞에 놓여 '정반(正反)' 의문문을 구성한다. 아래의 예를 보자.

(12) a. 老师**[要不要]**去上海?
선생님께서는 상하이에 가실 거예요?
b. 食堂的饭**[好不好]**吃?
식당의 음식이 맛있어요?

어휘부에서 해당 어휘항목을 출력해서 통사부로 보내면 'V不V'의 병합을 통해 동핵구조를 구성한다.

(13) 'V不V' 동핵구조의 도출

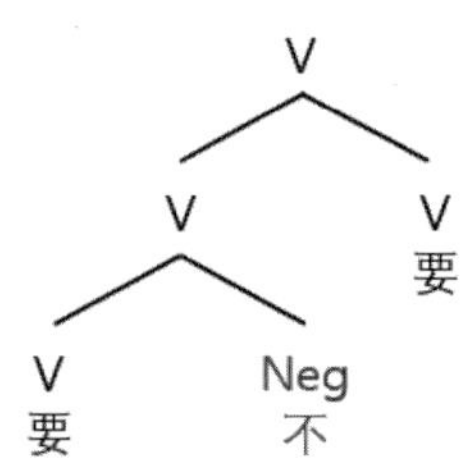

어휘부에서 해당 어휘항목을 출력해서 통사부로 보내면 'V不V'의 병합을 통해 동핵구조를 구성한다.

둘째, 실현의 의문표시 'V没(有)V' 구조

어휘부에서 해당 어휘항목을 출력해서 통사부로 보내면 '긍정+부정', 즉 'V没(有)V' 의 병합을 통해 실현의 의문표시 동핵구조를 구성한다.

(14) a. 老师[**有没有**]去上海?
선생님께서는 상하이에 가셨어요?
b. 你[**买没买**]电脑?
당신은 컴퓨터를 샀어요?

(15) 'V没V' 동핵구조의 도출

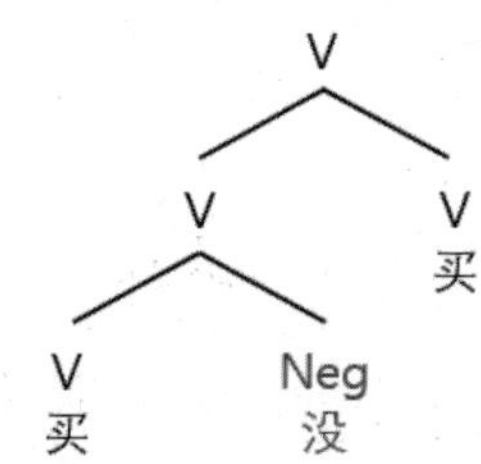

셋째, 부가식 의문표시 'V不V' 구조

부가식 의문표시 동핵구조는 문장의 끝에 출현한다. 문장과의 동핵구 사이에는 휴지(쉼)가 있으며, **부가 의문문**(tag question)을 구성한다.

(16) a. 他想进来, **可(以)不可以**?
그가 들어오고 싶어 해요, 그리해도 될까요?
b. 小李今天没去上班, **是不是**?
샤오리는 오늘 출근을 안 했어요, 그렇죠?
c. 你别说了, **行不行**?
그만 얘기해요. 괜찮죠?
d. 我们把家收拾一下, **好不好**?
우리는 집을 좀 정리해요, 어때요?

부가 의문식 동핵구는 마치 **보문사**(complementizer)처럼 자신의 보충어인 **시제사구**(TP)**에 대해 의문을 부가**한다. (16)b의 예를 수형도로 보자.

(17) '小李今天没去上班, 是不是?'의 도출

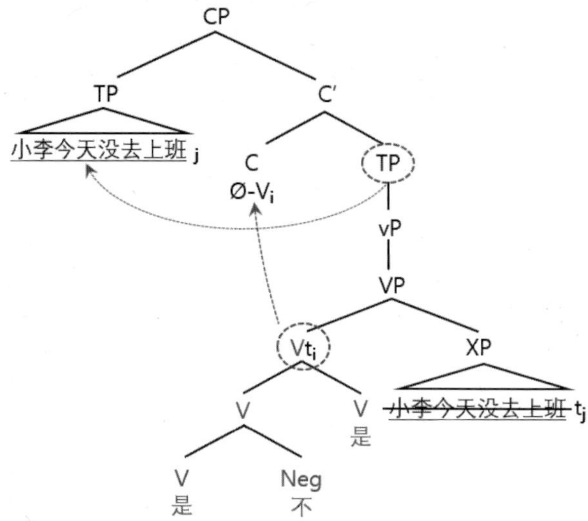

수형도에서 보듯, 동핵구조 '是不是'는 핵이동을 통해 보문사핵(C)과 병합되어 시제사구(TP: 小李今天没去上班)에 대해 '부가식 의문'을 표시한다. 이후 시제사구는 보문사핵의 EPP 자질과 의문(Q) 자질을 점검하기 위해 보문사구 지정어(CP-Spec) 자리로 이동한다. 이와 같은 도출 과정을 통해 '是不是'는 **문미에 위치**하여 소위 **부가의문문**을 도출한다.

1.3. 동사구와 논항

논항이란 술어동사와 관련된 참여자나 대상자등을 말하며, 일반적으로 명사성 구로 충당되지만 절(clause)로 충당되는 경우도 있다.[7] 아래에서 동사에 의한 논항구조

---

7 논항은 각 술어에 따른 **의미역**(Thematic role, 题元角色)을 갖는다. **논항구조**(Argument structure)는 한 술어가 취하는 논항들 간의 관계를 나타내는 구조로서, 술어의 어휘적 특성에 속한다(이상 정태구 1994:214).
논항이 될 수 있는 것은 일반적으로 보통의 명사구, 변항(variable), 대용어(anaphor), 대명사구(Pronominals) 등이다. 강명윤 역(1998:51), 그러나 학자에 따라 술어가 다른 술어 및 그 술어의 논항구조를 논항으로 취할 수 있고 보기도 한다(정태구 1994:214). 이상은 4장의 2.3.2에서도 인용한 바 있다.

와 의미역 할당 문제를 살펴보자.

1.3.1. 논항구조

동사의 **논항구조**(Argument structure, **题元结构**)란 명사성 성분이 동사와 가지는 논항관계의 총체를 말한다. 논항과 논항구조에 대해 이홍배(1991:273)는 "논항은 술어와 술어의 행위•동작과 관련된 참여자나 대상을 나타내는데, **명사나 절**이 될 수 있다. 동사의 **목적어는** 'V-bar' **내에 위치하기 때문에 '내부논항'**이라고 칭하고, **주어는** 'V-bar' **밖에 위치하므로 '외부논항'**이라고 칭한다. 논항구조는 술어와 관련된 논항의 집합과 논항들의 **의미역**을 명시해 준다."라고 한다. 동사 '笑'의 논항구조를 보자.

(18) 笑, V <행위자(施事)>
　　V <행위자(施事), 대상자(客事)>
　　V <행위자(施事), 대상자(客事), 설명(述题)>

위의 예에서 꺾쇠 '〈 〉'의 안은 동사 '笑'가 가질 수 있는 의미역이다.[8] 다음은 '笑'의 논항 관계에 따른 예문이다.

(19) a. [张三]笑。
　　장싼이 웃는다. (1항)
b. [张三]笑[李四]。
　　장싼이 리쓰를 비웃는다. (2항)
c. [张三]笑[李四][不修边幅]。
　　장싼은 리쓰가 옷차림에 신경을 쓰지 않는다고 비웃는다. (3항)

(18)의 논항구조에서 제시한 대로, a는 〈행위자〉를, b는 〈행위자〉와 〈대상자〉를, c는 **〈행위자〉, 〈대상자〉** 그리고 **절인 〈평언/명제〉**을 포함한다.

---

8 논항관계의 완성은 경동사구에서 이루어진다는 것이 필자의 생각이다. 그러나 동사핵도 의미역 할당에 관여한다. 이에 의미역 할당 문제를 경동사구 부분과 동사구 부분에서 모두 언급한다.

여기서 유의해야 할 점은 동사의 성격에 따라 논항구조에 차이가 난다는 점이다. 다음 차이를 비교해보자.

(20) a. 张三$_i$ **笑**[他]$*_i/_j$ [不修边幅]。
장싼$_i$은 그$*_i/_j$(장싼 이외의 인물)가 옷차림에 신경쓰지 않는다고 비웃는다.
b. 张三$_i$ **说**[他]$_i/_j$ [不修边幅]。

b에서 보듯, 동사 '笑'와 달리 '说'는 '他'의 지시성에 대해 두 가지의 가능성을 다 가진다. 즉, '他'가 '张三' 본인일 수도 있고, 남일 수도 있다. 따라서 b는 다음과 같이 중의적인 문장이다.

(21) b_1. 장싼$_i$은 자신$_i$은 옷차림에 신경쓰지 않는다고 말한다.
b_2. 장싼$_i$은 그$_j$(장싼 이외의 인물)가 옷차림에 신경쓰지 않는다고 말한다.

즉, 동사 '笑'와 '说'의 성질 차이[9]에 따라 논항 '他'의 지시성과 의미역에 차이를 보인다.

1.3.2. 보충어 논항

동사구는 동사구를 구성하는 논항, 특히 보충어의 유무 및 그 구조적 특징 등에 따라 몇 가지 유형으로 나눌 수 있다.

1) 보충어 논항이 없는 동사구

통사부가 어휘부에서 한 개의 동사만 선택한 경우이다.

9 이는 결국, 각 동사 핵(V)이 가지는 **범주 선택**(C-selection) **정보**와 **의미 선택**(S-selection) **정보의 차이**로 인한 것이라 하겠다.

(22) 보충어가 없는 동사구의 도출

위 수형도에서 V는 동사이고, VP는 동사구이다. 수형도상의 V는 다른 성분과 병합하지 않았으나, 통사부에서는 그 자체가 핵이며, 구로 최대투사된다.

2) 보충어 논항이 있는 동사구

첫째, 보충어 논항이 1개의 한정사구(DP)인 경우

동사의 보충어는 주로 한정사구(DP)로 충당된다. 다음 예를 보자.

(23) '他吃饭'의 도출

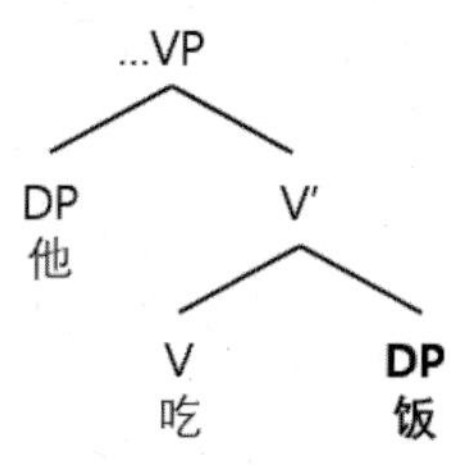

핵 동사 '吃'는 보충어 '饭(DP)'에게 〈대상자(theme)〉 의미역과 목적격(accusative)을 부여한다.

둘째, 보충어 논항이 이중목적어구인 경우

중국어에도 역시 영어와 유사한 소위 이중목적어 구문이 있다.

(24) 张三送了李四一本书。
장싼이 리쓰에게 책 한 권을 주었다.

이중목적어 구에서 중요시되는 것은 동사가 어떤 보충어와 먼저 병합하는가의 문제이다. 즉, 동사가 먼저 간접목적어 성분인 여격(dative)의 〈수혜자〉와 병합하는가 아니면 직접목적어 성분인 〈대상자, theme, 受事〉와 먼저 병합하는가의 문제이다. 이에 대해 Larson(1988)의 **의미역 위계**(**题元等级**, **θ-hierarchy**)를 따르는 사람들은 동사가 사격(Oblique)에 속한 여격의 〈수혜자〉와 먼저 병합한다고 주장하며[10], **Grimshaw(1990)의 의미역 위계**를 따르는 사람들은 동사가 〈대상자〉와 먼저 병합한다고 주장한다.[11]

먼저 Larson(1988)의 **의미역 위계를 따라 '여격의 보충어'를 취하는 수형도**를 보자.

---

10 Chomsky(1995:179-180)는 **핵계층이론(X-bar theory, X阶标理论)**을 설명하는 중에 Larson (1988)의 다중 논항 동사(multi-argument verb)의 투사 과정을 인용하여, "John put the book on the shelf."에 대해 **동사 핵이 먼저 장소 보충어(목표점)와 병합하는 것**으로 설명한다.

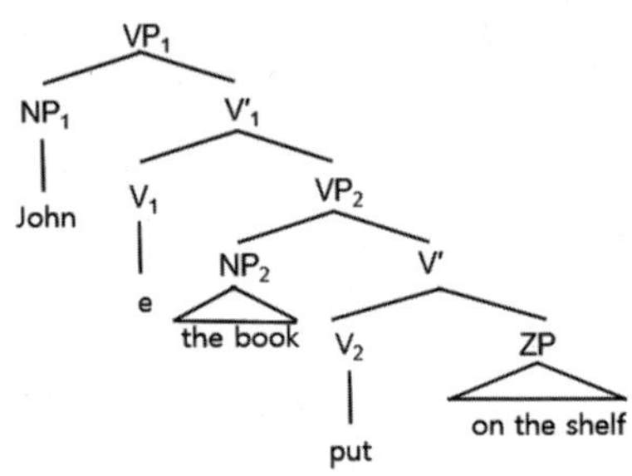

동사핵이 먼저 장소 보충어와 병합한 후, V_2가 V_1으로 인상이동함으로써, NP_1의 외현적 인상이동 [Spec, Agrs]과 NP_2의 내현적 인상이동 [Spec, Agro]이 발생한다는 것이다. 즉, NP_1은 주격을 받는 자리로 이동하게 되고, NP_2는 'put'의 이동으로 말미암아 이동한 효과가 나타나며, 목적격을 받는 자리에 위치하게 된다는 것이다.

11 **Larson(1988)과 Grimshaw(1990)의 의미역 위계** 순서를 위 아래로 배열해보이면 다음과 같다.
L: **Agent(행위자)**>Theme(대상자)>Goal(목표점)>Oblique(사격)
G: **Agent(행위자)**〉Experiencer(경험자)>Location(장소)/Goal(목표점)/Source(원천)〉**Theme (대상자)**
양자 모두 'Agent(행위자)'를 가장 상위에 두지만, 그 이하의 위계에 대해서는 견해 차이가 있다. 본서는 후자의 분류가 비교적 자세하며, 'Theme(대상자)' 의미역을 가장 하위에 두는 것이 언어 현실을 더 잘 반영한다고 생각한다.

(25) 여격의 보충어를 설정하는 이중목적어 구의 도출

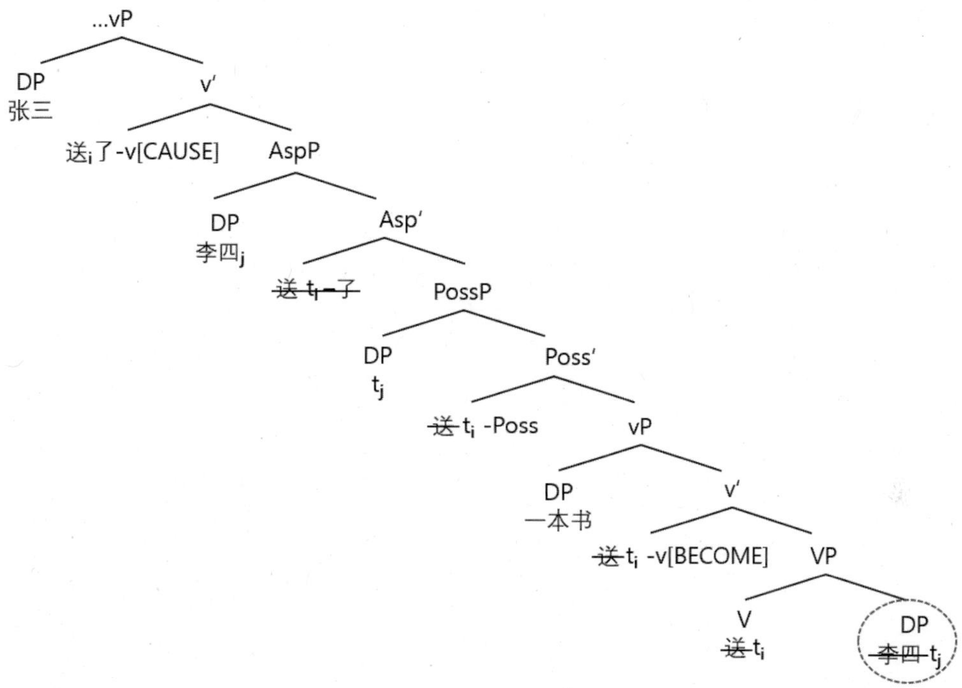

위 수형도에서 동사구를 보자. 동사 핵은 Larson(1988)의 의미역 위계에 따라 소위 **여격(dative)**에 해당하는 '李四'를 보충어로 취했고, 이후는 변화결과[BECOME], 소유표시[POSSESS], 원인표시[CAUSE] 경동사(v)들을 설정하여 '누가(원인자) 누구(수혜자)에게 무엇(대상자)을 주어 소유하게 되다'라는 의미를 만들어낸다. 다만, 성분통어의 관점에서 볼 때, 소유구(PossP)의 해석은 '(책 한 권이 리쓰에게 보내져) 리쓰가 책 한 권을 가지게 된다.'라고 해석된다.

이어서 Grimshaw(1990)의 **의미역 위계를 따라 '대격의 보충어'를 취하는 수형도**를 보자.

(26) 대격의 보충어를 설정하는 이중목적어 구의 도출

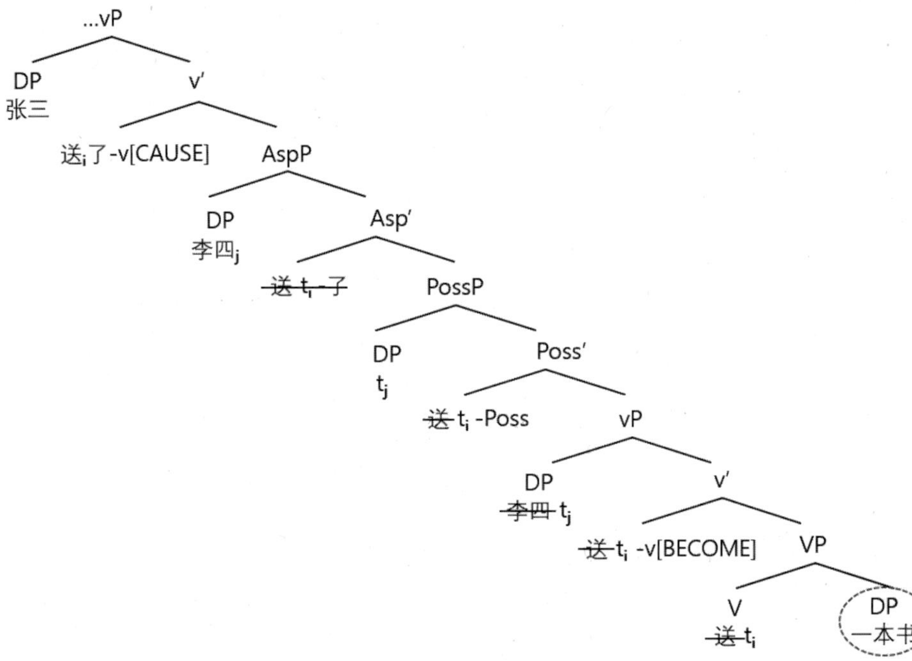

위 수형도에서 동사구를 보자. 동사 핵은 Grimshaw(1990)**의 의미역 위계**에 따라 **대상자**(Theme) 의미역의 '一本书'를 취했다. 그 이후의 도출은 역시 변화결과[BECOME], 소유표시[POSSESS], 원인표시[CAUSE] 경동사(v)들을 설정하여 '누가(원인자) 누구(수혜자)에게 무엇(대상자)을 주어 소유하게 되다'라는 의미를 만들어내도록 해석한다.

결국, 두 도출에 대한 해석은 같은 의미를 표현한다. 다만, 동사구의 최초 병합 차원에서 둘 사이에는 차이가 있다. 즉, '리쓰에게 보내는가' 아니면 '책을 보내는가'의 차이이다.

중국어 이중목적어구문의 도출과 관련하여, 熊仲儒(2013:247-249)는 동사와 전치사의 교착현상을 고려하여 'V+给'**가 있는 이중목적어 구문**을 해석한다. 다음 그의 수형도를 보자.

(27) 동사핵을 보충어의 우측에 배열한 '张三送给了李四一本书'의 도출

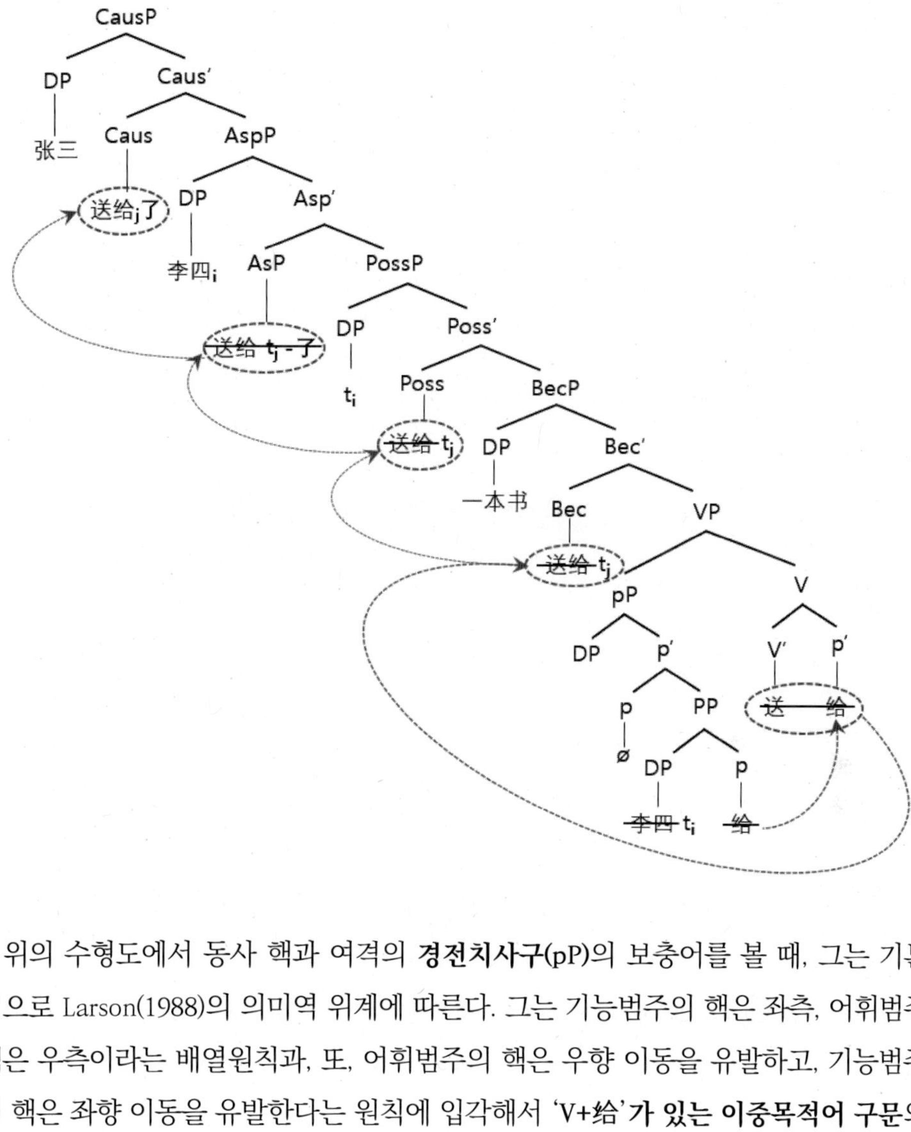

위의 수형도에서 동사 핵과 여격의 **경전치사구**(pP)의 보충어를 볼 때, 그는 기본적으로 Larson(1988)의 의미역 위계에 따른다. 그는 기능범주의 핵은 좌측, 어휘범주 핵은 우측이라는 배열원칙과, 또, 어휘범주의 핵은 우향 이동을 유발하고, 기능범주의 핵은 좌향 이동을 유발한다는 원칙에 입각해서 **'V+给'가 있는 이중목적어 구문**의 도출을 해석한다. 즉, 동사 핵 '送'에 의해 전치사 '给'[12]가 우향 이동하여 동사와 병합하고, 이 어휘화된 [V+P] 구조가 경동사 쪽으로 좌향 이동한다고 본다.[13] 그 이상

12 생성문법학에서 **전치사는 어휘범주의 단어**임을 유의하라. 熊仲儒(2013:249)는 '给'에 대해 의미적으로 동사의 '주다' 의미를 보완하며, 바로 옆의 **한정사구(DP)에게 여격을 주는 전치사**로 설명한다.

의 도출 관계는 이미 보인 관련 수형도와 일치한다. 필자는 동사 핵을 좌측에 두고, 다음과 같은 수형도를 그린다.

(28) 동사핵을 보충어의 좌측에 배열한 '张三送给了李四一本书'의 도출

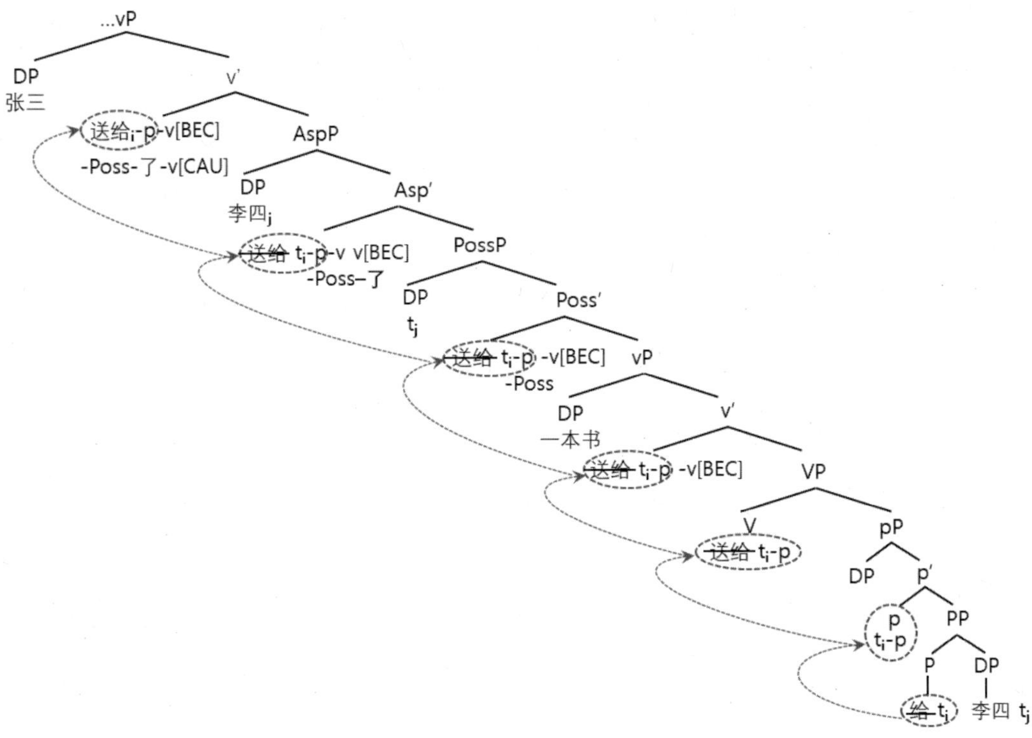

수형도에서 보듯, 가장 먼저 교착성이 매우 강한 '送-给p'[14] 융합 핵이 만들어진다. 이는 통사부의 조작에 의해 만들어지지만 현대중국어에서 상당한 정도 어휘화된 것으로 보인다. 즉, 본서 1.2에서 말한 바, **동핵구조화 한 '送-给p'**는 경동사 –

---

13 기능범주가설에 근거한 이러한 그의 주장이 가지는 장점은 자신의 논리에 대한 일관성이며, **현대중국어에서 'V+P' 구조가 마치 하나의 동사처럼 작동하는 것에 대한 해석력이 높다**는 것이다. 반면, 소위 '기능범주가설'에 충실한 나머지 동사를 오른쪽에 배열함으로써 중국어의 술목관계의 어순구조가 'V+O'라고 생각하는 사람으로 하여금 당황하게 하는 점도 있다고 본다.

14 '送-给p'에서 '给'는 이미 PP 도출 과정에서 동사의 뜻을 보충할 뿐 아니라, 후속하는 명사성 성분에 대해 여격(dative)을 주었던 기능을 그대로 유지한다. 한편 **경전치사 'p'의 역할은 접사(clitic)적 자질을 가지며, 동사 핵과 병합하여 'V-p(∅)给' 구조를 도출하는 강한 속성을 가지는 것 같다**. 향후 '送-给p'에 대한 정확한 해석이 기대된다.

v[BECOME]의 유인에 의해 핵 이동하여 병합한다. 그 이상의 도출 과정은 이미 언급한 (25)-(27)의 경우와 같다.

Larson(1988)의 의미역 위계를 따라 이중주어구문의 도출을 설명할 때, 유리한 점은 일견 전치사의 독립성이 강조된 것처럼 보이는 소위 '[S+[V+[O+[P+수혜자]]]]' 구문과 '把'로 실현되는 사동구문에 대한 설명이 수월한 점이다. 먼저 전자에 대한 예와 그 도출에 대해 알아보자.

(29) '张三送了那一本书给李四'의 도출

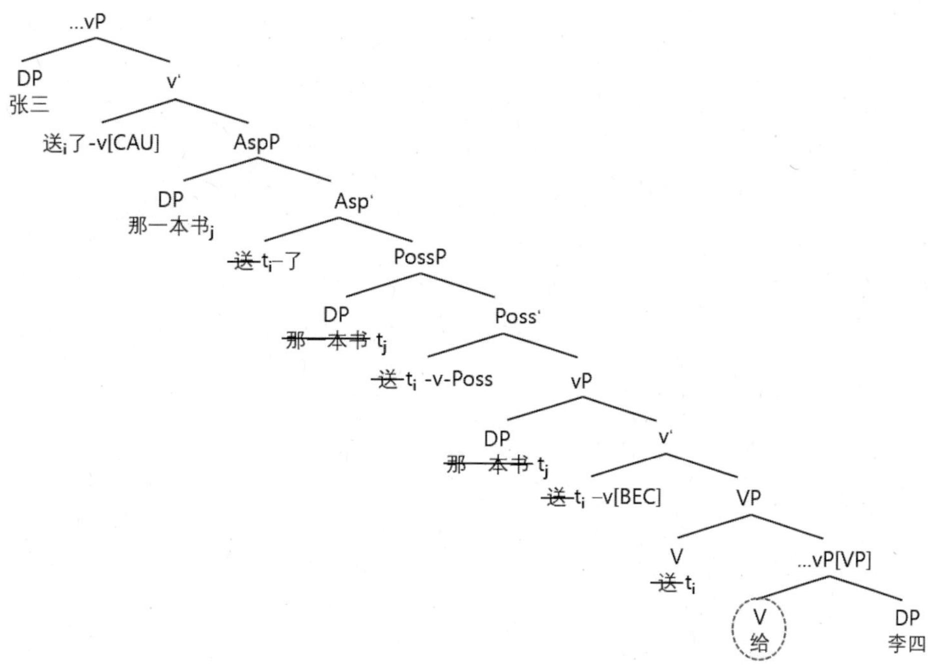

여기서의 '给'는 동사로 파악된다. 따라서 '张三送给了李四一本书'의 '给'와 달리 교착성이 없다. 동사 핵 '给'는 독립적으로 자신의 보충어 '李四'를 가지며, 모종의 절(clause, vP/TP/CP)로 투사된다. 이는 동사 핵 '送'의 보충어이다. '送'은 자립적 동사이므로 보충어 속의 핵 '给'를 당겨 병합하지 않는다. 그 이후의 도출 과정은 이미 언급된 (25)-(29)의 경우와 같다.

이어서 동일한 의미가 '把'로 실현되는 사동구의 도출 과정을 보자.

(30) '张三把那一本书送给了李四'의 도출

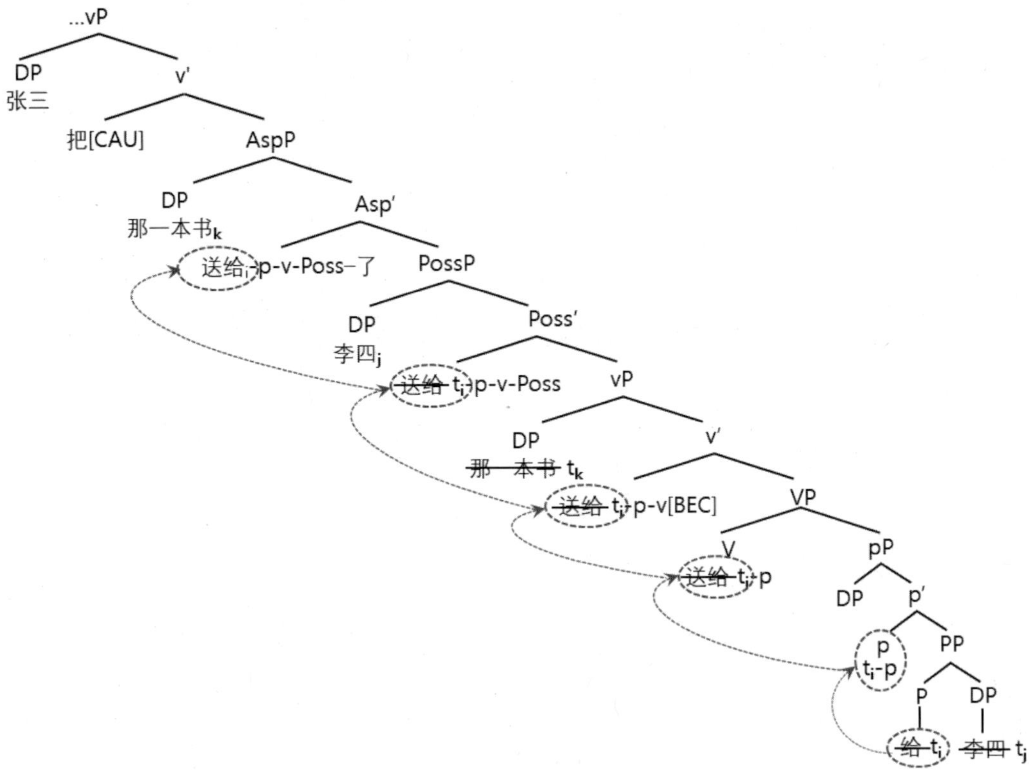

위의 수형도에서 보듯, 사동의미에 직접적으로 영향을 주는 경동사[CAUSE]가 명시적인 경동사 '把'가 사용되었다. 상조사로 확장된 융합 핵 '送给t_i-p-v-Poss-了'는 이동을 멈춘다. 상조사의 지정어(AspP-Spec) 자리에는 이동되어 온 〈대상자〉 논항 '那一本书'가 배열된다. 이 구문에서 하단 술어부에 '给' 출현 여부는 이중목적어구문에서와 마찬가지로 수의적이다.

(31) a. 张三**把**这一本书**送给**了李四。
장싼이 그 책 한 권을 리쓰에게 주었다.
b. 张三**把**这一本书**送**了李四。
장싼이 그 책 한 권을 리쓰에게 주었다.

한편, Tzong-Hong Lin(2001:319-320)은 현대중국어에서 보이는 일종의 이중목적어 구문인 '탈취' 표시구문의[15] 도출을 경동사 이론으로 설명한다.

(32) a. Laowang qiang-le Taiwan Yinhang ba-baiwan.
p.n. rob-Perf Taiwan Bank eight-million
b. 'Laowang qiang-ie Taiwan Yinhang ba-baiwan.' 의 도출

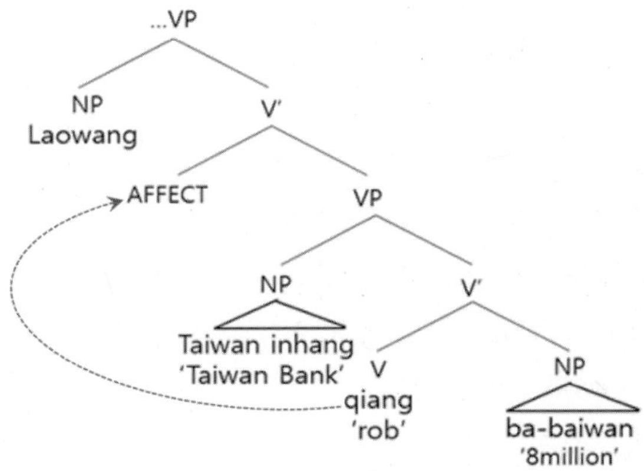

(32)b에서 주어 'Laowang'은 동사구(VP)를 보충어로 가지는 경동사 AFFECT에서 인허받은(licensed) 것이고, 동사 'qiang'은 경동사에 포함되어 (32)a와 같은 표면구조를 보이는 것으로 설명한다. Tzong-Hong Lin(2001:319-320)의 예에서는 대상자(theme)인 'ba-baiwan'이 동사 'rob'와 먼저 병합하는 것으로 설명한다.[16] 이상의 내용과 연계시켜 동사 핵이 가지는 보충어가 전치사구인 경우에 대해 좀 더 생각해보자.

셋째, 보충어 논항이 전치사구인 경우

현대중국어에서 동사 핵의 **보충어가 전치사구인 경우**도 흔히 보인다.[17] 다음 예를

---

15 그러나 이런 종류의 이중목적어 구문은 소위 전형적인 이중목적어 구문인 'S+V+IO(**간접 목적어**)+DO(**직접 목적어**)' 구조와 다르다. 즉 술어 동사와 관련하여 두 목적어가 각각 '간접'과 '직접'의 관계가 있는 것이 아니고, 술어와 관련 없이 두 목적어 사이에 '소유자'와 '소유물', 혹은 '전체'와 '부분'의 관계가 있는 경우이다. 즉 엄밀하게 말하여 통사구조가 다른 경우이다.

16 그렇다면, 〈근원(source)〉을 나타내는 'Taiwan Yinhang'은 이동에 의해 도출된 목적어 성분인가? 이중목적어 구문(double object construction)이라는 점을 강조하는 관점에서는 맞는 말 같아 보이지만, 한국어로의 해석은 이 'Taiwan Yinhang'은 절대로 목적격을 받지 못한다. 상대적으로 Larson(1988)의 예(John put <u>the book</u> on the shelf.)에서 해당 위치에 있는 'the book'은 한국어로 해석할 때 목적격을 할당받는다. 이는 지배대상 목적어 논항과 전통문법에서 말하는 소위 '보어' 논항이 있을 때, 동사 핵은 두 논항 중 어느 것과 먼저 병합되는가를 밝혀야 하는 문제이다.

17 김종호·한수진(2023)에 의하면, 고대중국어는 〈근원〉을 나타내는 **전치사구가 동사 핵의 보충어**

보자.

(33) a. 他**坐在拜厅上**。
그는 예배당에 앉아 있다.
b. 他**出生在1960年**。
그는 1960년에 태어났다.
c. 你把田鸡**卖给我**吧!
당신은 참개구리를 나에게 파세요!
d. 他把球**踢到小张的腿上**。
그는 공을 小张의 다리로 찼다.
e. 他把船**划向湖心**。
그가 배를 호수의 중심으로 저었다.
f. 她**打开了那封来自美国的长信**。
그녀는 미국에서 온 그 긴 편지를 열었다.

이 구조에 대한 전통문법학계의 관점은 두 가지로 정리된다. 현대 중국어 문법학계에서 가장 많은 판매량을 보이는 黄伯荣 · 廖序东(2007)은 위와 같은 구조를 '술보구조'인 [동사+[전치사+목적어]]의 구조로, 북경대학(北京大学)의 朱德熙(1982)와 복단대학(复旦大学)의 胡裕树(1995)는 **'술목구조'**인 [[동사+보어]+목적어]]의 구조로 분석한다. (33)a를 예로 하여 층차분석하여 양자의 차이를 보이면 다음과 같다.

(34) '坐在拜厅上'에 대한 분석

a.

坐	**在拜厅上**
술어	보어

b.

坐在	**拜厅上**
술어	목적어

로 쓰이는 경우가 흔하다.
(1) 千里之行始**于足下**。『道德经』
천리의 여정도 발 아래서 시작한다./천릿길도 한 걸음부터!
(2) 琴师金圣器学琴**于王世基**,『秋齋集』
가야금의 명수 김성기가 왕세기에게 가야금을 배웠는데,

결국, 이 구조에 대한 전통문법학의 견해는 양분되었고, 각자 나름대로의 설득력이 있는 것도 사실이다. 이에 관하여 熊仲儒(2013:49-55)는 이 두 분석이 모두 문제가 없다고 본다. 그는 이들의 견해 차이가 다만 운용의 서로 다른 단계를 반영할 뿐이기 때문이라고 한다. 그의 주장에 의하면, a의 '술보구조 분석'은 병합의 상황으로서 성분 간의 선택성을 반영한 관점이다.[18] 반면, b의 '술목구조 분석'은 이동의 결과로서 통사적 조정을 반영한 관점이라는 것이다. 본서는 熊仲儒(2013)의 이런 주장에 원칙적으로 동의하지만, a의 관점이 맞다고 본다. 즉, a식으로 구의 병합과 도출이 발생하고, 그 결과로 a식의 구조를 상정하기 때문이다.

이제 해당 구에 대한 수형도로 양자의 관점 차이를 비교하면 다음과 같다.

(35) a. 전치사구를 보충어 처리하는 경우 b. 전치사 이동 후 목적어로 처리하는 경우

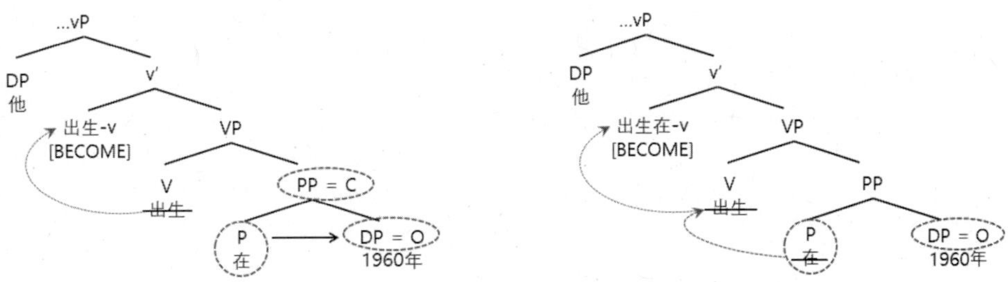

18 熊仲儒(2013:49-55)에서는 '부가와 이동의 동일방향 가설'을 만족시키기 위해 통사구조에서 어휘 핵은 뒤에 놓이고 이를 확대한 기능 핵은 반드시 앞에 놓인다고 가정한다. 즉, 어휘핵인 동사가 보충어의 뒤에 와야 교착성이 있는 전치사 핵이 **오른쪽으로 이동**하여 동사의 뒤/오른쪽에 부가되고, 이렇게 구성된 합성동사는 기능어 핵인 경동사와 병합할 때 **왼쪽으로 이동**하여 경동사의 앞/왼쪽에 부가된다는 것이다. 또한 그는 이런 관점에서 아래와 같이 어휘 핵인 동사가 뒤에 놓이고, 전치사 핵을 유인하여 병합하고, 이 합성어가 경동사와 병합하는 수형도를 그린다. 본서의 관점은 동사 핵을 앞에 놓는다. 이는 각자가 생각하는 원칙을 지키기 위한 방식일 뿐 내용적으로는 차이가 없다고 본다.

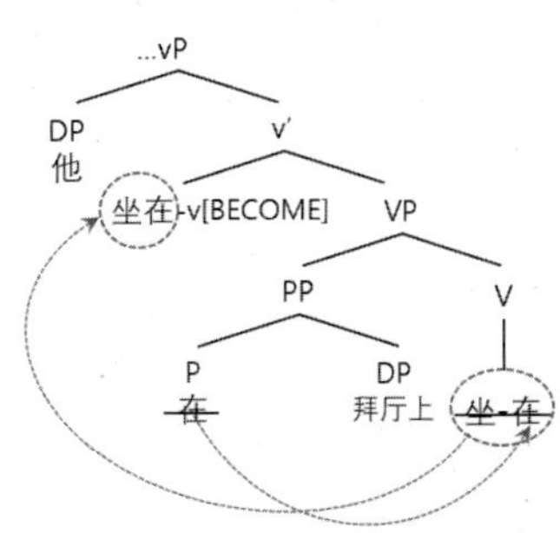

(35)a는 [동사+[전치사+목적어]]의 구조로 분석하는 것에 대한 수형도이다. 여기서 '1960年'은 술어의 목적어가 아니라 전치사가 선택한 목적어이다. 이렇게 형성된 전치사구는 술어 동사 '**出生**'의 보(충)어로 병합된다. 이 병합은 핵 성분이 가지는 선택성을 설명하는데 적절하다.[19] 한편, (35)b는 [[동사+보어]+목적어]]의 구조로 분석하는 것에 대한 수형도이다. 즉 a와 같은 병합의 조건에서 '在'가 동사와 병합하여 합성어가 되어 목적어 '1960年'를 가진다고 본다.[20] 그러나 어휘부(Lexicon)에서 '出生在'가 존재하지 않는 한 이런 논의는 결과론적인 이야기일 뿐이다. 도대체 전치사가 이유 없이 자족인 동사 쪽으로 이동한단 말인가?

우리는 (28), (30)에서 설정한 바와 같이 경전치사구(pP)를 설정하여 전치사 핵의 이동문제 및 상조사(aspect)를 이 'V+전치사' 구조의 뒤에 붙이는 이유를 해석하고자 한다.

---

19 우리는 동사 핵과 보충어 성분 간의 병합의 선택성 차원에서 전자의 견해에 동의한다. 후자의 장점이라 할 수 있는 '동사+보어'의 합성동사에 관한 견해는 좋지만, 이는 통사적으로 도출이 진행된 후에 이에 대한 결과를 말하는 경우이므로 적절하지 못하며, 이런 결과에 근거해 만들어진 동사가 가지는 것이 목적어라는 견해 또한 한국어로의 번역 시에 격조사를 전혀 받을 수 없다는 점에서 문제가 된다. 그렇기에 목적어의 범위를 확대하여 '장소 목적어'라는 말을 쓴다. 그러나 이는 다른 개념이다. 다음 예를 보자.

(예) a. 그는 **하와이**에 산다.

b. 일본군은 **하와이**를 폭격했다.

a의 '하와이'와 b의 그것은 다르다. 후자는 목적어이지만, 전자는 목적어가 아니다. 이는 언어적 차이에 의한 문법 형식의 문제가 아니라, a와 같은 '전(/후)치사구 보충어'에 대해 우리 뇌는 목적어로 해석되지 않기 때문이다.

20 선형적으로 표시할 때 '**동사+전치사+명사구**'인 구조에 대해, 朱德熙(1982)는 음성에 근거한 분석에 서, '坐在／椅子上'으로 분석하는 것이 가장 적절하겠다"라고 주장한다. 胡裕树(1995) 역시 '동사(형용사)+전치사'구조를 하나의 덩어리로 간주한다. '동사(형용사)+전치사'구조의 기능은 동사에 상응하며, 뒤에 오는 성분은 목적어라는 것이다. 이러한 분석이 가능한 이유를 다음과 같이 제시한다. 첫째, **음성적 측면**에서 보면, 전치사는 앞에 오는 동사에 종속된다. 휴지는 전치사의 앞이 아닌 뒤에 온다. 둘째, **상(aspect)조사를 더하는 경우**, '走到了目的地(목적지에 도착했다)'나 '交给了他(그에게 제출했다)'처럼 동사 뒤가 아닌 **전치사 뒤에 출현한다**. 셋째, **병렬구조에서는 '동사+전치사'구조 전체가 출현**할 뿐, 동사만 출현하지 않고 전치사 성분도 함께 출현한다. '不是躺在而是坐在床上(침대에 누워 있는게 아니라 앉아 있다)'. 북경대와 복단대의 두 거장들의 이러한 주장은 현상적으로 옳아 보이지만, 현상은 현상일 뿐이다. 그 속에 작동하는 기제, 즉 교착성이 있는 전치사가 통사부에서 동사의 유인을 받아 **합성어를 만든 연후에 작동하는 현상**인 것이다. 그리고 합성어 뒤에 오는 성분은 절대다수가 도착점, 원점, 기점 등을 나타내는 '장소'이고, 소수의 '시간'이나 '여격'을 받는 '수혜자' 명사구들이다. 한국어로 번역할 때, 이렇게 만들어진 합성어 동사는 이들에게 **목적격(accusative Case)을 부여하지 않는다**. 이것들을 목적어라고 하는 주장에 동의할 수 없는 이유이다.

(36) 동사 핵이 전치사구를 보충어로 병합하는 수형도

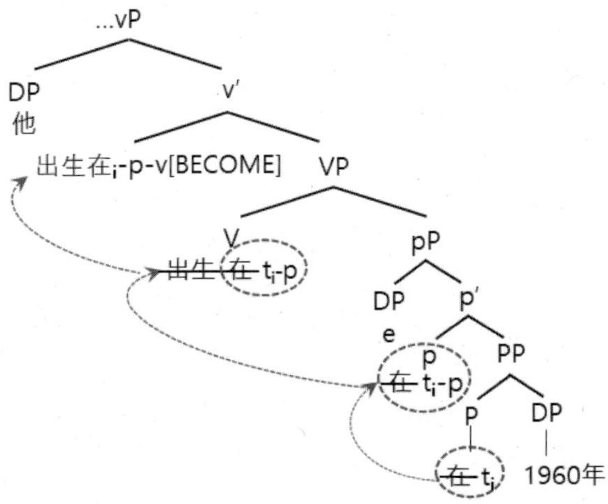

이 병합조건에서 전치사 핵(P)은 상위의 경전치사(p)가 불완전하여 유인하므로 핵 이동한다. 즉, 경전치사는 부착적(clitic) 속성이 있는 핵이라고 상정한다. 이렇게 병합된 '在-p'의 융합 핵은 예(33)a-f에서 본 바와 같이 동사 핵에 이끌리어 'V-P-p' 구조를 이룬다고 본다. 이 융합 핵 구조는 분명히 예(33)a-f에서 보듯 하나의 단어가 아니다. 이 'V-P-p' 융합 핵은 다시 경동사의 유인을 받아 'V-P-p-v' 융합 핵이 되어 진정한 자족성을 가진다. 결국 세 번의 **핵 이동(Head movement, 核心移位)**을 통해 '出生在'가 도출된 것이라고 하겠다.

다시 朱德熙(1982), 胡裕树(1995)등이 주장하는 바, '동사(형용사)+전치사'구조의 뒤에 오는 성분은 목적어라는 강력한 주장의 뒷받침, 즉 'V+전치사'를 한 덩어리로 보아 그 뒤에 상조사를 붙이는 이유를 생각해보자. 이는 투사범주의 계층성으로 가볍게 해석된다. 상조사(Asp)를 반영하는 다음 수형도를 보자.

(37) 'V+ 전치사' 뒤 상조사의 도출

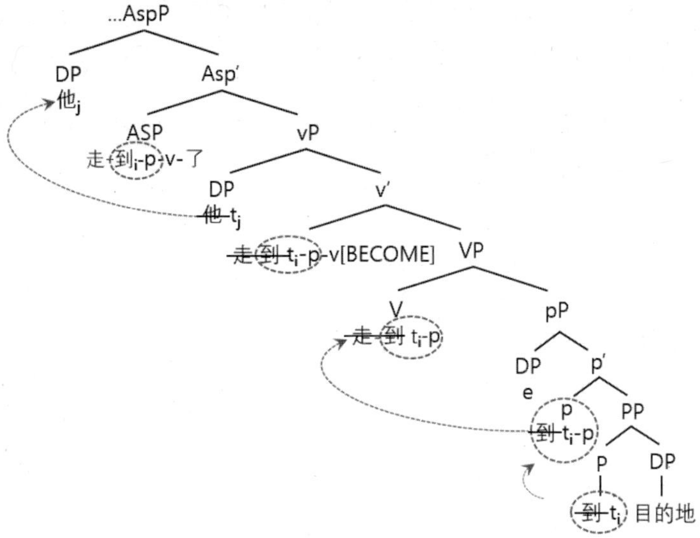

상조사구(AspP)로 투사된 (37)의 수형도는 왜 동태조사가 'V+전치사' 융합핵 뒤에 오는지를 명백히 설명한다. 이 구조에서 '走到了'와 '目的地' 사이에서는 네 번의 핵 이동이 일어났다. 그리고 상조사구는 경동사구보다 한 계층이 높다는 것을 이해하면 쉽게 풀리는 문제이다.[21]

넷째, 보충어 논항이 절(XP : vP, TP, CP)**인 경우**

중국어의 동사 핵도 여느 언어와 마찬가지로 절 보충어를 취할 수 있다. 다음 예와 수형도를 보자.

(38) '我喜欢这孩子懂事'의 도출

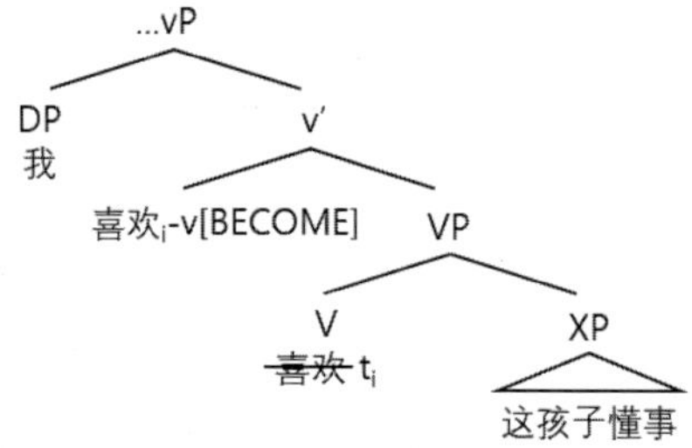

21 더 자세한 내용은 본서 제6장의 6.1을 참조하라.

핵 동사 '喜欢'은 절 상태의 '这孩子懂事'를 보충어로 취한다.

또, 이와 관련하여 소위 겸어구문으로 불리는 구문을 생각해보자. 이 구조는 두 개의 경동사 '[CAUSE]'와 '[BECOME]'가 긴밀히 결합되어 사동의미를 표현하는 구이다. 다음 예를 보자.

(39) '我请他去开会'의 도출

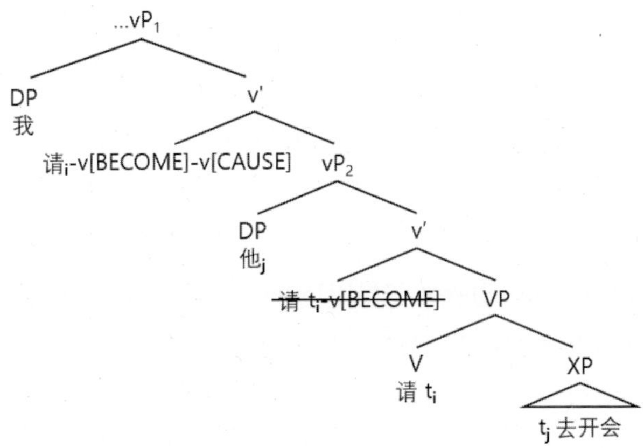

핵 동사 '请'은 미래시제와 관련이 있는 절의 'ej(我)去开会'를 보충어로 취하여 병합한다. 이때 차상위의 경동사[BECOME]는 동사핵 '请'을 당기어 병합하며, 또 최상위의 경동사[CAUSE]는 하위의 핵성분 '请-[BECOME]' 전체를 당기어 병합한다. 이를 통해 '나는 그에게 어떤 일을 요청하였는데, 그 일은 그가 회의에 가되는 일이다.'라는 사동(使动)의 의미를 표현한다.

1.3.3. 동사의 의미역 할당

하나의 문장을 연극의 한 컷에 비한다면, 사건참여자인 논항은 '배우'에 해당한다. 연극에서 배우가 배역을 할당받듯 **논항도 동사와의 관계 속에서 일정한 역할을 할당받게 되는데, 이것을 '의미역(Thetic role/Θ-role)'이라 한다.**[22]

22 본서에서 말하는 '의미역'은 동사 핵이 논항에게 부여하는 비교적 추상적이고 기능적인 의미이

최소주의(MP)에서 자연언어의 통사구조는 언제나 이분지 계층구조로 설정되며, 이때 절점을 공유하는 두 성분은 **피차 성분통어하는 자매(sister) 관계**이다. 동사는 이 1단계 투사체에서 자신과 자매관계가 있는 논항에게 **의미역을 할당**한다. 의미역과 의미역 할당 및 그 배열 위계에 대한 몇 가지 원칙에 대해 살펴보자.23

(40) 의미역 할당의 원칙

(ⅰ) **의미역(θ-Role, 题元角色)**: 논항이 자신의 술어와의 관계에서 가지는 의미적 역할을 말한다.

(ⅱ) **의미역 기준(θ-Criterion, 题元原则)**: 일정한 구조에서 각 논항은 원칙적으로 하나의 의미역만을 가질 수 있다.24

(ⅲ) **의미역 위계 원칙(θ-Hierarchy, 题元的阶层原则)**: 동사와 관련된 모든 논항은 하나의 문장에서 일정한 위계에 맞춰 출현한다.25

(ⅳ) **의미역부여 일관성 가설(Uniformed Theta Assignment Hypothesis, UTAH, 题元指派统一论)**: 특정 술어가 부여하는 각 의미역은 표준적으로 특별한 통사적 위치와 관계가 있다(예를 들어, VP-spec은 <행위자> 논항

다. 즉, 〈행위자〉는 '동사가 표현하는 동작의 발생자'를 대표하고, 〈대상자〉는 '동사가 표현하는 동작을 받는 사람이나 사물'을 대표한다.

23 Chomsky(1981), 何元建(2011), 이홍배(1991) 등의 용어해설을 기초로 한 설명이다.

24 이에 근거하여 다음 예를 보자.

a. [张三]令李四伤心。 <원인자(causer, 致事)>
[장싼]은 리쓰가 상심하게 했다.

b. [张三]打李四。 <행위자(agent, 施事)>
[장싼]이 리쓰를 때린다.

c. [张三]丢了眼镜。 <경험자(experiencer, 当事)>
[장싼]이 안경을 잃어버렸다.

d. [张三]被李四打了。 <대상자(theme, 客事)>
[장싼]은 리쓰에게 맞았다

a-d에서 주어로 쓰인 '张三'은 모두 **문법적으로 주어**이지만, **서로 다른 하나의 의미역만을 할당**받는다. 이런 점에서 의미역과 격(Case)을 혼동하면 안 된다.

25 논항은 구조적으로 반드시 동사와 일정한 상대적 위치를 갖게 되는데, 이것이 바로 의미역 위계 원칙의 핵심이다. **의미역 위계**는 대체로 다음과 같다.

[원인자 [행위자／경험자 [수혜자／출발점／목적／장소／도구 [대상자 [설명]]]]]

논항은 대체로 이러한 의미역의 위계에 맞춰 문장에 출현한다. 다시 말해, 의미역의 위계가 통사적 위치를 결정한다는 것이다. 참고로 본 장 1.3.2에서 제시한 Larson(1988)과 Grimshaw(1990)의 의미역 위계를 상기하라.

과 관련 있는 표준 위치이다).

그렇다면 의미역 할당의 주체는 누구일까? **동사의 보충어 위치의 논항에게는 동사가, 주어 위치의 논항에게는 '동사+경동사' 융합 핵이 할당한다**. 후자는 본서 경동사구(vP)에서 살피기로 하고, 여기서는 동사에 의한 의미역 할당에 대해서 생각해보자.

대격동사(accusative)는 자신의 보충어 논항에게 **〈대상자**(theme)**〉** 의미역을 할당한다.[26] 다음 예를 보자.

(41) a. 他吃了[午饭]。그는 점심을 먹었다.
b. 张三打了[李四]。장싼은 리쓰를 때렸다.

a의 '吃'는 '午饭'에게, b의 '打'는 '李四'에게 각각 〈대상자〉 의미역을 할당한다.

한편, 기타 **〈수혜자**(beneficiary)**〉**, **〈근원**(source)**〉**등의 의미역은 동사가 아니라 **전치사**[27]와 관련이 있다.

---

26 격 자질은 **구조격**(structural Case)**과 비구조격**(non-structural Case)으로 나뉘며(Chomsky, 1981, 1986), Chomsky(1995)에서는 주로 구조격에 대한 설명을 제시하고 있다. 그러나 Woolford (2006) 의 연구에 따르면 비구조격은 다시 **어휘격**(lexical Case)와 **내재격**(inherent Case)으로 나뉜다. 어휘격은 명사구를 선택(selection)하는 핵(동사, 전치사 등)의 어휘적 속성에 의해 결정되며 통사적으로 예측 불가능하나, 내재격은 명사구에 부여되는 의미위치(θ-position)에 따라 결정되어 구조상에서 비교적 규칙적으로 분포한다. **목표점(Goal)의 의미역을 받는 여격 명사구와 외부논항 역할을 하는 능격 등이 내재격에 해당한다**. 고희정(2018:14-16) 참고.

27 전치사도 동사성 품사의 일종이기 때문에 자신의 논항에게 의미역(예: 장소, 목적점, 출발점, 근원 등)을 줄 수 있다. 다음 예를 보자.

a. 张三借**给[李四]**十块钱。 <수혜자(Beneficiary)>
장싼은 리쓰에게 10위안을 빌려줬다.
b. 张三**向[李四]**借钱。<근원(Source)>
장싼은 리쓰에게서 돈을 빌렸다.

그러나 전치사구에서는 사건의미나, 시제, 어기(Force) 등이 부여되지 않는다. 또, **전치사**는 소위 구조격이라고 하는 '주격'이나 '목적격'을 할당할 힘이 없고, 단지 **'사격(Oblique Case, 斜格)'이라 불리는 여격**(Dative, 与事, -에게)**만을 할당할 수 있다**.

2. 형용사구(AP)

2.1. 형용사 어휘범주

1) 형용사구의 정의

형용사구를 정의해보자.

(1) a. 형용사구(AP)는 **어휘범주 사에 속하는 형용사(A)가 핵**이 되어 최대 투사되는 구이다.
b. 형용사 핵은 인간이나 사물의 속성과 상태를 표시한다.

형용사구를 만드는 단초인 형용사는 어휘범주의 단어이다. 형용사는 서술기능을 가지기 때문에 동사의 일종으로 보기도 한다.[28] 그러나 동사에 비해서 **논항이나 시제를 가지는 점에 있어 차이**를 보인다. 따라서 형용사는 기능범주의 확장 없이 단독적으로 쓰이는 데는 한계가 있다.

2) 형용사구의 통사 위치

먼저 통사구조 속에서 형용사구(AP)가 도출되는 위치를 찾아보자.

(2) 형용사구(VP)의 도출 위치

28 형용사는 논항관계를 고려할 때, 동사보다는 자족성이 강하다 하겠다. 따라서 보충어 성분, 즉 논항이나, 소위 보어 성분을 가져야 하는 문제에 있어 비교적 자유로운 품사이다.

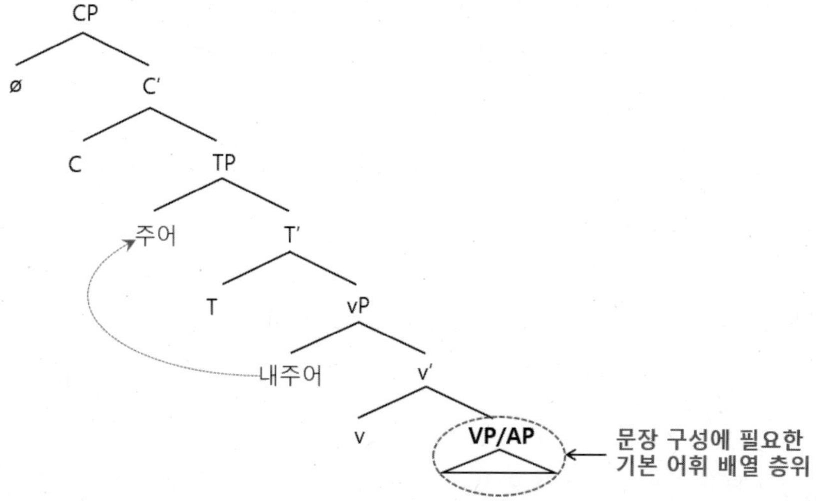

수형도에서 보듯, 형용사구는 동사구와 같은 위치에서 도출된다. 형용사구 역시 문장을 구성하는 주축 선 위에 있다. 따라서 기본적으로 경동사, 시제사, 보문사 등에 의해 확장된다.

먼저 형용사구의 도출을 보자.

(3) 형용사구(AP)의 도출

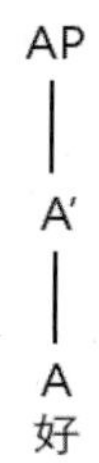

2.2. 형용사구의 확장

형용사는 특히 정도(Degree) 기능범주에 의해 확장될 때 기능의 안전성을 보인다. 또, 형용사는 단어가 가지는 성질이나 상태, 즉 심리성의 적극성(/긍정적)이나 소극성(/부정적) 등의 요인에 따라 확장성에 차이를 보인다.

2.2.1. 성질 형용사구

1) 정도 기능범주에 의한 확장

어휘범주 핵의 일종인 성질 형용사는 기능범주인 **정도사**의 확장을 받는다. 그래야 그 기능이 안정적으로 되기 때문이다. 정도범주를 나타내는 단어는 전통문법에서 소위 **정도부사**라고 불리는 '很, 十分, 非常, 比较 , 更加, 极其, 更, 较, 稍, 极, 太' 등이다. 다음 예를 보자.

(4) 성질 형용사의 정도 범주 확장

a. 很朴素
매우 소박하다

b. 十分漂亮
매우 예쁘다

c. 比较简单
비교적 간단하다

d. 更认真
더 열심이다

e. 太贵
너무 비싸다

f. 太糊涂
너무 멍청하다

g. 极其严重
매우 심각하다

h. 稍强
조금 더 세다

정도범주에 의한 성질 형용사의 확장은 다음과 같이 수형도로 표현할 수 있다.

(5) 성질 형용사의 정도 범주 확장

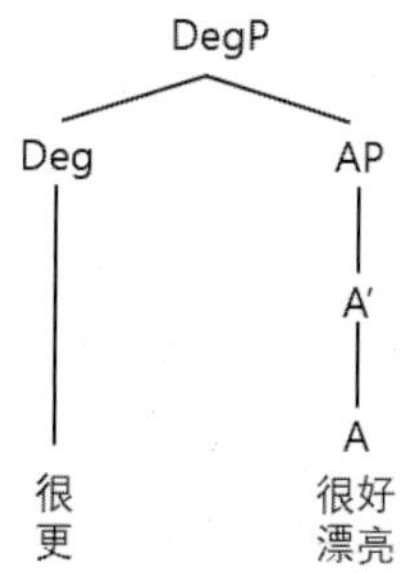

어휘범주인 성질 형용사는 기능범주에 의한 확장 없이 독립적으로 술어로 충당되지 못한다. 즉, **정도사**의 수식을 받지 못하면 비문이 된다.

(6) a. 我很高。 *我高。
나는 키가 크다.
b. 他很帅。 *他帅。
그는 잘 생겼다.
c. 她很漂亮。 *她漂亮。
그녀는 예쁘다.

그러나 다음과 같이 성질 형용사에 대한 정도사의 확장이 없는 경우도 있다. 이는 여타 기능범주의 작동에 의해 **비명시적인 정도범주가 허가**되는 경우이다.

첫째, 초점 기능범주에 의한 허가

초점도 비명시적인 정도범주를 허가해줄 수 있다. 다음 예를 보자.

(7) a. **价钱**便宜, **质量**也好。
가격도 싸고, 품질도 좋다.
b. **人**小, **心**不小。
사람이 키는 작지만 마음은 작지 않다(/사람은 어리지만, 마음속에 담긴 것은 많다).

c. 小萝卜, **皮**红**肚里**白。
작은 무가, 껍질은 빨갛고, 속은 하얗다

위의 예는 모두 실제적으로 **대비초점**을 통하여 정도 범주의 확장 없이 성질 형용사구가 술어로 쓰인 예이다. 이때 성질 형용사는 단독으로 술어가 되며, 비교나 대조의 의미를 나타낸다.

둘째, 화제 기능범주에 의한 허가

화제(话题) 기능범주도 비명시적인 정도범주를 허가해줄 수 있다. 다음 예를 보자.

(8) a. [$_{TOP}$ 他] 头发蓬松。
그는 머리카락이 덥수룩하다.
b. [$_{TOP}$ 树木] 枝叶茂密。
나무는 나뭇가지와 잎이 무성하다.
c. [$_{TOP}$ 他] 浑身难受。
그는 온몸이 괴롭다
d. [$_{TOP}$ 车站] 人员庞杂。
기차역에는 사람들이 번잡하다.
e. [$_{TOP}$ 他] 精神疲惫。
그는 정신이 완전히 지쳤다.
f. [$_{TOP}$ 这本书] 内容丰富。
이 책은 내용이 풍부하다.

이처럼 화제화도 성질 형용사가 정도 범주의 음성적 실현 없이 완전한 문장이 되도록 허가한다. 이상 초점 범주나 화제 범주에 의한 성질 형용사의 정도성 허가는 소위 보문사 층위, 즉 문장 부려쓰기(화용) 차원에서의 허가라고 하겠다.

셋째, 부정 기능범주에 의한 허가

부정 기능범주도 비명시적인 정도범주를 허가해줄 수 있다. 다음 예를 보자.

(9) a. 不热闹
요란스럽지 않다
b. 不清楚
또렷하지 않다
c. 不明白
분명하지 않다
d. 不好
좋지 않다/나쁘다
e. 不错
틀리지 않았다/좋다
f. 不够
충분하지 않다/모자라다.

위의 예에서 보듯, 성질 형용사들이 부정범주에 의해 확장되면 정도 범주의 음성 실현 없이도 허가된다. 이때 한 가지 재미있는 현상이 있다. 바로 성질 형용사에 대한 부정범주 확장은 어휘화와 밀접한 관련이 있다는 것이다. 즉, (9)a-c는 구이고, d-f는 구일 수도 있고, 단어일 수도 있다. 만약 d-f가 단어라면, 이때의 '不'는 형태적으로 접두사이며, [不-]로 표시할 수 있다. 따라서 정도 범주의 확장도 단어의 앞에서 일어나므로[29], '很不好 / 真不错 / 太不够'처럼 일반적으로 '不'의 앞에서 발생한다.

2) 경동사 기능범주에 의한 확장[30]

이는 외견상 성질 형용사가 목적어를 취하는 것과 같은 모습이다. 그러나 이들은 실제적으로 사동 경동사에 의해 확장된 경우이다. 다음 예를 보자.

(10) a. 他红了脸。
그는 얼굴이 붉어졌다.

---

29 구인 경우라면 이론적으로 두 군데, 즉 '不'의 앞과 뒤 모두 가능하겠다.

30 이에 대해서는 이후 '2.4 형용사의 사건의미화'에서 더 자세히 다룬다.

b. 忙了你一天。
하루종일 너를 바쁘게 하였다.

c. 空着手。
빈손이 되게 하다/손을 비우다.

d. 斜着身子。
몸을 비스듬히 하다.

a-d의 예는 모두 형용사가 **사동 경동사에 의해 확장**된 경우이다. 이중 a-b는 상조사 '了'를, c-d는 상조사 '着'를 사용하였다. a의 예에 대한 아래 수형도를 통해 사동 경동사에 의한 형용사구의 확장에 대해 알아보자.

(11) 사동 경동사에 의한 성질 형용사 '红'의 확장

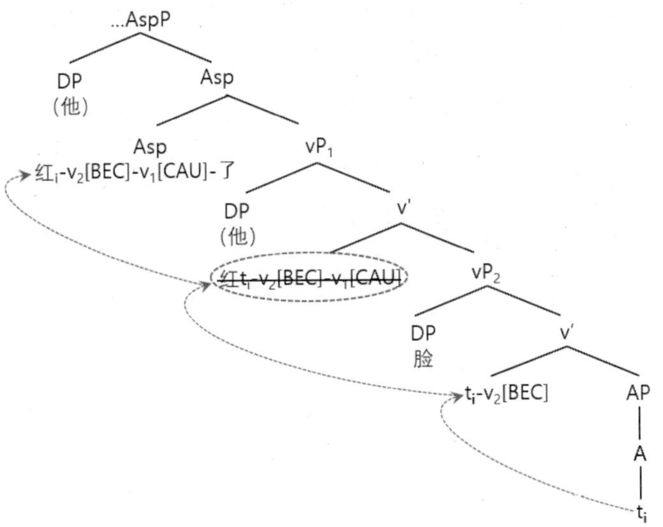

'红'은 먼저 형용사구(AP)로 투사되고, 변화결과 사건의미를 나타내는 경동사 -v[BECOME]에 의해 확장된다. 이때 지정어 위치에는 변화의 **〈대상자〉** '脸'이 배열된다. 이 경동사구(vP_2)에 대해 사동의 경동사 -v[CAUSE]가 작동하여 '红-v_1[BECOME]-v_2[CAUSE]'의 병합을 이루어 '붉어지게 하다'의 **사동의미**가 생긴다. 그리고 이 **융합술어**의 지정어 자리에는 **〈원인자〉**를 배열하여 사동의 경동사구를 도출한다. 이 구를

변화표시 상조사(Asp) **핵 '了'가 다시 확장**하였다. 결국, '红'은 두 경동사의 융합에 의해 소위 **'사동'의 사건의미를 나타내는 동사적 용법**이 된다.

3) 상 기능범주에 의한 확장

성질 형용사는 **상**(Aspect)을 나타내는 기능 성분에 의해 확장될 수 있다. 다음 예를 보자.

(12) a. 走的人多了。
간 사람이 많아졌다.
b. 这朵花红了一点儿。
이 꽃이 좀 붉어졌다.
c. 兴奋**起来**。
흥분하기 시작했다.
d. 瘦了**下来**。
살이 빠졌다.

a는 문미의 '了', b는 문장 속의 '了'를 통하여 '변화'의 상을, c는 '起来'를 통하여 '시작'의 상을, d는 '下来'를 통하여 '지속'의 상을 표시한다.

2.2.2. 상태 형용사구

상태 형용사는 비명시적으로 정도 범주의 확장을 받는다. 이를 다음과 같이 표시할 수 있다.

(13) 상태 형용사의 정도성 확장

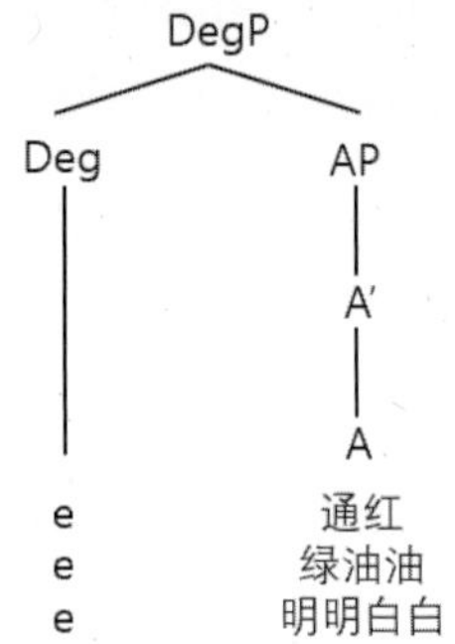

여기서 상태 형용사의 정도 범주가 비명시적인 이유를 해석해야 한다. 이는 상태 형용사가 자체적으로 이미 정도나 양의 자질을 가지고 있기 때문이라 하겠다. 상태 형용사는 이런 자질을 자체적으로 가지고 있는데 또 추가하는 것은 중복이다. 이는 비경제적이기에 문자나 음성(音聲)적으로 실현되지 않는 것이다.

2.3. 형용사구 보어

성질 형용사와 상태 형용사는 모두 보어로 충당될 수 있다. 이때 두 형용사 간의 차이를 보자.

1) 성질 형용사구의 보어 충당

성질 형용사구가 '술어+보어' 구조의 보어로 충당될 때, 상태[BE] 표시 경동사 '-得'는 출현해도 되고 출현하지 않아도 된다. 그러나 형용사라도 상태를 **묘사적**으로 표현할 때는 '-得'가 출현해야 한다.

먼저 '-得'가 출현하지 않아도 되는 예를 보자.

(14) a. 写好
다 쓰다
b. 吃饱

배부르게 먹다

c. 听清楚

분명하게 듣다

d. 说明白

분명히 말하다

e. 打扫干净

깨끗히 청소하다

이때 성질 형용사는 결과 보어로 해석된다.

이어서 '-得'가 출현하는 경우의 예를 보자. 이 경우는 (14)와 달리 '묘사'와 '실현'의 의미가 있으므로 해석에 유의해야 한다.

(15) a. 写得生动

생동감 있게 써졌다

b. 喝得痛快

통쾌하게 마셨다

c. 听得清清楚楚

똑똑히 들었다

d. 打扫得很干净

깨끗하게 청소되었다

이상 예(14)-(15)에서 보듯, 성질 형용사구 보어 앞 '-得'의 출현 여부는 해당 구의 '묘사성' 유무, 및 실현성 유무와 관련이 있다 하겠다. 따라서 이 경우의 **'-得'는 변화 결과 사건의미를 나타내는 경동사**로 기능한다.

한편, '得+성질 형용사'에서 성질 형용사가 정도 범주의 확장 없이 보어로 쓰이는 경우 역시 '비교' 혹은 '대조'의 의미를 표시할 때이다.

(16) a. 站得<u>高</u>, 看得<u>远</u>。

높은 곳에 서야 멀리 본다.

b. 攀得<u>高</u>, 跌得<u>重</u>。

높이 올라가면 떨어질 때 그만큼 아프다.

c. 这张相片照得**好**, 洗得**不好**。
이 사진은 잘 찍기는 했으나, 인화는 좋지 못하다.

이는 이미 살펴본 바와 같이 성질 형용사가 정도 범주의 확장을 받지 않는 경우에 속한다. 따라서 이 경우의 **'-得'는 상태 사건의미를 나타내는 경동사**로 볼 수 있다.

2) 상태 형용사의 보어 충당

상태 형용사가 보어로 충당될 때는 **'-得'가 반드시 출현**해야 한다.

(17) a. 写得工工整整
깔끔하게 써졌다
b. 记得烂熟
잘 기억하고 있다
c. 过得糊里糊涂
흐리멍덩하게 지냈다
d. 穿得古里古怪
괴상하게 입었다
e. 晒得黑黝黝的
햇볕에 새까맣게 탔다
f. 打扫得干干净净
깨끗하게 청소되었다

이는 성질 형용사구에 '묘사'와 '실현'의 의미를 강조할 때, '-得'가 출현하는 이치와 같다. 이 경우의 **'-得'도 상태 사건의미를 나타내는 경동사**로 기능한다.

2.4. 형용사의 사건의미화

형용사는 통사부에서 형용사구(AP)로 투사된 후 더 큰 기능어구로 확장되어 완전한 의미를 전달하고자 한다. 그러므로 겉모습은 같아 보이더라도 어떻게 투사된 것이냐에 따라 그 기능이 달라진다. 다음 동일한 모습의 '繁荣'이 서로 다른 **사건의미**를 나타내는 예를 보자.

(18) 市场很繁荣。
시장이 매우 번성하다.

(19) 市场繁荣了。
시장이 번성하게 되었다.

(20) 政策繁荣了市场。
정책이 시장을 번성하게 하였다.

예(18)-(20)은 동일한 모습의 '繁荣'이 서로 다른 기능의 옷을 입은 모양이다. 이는 서로 다른 경동사의 확장에 의해 확장된 결과이다. 이에 대해 구체적으로 살펴보자.

1) 상태 경동사 –v[BE]의 확장

예(18)의 도출에 대해 생각해 보자. 술어로 쓰인 형용사 '繁荣'은 경동사 -v[BE]에 의해 확장된 **형용사적 용법**이다. 먼저 다음 수형도를 보자.

(21) '市场很繁荣'의 도출 수형도

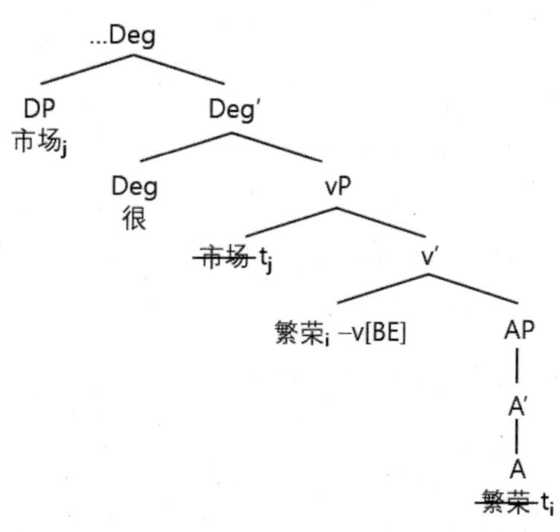

수형도에서 형용사 핵 '繁荣'은 먼저 경동사 −v[BE]의 확장을 받아 상태 사건의미를 나타내며, 여기에 정도 범주 '很'의 확장을 받고, 그 지정어 자리에는 경동사구 지정어 위치의 '市场'이 논항이동을 하여 최종적으로 정도사구(DegP)로 투사된다. 이런 이유로 형용사 핵 '繁荣'은 여전히 정도성을 나타내며 **형용사적으로 해석**되는 것이다.

2) 변화결과 경동사 −v[BECOME]의 확장

예(19)의 도출에 대해 생각해 보자. 술어로 쓰인 형용사 '繁荣'은 경동사 −v[BECOME]과 상범주사(Aspect) '-了'에 의해 확장된 **동사적 용법**이다. 먼저 다음 수형도를 보자.

(22) '市场繁荣了'의 도출 수형도

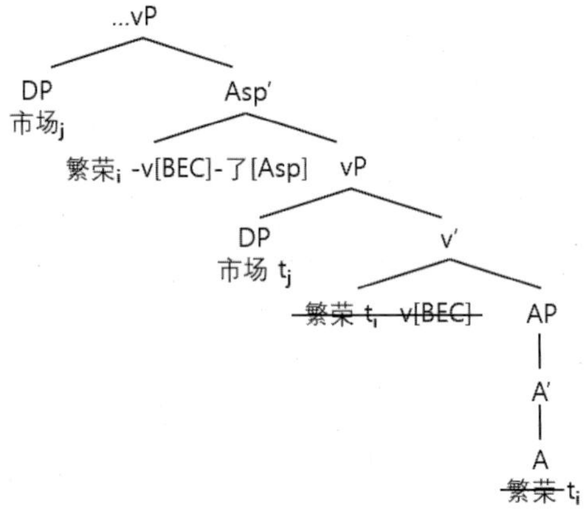

수형도에서 형용사 핵 '繁荣'은 먼저 경동사 −v[BEC]의 확장을 받아 변화결과 사건의미를 나타내는 경동사구로 투사되고, 이 구는 상범주사(Aspect) '-了'에 의해 확장되어 변화가 완료/실현되었음을 표시하고, 구는 상조사구(AspP)로 투사된다. 이런 이유로 형용사 핵 '繁荣'은 **동사적으로 해석**되는 것이다.

3) 사동 경동사 -v[CAUSE]-v[BECOME]의 확장

예(20)의 도출에 대해 생각해보자. 술어로 쓰인 형용사 '繁荣'은 **-v[CAUSE]-v[BECOME]**에 의해 확장된 **동사적 용법**이다. 먼저 다음 수형도를 보자.

(23) '政策<u>繁荣</u>了市场'의 도출 수형도

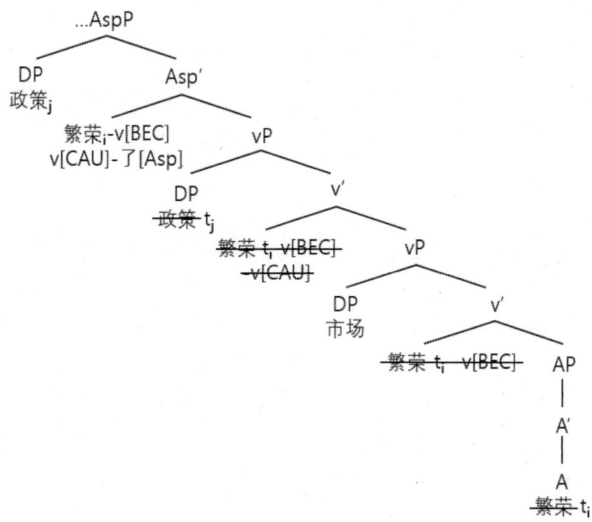

수형도에서 형용사 핵 '繁荣'은 사동(causative)을 나타내고자하는 화자의 의도에 따라, 먼저 경동사 -v[BEC]의 확장을 받아 변화결과 사건의미를 나타내는 경동사구로 투사되고, 이 구는 다시 원인을 나타내는 경동사 -v[CAUSE]의 연속적인 확장에 의해 '정책이 시장을 **번영하게 하다**'라는 사동의 경동사구가 도출된다. 이는 최종적으로 상범주사(Aspect) '-了'에 의해 확장되어 변화가 완료/실현되었음을 표시하고, 구는 상조사구(AspP)로 투사한다. 이런 이유로 형용사 핵 '繁荣'은 **동사적으로 해석**되는 것이다.

이제 형용사 핵 '繁荣'이 서로 달리 해석되는 원인이 밝혀졌다. 결국, 어휘범주인 형용사 '繁荣'이 무엇에 의해 확장되는가가 이들이 보이는 차이인 것이다. 다시 말해 어휘범주 품사에 속하는 단어는 기능범주의 확대투사로 인해 본래와는 다른 기능이 발생하는 것이다.[31]

현대중국어에서 **형용사가 사동성을 보이는 예**는 많다.[32]

(24)	a.	气氛很**温暖**$_1$ 분위기가 따뜻하다	→	**温暖**$_2$气氛 분위기를 따뜻하게 하다
	b.	国防很**巩固**$_1$ 국방이 공고하다 .	→	**巩固**$_2$国防 국방을 견고하게 하다
	c.	内容很**充实**$_1$ 내용이 충실하다.	→	**充实**$_2$内容 내용을 충실하게 하다
	d.	态度很**端正**$_1$ 태도가 단정하다	→	**端正**$_2$态度 태도를 단정하게 하다
	e.	头脑很**清醒**$_1$ 두뇌가 맑다.	→	**清醒**$_2$头脑 머리를 맑게 하다
	f.	情绪很**稳定**$_1$ 정서가 차분하다	→	**稳定**$_2$情绪 정서를 안정시키다
	g.	街道很**清洁**$_1$ 거리가 깨끗하다	→	**清洁**$_2$街道 거리를 청결하게 하다.

위의 예(24)에 열거된 형용사 술어는 모두 정도범주가 확장된 성질 형용사가 소위 '술어+목적어' 구조를 이루는 경우이다. 이때는 소위 사동 사건의미[CAU-BEC]를 나타내는 동사로 기능한다.

이제 다음과 같이 정리할 수 있겠다.

---

31 필자는 이를 석유나 휘발유 등을 만드는 원재료인 '원유'에 비유한다. '원유'는 처음에는 하나의 동일한 물체이다. 그러나 이에 대해 열과 약품 등에 의해 가공하면 수십 종의 서로 다른 모습을 띤 물체로 우리 눈앞에 다가온다. 언어 속의 단어도 그러하다. 어휘범주 핵에 속하는 명사, 동사, 형용사등은 **어떤 기능어에 의해 어떻게 확장되느냐**에 따라 다양한 표현을 할 수 있게 되는 것이다.

32 고대중국어의 예도 풍부하다. 김종호(2022)는 다음 『맹자』의 예를 든다.

a. 子比而**同**[+ A]之。「滕文公章句上」4-16
그대는 비교하여 그것을 같게 하려 한다.

b. 文王一怒而**安**[+ A]天下之民。「梁惠王章句下」3-6
문왕께서는 한 번 화를 내시어 천하의 백성을 편안하게 (되게) 하셨습니다.

c. 子力行之, 亦以**新**[+ A]子之國。「滕文公章句上」3-7
그대가 힘써 그것을 행하면 역시 그대의 나라를 새롭게 (되게) 할 수 있다.
결국, 형용사, 명사등이 술어로 기능하는 예는 해당 경동사들의 확장에 의해 일어나는 현상이라 하겠다.

(25) 형용사의 사건의미화
어휘범주 핵 형용사는 기능 핵 경동사의 유인을 받아 핵 이동을 통해 그것과 병합함으로써 '상태', '변화결과', '사동'의 사건의미를 표시할 수 있다.

이를 통해 보듯 형용사는 경동사에 의해 '상태', '변화결과', '사동' 등의 사건의미를 나타내지만, 그 어휘 자질적 특징으로 인해 '활동[DO]' 사건의미는 나타내지 못한다. 또 사역의 과정을 통한 변화결과 의미가 확실하지 않으면 경동사 '把'를 사용하는 사동구문의 구성에도 제한이 있다. 다음 예를 보자.

(26) a. *我把这个问题 [*e] 明白了。
b. 我把这个问题 {**弄/想/听/说/看**} 明白了。
나는 이 문제를 {처리해서/생각해서/들어서/말해서} 분명하게 되었다.

(26)a가 적합하지 않은 이유는 무엇인가? 그것은 '弄/想/听/说/看' 등 주동사가 없기 때문이다. 이처럼 '把'자문은 형용사 술어만으로는 사동 사건의미에서 필요로 하는 사역의 과정을 통해 필요로 하는 변화결과의 사건의미를 나타내지 못하기 때문이다. 즉, 주동사의 음성적 실현그에 따른 변화결과가 있어야 사동의 의미가 표시된다.

2.5. 형용사 비교 구문

기능범주 가설에 근거하면, 모든 어휘범주는 그것을 확장하는 기능범주에 의해 선택되고 문법화된다. 이런 관점에서 형용사 어휘범주를 확장시키는 중요한 기능범주의 하나가 바로 '비교 범주'일 것이다. 이에 관하여 '比' **비교문**을 중심으로 살펴보자.

1) 비교대상사 '比'의 명시성 여부 해석

현대중국어에서 '比' 비교문은 '차등 비교'를 나타내는 가장 전형적인 비교문이라 할 수 있다. 다음 예를 보자.

(27) a. 李四**<u>比你小</u>**两岁, 也奔十九了。
리쓰는 너보다 두 살 어리고, 막 19살이 되어간다.
b. 李四<u>小</u>你两岁, 也奔十九了。
리쓰는 너보다 두 살 어리고, 막 19살이 되어간다.

a는 전형적인 비교 범주 기능어 '比'에 의한 비교문이다. 반면, b는 비교 범주 기능어 '比'가 비명시적이지만 동일한 비교의미를 표시한다.[33] 그 원인은 무엇인가? 즉, 어떻게 '小'가 비교 대상자 앞에 위치하여 비교의미, 즉 '--보다 나이가 적다'라는 의미를 나타낼 수 있는가? 이 두 도출 과정을 해석해 보자.

(28) '李四**比你小**两岁'의 도출

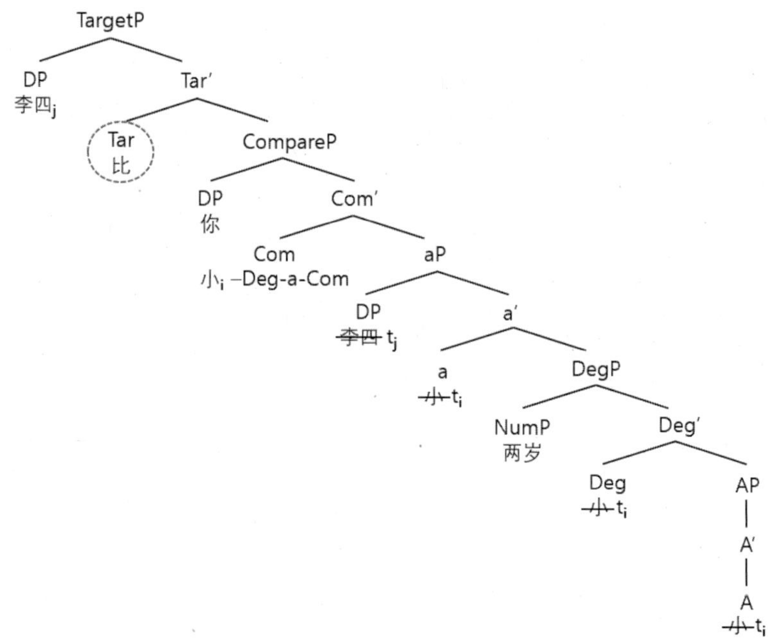

---

33 유사한 단음절 형용사 술어 비교문의 예로 다음과 같은 것들이 있다.
(1) a. 老张**<u>高</u>**我一头。
老张은 나보다 머리 하나가 더 크다.
b. 老张**<u>比我高</u>**一头。
老张은 나보다 머리 하나가 더 크다.
(2) a. 他**<u>低</u>**我三届。
그는 나보다 3 기수 아래다.
b. 他**<u>比我低</u>**三届。
그는 나보다 3 기수 아래다.

형용사 술어 '小'가 형용사구로 투사되고, 이어서 기능범주인 정도 범주, 경형용사 범주, 비교사 범주, 대상자 표시 범주등이 차례로 투사하여 '李四比你小两岁'를 도출한다.

도출 과정을 자세히 살펴보면, 어휘범주인 형용사 '小(어리다)'는 비명시적인 정도사(Deg)에 의해 핵 이동하여 정도범주 구로 투사된다. 이때 정도사(Deg)는 '小'를 위해 지정어 위치에 '两岁'를 선택한다. 이에 대해 경형용사 a가 다시 '小'를 당겨 병합하고 그 지정어 자리에 비교 주체인 '李四'를 선택한다. 이어서 비명시적인 **비교사**(Compare)가 '小'를 다시 당겨 병합하고, 그 지정어 자리에 비교 대상자인 '你'를 선택한다. 최종적으로 **비교대상사**(Target)는 명시적인 '比'이므로 핵 융합체 **'小-Deg-a-Com'의 이동을 저지**하고, 자신의 지정어 위치(TargetP-Spec)에 비교주체인 '李四'를 배치한다. 이로써 '李四比你小两岁'가 도출된다.

이어서 **비교대상사**(Target) **'比'가 비명시적인 경우**의 도출 과정을 보자.

(29) '李四小你两岁'의 도출

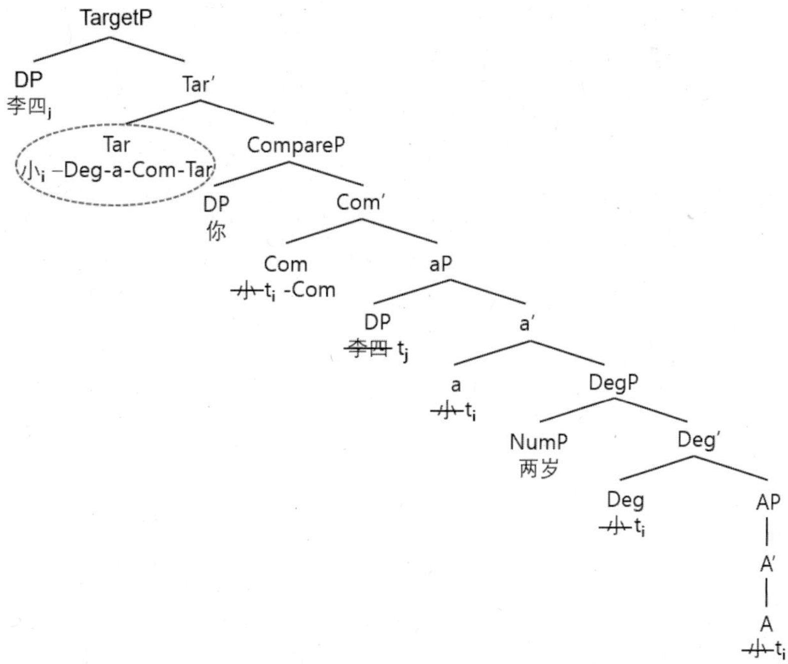

실제적으로 '李四比你小两岁'의 도출과 동일한 도출 과정이다. 둘 다 동일한 의미의 구문이기 때문이다. 다만 한 가지 차이는 비교대상사(Target) 핵 '比'가 비명시적이라는 사실 뿐이다. 비명시적인 핵은 자질점검을 위해 자질적으로 동질성이 있는 하위의 융합 핵을 당겨 병합한다. 따라서 하위의 최종적인 핵 융합체를 병합하여 '**小i-Deg-a-Com-Tar**'[34]를 만들고, 지정어 위치에는 비교주체인 '李四'를 배치한다. 이로써 '李四小你两岁' 구를 도출한다. 따라서 우리는 단순히 형용사 '小'만을 보고 '형용사가 목적어를 가진다'는 식으로 해석하면 곤란하다. 이런 현상 묘사로는 이 구조가 어떻게 도출되는지 해석할 수 없다.

2) '更'이 있는 비교문 속 형용사 보어 해석

현대중국어에서 '更'은 정도 범주를 표시하는 정도사(Deg)이다. **'比' 비교문에서** 이 정도사가 있는 술부의 형용사가 소위 수량 보어를 가지는 현상을 보자.

(30) a. 张三比李四更**大一点**。
장싼은 리쓰보다 조금 더 나이가 많다.
b. 蛋类的保存期比肉类更**长一些**。
계란류의 보존기간은 육류보다 좀 더 길다.

정도사(Deg)가 '更'일 때, 수량 구는 특히 미정량(不定量)으로 표현된다. 이 도출 관계를 수형도로 나타내면 다음과 같다.

(31) '更大一点'의 도출

34 하위에서부터 비명시적인 핵이 병합하여 만든 핵 융합체이다. 표기상의 복잡성을 피하기 위해 하위에서는 이런 병합과정을 표시하지 않았다.

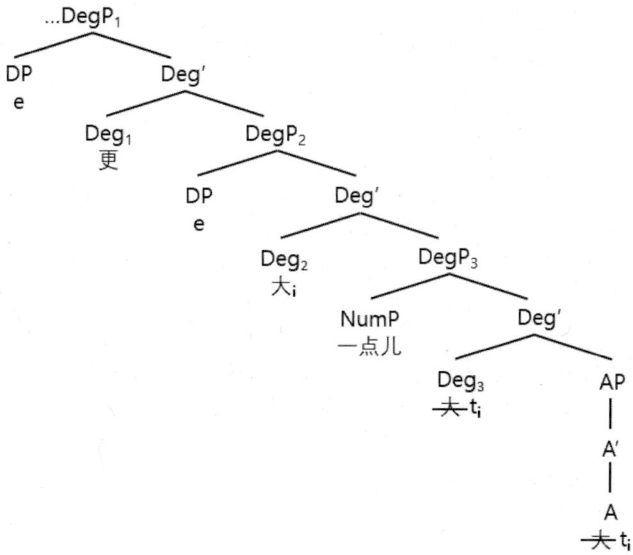

수형도에서 보듯 여기에는 **두 개의 비명시적인 정도 범주사**와 한 개의 **명시적인 정도사 '更'**이 작동한다. 형용사 술어 '大'는 비명시적인 정도사에 의해 두 번의 핵이동을 하고, 명시적인 정도사 '更'에 의해 이동이 저지된다. 이 과정에서 **미정량의 수량구(NumP)는 $DegP_3$-Spec의 위치에 배치**됨으로써 연속적으로 핵이동한 '大'의 보어가 된다.

3) 'A不如B+형용사'와 'A没有B+형용사'의 비교문 속의 형용사 해석

'A不如B+형용사'와 'A没有B+형용사'의 비교문은 'A는 B만큼 --하지 못하다'는 차등 표시 비교문이다. 이 구문 속의 형용사 술어에 주의하여 다음 예를 보자.

(32) a. 我不如姐姐 {**聪明/勤快/高/好**}。
나는 언니만큼 {총명하지/부지런하지/키가 크지/훌륭하지} 못하다[35].
b. *我不如姐姐 {**愚蠢/懒惰/矮/坏**}。
나는 언니만큼 {미련하지/나태하지/키가 작지/못되지} *못하다.

---

35 '못하다' 대신 '않다'를 넣으면 a, b 모두 성립한다. 따라서 중국어 '不如'는 한국어 '(만) 못하다'로 대응시키는 것이 적절하다.

b문장이 성립하지 못하는 이유는 무엇인가? 그렇다. 형용사 술어의 차이 때문이다. 'A不如B+형용사'와 'A没有B+형용사'의 비교문에서 형용사 술어로는 **적극적(正向) 형용사**만 사용되고, **소극적(负向) 형용사**는 사용되지 못한다.[36]

이처럼 중국어에서 성질 형용사는 양을 나타낼 때 적극적(/긍정적, 正向)인 것과 소극적(/부정적, 负向)인 것으로 나눌 수 있다. 먼저 이에 따라 **성질 형용사의 대립쌍**을 맞추어 보자.

(33) 적극적 형용사와 소극적 형용사의 대립 쌍

好(좋다)	↔	坏(나쁘다)
高(높다$_1$/크다$_2$)	↔	矮(작다$_2$)/低(낮다$_1$)
大(크다)	↔	小(작다)
长(길다)	↔	短(짧다)
粗(굵다)	↔	细(가늘다)
胖(살지다)	↔	瘦(마르다)
漂亮(예쁘다)	↔	丑(못생기다)
积极(적극적이다)	↔	消极(소극적이다)
聪明(총명하다)	↔	笨/愚蠢(멍청하다)
善良(선량하다)	↔	恶毒(악독하다)
勤快(부지런하다)	↔	懒惰(게으르다)

주의할 점은 적극적 형용사와 소극적 형용사는 기능범주의 확장 차원에서 차이를 보인다는 것이다.

첫째, 수량구 수식 양상

다음 예를 보자.

(34) a. 两尺高
두 자 높이
b. *两尺矮

36 그러나 b에서 보듯 한국어는 부정어 '않다'와 '못하다'의 사용 양상이 다르게 나타남을 알 수 있다.

적극적 형용사는 수량구 수식을 받을 수 있지만, 소극적 형용사는 수량구 수식을 받을 수 없다.

둘째, 의문문에서 '多' 사용 여부

다음 예를 보자.

(35) a. 这个房间多高？
이 방은 높이가 얼마입니까?
b. *这个房间多低？

상기 예에서 보듯, 수량 구에 대한 질문에서 적극적 형용사 '高'에는 '多'를 사용할 수 있지만, 소극적 형용사 '低'에는 사용할 수 없다.

셋째, 화자의 불만족 표시 '有点儿' 사용 여부

다음 예를 보자.

(36) a. 那个教室有点儿 {**脏, *干净**}。
저 교실은 좀 {더럽다, *깨끗하다}.
b. 他哥哥有点儿 {**懒, *勤快**}。
그의 형은 좀 {게으르다, *근면하다}.
c. 这顶帽子有点儿 {小, **大**}。
이 모자는 조금 {작다, 크다}

예(36)에서 a, b, c 모두 소극적 형용사와 적극적 형용사의 짝이다. 이때 a-b에서 보듯, 적극적 형용사는 '有点儿'의 보어로 쓰이지 못한다. 그러나 c의 경우는 '小, 大'가 **중성**이므로 모두 '有点儿'의 보어로 쓰일 수 있다. 다만 두 경우 다 **화자의 불만**이 표현된다.

3. 전치사구(PP)

3.1. 전치사 어휘범주

1) 전치사구의 정의

우리는 제3장의 3.3.3에서 전치사를 동사성의 **어휘범주 사**로 분류한 바 있다. 이제 **전치사구**(Preposition Phrase)에 대해 정의해보자.

(1) a. 전치사구(PP)는 **어휘범주 사에 속하는 전치사(P)를 핵**으로 하여 최대 투사되는 구이다.
  b. 전치사 핵은 한정사구(DP)를 보충어로 취하여 모종의 의미역과 격을 표시한다.
  c. 전치사구는 기능범주사인 **경전치사(p)**에 의해 지정어 추가를 위해 확장될 수 있다.

위의 정의에서 보듯 전치사는 속성상, 기능상 **동사와 흡사**한 면이 있다. 마치 동사의 아류처럼 동사의 흉내를 내는 품사이다. 따라서 본서는 생성문법학의 관점에서 전치사를 어휘범주에 속하는 품사로 친다. 김종호(2011)는 전통문법 관점에서 중국어의 전치사에 대해 다음과 같이 분류한 바 있다.[37]

---

37 주지하다시피, **전통문법에서 전치사는 기능어인 허사(虛辞)의 하나**로 분류되며, 활발한 연구 대상이다.

(2) 의미에 따른 전치사의 분류와 용례

전치사의 의미		예문
시간, 장소, 방향, 표시	시간 '기점'	这雨**从昨天晚上**一直下到现在。
	시간 '시점'	我是**在你走了以后**才去的。
	장소 '기점'	**由1天安门**经前门到琉璃厂。
	추상 '장소'	**在中学教育的基础上**还要进行两年专业培训。
	'근접'	欢迎你们**到北京**来。
	'이탈'	北京饭店**离机场**远吗?
	'지나감'	他们**沿着375路**向西直门方向骑去。
'근거' 표시		**根据我方産品的具体情况**, 我们认为在电视上播放为好。
		那就**按你说的**买。
'수단'이나 '방법' 표시		你不是要**用信用**卡提款吗?
'원인' 표시		他**因病**没有上班。
'목적' 표시		谢谢, **为友谊**幹杯!
'대상' 표시	공동 행위 '跟, 同'	那家公司**同中国**有商业往来。
	행위 주체 '由2'	什么时候去**由我们**定。
	관계 '对, 关于'	他**对我**点点头表示同意。
	전치 '把, 将'	昨天**把王府井的几家时装店**都跑遍了。
	피동 '被, 给1'	衣服**被雨**淋湿了。
	수여 '给2'	你有事可以**给我**打电话。
	비교 '比'	依我看, **比中档**的高级不了多少。
	제외 '除, 除了'	阅览室里**除报纸以外**还有杂誌。
	대리 '替'	明天我**替他**讲课。
	봉사 '为2, 给3''	我在北京饭店**给你们**订了个房间。
	어투 '连'	他们连一**句话**也没说。

2) 전치사구의 도출 위치

전치사는 속성이나 기능상 동사와 유사한 점이 많다. 그러나 동사와 달리 **경동사, 시제사, 보문사 등의 확장을 받지 않는다**. 따라서 문장 구성의 주선율은 되지 못하고, 전치사구, 혹은 경전치사구로 확장된다. 확장된 후의 전치사구는 동사의 **보어**나 각종 [+ V] 성 성분을 수식하는 **부사어**로 기능한다.

먼저 전치사구(PP)의 기본구조를 보자.

(3) 전치사구(PP)의 도출

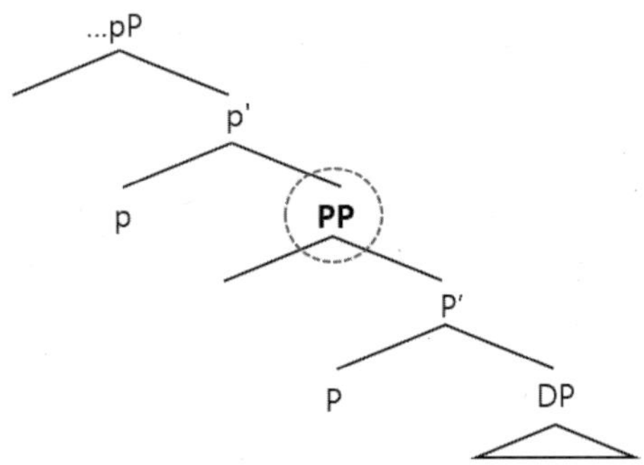

수형도에서 보듯, **전치사구는 반드시 한정사구를 보충어로 병합하여 도출**되고, **경전치사(p)에 의해서도 확장될 수 있다**.[38] 전치사구는 문장을 구성하는 주축 선 위에 있지 않지만, 문장의 보어와 부사어기능을 주로 담당하는 빠질 수 없는 성분이다.

38 경전치사(p)에 의해 확장되는 원인은 논항 자리를 하나 더 만들기도 하고(다음 절 3.2의 2)의 예(10) 참조), 하위의 전치사(P)를 당겨 상위의 동사 핵으로 이동시키는 작용과 관련이 있다. 해당 예는 본서 제6장의 1.3.2의 '보충어 논항이 전치사구인 경우' 부분을 참고하라.

3.2. 전치사구의 확장

1) 전치사구의 보충어

중국어 전치사 핵은 반드시 보충어를 요구한다. 이때 보충어로 충당될 수 있는 성분이 매우 다양해 보이나 그 최종 투사체는 반드시 한정사구(DP)이어야 한다.[39] 여기서는 특히 외견상 동사성구가 보충어로 쓰이는 몇몇 예를 보자.

첫째, 보충어가 동사구인 경우

(4) '为了[解决问题](문제 해결을 위해)'의 도출

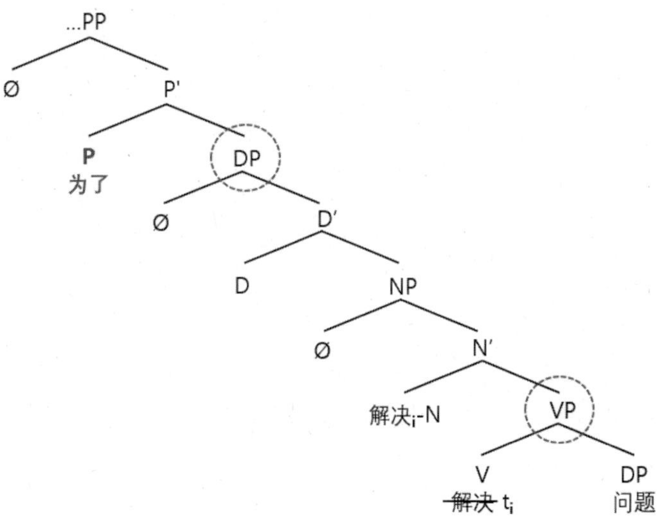

위 수형도에서 전치사구(PP)의 핵은 전치사 '为了'이고, 그것의 보충어는 한정사구(DP) '解决问题'이다. 따라서 제일 하위에 있는 동사구(VP) '解决问题'는 명사화한 후, 한정사구로 투사되어야 한다. 따라서 수형도에서 보이듯, 명사 핵이 연산에 참여하여 해당 병합체를 명사화시키는 도출 과정을 거쳤을 것으로 유추할 수 있다.[40]

39 이론상 모든 동사성구도 최종적으로 DP로 투사되어야 전치사의 보충어가 될 수 있다. 따라서 동사성구가 DP로 투사되기 위해서는 **명사화**(nominalization)가 필수적이다.

둘째, 보충어가 전치사구인 경우

전치사구도 전치사 핵의 보충어가 될 수 있다.

(5) '从[对你的态度](당신에 대한 태도로부터)'의 도출

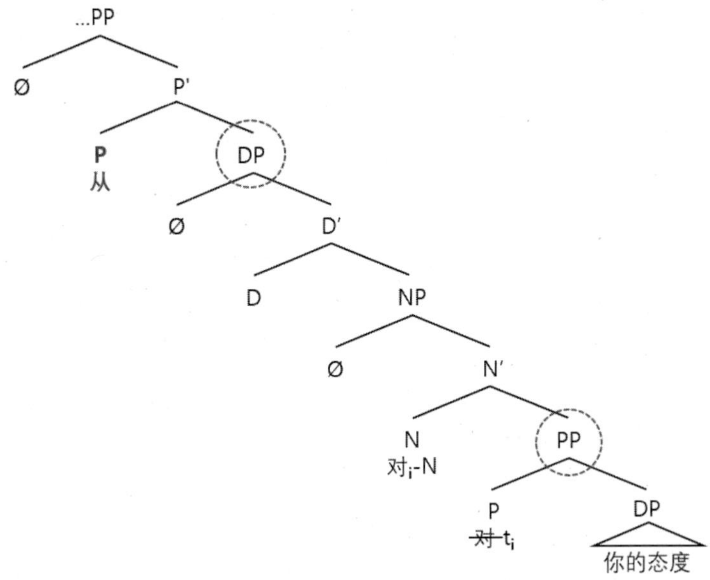

전치사구 '从对你的态度'에는 두 개의 전치사구가 겹친 모양이다. 그러나 이들은 층차상의 차이가 있다. 즉, 수형도에서 보듯, 상위의 핵 전치사 '从'은 하위에서 핵 전치사 '对'로 이루어진 전치사구가 명사화하여 만들어진 한정사구를 병합하여 이 구조를 도출하였다. 따라서 이 전치사구의 집합관계를 나타내면 '[从[对[你的态度]]]'이다.

셋째, 보충어가 소절(clause)인 경우

전치사도 절(XP) 구조의 논항을 취할 수 있다. 즉, 절 구조도 한정사구로 투사되면, 전치사 핵의 보충어가 될 수 있다. 다음 예를 보자.

40 한국어의 경우는 명사화소 '-기/것' 등이 있지만 중국어는 이런 형태변화가 없다. 그러나 보이지 않는 중에 모종의 변화가 발생했을 것이고, 그에 따라 동사구가 전치사의 보충어로 기능할 수 있다.

(6) '对[我们学汉语](우리가 중국어를 배우는 것에 대해)'의 도출

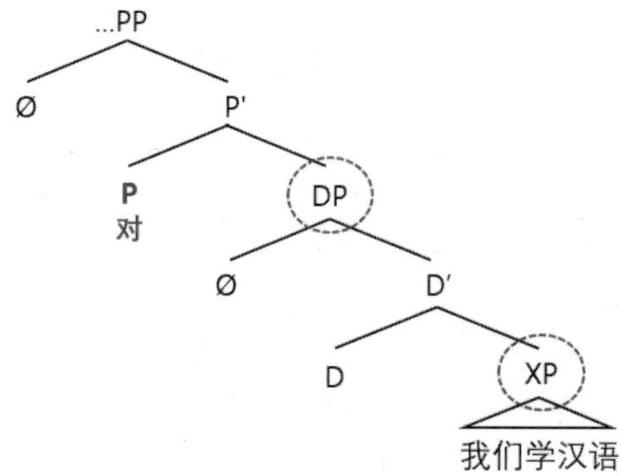

수형도에서, 소절(XP) '我们学汉语'가 비명시적인 한정사에 의해 한정사구로 투사된 후, 전치사 핵 '对'의 보충어가 되어 전치사구로 최대투사되었다.

2) 전치사구의 지정어

중국어 **전치사구 지정어**(PP-Spec)에 대해 알아보자. 전치사 핵은 한정사구의 보충어와 병합한 후 중간투사를 거쳐 최대투사할 때, 구의 지정어와 병합한다. 보충어 성분이 한정사구이듯, 지정어 성분도 한정사구로 충당된다. 다음 예를 보자.

(7) '长城以北(만리장성 북쪽)'의 도출

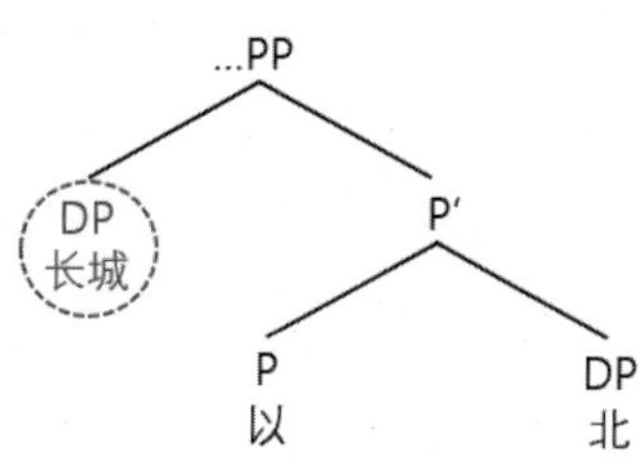

이 전치사구의 보충어 '北'는 필수성분이며, 지정어(PP-Spec) 위치에는 한정사구(DP) '长城'이 왔다. '<u>汉水</u>以南, <u>一百块</u>以外' 등도 같은 예이다.

한편 외견상 동사성 보충어도 한정사구로 투사되어야 하듯, 동사성으로 보이는 지정어도 이론상 한정사구로 투사되어야 한다. 다음 예를 보자.

(8) '从头到底(처음부터 끝까지)'의 도출

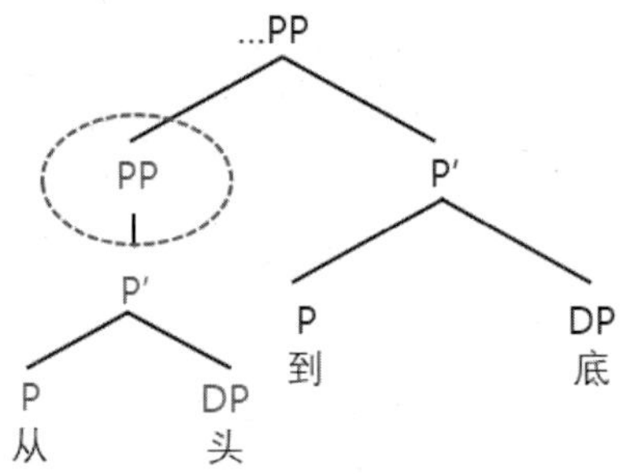

이 전치사구의 핵 전치사 '到'는 보충어 '底'를 병합하였고, 지정어 위치에 다시 전치사구 '从头'가 온 경우이다. 이런 예는 '从古至今, 从无到有, 从早到晚, 从小到大' 등 현대중국어에서 흔히 볼 수 있다. **이때 지정어 위치에 온 전치사구 '从头'는 이론상 한정사구로 해석되어야 한다**.

이상에서 전치사구의 지정어도 또 다른 전치사구(PP)로 충당된다는 것을 확인하였다. 그런데 문제는 전치사 핵의 논항이 두 개인 구를 어떻게 설명할 것인가이다. 먼저 어린이용 미니 버스나 승용차의 창에 다음과 같은 글귀가 붙었다고 상정해 보자.

(9) a. 宝宝在车里(아이가 차에 있어요).
   b. Baby on board.

만약 '在/on'을 전치사라고 한다면[41], 이들은 내부와 외부에 각각 하나의 논항을 가진다. 그런데 전치사구에서 이처럼 논항을 하나 추가하려면 우리가 제3장의 3.4.4에서 설정한 경전치사(p)가 작동한다고 해석한다. 즉 기능범주 사인 경전치사가 어휘범주인 전치사구를 확장하여 논항을 도입한다는 개념이다. 다음 수형도를 보자.

41 이 문장은 완전한 문장은 아니다. 다만 전치사구의 확장을 살명하기 위한 용례이다. 예에서 b의 'on'은 전치사이다. 따라서 a의 중국어 '在'를 전치사로 볼 것인지, 동사로 볼 것인지의 문제가 있겠다. 전치사와 동사의 자질적 속성을 고려한다면, 둘 다 가능하겠다. 영어의 경우도 동사(are)가 생략된 비교적 특수한 용법이니 말이다. 여기서 '在'는 다만 대역되는 영어의 'on'을 고려하여 논의를 진행한다. 한편, '车里'와 'board'는 동일 개념은 아니지만, '장소'라는 유사한 개념으로 본다.

(10) 전치사구의 확장과 논항 도입도

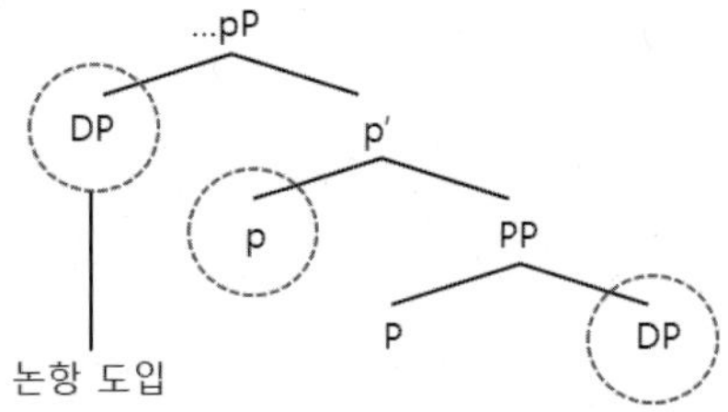

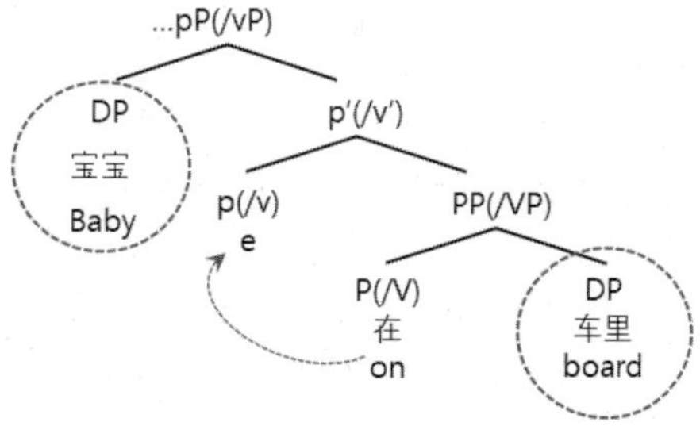

위 수형도는 경전치사(p)가 전치사구(PP)를 확장하고, 그 지정어(pP-Spec) 자리에 **논항자리**를 만드는 것을 보여준다.

3.3. 전치사의 의미역 할당

전치사는 자신의 보충어에게 모종의 의미역을 할당할 수 있다. 다음 예를 보자.

(11) '[我[在图书馆[用电脑[还了[书]]]]]'의 도출과 의미역 할당

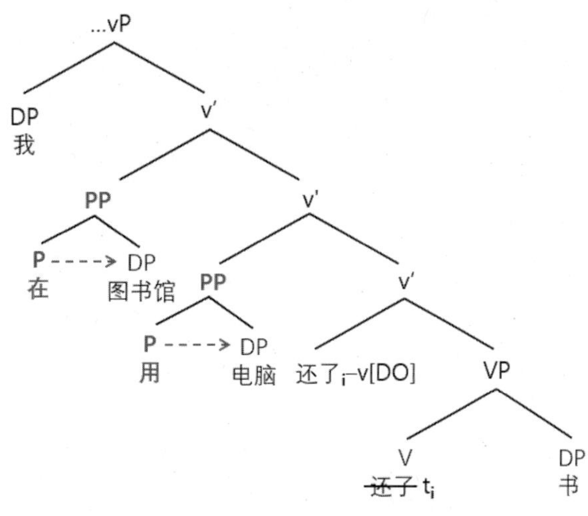

전치사 '在'는 자신의 보충어 '图书馆'에게 **〈장소(locative)〉 의미역**을, 전치사 '用'은 자신의 보충어 '电脑'에게 **〈도구(instrument)〉 의미역**을 할당하였다. 또 다음 예를 보자.

(12) '[我[向张三[学习[汉语]]]]'의 도출과 의미역 할당

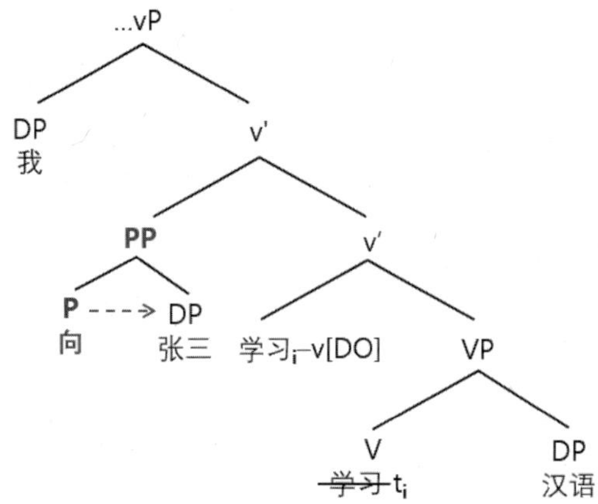

(12)에서 전치사 '向'은 '张三'에게 〈근원(Source)〉 의미역을 할당한다. 이처럼 전치사는 자신의 보충어 논항에게 모종의 의미역을 줄 수 있다.[42]

4. 부사구(AdvP)

4.1. 부사 어휘범주

1) 정의

부사구를 정의해 보자.

42 소위 구조격 중 주격은 시제사(T)가, 목적격은 동사(V)가 부여한다고 본다. 전치사도 자신의 보충어 논항에게 주는 격을 주는데, 이를 '**사격(oblique, 斜格)**'이라 한다.

(1) a. 부사구(AdvP)는 **어휘범주 사에 속하는 부사(Adv)가 핵**이 되어 최대 투사되는 구이다.

b. 부사구는 일반적으로 부가어(Adjunct, 附加语)가 되어 술어 혹은 명제에 대하여 수식한다.

부사구는 부가어(Adjunct)의 하나이다. 부가어란 문장 구성에 필수적이지 않은 구성소이다. 다시 말해 문장 안의 어떤 구성소가 병합을 요구하지 않는 요소이다. 즉, 어떤 기능범주의 핵이 병합을 위해 유인하지 않았는데도 피수식 성분에 스스로 다가가 들러붙(/병합하)는 성분이다. 예를 들어 'very happy'에서 'very'와 같은 성분이다. 다음 예를 보자.

(2) very happy

부사어 'very'가 형용사구(AP) 'happy'에 병합된 후에도 여전히 형용사구로 투사된다. 다음 수형도를 보자.

(3) 'very happy'의 수형도

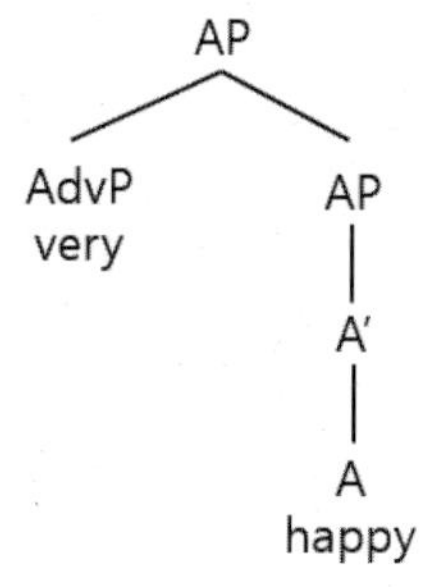

즉, 'very'는 형용사 'happy'가 초대하지 않은 성분이므로, **레이블링(labelling, 이름표 붙이기)에 기여하지 못하는 성분**이다.

2) 도출 위치

부사구의 도출 위치는 부가어라 불리는 만큼 수의적이다. 수식하고 싶은 성분의 앞에 병합된다. 이런 의미에서 부사어의 위치는 항상 피수식어의 앞이다. 그러나 이를 좀 더 세분화하여 보면, 문장 단위인 시제사구(TP)의 내부와 외부의 두 군데라고 할 수 있다. 전자를 소위 '**성분수식부사**'라 하고, 후자를 '**문장수식부사**'라 한다. 부사구(AdvP)의 도출 위치를 수형도로 보자.

(4) 부사구의 도출 위치

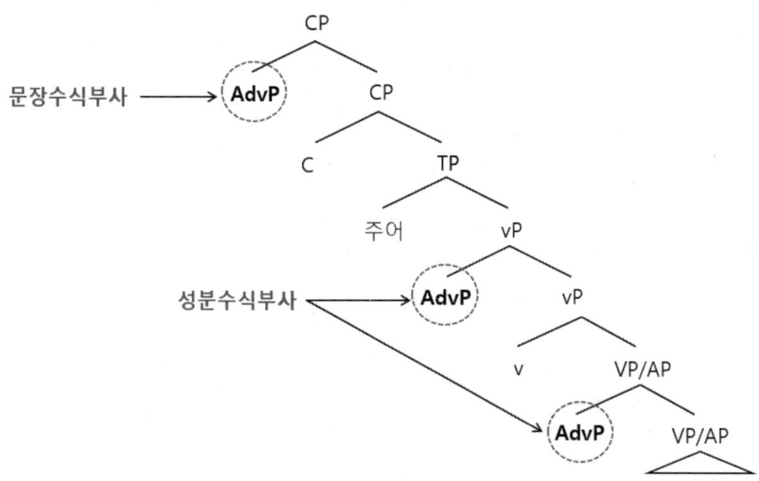

4.2. 부사구의 구성소

1) 부사가 부사어가 되는 경우

다음 수형도에서 부사구의 도출 위치를 보자.

(5) '他[好好儿]吃了一顿。(그는 밥 한 끼를 잘 먹었다.)'의 도출

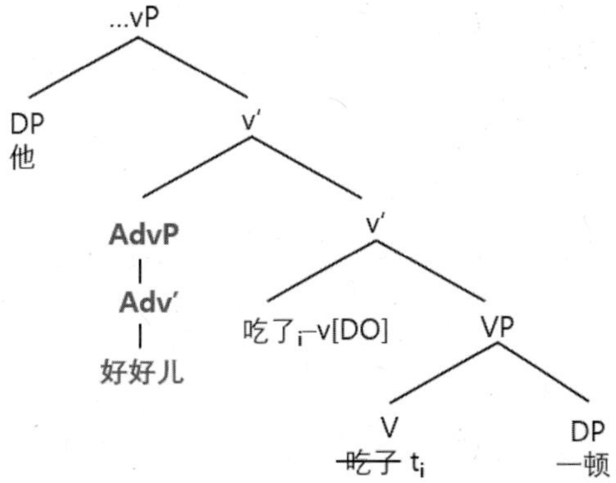

이는 중첩식 부사가 부사구가 되는 예이다.

2) '地'자 구가 부사어가 되는 경우

다음 수형도에서 부사구의 도출 위치를 찾아보자.

(6) '他[悄悄地]跑出来。(그는 살그머니 도망쳐 나왔다.)'의 도출

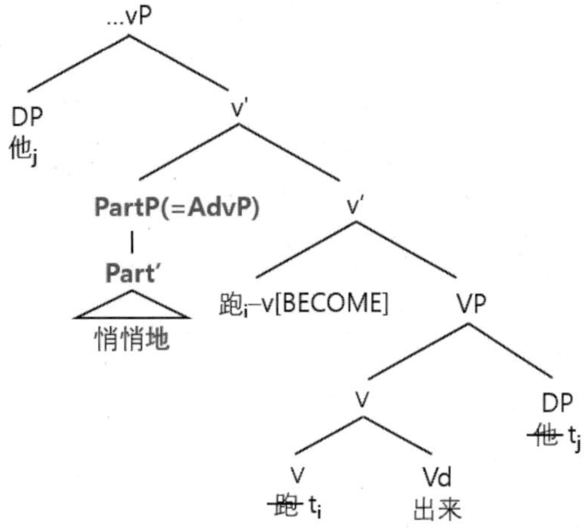

수형도에서 'PartP'는 **조사구**(Particle Phrase)이고, 이것이 부사어로 기능한다.[43]

---

43 '-地'가 조사인지, 접사인지는 좀 더 연구할 대상이나 여기서는 기존의 '구조조사'의 관점을 유

3) 전치사구가 부사어가 되는 경우

다음 예를 보자.

(7) '他[在北京]上大学。(그는 베이징에서 대학을 다닌다.)'의 도출

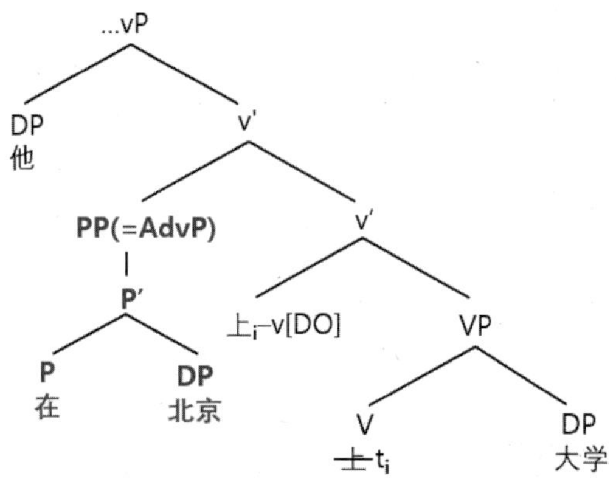

다양한 형식의 전치사구가 있으며, 구에서 일반적으로 부사어(/부가어)가 되어 수식 기능을 한다.

4) 부사어 절이 부사어가 되는 경우

다음 수형도에서 부사구의 도출 위치를 찾아보자.

(8) '他坐飞机来北京。(그는 비행기를 타고 베이징에 온다.)'의 도출

지하여 기술한다.

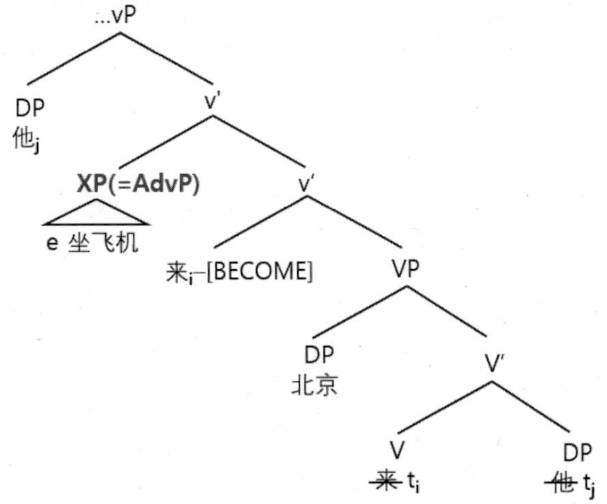

동사구가 부사어로 기능하는 'e坐飞机'에서 e는 他와 동일 지시관계이다. 전통문법에서는 '수단/방법'을 표시하는 '**연동문(连动句)**'이라고 한다. 수형도에서 보듯 'e坐飞机'는 모종의 절(XP)이지만 전체 구 구조 가운데서는 명백히 부사어로 기능한다. 따라서 이것은 이 문장의 주선율인 '他来北京'과 동일한 계층의 것이 아니다.

5) 여러 개의 부사구가 부사어가 되는 경우

한 문장에 여러 개의 부사구가 수식어로 쓰이는 예를 보자.

(9) '老师[大概][也]会来北京。(선생님도 [아마] [역시] 북경에 오실 것이다.)'의 도출

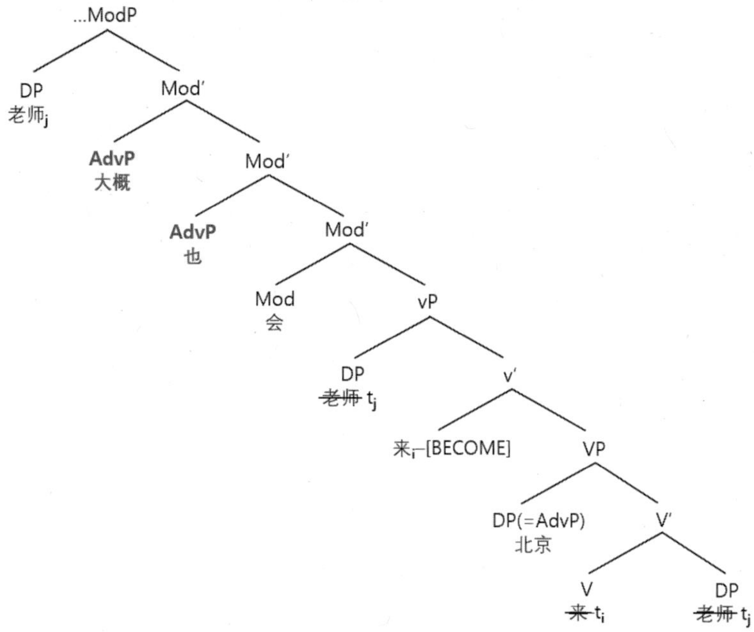

이 구문[44]에는 '大概'와 '也'라는 두 개의 부사(구)가 있다. 그러나 이들 부사는 임의적인 성분이므로 레이블링에 참여할 수 없다. 즉, **양태(Modality) 범주**를 표시하는 기능어인 조동사 '会'가 이 문장의 최상위 핵이 되어, 양태사구(ModP)로 투사되기 때문이다.[45]

44 이 구조의 도출에서 동사 '来'는 왕래발착을 나타내는 전형적인 비대격동사이다. 따라서 그 보충어 논항 '老师'는 목적격을 받지 못하므로, 향후 주격을 받을 자리(지정어 자리)를 찾아 계속 이동하는 중에 양태사구의 지정어 자리(ModP-Spec)로 이동하였다. 이 구조가 향후 시제사구(TP)로 투사된다면, '老师'는 주격을 받기 위해 또 그 지정어 자리(TP-Spec)로 이동한다. 한편, VP-Spec의 '北京'은 동사 앞에 위치하며 장소를 나타내는 부사어이다. 동사의 핵 이동에 의해 이것이 표면상 동사 뒤에 위치하는 것이므로, 목적어라고 할 근거가 없다.

45 이 문장은 양태를 나타내는데 중점이 있다. 양태는 일반적으로 명제의 진리치에 대한 화자의 주관적 입장을 나타내는 것이므로 진리치(Truth Value)를 따질 수 없다. 이때 양태사 '会'의 상위 계층에 위치하는 부사(구)들은 핵이 되지 못하고, 양태에 대해 모종의 수식적인 의미를 더할 뿐이다.

5. 경동사구(vP)

본서 3.4에서 **동사성[+ V]·기능어[+ F]에 해당하는 단어**들을 분류한 바 있다. 이제 이에 근거하여 그것들의 확장체인 **동사성[+ V]·기능어[+ F] 구**에 대해 알아보자. 이미 언급한 바 있듯, 여기에는 경동사구(vP), 조사구(PartP), 양태사구(ModP), 시제사구(TP), 보문사구(CP) 등이 있다. 이중 조사구(PartP)는 상조사구(AsP)와 태조사구(VoiP)로 나누어 살펴보고, 보문사구(CP)도 초점사구(FocP), 화제사구(TopP), 어기조사구(ForP)등으로 각각 나눈 후, 각 구의 위계에 따라 각 구의 성질과 기능 등에 대해 살펴보자.

먼저 경동사구에 대해 알아보자. 중국어 학습과 교육에서 해결해야 할 난점 중 하나는 다음과 같은 '**술어+목적어**' 구조의 해석 문제이다. 다음 예를 보자.

(1) a. 吃苹果
　　사과를 먹다
　b. 吃大碗
　　큰 그릇으로 먹다
　c. 吃食堂
　　식당에서 먹다
　d. 吃环境
　　분위기를 (즐기기 위하여) 먹다
　e. 吃父母
　　부모님에 의지하여 먹고 살다

동사 '吃'를 '입을 통해 어떤 대상을 뱃속으로 넣다'라는 의미로 해석한다면, b-e의 예를 해석할 수 없다. 이 문제를 어떻게 설명할 것인가? 아래에서 먼저 경동사구 전반에 대해 살펴본 후 5.3에서 이 해답을 제시하겠다.

5.1. 경동사 기능범주

1) 정의와 핵 분류

경동사(light verb, v)란 동사구를 보충어로 취하여 사건의미를 부여함으로써 명제화시키는 기능을 가진 동사성 [+ V] 품사의 하나이다. 먼저 경동사구에 대해 정의해 보자.

(2) a. 경동사구(vP)는 기능범주사인 경동사를 핵으로 최대 투사되는 구이다.
  b. 경동사구가 나타내는 사건의미(Eventuality)는 활동[DO], 상태[BE], 변화결과[BECOME], 사동[CAUSE-BECOME], 의동[CONSIDER-BE] 등이 있다.
  c. 경동사는 그 출현 위계에 따라 외부 경동사(outer light verb)와 내부 경동사(inner light verb)로 나눌 수 있다.[46]

경동사는 독립적인 품사로 통사부에서 경동사구를 형성하는 핵이다. 경동사는 '명시적(overt)'이어서 형태가 있는 것도 있고, 또 '비명시적(covert)'이어서 음성 형태가 없는 것도 있다.[47] 중국어 경동사 분류표를 다시 보자.

---

46 외부 경동사는 주어의 인허와 관계가 있으며, 위 b에서 언급된 **사건의미**를 나타낸다. 내부 경동사는 술어로 충당되는 **어휘 핵을 당겨 병합함으로써 비정규적인 목적어의 인허**와 관련이 있고, **자신의 보충어에게 장소(AT), 여격(TO), 도구(USE/WITH), 이유(FOR) 등을 표시**한다. 내부 경동사에 대해서는 기술의 복잡성을 피하기 위해 아래 5.3에서 따로 설명한다.

47 영형식(즉, 어음형식이 없는)의 경동사를 설정하며, 이를 **영경동사(零轻动词)**라 한다. 이론상, 들을 수 있는(/명시적인) 경동사는 모두 대응하는 영형식을 가질 수 있다. 영형식의 경동사는 반드시 **자립 형태소와 결합**하여야 비로소 문법에 부합한다. Hale & Keyser(1993), Chomsky(1995) 참고.

(3) 경동사의 분류와 중국어의 예

경동사의 기능과 경동사의 분류		사건의미	예
통사 위치	명시성 여부		
외부	명시	활동[DO]	作/做, 进行, 加以[48]
		상태[BE]	(是), (有)[49]
		변화결과[BECOME]	给, -得
		사동[CAUSE-BECOME]	把, 使, 让, 叫
		의동[CONSIDER-BE]	以…为, 以为
	비명시	활동[DO]	∅[DO]
		상태[BE]	∅[BE]
		변화결과[BECOME]	∅[BECOME]
		사동[CAUSE-BECOME]	∅CAUSE-BECOME]
		의동[CONSIDER-BE]	∅[CONSIDER-BE]
내부	명시		在, 到, 给, 用, 靠, 有, 着
	비명시		∅[AT], ∅[TO], ∅[WITH/USE], ∅[FOR], ∅[EXIST]

2) 통사 위치

중국어 경동사구의 통사적 위치는 다음과 같이 상정할 수 있다. 먼저 통사 층위상 경동사구(vP)가 도출되는 위치를 찾아보자.

---

48 何元建(2011:219)은 朱德熙(1961)에 근거하여 전통 문헌에서 말하는 '형식 동사(形式动词)' '作, 进行, 加以,予以, 给以, 干, 开展, 展开, 实行, 举行' 등을 '**집행 경동사**(performance light verb)'라 한다. 이들은 본서에서 말하는 **활동**[DO] 사건의미를 나타낸다.

49 괄호한 (是)와 (有)는 현대중국어에서 어휘 핵으로서나 기능 핵으로서나 모두 상용도가 매우 높은 단어들로, 이들이 경동사적 기능을 가지는지 여부는 좀 더 진일보한 연구가 필요하다고 여겨 괄호 속에 표시하였다.

(4) 경동사구의 도출 위치

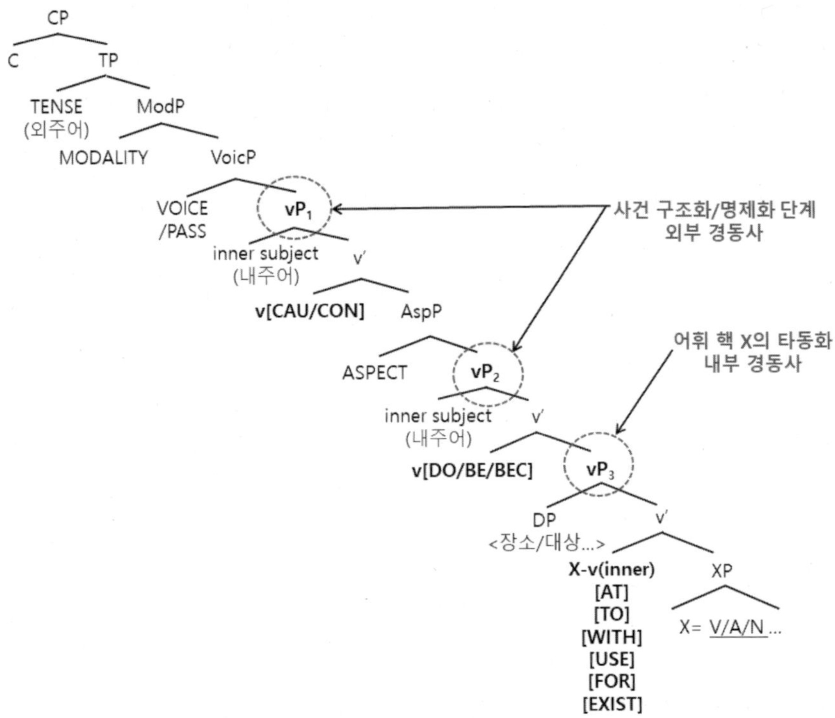

수형도에서 vP_2를 구성하는 경동사 핵은 **활동**[DO], **상태**[BE], **변화결과**[BECOME] 등이 있으며, vP_1을 구성하는 경동사 핵은 **원인**[CAUSE], **인식**[CONSIDER] 등이 있다. 특히 '원인', '인식' 경동사는 각각 '변화결과', '상태' 표시 경동사들을 확장하여 병합하여 소위 '사동'과 '의동'의 사건의미(Eventuality)를 표시한다.[50]

이상에서 보듯, 각 경동사 핵은 동사구에 대해 모종의 사건의미들을 부여하는데, 이 과정에서 동사구(VP)를 병합하여 자신의 **내부논항에게는 목적격**을 부여하고, **외부논항에게는** 자신의 성격에 부합하는 **의미역**(Thetic-role)을 할당하여 향후 주어로 투사시킬 준비를 한다.

결국, 경동사구는 어휘범주의 투사체인 동사구나 형용사구, 심지어 명사구까지도 병합시켜 모종의 명제를 만드는 힘이 있다. 따라서 통사적으로 매우 중요한 단계의

---

50 영어나 한국어 생성문법에서는 통사부에 단층 경동사구를 설정하나, 중국어의 경우 '사동'과 '의동'사건의미를 설명하는 데 'vP_1'와 'vP_2'의 중층(/복층) 경동사구를 설정하는 것이 더 적합하다고 본다. 자세한 내용은 해당 '사동'과 '의동' 사건의미 부분을 참고하라. 한편, 어휘 핵의 타동화와 관련이 되는 내부 경동사는 'vP_2'의 아래에서 출현하나, 5.3에서 따로 언급하기로 한다.

구(Phrase)라 하겠다.51

3) 기본구조의 도출

동사구와 경동사구의 관계에 대해 邓思颖(2010 : 91), 김종호(2018) 등을 참고하여 다음과 같이 표시한다.

(5) 동사구와 경동사구의 관계

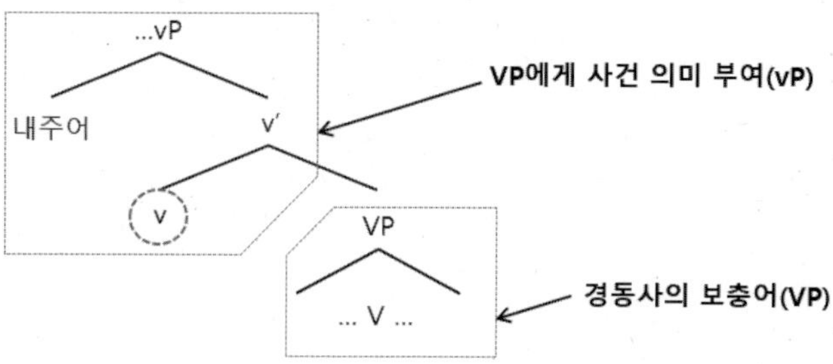

수형도에서 보듯, 상위의 큰 점선은 경동사구이고, 하위의 작은 점선은 동사구이다. 동사(V)는 어근으로 충당되고, 경동사(v)는 모종의 사건의미를 나타냄으로써 양자가 합해져 술어가 된다. 결국, 술어는 두 부분으로 나눌 수 있는데, 그것은 기본어휘 의미의 배열을 나타내는 동사구(VP)와 사건의미를 나타내는 경동사구(vP)이다.

---

51 통사부에서 어휘를 조합할 때 얼마만큼의 어휘를 가지고 운용하는가에 대해서, Chomsky(2001)는 **국면(phase)이라는 통사 단위**를 설정한다. Chomsky(2001)에서 제안한 국면은 의미적으로 진술을 이룰 수 있는 진술구(propositional Phrase)이다. 통사적으로는 논항구조가 완성된 **경동사구(v*P)**와 문장의 종류를 결정하는 C(보문사)가 완성된 **보문사구(CP)**가 **국면의 기초단위**이다. Chomsky(2001)에서는 시제사구(TP)나 외부논항이 없는 수동태, 비대격 동사구(vP)는 국면이 되지 못한다고 주장했으며, 이후 Chomsky(2008)에서는 한정사구(DP)가 국면이 될 가능성도 있다고 제안한다. 어떤 구가 국면으로 인정받기 위해서는 국면으로서 운동되는 의미적, 음성적 증거가 있어야 하는데 Chomsky(2001)에서는 **v*P와 CP가 재구(reconstruction)의 착점이 되고 음성적으로도 이동의 단위가 되어 국면으로 적합하고, 의미적으로 독립된 단위**라고 주장한다. 한편, 국면과 주기성이 결합하여 탄생한 제약이 국면 불가침 조건(Phase Impenetrability Condition)이다(Chomsky, 2001:13-14). 국면 불가침 조건은 이미 운용이 끝난 국면을 다시 운용에 참여시켜 연산의 부담을 지우는 것을 막는 역할을 담당하는데, 통사부의 계산이 최소성의 원칙을 지키도록 한다. 국면 불가침 조건에 따르면 국면인 v*P와 CP는 모든 어휘소가 결합되고 일치를 이루게 되면, 그것은 음성화(Spell-out)한다. 음성화 이후에는 해당 영역에 일치나 이동 등의 통사적 운용을 일으킬 수 없다. 국면의 보충어(complement) 내부에 있는 어떤 요소가 통사 운용을 받기 위해서는 음성화되기 전에 국면 경계(phase edges)로 이동하여야 한다. 고희정(2018:18-20) 참고 및 재인용.

5.2. 사건의미

경동사는 동사구를 보충어로 취하여 사건의미를 부여한다. 사건에는 반드시 참여자가 있으며, **사건참여자는 통사부에서 논항으로 표현**된다. 이때 **접사적 형태이거나 비명시적인 경동사**는 **핵이동**(Head to Head movement)**을 유발**한다. 따라서 자신의 하위 계층인 VP 내의 동사 핵을 당기어 병합한다. 또, 자신의 지정어 자리에는 논항(Argument)을 필요로 한다. 이 논항은 경동사와 병합하여 주술관계를 나타내며 향후 시제사구로 투사될 때 주격을 부여받아 주어로 투사된다. 따라서 이를 '**내주어**(Inner subject, 内主语)'라고 한다. 이 과정을 통해 경동사는 동사구에 대해 5종의 사건의미를 부여한다. 경동사가 동사구에 부여하는 사건의미를 보자.

(6) 경동사에 의한 사건의미

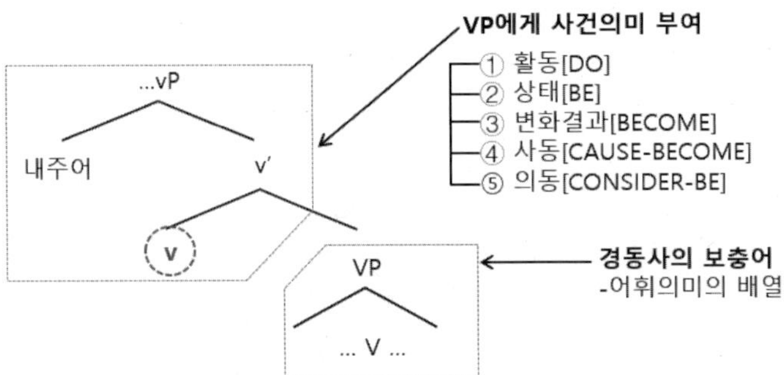

그림(6)은 경동사가 나타내는 5종류의 사건의미를 표시한다. 먼저 **경동사 1개가 적용**된 ①-③에 해당하는 경우를 살펴보자. 이는 다음과 같이 표찰붙은 괄호를 사용하여 표현할 수 있다.

(7) ① $\cdots[_{vP}\ [_{Spec}\ V_i\text{-}\mathbf{DO}[_{VP} \cdots \cancel{V}_i\ \cdots]]]$

② $\cdots[_{vP}\ [_{Spec}\ V_i\text{-}\mathbf{BE}[_{VP} \cdots \cancel{V}_i\ \cdots]]]$

③ $\cdots[_{vP}\ [_{Spec}\ V_i\text{-}\mathbf{BECOME}[_{VP} \cdots \cancel{V}_i\ \cdots]]]$

(7)의 ①-③에서 활동[DO], 상태[BE], 변화결과[BECOME] 등의 사건의미를 나타내

는 경동사가 모두 영형식일 경우, 하위 계층의 동사 핵을 당기어 '**V-v의 형태**'로 표현된다. 이 형태를 대표하는 핵은 경동사이다. 따라서 vP가 어떤 사건구조를 표현하는지는 이론상 전적으로 경동사의 속성에 근거한다. V의 의미특징과 보충어와의 관계 등은 참고사항일 뿐이다.

또, **경동사 2개가 적용**되는 ④와 ⑤의 경우를 보자.

④의 경우는 v[CAUSE]와 v[BECOME]이 적용되어 **사동 사건의미**를 나타낸다. 이는 사역 경동사 v[CAUSE]의 명시성 여부에 따라 다시 두 경우로 나뉜다.

(8) a. ⋯$_{vP1}$[$_{Spec}$ **Vi-BECOME-CAUSE**[$_{vP2}$ [$_{Spec}$ ⋯~~V_i-BECOME~~[VP ⋯ ~~V_i~~ ⋯]]]]
b. ⋯$_{vP1}$[$_{Spec}$ **把(CAUSE)**[$_{vP2}$ [$_{Spec}$ **V_i-BECOME**[$_{VP}$ ⋯ ~~V_i~~ ⋯]]]]

위 예문(8)의 표찰붙은 괄호에서 a는 사역 경동사가 비명시적인 경우이고, b는 사역 경동사가 '使, 叫, 让, 把'등으로 명시적인 경우이다.

⑤의 경우는 v[CONSIDER]와 v[BE]가 적용되어 **의동 사건의미**를 나타낸다. 이는 인식 경동사 v[CONSIDER]의 명시성 여부에 따라 다시 두 경우로 나뉜다.

(9) a. ⋯$_{vP1}$[$_{Spec}$ **V_i-BE-CONSIDER**[$_{vP2}$ [$_{Spec}$ ⋯~~V_i-BE~~[$_{VP}$ ⋯ ~~V_i~~ ⋯]]]]
b. ⋯$_{vP1}$[$_{Spec}$ **以(CONSIDER)**[$_{vP2}$ [$_{Spec}$ V_i-**为(BE)**[$_{VP}$ ⋯ ~~V_i~~ ⋯]]]]

위 표찰붙은 괄호에서 a는 인식 경동사가 비명시적인 경우이고, b는 명시적인 인식 경동사 '以(为)'가 출현하는 경우이다. 이제 ①-⑤의 사건의미에 대해 각각 구체적으로 살펴보자.

5.2.1. 활동[DO] 사건의미

활동사건의미란 [+ 의지]의 〈행위자〉에 의한 활동을 표시한다. 어휘범주인 동사구를 확장하여 '활동' 사건의미를 나타내는 데는 경동사 v[DO]가 운용된다. 이때의 DO는 활동의 진행, 혹은 동태적 과정을 나타낸다. 경동사 DO는 필수적으로 자신의 지정어 위치에 하나의 논항을 가지며, 이에 대해 **행위자 〈Agent〉 의미역**을 할당한다.

활동사건의미 술어(V-v)의 논항구조에 대해 살펴보자.

1) 1항 술어

이는 **활동사건의미 술어(V-v[DO])가 하나의** 논항을 가지는 경우이다. 문장의 필수 성분은 주어와 술어이므로, 이 하나의 논항은 주어로 충당된다. 다음 예를 보자.

(10) '那个小孩子哭(그 어린 아이가 운다).'의 도출

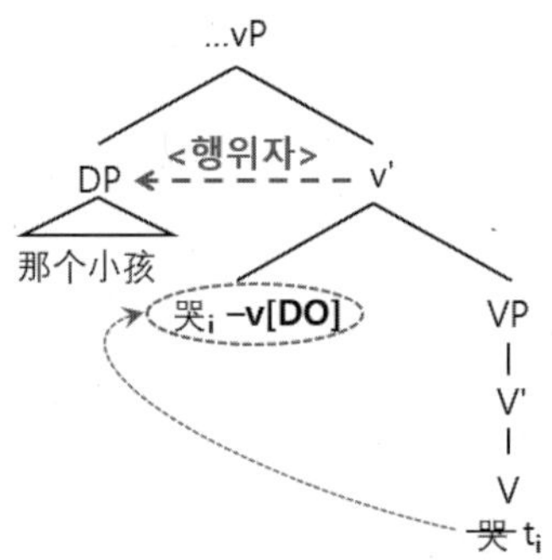

수형도에서 '哭'는 보충어 논항을 가지지 않는 자동사, 즉 **비능격동사(Unergative, 非作格动词)**[52]이다. 따라서 자체적으로 VP로 투사된다. 이 동사구에 대해 경동사 v[DO]가 이 사건이 활동이라는 것을 나타낸다. 이 구(Phrase)는 '그 어린아이가 어떤 일을 했는데 그 일이 우는 것이다'의 의미를 나타낸다. 동사 '哭'는 v[DO]의 위치로 핵이동하여 '哭-DO'가 된다. 내주어 '那个小孩'는 경동사 v[DO]를 핵으로 하는 '哭-DO'의 외부 논항이 된다. 또한 경동사로부터 〈행위자〉 의미역을 할당받으며, 향후 **시제사구 지정어 위치**(TP-Spec)로 **논항이동**(A-movement)하여 주어로 투사된다.

전통문법에서는 '명시적 v[DO] 경동사'를 '**형식동사(形式动词)**'라 한다. 이는 무늬만 동사이고 실상은 바로 뒤에 오는 단어가 동사라는 것이다. 그러나 우리의 생각은 다르다. 앞의 기능 범주 경동사는 어휘 범주 동사에 대해 사건의미화하는 매우 중요한 기능을 한다. '명시적 v[DO] 경동사 구'에 대한 何元建(2011:219)의 설명을 보자.

---

52 이에 대한 자세한 분류와 설명은 제3장의 3.3.1을 참고하라.

(11) 명시적 v[DO] 경동사의 예
a. 跟困难[作]斗争 / 跟困难斗争
고난과 투쟁하다.
b. 红十字会今天[展开]募捐 / 红十字会今天募捐
적십자회는 오늘 모금을 한다.
c. 市民[举行]游行 / 市民游行
시민들이 시위한다.

현대중국어에서 명시적 경동사(/형식동사)로 '作, 展开, 举行, 进行' 등이 있다. 이들로 구성되는 경동사구는 다음과 같은 통사적 특징이 있다.

첫째, 경동사와 동사 사이에 부사어 성분이 들어갈 수 없다.
다음 예를 보자.

(12) a. *作[跟困难]斗争
b. *红十字会展开[今天]募捐
c. *举行[三天]游行

경동사 핵은 동사핵을 당겨 병합하여 술어로 기능한다. 따라서 둘 사이의 관계는 매우 밀접하여 그 사이를 갈라놓을 수 없다.[53] 즉 경동사 핵은 직접적으로 동사구(VP)를 보충어로 취한다는 의미이다.

둘째, 경동사의 출현여부와 관계없이 의미는 동일하다.
경동사가 비명시적(/내현적)이라 해도 실제적으로는 존재하는 것으로 해석되기 때문이다. 다음 수형도를 보자.

53 그러나 한국어 어순은 오히려 이와 같아 중국어 학습에 주의해야 할 점이다.

(13) a. '市民举行游行'의 도출 b. '市民游行'의 도출

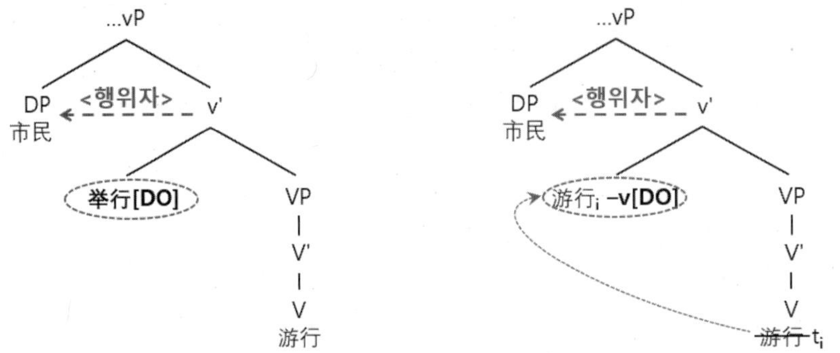

위 수형도a에서 경동사 '举行'은 완전한 단어형태이므로 동사 '游行'의 이동을 요구하지 않는다. 반면, b는 비명시적이므로 하위 동사핵의 이동을 통한 병합으로 안전해지고자 한다. 결국, 이 두 구조는 모두 동일한 경동사 v[DO]의 경동사구(vP)로 투사된다. 따라서 완전히 동일하게 해석된다. 차이점은 경동사(v)가 명시적이냐 아니냐의 차이일 뿐이다.[54]

셋째, 명시적인 경동사로 구성되는 술어(V-v)는 목적어를 가지지 못한다.

1항 술어는 술어가 하나의 논항을 가진다. 그렇다면 중국어에서 문장의 필수요소는 술어와 주어이므로 1개의 논항은 주어로 충당된다. 즉, **명시적인 v[DO] 경동사가 대동하는 동사는 〈대상자〉 논항을 가지지 못 한다**. 따라서 이들 동사 뒤에 〈대상자〉 논항이 오면 모두 비문이 된다. 다음을 보자.

(14) a. *进行调查案子 → [对案子]进行调查
사건에 대해 조사를 하다.
b. *予以揭露腐败 → [对腐败]予以揭露
부패에 대해 폭로하다.

---

54 a에서는 명시적(/외현적, overt) 집행경동사 '举行[DO]'이 VP에 대해 성분통어한다. 반면, b에서는 비명시적(/내현적, covert) 영형식의 경동사(-v[DO])가 그 자리에 동사를 당기어 병합하여 핵 융합체(/일종의 복합동사)를 만든다. 중국어의 외현적 경동사로서의 '举行[DO]'은 한국어의 경동사 '-하다[DO]'와 유사하다.

c. *给以表扬先进 → [对先进]给以表扬
선진 인물에 대해 칭찬하다.

만일 (간접적인) 논항을 더하려면, **전치사구를 통해 술어 앞에** 더해야 한다. 반면, 한국어의 경우 아래에서 보이는 것처럼 직접적으로 목적어를 대동하는 것이 성립하므로 주의해야 한다.

(14)′ a. *进行调查案子
사건조사를 진행하다
b. *予以揭露腐败
?부패폭로를 하다
c. *给以表扬先进
앞선 인물을 칭찬하다

2) 2항 술어

이는 **활동사건의미 술어**(V-v[DO])가 두 개의 논항을 가지는 경우이다. 다음 예를 보자.

(15) '我读过《红楼梦》'의 도출

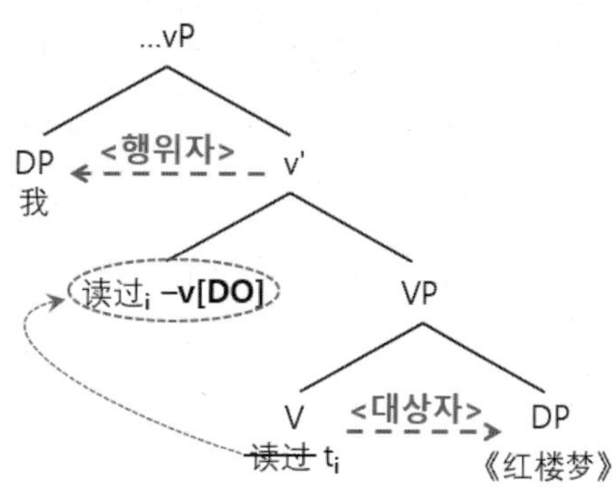

수형도에서 동사 '读过'는 먼저 논항 '《红楼梦》'과 병합하여 **〈대상자〉 의미역**과 **목적격**을 주며 VP로 투사된다. 영형식의 경동사 v[DO]가 통사부에 들어간 후에 동사

구를 보충어로 취하여 병합한다. 동사 '读过'는 핵이동을 하여 영경동사와 병합하여 '读过-DO'로 된다. 논항 '我'가 통사에 들어간 후에 '读过-DO+《红楼梦》'과 병합하여 경동사구(vP)로 투사된다. 수형도에서 도출된 경동사구는 '내가 어떤 일을 했는데, 그 일이 바로 《红楼梦》을 읽는 것이다'라고 해석할 수 있다. '我'는 경동사로부터 **〈행위자〉** 의미역을 할당받는다. 수형도의 t는 **흔적**(trace)으로 동사의 원래 위치이다. 동사는 표면상(/선형적)으로 이동하지 않은 것과 같다. 그러나 수형도를 보자. 동사는 계층적으로는 상위의 경동사 자리로 핵 이동하여 'V-v' 핵 융합체를 구성한다.[55]

3) 3항 술어

이는 **활동사건의미 술어**(V-v[DO])가 세 개의 논항을 가지는 경우이다. 이때는 술어 동사가 2개의 보충어를 가지는 구조, 즉 **이중목적어 구조**이다. 이에 대해서는 동사구(제6장의 1.3)에서 자세히 다루었으므로 여기서는 생략한다.

5.2.2. 상태[BE] 사건의미

'상태사건' 의미란 **〈대상자〉 주어**에 대한 **상태 묘사**를 의미한다. 상태 사건의미 표시에는 경동사 v[BE]가 운용된다. v[BE]는 일종의 정지 상태 혹은 관계를 나타낸다. 경동사 v[BE]가 운용되는 술어는 자동사(전통문법에서 소위 형용사)이다. 다음 예를 보자.

(16) '她很漂亮'의 도출

55 전통문법학 분석에 따르면, 동사 '读'은 2항 술어이다. 즉 주어와 목적어 두 개의 논항이 필요하다. 하지만 상술한 이론의 분석에 따르면, 어근이 되는 동사 '读'은 하나의 목적어 논항 '《红楼梦》'만 가진다. 엄격히 말하면 '我'는 경동사 v[DO]의 주어이고 v[DO]의 논항에 속하지 '读'의 논항이 아니다. 따라서 우리가 '读'를 2항 술어라고 한다면 사실상 v[DO]를 핵으로 하는 '读-DO'로 구성된 복합성분 을 가리킨다. 이는 동사 위치보다 한 계층 위에서 형성된 것이다.

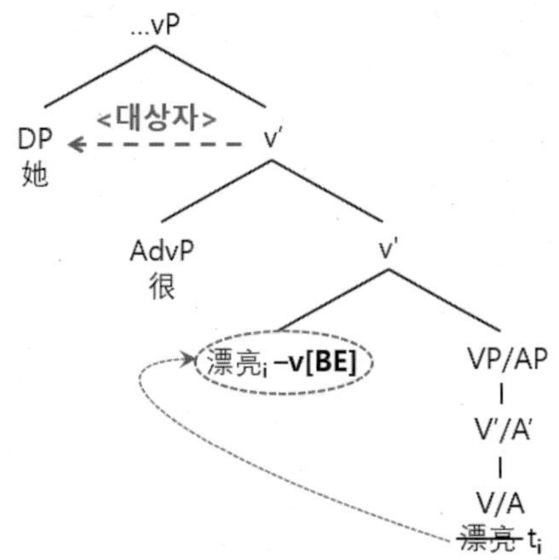

위의 수형도에서 보듯, 경동사 v[BE]는 '상태'를 나타내며, 지정어 위치의 '她'에게 **묘사 〈대상자〉 의미역**을 할당한다.

5.2.3. 변화결과[BECOME] 사건의미

'변화결과' 사건의미란 변화 대상자 주어에 대한 변화결과 의미이다. 여기에는 경동사 v[BECOME]이 운용된다.

1) 1항 비대격동사 구문

1항 비대격동사는 일종의 자동사 구문이다. 즉 목적어를 가지지 않는다는 점에서는 비능격동사와 같다. 차이는 경동사 확장의 차이이다. 즉, 비능격동사는 경동사 v[DO]에 의해 확장되고, 비대격동사는 경동사 v[BECOME]에 의해 확장된다.

이제 '변화결과' 사건의미 표시에 잘 쓰이는 **비대격동사**(Unaccusative, 非宾格动词) 구문에 대해 알아보자. 특히 1항 비대격동사는 자신의 보충어 논항을 가지며 **〈대상자**(Theme)**〉 의미역**을 할당한다. 그러나 자신의 보충어 논항에게 목적격을 부여하지 못한다. 따라서 비대격동사의 보충어는 구조적으로 목적격을 받는 위치인 동사의 뒤를 벗어나 최종적으로 주격을 받는 위치로 이동한다. 다음 예를 보자.

(17) ‘她死了[56]’의 도출

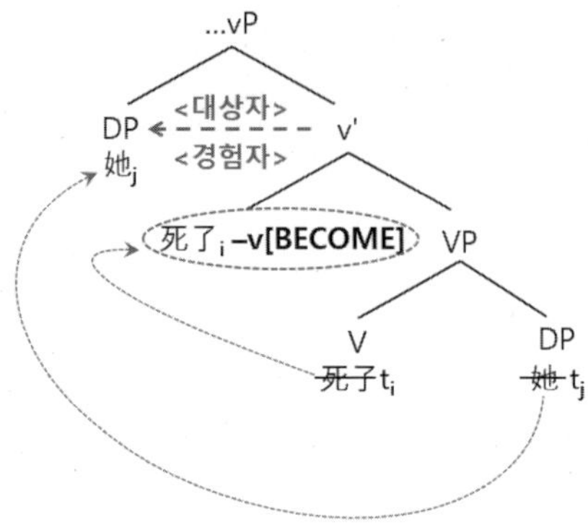

수형도에서 보듯, 1항 비대격동사 ‘死’는 보충어인 ‘她’에게 〈대상자〉 의미역은 할당하지만, **목적격은 부여하지 못한다**. 따라서 ‘她’는 목적격을 부여받지 못하므로 부득불 향후 주격을 받을 위치인 경동사구의 지정어 자리(vP-Spec)로 이동한다. 그리고 동사는 핵 이동을 통해 영형식의 경동사(BECOME)과 병합한다. 이렇게 병합된 ‘死-BECOME’이 지정어 자리에 있는 ‘她’와 다시 병합하면서 ‘她’에게 **〈대상자〉 혹은 〈경험자(Experiencer)〉 의미역**을 할당한다.[57] 따라서 이 사건구조의 의미는 ‘그녀는 사건의 변화를 경험했는데, 그 변화의 결과는 죽음이다’로 해석된다.

56 변화결과의 사건의미를 가지는 BECOME 경동사구는 ‘비대격동사 구문’이며, 반드시 ‘了’를 필요로 한다. 이는 ‘변화’를 표시하는 상 표지(Aspect marker)이며, 본서는 이를 조사로 처리한다.

57 ‘V-BECOME’으로 부터 의미역을 할당받는 지정어 위치의 성분은 종종 존재, 이동위치 혹은 변화가 발생하는 사람이나 사물 등이다. 이들의 의미역은 **〈대상자〉 혹은 〈경험자〉**이다. 여기서 한 가지 생각할 점은 이미 동사의 보충어 위치에서 〈대상자〉 의미역을 할당받았는데 경동사구의 지정어 위치로 이동하고 다시 〈경험자〉 의미역을 받을 수 있는가의 문제이겠다. 한 번 의미역이 결정되고 나면 바뀌지 않아야 한다는 것이 원칙이다. 그러나 최초에 이루어지는 ‘동사와 그 보충어 간의 의미역 할당’이 명제화 차원(vP)에서 보면 완전하지 않을 수 있다. 특히 **‘사람’일 경우** 동사의 뒤에서 목적격, 즉 지배 대상자가 되지 못하기 때문에 앞으로 이동한 것이므로 의미역을 〈경험자〉로 해석하는 것이 좋다. 또, 동사구는 사건구조화(/명제화)를 위해 결국 경동사구로 투사되어야 하는데, 이때 핵은 경동사이다. 결국 동사구는 경동사에 의해 사건구조로 명제화되며, 경동사구 내에서의 의미역 할당의 권한은 최종적으로 경동사가 가진다. 이런 원인 때문에 동사구에서 〈대상자〉의미역을 할당받았던 한정사구(DP)가 경동사구의 지정어 위치로 이동한 후에 〈경험자〉 의미역으로 확정된다 하겠다.

2) 2항 대격동사 구문

대격동사(Accusative, 宾格动词) 중, 특히 **심리 · 인지 동사구**는 대격의 보충어 논항을 가진다. 이 경우 어떤 경동사의 확장을 받을 것인가가 문제이다.[58] 우리는 v[BECOME]에 의해 확장된다고 본다. 다음 예를 보자.

(18) '我喜欢她'의 도출

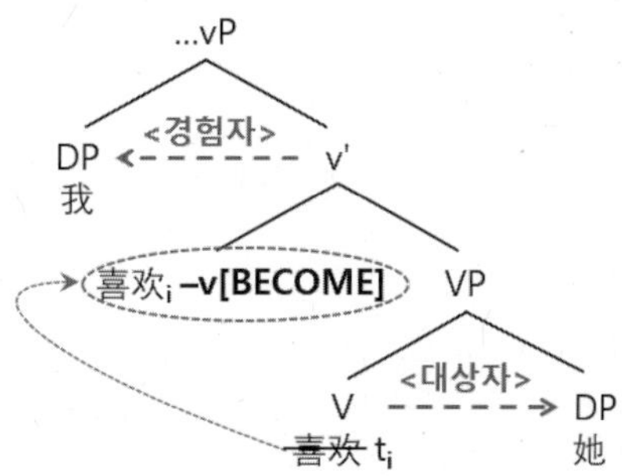

수형도에서 동사 핵 '喜欢'은 자신의 자매위치에 있는 논항 '她'를 보충어로 취하여 〈대상자〉 의미역을 할당하고, 또 [목적격]을 부여한 후 동사구(VP)로 투사한다. 한편, 영형식의 경동사 v[BECOME]은 동사구(VP)를 보충어로 취하여 병합함으로써 변화결과의 사건의미를 부여한다. 자신은 영형식이므로, 하위 계층의 핵 '喜欢'을 당기어 '喜欢-BECOME'가 된다. 아울러 지정어 위치에 '我'를 배치하고 〈경험자〉 의미역을 할당한다. 위 수형도가 나타내는 의미는 '나는 어떤 상태를 마음속에 느끼게 되었는데, 이는 그녀를 좋아하는 것이다'로 해석된다.

결국, 심리 · 인지 어휘범주는 대격 동사이지만, 그 심리나 인지는 변화를 전제로 하므로 **변화결과 경동사 v[BECOME]의 확장**을 받는다고 하겠다.

---

58 가능성이 있는 것은 세 가지이다. 즉, v[DO], v[BE], v[BECOME]이다. 동사가 목적어(대격)을 가진다는 점에서는 v[DO]가, 동사의 어휘 의미자질을 고려하면 v[BE]도 가능해 보인다. 그러나 **심리 · 인지 동사는 [+ 변화]를 전제**로 한다. 따라서 경동사 v[DO]나 v[BE]의 확장을 고려하면, 이 전제를 반영할 수 없다.

3) '-得' 구문

현대중국어에서 흔히 보이는 'V+得+보어' 구조는 **모종의 상태에 이르렀음을 표시**한다.[59] 즉, 사건의미가 변화결과(/달성) 의미이다. 이에 본서는 **'-得'**를 변화결과(/달성) 사건의미를 나타내는 **명시적 경동사**로 본다.[60] 다음 예를 보자.

(19) 他走**得**气喘吁吁。
그는 걸어서 숨을 헐떡거리게 되었다.

이 구의 도출은 다음 수형도로 표현된다.

(20) '他走得气喘吁吁'의 도출

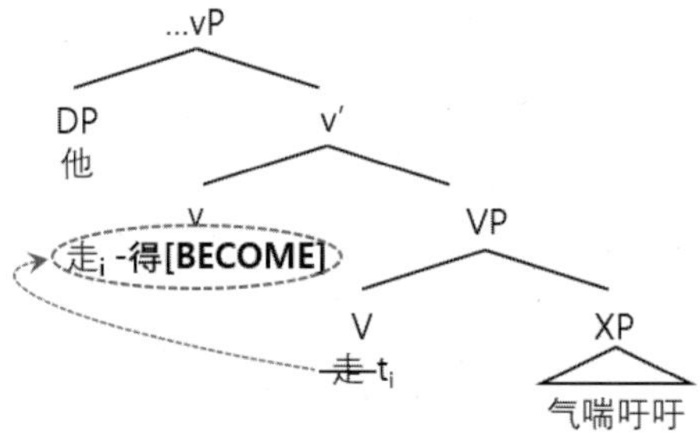

수형도에서 v의 음성적 실현체가 '-得'이다. **'-得'는 교착성(/부착성)**을 가지므로, 반드시 비교착적 성분에 부착되어야만 한다. '-得'의 교착성 요구를 해결하기 위해,

---

59 王力(1980:304)는 '得'를 ①겸어문/연동문(递系句)의 동사 어미, ②축약문(紧缩句)의 동사 어미, ③ 능원문(能愿式)의 동사 어미로 구분한다. 또한 그는 "상술한 3가지 동사 어미 '得'는 동일한 기원을 갖는데, 바로 원래의 '획득'의미에서 '달성'의미로 변화한 것이다. '달성'의미에서 다시 의미탈색(/허사화, bleaching, 虚化)되면서 동사의 어미가 되었다"라고 지적한 바 있다. 朱德熙(1982)는 이 구조의 '-得'를 동사의 접미사로 보며, 상태를 표현하는 술보구조는 마땅히 이분(看得／多, 长得／漂亮)해야 한다고 주장한다. 즉, 'V-得'를 복합어로 보는 관점이다.

60 이 'V-得'가 접사인지, 단어인지 아니면 구조체인지 말하기 쉽지 않다. 또, 만약 단어라면 어휘부 내에서 규칙을 통해 생성된 것인가, 아니면 통사부 내에서 규칙을 통해 생성된 것인지도 말하기 쉽지 않다. 우리는 이 '得'가 단어라고 본다. 즉 'V-得'로 이루어진 단어가 있다 하더라도 통사부 내에서 생성된 단어라고 본다. 다만 이 **'得'는 자립성이 약한 기능성 경동사**라 보고 **'-得'**로 표시한다.

v는 자매절점의 핵(자신이 성분통어하는 핵)이 자신에게 이동하도록 유발한다. 따라서 '走'는 '-得'로 이동하게 된다. '走'는 VP의 핵이고 '-得'는 vP의 핵이므로, '-得'로 '走'가 이동하는 것 역시 핵이동에 속한다. '走'가 핵이동한 후에는 **흔적(trace, 语迹)**을 남기는데, 이를 't'로 표지하고 'i'로 인덱스(공지시 관계 표시) 한다. '-得'가 동사를 유인해서 이동시키는 것은 '-得'가 **교착성**을 가지기 때문이다.

'-得'는 사물이 어떤 상태에 도달했음을 나타내는 '**달성(achievement, 达成)**' 의미를 가지므로 달성 범주 경동사의 일종이다. 우리는 이를 BECOME으로 표시한다.

(21) -得의 범주 : BECOME
의미선택 : {theme, state}
의미 : [(theme: X) BECOME (state: Y)]

(21)은 경동사 '-得'는 기능 범주이다. 동사구에 대해 BECOME의 사건의미를 나타내며, 〈대상자(theme)〉과 변화된 〈상태(state)〉라는 2개의 성분을 취한다는 사실을 말해준다. 또, '-得'의 의미는 어떤 〈대상자(theme)〉 X가 어떤 〈상태(state)〉인 Y에 도달한다는 것이다.

5.2.4. 사동[CAUSE-BECOME] 사건의미

사동(使动) 사건의미란 두 개의 경동사, 즉 '사역의 v[CAUSE]'와 '결과의 v[BECOME]'을 계층적으로 연용하여 표현되는 사건의미이다. 즉, 피 사역자 사람이나 사물에 대해 어떤 변화가 일어나게 시키(/만드)는 사건의미이다. 사동 사건의미를 사역 경동사의 명시성 여부에 근거하여 나누어 알아보자. 이때 무표적인, 즉 비명시적인 경우가 일반적인 경우라고 보아 먼저 다룬다.

1) 사역 경동사가 비명시적인 경우

먼저 다음 경동사가 모두 비명시적인 'CAUSE-BECOME' 구의 도출에 대해 살펴보자.

(22) '他感动了我'의 도출

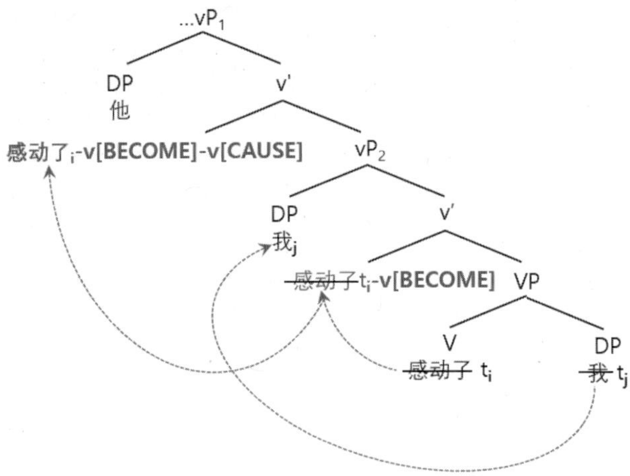

가장 먼저 동사핵 '感动(了)'는 변화결과를 나타내는 비명시적(/내현적) 경동사 –v[BECOME]의 완성을 위해 이동한다. 이때 보충어 위치의 '我'도 vP_2-Spec의 위치로 이동하여 **〈경험자〉** 의미역을 할당받아 vP_2로 투사한다. 한편, 상위의 경동사 –v[CAUSE]도 비명시적이므로 하위의 핵인 '感动了–v[BECOME]'을 모두 당겨 병합하여 **'感动了–v[BECOME]-v[CAUSE]'**를 구성한다. 또, vP_1-Spec 위치의 한정사구(DP)에게 **〈원인자(Causer)〉** 의미역을 할당하여 vP_1로 투사한다. 따라서 이 경동사구의 사건의미는 '그는 나에게 모종의 행위(/상태가 되게)를 하였는데, 그 결과 나는 감동하게 되었다'라는 의미를 표현한다. (22)를 표찰붙은 괄호로 표시하면 다음과 같다.

(23) …$[_{vP1}$ [他 $[_{v1}$ **感动了$_i$-BECOME-CAUSE**$[_{vP2}$ [我$_j$ $[_{v2}$ ~~感动了$_i$-BECOME~~$[_{VP}$ ~~感动了$_i$~~ 我$_j$]]]]]]]

2) 사역 경동사가 명시적인 경우

이 경우 사역경동사의 확장 정도나 사용빈도 등에 따라 '把' 구문과 '使/让/叫' 구문으로 나누어 기술한다.

첫째, '把'자 구문

'把' 구문은 일찍이 王力선생에 의해 '**처치식(处置式)**'이라는 명칭이 붙여진 이래 줄곧 '처치식 구문'이라는 말이 쓰여졌다. 전통문법의 말투로 표현하자면, 이는 '주어가 목적어를 어떻게 처치하였다.'라는 것이다. 그러나 이는 이 구문의 일부 특징만을 가리키는 적절하지 않은 명칭이다. 왜 그런가? 이와 관련하여 吕叔湘(1948)의 예를 보자.

(24) a. 把手绢儿哭湿。
울어서 손수건이 적시어졌다.
b. 把邓九公乐的拍手打掌。
덩쥬공은 기뻐서 손뼉이 처졌다.

그는 a와 b의 해석에서 보듯, 처치의 의미가 아닌 경우가 있다는 것이다. 宋玉柱(1981)도 술어동사는 '把'가 소개하는 수동성분에 영향을 주어서 수동성분에 어떤 변화와 결과를 생기게 하고 혹은 어떤 상태에 처하게 한다고 주장한다. 薛凤生(1987)도 '把'자구의 의미 특징에 대해 'A의 관계로 B는 C의 상태가 되다.'라고 한다.

이상의 내용으로 볼 때, '把' 구문에 대해 목적어를 당겨 처치 대상으로 삼는 전치사로 설명하고, 'A가 B를 처치하는 것'이라고 해석하는 것은 '把' 구문의 반만 파악하는 해석이다. 이런 관점에서 '把' 구문의 두 논항이 가지는 의미역에 대해 생각해보자.

먼저 향후 주어로 확장될 vP1-Spec의 의미역에 대해 알아보자. 기존 전통문법에서 흔히 말해진 '처치(处置)'라는 말은 주어가 의지적인 〈행위자(施事)〉라는 것을 전제로 하는 말이다. 그러나 '把'자문의 주어는 **〈행위자(施事)〉가 아닌 경우가 더 많다**. 이와 관련하여 熊仲儒(2013:267-268)의 예와 해석을 보자.

(25) a. <u>校长</u>才把康南调到我们班来。
교장이 겨우 강남을 우리 반으로 오게 하였다.
b. <u>我</u>把他爱上了。
나는 그를 사랑하게 되었다.
c. <u>中草药</u>把我苦得直想吐。
중국약초 약 때문에 나는 써서 줄곧 토할 것 같다.
d. <u>这本书</u>把我看腻味了。

이 책은 나를 질리게 했다.

e. **<u>那把刀</u>**把我的手割破了。

그 칼이 나의 손을 베었다.

f. **<u>两个小时</u>**就把我走累了。

두 시간 만에 내가 걸어서 지치게 만들었다.

g. **<u>他</u>**把个特务跑了。

그 때문에 스파이 한 명이 도망치게 되었다.

h. **<u>唱歌</u>**把他唱红了。

노래 부르기는 그를 유명하게 만들었다.

I. **<u>黄河水</u>**把我们的庄稼都淹了。

황하의 물이 우리의 농작물을 모두 침수시켰다.

그는 vP_1-Spec, '把'자 앞의 명사구에 대해 자세히, 그리고 풍부한 예문을 들어 분류하고 있다. 그의 분류에 따르면 a는 〈행위자(施事)〉, b는 〈경험자(感事)〉, c는 〈원인자(主事)〉, d는 〈대상자(受事)〉, e는 〈도구(工具)〉, f는 〈범위(范围)〉, g는 〈관련자(关涉者)〉, h는 〈명제(命题)〉, i는 〈외부의 힘(外力)〉 등이다.[61] 그의 이런 분류는 결국 '의미적'인 분류이기 때문에 이견이 생길 소지가 있다.

위와 관련하여, 熊仲儒(2013)에서 '행위자'라고 따로 분류하여 설명한 다음 예를 보자.

(26) a. 校长才把康南调到我们班来。

교장이 겨우 캉난을 우리 반으로 오게 하였다.

b. 王秘书把图章刻好了。

왕 비서는 도장을 다 새겼다.

c. 程心雯把江雁蓉拖了下来。

청신원은 장잉룽을 끌어내렸다.

d. 他把头发理了。

그는 이발을 하였다.

---

61 의미역의 제시된 명칭은 필자의 번역이며, 괄호 안은 熊仲儒(2013)의 용어이다.

이상의 예는 주어가 행위자성이 강한 것은 사실이다. 그러나 **d의 '他'는 〈행위자〉가 아니라 〈경험자〉이다**. 우리는 이런 점을 감안하여 '把' 앞의 한정사구(DP)의 의미역을 〈**원인자(Causer, 致事)**〉로 통일한다. 〈원인자〉는 〈행위자〉보다 의미역 위계가 높다.

다음, **vP_2-Spec의 의미역**에 대해 알아보자. 이는 '把'의 뒷부분에 오는 한정사구로 전통문법에서 흔히 '**겸어(兼语)**'라고 불리는 성분이다. 이에 다시 熊仲儒(2013:259-260)의 예와 분석을 보자.

(27) a. 严禁私自把<u>票</u>转送他人。
표를 다른 사람에게 사사로이 전달하는 것을 엄금한다.

b. 那件事把<u>她</u>恨得牙痒痒。
그 일은 그녀가 미워서 이가 근질근질하게 되게 했다.

c. 他这一申辩, 反倒把<u>大家</u>笑得前仰后合。
그의 이 변명은 도리어 사람들로 하여금 포복절도하게 했다.

d. 他把<u>文章</u>写好了。
그는 문장을 다 썼다.

e. 他把<u>床板</u>睡坏了。
그는 침대를 자다가 망가뜨렸다.

f. 他把<u>刀</u>切钝了。
그는 칼을 써 무디게 했다.

g. 他们把<u>面</u>揉成了馒头。
그들은 밀가루로 반죽해서 만두를 만들었다.

h. 我们把<u>他</u>叫作"王小二"。
우리는 그를 "왕샤오얼"라고 부른다.

i. 他把<u>橘子</u>剥了皮。
그는 귤을 껍질을 벗겼다.[62]

j. 他把<u>一顶帽子</u>骑丢了。
그는 말을 타다 모자 하나를 잃어버렸다.

---

62 아래의 예처럼 한국어에도 이와 유사한 **이중목적어 현상**이 있다.
(1) 철수가 **영희를 손목을** 잡았다.
(2) 철수가 **민수를 이마를** 때렸다.

그의 설명에 의하면, a는 〈대상자(受事)〉, b는 〈경험자(感事)〉, c는 〈행위자(施事)〉, d는 〈결과물(成事)〉, e는 〈장소(处所)〉, f는 〈수단(工具)〉, g는 〈재료(材料)〉, h는 〈참여자(与事)〉, i는 〈소유자(领事)〉, j는 동사와 관계가 없는 〈참여자〉이다.[63] 그는 이들이 참여자로서 모두 공통된 의미특징, 즉 어떤 행위의 영향을 받아 어떤 변화가 생긴 사람이나 사물 혹은 일을 나타낸다. 그리고 이것은 사역범주의 핵 v[CAUSE]가 지정한 '피사역자(役事)'이자, 변화결과 사건의미의 핵 v[BECOME]이 지정한 변화 〈대상자〉이다. 필자는 이 의미역을 **변화 〈대상자〉** 혹은 **변화의 〈경험자〉**로 명명한다.

'把'자문은 현대 중국어에서 사용빈도가 매우 높은 구문으로 다음과 같이 몇 가지 유의할 점이 있다.

① '타동성 동사+了' 구조

사전이나 우리 머릿속에서 타동성이 강한 것으로 인지되더라도 이 구조에 들어오면 역시 변화결과 사건의미를 표시한다. 따라서 변화를 나타내는 **상조사 '了'와 호응**되어야 한다.

(28) a. 他把张三骂了一顿。
그는 장싼을 한바탕 욕 먹였다.
*他把张三骂一顿。

b. 那件事把张三累病了。
그 일은 장싼을 피곤해서 병나게 했다.
*那件事把张三累病。

v[BECOME]에 의한 변화결과 사건의미이므로, 예에서 보듯, 상의 확장이 반드시 필요한 경우라면 **변화표시 '了'**가 담당한다.

---

63 제시된 것은 필자의 번역이며, 괄호 안은 熊仲儒(2013)의 용어이다.

② 동작성이 없는 상태동사

상태동사류, 즉 **존재동사**(有, 在)[64]와 **관계동사**(是, 属于), **방향동사**(上, 下, 下去) 등은 변화의 결과를 만들 수 없다. 따라서 경동사 v[BECOME]에 의해 확대될 수 없다. 즉, 이들 동사들이 '把'자 구문을 도출하지 못하는 이유이다.

(29) a. *他还没把那本词典有了。
b. *人们把玫瑰是爱情的象征。

이들 동사가 표현하는 동작은 모두 해당 동작과 관련된 사물에게 특정한 변화를 발생시키거나, 어떠한 결과 상태에 도달되게 할 수 없다.

③ **'-得'의 확장 구조**

'-得'는 변화결과 사건의미를 나타내는 경동사의 명시적인 형태이다. 먼저 이를 확장한 '把'자 문의 예를 보자.

(30) a. 这段山路走得他气喘吁吁。
b. 这段山路把他走得气喘吁吁。

앞서 5.2.3에서 살펴본 변화결과[BECOME] 사건의미를 표시하는 교착성 경동사 '-得'는 (32)a처럼 원인(CAUSE) 경동사에 의해 한 번 더 확대될 수 있다. 또, 경동사 'CAUSE'의 자리에 명시적인 경동사 '把'를 쓰면 위의 b와 같은 사역 구문을 만들 수 있다. 이 구조의 도출 과정을 보자.

64 이경우는 소유, 출현 및 소실의 변화가 없이 '**존재**'만을 의미하는 경우이다.

(31) '把'의 사용 여부에 다른 도출 비교

a. v[CAUSE]가 비명시적인 경우 b. v[CAUSE]가 명시적인 경우

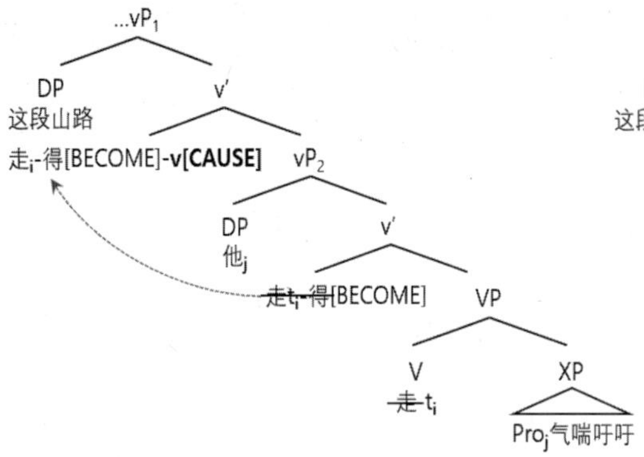

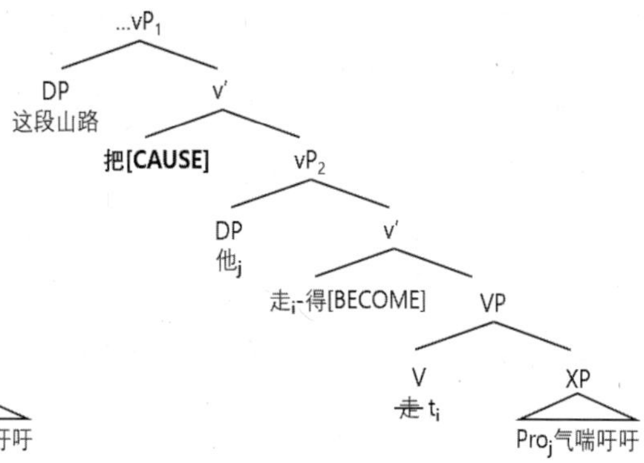

수형도에서 a는 원인(CAUSE) 경동사가 비명시적인 경우이고, b는 명시적인 경우이다. 경동사 v[CAUSE]는 '这段山路'를 〈원인자(致事)〉로 선택하는데, b처럼 '把'로 실현되면, '走得'의 핵이동을 저지한다.

한편, 이 구조에서 동사 중복형식을 통하여 원인자를 선택하면 (32)a와 같이 소위 **동사 중복문(重动句)**을 구성한다.[65] 예를 보자.

(32) a. **走路**走得他气喘吁吁。

길을 걸어서 그는 숨을 헐떡거리게 되었다./

길을 걷는 것이 그로 숨을 헐떡거리게 했다.

b. 走路把他走得气喘吁吁。

길을 걸어서 그가 숨을 헐떡거리게 만들었다.

이를 수형도로 나타내면 다음과 같다.

65 외견상 동사의 중복적으로 출현한 것은 맞다. 그러나 최상위의 동사가 만드는 '술어+목적어' 구조는 vP-Spec에서 〈원인자〉 의미역의 한정사구(DP)로 기능하는 명사성[+ N]의 구이다. '동사 중복문(重动句)'이라는 말이 어울리지 않는 이유이다.

(33) 동사 중복구문의 도출

a. v[CAUSE]가 비명시적인 경우

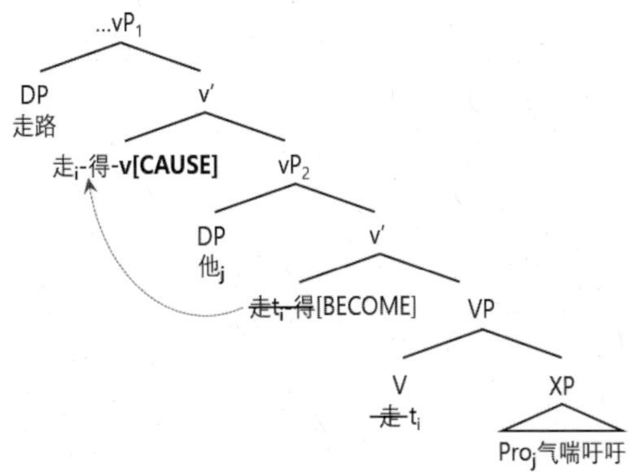

b. v[CAUSE]가 명시적인 경우

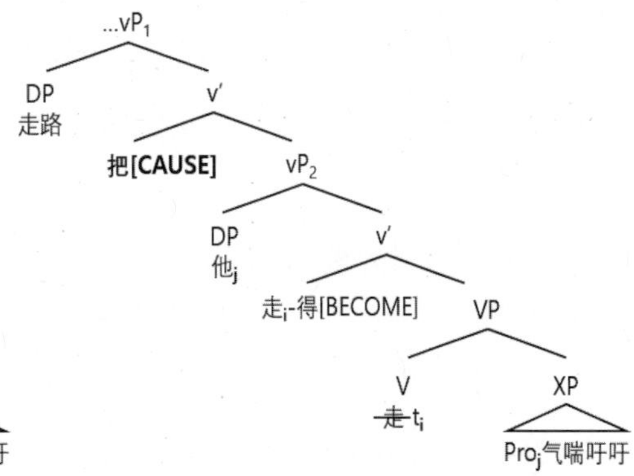

또, a의 '走路走得他气喘吁吁'에 대해 주어 '他'를 설정하면 다음과 같은 다음과 같은 완전한 동사 중복문을 만들 수 있다.

(34) '他走路走得气喘吁吁(그는 길을 걸어서 숨을 헐떡거리게 되었다)'의 도출

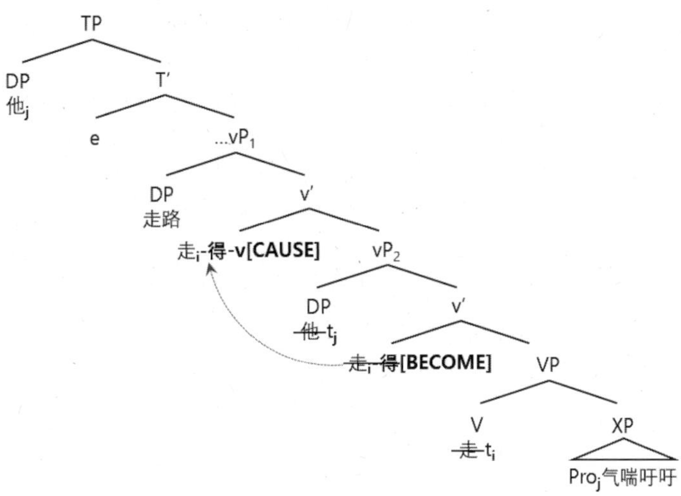

그러나 위 (33)b의 '走路把他走得气喘吁吁'는 '他'를 시제사의 지정어 자리로 이동하는데 제약이 있어 위와 같은 '동사중복문'을 생성하지 못한다.

이상 사역 사건의미는 아래와 같은 의미 표현식으로 나타낼 수 있다.

(35) [x CAUSE [y BECOME z]] / BY V

이는 'x는 V를 통해 y가 z의 상태로 변화하게 만든다'를 의미한다. 여기서 v[BECOME]에 속하는 '-得'는 변화결과/달성범주를 표현하는 음성(音聲) 형식이고, v[CAUSE]에 속하는 '把'는 사역 범주를 표현하는 음성형식이다.

둘째, '使/让/叫' 구문

'使/让/叫' 등도 명시적인 사역 경동사로 기능할 수 있다. 먼저 다음 수형도를 보자.

(36) '他使我感动了'의 도출

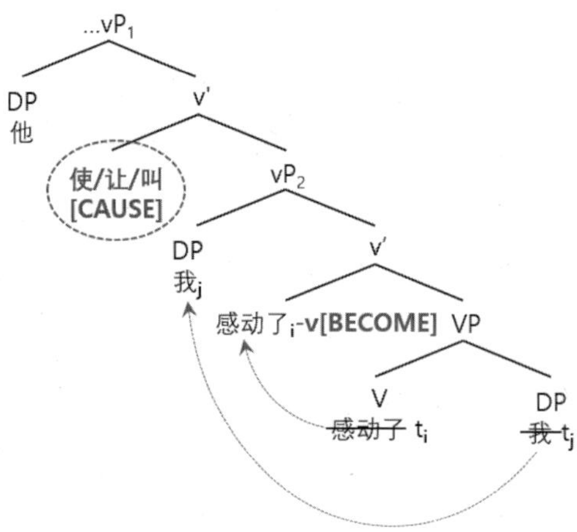

위 수형도에서 보듯, 원인을 나타내는 vP_1에 명시적인 사역 경동사 '使, 让, 叫' 등을 쓰는 경우이다. 이와 달리 변화결과를 나타내는 vP_2는 여전히 비명시적인 경동사를 쓰므로 동사핵을 당기어 병합한다. 이 사건의미는 '그는 나에게 모종의 행위(/상태가 되게)를 하였는데, 그 결과 나는 감동되었다'라는 의미를 표현한다. 이를 표찰 붙은 괄호로 표시하면 다음과 같다.

(37) …$[_{vP1}$ 他 $[_{v1}$ **使(CAUSE)**$[_{vP2}$ [我$_j$ $[_{v2}$ **感动了$_i$-BECOME**$[_{VP}$ ~~感动子~~$_i$ 我$_j$]]]]]]

5.2.5. 의동[CONSIDER-BE] 사건의미

의동(意动) 사건의미란 두 개의 경동사, 즉 '인식의 v[CONSIDER]'와 '상태의 v[BE]'를 계층적으로 연용하여 표현되는 사건의미이다. 즉, 모종의 사물이나 사건에 대한 주어의 **'주관적 인식'의 의미(…라고 여기다)**이다. 의동 사건의미를 **인식 경동사** v[CONSIDER]의 명시성 여부에 근거하여 나누어 알아보자. 이때 무표적인, 즉 비명시적인 경우가 일반적인 경우라고 보아 먼저 다룬다.

1) 인식 경동사가 비명시적인 경우

먼저 다음 의동사가 모두 비명시적인 'CONSIDER-BE' 구의 도출에 대해 살펴보자. 다음 예를 보자.

(38) a. 老人可宝贝那个孩子了。
노인은 그 아이를 보배처럼 여겼다.
b. 那个地方是稀奇男人的。
그 지역은 남자(아이)를 귀하게 여긴다.
c. 孔子登东山而小鲁, 登泰山而小天下。『孟子 · 尽心章句上24』
공자는 동산에 올라 노나라가 작다고 여겼고, 태산에 올라 천하가 작다고 여겼다.

의동 사건의미 구에서 특이한 점은 술어성분이 **명사나 형용사로 충당된다**는 점이다. 위의 예에서 a의 '宝贝'의 품사는 명사이고, b의 '稀奇'의 품사는 형용사이다. c의 '小'도 형용사이다. 이처럼 명사나 형용사가 술어로 목적어성분을 가진다는 것 자체가 일반적인 상황이 아니다. (38)a와 c의 도출 과정을 수형도를 통해 보자. 먼저 a를 보면,

(39) '老人可宝贝那个孩子了'의 도출

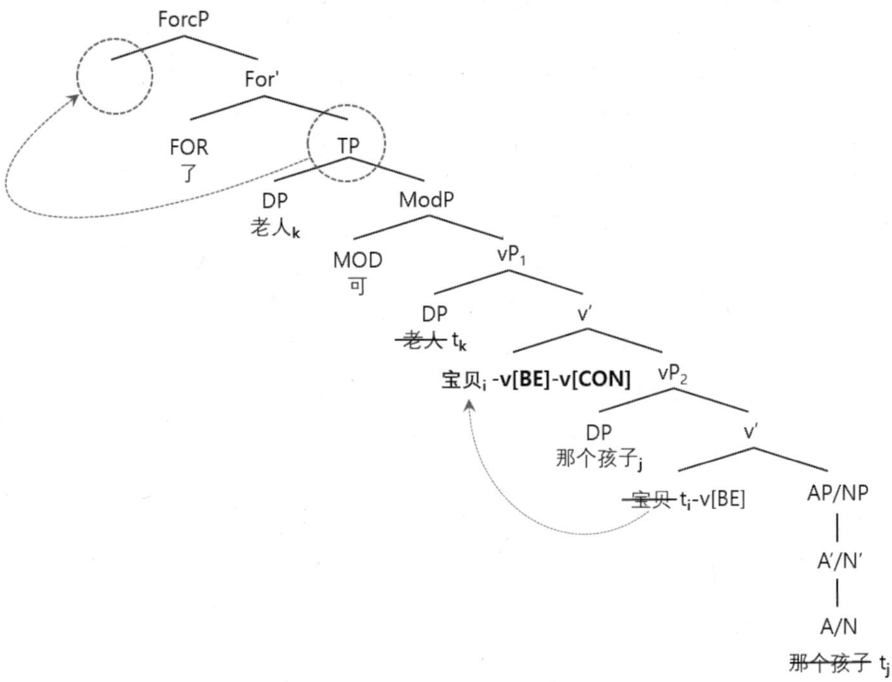

먼저 기능핵 경동사 v[BE]가 확장하는 어휘범주 핵 성분을 보자. 명사나 형용사성 어휘범주이다. 즉 수형도에서 보이는 '宝贝'는 명사성[+ N]의 어휘범주 핵이다. 의동의 상태를 나타내는 경동사 v[BE]는 '宝贝'를 핵 이동시켜 병합하여 핵 병합체를 만들고, 이어서 상위의 인식 경동사 v[CONSIDER]의 자리로 핵 이동한다. 이로써 '宝贝-v[BE]-v[CONSIDER]'의 핵 병합체를 구성하고 그 지정어 자리의 한정사구(DP) '老人'에게 〈인식자〉 의미역을 할당한다. 이로써 '보배처럼/라고 여기다'의 의동 사건의미를 나타낸다.

다시 c의 예를 수형도로 보이면,

(40) 'ES$_i$小天下' 수형도

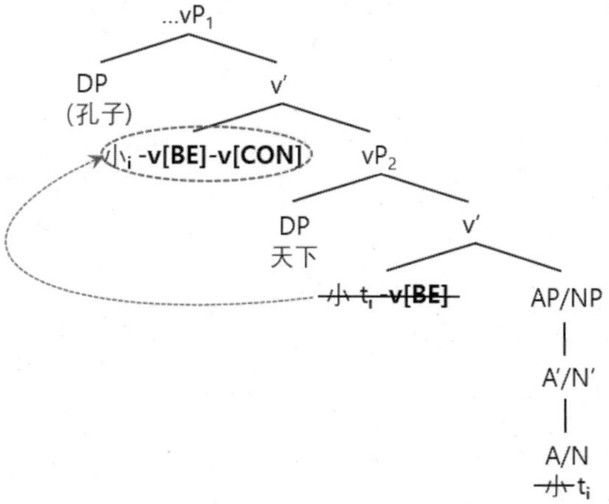

어휘범주 사 '小'는 상태 기능범주 사인 경동사 v[BE]로 핵 이동한다. 그 지정어 자리에는 '天下'를 배치하고 묘사 〈대상자〉 의미역을 할당한다. 이로써 '천하가 작다.'라는 명제가 도출된다. 이어서 상위의 인식 경동사 v[CONSIDER]도 비명시적이므로 '小-v[BE]'는 다시 핵 이동하여 '小-v[BE]-v[CONSIDER]'의 핵 융합체를 구성한다. 그 지정어 위치에는 〈인식자〉 의미역의 한정사구(DP)를 배치한다. 이 도출에서 vP_1-Spec인 '(孔子)'는 **〈인식자〉**이고, vP_2-Spec인 '天下'는 **인식 〈대상자〉**이며, 술어 부분 **'小-v[BE]-v[CONSIDER]'**은 **인식의 내용**이다.

2) 인식 경동사가 명시적인 경우

인식 경동사 v[CONSIDER]가 명시적인 다음 예를 보자.

(41) a. 尧<u>以</u>不得舜<u>为</u>己忧。『孟子 · 滕文公章句上4』
요(임금)는 순(임금)을 얻지 못함을 자기의 근심으로 여겼다.
b. 我<u>以为</u>他今天不来了。
나는 그가 오늘 안 올 거라고 여겼다.
c. 民猶<u>以为</u>小也。『孟子 · 梁惠王章句下2』
백성들이 오히려 (문왕의 70리 동산을) 작다고 여깁니다.

의동 표현은 서면어, 특히 고대 중국어에서 더 흔히 보인다. 위의 a와 c는 『孟子』에 나오는 두 예이다. a에서 보듯, **명시적인 인식 경동사는** '以'이고, **명시적인 상태 경동사는** '为'이다. 이 둘이 계층적으로 연결되어 의동을 표시한다. b-c에서 보듯, 이들 두 경동사가 의동표시 동사로 어휘화한 것이 '以为'같다.[66]

이제 (41)b를 예로 하여 명시적 의동 사건의미의 도출 과정을 수형도로 표시해 보자.

(42) '尧以不得舜为己忧'의 도출

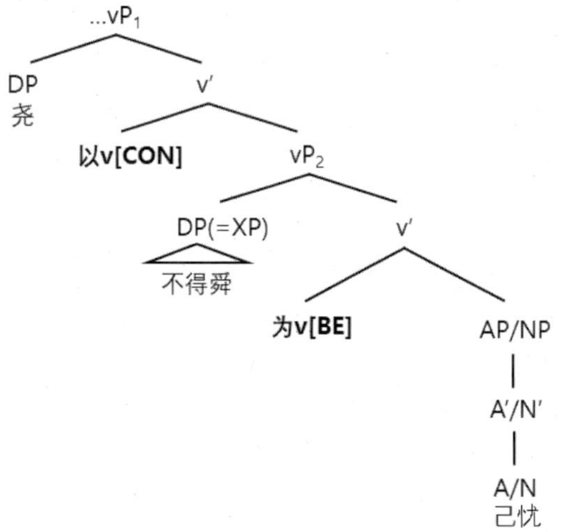

명시적인 경동사 v[BE] '为'는 명사구(NP) '己忧'를 보충어로, 모종의 절 '不得舜'을 지정어로 하여 vP_2로 확장시킨다. 이에 대해 명시적인 인식 경동사 '以'가 보충어로 취하고, 지정어 위치에 **〈인식자〉** '尧'를 배치하여 의동구 vP_1가 도출된다.

이상 의동 사건의미는 아래와 같은 의미 표현식으로 나타낼 수 있다.

(43) a. [x CONSIDER [y BE z]] / BY V

b. [(인식자: x) CONSIDER [(대상자: y) BE(상태: z)]] / BY (동작: V)

66 '以为'를 어떻게 볼 것인가? 형태적으로 복합사이다. 다만 현대중국어에서 이미 단어로 굳어졌으므로, 그 층위가 **기능범주인 경동사 복합어**인지, 아니면 **어휘범주인 동사** 단어인지에 해석할 필요가 있겠다. 이에 대한 후속 연구를 기대한다.

a는 'x는 V를 통해 묘사 대상자 y가 z의 상태라고 여기다'를 말하며, b는 'x, y, z, V'에 대한 구체적인 설명이다.

5.3. 경동사와 술어 핵의 타동화

이제 본 절 5 경동사구의 초입에서 제기한 문제를 다시 생각해 보자. 즉, 현대중국어에서 **'술어+목적어' 구조가 여러 가지 의미로 해석되는 문제**이다. 다시 다음 예를 보자.

(1)′ a. 吃苹果
사과를 먹다
b. 吃大碗
큰 그릇으로 먹다
c. 吃食堂
식당에서 먹다
d. 吃环境
분위기를 (즐기기 위하여) 먹다
e. 吃父母
부모님에 의지하여 먹고 살다

술목구조 '吃+목적어'의 해석 문제이다. '吃'가 '입을 통해 어떤 대상을 뱃속으로 넣다'라는 의미라면, b-e의 예는 해석이 곤란하다.

蔡维天(2016)은 다음 수형도에서 보이듯, **제도 이론**(Cartographic Approach)적 관점에서 경동사를 상위 계층의 것과 하위 계층의 것으로 나누고, 전자를 **외부 경동사**(outer light verb)로, 후자를 **내부 경동사**(inner light verb)로 분류하여 그것들의 통사적 특성을 논한다.[67] 아울러 蔡维天(2017)은 어휘 핵의 **타동화**(transitivization, 及物化) 문제를 집중적으로 논한다. 즉, 술어 어휘 핵이 어떻게 비명시적 내부 경동

67 그는 중국어의 외부 경동사는 사건(event) 층위의 인과성(causality)과 관련이 있고, 내부 경동사는 활동(activity)층위의 동반성(comitativity)과 관련이 있다고 본다. 그는 이러한 관점에서 蔡维天(2017)에서는 어휘 핵의 타동화(transitivization, 及物化) 문제를 집중적으로 다룬다.

사(AT/TO/USE/WITH/FOR/UNDERGO/EXIST 등등)와 병합되고, 나아가 외부 경동사와 다시 병합되는지를 말한다. 다음 그의 예를 보자.

(44) "你别刻薄人家(다른 사람들에게 각박하게 굴지 마라)"의 '你刻薄人家' 도출도

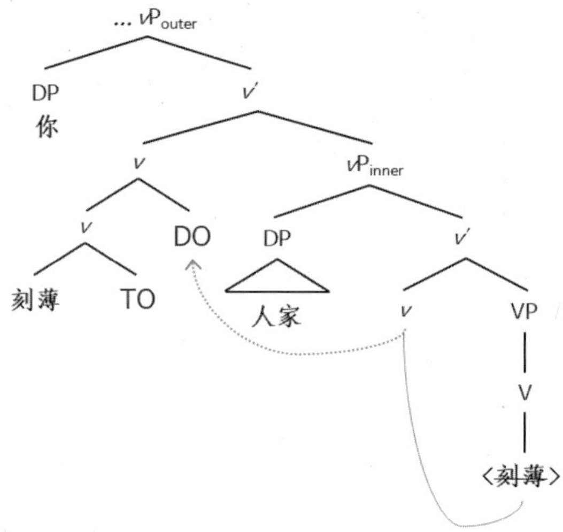

먼저 刻薄(원문 수형도에서는 동사로 표시되었지만, 실제는 형용사임)가 비명시적 내부 경동사 'TO'와 병합하고, 이 '刻薄-TO'가 다시 외부 경동사 'DO'와 병합되어 '刻薄-TO-DO'라는 술어가 만들어, 〈대상자〉 '人家'를 목적어로 가지는 통사구조를 보여준다.

Lin(2001, 2014), 熊仲儒(2013), 蔡维天(2016, 2017) 등의 경동사에 대한 견해는 각각 특징이 있음에도 불구하고, 이들을 인용하면 이해하기 어려운 술목구조를 해석할 수 있다. 즉, 복합 경동사 구조를 이용하여 '吃食堂', '吃大碗', '吃環境' 등의 성립 원인을 해석하는 것이다. 이는 우리가 초입에서 제기한 문제의 해답이기도 하다. 다음 수형도를 보자.

(45) '吃食堂', '吃大碗', '吃環境'등의 도출 해석

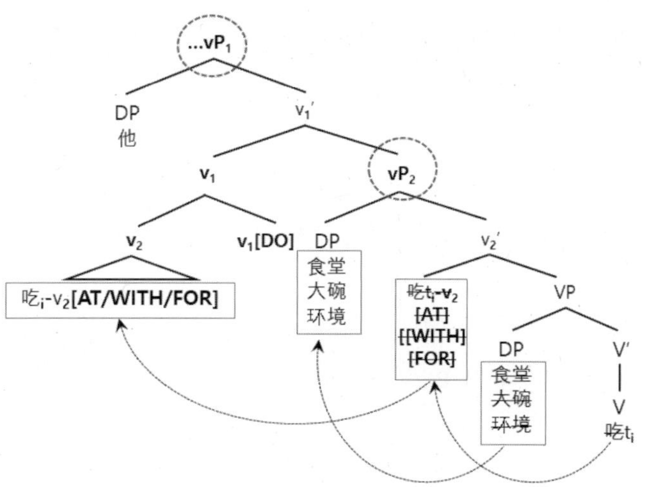

수형도에서 보듯, 경동사 'DO'는 'AT/USE/FOR'에 비해 위계가 높다. 따라서 어휘핵 '吃'는 '-에서(/으로/ 때문에)+하다'의 술어를 만들고, 소위 비정규적인 목적어 '食堂', '大碗', '環境' 등 수 있다. 蔡维天(2016)의 설을 빌자면, 전자는 **외부 경동사**(outer light verb)이고, 후자는 **내부 경동사**(inner light verb)이다. Lin(2001:201-251)도 '내/외 경동사'라는 용어를 사용하지는 않았지만, 이미 여러 경동사를 설정하여, 각종 비정규적인 목적어, 즉 그의 용어로 "**부사성 목적어**(adverbial object)" 구조의 성립에 대해 해석한 바 있다. 이처럼 소위 비명시적인 내부 경동사를 설정하면, 본 장 예(39)-(40) 및 1장의 예(16)-(17) 등에서 보인 바와 같이 현대중국어 술목구조 뿐만 아니라 고대중국어에서 흔히 보이는 난해한 술목구조 생성에 대해 적절한 해석을 할 수 있다.[68]

5.4. 경동사의 의미역 할당과 격 부여

본서는 제6장 1.3.3에서 '동사의 의미역 할당과 격 부여'에 대해 알아보았다. 이제 경동사에 의한 의미역 할당과 격 부여 문제를 살펴보자. 우선 경동사가 부여하는 각

68 특히 고대한어의 사동구와 의동구조에는 형용사나 심리동사, 심지어 명사도 술어로 타동화되어 목적어를 가지는 현상이 빈번하다. 이 역시 비명시적 내부 경동사와 외부 경동사를 설정하면 좋은 해결책이 된다.

종 사건의미에 따른 의미역 할당 상황은 다음과 같이 **표찰붙은 괄호**로 요약하여 표시할 수 있다.

(46) 경동사의 사건의미 부여와 의미역 할당

a. [...$_{vP}$ <행위자>[$_{v'}$ **V_i-DO**[$_{VP}$ V_i <대상자>]]]

b. [...$_{vP}$ <대상자>[$_{v'}$ **V_i-BE**[$_{VP}$ V_i]]]

c. [...$_{vP}$ <대상자$_j$>/<경험자j>[$_{v'}$ **V_i-BECOME**[$_{VP}$ V_i <t_j>]]]

d_1. [...$_{vP1}$ <원인자>[$_{v'}$ **V_i-BECOME-CAUSE**[vP2 <경험자$_j$>[$_{v'}$ ~~**V_i-BECOME**~~[$_{VP}$ V_i <t_j>]]]]]

d_2. [...$_{vP1}$ <원인자>[$_{v'}$ **使(CAUSE)**[$_{vP2}$ <경험자$_j$>[$_{v'}$ **V_i-BECOME**[$_{VP}$ V_i <t_j>]]]]]

e_1. [...$_{vP1}$ <인식자>[$_{v'}$ **V_i-BE-CONSIDER**[$_{vP2}$ <대상자$_j$>[$_{v'}$ ~~**V_i-BE**~~[$_{VP}$ V_i <t_j>]]]]]

e_2. [...$_{vP1}$ <인식자>[$_{v'}$ **以(CONSIDER)**[$_{vP2}$ <대상자>[$_{v'}$ 为(BE)[$_{VP}$ V <결과자>]]]]]

이상에서 a는 활동[DO] 사건의미 구조, b는 상태[BE] 사건의미 구조, c는 변화[BECOME] 사건의미 구조, d는 '원인[CAUSE]-결과[BECOME]' 사건의미 구조, e는 '의동[CONSIDER]-[BE]'사건의미 구조이다. 이 가운데 꺾쇠 〈 〉 부분에 표시된 의미역이 각 경동사가 할당하는 것들이다.

이상의 각 사건의미에 해당하는 의미역 할당과 목적격 부여 상황에 대해 수형도를 통해 살펴보자.

1) 활동[DO] 사건의미 구조

기능범주 사에 속하는 경동사 v[DO]에 의해 표시되는 활동 사건의미 구는 〈대상자〉 목적어를 가지는가의 여부에 따라 둘로 나뉜다.

첫째, 비능격동사의 경우

비능격동사가 v[DO]에 의해 확장된 구는 〈대상자〉 목적어를 가지지 않는다. 다음 수형도를 보자.

(47) 비능격동사 활동[DO] 사건구조의 도출과 의미역 할당

a. 모형

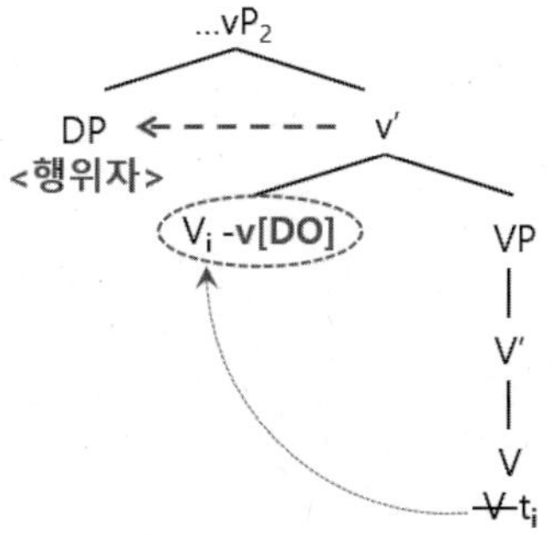

b. '他笑了'의 도출

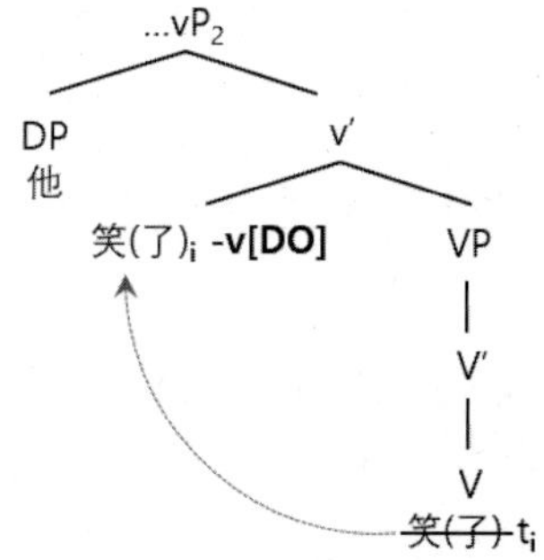

비능격동사가 v[DO]에 의해 확장된 구는 〈대상자〉 목적어를 가지지 않는다. 따라서 이는 일종의 자동사이다.[69]

둘째, 대격동사의 경우

대격동사가 v[DO]에 의해 확장된 구는 〈대상자〉 목적어를 가진다. 다음 수형도를 보자.

(48) 대격동사 활동[DO] 사건구조의 도출과 의미역 할당

a. 모형

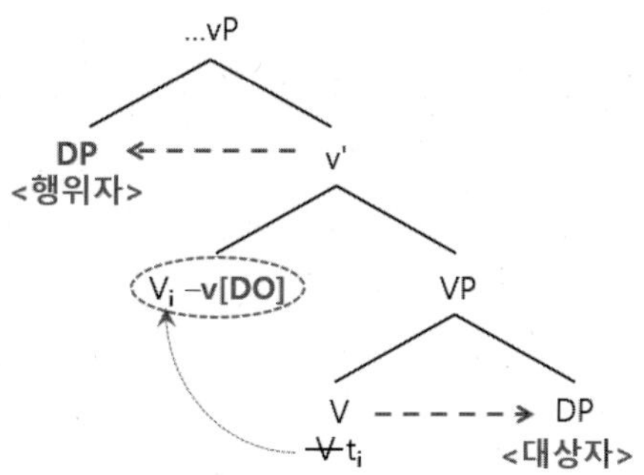

b. '我读过《红楼梦》'의 도출

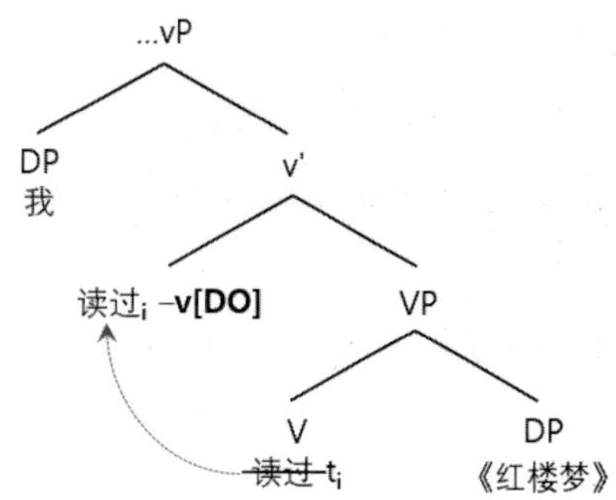

---

69 따라서 경동사의 확장에 있어, 일종의 자동사인 비대격동사의 경우와 비교해서 이해하면 좋다.

예에서 보듯, 활동표시 경동사 DO는 자신의 외부논항인 지정어(vP-Spec)에게 〈행위자(agent, 施事)〉 의미역을 할당하고, 내부 논항 '《红楼梦》'에게 목적격을 부여한다. 이때 동사는 자신의 보충어에게 **〈대상자〉 의미역**을 할당한다.[70]

2) 상태[BE] 사건의미 구조

이는 묘사 〈대상자〉 논항 1개만 가지는 일종의 자동사 구이다.

(49) 상태[BE] 사건구조의 도출과 의미역 할당

a. 모형 b. '她很漂亮'의 도출

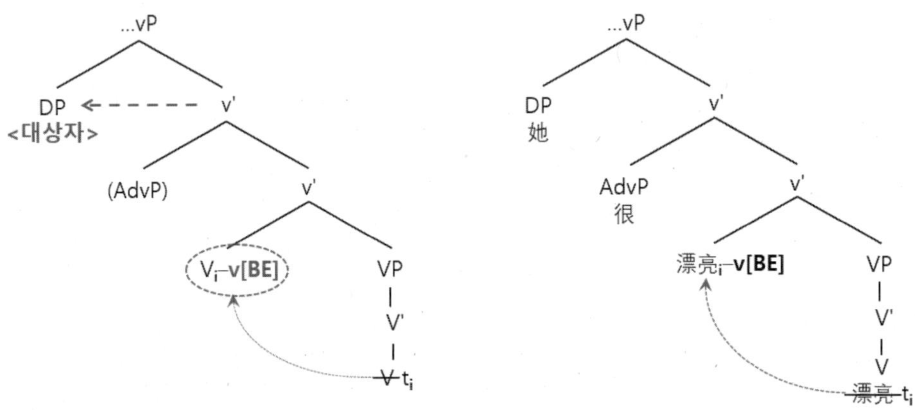

예에서 보듯, 상태표시 경동사 BE는 자신의 지정어 논항에게 묘사 **〈대상자(theme, 客事)〉** 의미역을 할당한다.

3) 변화결과[BECOME] 사건의미 구조

변화결과 사건의미에서는 동사가 '**비대격동사**'인 경우와 동사가 '**심리 · 인지' 동사인 경우**에 따라 둘로 나뉜다. 즉, 전자는 목적어 논항을 가지지 않는 경우이고, 후

70 위와 같은 설명은 촘스키의 표준이론에 근거한 것이다. 즉, '《红楼梦》'에게 〈대상자〉 의미역을 주는 것은 동사라는 것인데, 필자의 생각에 경동사도 일정한 역할을 한다고 본다.

자는 목적어 논항을 가지는 경우이다.

첫째, 비대격 동사인 경우

'대격'이란 목적격을 말한다. 따라서 비대격동사는 목적어 논항을 가지지 않는 경우이다. 다음 수형도 모형과 구체적인 예를 보자.

(50) 변화결과[BECOME] 사건의미 구조의 도출과 의미역 할당

a. 모형

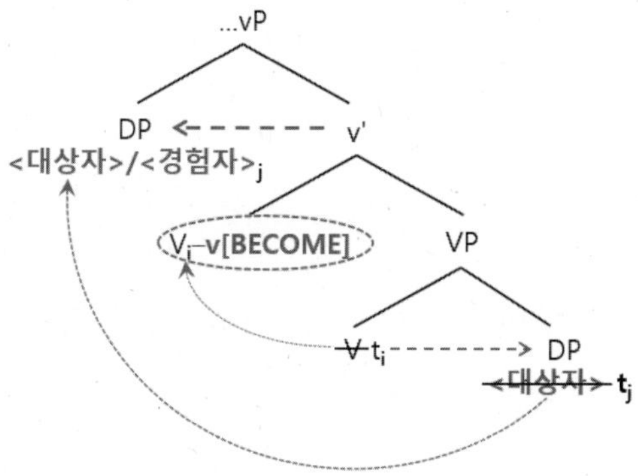

b. '火车到了'의 도출

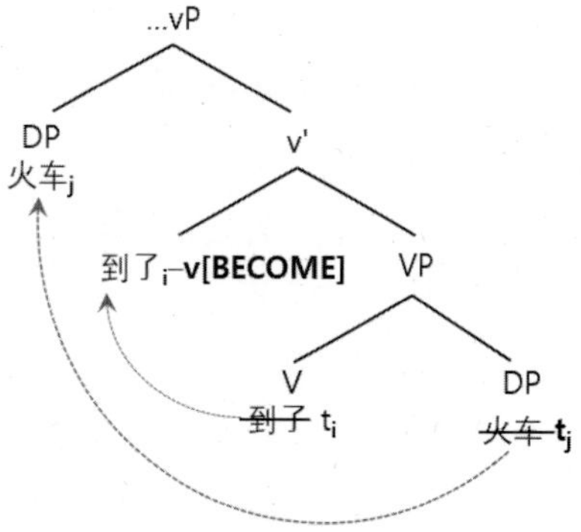

예에서 보듯, 이 경우 경동사 'BECOME'은 자신의 지정어 자리의 논항에게 **변화 〈대상자**(theme, 客事)**〉** 혹은 **〈경험자**(experiencer, 当事)**〉 의미역**을 할당한다.[71]

둘째, 심리 · 인지 동사인 경우

이때는 목적어 논항을 가지는 경우이다. 다음 수형도 모형과 구체적인 예를 보자.

(51) **'심리 · 인지' 동사** 변화결과[BECOME] 사건의미 구조의 도출과 의미역 할당

71 이 구에서 경동사(V-v[BECOME])가 할당하는 의미역은 〈대상자〉 혹은 〈경험자〉 중의 어느 하나라는 의미이지, 두 의미역을 동시에 준다는 의미가 아니다. 즉, '火车到了'에서 '火车'는 **〈대상자〉** 의미역을 할당받으며, '他使我感动了'에서 '我'는 **〈경험자〉** 의미역을 할당받는다.

a. 모형

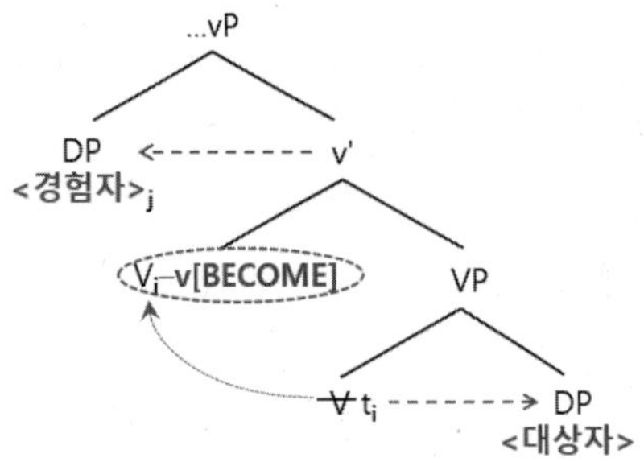

b. '我爱你'의 도출

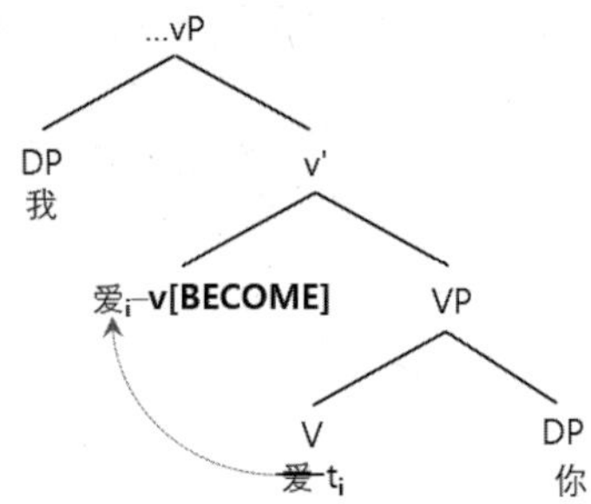

이 경우 경동사 'BECOME'은 자신의 지정어 자리의 논항에게 특히 감정과 인지의 〈**경험자**(experiencer, 当事)〉 **의미역**을 할당한다.

4) 사동 사건의미 구조

소위 사동 사건의미는 '**사역**[CAUSE]-**결과**[BECOME]'의 두 경동사의 조합으로 이루어진다. 이 사건의미는 특히 '사역' 표시 경동사의 명시성 여부에 따라 둘로 나누어 살펴볼 수 있다.

첫째, '사역' 표시 경동사가 비명시적인 경우

(52) 사동 사건의미 구조의 도출과 의미역 할당(1)

a. 모형

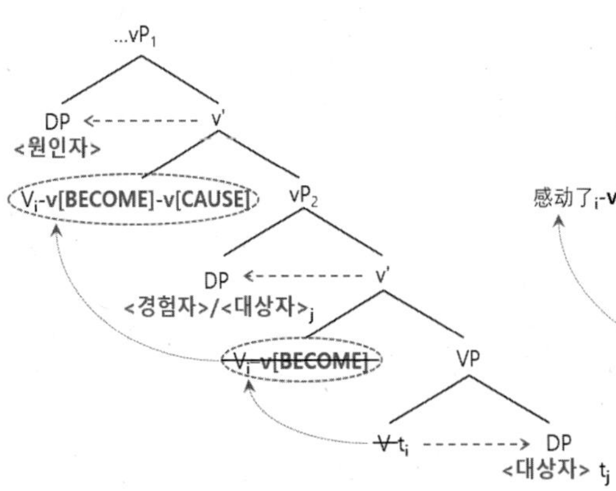

b. '他感动了我'의 도출

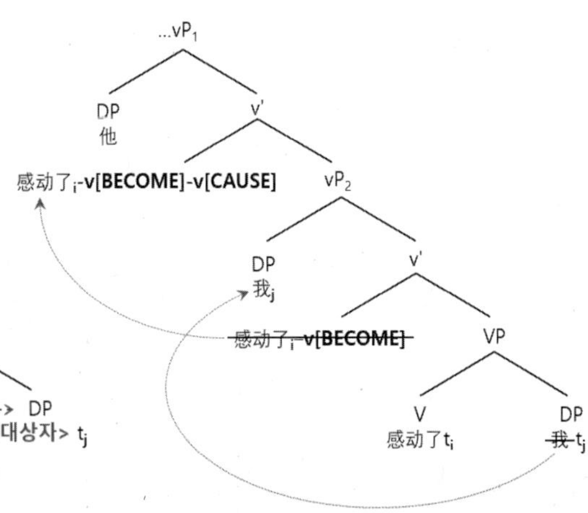

수형도에서 보듯, 하위의 경동사에 의한 핵 융합체 'V-BECOME'은 자신의 지정어 자리(vP_2-Spec)의 논항에게 **사역 〈대상자(theme, 客事)〉 혹은 〈경험자(experiencer, 当事)〉 의미역**을 할당한다. 한편 상위의 경동사 CAUSE에 병합된 'V-BECOME- CAUSE'은 자신의 지정어 자리(vP_1-Spec)의 논항에게 **사동 사건의 〈원인자(causer, 致事)〉 의미역**을 할당한다.

둘째, '사역' 표시 경동사가 명시적인 경우

(53) 사동 사건의미 구조의 도출과 의미역 할당(2)

a. 모형 b. '音乐使生活丰富'의 도출

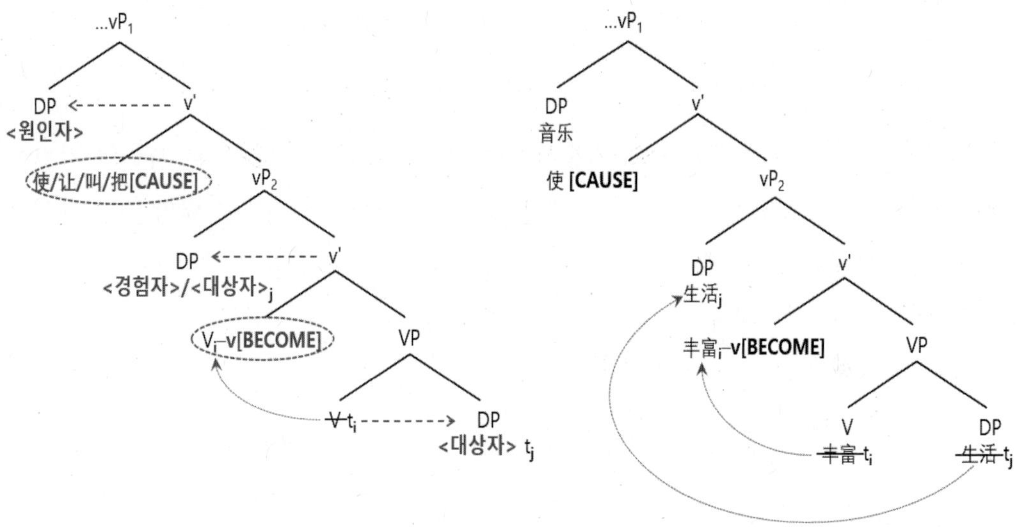

수형도에서 보듯, 경동사 'V-BECOME'은 자신의 지정어 논항에게 〈대상자〉 혹은 〈경험자〉 의미역을 할당한다. 한편 상위의 명시적으로 '사역[CAUSE]'을 나타내는 '使, 让, 叫, 把'등은 자신의 지정어 논항에게 **사동 사건의 〈원인자〉 의미역**을 할당한다.

5) 의동 사건의미 구조

소위 의동 사건의미는 '**인식**[CONSIDER]-**상태**[BE]'의 두 경동사의 조합으로 이루어진다. 이 사건의미도 경동사의 명시성 여부에 따라 둘로 나누어 살펴보자.

첫째, 두 경동사가 모두 비명시적인 경우

(54) 의동 사건의미 구조의 도출과 의미역 할당(1)

a. 모형

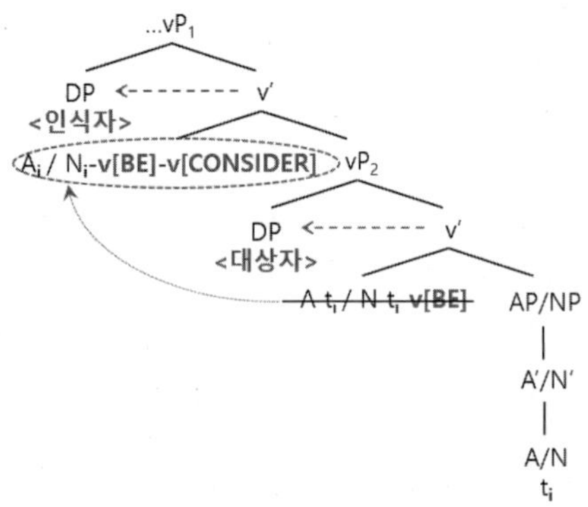

b. '老人宝贝那个孩子'의 도출

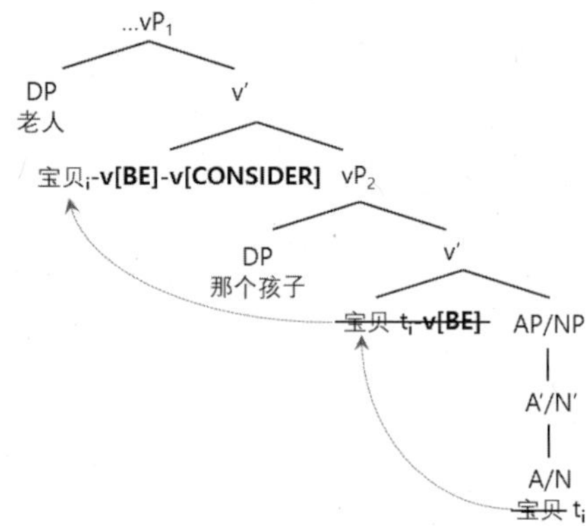

수형도에서 보듯, 하위의 경동사에 의한 핵 융합체 'A/N-BE'는 자신의 지정어 자리(vP$_2$-Spec)의 논항에게 **인식 〈대상자(theme, 客事)〉 의미역**을 할당한다. 다시 상위의 경동사 v[CON]에 병합된 'A/N-BE-CON'은 자신의 지정어 자리(vP$_1$-Spec)의 논항에게 **의동 사건의 〈인식자〉 의미역**을 할당한다.

둘째, 두 경동사가 모두 명시적인 경우

(55) 의동 사건의미 구조의 도출과 의미역 할당(2)

a. 모형

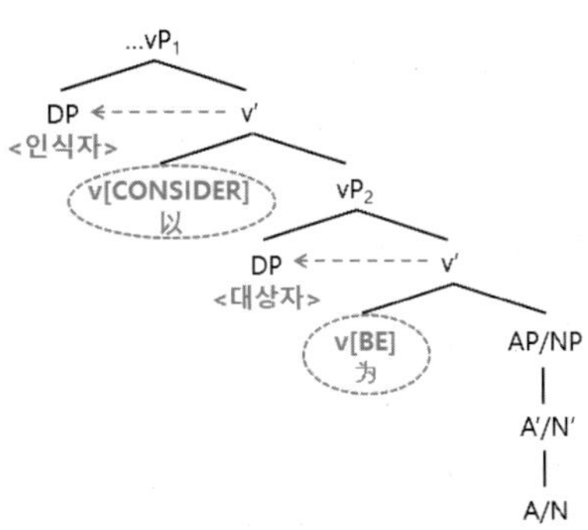

b. '尧以不得舜为己忧'의 도출

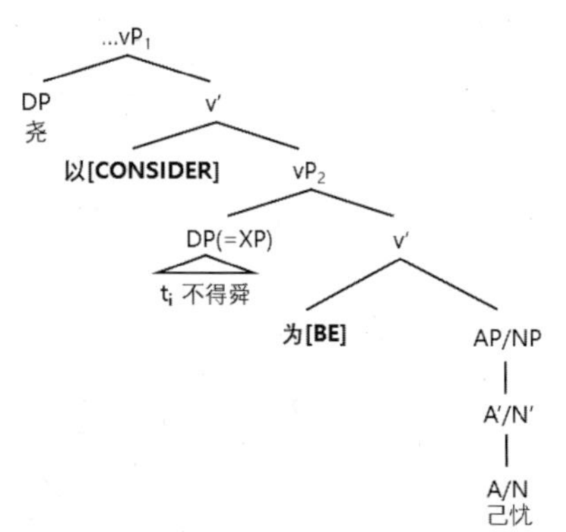

이 경우는 두 경동사 CONSIDER의 '以'와 BE의 '为'가 모두 **명시적**인 경우이다.

이상 사건의미와 해당 구조 속 논항에 대한 의미역 할당과 목적격 부여에 관한 내용을 표로 보이면 다음과 같다.

(56) 사건의미와 문장성분의 관계

<table>
<tr><th colspan="2" rowspan="2">문장성분의 의미역과 격 및 특징 / 사건의미</th><th colspan="2">주어(S)</th><th>술어(V-v)</th><th colspan="2">목적어(O)</th><th>보어(C)</th></tr>
<tr><th>의미역</th><th>격</th><th>의지성 유무</th><th>의미역</th><th>격</th><th>전치사에 의한 의미역</th></tr>
<tr><td colspan="2">활동[DO]</td><td><행위자></td><td>(주격)</td><td>[+ 의지]</td><td><대상자></td><td>목적격</td><td></td></tr>
<tr><td colspan="2">상태[BE]</td><td>묘사
<대상자></td><td>(주격)</td><td>[- 의지]</td><td></td><td></td><td><장소>,<근거>,
<대상자>,<도구></td></tr>
<tr><td rowspan="2">변화결과
[BECOME]</td><td>A</td><td>변화결과
<대상자></td><td>(주격)</td><td rowspan="2">[- 의지]</td><td></td><td></td><td><장소>,<근거>,
<대상자>,<도구></td></tr>
<tr><td>B</td><td>변화결과
<경험자></td><td>(주격)</td><td><대상자></td><td>목적격</td><td></td></tr>
<tr><td colspan="2">사역
[CAUSE-BECOME]</td><td><원인자></td><td>(주격)</td><td>[± 의지]</td><td><대상자>
<경험자></td><td>목적격</td><td><장소>,<근거>,
<대상자>,<도구></td></tr>
<tr><td colspan="2">의동
[CONSIDER-BE]</td><td><판단자></td><td>(주격)</td><td>[± 의지]</td><td><대상자></td><td>목적격</td><td></td></tr>
</table>

- 주격은 시제사에 의해 할당받으므로, 여기서는 아직 경동사구 단계이므로 '내주어(Inner subject)'의 격을 괄호 속에 표시한다.
- 변화결과 사건의미에서 A는 동사가 '비대격동사'인 경우이고, B는 동사가 '심리·인지' 동사인 경우이다. 이 둘은 목적어를 가지는가의 여부에 있어 차이가 크므로 따로 분리하여 표시한다.
- 표에서 공란은 해당 문장성분이 일반적으로 출현하지 않는 경우를 의미한다.

6. 조사구(PartP)

우리는 제3장의 3.4.2에서 **조사를 기능범주에 속하는 하나의 품사로 보고, 그 하위에 상조사(Aspect)와 태조사(Voice)를 분류**한 바 있다.

6.1. 상조사구(AspP)

6.1.1. 상 기능범주

1) 상 기능범주의 이해

상조사구(AspP)를 정의해보자.

(1) a. 상조사구(AspP)는 **기능범주 사에 속하는 상조사(Asp)를 핵으로 최대 투사된 구**이다.
b. 상조사 핵은 경동사구(vP)를 보충어로 취하여 동작의 시작, 지속, 완료, 시도, 임박 등등의 각종 양상을 표시한다.

중국어의 상조사(Aspect particle)는 형식적으로 동사 바로 뒤에 붙어, 동작이나 행위의 **상**(aspect, **相**)을 나타낸다. 아래의 예를 보자.

(2) a. 他**<u>快要到了</u>**。(임박상, imminent aspect)
그는 곧 도착한다.
b. 你**<u>笑笑</u>**。 (시도상, experimental aspect)
당신 좀 웃어보세요.
c. 他**笑着**。 (지속상, progressive aspect)
그는 웃고 있다.
d. 他**<u>笑了起来</u>**。 (개시상, inchoative aspect)
그는 웃기 시작했다.

e. 他笑了。 (완료상, perfective aspect)
그는 웃었다.

f. 他笑过。 (경험상, experiential aspect)
그는 웃은 적이 있다.

상 조사의 종류는 많지 않다. 黄正德(2013:102-103)은 상(体/貌)을 나타내는 구로 '在V, 有V[72], V了, V着, V过' 등을 예로 든다. 한편, 刘叔新(2002:183), 邓思颖(2010)은 이들을 접사로 처리한다. 刘叔新(2002:183)은 '了, 着, 过, 看, 来着, 的, 起, 起来, 下去, 下来' 등을 예로 든다. 그러나 본서는 상 조사를 기능 범주에 속하는 하나의 품사로 본다.

2) 상 조사 구의 통사 위치

이제 상조사구의 통사적 위치를 살펴보자.

(3) 상조사구의 통사 위치

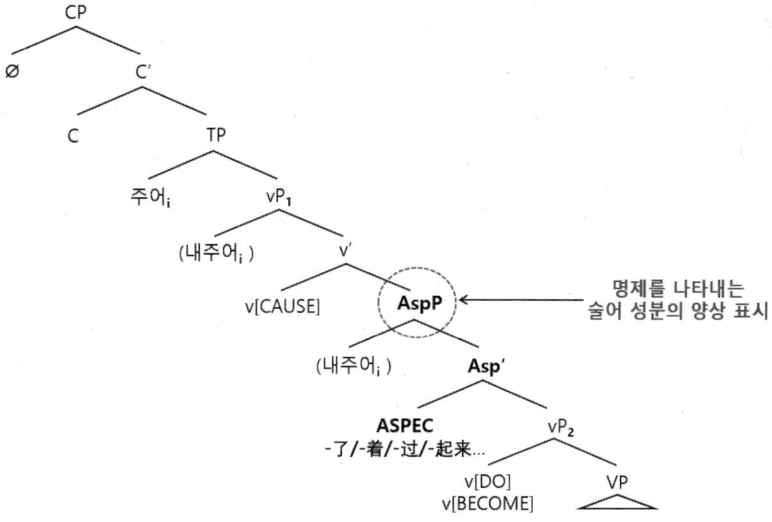

72 이 '有V'의 '有'는 남방, 특히 타이완에서 상용하는 **'완료'**, **'경험' 혹은 '어투'** 등을 **나타내는 일종의 표지**라 하겠다.
예: '你有来过吗?(당신은 와 본 적이 있습니까?)'

수형도에서 보듯, 상조사구(AspP)가 처하는 위치는 두 군데이다. 일반적으로 두 개의 경동사구 사이, 즉 활동 사건의미나 변화결과 사건의미를 표시하는 경동사구(vP_2)와 사동 사건의미를 나타내는 경동사구(vP_2)의 사이에 위치한다. 단, 사역 경동사가 비명시적인 경우 점선 화살표에서 보이듯, 사동 사건의미를 나타내는 경동사구(vP_2)의 위에 위치할 수도 있다.

6.1.2. 상조사 핵 '-了', '-过', '-着'

기능 범주로서 상조사구의 핵은 음성(音聲)과 문자 형식이 있다. 그러나 교착성이 매우 강하여 필연적으로 어휘범주 **핵의 핵 이동을 유발**한다. 현대중국어에서 상용되는 상조사 핵 '-了', '-过', '-着'에 의한 확장에 대해 알아보자.

1) '-了'

첫째, 통사 위치

상범주사 '-了'는 **동사** 혹은 **'동사+보어'식 합성어 뒤**에 나타날 수 있다. 다음 예를 보자.

(4) a. 他**吃**了两碗饭。
그는 밥 두 그릇을 먹었다.
b. 他**跳在**了椅子上。
그는 의자 위로 뛰어올랐다./그는 의자 위에서 (팔짝) 뛰었다.

a에서 보듯 상조사 '-了'는 동사 '**吃**' 뒤에 위치한다. 그러나 b처럼 '**술보구**' '**跳在**' **의 뒤**에 출현하는 것은 해석이 필요하다.[73] 이는 비교적 복잡한 연산에 의해 도출된

---

73 왜 이런 현상이 일어나는 지에 대해서는 제6장 1.3에서도 언급한 바 있다. 이는 전통문법 학자들의 반 정도가 이 구조를 '술어+보어'가 하나의 술어 동사가 되어 후속하는 목적어를 가진다고 주장하는 매우 강력한 근거이다. 그러나 이는 통사 현상의 결과물에 대한 해석일 뿐이다. 즉, 이 구조는 전치사구에서 시작하여, 동사구, 경동사구, 상조사구로 계속 투사하며, **상조사의 통사적 위치가 경동사보다 높기 때문에 발생한 결과물이다**. 'V+P' 구조가 어휘화하는 예가 없지 않지만 극 소수(특히 [V-于] 구조)이고, 또 **동사로 어휘화하는 것도 아니다**.

것으로 보인다. 다음 수형도를 보자.

(5) '他**跳在**了椅子上'의 도출

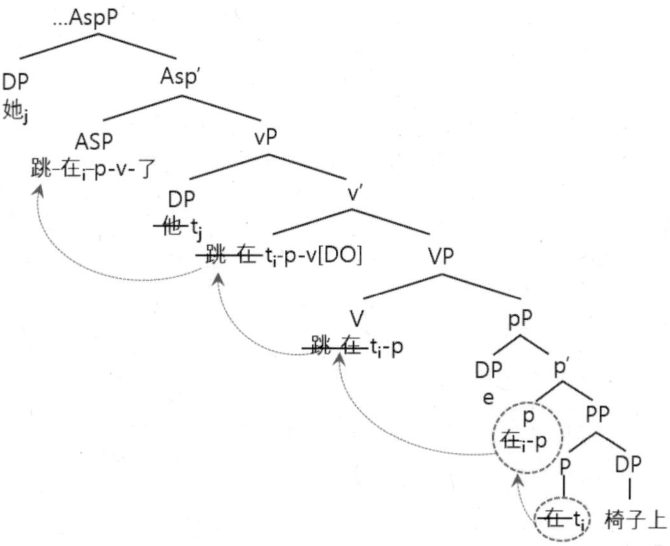

이 연산의 시작은 **어휘범주 사인 전치사 '在'가 비명시적 기능범주 사인 경전치사 'p'로 병합**되는 데서 시작한다. 따라서 전치사 '在'는 우선 경전치사와 병합하는데, 경전치사 'p'는 교착성이 강한 요소이다. 이 자질을 해소하고자 하여 동사(V) '**跳**' 쪽으로 다가가 마치 합성어를 만드는 느낌으로 달라붙는다. 이 동사구는 다시 경동사 v[DO]의 확장을 받아 vP로 투사되고, 여기에 다시 상조사(Asp)가 작동하여, 최종적으로 상사조사구(AspP)로 투사되었다.

한편, 상조사 '-了'는 **완료나 실현**과 관계가 있으므로 **사동표시** '把'자구와 잘 어울린다. 把'자구문은 **사역을 통한 변화결과**를 표시하기 때문이다.[74] 단 상조사의 통사 위치는 '**把**'**의 아래**이다. 다음 예를 보자.

74 반면, '-了, -过'와는 달리, **지속상을 표시하는 상조사 핵 '-着'는 把자구에 나타날 수 없다.**
(예) a. *我碰到着张三。
b. *他饶着他的敌人。

(6) a. 他把老张请了进来。
그는 라오짱을 안으로 들어오도록 청했다.
b. 她又把诗解释了一遍。
그녀는 다시 시를 한 번 해석하였다.

(7) a. 他没把饭做煳过。
그는 밥을 태운 적이 없다.
b. 我把这种菜吃过很多次。
나는 이러한 음식은 아주 여러 번 먹어보았다.

예에서 보듯, '-了, -过' 등의 상범주는 '把'의 아래에 위치한다. 이는 그것들의 통사 위치가 명시적인 사역 경동사 v[Cause]**보다 계층이 낮다**는 것을 의미한다. (6)a에 대한 수형도를 통해 살펴보자.

(8) '他把老张请了进来'의 도출

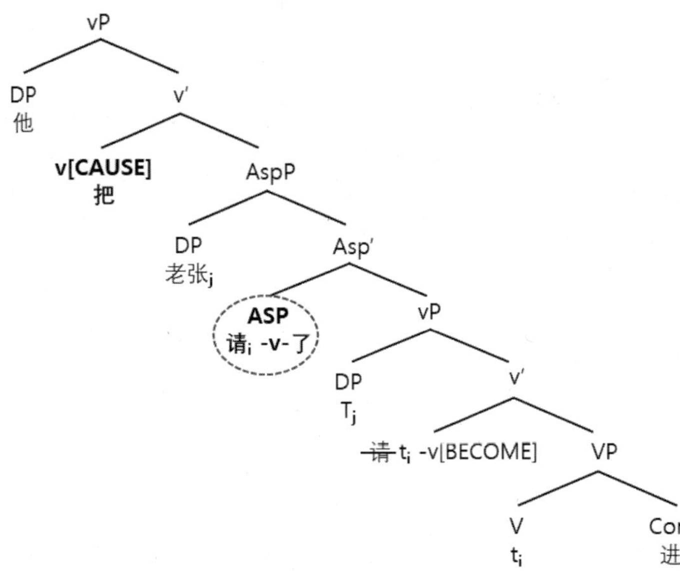

수형도에서 보듯, 상조사 핵(Asp) '-了는 **사동표시 경동사 핵** v[CAU]**와 변화결과 표시 경동사 핵** v[BEC] **사이**에 위치한다.

둘째, '-了'의 확장

① 확장이 가능한 경우

'-了'의 확장이 가능한 경우를 살펴보자. '-了'는 변화결과 사건의미 v[BECOME]을 전제로 한다. 따라서 이 전제에 부합하는 구조 속에서 **'-了'의 확장**이 가능하다. '-了'의 확장이 가능한 경우를 정리해보자.

가) '[[활동동사+了]+수량보어]'인 경우

(9) a. 我在那儿**住了两个月**。
나는 그곳에서 2개월 살았다.
b. 我已经**忍了这么多年**, 我会再忍下去。
나는 이미 이렇게 여러 해 참았고, 나는 더 참아낼 수 있다.
c. 我把门**踢了三脚**。
나는 문을 세 번 걷어찼다.
d. 敌人撤**退了二十里**。
적이 20리 후퇴했다.

위의 여러 예에서 활동은 모두 '완료'의 의미를 가진다. 수량표시를 나타내는 보충어가 있는 경우, 동작이나 활동은 기본적으로 '완료나 실현' 개념을 가진다는 것을 의미한다.

나) '[[활동동사+결과보어]+了]'인 경우

다음 예를 보자.

(10) a. 我**碰到了**张三。
나는 장싼과 마주쳤다.
b. 我**吃完了**饭。
나는 밥을 다 먹었다.
c. 他**想出来了**那个字。
그는 그 글자를 생각해냈다.

c의 경우 복합방향 보어 '出来'가 '가능' 표시 보어로 사용되었다.

다) '[[활동동사+了]+복잡한 목적어]' 인 경우

다음 예를 보자.

(11) a. 他饶了他的敌人。
그는 자신의 적을 용서했다.
b. 我看了新买的书。
나는 새로 산 책을 읽었다.
c. 他喝了三瓶酒。
그는 3 병의 술을 마셨다.

c의 경우 복합방향 보어 '出来'가 '가능' 표시 보어로 사용되었다. a와 b는 的자 구조의 관형어가 있는 목적어이고, c는 수량명사구 목적어이다.

라) '[완료동사+了]' 인 경우

다음 예를 보자.

(12) a. 他去年死了。
그는 작년에 죽었다.
b. 我忘了地址。
나는 주소를 잊어버렸다.
c. 火灭了。
불이 꺼졌다.
d. 盖子掉了。
뚜껑이 떨어졌다.

이러한 상조사 핵 '-了'의 의미는 동작이나 행위의 '완료'나 '실현'을 표시한다.[75]

---

75 즉, '완성(完成)'의 의미를 표시하는 것이 아니라는 점을 유의해야 한다. '这本书我看了三天了, 可是还没看完。(이 책을 나는 3일 동안 읽었는데, 그러나 다 읽지 못했다.)'에서 보듯, 동사 뒤

마) 복문에서 사건발생 시간(ET)이 참조 시간(RT)에 앞서는 경우

다음 예를 보자.

(13) a. 他下了课就上图书馆去了。
그는 수업이 끝나고 곧바로 도서관으로 갔다.
b. 关了灯就什么也看不见了。
불이 꺼지자 아무것도 보이지 않았다.
c. 我看完了报, 就睡。
나는 신문을 다 읽은 후에 곧바로 잘 것이다.
d. 出了门, 外面就有银行柜台。
문을 나서면, 밖에 바로 은행 카운터가 있다.

두 사건 사이에는 일반적으로 부사 '就'를 **넣어 연속 관계를 표시**한다.

② 확장이 불가능한 경우

이어서 '-了'의 확장이 불가능한 경우를 살펴보자. 위의 각 예를 통해 보듯, '-了'는 변화결과 사건의미 'BECOME'를 전제로 한다. 따라서 이 원칙에 부합하지 않으면 '-了'의 확장이 불가능하다.

가) 사건시간과 참고 시간이 같은 경우

(14) a. *我正在吃了饭。
b. *他在留了胡子。

사건시간(事件时间)과 참고시간(参考时间)이 같으면, 변화결과 사건의미가 발생하지 않는다. 따라서 각 예에서 모두 '了'를 제거해야 문장이 성립한다.

의 상조사 '-了'는 책을 보는 **행위가 실현되었음**을 나타낼 뿐, 그 동작이 '완성'되었음을 의미하지는 않는다.

나) 시작과 끝이 없는 사건인 경우

시작과 끝이 없는 사건을 소위 '**무계사건(无界事件)**'이라 한다. 이러한 사건은 변화결과 사건의미가 발생하지 않는다. 따라서 '了'에 의해 확장되지 않는다.

(15) a. *他<u>**喜欢了**</u>木瓜。
b. *我<u>**姓了**</u>李。
c. *我<u>**是了**</u>语言学教师。

각 예에서 모두 '了'를 제거해야 문장이 성립한다.

다) 지속적 반복성, 항상성 부사의 수식을 받는 경우

(16) a. *他从上大学开始, <u>**一直**</u>学了汉语。
b. *我<u>**每年都**</u>在上海过了很长时间。
c. *他<u>**天天**</u>回了家。
d. *他<u>**经常**</u>买了一些礼品。

지속적 반복성(反复性), 항상성(经常性) 부사(状语)의 수식을 받는 경우는 변화결과 사건의미가 발생하지 않는다. 따라서 각 예에서 모두 '了'를 제거해야 문장이 성립한다.

라) 사건시간이 발화시간보다 미래에 발생하는 경우

(17) a. *明天我吃了饭。
b. *明天他下了课。

이는 미래시제에 '-了'를 사용하는 경우에 관한 것이다. 단독적으로 쓰인 미래시제는 변화결과 사건의미를 수용할 수 없다. 따라서 아래 (18)처럼 반드시 **후속하여 발생하는 참조시간에 관련된 설명을 덧붙여야만 문장이 성립**한다.

(18) a. 明天我吃了饭**就去找你**。
내일 내가 밥을 먹은 후에 너를 찾아갈게.
b. 明天他下了课**就上图书馆去**。
내일 그는 수업이 끝난 후에 곧바로 도서관에 갈 것이다.

이러한 예는 미래시제에도 '-了'를 사용할 수 있다는 것을 보여준다. 즉, **상조사 '-了'는 원칙적으로 동작이나 행위의 완료나 실현에 관련될 뿐 시제와 관련이 없다**는 것을 말한다.

2) '-过'

상조사 '-过'은 '**완료상**'과 '**경험상**'을 나타낸다. 따라서 그 확장의 양상이 상조사 '-了'와 유사한 점이 있다. 여기서는 **양자의 차이점**을 중심으로 살펴보자.

첫째, 확장이 가능한 경우
'-了'의 경우와 달리 **무계동사(无界动词)**도 **'-过'의 확장**이 가능하다.

(19) a. 他**喜欢过**木瓜。
그는 파파야를 좋아했었다.
b. 他**想念过**自己的老朋友。
그는 자신의 오랜 친구를 그리워했었다.
c. 我去年就**盼望过**他来北京。
나는 작년에 그가 북경으로 오기를 간절히 희망했었다.

'-过'의 확장을 받는 무계동사는 참고시간(参考时间) 이전에 이미 행위나 상태가 끝난 것을 표시한다. 따라서 **현재는 그러한 상태가 아니거나 아닐 가능성이 높다**. 즉, '-过'와 '-了' 는 모두 사건 발생의 시간(ET)이 참조시간(RT)보다 먼저 온다는 공통점이 있다. 그러나 **'-了'는 결과 상태의 연속**을, **'-过'는 결과 상태의 불연속성**(discontinuity)을 각각 표시한다. 이는 결과 상태가 현재로 연속되는가와 관련이 있기 때문에 해석상 큰 차이가 발생한다.

먼저 결과 상태의 연속을 표시하는 **'-了'의 확장**을 보자.

(20) a. 他们上个月去了香港。 (他们现在还在香港)
그들은 지난달 홍콩에 갔다. (그들은 **지금도 여전히 홍콩에 있다**.)
b. 我摔断了腿。 (腿还没好)
나는 다리가 부러졌다. (다리가 **아직 다 낫지 않았다**.)

다시 (21)에 대한 **'-过'의 확장**을 보자.

(21) a. 他们上个月去过香港。 (他们不在那儿了)
그들은 지난달 홍콩에 갔었다. (그들은 **지금 거기에 없다**)
b. 我摔断过腿。 (腿已经好了)
나는 다리가 부러진 적이 있다. (다리가 **이제 다 나았다**)

'-过'는 과거에 발생한 일에 대해 불연속적으로 파악하는 것이므로, **'경험'으로 인식된다**.

둘째, 확장이 불가능한 경우

지속적 반복성(反复性), 항상성(经常性) 부사(状语)의 수식을 받는 동사구는 '-过'의 확장을 받을 수 없다.

(22) a. *小时候我很喜欢看书, 所以**常常**去过书店。
b. *来北京以前, 我**有时候**看过中国的京剧。

3) '-着'

첫째, '-着'가 명시적인 경우

존재표시 상조사 '-着'는 기능범주로서 어휘범주인 동사를 확장하여 **'지속상'**과 **'존재'**의 의미를 표시한다. 다음 李临定(1984)의 예를 보자.

(23) a. 桌子前边**坐着**一位画家。
탁자 앞에 화가 한 명이 앉아 있다.
b. 水牛的背上**骑着**一个男孩。
물소의 등에 한 소년이 타고 있다.
c. 桌子上面**铺着**一张纸。
탁자 위에 종이가 한 장 깔려 있다.
d. 纸上画着一头水牛。
종이에 물소 한 마리가 그려져 있다.

예에서 '一位画家', '一个男孩', '一张纸', '一头水牛' 등은 모두 **모종의 장소에 존재하는 〈대상자(受事)〉 의미역**을 받는다. 왜 이렇게 이해될까? **존재 범주(Exist, 存在范畴) 표시 상조사 핵 '-着'가 동사를 확장하기 때문이다**. 다음 수형도를 보자.

(24) '-着' 존재범주 구의 도출

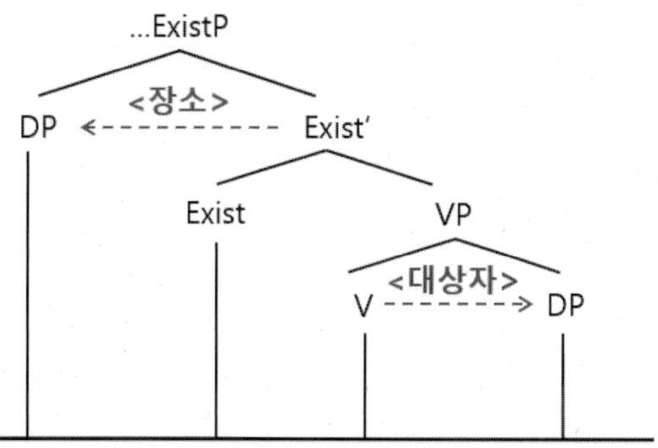

a	桌子前边	坐$_i$-着	t_i	一位画家
b	水牛的背上	骑$_i$-着	t_i	一个男孩
c	桌子上面	铺$_i$-着	t_i	一张纸
d	纸上	画$_i$-着	t_i	一头水牛

'-着'는 동사와 병합하며, **내부논항** '一位画家', '一个男孩', '一张纸', '一头水牛' 등에게 존재 **〈대상자〉**의 의미역을 할당한다. 또 자신의 지정어 위치의 **외부논항**에게는 지속이나 존재의 **〈장소〉** 의미역을 할당한다.

둘째, '-着'가 비명시적인 경우

존재범주는 **'-着'가 비명시적인 경우에는 상범주 '-了'에 의해서 확장**될 수 있다.[76] 다음 수형도를 보자.

(25) 상범주 '了'에 의한 존재범주 구의 확장

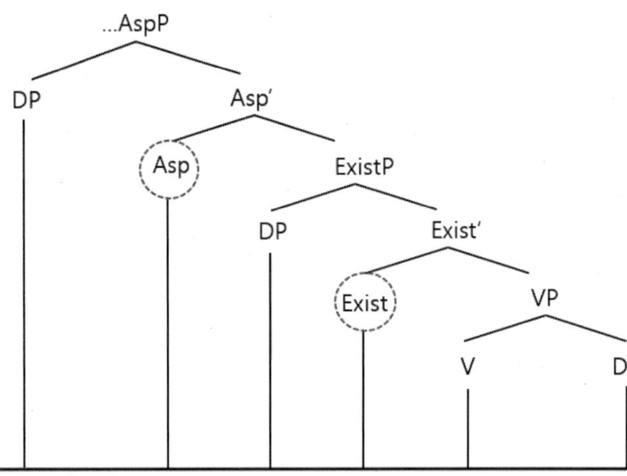

a	桌子前边$_j$	坐$_i$-e了	t_j	t_i -e	t_i	一位画家
b	水牛的背上$_j$	骑$_i$-e了	t_j	t_i-e	t_i	一个男孩
c	桌子上面$_j$	铺$_i$-e了	t_j	t_i-e	t_i	一张纸
d	纸上$_j$	画$_i$-e了	t_j	t_i-e	t_i	一头水牛

수형도에서 존재범주 **'-着'가 비명시적**이다. 따라서 a-d의 각 동사들은 어휘범주이므로, 비명시적인 [Exist]의 자리로 **핵 이동**하였다가, 다시 상범주 '-了' 쪽으로 **핵 이동**한다.

그런데 여기서 재미있는 현상이 있다. 이는 동사를 확장하는 존재범주 상조사 **'-着'와 '-了' 는 서로 상보적 분포**를 보인다는 점이다. 따라서 중국어에서 이들 둘이 동시에 출현하는 'V-着-了'의 상조사구 형식은 존재하지 않는다.[77]

76 이 확장에 의해 도출되는 구문의 문법성에 대해 검증자 간에 일치를 보이지 않는다. 본서는 熊仲儒(2013)의 견해에 동의하여 기술한다.

77 '-着'가 상조사인가 따져봐야 할 때도 있다. 즉, "那些资料我们已经查着了。(그 자료들은 우리

한편, 지속이나 존재범주를 나타내는 상조사 핵 '-着'는 소위 **존현구문, 즉 '장소+존현 동사+존현 대상'의 구조**에 잘 사용된다. 다음 예를 보자.

(26) a. 椅子上坐着一个人。
의자 위에 한 사람이 앉아 있다.
b. 门口停着一辆车。
입구에 차 한 대가 서 있다.

(27) a. 衣服上绣着一朵花。
옷에 꽃 한 송이가 수놓아져 있다.
b. 黑板上写着一个字。
칠판에 글자 하나가 쓰여 있다.

(26)의 동사는 **비대격동사**이고, (27)의 동사는 **대격동사**이다. 이런 동사 차이에 구애받지 않고 모두 소위 존현구문을 이룬다. 이때 '-着'의 내부논항은 지속이나 **존재의 〈대상자〉**이고, 외부논항은 모두 **〈장소〉** 표시 한정사구(DP)이다. 이것이 바로 **존현구문**이다.

6.2. 태조사구(VoiP)

6.2.1. 태 기능범주

1) 태 기능범주의 이해

본서 제3장의 3.4.2에서 **조사(Particles)를 기능 범주에 속하는 하나의 단어로 보고, 상조사(Aspect)와 태조사(Voice)로 분류**한 바 있다. 이제 태조사구(VoiP)에 대해 알아보자. 태조사구를 정의해보자.

가 이미 찾았다)", 중의 '着'는 **동사가 결과보어로 쓰이는 용법**이므로, 상조사로서의 기능범주가 아니다.

(28) a. 태조사구(VoiP)는 기능범주사인 태조사(Voice)를 핵으로 하여 최대 투사된 구이다.

b. 태조사 핵은 상조사구(AspP)를 보충어로 취하여 동작의 태, 즉 능동과 수동/피동과 등의 태를 표시한다.

태 기능범주는 **명제에 대한 일종의 모습을 표시하는 기능**을 말한다.[78] 즉 어떤 명제에 대해서 **행위자 주어의 입장에서 능동적으로 처리하는 경우를 '능동태'**라고 하며, **어떤 명제에 대해서 대상자 주어 입장에서 어떤 영향을 받아 어떻게 변화되는가를 표현하는 것을 '피동태(/수동태)'**라고 한다.[79] 예를 들어 다음과 같은 문장은 **능동태**이다.

(29) a. 老虎吃了小羊。
호랑이가 새끼 양을 먹었다.

b. 老虎把小羊吃掉了。
호랑이가 새끼 양을 먹어버렸다.

한편, 다음과 같은 문장은 **피동태**이다.

(30) a. 小羊吃掉了。[80]
새끼 양은 먹혔다.

---

78 『영어학 사전』에서는 태(voice)에 대해 "근본적으로 동사와 관련되고, 그 문장의 의미를 변화시키지 않으면서 어떤 동사와 주어와 목적어 간의 관계를 바꾸는 방법을 나타내는 형태를 말한다."라고 정의한다. 조성식 주간(1990:1318-1319).

79 능동태와 수동태 외에, 그리스어 문법에서는 중간태(middle voice)라는 것이 있는데, 주로 자기 자신이나 자기의 이익을 위해서 어떤 행위가 이루어지는 것을 나타내는 문장을 말한다. 영어에서의 예를 보면, 'I am getting shaved.'는 능동의 'a) I am shaving.(나는 면도하고 있다.)'와 수동의 'b) I am being shaved.(나는 면도되어지고 있다.)'의 두 가지 의미를 가진다. 조성식주간, 영어학사전(1990:1318) 참고. 또, "중간동사(middle verb)"라는 말과 동일시하며, "주어인 사람이나 동물이 동사에 나타난 동작에 의해 영향을 받을 때 그 동사의 형 또는 태(voice)에 대한 명칭"이라고 설명된다. 이정민 · 배영남(1990[1987]:559)

80 '小羊'이 [+ 유생]이므로, **'새끼 양이 (〈대상자〉)를 다 먹었다'**는 해석도 가능하지만, 이는 능동태이므로 여기서는 고려하지 않는다. 무생물인 경우는 이런 문제가 발생하지 않는다(**黑板**擦干净了。).

b. 小羊被老虎吃掉了。
새끼 양은 호랑이에게 먹혔다.

일상 언어생활에서 능동태는 일상적이고 보편적인 표현법이라 할 수 있고, 피동태는 상대적으로 특수한 표현법이다. 따라서 중국어의 태조사구에 대해 피동태/수동태를 중심으로 살펴보자. 현대 중국어의 피동 표현의 기능 핵으로 '给', '被', '叫', '让' 등이 있다.

2) 태조사구(VoiP)의 통사 위치

먼저 '给'와 '被'를 중심으로 태조사구(VoiP)의 통사적 위치를 알아보자.

(31) 태조사구의 통사 위치

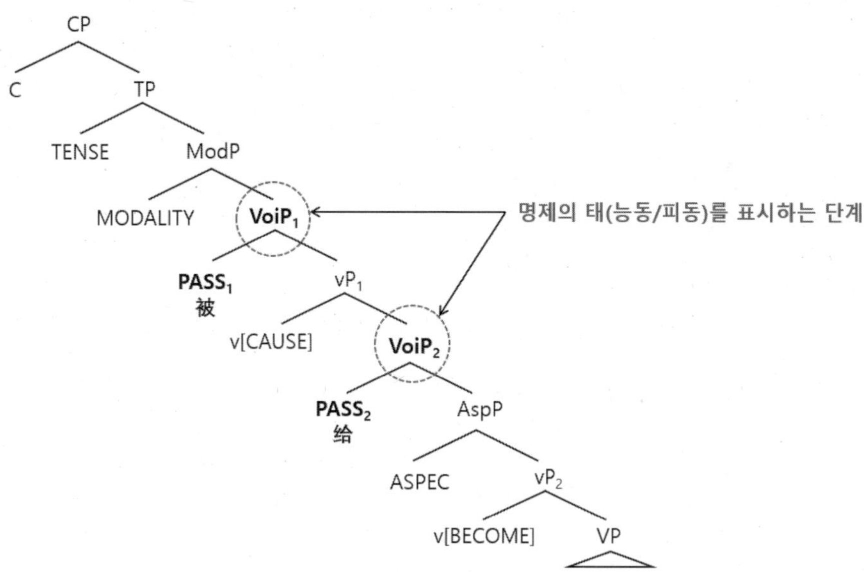

수형도에서 보듯, '被'를 **핵으로 하는 태조사구의 위치는 원인표시 경동사구의 위, 양태사구의 아래**이다. 한편, '给'를 **핵으로 하는 태조사구의 위치는 상조사구의 위, 원인표시 경동사구의 아래**이다.[81]

81 이는 수형도에서 보이듯 마치 경동사구의 통사 위치가 두 군데인 것과 매우 흡사하다.

6.2.2. 피동핵 '给', '被'

현대중국어에서 피동태의 주요 핵인 '给'와 '被'를 구체적으로 살펴보기로 하자.

1) '给'

첫째, '给'의 이해

현대중국어에서 태 범주를 나타내는 '给'는 피동을 나타내는 기능 핵이다. 그런데 독특한 양면성을 가지는 것처럼 보인다. 먼저 다음 예를 보자.

(32) a. 衣服<u>给</u>雨淋湿了。
옷이 비에 의해 젖게 되었다.
b. 雨<u>给</u>衣服淋湿了。
비가 옷이 젖게 했다.

a의 '给'는 **피동태**를 나타낸다. 반면, b의 '给'는 사동으로 **능동태**를 나타낸다.[82] 하나의 기능어가 어떻게 정반대의 두 기능의미를 가지게 되었을까? 이런 특성을 간파한 赵元任(1979) 선생은 '给'가 동작의 방향이 밖으로 향할 때의 '给'는 '把'와 같고, 동작의 방향이 안으로 향할 때의 '给'는 '被'와 같다고 본다. 그의 예를 보자.

(33) a. 信写完了, 请你<u>给</u>(/把它)抄了寄走吧。
편지를 다 썼으니, 당신이 (그것을) 베껴서 보내주세요.
b. 这裂缝儿不要紧, 我<u>给</u>(/把它)补起来就好了。
이 금(균열)은 심하지 않으니, 내가 (그것을) 보수하면 되요.

(34) a. 你眼睛怎么了? --------- <u>给</u>(/被)(人)打了一拳头。
당신 눈이 왜 그래요? (누구한테) 한 대 맞았어요.

---

82 (33)a-b, (35)a의 '给'는 비명시적인 두 개의 경동사와 병합된 결과물이다. 즉, '给'는 $-v_2$[BECOME]을 거쳐 $-v_1$[CAUSE]까지 핵 이동하고, 지정어 위치에 〈원인자〉를 두는 경우이다. 따라서 **주어 위치에 〈원인자〉가 오느냐, 아니면 〈대상자〉가 오느냐를 살펴야 정확하게 해석**된다.

b. 我那支钢笔给(/被)孩子们玩儿了好久, 后来给(/被)(他们) 玩儿丢了。
내 그 펜은 아이들이 얼마 동안 놀게 했더니, 나중에 (아이들이) 놀다가 잃어 버렸다.

赵元任(1979)이 말한 동작의 내향 혹은 외향 개념은 바로 '给'를 무엇으로 대체하는 가로 판단할 수 있다. 즉, (33)처럼 **'把'로 대체하면 '외향'**이고, (34)처럼 **'被'로 대체하면 '내향'**이다. 한편, 피동핵 '给'가 관여하는 논항의 성격을 파악하는 것으로도 구분이 가능하다. 주어 논항은 (33)의 경우는 **〈원인자〉**이고, (34)의 경우는 **〈대상자〉**이다. 목적어 논항으로 말하자면, (33)의 경우는 **〈대상자〉**이고, (34)의 경우는 **〈행위자〉**이다.

둘째, '给'의 통사적 위치

'给'의 통사적 위치와 특성에 대해 알아보자. 먼저 다음 예를 보자.

(35) a. 雨把衣服给淋湿了。
비 때문에 옷이 젖었다.
b. 衣服被雨给淋湿了。
옷이 비에 의해 젖게 되었다.

위의 a에서 볼 때 '给'는 〈원인자〉 논항을 이끄는 기능어 '把'보다 통사위치가 낮다. b에서 볼 때 **'给'는 피동 〈대상자〉 논항을 이끄는 기능어 '被'보다 통사위치가 낮다.**

다시 '给'와 상조사 '-了'의 통사 위치를 비교해보자.

(36) a. 我们**把敌人给**打败了。
우리는 적들을 물리쳐서 이겼다.
b. 我们**把野菜给**洗干净了。
우리는 나물을 깨끗하게 씻었다.
c. 她又**把诗给**解释了一遍。
그는 시를 또 한 번 해석하였다.

예를 통해 '给'가 '了'의 위(/좌측)에, '把'의 아래(/우측)에 분포하는 것을 볼 수 있다. 이는 **'给'의 통사적 위치가 사동의 v[CAUSE]보다는 낮고, 상조사구(AspP) 보다는 높다는 것을 의미**한다.

우리는 이상의 내용에 근거하여, '了'와 '把'가 모두 있는 '雨把衣服给淋湿了'의 도출을 다음과 같은 수형도로 나타낼 수 있다.

(37) '雨把衣服给淋湿了' 의 도출

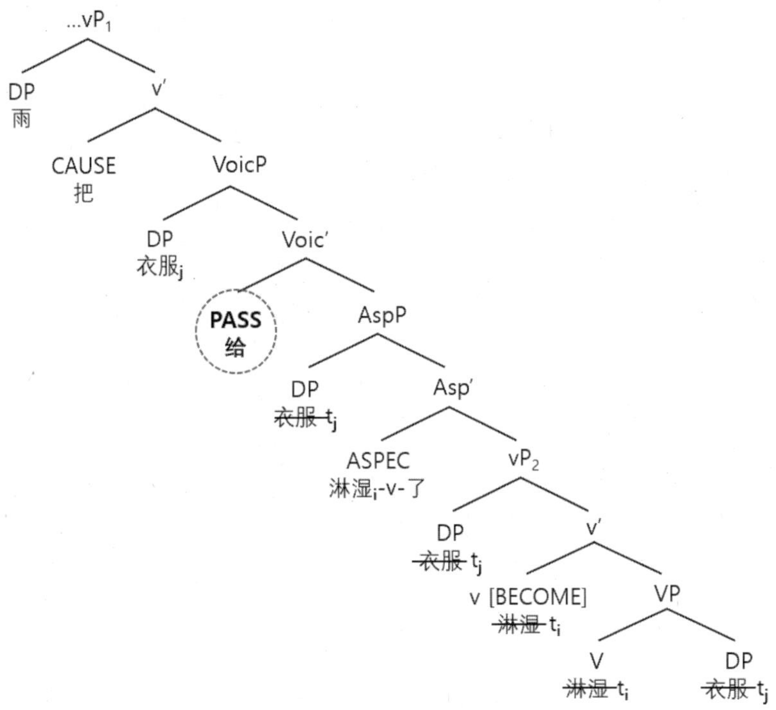

수형도에서 보듯 피동의 기능핵 '给'는 상조사 핵(Asp)과 사동의 경동사(CAUSE) 사이에 위치한다. 이는 피동범주사 '给'에 의한 태조사구(VoiP)를 사역 경동사가 확장해주는 꼴이다. 사역 경동사와 피동의 조합은 결국 v[CAUSE]-v[BECOME]으로 표현되는 **사동 사건의미**이다.

따라서 만일 '给'가 사역범주의 확장을 받지 않는다면, 직접 이 상태로 피동문을 이룰 수 있다.

(38) a. 敌人给打败了。
적들은 패배당했다.
b. 野菜给洗干净了。
나물은 깨끗이 씻겨졌다.
c. 诗又给解释了一遍。
시는 또 한 번 해석되어졌다.

이는 사실 아래와 같은 변화결과[BECOME] 사건의미구를 피동[PASSIVE]의 핵 '给'로 확장한 것이다.

(39) a. 敌人打败了。
적은 패배했다.
b. 野菜洗干净了。
나물은 깨끗이 씻겨졌다.
c. 诗又解释了一遍。
시는 또 한 번 해석되었다.

결국, (38)은 피동[PassP] 구문이고, (39)는 변화결과[BECOME] 사건의미를 나타내는 경동사구(vP)이다.

'사동구문에서 '给'의 통사 위치는 '把'보다 아래이지만, '给'의 바로 위에 있는 경동사 '把'가 **어음이 실현되지 않을 때** 어떤 현상이 일어날까? 다음 예를 보자.

(40) a. 我们把敌人给打败了。 a′. 我们给敌人打败了。[83]
우리는 적을 패배시켰다. 우리는 적을 패배시켰다.

---

83 이 '给'를 피동태 조사의 핵으로 볼 것인가, 아니면 피동 의미 표시 전치사로 볼 것인가에 따라 중의성이 생기는 것이 아닐까? 만약 전치사, 즉 '동작 행위의 주체를 끌어들이는 전치사'로 보면, '우리는 적에게 패배했다.'로 해석된다. 그렇다면, '给'는 기능범주 조사와 어휘범주 전치사 두 가지 품사로 처리해야 한다. 진일보한 연구를 기대한다.
단, (40)-(41)은 피동태 표시 조사 핵 '给'가 비명시적인 경동사 -v[CAU]의 위치까지 이동하여 생긴 **사동구문**으로 본다. 즉, '我们'은 〈원인자〉이고, '敌人'이 '打败'의 〈대상자〉인 문장으로 보아, a와 동일한 사동구문의 도출을 상정한다.

b. 我们把野菜给洗干净了。 b′. 我们给野菜洗干净了。
우리는 나물을 깨끗이 씻었다. 우리는 나물을 깨끗이 씻었다.
c. 她又把诗给解释了一遍。 c′. 她又给诗解释了一遍。
그가 시를 한 번 해석하였다. 그가 시를 한 번 해석하였다.

예a-c는 사역 경동사가 명시적인 '把'이다. 반면, a'-c'는 '把'가 비명시적이다. 그러나 두 종류 문장의 의미는 동일하다. 왜 이런 일이 발생하는가? 이 문제의 답이 전에 제기하였던 **'给'의 양면성** 문제에 대한 답이다.

이는 비명시적인 사역 경동사 v[CAUSE]의 유인으로 피동핵 '给'**가 핵 이동, 즉** '给-v[CAUSE]'**하여 도출된 것이다.** a' '我们给敌人打败了'의 도출 과정을 통해 이를 확인해 보자.

(41) '我们给敌人打败了'의 도출

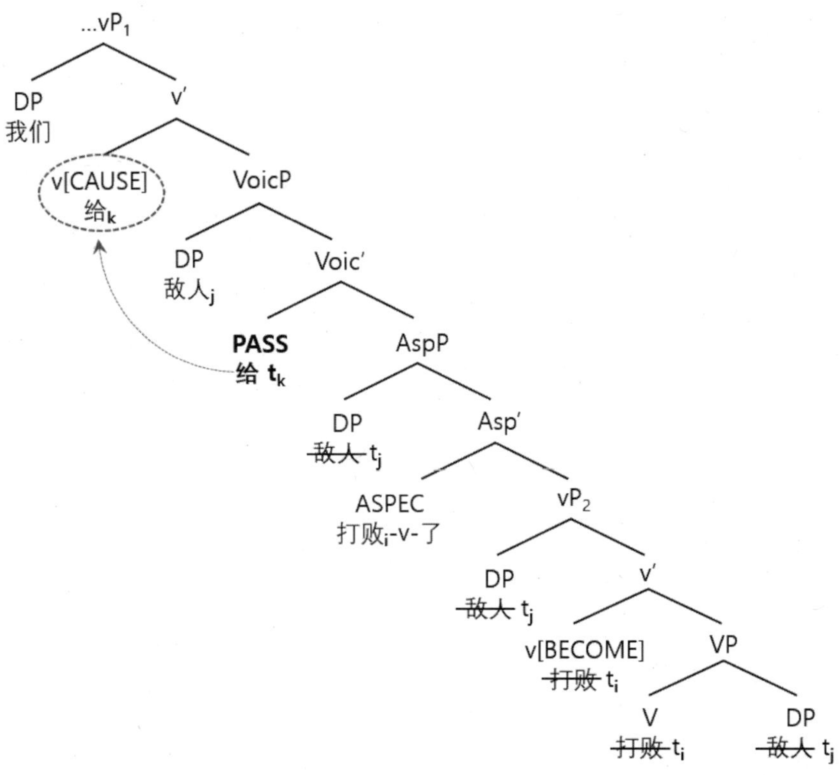

수형도에서 보듯, 피동태 기능범주 '给'**가 사동의 자리로 핵 이동하여 사동화**한다. 이는 '给'에 사동의 의미가 있는 것이 아니라 상위의 비명시적인 사역 경동사 v[CAUSE]와의 병합 '给-v[CAU]'에 의하여 확장된 의미이다. 즉, 이 '给'**는 '把'에 상응하는 음성적 실현**[84]**일 뿐, 여전히 사역의 기능을 가지는 상위 핵에 부가된 피동 의미**이다. 결국 '给'가 피동과 능동의 양면성을 가지는 것이 아니다. 상위의 사역 경동사 핵이 비명시적인 경우 '给'가 핵이동하여 병합함으로써 발생하는 사동화 현상이다.

1) '被'

첫째, '被'구의 이해

'被'는 현대 중국어에서 **수동태/피동태를 나타내는 가장 대표적인 기능범주의 핵**이다.[85] '被'에 의해 확장된 범주는 피동을 표시한다.

둘째, '被'의 통사 위치

여기서는 '被'의 통사적 위치에 대해 생각해 보자. '被'는 자주 '把'와 함께 나타날 수 있는데, 항상 '把'의 좌측에 나타난다. 이는 **'被'의 통사적 위치가 '把'보다 높음**을 의미한다. 다음 예를 보자.

(42) a. 牲口**被套绳把**腿绊住了。
가축이 새끼줄에 의해 다리가 걸렸다.
b. 这调皮鬼**被我把**他赶走了。
이 장난꾸러기는 나에 의해 쫓겨났다.

두 예문에서 '被'는 '把'보다 더 왼쪽(/위쪽)에 위치함을 알 수 있다.

또, '把'는 수동표시 기능어 '给'의 왼쪽(/위쪽)에 오는데, '被'는 '把'보다 더 위쪽

---

84 접사나 조사가 잘 발달된 한국어로 표시하자면, '패배(打败)**되(给)게 하다**(v)'이다. 여기서 '给'는 중국어에서 비명시적인 '-게 하다'라는 사역 경동사(v)에 대한 음성적 실현을 위해 이동하고, 경동사가 상위 핵이므로, 결국, **사동(/능동)의 사건의미**를 가지는 것이다.

85 이런 점에서 중국어 전통문법에서 '수동태'를 '피동문(被动句)' 혹은 '피자구문(被字句)'이라고 한다.

에 온다. 다음 예를 보자.

(43) a. 敌人被我们把他给打败了。
적은 우리들에 의해 (그를) 패배되었다.
b. 野菜被我们给洗干净了。
나물은 우리들에게 깨끗이 씻겨졌다.
c. 那首诗又被她给解释了一遍。
그 시는 또 그녀에 의해 한 번 해석되었다.

이상의 사실은 **'被'가 사역의 기능범주보다 통사적 위계가 높다**는 것을 보여준다.

셋째, '被'의 외부논항

① 의미역

피동범주 핵 '被'의 외부논항, 즉 향후 주어가 될 논항의 특징을 보자. 먼저 다음 수형도를 보자.

(44) '小羊被老虎杀了'의 도출

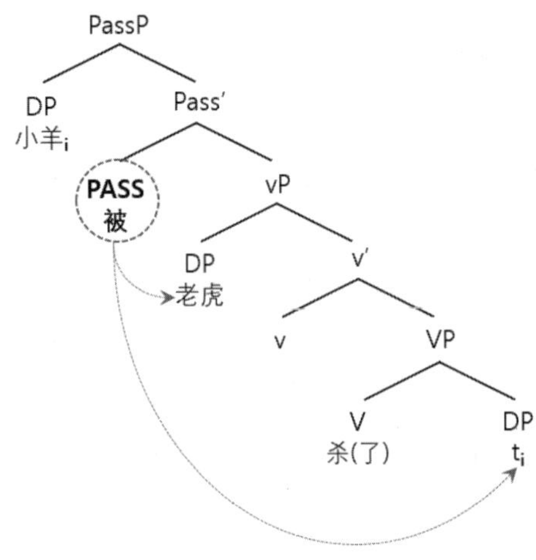

피동의 기능범주 핵(PASS)는 주어가 될 만한 논항의 이동을 유발한다. 수형도에서 보듯, 이론적으로 '老虎'와 '小羊' 모두 주어의 후보가 된다. 그러나 **자질**(Feature, 特

征)이 부합해야 이동할 수 있다. **'被'는 〈대상자〉 논항을 확대 투사시킨다.** 따라서 행위자가 아닌 논항, 즉 [- Doer] 논항의 이동만을 유발시킬 수 있다. 수형도에서 보듯, '小羊'만이 이동 대상이 된다.

이상과 같은 이유에서 피동문에서 [- Doer]의 논항이면 대부분 주어, 즉 '被'의 외부논항으로 기능할 수 있다. 다음 예를 보자.

(45) a. **你做的事**都被领导知道了。
네가 한 일은 상사에게 모두 알려지게 되었다.
b. **桌子上**被他堆满了书。
책상 위에는 그가 책을 가득 쌓았다.
c. **整个星期天**都被他花在下围棋上了。
일요일 내내 그에 의해 바둑을 두는 것에 (시간을) 다 쏟아 부어졌다.
d. **绳子**被他捆了包裹。
그 끈은 그에 의해 소포를 묶는데 쓰였다.
e. **青椒**被妈妈炒了肉丝。
풋고추는 어머니에 의해 고기와 같이 볶였다.

'被'의 외부논항으로, a는 〈대상자〉, b는 〈장소〉, c는 〈범위〉, d는 〈수단〉, e는 〈재료〉이다. 다양한 성분이 '被'의 외부논항으로 충당됨을 알 수 있다.

그러나 다음과 같이 '被'의 외부논항으로 충당되지 못하는 논항도 있다.

② 〈원인자〉 논항의 불가성

피동문에서 주어 논항의 선택에 있어 주의해야 할 점이 있다. 그것은 피동 기능 핵 '被'는 원래 사동구(CausP)를 확장한 것이고, 사동구 속의 **〈원인자(致事)〉는 활동을 일으키는 자이기 때문에 '被'의 외부논항으로 충당되지 못하는 논항**도 있다.

(46) a. *这盆衣服被把我洗累了。
b. *那本书被我找了一下午。
c. *他被把个犯人跑了。

③ 〈행위자〉 논항의 불가성

결국, 피동의 기능핵 '被'는 자신의 지정어 위치에 사동구(CausP) 속 **피사역자 위치에 있는 논항들에 대해서만 이동을 유발시킨다**. 그러나 이때도 만약 피사역자가 활동의 행위자로 인식되면 역시 '被'의 이동 유발을 받아들일 수 없다. 따라서 **'被'의 외부논항으로 충당되지 못한다**. 다음 예를 보자.

(47) a. 放了一只鸽子。
비둘기 한 마리를 놓아주었다.
b. 飞了一只鸽子。
비둘기 한 마리가 날아갔다.

위의 a와 b는 외견상 그 구조가 동일해보이며, 모두 把자문으로 변환할 수 있다.

(48) a. 放了一只鸽子。→ 把只鸽子放了。
b. 飞了一只鸽子。→ 把只鸽子飞了。

그러나 아래 예와 같이 '被'를 사용하는 피동문으로 확장되는 데는 차이가 발생한다.

(49) a. 鸽子被我放了。
b. *鸽子被我飞了。

그 이유는 바로 (47)b에서 '鸽子'는 '飞'의 **〈행위자(Agent)〉**로 인지된다.[86] 따라서 '被'가 요구하는 자질과 부합하지 않아 '鸽子'는 이동의 대상자가 되지 못한다. 다음 예도 모두 같은 이유로 '被'구를 구성하지 못한다.

(50) a. 这盆衣服把我洗累了。 a′. *我被这盆衣服洗累了。
이 대야의 옷을 빨기에 나는 지쳤다.

---

86 이런 점에서 현대중국어의 '飞$_1$(날다)'는 경동사 v[DO]에 의해 확장되는 비능격동사(unergative)로, '飞$_2$(날라가 없어지다/휘발되다)'는 경동사 v[BECOME]에 의해 확장되는 **비대격동사**(unaccusative)로 파악된다.

b. 那本书找了我一下午。 b′. *我被那本书找了一下午。
그 책은 나로 하여금 오후 내내 찾게 했다.
c. 他把个犯人跑了。 c′. *犯人被他跑了。
그는 범인 한 명이 도망치게 했다(고의 아님).

(50)a'-c'의 '我'나 '犯人'은 모두 원래 사동구의 피사역자 위치에서 도출된 논항들이다. 그러나 모두 **〈행위자〉로 인식**된다. 따라서 수동태의 핵인 '被'의 유인 대상이 되지 못한다.

넷째, '被'의 내부논항

① 의미역

피동핵 '被'의 내부논항, 즉 **'被' 뒷 부분의 논항은 일반적으로 행위자[+ doer/agent] 논항**으로 충당된다고 설명된다. 따라서 행위자 논항을 포함하는 상위의 의미역인 〈원인자(causer, 致事)〉 논항 및 〈경험자〉, 〈수단〉 등의 논항도 역시 가능하다. 다음 예를 보자.

(51) a. 爸爸被<u>**一连串的问题**</u>问烦了。
아빠는 계속되는 질문으로 질렸다.
b. 书被<u>**老鼠**</u>咬破了!
책은 쥐가 갈아서 파손되었다.
c. 林黛**玉被**<u>**贾宝玉**</u>爱上了。
임대옥은 가보옥에 의해 사랑받게 되었다.
d. 东西被**卡车**运回来了。
물건이 트럭에 의해 운반되어 돌아왔다.

'被'의 내부논항으로, a는 〈원인자〉, b는 〈행위자〉, c는 〈경험자〉, d는 〈수단〉이다.

② '내부논항의 생략

'被' 핵의 내부논항은 생략될 수 있다. 다음 예를 보자.

(52) a. 字据被ø烧了。
증거문건이 (ø에 의해) 소각되었다.
b. 书被ø咬破了。
책이 (ø에 의해) 물려 찢어졌다.

'被' 핵의 내부 논항은 생략될 수 있음은 태조사로서의 '被'의 성격을 말한다. 즉, **'被'는 자신의 목적어 없이 홀로 쓰일 수 없는 전치사와 달리 독립적인 사용이 가능하다. 그러므로 '被'는 전치사보다 더 문법화된 기능 핵이라고 할 수 있겠다.**

이점에서 한 가지 주의해야 할 점이 있다. '叫, 让'과 '被'는 같은 피동범주이지만, 전자(叫, 让)는 '被'와 달리 자신들의 **내부 논항의 생략**을 허용하지 않는다는 점이다.

(53) a. 我的自行车**被小偷偷**走了。 → 我的自行车**被**偷走了。
나의 자전거는 좀도둑이 훔쳐 갔다.
b. 我的自行车**叫小偷偷**走了。 *我的自行车**叫**偷走了。
나의 자전거는 좀도둑이 훔쳐 갔다.
c. 姐姐的铅笔盒**让他朋友**弄坏了。 *姐姐的铅笔盒**让**弄坏了。
언니의 필통은 그의 친구가 망가뜨렸다.

한편, 태조사로서의 '被'는 위 (52)처럼 바로 동사 앞에 올 수도 있고, 아래 (54)처럼 동사와 멀리 떨어질 수도 있다. 다음 예를 보자.

(54) a. 他被**一丝不挂地**脱了个精光。
그는 실오라기 하나 걸치지 않고 홀랑 벗겨졌다.
b. 奋战整整三天, 那飞蝗终于被**干净, 彻底地从七里村到杨家滩都**杀死了。
3일 동안 꼬박 분투하여, 그 메뚜기들은 마침내 깔끔하고, 철저하게 칠리촌(七里村)에서 양가탄(杨家滩)까지 모두 박멸되었다.

3) 피동 기능 핵 '给'와 '被' 비교

첫째, 통사 위계

'给'와 '被' 통사적 위치를 확인하기 위해, 몇몇 기능 핵을 함께 그려 그들 사이의

계층적 위계를 살펴보자.[87]

(55) '给'와 '被' 통사적 위계

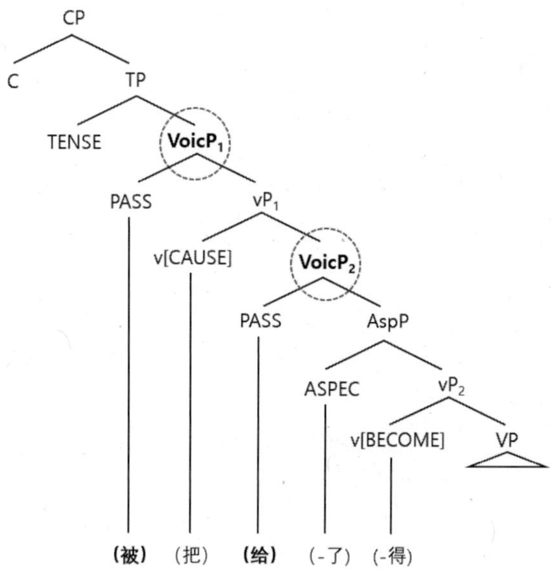

현대중국어 피동범주를 나타내는 주요한 두 핵 '被'와 '给'의 위계와 특징에 대해 알아보자. 둘은 모두 피동범주이나 그 특징이 다르다. 특히 각각의 보충어, 즉 확장 대상이 다르다. 위의 수형도에서 각각의 보충어, 즉 확장의 대상을 확인해보자.

둘째, 확장의 대상

'给'의 확장 대상은 변화결과 사건의미구(BecP)**가 확장된 상조사구**(AspP)이다. 그러나 **'被'의 확장 대상은 사동 사건의미구**(CauP)이다. 다음 예를 보자.

(56) a. 张三$_j$被李四把他$_j$打了一顿。

b. 张三$_j$被李四打了他$_j$一顿。

c. 张三$_j$被李四打了t_j一顿。

장싼은 리쓰에게 한 대 맞았다.

---

87 어떤 기능범주의 통사적 위치는 주변에 배열되는 기타 기능범주의 어음실현을 통해 추측할 수 있다. 중국어에서 어음실현이 가능한 기능 범주로 '-得, -了, 给, 把, 被' 등이 있다.

위 a-c의 구조는 수동태구로 서로 같다. 모두 **피동핵(PASS)의 요구**를 만족시키기 위해 **'张三'을 문두에 배치하고**, 상조사구의 지정어 자리(AspP-Spec)에 **회생대명사(Resumptive pronoun, 接应代词/复指代词)** '他'를 썼다. a-b는 '他'로 '张三'에 대해 교체했고, c는 삭제를 택하였다. 다음 수형도를 보자.

(57) '张三被李四把他打了一顿'의 도출도

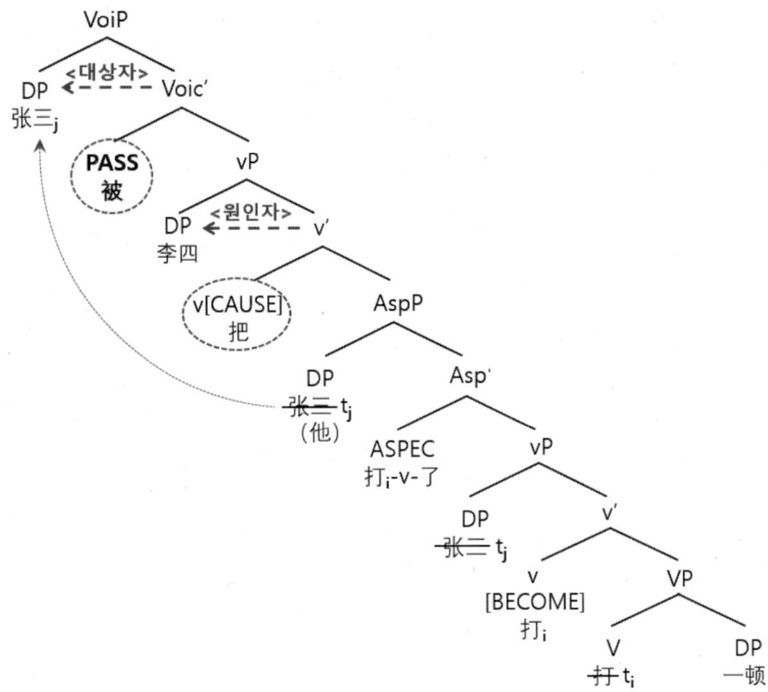

전통문법에서는 일반적으로 '被'는 전치사(介词)로 보며, 행위자(施动者, Agent)를 끌어들인다고 설명된다. 그러나 수형도에서 보듯, **'被'가 확장한 것은 사동구(CausP)**이며, 자신의 지정어(VoiP-Spec) 위치의 논항 '张三'에게는 피동의 **〈대상자〉 의미역**을 준다. 한편, 이미 하위의 도출 과정에서는 사동범주 기능어 v[CAUSE] '把'가 외부논항인 '李四'에게 **〈원인자(Causer)〉**를, 내부논항인 '他(张三)'에게는 〈대상자(Theme)〉 의미역을 주어 참여자(参与者)로 끌어들인다.

결국, '被'에 대한 최종 정리가 필요해졌다. '被'는 전통문법에서 말하듯 '후속하는 〈행위자〉를 끌어들이는' 전치사가 아니라, 자신의 앞, 즉 지정어 위치로 피동 〈대상자〉를 끌어들이고, 성분통어하는 하위 구에 대해 피동의 의미를 부여하는 **태조사의 하나**라 하겠다.

7. 양태사구(ModP)

7.1. 양태 기능범주

1) 양태 기능범주의 이해

양태(Modality)란 양태사를 사용하여 문장이 표현하는 사태(Eventuality)의 진리치(Truth Value)에 대해 표출된 주어 혹은 화자의 주관적 관점이자, 또 그러한 언어적 표현법이다.[88] 양태사구에 대해 정의해 보자.

(1) a. 양태사구(ModP)는 **기능범주 사인 양태사(Modals)를 핵**으로 하여 최대 투사된 구이다.
  b. 양태사의 핵은 일반적으로 조동사에 의해 표시되며, **양태(Modality)**를 표시한다.

중국어의 양태사를 표로 보이면 다음과 같다.

88 양태를 나타내는 주요 요소는 양태사이며, 영어에서는 주로 조동사(Auxiliary: 'be, have, do'이외의 may/might, can/could, must, shall/should, will/would)에 의해 표현된다. Victoria Fromkin외 저(1974, 제9판), 谢富惠외 역(2011[1999]: 118-119, 790) 참조.

(2) 양태사의 분류와 예

	의미	예
양태사	가능성	能, 会, 能够, 可能
	능력이나 기능	能, 能够, 会, -得/-不
	당위성	应该, 应当, 该, 要
	필요성	必需, 得(dei)
	주관적인 희망	想, 要, 愿意, 肯
	금지 및 기타	别, 敢

2) 양태사구의 통사 위치

이제 수형도를 통해 양태사의 도출 위치를 보자.

(3) 양태사구의 통사 위치

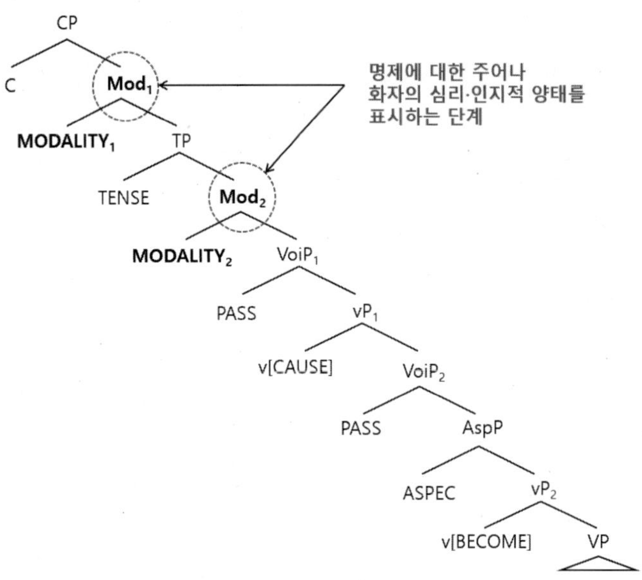

수형도에서 보이듯 중국어의 양태사구(ModP)의 통사적 위치는 두 군데이다. 즉, $ModP_1$의 위치는 시제사구(TP)의 위이고, $ModP_2$의 위치는 시제사구(TP)의 아래이다.

蔡维天(2015 : 257)은 Rizzi(1997)의 **제도이론**(Cartography theory)[89]에 근거하여 구의 구조를 보문사층위, 굴절층위, 어휘층위로 삼분한다. 이중에서 양태사(/조동사)가 위치할 수 있는 위치를 두 군데로 설정한다. 이는 통사부에서 도출되는 양태사구의 위치 파악에 매우 유익한 견해이다.[90] 다음 수형도를 보자.

(4) 인지 조동사와 의무 조동사의 통사 위치

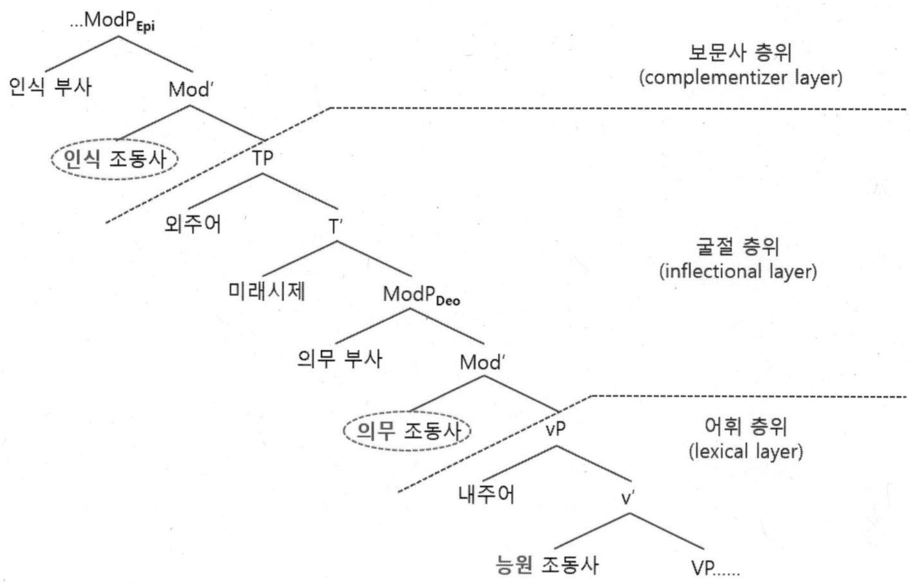

수형도에서 보듯, **[+ 인식**(epistemic)**] 양태**를 나타내는 조동사는 **보문사구 층위**(complementizer layer)에서 도출되며, **[+ 의무**(deontic)**] 양태**를 나타내는 조동사는 **굴절 층위**(inflectional layer)에서 도출된다. 이 원칙은 하나의 동일한 양태조동사에서도 공통적으로 적용된다. 즉, 해당 양태사가 구의 어느 계층에서 도출되느냐에 따라 서로 다른 의미와 기능을 보인다. 양태조동사의 구체적인 쓰임에 대해 알아보자.

---

89 제도이론에 대해서는 본서 4장의 3.2.4를 참조하라.

90 경동사구, 피동표시 태조사구, 양태사구 등에 있어 같은 문법범주를 표시하는 **기능어의 위치가 두 군데, 혹은 복수**인 것은 재미있는 현상이다.

7.2. 양태 조동사

현대중국어에서 상용되는 몇몇 양태 조동사의 양태성에 대해 살펴보자.

1) '要'

양태 조동사 '要'가 보이는 양태 차이에 주의해 다음 예를 보자.

(5) a. 张三**要**这本书。
장싼은 이 책을 원한다. [능원동사]
b. 张三**要**买这本书。
장싼은 이 책을 사려고 한다. [능원 조동사]
c. 犯人每晚九点**要**上床睡觉。
범인들은 매일 저녁 9시에 침대로 가서 잠을 자야 한다. [의무 조동사]
d. 人每天**要**喝水。
사람은 매일 물을 마셔야 한다. [필요 표시 조동사]
e. 天**要**下雨了。
날이 곧 어두워지려 한다. [가까운 장래 표시 조동사]

a의 '要'는 동사로 '요구함'을 의미하며, b-d는 '요구함/원함', '의무/필요성'등의 [+ 의무] 양태이며, e는 아직 '실현'되지 않은 사태에 대한 화자의 [+ 인식] 양태이다. 즉 a-e의 양태의미는 '구체→추상'의 특징을 보이며, 이는 수형도(4)에서 보인 것과 같은 계층적인 차이로 나타난다.[91]

2) '能'

양태 조동사 '能'이 보이는 양태의 차이에 주의하여, 다음 예를 보자.

91 蔡维天(2015 : 236)은 한 개의 동일한 양태사가 나타내는 이상과 같은 의미차이를 **"양태 스팩트럼(modality spectrum, 模态光谱) 현상"**이라고 설명한다. 즉, 중국어에서 양태사가 통사적 계층 차이에 의해 일종의 스펙트럼처럼 연속된 의미차이를 보인다는 것이다.

(6) a. 张三很<u>能</u>吃辣。 [능력 표시 조동사]
장싼은 매운 것을 잘 먹는다.
b. 张三下个月就<u>能</u>出狱了。 [허가 표시 조동사]
장싼은 다음 달에 출옥할 수 있을 것이다.
c. 张三脚刚好, 明天<u>能</u>上山。 [충분함 표시 조동사]
장싼은 다리가 마침 좋아져서, 내일은 등산할 수 있을 것이다.
d. 台风刚走, 明天<u>能</u>上山了。 [가능성에 대한 추측 표시 조동사]
태풍이 마침 지나갔으니, 내일은 등산할 수 있을 것이다.

(6)a-d를 통해서 양태조동사 '能'이 보이는 계층에 따른 의미의 차이를 관찰할 수 있다. 즉, a-b는 주어와 관련된 '능력이나 허가'인 반면, c-d는 '화자의 판단이나 인식'이 반영된 양태이다. 이 역시 '구체→추상(/인지)'의 특징을 보이며, 역시 수형도 (4)에서 보인 것과 같은 계층적인 차이를 보인다.

3) '会'

양태 조동사 '会'가 보이는 양태 차이에 주의해 다음 예를 보자.

(7) a. 张三<u>会</u>法语。 [능력 표시 동사]
장싼은 불어를 한다.
b. 张三<u>会</u>说法语。 [능력 표시 조동사]
장싼은 불어를 말할 줄 안다.
c. 张三常常<u>会</u>说法语。 [습관 표시 조동사]
장싼은 자주 불어를 말하곤 한다.
d. 水<u>会</u>往低处流。 [물건의 습성 표시 조동사]
물은 낮은 곳으로 흐른다.
e. 明天<u>会</u>下雨。 [미래 추측 표시 조동사]
내일은 비가 올 것이다.

a-e를 통해서 양태조동사 '会'가 보이는 계층에 따른 양태의미의 차이를 관찰할 수 있다. a-b는 '주어와 관련된 능력'인 반면, d-e는 '화자의 인식'이 반영된 비교적

추상적인 의미의 양태이다. 이 역시 '구체→추상(/인지)'의 특징을 보이며, 이 역시 수형도(4)에서 보인 것과 같은 계층적인 차이를 보인다.

4) -得-/-不-

중국어에서 가능성 양태범주를 나타내는 방식은 두 가지이다. 그 하나는 이미 살펴본 바대로 동사의 앞부분에 조동사(助动词) '能, 会, 可以' 등을 넣는 것이며, 그 부정 형식은 이러한 조동사 앞에 '不'를 넣는 것이다. 다음 예를 보자.

(8) a. 能拿 ↔ 不能拿
가질 수 있다 가질 수 없다
b. 能拿出去 ↔ 不能拿出去
가지고 나갈 수 있다 가지고 나갈 수 없다

양태 가능범주를 나타내는 또 하나의 방식은 **동보구조의 중간에** '-得-'**나** '-不-'**를 넣는 형식**이다.

(9) a. 对得起 ↔ 对不起
대할 수 있다 대할 수 없다(/미안하다)
b. 拿得去 ↔ 拿不去
가지고 나갈 수 있다 가지고 나갈 수 없다

'-得-/-不-'**는 부착성(附着性)이 강한 가능/불가능 표시 양태사(Mod) 핵**이다. 따라서 동사의 **핵 이동을 유발**한다. 이때 피동핵 '被', 사역 경동사 핵 CAUSE의 핵 '把'를 포함한 기타 경동사 핵이 모두 비명시적이면 어떤 일이 일어나는가? **어휘범주사인 동사**는 층층이 **핵이동**하여 최종적으로 '-得-/-不-'**의 위치까지 핵이동**을 한다. 다음 수형도를 보자.

(10) '-得-/-不-'의 동사 핵 유발 과정

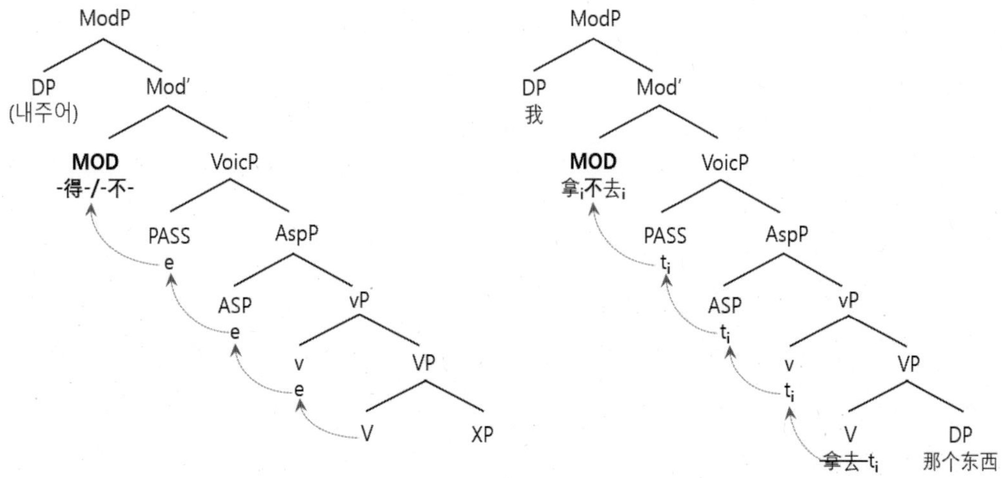

동핵구조 '拿去'는 이론상 –v[DO] 경동사, 상조사(Asp), 능동의 태조사(Voi)를 거쳐 가능/불가능의 양태를 표시하는 '-得-/-不-' 위치까지 핵 이동된다. 이는 결국 이 접사적 성격의 양태사 '-得-/-不-'가 동사 핵을 유인하여 도출한 것이다. 이렇게 도출된 양태사구는 계층적으로 상당히 높은 위치이다. 따라서 이 위에 사동의 경동사나 피동의 태조사가 다시 오게 되면 비문이 된다. 다음 熊仲儒(2013)의 예를 보자.

(11) a. 他能把那个箱子洗干净。
그는 그 상자를 깨끗하게 씻을 수 있다.
b. * 他把那个箱子洗得干净。

(12) a. 那个椅子能被他弄破。
그 의자는 그에 의해 부서질 수 있다.
b. * 那个椅子被他弄得破。

(11)b나 (12)b는 성립하지 않는다. 그 이유는 양태사구는 그 통사적 위계가 높아서 사동의 경동사 기능핵 '把'나 피동의 태조사 핵 '被'에 의해 확장되지 않기 때문이다.

7.3. 의무양태와 인식양태

양태의 분류는 다소 복잡하다. 우선 **의무**(Deontic) **양태**와 **인식**(Epistemic) **양태**를 중심으로 각각의 통사·의미적 특징에 대해 생각해보자.

1) 의무양태

먼저 양태사구의 도출 위치 차원에서 蔡维天(2015 : 257)의 수형도를 다시 보자.

(13) 양태사구의 두 도출 위치

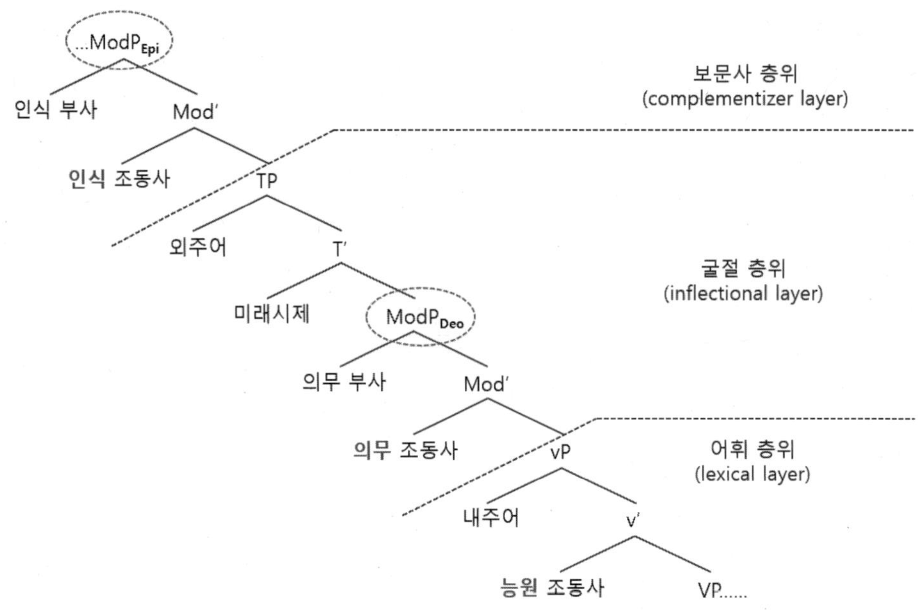

수형도에서 보듯, **[+ 인식] 양태**는 **보문사구 층위**(complementizer layer)**에서 도출**되며, **[+ 의무] 양태**는 **굴절 층위**(inflectional layer)**에서 도출**된다. 양자의 위계차이가 명확하다. 이점에 착안하여 김종호(2018)는 현대중국어에서 자주 보이는 양태 표시어 '很能'**이 이 두 위치에 모두 올 수 있다고 상정하고 그 두 통사 위치와 그에 따른 양자 간의 양태기능 차이와 어휘화의 가능성 문제**를 논하였다.

먼저 '很能'**이 의무양태를 표시하는 경우**의 예를 보자.

(14) a. 我**很能**忍。
나는 잘 참을 수 있다.
b. 我们也**很能**喝。
우리도 역시 잘 마실 수 있다。
c. 我**很能**赶潮流。
나는 유행을 잘 따를 수 있다.
d. 我**很能**喝啤酒。
나는 맥주를 잘 마실 수 있다.

위 예에서 '很能'은 **〈행위자(agent)〉 주어가 가지는 일종의 '능력'**에 대해 표시한다. 따라서 '很'과 '能' 두 성분은 시제사구(TP)의 아래에 위치하며, 각각의 어휘의미는 비교적 실재적이다. (14)c를 예로 하여 그 도출 과정을 살펴보자.

(15) '我**很能**赶潮流'의 도출

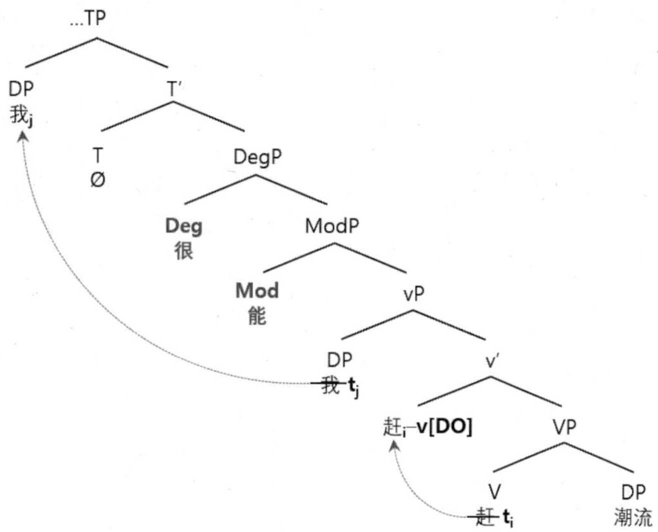

위의 수형도에서 보듯, 동사 핵 '赶'은 '潮流'를 보충어로 병합하여 동사구로 투사되고, 이에 대해 경동사(v)는 활동[DO]의 사건의미를 부여하며 병합하고, 자신의 지

정어 위치에 〈행위자〉를 배치함으로써 경동사구로 투사된다. 이 경동사구에 대해 양태사 핵 '能'은 [의무] 양태의 일종인 '능력'의 양태의미를 부여하며 **양태사구(ModP)** 로 투사한다. 따라서 '能'은 주어 '我'가 유행을 좇는 능력이 있음'을 나타낸다. 한편, 상위에 위치하는 정도 표시 핵 '很'은 양태사구를 성분통어(C-command)함으로써, 이에 대해 이 정도(degree) 의미를 부여하며 정도사구(DegP)로 투사된다. 이 구에 대해 시제사(TENSE) 핵이 개입되어 시제의미를 부여하고, 확대투사자질(EPP)점검을 위한 이동을 통해 '我'로써 자신의 지정어(TP-Spec) 위치를 채우고, 해당 논항에게 주격을 부여함으로써 시제사구(TP)로 투사된다. 이 도출에서 '很'과 '能'은 어순으로는 '很能'으로 연속하여 표현되지만 인식양태를 표시할 때의 그것보다 '가능'의 의미가 명확하고 각각 독립적이다. 이 경우의 '很'과 '能'을 蔡维天(2015)의 제도(Cartography)에 적용시키면 다음과 같겠다.

(16) 의무 양태어 '很能'의 도출 위치

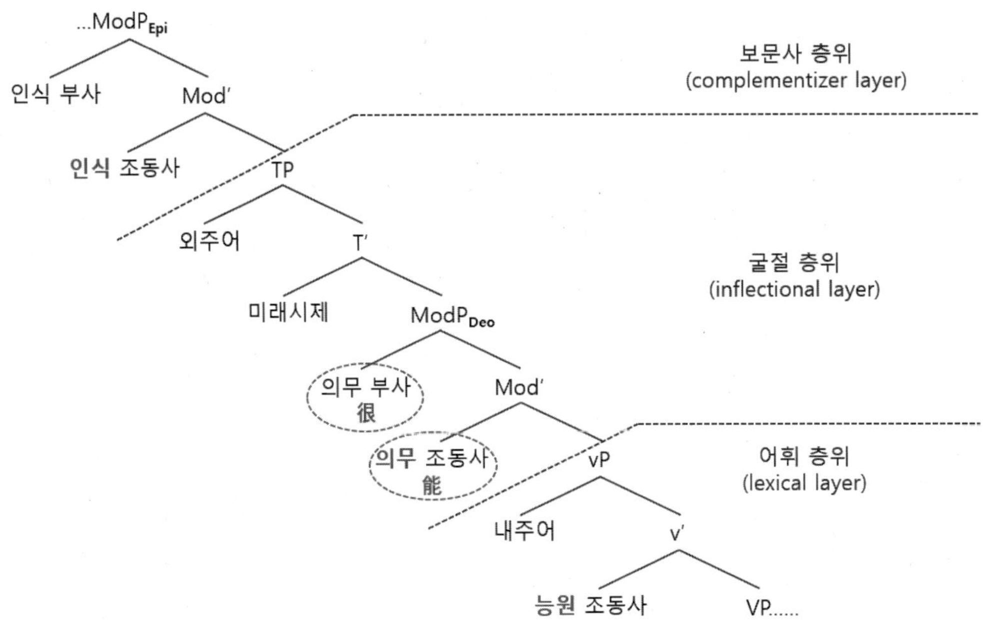

위에서 보듯, [의무] 양태와 관련되는 '很'과 '能'은 모두 TP의 아래 vP의 위에서 도출된다. 이는 바로 소위 '굴절층(TP/IP)'이다. 여기에서 도출되는 '很'과 '能'은 각

각 부사(/정도사) 와 **의무 조동사**로 독립적이며 그 어휘의미도 상대적으로 실하다 하겠다.92

2) 인식양태

이어서 인식양태를 표시하는 경우의 '很能'에 대해 생각해보자. 수형도 (13), (16)에서 보듯, [+ 인식] 양태는 보문사구 층위에서 도출된다.

김종호(2018)는 인식양태를 표시하는 '很能'은 명제에 대한 **화자(speaker-oriented)의 인식이나 판단**을 나타낼 수 있음을 말한다. 아울러 이런 '很能'은 명제의 사건의미 유형에 따라 '**활동[DO] 사건에 대한 화자의 판단이나 인식**'을 나타내는 경우와 '**사동[CAUSE-BECOME]에 대한 화자의 판단이나 인식**'을 나타내는 경우로 나눈다.

첫째, '활동[DO] 사건의미에 대한 화자의 판단이나 인식'을 나타내는 경우

다음 예를 보자.

(17) a. 对比的方式**很能**说明问题。
대비의 방식**으로는** (우리가) 문제를 **잘** 설명할 수 있다.
b. 电视游戏节目是**很能**赚钱的。
텔레비전 놀이 프로그램**으로는** (우리가) 돈을 **잘** 벌 수 있다.
c. 这段话**很能**再现钱钟书的风貌。
이 말**로는** (우리가) 钱钟书의 사람 됨됨이를 **잘** 재현할 수 있다.
d. 这些市场行为**很能**证明中餐业存在问题。
이런 시장행위들**로는** (우리가) 중국요식업에 존재하는 문제를 **잘** 증명할 수 있다.

이런 유의 양태 표시어 '很能'은 **활동[DO] 명제에 대해** 화자의 인식과 판단을 표시하지만, 문두 위치에 오는 논항의 의미역(theta-role)은 〈행위자(agent, 施事)〉가 아

92 따라서 이때의 '很能'과 [인식] 양태를 표시하는 '很能'을 비교하자면, 상대적으로 양자 간에는 차이가 있겠다. 즉, 그 내부구조 차원에서 **전자는 구**(Phrase)이고, 후자는 하나의 어휘(lexicon)이거나 **어휘화**(lexicalization) **과정**에 있다고 본다.

니다. 즉, (17)a-d에서 보듯, 문두 위치에 오는 **논항의 의미역은 〈방식(manner)〉이나 〈도구(instrument)〉**이다. 그러므로 이들은 주어가 아니다. (17)a를 예로 수형도를 그려 이 구조의 도출 과정을 보자.

(18) '对比的方式很能说明问题'의 도출

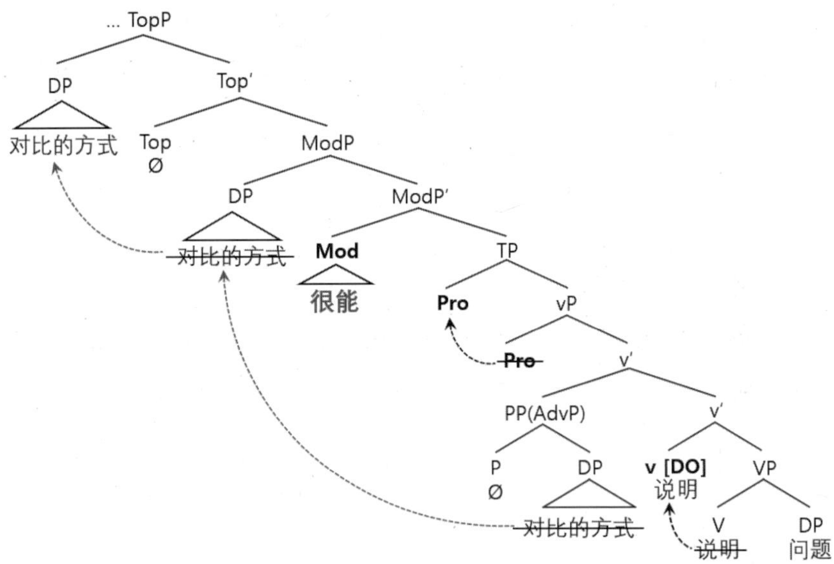

수형도에서 보듯, '很能'은 양태사 핵으로 기능하며 **시제사구(TP)의 위에 위치**하여 [+ 인식]의 양태를 표시한다. 또 자신의 지정어(ModP-Spec) 위치로 경동사구(vP) 내부에 있던 '对比的方式'를 당기어 양태사구(ModP)로 투사되고, 최종적으로 **화제사구(TopP)로 투사**된다.

다시 '对比的方式'가 주어인지의 문제로 돌아가 보자. 먼저 그것의 원래 위치를 찾아보자. 이는 원래 동사구(VP)를 수식하는 부사어로서 전치사구(PP)[93]에 속한 한정사구(DP)이다. 이처럼 깊숙한 곳에 부가되어 있던 요소가 주격을 받기는 매우 어렵다. 반면 생성문법이 말하는 주어 위치(TP-Spec)를 보자. 이곳에는 '(用)对比的方式

93 이 전치사구의 핵은 [USE]의 의미를 나타내는 '用/以/拿'등일 것이다. 이런 의미에서 蔡维天(2015)은 이들을 **"内轻动词(inner light verb)"**라고도 하는데, 여기서는 독자들의 이해 편의를 위해 일단 전치사로 처리한다.

说明问题'를 성분통어할 수 있는 행위자 주어가 와야 적절하다. 그런데 행위자 주어는 문맥상 뻔히 아는 대상일 것이므로 경제성의 원칙에 의해 음성적으로 실현되지 않았기에 비명시적인, 즉 **영대명사(pro)**가 사용된다.[94] 이상의 과정을 통해 도출된 시제사구(TP)의 의미는 '주어(pro)는 대비의 방식으로 문제를 설명한다'이다. 결국, '很能'은 양태사(modal) 핵이 되어 이 시제사구에 대해 화자의 인식을 표시한다. 또, 자신의 지정어 위치에는 〈방식〉이나 〈도구〉의 의미역을 가지는 논항을 자신이 성분통어하는 위치에서 당기어 배열함으로써 양태사구(ModP)를 도출한다. 여기서 주어는 문두에 보이는 '对比的方式'이 아니다. 시제사(TENSE) 핵으로부터 주격을 받아 주어로서 기능하는 **'pro'가 주어**이다. 이런 까닭에 '对比的方式'은 중국어의 특성상 아예 화제로 확대 투사된 것이다. 따라서 위의 (17)a-d의 각 한국어 해석에서 보이듯, **화제 보조사**를 사용한 '화제-(으)로-는'이 가능하다.

둘째, 양태 표시어 '很能'이 '사동[CAUSE-BECOME]사건 구조에 대한 화자의 판단이나 인식'을 나타내는 경우

다음 예를 보자.

(19) a. 其中一些话**很能**产生共鸣。
그중 몇몇 말들은(말이지) 꽤나 공명을 불러일으켰다.
b. 这个瀑布不高, 但是周围环境, **很能**出照片。
이 폭포는 높지는 않지만, 주위 환경은(말이지) 꽤나 사진이 잘 나오게 한다.
c. 酒**很能**使人心情变得暖和起来。
술은(말이지) 꽤나 사람의 마음이 따뜻해지게 한다.
d. 这种浓密的空气把大量氧气带进肺部, **很能**使人振作起来。
이런 진한 공기는(말이지) 대량의 산소가 폐로 들어오게 함으로써, 꽤나 사람들로 하여금 기운이 나게 한다.

---

94 여기서 **영대명사(pro)**는 음성적으로는 실체가 없지만 문법적으로는 주어 역할을 한다. 이는 대화자 쌍방이 모두 아는 대상을 지칭함으로써 경제성 추구 차원에서 생략된 것이다. 본서의 한역에서는 '우리'로 하였다.

(19)a-b는 '사역[CAUSE]'을 표시하는 **경동사가 비명시적인(covert) 경우**이고, (19)c-d는 **경동사가 명시적인(overt) 경우**이다. 그러나 두 경우 모두 '〈원인자(causer)〉가 …에게 ----하도록 하다'라는 사동사건를 나타낸다. 예(19)a "其中一些话很能产生共鸣"를 예로 그 도출 과정을 보자.

(20) '其中一些话很能产生共鸣'의 도출

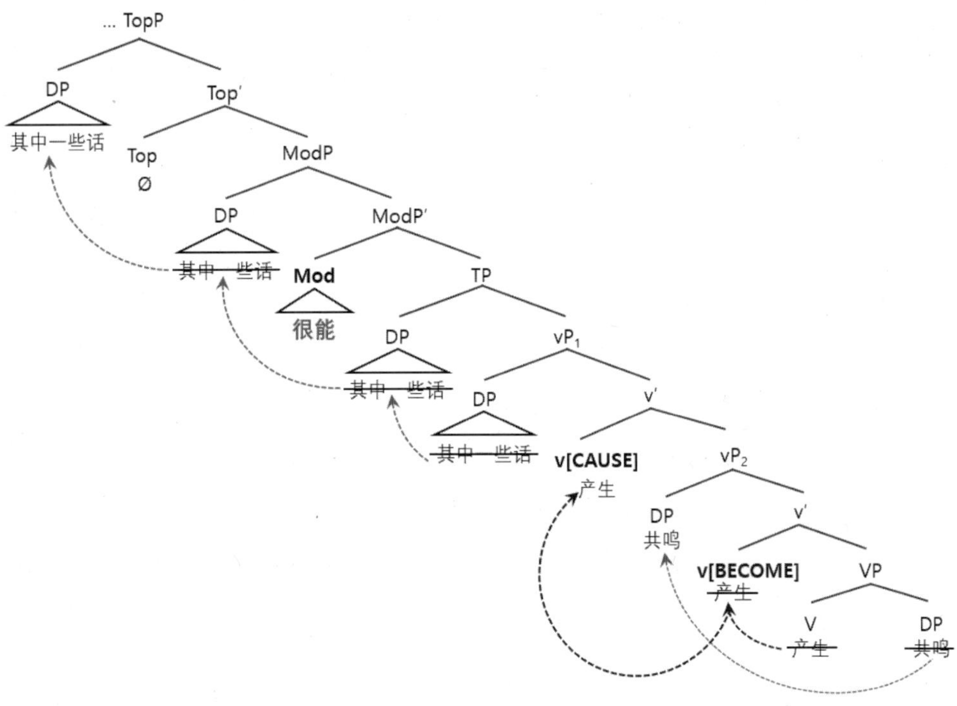

전체 문장은 두 개의 사건의미로 구성된다. 그 하나는 수형도에서 'vP_1'으로 '**其中一些话〈원인자(causer, 致事)〉가 어떤 일을 불러일으켰다**'이고, 다른 하나는 수형도에서 'vP_2'로 '**共鸣〈대상자(theme, 客事)〉으로 하여금 产生(동작/행위/상태) 하/되게 하다**'이다. 이 두 사건구조에 대하여 화자(speaker)는 양태사 '很能'을 사용하여 '매우/꽤나 그렇다'는 **인식이나 판단의 양태**를 부여한다. 또, 이 구조체는 더 확대투사되어 화제사구(TopP)까지 투사된다. 그 결과 〈원인자〉 의미역을 나타내는 논항은 화제(어)로 투사된다. 따라서 한국어 해석에서 보듯, 문두의 〈원인자〉 의미역을 나타내는 논항 뒤에 화제임을 알리는 보조사 '**-은/는**' 및 '말이지'등을 부가하는 것이 자연스럽다.

또, (19)c를 예로 사역의미의 경동사 'CAUSE'가 **명시적인**(overt) **경우**의 도출 과정을 보자.

(21) '酒很能使人心情变得暖和起来'의 도출

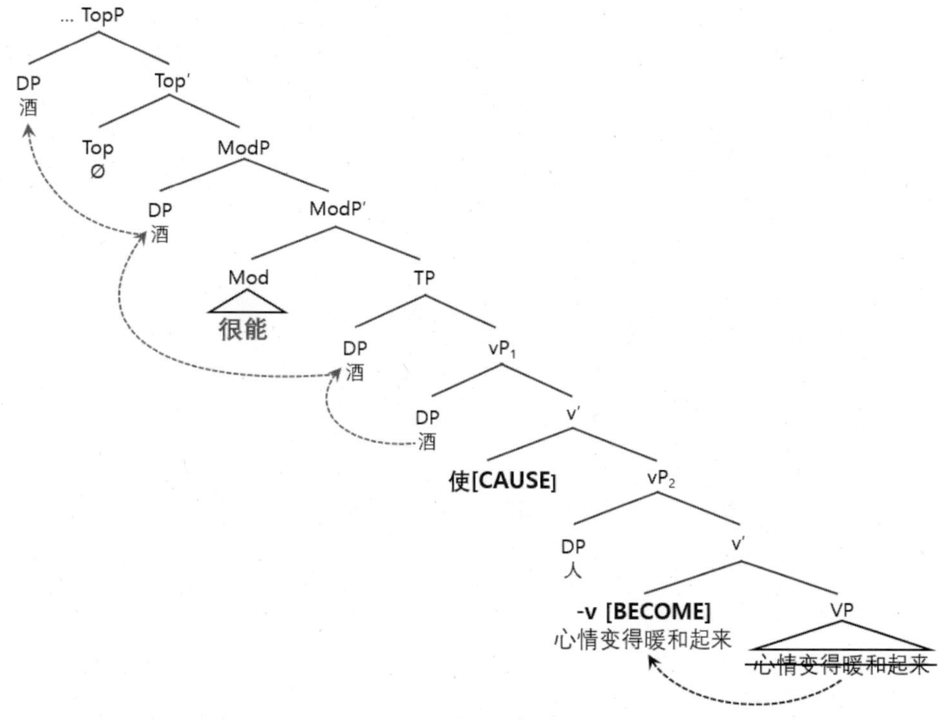

수형도에서 보듯, 전체 문장은 역시 두 개의 사건의미로 구성된다. 그 하나는 수형도에서 'vP$_1$'으로 '酒〈원인자〉가 어떤 일을 불러일으켰다(CAUSE)'이고, 다른 하나는 수형도에서 'vP$_2$'로 **人〈경험자**(experiencer, 当事/历事)**〉으로 하여금** 心情变得暖和起来**(상태)가 되게 하다**(BECOME)이다. 이렇게 연계된 두 사건구조에 대하여 화자는 양태사 '很能'을 사용하여 '매우/꽤나 그렇다'는 **인식의 양태를 표시**한다. 이 구는 **화제사구**(TopP)**까지 투사**될 수 있다.

이상의 내용에 근거하여 '很能'을 蔡维天(2015)의 제도에 적용시키면 다음과 같이 나타낼 수 있겠다.

(22) 인식 양태어 '很能'의 도출 위치

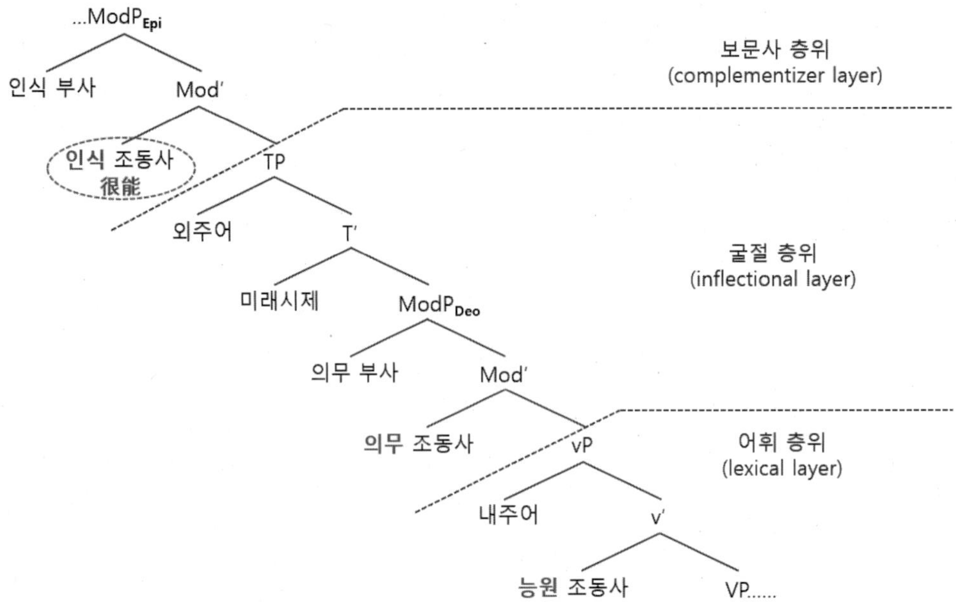

위에서 보듯, **[+ 인식] 양태와 관련되는 '很能'은 좌연구조, 즉 TP의 위에서 도출**된다. 이는 바로 문장의 타입이나 기능을 나타내는 보문사가 중심이 되는 층위(complementizer layer)이다. 여기에서 도출되는 '很能'은 각각 분리되어 '정도'나 '가능'의 어휘적 의미를 드러내기 보다 하나의 단어로 결합되어 화자의 인식양태를 표시하는 것 같다. 이는 '很'과 '能'이 분리되어 **[+ 의무]와 [+정도]를 표시는 경우와 비교**된다. 따라서 인식양태를 나타내는 '很能'은 그 도출 위치나 양태표시 기능차원에서 상당한 정도 **어휘화**한 경우라고 유추할 수 있겠다.

이상에서 살펴본 바, 중국어에서 같은 양태범주일지라도 그 도출 위치는 여러 개일 수 있다. 蔡维天(2015:236)은 이런 양상을 '**양태 스팩트럼**(modality spectrum, **模态光谱**)' 현상이라는 말로 설명한다. 이 말은 양태가 중국어 통사구조 중에서 마치 스팩트럼처럼 계층적으로 다양하게 출현할 수 있다는 의미이다. 양태사 '能'을 예로 든 그의 설명을 보자.

(23) a. 小D很能吃辣。 [능력 표시 조동사]
小D는 매운 것을 잘 먹는다.
b. 小D下个月就能出狱了。 [허가 표시 조동사]
小D는 다음 달 출옥할 수 있을 것이다.
c. 小D脚刚好, 明天能上山。 [충분함 표시 조동사]
小D는 다리가 마침 나아서 내일 등산할 수 있을 것이다.
d. 台风刚走, 明天能上山了。 [가능성 표시 조동사]
태풍이 마침 지나가서 내일은 등산할 수 있을 것이다.

그에 따르면, '能'의 어휘의미는 실제적인 데서 허한 곳으로, 그 분포는 낮은 데서 높은 곳으로 나타남으로써 마치 "스팩트럼" 같다는 것이며, 이는 문법화가 불러온 결과라는 것이다. 이러한 양상은 통사계층의 차이에 따라 **'能'이 어휘범주(lexical categories)에서 기능범주(functional categories)로 변화됨**을 의미한다. 즉, a처럼 '능력'을 나타내는 단계에서, b-c처럼 '습성이나 경향'을 나타내는 중간단계를 거쳐, d처럼 시간적 속성인 '미연성(未然性)'을 나타내게 된다는 것이다. 가장 추상적인 단계인 '미연성'에 대한 표현은 일종의 [+ 인식] 양태이며, 이는 소위 **'좌연구조(left periphery, 左缘结构)'**에 나타나게 된다.

이상을 종합하면 소위 능원 동사가 양태사로 투사되는 계층은 다음과 같이 표현할 수 있다.

(24) 능원 동사 → 능원 조동사(能愿助动词) → 의무 조동사(义务助动词) → 인식 조동사(知识助动词)

8. 시제사구(TP)

8.1. 시제 기능범주

1) 정의와 핵 분류

시제사구는 '시제사(T)'가 핵이 되어 경동사구(vP) 이상의 보충어로 취하여 최대투사하는 구이다. 시제사구를 정의해 보자.

(1) a. 시제사구(TP)는 **기능범주 사인 시제사(Tense)가 핵**이 되어 최대투사하는 구이다.
b. 시제사 핵은 **지정어 위치의 논항에게 주격(Nominative)**을 부여한다.
c. 시제사 핵은 사건구조에 시제의미를 부여함으로써 **사건을 현실과 연계**시킨다.

중국어의 시제사를 부류해 보자.

(2) 시제사의 분류와 예

분류		예	
		기능범주 사	어휘범주 사
비명시적인 시제사	과거	∅	각종 시간사
	현재	∅	각종 시간사
	미래	∅	각종 시간사

중국어의 시제는 영어처럼 굴절적 변화를 가지는 **BE동사나 조동사**(Auxiliary)에 의해 나타나는 것이 아니다. 위의 표에서 보듯, **중국어에서는 시제사가 비명시적**이다. 이에 혹자는 중국어는 시제가 없다고 말하기도 한다.[95] 그러나 어떤 언어든 '시제'를 떠나서는 사건구조에 대해 현실(과거, 현재, 미래)과 연계된 의미를 부여할 수

없다. 보편문법의 관점에서 볼 때 중국어도 시제는 응당 존재할 것이다. 따라서 '중국어는 시제가 없다.'라고 말하는 것보다 '**중국어는 시제사가 비명시적이다.**'라고 말하는 것이 적절하다. 다만 중국어의 시제는 주로 언어환경이나 **어휘범주 사인 시간명사나 시간부사**등에 의해 표현되는 특징이 있다 하겠다.[96]

2) 시제 기능범주의 통사 위치

먼저 통사부에서 시제사구(TP)가 도출되는 위치를 찾아보자.

95 梅广(2013)은 중국어는 약 시제언어(weakly tensed language)이므로, 어기표지(mood marker)가 가지는 중요성이 시제(tense)나 상표지(aspect marker)보다 중요함을 강조한다. 그는 **실현(realis)과 비실현(irrealis)의 대립이 기능 층위(functional layer)의 중심**이라고 보았다.

96 김종호(2011)는 전통문법적 관점에서 시제를 절대시제(시간명사에 의한 시제)와 상대시제(시간부사어에 의한 시제)로 분류한 바 있다.

<table>
<tr><th colspan="5">시제의 분류와 표현 요소</th><th>예문</th></tr>
<tr><td rowspan="2">현재 시제</td><td>절대</td><td colspan="2">시간명사</td><td>现在, 目前, 如今, 眼前, 今天</td><td>ⓐ 我现在去北京。</td></tr>
<tr><td>상대</td><td colspan="2">시간부사</td><td>正, 正在, 在</td><td>ⓑ 他正在看着书。</td></tr>
<tr><td rowspan="3">미래 시제</td><td>절대</td><td colspan="2">시간명사</td><td>将来, 明天, 明年, 下星期</td><td>ⓒ 我明天去北京。</td></tr>
<tr><td rowspan="2">상대</td><td colspan="2">시간부사</td><td>将, 就要, 快要, 马上, 立刻</td><td>ⓓ 春节快要到了。</td></tr>
<tr><td colspan="2">"V_2"는 "V_1"에 비해 상대 미래</td><td>연동구문</td><td>ⓔ 他上书店买书。</td></tr>
<tr><td rowspan="8">과거 시제</td><td>절대</td><td colspan="2">시간명사</td><td>过去, 去年, 刚才, 上星期</td><td>ⓕ 我过去去过那个地方。</td></tr>
<tr><td rowspan="7">상대</td><td colspan="2">시간부사</td><td>已, 已经, 曾经, 早就, 早已</td><td>ⓖ 他已经离开了家。</td></tr>
<tr><td rowspan="6">"V_1"은 "V_2"에 비해 상대 과거</td><td>동태조사 无</td><td>연동구문</td><td>ⓗ 他主张找她谈谈。</td></tr>
<tr><td rowspan="5">동태조사 有</td><td>V_1着 + V_2 식</td><td>ⓘ 你躺着看书对眼睛不好。</td></tr>
<tr><td>V_1了 + V_2了 식</td><td>ⓙ 他吃了晚饭进了自己的屋。</td></tr>
<tr><td>V_1了 + V_2着 식</td><td>ⓚ 他吃了晚饭坐着, 一句话也不说。</td></tr>
<tr><td>V_1过 + V_2了 식</td><td>ⓛ 他吃过晚饭去了一趟朋友家。</td></tr>
<tr><td>V_1过 + V_2过 식</td><td>ⓜ 他吃过晚饭去过一趟朋友家。</td></tr>
</table>

위의 표에서 보는 바와 같이 중국어의 어휘범주나 문장구조 등에 의한 시제 표현법도 정밀하고 다양하다. 다만 영어처럼 기능범주에 의한 **형태변화**를 수반하지 않는다는 특징이 있다 하겠다.

(3) 시제사구의 통사 위치

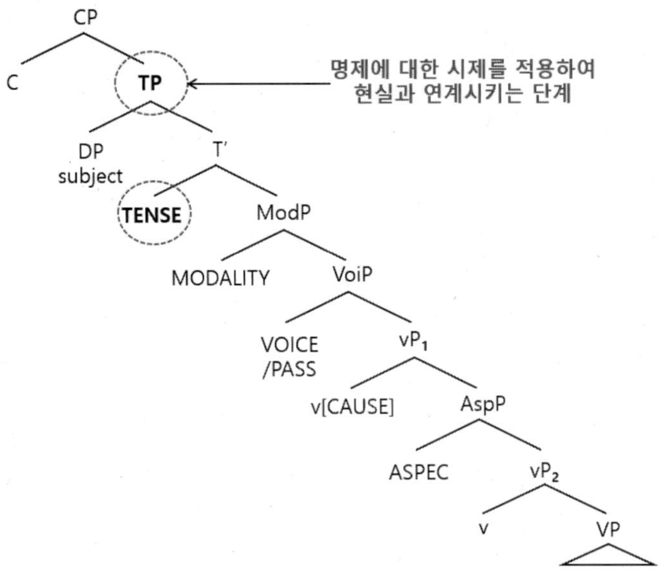

시제사구(TP)는 계층적으로 경동사구(vP)를 확장한 양태사구(ModP)의 위, 보문사구(CP)의 아래에 위치한다. 따라서 **시제사구**는 이미 사건의미, 양태의미, 시제의미등을 가지는 거의 완전한 의미를 가지는 구(Phrase) 구조체이다.

3) 기본구조의 도출

시제사구는 시제사가 핵이 되어 문장의 명제가 되는 보충어, 즉 경동사구(vP)와 병합하여 주어성분을 투사시켜 주격을 부여함으로써 도출된다.[97] 다음 수형도를 보자.

---

97 물론 경동사구 외에 상조사구, 태조사구, 양태사구 등이 오지만, 이들은 명제를 꾸며주는 악세서리라고 볼 수 있다. 따라서 빠져서는 안 되는 요소인 경동사구를 보충어의 대표로 삼는다.

(4) 주어 투사 수형도

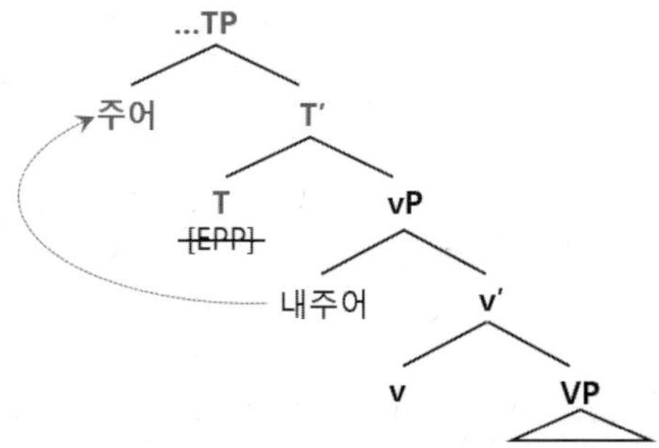

수형도에서 보듯, **시제사(T)는 경동사구(vP)를 보충어로 취하여 병합함으로써 명제에 대하여 시제(과거, 현재, 미래) 의미를 부여한다.** 위 수형도에서 주어성분은 원래 경동사구인 'vP'의 지정어 위치에 있다. 소위 사건구조는 경동사구에 의해 표현되는데, 사건에는 반드시 참여자가 있으며, 사건의 참여자는 통사부에서 논항으로 표현한다. 경동사구의 지정어 위치에는 반드시 논항이 있어야 한다. 이 논항은 경동사와 병합하여 사건의미를 표시하지만 아직 주격을 받지는 못한다. 이 논항을 자신의 지정어 위치(TP-Spec)로 이동시키고 주격을 부여하는 힘이 시제사에게 있다. 즉, 시제사가 통사부에 들어간 후 주어 이동을 유발한다. 이는 시제사 속에 있는 '확대투사자질(EPP)'을 점검하기 위한 수단이다.[98] 다시 말하면 시제사구의 지정어 위치(TP-Spec)는 절 주어의 위치이고, 그 위치는 일반적으로 비일 수 없다. 따라서 경동사구의 지정어 자리에 있는 논항을 시제사구의 지정어 위치로 이동시켜 **주격(nominative Case)**을 부여함으로써 **주어(outer subject)**로 삼고 **시제사구(TP)로 투사**된다.[99]

---

98 **확대투사원리(Extended Projection Principle)를 만족시키는 자질을 EPP자질**이라 한다. Chomsky(1981, 1986) 참조. 주어 이동을 유발하는 이러한 자질에 대해 촘스키는 '강 명사구 자질(strong NP-Feature, Chomsky 1995)', '강 한정사 자질(强限定词, strong D-Feature, Chomsky 1995)', '확대투사 자질(EPP Feature, Chomsky 2001)', '해석되어지지 않은 굴절 자질(uninterpretable inflectional feature, chomsky 2007)', '일치자질(agreement, Feature, Chomsky 2008)' 등 여러 명칭으로 부르기도 한다. 본서의 제2장의 2.2.3을 참고하라.

99 Chomsky(2008)는 "T핵의 phi-자질과 시제는 도출되는 것이지, 고유한 것이 아니다. 시제 및 비현실(irrealis, 非现实性) 등과 같은 시제 유사 속성(tense like property)은 **C핵에 의해 결정**된다. 어휘부의 T핵은 이러한 속성이 없으므로, T가 C의 선택을 받을 때만 이러한 기본적 시제 자질을 나타낼 수 있다. 반대로 **인상 동사이거나 혹은 예외적 격표지의 부정사(raising or ECM infinitival)인 경우는 T의 phi-자질과 기본시제가 없다**"라고 주장한다. Chomsky는 이러한 주장을 바탕으로, T의 일치 자질(Agree Feature)과 시제 자질(Tense Feature)은 **국면 핵(phase Head)**

중국어의 시제범주가 음성(音聲)적으로 실현되는지의 여부에 대해, 학계의 견해는 일치하지 않는다. 邓思颖(2010)은 '来着'와 '了$_2$' 등을 T의 음성실현으로 보았다. 이에 반해 熊仲儒(2013:96)는 시제사를 기능범주사의 속하는 하나의 품사로 본다. 그는 중국어 시제사의 비명시성 차원에서 邓思颖(2010)이 제시한 '来着'와 '了$_2$' 등이 명시적인 시제사가 아니라고 한다. 예를 '来着'가 시제사의 핵 위치에 배치될 수 없다는 것이다. 다음 그의 수형도를 보자.

(5) '你干什么来着?' 도출 불가 설명 수형도100

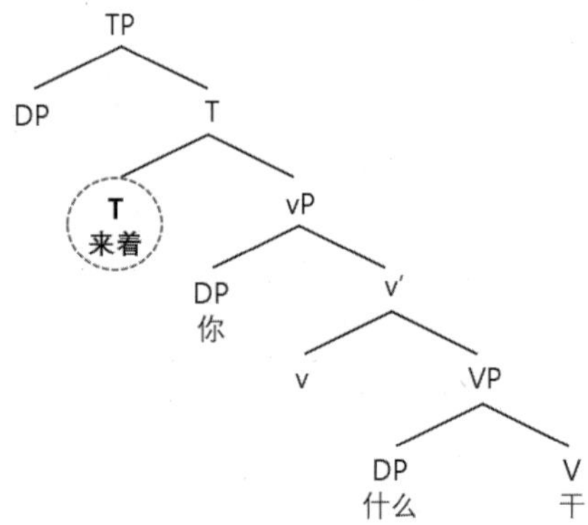

예(5)에서 '你干什么来着?'로 최종 어순으로 실현하기 위해서는 반드시 vP(경동사구) 전체를 시제사(T)의 지정어 자리로 이동시켜야 한다. 그러나 T 속의 phi-자질(성, 수, 인칭)은 vP 내의 '你'하고만 일치관계를 이루므로, 이동이 발생한다면 일치관계를 점검할 수 있는 '你'만 이동시킬 수 있을 뿐, vP 전체, 즉 '你干什么'는 이동시킬 수 수 없다. 그렇다면 '你干什么来着?'를 도출할 길이 없다. 이런 관점에서 熊仲儒(2013:96)는 '来着'를 T의 자리에 배열할 수 없다는 것이다. 이는 결국 '来着'나 '了$_2$'는 T의 음성 실현이 아니라는 말이다. 본서도 熊仲儒(2013)에 동의하여 중국어의 시제사는 모두 비명시적이라고 보며, **'来着'와 '了$_2$'는 어기사**(자세한 내용은 본서 9.4 참조)의 일종으로 본다.

인 C로부터 계승된다는 한층 발전된 견해를 제시했다. 고희정(2018:18-20) 참고 및 재인용.

100 熊仲儒(2013:96) 인용. 그의 수형도는 어휘범주에 속하는 모든 단어는 우측에, 기능범주에 속하는 모든 단어는 왼쪽에 배열한다는 원칙을 세워, 동사를 오른 쪽에 배치한다. 따라서 동사 '干'은 왼쪽 상방향의 경동사(v)에 의해 병합되어 이동하게 된다.

8.2. 주격 부여와 주어 문제

1) 주격 부여

시제사구는 주격을 받는 구 구조체이다. 이때 영어의 경우 대명사가 주어가 되면 격변화 형태가 명시적으로 나타난다.

(6)

주격	목적격	소유격
I	me	my
我	我	我的
we	us	our
我们	我们	我们的

영어는 격이나 수에 따른 대명사의 형태 차이가 있다. 그렇다면 이런 형태 차이가 의미하는 것은 무엇인가? 그것은 격이 다른 대명사는 반드시 서로 다른 통사위치에 출현해야 한다는 것을 의미한다. 예를 들면, 주격 대명사는 주어의 위치에 출현하고, 목적격 대명사는 목적어의 위치에 출현해야 한다. 이런 격을 '**구조격(Structural Case)**'이라고 하며, 주어와 목적어 위치는 모두 구조격을 가지는 위치이다. 그러면 누가 격을 주는가? 이에 대해 Chomsky(1981.1986a.1986b)는 **시제사는 주격을 부여하고, 목적격은 경동사가 부여**한다고 본다. 다음 수형도를 보자.

(7) 시제사의 주격 부여 투사도

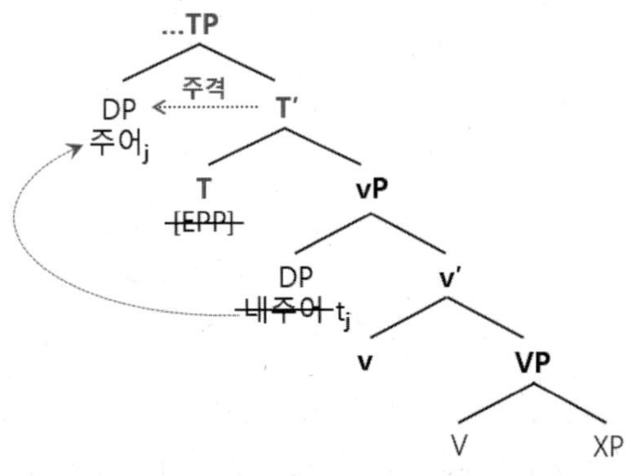

위 수형도에서 보듯, 시제사구(TP)의 핵(T)은 자신의 지정어 위치에 주어성분을 당겨(핵이동) 주격을 부여한다. 이는 자신의 **확대투사자질(EPP)을 점검**받기 위해 발생한 것이다. 이렇게 하여 만들어지는 시제사구는 '사건의미' 위에 '시제'를 가지는 구 단계이다. 따라서 의미적이나 기능적으로 모두 비교적 완전한 상태의 구(Phrase)이다.

이처럼 시제사의 기능은 **사건구조에 시제의미를 표현하는 것**과 더불어 **주격을 부여하는 것**이다. 시제사의 이런 기능은 결국 주어 자리를 확정하는 것으로, 시제사구의 지정어 자리(TP-Spec)는 주어를 위해 준비된 자리이다. 시제사 'T'가 어휘부에서 통사부로 들어오면 시제사의 확대투사 자질(EPP Feature)이 주어를 끌어당겨 이동시키고, 주어는 최종적으로 시간사와 병합하여 시제사구 'TP'를 투사한다. 따라서 주어의 종착점은 시제사구의 지정어이다. 주어를 시제사구의 지정어 위치에 출현시켜야 한다는 주장은 원칙적으로 생성문법이 줄곧 가설했던 '확대투사원리'를 반영한 것이다. 다시 말해 시제사구의 지정어 자리는 절의 주어자리이며, 이 자리는 비어있어서는 안 된다는 뜻이다[101].

주어성분은 원래 시제사구보다 한 단계 아래 **경동사구의 지정어 자리**에 위치하는데[102], 이는 주어가 논항구조 속에서 사건의 참여자로 해석될 수 있도록 한다. 이런 점에서 의미역과 주격을 잘 분별해야 한다. **의미역(θ-role)은 사건참여자들이 동사 혹은 경동사로부터 할당받는 의미적인 역할이다.** 따라서 연극으로 친다면 **배역**에 해당하겠다. 한편, **격(Case)은 동사(목적격 부여) 혹은 시제사(주격 부여)가 의미역을 할당받은 논항에게 부여하여 밖으로 드러나 보이게 하는 '구조적인 자격'이다**. 따라서 연극으로 친다면 배역에 걸 맞는 '**의상(/복장)**'이라 하겠다.

구조격은 주격(nominative Case)**과 목적격**(accusative Case)이다. 격은 의미역과 상관없이 격을 받는 자리에 출현하기만 하면 된다. 何元建(2011:47-52)의 예를 통해 **여러 의미역들이 공통적으로 주격을 부여받는 예**를 보자.

---

101 시제사구는 1980년대에는 일반적으로 '**굴절사구(IP)**'로 불렸으며, 이 때문에 확대투사원리는 굴절사구의 지정어를 주어 위치로 요구했다. Chomsky (1995)은 **굴절사를 시간사 'T', 일치관계사 'Agr' 등의 기능어로 나누었다**. Chomsky (1995)와 그 후의 저작에서는 **주어 위치**를 **시간사구의 지정어 위치(TP-Spec)**로 확정하였다.

102 이처럼 '주어가 (경)동사구 내에 위치했다가 통사적 이동을 통해 시제사와 병합한다.'는 가설을 '**내부주어가설(VP Internal Subject Hypothesis/VPISH)**'이라 한다.

(8) a. 张三打李四。 <행위자(agent, 施事)>
장싼이 리쓰를 때린다.
b. 张三丢了眼镜。 <경험자(experiencer, 当事)>
장싼이 안경을 잃어버렸다.
c. 张三令李四伤心。 <원인자(causer, 致事)>
장싼은 리쓰가 상심하게 했다.
d. 张三被李四打了。 <대상자(theme, 客事)>
장싼이 리쓰에게 맞았다.
e. 张三是我老师。 <관련자(relative, 系事)>
장싼은 나의 선생님이시다.
f. 张三有四个孩子。 <소유자(genitive, 领事)>
장싼은 아이 넷이 있다.

위의 예에서 보듯 '张三'**의 의미역은 각각 다르다. 그러나 모두 주격을 받아 주어가 된다.** 따라서 주격 부여 문제에 있어서는 논항의 의미역이 무엇이냐가 관건이 아니다. 해당 논항이 시제사의 자질점검을 통해 주격을 부여받느냐의 여부가 중요하다.

2) 주어 문제

하나의 구는 시제범주로 확대되어야 형식이나 의미전달의 차원에서 문장이라고 불릴 자격이 생긴다. 특히 영어의 모든 문장은 필수적으로 시제를 갖는데,[103] 이러한 시제를 표현하기 위해 시제범주(T)를 설정하며, 시제사가 핵인 구를 시제사구(TP)라 한다. 영어에서 시제범주는 동사의 형태 및 문장의 주어와 관련이 있다. 영어에서는 이처럼 필수적이고 명시적인 시제범주가 중국어에서는 비명시적이므로 명쾌하게 설명하기 어렵다. 특히 중국어에서 상용되는 **소위 존현문에서 어떤 논항에게 주격을 부여할 것인가의 문제**는 중국어 문법학계의 난제이다. 즉 다음과 같은 문장의 주어

103 시제는 기준시(Reference time: RT, 参照时间)와 발화시(Speech time: ST, 说话时间)간의 관계를 표현하는 것으로, 아래와 같이 구분할 수 있다.
- 과거시제 : 기준시가 발화시의 앞(좌측)에 오는 경우 (R-S)
- 현재시제 : 기준시와 발화시가 동일한 경우 (R=S)
- 미래시제 : 기준시가 발화시의 뒤(우측)에 오는 경우 (S-R)

가 무엇인가의 문제이다.

(9) 台上坐着主席团。
단상에 주석단이 앉아 있다.

이 문제를 설명하기 위해 熊仲儒(2013:90)는 유사한 영어 구문을 예로 든다.

(10) a. **There** is **a man** in the classroom.
어떤 남자가 교실에 있다.
b. $[_{TP}$ there $[_{T'}$ [T] $[_{vP}$ $[_{v}$ is] $[_{pP}$ [a man] $[_{p'}$ $[_{p}$] $[_{PP}$ the classroom [in]]]]]]]

소위 'it'과 더불어 **허사**(expletive)로 분류되는 대명사인 'there'의 phi-자질(인칭, 수, 성)[104]은 불완전하다. 따라서 시제사(T)의 비해석성 자질 중 주어 자질만 삭제할 가능성이 있을 뿐 T의 다른 비해석성 phi-자질은 삭제할 수 없다. 따라서 **T는 비해석성 phi-자질을 삭제하기 위해서 아래로 탐침(/탐색, probe, 搜索)을 진행할 수밖에 없다.** 이때 T와 가장 가까운 'a man'의 phi-자질이 완전하므로, **'a man'은 T의 비해석성 phi-자질을 삭제하고, T는 'a man'의 비해석성 격자질을 삭제한다.** 따라서 예(10)에서 2개의 성분, 즉 'there'와 'a man'이 T와 일치를 이루므로, 2개의 성분이 모두 주어 기능의 일부를 담당한다. 이 사실은 다음 예를 통해 확인할 수 있다.

(11) a. **Is** there **a man** in the classroom?
교실에 사람이 있어요?
b. There **is**/*are **a man** in the classroom.
교실에 한 사람이 있다.
c. There **are**/*is **three men** in the classroom.
교실에 세 사람이 있다.

(11)a에서 보듯, **영어 의문문 구성에서 주어와 BE 동사의 도치**(inversion, 颠倒)가

---

104 '자질'에 대해서는 본서 2장의 2절을 참조하라.

일어난다. 이를 통해 'there'**가 주어**라는 것을 증명할 수 있다. 또 b에서 보듯, 영어의 주어와 술어(T) 사이에는 수(phi-자질) 일치가 있어야 한다. 즉, **is는 'there'와 일치를 보이는 것이 아니라 'a man'과 일치**를 보이는 것이다. c처럼 'three man'으로 바뀌면 술어(T)가 수 일치를 위해 are로 바뀐다. 이는 **'a men'이 주어**라는 것을 증명할 수 있다. 이런 설명이 맞다면 하나의 구조 속에 T와 일치 관계를 맺는 명사구가 복수인 경우이다. 그렇다면 주어도 복수가 될 가능성이 있다. 따라서 예(11)의 주어는 2개이다.[105]

이제 다시 중국어의 시제(T)와 주어 문제로 돌아가자.[106]

일찍이 1950년대 중국어 문법학계에서 **주어와 목적어에 관한 대 토론**이 있었다. 이 문제는 구조주의적 관점이나 의미론적 관점만을 편향되게 주장한다면 여전히 현재 진행형일 수밖에 없는 문제이다. 이 문제로 유명한 예(9)의 문장을 다시 보자.

(9)′ 台上坐着主席团。
단상에 주석단이 앉아 있다.

(9)'에서 무엇이 주어인가? 어떤 학자들은 '主席团'이 주어라고 주장했고, 어떤 학자들은 '台上'이 주어라고 주장했다. 지금도 마찬가지이다. **분포를 중시하는 구조주의적 관점의 학자들은 여전히 '台上'을 주어**라고 할 것이며, **의미론자들은 〈행위자〉 의미역을 받는 '主席团'을 주어**라고 할 것이다. 沈家煊(1999)은 '台上'과 '主席团'을 **모두 '비전형적인 주어'**로 처리했다. '台上'은 화제일지라도 행위자(Agent)는 아니며, '主席团'은 행위자이지만, 화제는 아니라는 것이다. 그는 의미론과 정보론의 관점에서 말한 것이기는 하지만, 이 짧은 문장에서 주어설정의 곤혹스러움을 느끼게 한다. 이는 해석되어져야 할 문제이다.

생성문법적 통사론 관점에서 볼 때, 이는 어렵지 않게 해석된다. 두 개의 주어현상은 비명시적인 시제사(T)가 두 명사구, 즉 '台上', '主席团'과 각각 부분적인 일치를

105 이 문제는 소위 비대격 동사에 의한 존현문의 주어 처리에 고려되어야 할 점이다. 본서 제3장의 3.3.1 '① 비대격동사'의 해당 부분을 참조하라.

106 시제범주가 없다면 언어로서 기능하기가 매우 어려울 것이기 때문에, 우리는 중국어에도 시제범주가 있다고 가정한다. 또, 중국어에 형태표지는 없지만 명사구에 대해 비명시적인 격(주격이나 목적격)을 설정할 것이라고 가정한다.

이루기 때문에 발생한 일이다. 장소 명사구인 '台上'**은 문두에 놓여 주어 자리를 선점**하지만, 그것의 phi-자질(성, 수, 인칭)은 불완전하다. 그러나 T는 phi-자질이 완전하므로, 이것을 모두 삭제하기 위해 계속 탐침하는 중에 phi-자질이 완전한 또 다른 성분인 '主席团'을 발견하고 **일치 관계**를 이루어 **서로의 비해석성 자질을 삭제**하는 것이다. 다음 수형도를 보자.

(12) '台上坐着主席团'의 도출

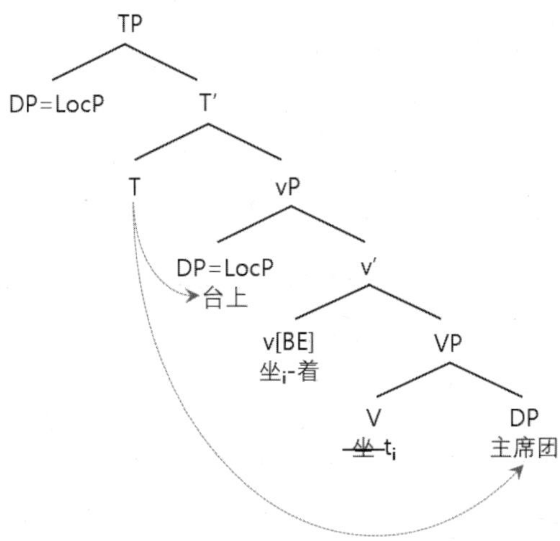

'坐'는 존재 의미를 나타내는 v로 확대되며, '坐-v'는 2개의 논항 '台上'과 '主席团'을 선택하여 경동사구(vP)를 구성한다. 이어서 시제사(T) 핵은 이 vP를 보충어로 삼아 **격자질을 점검(Checking, 核查)**한다. T는 phi-자질이 완전하므로 아래로 내려가면서 '台上'을 먼저 탐색하고 이것과 우선 일치관계를 맺는다. 그러나 '台上'은 phi-자질이 불완전하므로, T의 비해석성 phi-자질을 삭제할 수 없다. 따라서 T는 계속 아래로 내려가면서 탐색을 하다가, phi-자질이 완전한 '主席团'을 발견하고 일치를 이루면서 '主席团'**에게 주격의 자질 값을 부여**한다. 이러한 과정을 통해, **'台上'과 '主席团'이 모두 T와 일정한 일치 관계를 가짐으로써 모두 주어**로서 행세하게 된다.

결국 문두 위치, 즉 시제사의 지정어 자리(TP-Spec)를 차지한 '台上'와 시제사의 phi-자질을 만족시켜 해소해줄 수 있는 '主席团'은 모두 주어의 자격이 있다. 다시 말하자면, **형식적으로는 '台上'이, 내용적으로는 '主席团'이 주어**라 하겠다.

9. 보문사구(CP)

9.1. 보문사 기능범주

1) 정의와 핵 분류

보문사구에 대해 정의해 보자.

(1) a. 보문사구(CP)는 **기능범주 사에 속하는 보문사(Complementizer)를 핵**으로 하여 최대투사된 구이다.

b. 보문사에 속하는 핵, 즉 초점사(Foc), 화제사(Top), 어기사(For) 등은 확대투사자질(EPP Feature)이 있다.

b. 보문사 핵은 시제사구(TP)를 보충어로 취하여 그에 대해 **기능적 유형(sentence type)을 표시**한다.

보문사구(CP)는 결국 **사건의미**, **시제**, **문장의 유형 확정** 기능들을 모두 포괄하는 층위로, **통사부의 실질적인 최종 투사체**이다.
보문사구의 핵인 보문사(C)를 표로 보자.

(2) 중국어 보문사의 분류와 예

명시성 여부	문장의 유형 결정	보문사의 예
명시적 보문사	진술	일부 어기사, 문장부호(。), 초점사, 화제사
	의문	문장부호(？), 어기사, 초점사, 화제사
	명령	문장부호(！), 어기사, 초점사, 화제사
	감탄	문장부호(！), 어기사, 초점사, 화제사
비명시적 보문사	진술	어조
	의문	어조
	명령	어조
	감탄	어조

보문사(C)는 보충어로 병합하는 시제사구(TP), 즉 절에 대해 기능적 유형을 확정한다. 문장의 유형은 전통문법의 분류에 따르면 평서문, 의문문, 명령문, 감탄문 네 가지 유형으로 나눌 수 있다. 邓思颖(2010)은 **중국어에서 문장을 판별하는 중요한 수단은 억양(语调)**이며, 모든 문장은 특정한 억양을 가진다고 한다. **억양**은 **비록 초(/비)분절음**(super fragment, 超音段成分)에 속하지만, 많은 언어에서 문장의 기능적 유형을 나타내는 보편적인 수단이 된다. 본서도 억양 '**어조**'라 칭하며, **비명시적 보문사**의 하나로 본다.

2) 보문사구의 통사 위치

보문사구(CP)는 보문사 핵이 시제사구를 보충어로 취하여 최대투사된 구이다. 통사부에서 보문사구가 도출되는 위치를 찾아보자.

(3) 보문사구(CP)의 통사 위치

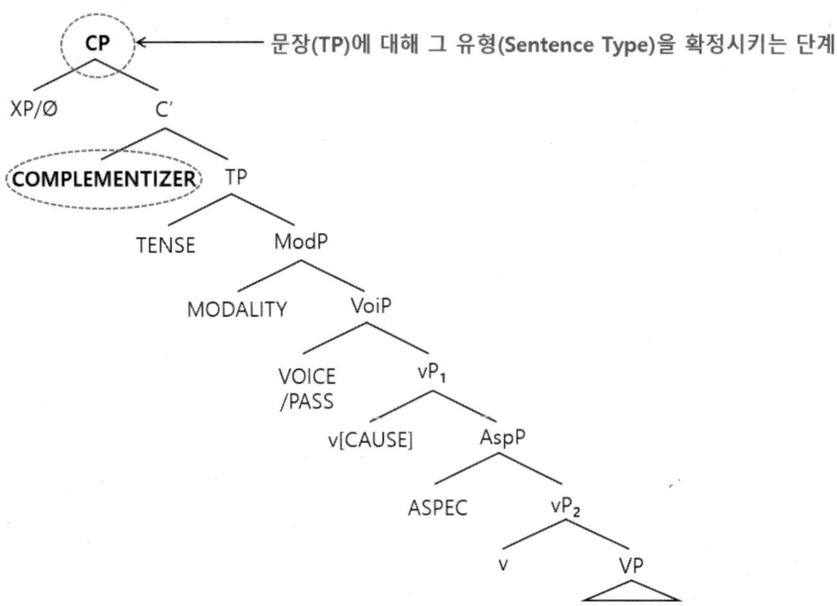

수형도에서 보듯 **보문사**(complementizer C, 标句词)는 **통사부 최상위 계층의 핵**이다. 보문사의 투사체인 **보문사구**(CP)**는 하위에서 구성된 시제사구**(TP)**에 대해 기능**

적 유형(sentence type)**을 확정하는 층위**이다.

3) 기본구조의 도출

먼저 다음 두 수형도를 보자.

(4) 보문사구의 도출

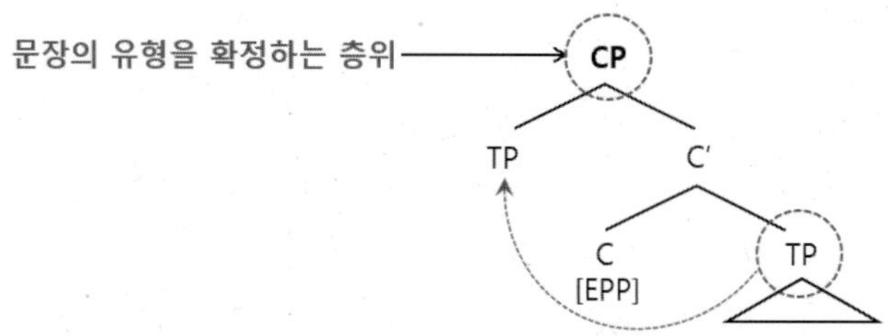

수형도에서 보듯, 보문사구(CP)의 핵(C)은 자신의 보충어(TP)에 대해 어투나 모종의 힘을 전달함으로써 **문장의 기능적 유형**(Sentence Type)을 확정해주는 역할을 한다. 중국어에서 CP의 지정어 자리는 종종 비어있지만[107], **보문사가 어기조사**(Force) **인 경우는 위 수형도의 화살표를 통해보듯, TP 전체를 이동시킨다.**

이상의 내용에 근거하여 '你去过了吗?'의 도출을 수형도로 표시해보자.

---

107 영어의 경우, 특히 의문문에서 CP-Spec 자리에 반드시 Wh- 의문사를 위치시키는 특징(Wh-이동)이 있다. 그러나 중국어는 의문사가 이 CP-Spec 자리로 이동하는 것이 수의적인 것 같다. 예) '小李是**谁**? ⇌ **谁**是小李?'

(5) 보문사구 '你去过了吗?'의 도출

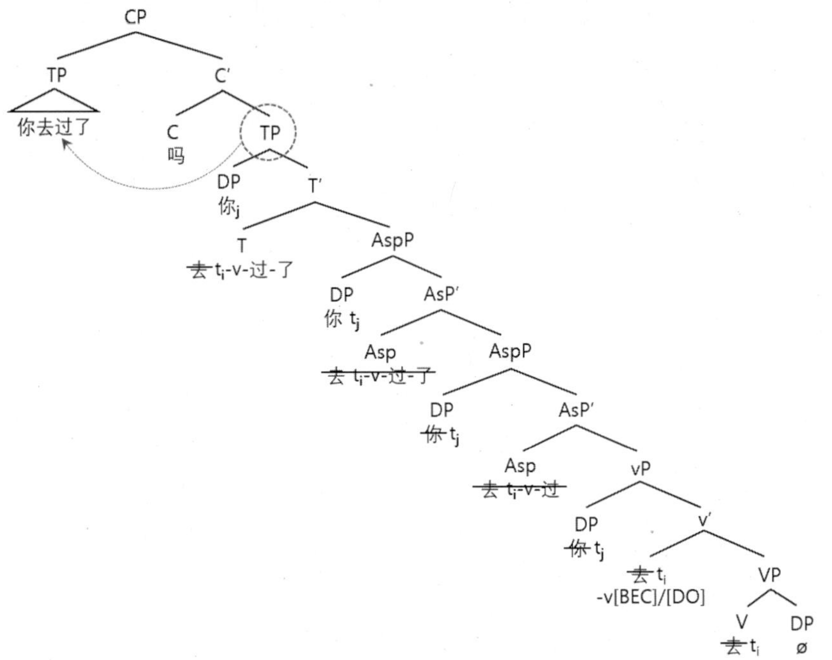

수형도에서 보듯, 보문사구(CP)는 사건을 나타내는 경동사구(vP), 시간을 나타내는 시제사구(TP), 문장유형을 나타내는 보문사구(CP)를 포함하는 하나의 완전한 구조를 갖춘 문장(/절)이다. 확대투사자질(EPP F)을 만족(/점검)시키기 위해 TP를 CP-Spec 자리로 이동시키는 과정을 통해 도출된 문미의 '吗'가 바로 중국어에서 시제사구(TP)에게 '의문'을 표시하는 보문사(C)의 일종인 **어기사(For)**이다.

한편, 보문사구(CP)는 기능범주가 최종적으로 확장된 완전성을 갖춘 구조이다. 따라서 안정적으로 또 다른 동사의 보충어가 되어 소위 **내포절**로 쓰일 수 있다. 다음 수형도를 보자.

(6) '他知道[你去过了]'의 도출

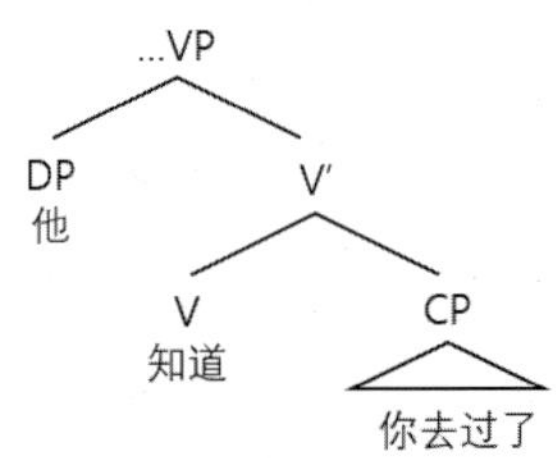

수형도에서 '知道'의 보충어인 '你过去了' **역시 보문사구**(CP)이다. 이 구조에서 보문사는 이 내포절의 문장유형이 평서문이라는 것을 나타낸다. 한편, 주절의 동사 '知道'는 보문사구를 보충어로 선택하여 'V(知道)'와 'O[$_{CP}$ 你去过了]'라는 소위 '술목구조'를 만들었다. 이처럼 보문사구는 통사부 내에서 스스로 최고 계층의 구(Phrase)를 만들 수도 있고, 또 다른 동사의 보충어로 충당될 수도 있다.

3) 어조 문제

여느 언어와 마찬가지로 **어조**(intonation, 语调/句调)는 중국어에서도 **보문사적인 기능**을 한다. 다음 예를 보자.

(7) a. 他对我说："他昨天来了。"
그는 나에게 "그는 어제 왔"**다고** 말했다.
b. 他对我说："你昨天来了?"
그는 나에게 "너 어제 왔"**냐고** 말했다.

a에서 보듯, 한국어의 **'-다고'는 시제사구**(TP) **보충어에 대해 '진술'을 표시하는 보문사**이다. 또, b에서 보듯 **'-냐고'는 시제사구**(TP) **보충어에 대해 '의문'을 표시하는 보문사**이다. 그러나 중국어는 이런 명시적인 보문사를 쓰지 않고 어조를 통해 문장의 유형을 결정한다. 즉 예(7)a-b에 각각의 어조를 줌으로써 '他昨天来了'에 대해 문장의 유형을 결정한다.

邓思颖(2010)은 이런 점에서 **중국어의 진정한 보문사는 어조**라고 한다. 어조(语调)는 서면어에서 보통 문장부호로 나타낸다. 예를 들어 마침표, 물음표, 감탄표 등이다. **마침표는 서술식**(declarative, 陈述式)에 해당되고, **물음표는 의문식**(interrogative, 疑问式)에 해당 되며, **감탄표는 감탄식**(exclamative, 感叹式)**이나 명령식**(imperative, 祈使式)에 해당된다. 이런 개념은 문장의 기능적 유형을 말한다. 문장 유형(Sentence Type, 句类)에 대해 일찍이 胡附·文炼(1990:96)은 "입말체(口语)에서는 문장 전체의 어조에 의해 구별될 수 있다."고 한다. 이처럼 어조는 문장 유형(句类)을 표시하는 일종의 표현 형식이다. 何元建(2011)도 어조가 보이는 보문사로서의 기능을 강조한다.

어조는 그 성질이 비교적 특수하며, 음운형식뿐만 아니라 형식자질도 가진다. 이런 점에서 **중국어의 억양은 어휘부에서 하나의 독립된 품사로서의 자격**을 가진다 하겠다.

어조는 어휘부에서 선택되어 통사부로 들어오면 시제사구에 대해 그 유형을 확정해준다. 특히 중국어의 **어조는 문장 말미의 음절에 두드러지게 나타난다**. 따라서 수형도에서 **어조의 위치는 명시적인 보문사의 위치와 같다**.

(8) 어조의 위치와 기능

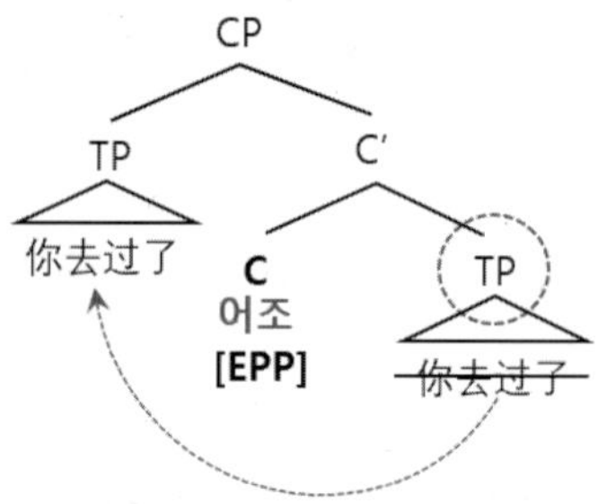

수형도에서 보듯, **어조는 보문사의 하나이므로 통사부에서 최상위계층의 핵**이다.

중국어에서 **어조는 소위 음고(音高) 및 음장(音长)과 관계**된다. **성조가 음절에 대한 높낮이**를 나타내는 반면, **어조는 문장에 대한 높낮이**를 나타낸다.[108] 어조에 따른 문장의 어투에 대해 알아보자.

첫째, 상승조(升调)

어조상 문미를 올리는 것으로 의문, 반문, 호소, 선동등의 어투를 나타낸다.

(9) 谁说王老师没来？↗
누가 왕선생님이 안 오셨냐고 말해?

(10) 快加油哇！↗
힘내라!

---

108 따라서 중국어에서는 **성조를 '字调'**, 어조를 '**句调**'라고도 한다. 이하의 예는 陈阿宝·吴中伟(2002:50-51) 인용.

둘째, 하강조(降调)

어조상 문미를 내리는 것으로 서술, 명령, 감탄등의 어투를 나타낸다.

(11) 她会游泳。↘
그녀는 수영할 줄 안다.

(12) 不要乱穿马路！↘
함부로 길을 건너지 마시오!

셋째, 평탄조(平调)

어조상 명확한 고저나 상승이 없는 것으로, 사태에 대한 서술, 또는 엄숙함이나 냉담함 등의 어투를 나타낸다.

(13) 从前有座山，山上有座庙。
이전에 산이 하나 있었고, 산 위에는 절이 하나 있었다.

(14) 下面宣布学生管理条例。
다음에는 학생 관리규칙을 선포합니다.

넷째, 굴국조(曲折调)

어조상 굴곡적인 고저의 변화를 나타내는 것으로, '하강상승조'와 '상승하강조'로 나뉘며 대부분 풍자, 과장, 함축, 유머등의 어투를 나타낸다.

(15) 你的胆子↘可真大呀!↗
너 진짜 간이 부었군!

(16) 就有一千个理由↗也不能让我相信。↘
비록 천 가지 이유가 있다 해도, 나로 하여금 믿게 하지는 못해.

이상의 예에서 보듯, 중국어에서 어조는 의문문에 있어 상승조로 표시되는 외에 어떤 엄격한 일관성을 찾기가 쉽지 않다는 한계가 있다하겠다.

4) 보문사 범주의 분리와 좌연구조

우리는 본서 4장의 3.2.4에서 **제도이론**(the Cartography approach)에 대해 살펴본 바 있다. 특히 Rizzi(1997)는 보문사 기능범주 핵 'C'를 **어기**(Force), **화제**(Top), **초점**(Foc), **정형절**(Fin) 등의 기능범주로 재분리한다. 이를 CP-**분리가설**(the split CP Hypothesis)이라 한다.[109] 여기서 최상위 구는 문장의 유형을 표시하는 어기사 핵(For)에 의해 이루어지며, 최하위 구는 문장의 정형성과 비정형성을 표지하는 핵(Finiteness :정형성)에 의해 이루어진다. 이 사이에는 화제(Top)나 초점(Foc)을 표지하는 핵이 올 수 있다. 이 사이에서 **화제사구**(TopP)**와 초점사구**(FocP)**는 복수로 출현할 수 있다**고 본다. 제도이론에서 이 영역을 '**좌연구조**(Left Periphery, *左缘结构*)'라고 한다. 다음 수형도를 보자

(17) 제도이론의 좌연구조

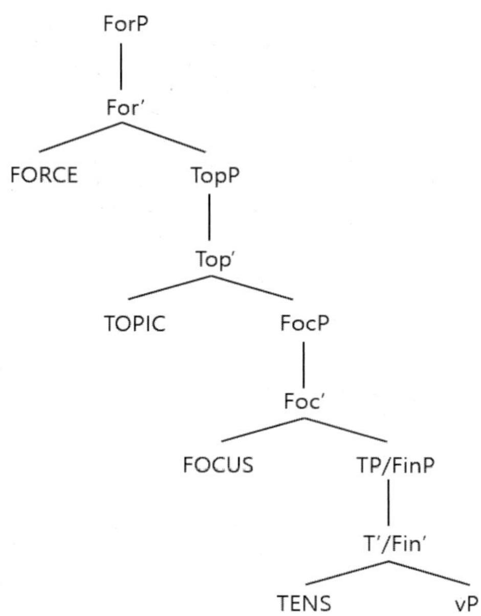

109 이는 구의 구조 배열을 연구하는 이론으로, TP **이상의 범주를 확대한 기능범주에 무엇이 있는지**, 또한 어떤 계층적 순서에 따라 확대가 전개되는지를 살펴보는 데 연구목적이 있다. 이처럼 기능범주의 위치를 세분하여 확정하면 통사 연구의 심화에 큰 도움을 줄 수 있다.

수형도에서 보듯, 좌연구조란 시제사구(TP) 이상의 구조체, 즉 보문사구(CP)에 해당하는 구조체를 가리킨다.

이상의 관점에서 CP를 세분화하여 초첨사구(FocP), 화제사구(TopP), 어기사구(ForP)등으로 나누어 중국어에서의 통사적 현상에 대해 살펴보자.

9.2. 초점사구(FocP)

초점사구는 보문사구의 하나이다. 이에 대해 초점기능 범주와 초점사 '是'를 중심으로 알아보자.

9.2.1. 초점 기능범주

1) 초점사구의 이해

초점사구에 대해 정의해 보자.

(18) a. 초점사구(FocP)는 보문사(Complementizer)의 한 종류인 초점사(Foc)를 핵으로 하여 최대 투사된 구이다.
b. 초점사 핵은 모종의 구(XP)를 초점화한다.

초점(focus, 焦点)[110]은 일반적으로 **신정보**(new information)이며, 화자가 청자에게 '**가장 강조하고 싶은 부분**'이다. 이른바 '가장'이라는 것은 다른 부분에 상대되는 개념이다. **초점과 상대되는 내용을 언어학에서는 전제**(presupposition, 预设)**라고 부른**

110 전통문법학에서 초점은 **자연초점**과 **대비초점**으로 나뉘며, 특히 **자연초점의 위치는 신정보가 위치하는 문미**이다. 다음 예를 보자.
a. 他四十年来一直住在[Focus **首尔**]。
그는 40년 동안 줄곧 **서울에서** 살았다.
b. 他在首尔一直住了[Focus **四十年**]。
그는 서울에서 줄곧 **40년 동안** 살았다.
예에서 보듯, 중국어의 자연초점의 위치는 문미이다.

다. 중국어의 초점은 논리적 **'강세'**, **'어순'**, '是'등을 통해 표현된다. 다음 예를 보자.

(19) a. **她**昨天在火车上看完了那本小说。
　　그녀는 어제 기차에서 그 소설을 다 읽었다.
b. 她**昨天**在火车上看完了那本小说。
　　그녀는 **어제** 기차에서 그 소설을 다 읽었다.
c. 她昨天**在火车上**看完了那本小说。
　　그녀는 어제 **기차에서** 그 소설을 다 읽었다.
d. 她昨天在火车上**看完了**那本小说。
　　그녀는 어제 기차에서 그 소설을 **(다) 읽었다**.
e. 她昨天在火车上看完了**那本小说**。
　　그녀는 어제 기차에서 **그 소설을** 다 읽었다.

이상은 **'강세'**를 통해 **초점화**한 예이다.

(20) a. 他**饭**吃了，**茶**还没喝。
　　밥은 먹었지만, **차는** 아직 마시지 않았다.
b. 我**今天的报**还没有看呢。
　　나는 **오늘 신문은** 아직 읽지 않았다.
c. 我**羊肉**不吃，吃牛肉。
　　나는 **양고기는** 안 먹지만, **소고기는** 먹는다.
d. 他**酒**早不喝了，**烟**还抽。
　　그는 **술은** 일찌감치 끊었지만, **담배는** 여전히 피운다.

이상은 **화제 '어순'**을 통해 **초점화**한 예이다.

(21) a. **是她**昨天在火车上看完了那本小说。
　　바로 그녀가 어제 기차에서 그 소설을 다 읽었다.
b. 她**是昨天**在火车上看完了那本小说。
　　그녀가 **바로 어제** 기차에서 그 소설을 다 읽었다.
c. 她昨天**是在火车上**看完了那本小说。

그녀가 어제 **바로 기차에서** 그 소설을 다 읽었다.

d. 她昨天在火车上**是看完了**那本小说。

그녀가 어제 기차에서 그 소설을 (다) **읽었다**.

e. 她昨天在火车上**是看完了那本小说**。

그녀가 어제 기차에서 **그 소설을 다 읽었다**.

이상은 **명시적 초점사 '是'를 통해 초점화**한 예이다.

이상 (19)-(21)에서 보듯, 어떤 성분을 초점으로 실현시키는 것을 '**초점화**'라고 한다.

2) 초점사구의 통사 위치

초점사구(FocP)의 통사 위치를 살펴보자.

(22) 초첨사구의 통사 위치

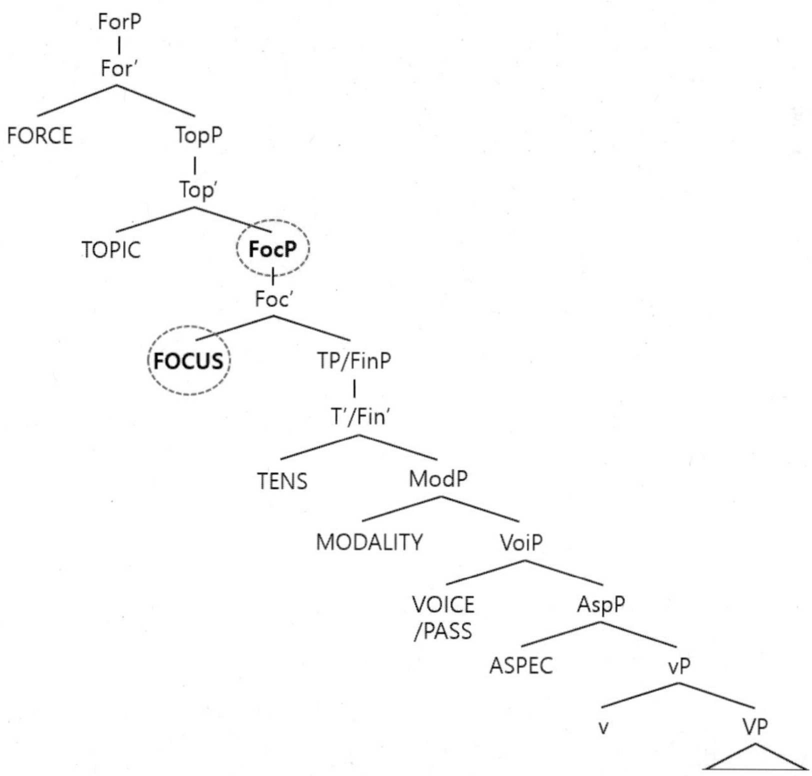

수형도에서 보듯, 초점사구(FocP)의 통사 위치는 **시제사구(TP)와 어기사구(ForP)의 사이**이다.

9.2.2. 초점사 '是'

명시적인 초점사 '是'는 동사나 동사구 앞에만 쓰일 수 있고, 전치사의 목적어나 동사의 목적어 앞에는 쓰일 수 없다. 다음 예를 보자.

(23) a. **是她**昨天在火车上看完了那本小说**(的)**。
b. 她**是昨天**在火车上看完了那本小说**(的)**。
c. 她昨天**是在火车上**看完了那本小说**(的)**。
d. 她昨天在火车上**是看完了**那本小说**(的)**。
e. *她昨天**在是火车上**看完了那本小说**(的)**。
f. *她昨天在火车上**看完了是**那本小说**(的)**。

이 말은 명시적인 초점사 '是'가 [+ V] 구에 대한 초점화에 관여한다는 것을 말한다.

이미 (17), (22)에서 살펴본 바대로, 초점사 '是'는 그 통사적 계층이 상당히 높다. 따라서 계층적으로 그것 보다 하위에 속하는 **피동범주나 사동범주의 아래에 놓일 수 없다**. 다음 예를 보자.

(24) a. 张三**是被李四**批评了一顿。
장싼은 **바로 리쓰에게** 한바탕 지적을 받았다.
*张三**被是李四**批评了一顿。
*张三**被李四是**批评了一顿。
b. 我**是把他**骂了一顿。
나는 **바로 그를** 한바탕 꾸짖었다.
*我**把是他**骂了一顿。
*我**把他是**骂了一顿。

또, 초점 표지인 '是'는 **최대한 초점 성분에 가깝게 위치한다**.

(25) a. 小王**是昨天**用钳子把那张桌子修好了。
샤오왕은 **바로 어제** 펜치로 그 테이블을 다 수리했다.
b. 小王昨天**是用钳子**把那张桌子修好了。
샤오왕은 어제 **바로 펜치로** 그 테이블을 다 수리했다.

예(25)a에서 '是'는 가장 가까이에 있는 '昨天'을 강조하고, b에서는 가장 가까이에 있는 '用钳子'를 강조할 수 있을 뿐, 다른 성분의 강조는 불가능하다.

결론적으로 명시적인 **초점표지 '是'**는 다음과 같은 특징을 가진다.

(26) a. '是'는 동사 혹은 동사구 앞에만 출현한다.
b. '是'는 통사적으로 '把'나 '被'보다는 높은 위치에 출현한다.
c. 초점 성분은 항상 '是'와 가깝게 위치하며, '是'의 뒤에 놓인다.
d. 한 문장에는 하나의 '是'만 출현할 수 있다.

이러한 특징은 기본적으로 '是'의 통사 위치와 관련이 있다. 이에 대해 (23)a와 b에 대한 수형도를 그려 확인해보자.

(27) 초점 표지 '是' 구문의 도출

a. '**是她**昨天在火车上看完了那本小说' b. '她**是昨天**在火车上看完了那本小说'

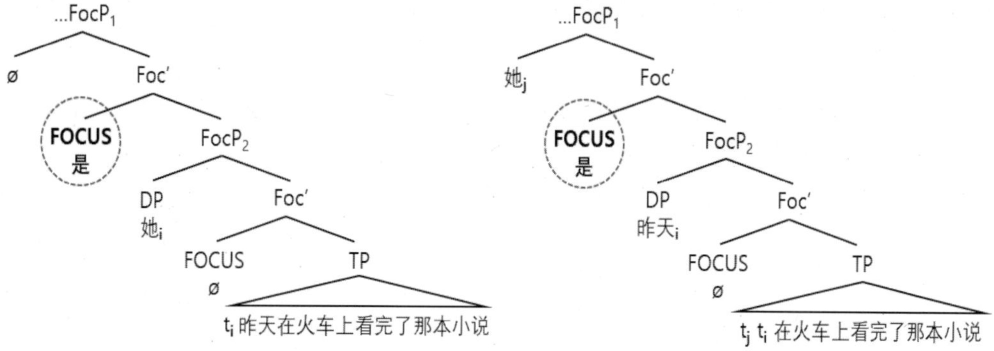

수형도를 통해 보듯, 명시적인 초점사 '是' 구문은 두 개의 초점사 핵에 의해 구성된다. 즉, 명시적인 초점사 '是'는 Foc_1로 **연산에 참여하고, 하위에 비명시적인 초점**

사 핵(Foc_2)가 연산에 참여하여 완전한 '是' 초점 구문을 도출한다. 여기서 (26)에서 언급된 내용을 재확인할 수 있다. 즉, a와 관련하여, **'是'는 Foc_2가 확대시킨 TP를 재확대하므로, '是'는 결국 동사성구인 TP 앞에 출현한다**. b와 관련하여, **'是'는 TP보다 높으므로, 당연히 사역범주인 '把'와 피동범주인 '被'보다 위치가 높다**. c와 관련하여 논항 '她'의 이동을 통해 볼 때, Foc_2는 초점성분을 자신의 지정어 자리로 이동하는 것을 유발한다. 이는 **초점성분(她)이 명시적 초점사인 '是'와 가까이 이웃하게 하고, 또한 '是' 뒤에 놓이도록 만든다**. 한 문장에서 '是'로 음성 실현될 수 있는 초점은 하나만 존재한다.

9.2.3. 초점과 화제

1) 위계 차이

이미 (17), (22)의 좌연구조의 통사위계에서 살펴본 바대로, **초점범주는 화제범주보다 위계가 낮다**. 따라서 **중국어의 초점사인 '是'는 화제사 앞, 즉 화제어 앞에 출현할 수 없다**. 이를 위반한 다음 예는 모두 비문이다.

(28) a. *<u>**是鱼**</u>, 我没吃鲜鱼。
b. *<u>**是小说**</u>, 小王读了《红楼梦》。
c. *<u>**是水果**</u>, 小王只吃香蕉。

이는 정보론에서 한 문장이 말하는 정보를 **화제**(Topic, 话题)와 **술제**(comment, 述题/评述)로 나눈다. 말하는 바, 화제는 정보 특성상 일반적으로 **기지 정보**(given/ old information, 旧信息)이므로 초점성분이 되지 않는다는 것과 일맥상통한다.

2) 진술의 생략 여부 차이

초점과 화제는 생략법을 통해 검증할 수 있다. **초점은 신정보**(new information, 新信息)이며, 강조의 내용이다. 따라서 초점은 일정한 문맥 속에서 명확하게 드러내야 한다. 이런 의미에서 문장의 성분을 생략할 때, 끝까지 남는 요소이다. 다음 예를 보자.

(29) A: 谁打碎了窗户?
누가 창문을 깨뜨렸나요?
B: 小李。
샤오리요.

대답에서 초점인 '小李'이외의 성분은 모두 생략이 가능하며, 출현하더라도 문법 강세를 가지지 않는다. 따라서 초점인 '小李'만 남기도 기타성분은 모두 생략해도 문장은 성립한다.

한편, **화제는 구정보로서, 발화의 시작이고 진술의 언급대상**이다. 화제는 자신에 관한 새로운 정보를 가지는 진술이 있어야만 의미가 완전하다. 따라서 진술을 생략하고 화제만 남길 수는 없다.

(30) A: 那条鱼在哪儿?
그 물고기는 어디에 있죠?
B: 那条鱼, ***(<u>猫吃了)</u>**。
그 물고기는 *(고양이가 먹어 치웠어요).

위의 예문에서 괄호 안의 진술이 삭제되면 문장은 성립하지 못한다.

3) 화제와 무표지 초점 표현

초점은 일반적으로 신정보 위에 주어진다는 점을 고려하면, **구정보의 문두 이동(화제화)은 사실 초점과는 거리가 있어 보인다**. 그러나 중국어에서 화제화 어순변화를 통한 초점화가 가능하다. 김종호(2011:112-115)는 화제화 어순변화에 의한 초점화에 대해 다음과 같은 몇 가지 형식을 제시한다.

첫째, 화제 대비 초점화

이는 **복문 구조에서 화제성분을 대비시키는 초점화**이다. 다음 예를 보자.

(31) a. **新杂志**我买, **旧的**我不买。
새 잡지는 내가 사지만, 옛날 것은 안 산다.
b. **今天的排球比賽**他參加, **明天的**我參加。
오늘의 배구경기는 그가 참가하고, 내일의 경기는 내가 참가한다.
c. **饭**他吃完了, **菜**一点儿没动。
밥은 그가 다 먹었지만, 요리는 하나도 손대지 않았다.
d. **我**酒不喝了, **我哥**还喝。
나는 술을 안마시고, 우리 형은 계속 마실 거야.
e. **现在**我酒不喝了, **以后**也不想喝了。
지금도 나는 술을 안 마시고, 이후에도 역시 안 마실 거야.

(31)a-e에서 나타나는 초점의 의미는 **[+ 대비]**이다. 즉, 예a에서는 '新杂志'와 '旧的(杂志)'가, 예b에서는 '今天的排球比賽'와 '明天的(比賽)'가 각각 대비적인 내용이다. 또 c에서 '饭'과 '菜'도 대비적이다. 특히 a, c처럼 술어의 내용을 정반대의 것으로 함으로써 대비의 효과가 더 극명해진다. d는 '**我**'와 '**我哥**'가 대비되며, e의 경우는 시간명사구 화제인 '**现在**'와 '**以后**'가 [+ 대비]를 보인다.

둘째, 차화제 초점화

이는 화제화 이중명사 'Topic$_1$+Topic$_2$+VP' 구문에서 어순변화에 의해 생기는 **차화제인** 'Topic$_2$'**에 대한 초점화**이다. 다음 예를 보자.

(32) a. 他**工作**积极。
그는 일만큼은 적극적이다.
b. 他**做事**认真。
그는 일하는 것도 열심이다.

陳平(1994:167)은 이처럼 수사자를 술어 앞에 내세우는 구문이 초점표현을 위한 의도적 발화임을 설명한 바 있다. 이런 표현도 대조나 대비와 관련이 있다. 한국어로 해석할 때는 잘 드러나지 않는 것 같지만 분명히 'Topic$_2$'는 초점적 표현이므로 적절한 **강조조사를 부가하거나 강세 등의 수단을 써서 표현해야 적절하다**.

또 이 구조를 가지며, **차화제가 '[+ 모두(ALL, 周遍性)]'의 의미를 나타내는 초점화 현상**도 흔히 보인다. 다음 예를 보자.

(33) a. 他**谁**都赞成。
그는 누구라도 찬성한다.[111]
b. 我**哪儿**都不去。
나는 아무데도 안 간다.
c. 他**什么事**都不知道。
그는 아무 일도 모른다.
d. 我**一个人**也不认识。
나는 한 사람(/아무)도 모른다.
e. 他**上海, 杭州, 南京**都去过。
그는 상하이, 항저우, 난징까지 모두 가보았다.

위의 예는 화제화 이중명사 'Topic$_1$+Topic$_2$+VP' 구문에서 'Topic$_2$'가 의미적으로 '**[+ 모두]**'의 의미를 나타내는 경우이다. a-c의 각 예에는 의문대명사 '誰', '哪儿', '什么' 등을 쓰나, 이들은 **구체적인 의문의 뜻이 있는 것이 아니다**. 모두 뒤의 '都'와 결합하여 [+ 모두]의 의미를 나타낸다. 또 d의 경우는 **수사 '一'를 쓰고 있지만 이는 '하나(/한 개)'의 수 의미가 아니다**. 역시 뒤의 '都/也' 등과 결합하여 [+ 모두]의 의미를 나타내며, e의 경우도 도시 3개를 열거했지만 의미적으로는 뒤의 '都'와 결합하여 [+ 모두]의 의미를 나타낸다.

---

111 예a 와 c는 술어 앞에 [+ 유생]으로 해석될 수 있는 명사구가 존재함으로써 중의성이 발생하나, 여기서는 구문의 특징상 [- 유생]만 고려하며, 이때는 역시 [+ 모두]의 의미특징을 보인다.

9.3. 화제사구(TopP)

화제사구는 보문사구의 하나이다. 이에 대해 화제기능 범주와 화제와 주어 문제를 중심으로 알아보자.

9.3.1. 화제 기능범주

1) 정의와 핵 분류

화제사구에 대해 정의해 보자.

(34) a. 화제사구(TopP)는 보문사(complementizer)의 한 종류인 **화제사(TOPIC)를 핵**으로 하여 최대투사되는 구이다.
b. 현대중국어에서 화제사는 '啊, 吧, 呢, 嘛' 등이 있지만, 흔히 '쉼'을 통해 실현된다.

중국어의 **화제사**에 대해 다음과 같이 분류할 수 있다.

(35) 화제사의 분류와 예

분류	예
명시적 화제사	啊
	吧
	呢
	嘛
비명시적 화제사	∅, (,)

화제화(Topicalization, **话题化**)란 어떤 성분을 화제[112]로 실현하는 과정을 말한다. 다시 말해서, 발화자가 한정적인 명사구를 의도적으로 문두에 배치시켜 **진술대**

상(Topic)으로 삼고, 이에 대해 후속하는 **평언**(comment)으로 진술하는 '일련의 문법적 현상'을 '화제화'라 한다.

중국어에서 명시적인 화제사에 근거하여 화제사구의 예를 보이면 다음과 같다.

(36) a. **這個事情啊**, 我沒聽清楚.
이 문제는, 내가 똑똑히 듣질 못했다.
b. **昨天上午啊**, **德胜门外头啊**, **一个老头啊**, 钓上来一条十来斤重的鱼。
어제 오전에는 말이야, 더성먼 밖에서는, 한 노인네가 열 근이나 되는 물고기 한 마리를 낚아 올렸대.

(37) a. **这个唱歌吧**, 起源于劳动。
이 노래는 말이야, 노동에서 기원한다.
b. 譬如**喝茶吧**, 老张最懂得喝茶, 最讲究喝茶。
예를 들어 차 마시는 것은 말이지, 라오장이 가장 잘 알고, 가장 꼼꼼히 따진다.

(38) a. **钱包呢**, 我倒被人偷过好几回了。
지갑은 말이지, 내가 여러 번 날치기 당했어.
b. 他给了**儿子呢**一幢房子, **女儿呢**一只钻戒。
그가 아들에게 준 것은 집 한 채이고, 딸에게는 말이야, 반지야.

(39) a. **講課問題嘛**, 我們已經安排好了。
강의 문제는, 우리가 이미 배정을 마쳤다.
b. **说到桥牌嘛**, 他可是数一数二的高手。
브릿지게임으로 말하자면, 그가 1, 2 등을 다투는 고수이다.

---

112 화제는 발화의 시작으로, **항상 구정보(기지 정보)나 익숙한 정보**이다. 아래의 예문을 비교해 보자.
Speaker a: I've been having problems with the Fantasy Syntax seminar.
나는 '판타지 통사론 세미나'에 문제가 좀 있었어요.
Speaker b: That kind of course, very few students seem to be able to get their Heads round.
그런 수업은 아주 소수의 학생만 이해할 수 있는 것 같아요.
화자 b의 'that kind of course'는 화제로, 화자 a의 'the Fantasy Syntax seminar'를 **재지시**(回指)한다. **화제는 항상 화제사구**(TopP)**의 지정어 자리**에 놓인다.

2) 화제구의 통사 위치

'중국어는 화제가 두드러진 언어(Topic prominent language, 话题突出的语言)'라는 말은 이미 많은 학자들이 공인하는 말이다.[113] 그리고 화제에 관한 연구, 특히 화제의 성격과 기능 및 분류 등도 적지 않게 진행되었다.[114] 먼저 다음 수형도를 통해 화제의 도출 위치를 살펴보자.

(40) 화제사구의 통사 위치

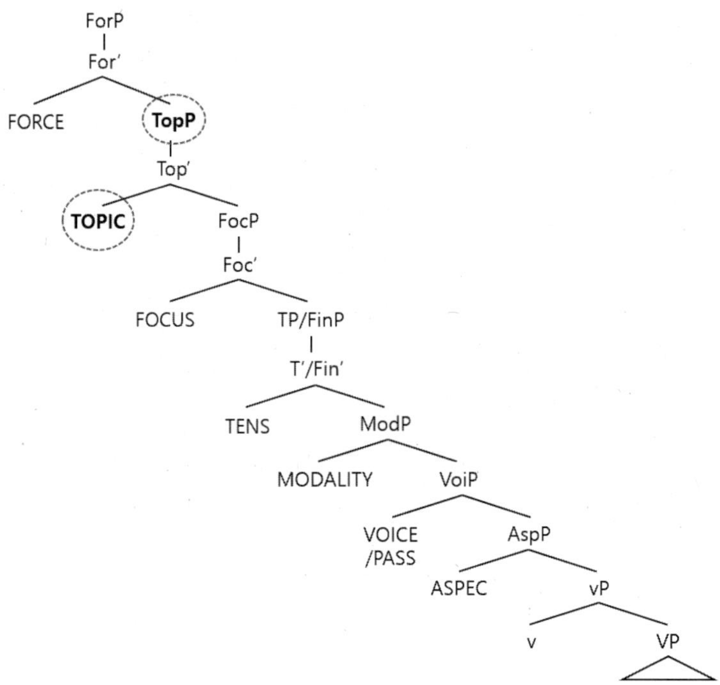

113 曹逢甫(1995[1979]), Li & Tompson(1981), 김종호(2011), 梅广(2015) 등을 볼 때, 현대중국어는 물론이고 고대중국어에서도 화제사구는 매우 흔하게 발견된다. 김종호(2017), (2019), (2020) 참고.

114 화제의 문두성과 한정성도 중시되는 개념이다. 그렇다면 다음과 같이 문두에 위치하는 명사구도 화제인가?

a. 每一个房间我都找遍了。
모든 방마다 나는 다 찾아보았다.

b. 什么活儿他都抢先干。
무슨 일이든 그는 먼저 하려 한다.

위 수형도에서 보듯 중국어 **화제사구(ModP)는 어기사구(ForP)의 아래, 초점사구(FocP)의 위에서 도출된다.**[115] 화제의 위치는 소위 **좌연구조**(Left periphery, 左缘结构), 즉 TP의 위 CP의 사이에서 위치한다. 그러나 필자는 **이동하여 생성되는 화제**와 **기저 생성**(base generated)되는 **화제 간에는 계층차이**가 있으며, **관계절화에 있어서 차이**[116]도 발생한다고 본다.

9.3.2. 화제와 주어

1) 위계 차이

화제와 주어는 같은 개념인가? **엄연히 다른 개념**이지만, 중국의 언어학계에서는 흔히 화제를 주어로 간주하곤 했다. 朱德熙(1982)는 "발화자는 자신이 가장 관심 있는 화제를 주어로 삼는다. 술어는 바로 선택된 화제에 대한 진술이다. 일반적으로 주어를 화제라고 말하는데, 이는 표현의 각도에서 말한 것이다."라고 주어와 화제를 같은 대상으로 설명한다. 또, Hockett(1986)도 "주술구조의 가장 일반적인 특징은 이를 구성하는 직접성분의 명칭인 화제와 평언이라는 2가지 용어를 통해 인식할 수 있다. 화자는 먼저 하나의 화제를 선포하고 난 후, 그에 관해 설명한다"라고 한다. 중국어의 문장은 찬합(套盒)처럼 주술식 안에 주술식이 있을 수 있다"라고 설명한다. 그의

---

c. 什么事儿他心里都有一本帐。
 무슨 일이든 그는 마음속으로 계산이 있다.
d. 一切办法我都试过了。
 모든 방법에 대해서 말이지, 나는 다 적용해 보았다.
e. 一句话他都没说。
 한 마디 말도 그는 안 했다.
f. 谁他都不认识。
 누구든 말이지 그는 알지 못해.

陆俭明(2001[1986]) 선생은 위의 예a-f에서 보이는 문두의 명사구는 모두 소위 '**보편성**(all, 周遍性)'의 개념을 가지며, 청자의 머릿속에 어떤 한정적인 지시대상을 떠오르게 하지 못한다고 보아 화제구문으로 보지 않는다.

115 邓思颖(2010:223)는 Baltin(1982)의 견해를 인용하여 중국어의 **화제도 보문사구(CP)의 부가어일 것**이라고 본다. 이를 표찰붙은 괄호로 나타내면 다음과 같다.
(34) $[_{CP}$ TOPIC $[_{CP}$ $_{C'}[_{TP}$ Subject $[_{T'}[_{vP}$ $_{v'}[_{VP}$ V...]]]]]]

116 다음 절 9.3.2의 해당 부분 및 제5장의 4.3을 참조하라.

유명한 예를 보자.

(41) a. 我今天城里有事。
나는 오늘 시내에서 일이 있다.
b. 今天城里有事。
오늘 시내에서 일이 있다.
c. 城里有事。
시내에서 일이 있다.

그는 a에 대한 분석에서 '我'가 화제이고 나머지 부분은 평언으로 본다. 또 b에서는 '今天'이 화제이고 나머지 부분은 평언으로 본다. c에서는 '城里'를 화제로, '有事'를 평언으로 본다. 여기에서 Hockett 역시 주어와 화제를 구분하지 않았음을 알 수 있다. 그러나 그는 **영어에서는 화제와 주어를 명확히 구분**한다.

(42) <u>That new book by Thomas Guerbsey</u> ‖ I haven't read yet.
Thomas Guerbsey의 그 새 책을 나는 아직 읽지 않았다.

그는 'That new book by Thomas Guerbsey'에 대해 이것은 문장의 화제이지, 주어가 아니라며, 화제를 먼저 말한 이유는 화자가 무엇을 먼저 말하려는지를 명확하게 밝히기 위함이라고 설명한다. 또, 그는 'I haven't read yet.'은 전체 문장의 평언으로 보며, 여기서의 주어는 'I'이고, 앞에서 말한 화제는 술어성분 'haven't read (yet).'의 목적어라고 한다.

우리는 중국어에서도 영어와 마찬가지로, 화제와 주어를 명확히 구분할 수 있다. 주어는 시제범주와 일치 관계를 맺는 성분이고, 이에 반해, 화제는 화제범주(Top)와 일치를 맺는 성분이기 때문이다. **양자 간에는 통사적으로 명확한 위계 차이**가 있다. 다음 수형도를 보자.

(43) 화제의 주어의 통사적 위계 차이

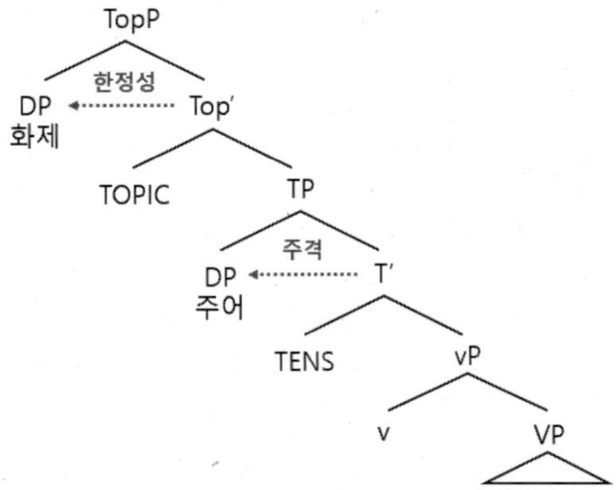

'주어'는 시제사(TENS)의 확대투사(EPP) 자질에 의해 지정어의 위치(TP-Spec)에서 주격을 받는 한정사구(DP)에 대한 명칭이다. **'화제'**는 화제사(TOPIC)의 확대투사(EPP) 자질에 의해 지정어의 위치(TopP-Spec)에서 화제로서의 자격을 받는 한정사구(DP)에 대한 명칭이다. 따라서 위계가 엄연히 다르고, 각각의 기능핵 또한 다르다. 단지 표면적으로 모두 문두에 위치한다는 이유만으로 그것들의 기능과 위계를 혼동하면 옳지 않다.

2) 화제의 내원

주어와 화제의 또 다른 점은 그것들이 보이는 내원의 차이를 통해서도 구분된다. **이동 생성 화제의 내원**을 보여주는 다음 수형도를 보자.

(44) 이동 생성 화제(어)의 출처

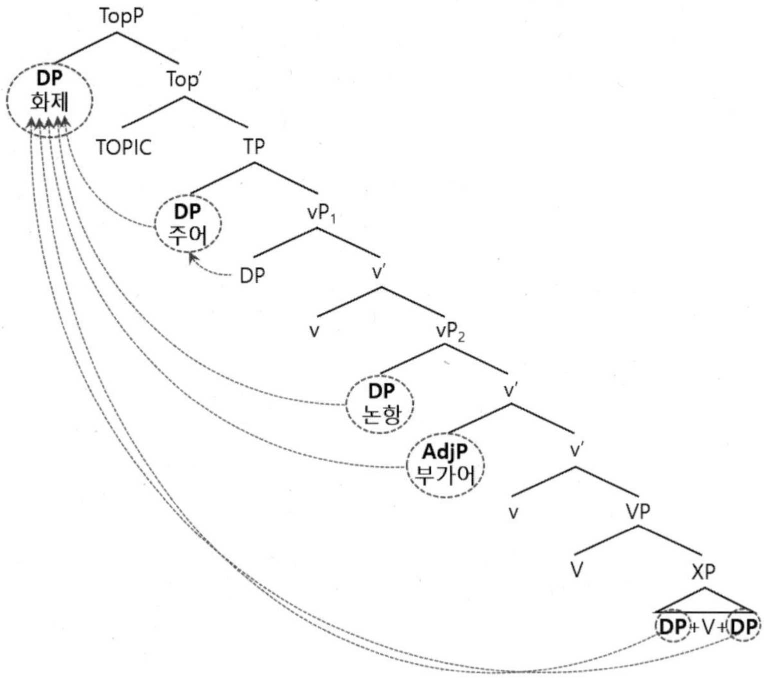

도합 5종류의 **화제 출처**에 대해 예문을 통해 살펴보자.

첫째, 동사의 보충어 논항이 화제화 하는 경우

(45) a. **<u>这个问题</u>**我们正在进行讨论。
이 문제는 우리가 현재 토론 중이다.

b. **<u>那个问题</u>**我问過王老师。
그 문제에 대해서는 내가 왕 선생님께 여쭌 적이 있다.

c. **<u>小王</u>**, 我通知**<u>他</u>**一件事。
샤오왕에게는 내가 (그에게) 한 가지 일을 통지했다.

d. **<u>牛奶</u>**你拿我们家的吧。
우유는 당신이 우리 집의 것을 가져가세요.

동사와 관련을 맺는 다양한 성분들이 **화제화**됨을 알 수 있다. a는 지배대상 논항이, b는 직접목적어 논항이, c는 수여대상자 논항이, d는 지배대상자 논항의 일부가 각각 화제화된다.

둘째, 동사의 보충어 종속절(XP) 속 논항이 화제화 하는 경우

동사의 보충어 논항이 종속절(XP)일 경우, 종속절 속의 논항도 화제화된다.

(46) a. 我认为**小张**办不了**这件事**。
나는 샤오장이 이 일을 처리할 수 없다고 본다.
b. **小张**, 我认为办不了**这件事**。
샤오장은 말이지, 내 보기에 이 일을 처리하지 못할 것 같다.
c. **这件事**, 我认为**小张**办不了。
이 일은 말이지, 내 보기에 샤오장이 처리하지 못할 것 같다.
d. **小张**, **这件事**我认为办不了。
샤오장은 말이지, 이일에 대해서는, 내 보기에 처리하지 못할 것 같다.

b-d는 a의 절 속 논항이 화제화하는 각 예를 보여준다. b는 종속절 속의 주어 논항이, c는 종속절 속의 지배대상 논항이, d는 종속절 속의 주어 논항과 지배대상자 논항이 모두 화제화된 경우이다.

이상의 결과를 보면 중국어의 화제화는 의미전달의 안정성만 해치지 않으면, 동사의 다양한 성격의 지배대상자 논항뿐만 아니라, 심지어 종속절 보충어 속의 매우 깊숙한 곳에 있는 논항도 화제화할 수 있음을 보여준다.

셋째, 부가어 속 논항이 화제화 하는 경우

부가어(/부사어) 속의 논항들도 화제가 될 수 있다. 다음 예를 보자.

(47) a. **生病的时候**我特别想你。
병이 났을 때는 말이지, 나는 특히 네 생각이 나더라.
b. **明天**咱们吃过早饭就去上班。
내일은 우리가 아침식사를 하고서 출근한다.

c. **<u>西安</u>**, 我們打算多住一天。
서안에서는 말이지, 우리가 하루 더 묵을 생각이다.

d. **<u>操场上</u>**, 几个男孩正在那儿踢足球呢。
운동장에서는 몇 명의 남학생들이 축구를 하고 있다.

부사어의 위치에서 문두로 이동하여 화제화 하는 경우도 매우 흔하다. 특히 시간이나 장소명사구가 부사어의 위치에서 주어의 앞에 위치함으로써 화제화 되는 경우가 가장 일반적이다.

또, 각종 **전치사의 목적어 성분들도 화제화** 할 수 있다.

(48) a. **<u>这帮孩子</u>**, 你对**<u>他们</u>**可不坏。
이 아이들에 대해서는 말이지, 너는 그들에게 나쁘게 대하면 안 돼.

b. **<u>花</u>**我还没给<u>它</u>浇水呢。
꽃에게는 내가 아직 물을 주지 않았다.

c. **<u>饭馆里</u>**咱们(<u>在那里</u>)不好说话。
<u>호텔에서는</u> 우리가 말하기가 좋지 않다.

d. <u>芹菜</u>王师傅(<u>用它</u>)包饺子了。
미나리<u>로는</u> 왕주방장이 교자를 빚었다.

이 경우는 화제화로 이동한 성분들의 원래 위치에 소위 회생대명사를 사용한다. 이때 (49)a-b의 회생대명사는 삭제할 수 없지만, c-d의 부사어는 생략이 가능하다.

넷째, 피사역자 표시 경동사구 지정어 논항이 화제화 하는 경우

사동구 속 **피사역자**, 즉 지정어(vP_2-Spec) 자리의 논항도 화제가 될 수 있다.

(49) **<u>大门</u>**他已经把**<u>它</u>**上了锁了。
대문은 그가 이미 열쇠를 걸어두었다.

고대중국어 『논어』에도 이런 유의 화제화는 흔하게 보인다.

(50) a. <u>由也</u>(T_i), 千乘之國可使[e_i]治其賦也.「公冶長 8」
자로는 말이죠, 병거 천대의 나라에서 (군주가) (그로) 하여금 조세를 담당하게 할 수 있을 것입니다.
b. <u>肉雖多</u>(T_i), 不使[e_i]勝食氣.「鄕黨 8」
고기가 비록 많더라도, (공자는) (고기가) 식기(/곡기)를 이기게 하지는 않으셨다.

a의 경우는 한정사구(由) 뒤에 명시적인 화제사(也)가 온 경우이고, b의 경우는 절(XP: 肉雖多)가 화제로 쓰인 경우이다.

다섯째, 주어 논항이 화제화 하는 경우

시제사의 지정어(TP-Spec) 자리에서 주어(outer subject)로 투사된 논항도 다시 화제사에 의해 화제로 투사될 수 있다. 다음 예를 보자.

(51) a. <u>老李</u>个儿很高。
라오리는 키가 크다.
b. 老李的个儿很高。
라오리의 키는 크다.

(52) a. <u>吴先生</u>, 他父亲很有钱。
미스터 오, 그는 부친이 부자이다.
b. 吴先生的父亲很有钱。
미스터 오의 부친은 부자이다.

(53) <u>老李</u>, 个子高, 相貌好, 性情温和, 待人诚恳, 爱好广泛, 深得大家喜欢。
라오리는 키가 크고, 용모가 좋으며, 사람을 대하는 태도가 진실되며, 취미가 다양하여, 여러 사람들의 사랑을 받는다.

(51)a-(52)a의 밑줄 친 화제들은 각각 예문b의 주어에서 그 일부분, 즉 속격의 명사구들이 문두로 이동한 것이다.[117] 그러나 엄격히 말해 각 예문의 a와 b는 완전히 같

---

117 박호관(2004)은 한국어에서 이중명사구문의 유형을 '기저 이중 주어 구문', '속격의 주격화 구문' 및 '보충격의 주격화 구문'의 세 가지의 유형으로 분석한다. 여기서 그가 말한 소위 '속격

은 의미일까? 즉, (51)a의 진술대상은 '老李'이고, b의 진술대상은 '老李的个儿'이며, (52)a의 진술대상은 '吴先生'이고, b의 진술대상은 '吴先生的父亲'이다. 해당 명사구의 이동이냐 아니냐의 문제는 이러한 각각의 두 문장을 등가로 처리할 수 있는가의 여부와 관련이 있다. 이 경우 (51)은 동일인에 대해 진술하는 경우이므로 두 의미 사이에 별 차이가 없는 것처럼 느껴질 수도 있다. 그러나 (52)의 경우는 다르다. '미스터 오'에 대한 진술인지 '미스터 오의 아버지'에 대한 진술인지의 차이는 별건이다. 한편, (53)에서 보듯, '老李'에 대해 **화제연쇄(Topic chain)**을 이루어 설명하려는 화자의 의도 하에 화제화된 경우도 있다.

이상에서 주어 논항이 화제화되는 (51)-(53)에서 보듯, 시제사의 지정어(TP-Spec) 자리에서 주어(outer subject)로 투사된 후, 다시 화제사에 의해 화제로 투사될 수 있다. 이처럼 주어를 화제로 삼는 경우도 자연스럽게 일어나므로, 이로 인해 주어와 화제를 동일시하는 현상도 생긴 것 같다. 그러나 **화제는 주어와 서로 다른 통사위치와 기능범주를 가지는 것**이므로, 주어와 화제는 함께 논할 수 없는 별개의 대상이다.

이어서 화제와 주어의 통사 · 의미적 차이를 살펴보자.

3) 통사 · 의미적 차이

화제와 주어는 통사 · 의미적으로도 차이가 있다.

첫째, 범주의 일치 여부

화제는 주어와 본질적으로 다르다. 전자는 화제범주와 일치를 이루는 성분인데 반해, 후자는 시제범주와 일치를 이루는 성분이기 때문이다. 시제범주와 일치를 이루고, 다시 화제범주로 투사되는 경우는 화제와 주어가 **동일한 대상**이다. 다음 예를 보자.

(54) a. **我们**昨天开了一个会。
우리는 어제 회의를 하나 열었다.
b. **我**给小王写了一封信。
나는 샤오왕에게 편지를 한 통 썼다.

의 주격화 구문'이 바로 위의 예에 해당한다.

c. 他把电视机弄坏了。
그는 텔레비전을 망가뜨렸다.

d. 我用这支笔写小楷。
나는 이 펜으로 해서체를 썼다.

e. 电视机让他弄坏了。
텔레비전은 그로 인해 망가졌다.

f. 这支笔我用来写小楷。
이 펜은 내가 해서체를 쓰는 데 사용했다.

g. 小王我也给他写了一封信。
샤오왕에게는 나도 편지를 한 통 썼다.

h. 昨天我们开了一个会。
어제는 우리가 회의를 하나 열었었다.

朱德熙(1982)는 위 예문에서 밑줄 친 부분을 모두 주어로 구분했는데, 이는 **朱德熙가 주어를 화제로 인식**했기 때문이다. 구조적으로 보면, 위의 밑줄 친 부분은 모두 화제이다. 위의 예에서 a-e의 밑줄 친 부분은 먼저 시제범주와 일치를 이루고, 다시 화제범주와 일치를 이룬다. 그러므로 이러한 **성분들은 주어이자 화제인 경우**이다. 그럼에도 불구하고 그 통사적 계층은 서로 다름에 유의해야 한다.

한편, f-h의 예는 화제범주와 주어범주가 일치를 이루지 않는다.

(55) a. 这支笔我用来写小楷。
이 펜은 내가 해서체를 쓰는 데 사용했다.

b. 小王我也给他写了一封信。
샤오왕에게는 나도 편지를 한 통 썼다.

c. 昨天我们开了一个会。
어제는 우리가 회의를 하나 열었었다.

(55)a의 화제 '这支笔'는 '用'의 목적어가 이동하여 생성된 화제이다. b의 밑줄 친 '小王'은 '给'의 목적어가 이동하여 생성된 화제이다. c의 밑줄 친 화제 '昨天'은 부사어 위치에서 화제 자리로 이동하여 생성된 화제이다. 이러한 성분들은 모두 화제일 뿐 주어가 아니다.

둘째, 회생대명사 남기기

이동으로 인한 통사 도출의 실패를 막기 위해, **어떤 성분은 화제의 자리로 이동한 후에 원래 자리**에 자신과 호응하는 대명사를 남겨야 한다. 이를 **회생대명사**(resumptive pronoun)라고 한다. 아래의 예문을 살펴보자.

(56) a_1. 我跟这个人通过信。
나는 이 사람과 연락을 주고 받았다.
a_2. 这个人我跟<u>他</u>通过信。
이 사람과 나는 연락을 주고 받았었다.
b_1. 我一共给了小王五十块钱。
나는 샤오왕에게 총 50원을 주었다.
b_2. 小王我一共给了<u>他</u>五十块钱。
샤오왕에게는 내가 총 50원을 주었다.
c_1. 我曾经帮这位教授整理过稿子。
나는 일찍이 이 교수님께서 원고 정리하는 걸 도와드린 적이 있다.
c_2. 这位教授我曾经帮<u>他</u>整理过稿子。
이 교수님께 나는 일찍이 원고 정리하는 걸 도와드린 적이 있다.
d_1. 我用这把刀切肉。
나는 이 칼로 고기를 썰었다.
d_2. 这把刀我用<u>它</u>切肉。
이 칼로는 내가 고기를 썰었다.
e_1. 你应该劝老王休息一会儿。
당신은 라오왕이 좀 쉬도록 권해야만 합니다.
e_2. 老王, 你应该劝<u>他</u>休息一会儿。
라오왕은 말이지, 당신이 좀 쉬라고 권해야 한다.

위의 각 예의 두 번째 예에서 보듯 화제화한 것들은 모두 **절의 내부에 회생대명사를 배치하며, 화제화하는 경우로, 기저 생성 화제이다.**

셋째, 관계절화 여부

중국어에서 **기저 생성 화제는 관계화가 불가능**하지만, **주어는** (phi-자질이 완전하여) **관계화가 가능**하다. 다음 예를 보자.

(57) a. 小说, 我喜欢《红楼梦》。
소설은 내가 『홍루몽』을 좋아한다.
*我喜欢红楼梦的小说
b. 我喜欢《红楼梦》。
나는 『홍루몽』을 좋아한다.
喜欢《红楼梦》的我
『홍루몽』을 좋아하는 사람.

(57)a의 '小说'의 경우처럼 **기저 생성(Base-Generated, 基础生成)된 화제사구는 관계절화[118]가 성립하지 않는다**. 반면 b처럼 '我'가 주어인 경우는 관계절화가 가능하다. 이는 화제와 주어가 통사적 특성이 다르다는 것을 의미한다. 만일 단순히 '小说'와 '我'를 모두 주어로 간주한다면, 이러한 차이를 설명하기가 쉽지 않다.

넷째, 한정성 문제

이미 여러 예문에서 보았듯, **화제는 반드시 한정성(definiteness, 有定)[119]을 가진다**. 다시 말해, 화제는 비한정(indefinite, 无定)성분을 배제하지만, **주어는 비한정 성분을 배제하지 않는다**. 다음 예를 보자.

(58) a. *<u>一个小孩儿</u>来了。
b. 有<u>一个小孩</u>儿来了。

---

118 **관계절화**에 관해서는 본서 제5장의 4.3을 참고하라.

119 **한정성**이란 명사구가 가진 자질(Feature)의 하나로, 담화문맥상에서 모든 명사구는 한정적(definite)이거나 비한정적(non-definite)인 것 중의 하나에 속한다. 이때 화자가 자신이 생각하고 있는 특정의 지시물을 **청자도 알고 있으리라고 가정하고 있는 경우 그 표현을 한정적 표현**이라고 하며, 반면에 청자의 앎까지 가정하지는 않는 경우 그 표현을 비한정적 표현이라 한다. Chafe(1976:38-43)는 '청자가 지시된 사물 가운데서 판정할 수 있다고 가정하고, 화자가 생각하여 선택해낸 명사구'를 한정적인 것으로 보았으며, Li and Thompson(1981:15,134)도 '청자가 발화에 대하여 어느 정도 지식을 가지고 있을 것이라고 화자가 추측하고 언급하는 것'을 한정적인 것으로 보았다. 김종호(2011:57) 한편, 지시성과 한정성에 대해서는 본서의 5장 4.2를 참고하라.

어떤 한 아이가 왔다.

c. 昨天一个小孩儿来了。

어제 한 아이가 왔다.

이 특징은 주어가 화제와 한정성에 있어 차이가 있음을 나타낸다. (58)에서 주어로 쓰인 '一个小孩儿'은 비한정성의 명사구로서, a처럼 직접 문두에 나서면 비문이지만, b처럼 비한정성을 나타내는 '有'를 쓰거나, c처럼 시간명사구가 앞을 막아주면 성립한다. 이처럼 주어는 결코 비한정 성분을 배제하지 않는다. 주격을 부여하는 시제범주는 phi-자질을 가진 명사구면 일치 관계를 맺을 수 있다. 따라서 **중국어 시제 범주는 명사구가 한정성을 가지는지의 여부에는 관심 없는 것 같다. 따라서 중국어의 주어는 한정적 성분일 수도 있고, 비한정적 성분일 수도 있다**.

9.3.3. 이동생성 화제와 기저생성 화제

화제는 생성 차원에서 두 가지로 나눌 수 있다. 하나는 **이동 생성화제**이다. TP 내부에서 온 것으로, 논항일 수도 있고 부가어일 수도 있다. 이러한 성분은 모두 화제사의 확대투사자질(EPP F)을 의 투사를 받으면, 화제 자리로 이동하게 된다. 다른 하나는 **기저 생성된 화제**로, 이동을 거치지 않고 직접 화제사(Top)와 병합한 것이다.[120]

이동생성 화제와 기저생성 화제의 도출 과정에 대해 수형도를 통해 구체적으로 살펴보자. 먼저 이동 생성화제에 대해 살펴보자.

첫째, 〈대상자〉 논항 이동 화제

다음 수형도를 보자.

120 본장의 9.3.2에서 살펴본바와 같이, **이동 생성된 화제**는 관계절화가 가능하며, TP 내에 화제(어)와 상응하는 통사적 빈자리가 있거나 회생대명사가 존재한다. 그러나 **기저 생성된 화제**는 관계절화가 불가하며, TP 내에 그것과 상응하는 통사적 빈자리가 없고, 회생대명사도 존재하지 않는다.

(59) '那顿饭, 他吃完了'의 도출

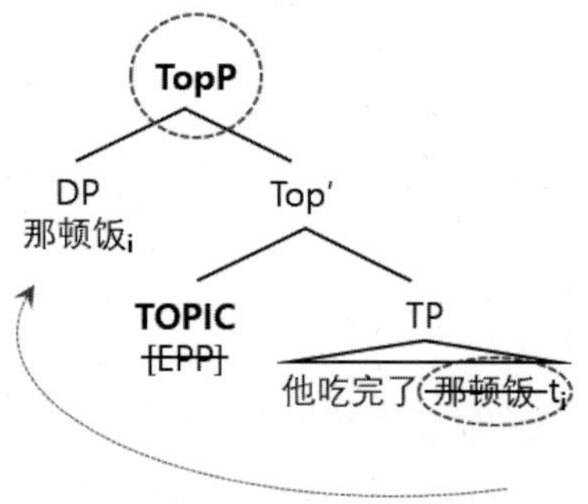

화제 '那顿饭'은 원래 동사핵 '吃完了'의 보충어(complement)로서 〈대상자〉 의미역을 받는다. 이후 화제사 '∅'에 있는 EPP자질에 의하여 이끌리어 화제사구의 지정어 위치로 이동하여 화제가 된다. 다음과 같은 예는 모두 위와 같은 기제에 의해 생성된다.

(60) a. **这件事**$_i$我来办t_i吧。
이 일은(/을) 내가 처리할게.
b. **那本书**$_i$我已经买了ti。
그 책은(/을) 내가 이미 샀다.
c. **交通问题**$_i$我们解决t_i。
(그)[121] 교통문제는(/를) 우리가 해결한다.
d. **早饭**$_i$你上我家吃ti吧!
(오늘) 아침은(/을) 우리 집에 와서 드세요!

위의 (60)a-d에서 보듯 각 화제들은 모두 핵 동사의 보충어 논항으로, 동사에 의해 이미 〈대상자〉 의미역을 할당받은 것들이다. 따라서 한국어에서 모두 목적격 조사를 붙여도 성립한다. 이는 핵동사가 '인지/지각/느낌' 등의 의미를 가지는 경우에도 적용된다.

121 화제는 이미 언어 환경상 한정성을 확보한 명사구이므로, c, d의 한국어 해석에서 보듯, 구체적인 정황이 드러나도록 적절한 한정성 어구를 덧붙이는 것이 좋다.

(61) a. **<u>这件事</u>**$_i$我记得[t_i]。
이 일은 내가 기억하고 있다.
b. **<u>金斗汉</u>**$_i$我是知道[t_i]的。
후다오창은 내가 안다.
c. **<u>这首曲子</u>**$_i$我很熟悉[t_i]。
이 노래는 내가 잘 안다.
d. **<u>这个字啊</u>**$_i$, 我不认识[t_i]。
이 글자는 말이야, 난 잘 모르겠는데.
e. **<u>这个英文句子</u>**$_i$真难, 我不懂[t_i], 他也不懂[t_i]。[122]
이 영어 문장은 어려워서 나도 모르고, 그도 모른다.

예(61)a-e에서 보듯, 인지동사의 보충어 논항은 동사구(VP) 단계에서 모두 〈대상자〉 의미역을 할당받는다. 이 역시 한국어 목적격 조사 '-을/를'을 부가할 수 있다는 것을 통해서도 증명된다.

둘째, 부가어 속 논항 이동 화제

시제사구(TP) 아래에서 부가어로서 〈도구/방식/재료〉 등의 의미역을 할당 받았던 한정사구도 문두, 즉 화제사구의 지정어(TopP-Spec) 위치로 이동하여 화제가 될 수 있다. 다음 예를 보자.

---

122 어떤 화제는 연쇄된 복문 속에서 여러 개의 진술내용에 대해 관여할 수 있다.

(1) 那棵树花小, __∅__ 叶子大, __∅__ 很难看, 所以我没买 __∅__。
<u>그 나무는</u> 꽃이 작고, 잎이 크며, 예쁘지 않아서, 나는 사지 않았다.
(2) 这本书大学生们都很欢迎 __∅__ , 因为 __∅__ 内容精彩, __∅__ 分析简单明了, __∅__ 特别便于检索。
이 책은 대학생들이 모두 환영하는데, 왜냐면 내용이 좋고, 분석이 간단명료하며, 특히 검색에 편리하기 때문이다.

이처럼 '화제화'는 긴 내용을 연쇄적으로 연결하여 문장 혹은 단락의 연계성을 강화하는 기능을 한다. 이러한 현상을 **화제연쇄(Topic chain)**이라 한다. 曹逢甫(1977), 石定栩(1989), 김종호(2011) 참고.

(62) '大杯, 他喝啤酒.'의 도출

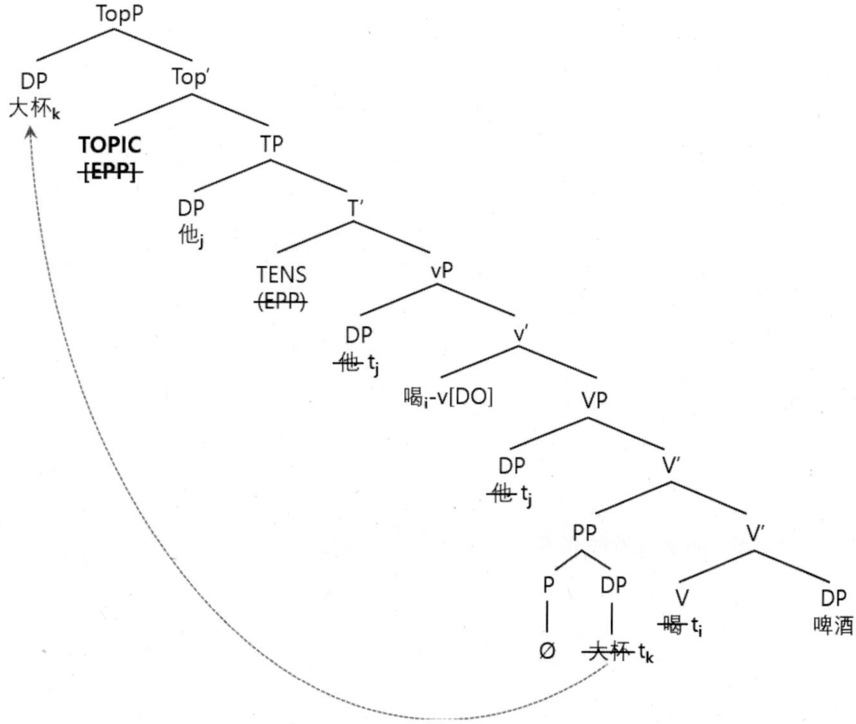

위 수형도에서 보듯, 화제사구(TopP)의 지정어 위치를 채우기 위해 연산과정 중 **탐침**(probe)하여 찾을 수 있는 명사구는 〈행위자〉인 주어(他)를 제외하고, 동사 'VP'의 지정어 위치에 있는 도구표시 한정사구 '大杯'가 우선 대상이다. 순서상 보충어 위치의 '啤酒'보다 **근접거리**에 있기 때문이다. 따라서 도구표시 명사구가 먼저 TopP의 지정어 위치로 이동하여 도구 화제사구를 도출한다. 도구표시 화제구문은 중국어에서 흔히 보이는 자연스런 화제사구이다.

(63) a. **那个锅**, 奶奶煮饺子吗?
그 솥으로는 할머니가 교자를 찌시나요?

b. **这把刷子**, 他漆过家具吗?
이 솔로는 그가 가구를 칠한 적이 있습니까?

c. **这支试管**, 他化验尿了吗?
이 시험관으로는 그가 소변검사를 했습니까?

2) 기저 생성 화제

화제가 시제사구(TP) 아래에서 동사나 전치사와 논항 관계를 가진 것이 확인되지 않는다면, 그 화제는 **기저에서 생성**(base generated)된 것이다. 다음 예를 보자.

(64) **水果**, 他喜欢吃苹果吗？
과일은 말이죠, 그가 사과 먹는 것을 좋아합니까?

(65) **那场火**, 幸亏消防队来得早。
그 화재는 말이죠, 다행스럽게도 소방대가 빨리 오게 되었죠.

예(64)에 대한 수형도를 보자.

(66) '水果, 他很喜欢吃苹果.'의 도출

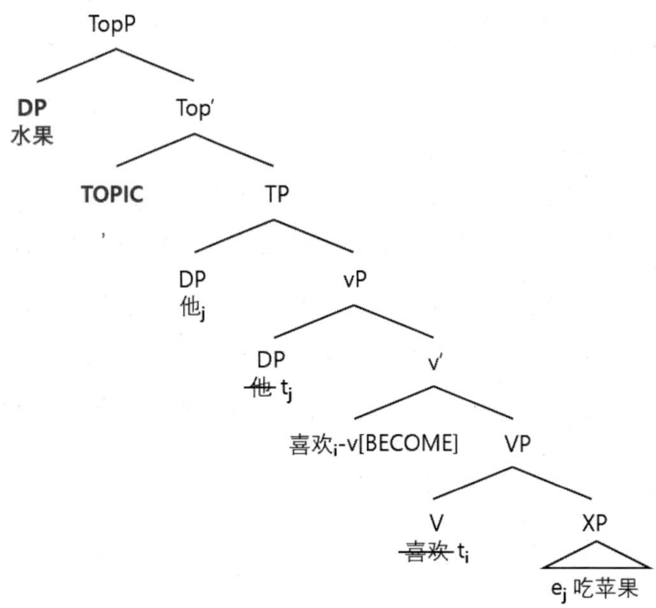

위의 수형도에서 화제어 '水果'는 술어와 **논항 관계가 없으므로**, TP 내에서 그 위치를 찾을 수 없다. 따라서 이 화제 어휘는 어휘부에서 추출되어 **외부병합**(external Merge)**된 것**으로 보인다. 또, 이들은 TP의 아래 동사와 논항 관계가 없으므로 의미역 할당에 문제가 있는 것 같다. 다음과 같은 화제사구도 같은 예에 해당한다.

(67) <u>**鱼**</u>, 黄鱼最好吃。
　　물고기는 말이지, 조기가 제일 맛있다.

(68) <u>**数学成绩**</u>, 小李是95吗？
　　수학성적은, 샤오리가 95점인가요?

(66)의 수형도에서 보듯, 이런 화제의 경우는 확실히 **보문사구의 외곽**에 부가된 부가어적 성격이 있다. 이런 화제를 소위 '**현수 화제**(dangling Topic)' 혹은 '**중국어식 화제**'라고도 한다.

9.4. 어기사구(ForP)

어기사구는 보문사구의 하나이다. 이에 대해 어기사의 기능과 배열 문제를 중심으로 알아보자.

9.4.1. 어기 기능범주

1) 정의와 기본구의 도출

어기사구에 대해 정의해 보자.

(69) a. 어기사구(ForP)는 보문사(Complementizer)의 한 종류인 어기사(FORCE)를 핵으로 최대투사되는 구이다.
　　b. 어기사 핵은 '的, 了, 呢, 吧, 吗, 啊' 등이 있으며, 문미에서 화자의 심리적 태도나 감정을 나타낸다

어기(语气)는 흔히 **서법(Mood)**으로 번역되는데, 중국어에서 어기사구(ForP)는 언어 행위 혹은 담화와 관련된 **화자의 감정 표현에 중점**을 두므로 영어에서 말하는 서

법(Mood)과는 차이가 있다.[123]

邓思颖(2010:165-166)은 중국어의 어기사(F)를 초점(焦点), 정도(程度), 감정(感情)의 세 종류로 구분한다.[124] 먼저 중국어 어기사구의 도출 위치를 살펴보자.

(70) 어기사구의 통사 위치

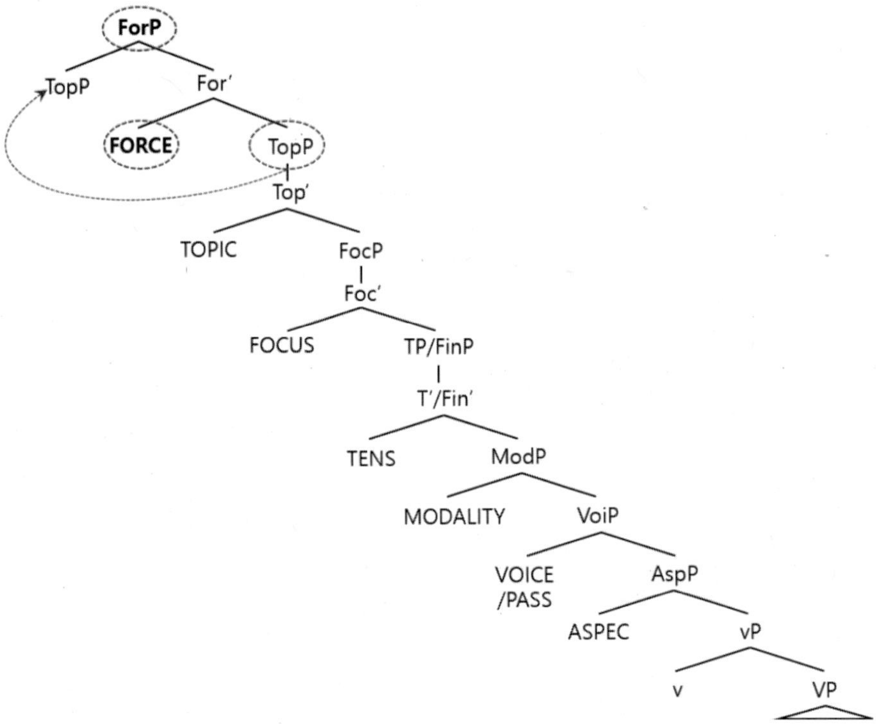

---

123 **서법**은 '앎'이나 '믿음' 등, 사태에 대한 화자의 심리적 태도가 **일정한 문법적 절차에 의해 표시**되는 형태 · 통사 범주이다. 의미범주인 '양태(Modality)'와 대비해서 사용된다. 고영근 · 구본관(2011), 『우리말 문법론』, 562 참고.

124 **서법**은 동사류의 형태적 변화를 통해 나타나는 어형통사적 장치로, 서법은 크게 현실법(realis)와 비현실법(irealis)로 양분된다. 한편, 서법(mood)과 양태(modality)는 용어상 혼동과 이견이 있지만, 양태는 의미적 현상으로, 서법은 문법적 현상으로 본다. **서실법**(fact mood)은 사태를 현실적으로 파악하는 서법의 하나이다. 서실법에는 직설법과 회상법이 있다. **서상법**(thought mood)은 사태에 대한 화자의 추측 내지 추정과 관련되는 양태성이 일정한 문법적 절차를 밟아 표시되는 서법의 하나이다. 영어의 가정법(접속법)이나 조건법이 이에 해당한다. **서의법**(will-mood)은 **의지적 서법**(volitive mood)라고도 한다. 명령법, 청유법, 허락법, 약속법, 경계법과 같이, 화자의 의도를 표현하는 문체법을 말한다. 윤병달(2009), 『언어와 의미』, pp. 414-436 참조.

어기사 핵(FORCE)은 통사 위계상 가장 상위에 놓이어 **문장 전체가 모종의 기능적 힘**을 가지게 만드는 기능을 한다. 현대중국어에서 **상용되는 어기사** '**的, 了, 呢, 吧, 吗, 啊**' 등에 대해 알아보자.

9.4.2. 어기사의 배열

1) 내부 위계

朱德熙(1982)는 어기사에 대해 분포, 즉 공기할 때 준수하는 어순을 근거로 세 종류로 분류한다.

(71) 어기사의 배열순서

[1] 시제와 상을 표현하는 것 : '了$_2$, 呢$_1$, 来着' 등

[2] 의문이나 명령(청유)를 표현하는 것 : '呢$_2$, 吗, 吧$_1$, 吧$_2$' 등

[3] 화자의 태도나 감정을 표현하는 것 : '啊, 呕, 欸, 嘿'와 '呢$_2$, 罢了' 등

어휘의 분포 차원에서 첫 번째 부류가 가장 앞에 나오고, 두 번째 부류가 그 다음에 나오며, 세 번째 부류가 가장 마지막에 나온다.

첫째, [1+2]인 경우

다음 예를 보자.

(72) a. 下雨**了吗**?

비가 왔어요?

b. 你把它吃**了吧$_2$**!

당신이 그걸 먹어버려요!

둘째, [1+3]인 경우

다음 예를 보자.

(73) a. 不早**啦(= 了 + 啊)**!
꽤 늦었어요!
b. 还小呢$_1$嘿!
아직 어린걸요!

'啦'는 **복합 어기사**이다.

셋째, [2+3]인 경우
다음 예를 보자.

(74) a. **啵(= 吧$_2$+呕)**!
갑시다!
b. 好好说**呗(= 吧$_1$+欸)**!
잘 말하면 되죠 뭐!

'啵', '呗'는 복합 어기사이다.

넷째, [1+2+3]인 경우

(75). 已经有了婆家**了呗(= 吧$_1$+欸)**!
이미 시댁이 생긴 걸요 뭐!

黄伯荣 · 廖序东(2007)은 6개의 상용 어기사인 '的, 了, 呢, 吧, 吗, 啊'등의 배열순서를 다음과 같이 3가지로 분류한다.

(76). 상용 어기사의 배열순서
[1] '的'
[2] '了'
[3] '呢, 吧, 吗, 啊'

朱德熙와 다른 점이라면, **黃伯荣 · 廖序东은 '的'도 어기사로 분류**했다는 것이다.[125] 아래의 예문을 살펴보자.

(77) a. 唉! 这一家人真够痛苦**的了**。[1+2]
아이고! 이 집안 사람들은 정말 너무 괴로울 거야.
b. 我不是说一会儿就来陪您**的吗**? [1+3]
내가 조금 있다가 와서 당신을 모시겠다고 말하지 않았던가요?
c. 晦, 我的旧衣裳拆拆改改大概还够穿二十年**的呢**! [1+3]
하하, 내 낡은 옷을 좀 뜯어 고친다면, 아마 20년은 더 입을 수 있겠는걸!
d. 你来看我, 要让学校知道了, 对你会有影响**的啊**! [1+3]
당신이 나를 보러 온 걸 학교가 알게 된다면, 당신에게 영향이 있을 텐데요!

이상에서 보듯, **어기사는 반드시 문미**에 위치한다.[126] 문미라는 위치는 어기사의 판정에 있어 가장 확실한 근거이다. 그러나 문미라는 것 자체가 다소 모호한 개념이기 때문에, '的, 来着, 了' 등이 어기사인지 시제사인지에 관한 이견이 생기게 된 것이다.[127]

2) 어기사의 판별

여기서는 특히 문미에 위치하는 '了'가 어기사인지 상조사인지 판정할 필요가 있다. 여기에는 **관계절화(TP를 관형어로 하여 DP를 만드는 조작) 조작이 유효**하다. 관계절화는 경명사(n)가 TP를 확대하여 얻어지는 결과이다. 그런데 어기사는 TopP를 확대하며, TopP는 TP보다 위계가 더 높다. 우리는 이미 5장 4.3에서 **기저 생성 화제사구는 관계절화가 불가능함**을 살펴본 바 있다. 따라서 화제사구보다 더 상위에서 도출되는 **어기사구도 관계절화가 불가능**하다. 다음 예를 보자.

---

125 胡裕树(1995) 역시 어기사를 3가지 층위로 구분했다. 첫 번째 층위는 '的, 了'이고 두 번째 층위는 '么, 呢, 吧'이며, 세 번째 층위는 '啊'이다.

126 따라서 어기사를 본서 9.3.1에서 살펴본 **화제사**와 혼동하면 안 된다. 화제사와 어기사는 비록 같은 음이나 문자로 실현되더라도 **통사적 위치와 기능이 다르다**. 화제사는 문의 중간, 즉 화제 혹은 차화제의 뒤에 온다. 한편 어기사가 문미에 위치하므로 전통문법학에서는 '어기사'에 해당하는 성분에 대해 '**문미조사**(Setence Final Particle ; SFP, 句末助词)' 혹은 '**어기조사**'라고도 한다.

127 이에 대해서는 邓思颖(2010:34-36, 160-161)와 熊仲儒(2003b:62, 2009: 13-16)를 참조하라.

(78) a. 他吃了饭了。
그는 밥을 먹었다.
*吃了饭**了的**他

b. 他昨天去南京**的**。
그는 어제 남경에 갔다.
*昨天去南京**的的**他

(78)에서 보듯, 어기사가 사용된 문장은 관계절화 할 수 없다. 그러나 상조사구는 시제사구 아래서 도출되므로 관계절화가 가능하다. 다음 예를 보자.

(79) a. 他吃了饭。
그는 밥을 먹었다.

b. **他吃了的**饭
그가 먹은 밥

c. **吃了饭的**他
밥을 먹은 그

문제가 되는 것은 문미에 위치한 '了'이다. 이때 관계절화가 가능하면 역시 상조사구로 본다. 다음 예를 보자.

(80) a-1. 他做完了。
그는 다 끝마쳤다.

a-2. 做完**了的**人可以先走。
다 끝마친 사람은 먼저 가도 된다.

b-1. 苹果红了。
사과가 빨갛게 익었다

b-2. 红**了的**苹果才好吃。
빨갛게 익은 사과여야 맛있다.

예(78)에서 '了'는 관계절에 출현할 수 없으나, 예(80)에서 '了'는 관계절에 출현할 수 있다. 따라서 **관계절화가 불가능한 '了'는 어기사**이고, 그것이 **가능한 '了'는** TP

내부의 상(相) 조사이다.

어기사 배열의 위계를 종합해보자. 熊仲儒(2013:106)은 중국어의 어기사 층위를 다음과 같이 네 가지 층위로 나누고, 그 도출과 위치를 수형도 (82)처럼 그린다.

(81) 어기사 배열의 위계

a. $Mood_1$: 啊, 呕, 欸, 嘿, 呢$_3$, 罢了

b. $Mood_2$: 吗, 呢$_2$, 吧$_1$, 吧$_2$

c. $Mood_3$: 了$_2$, 呢$_1$, 来着

d. $Mood_4$: 的

(82) 어기사의 도출 층위

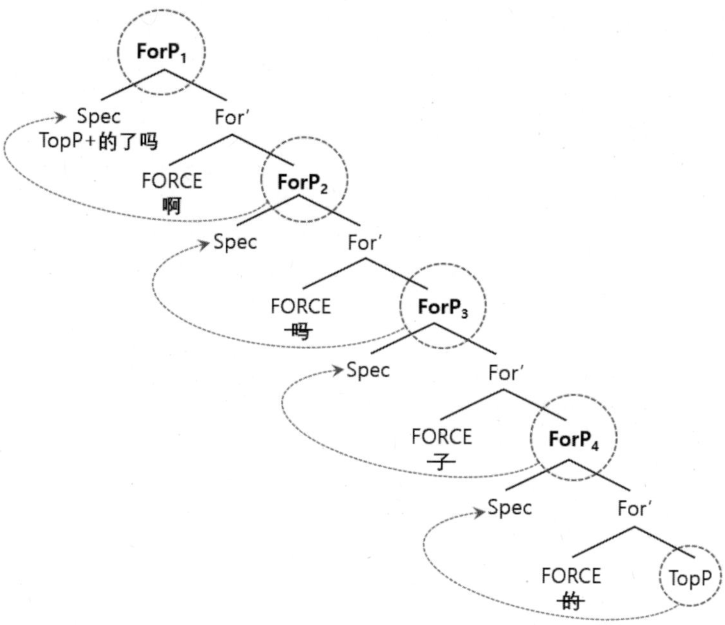

최하 층위의 어기사 '的'가 자신의 보충어인 화제사구(TopP)를 자신의 지정어자리(ForP4-Spec)로 이동시키면, **'화제사구+的'** 구가 생성된다. 이것을 계속하여 상위의 ForP3-Spec 자리로 이동시키면, **'화제사구+的+了'**가 생성되고, 다시 상위의 ForP2-Spec 자리로 이동시키면, **'화제사구+的+了+吗'**가 생성되고, 다시 상위의 ForP1-Spec 자리로 이동시키면, **'화제사구+的+了+吗+啊'**가 생성된다. 따라서 이 어기사들을 위계상 '的$_4$<了$_3$<吗$_2$<啊$_1$'로 표시할 수 있다. 실제적인 예문에서 어기사를 사용해서 화세사구를 확장해 보자.

(83) a. [$_{TopP}$ **那本书**, 他是昨天看______]。
그 책은 그가 어제 보았다.

b. [$_{ForP4}$ [$_{TopP}$ **那本书**, 他是昨天看______] 的$_4$]。
그 책은 그가 어제 본 것이다.

c. [$_{ForP3}$ [$_{ForP4}$ [$_{TopP}$ **那本书**, 他是昨天看______] 的$_4$] 了$_3$]。
그 책은 그가 어제 본 것이다.

d. [$_{ForP2}$ [$_{ForP3}$ [$_{ForP4}$ [$_{TopP}$ **那本书**, 他是昨天看______] 的$_4$] 了$_3$] 吗$_2$]?
그 책은 그가 어제 본 것인가요?

e. [$_{ForP1}$ [$_{ForP2}$ [$_{ForP3}$ [$_{ForP4}$ [$_{TopP}$ **那本书**, 他是昨天看______] 的$_4$] 了$_3$] 吗$_2$] 啊$_1$]?
그 책은 그가 어제 본 것인가요?

이를 수형도로 표시해 보자.

(84) '那本书, 他是昨天看的$_4$了$_3$吗$_2$啊$_1$'의 도출

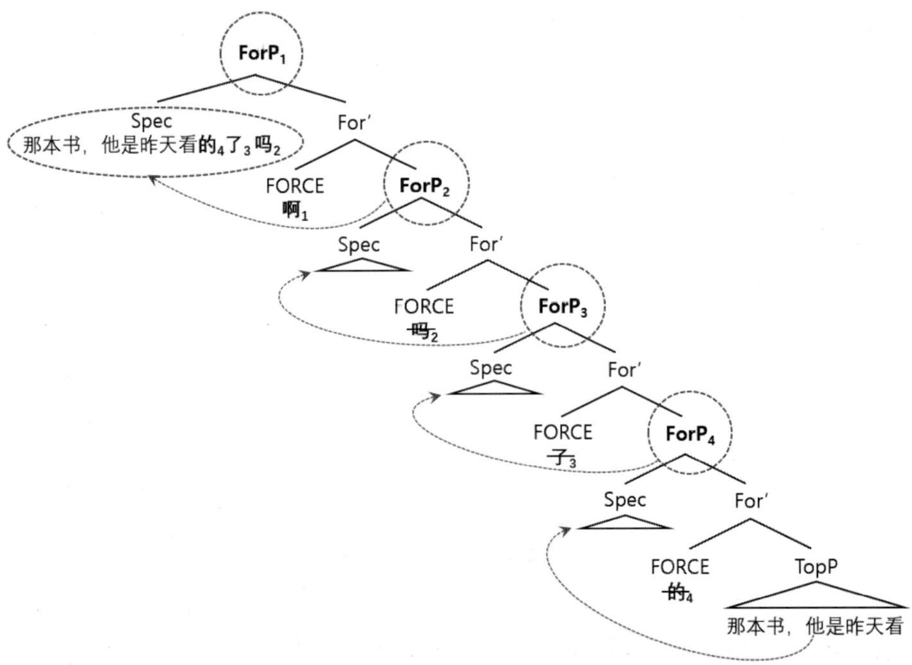

우선 화제사구 '那本书, 他是昨天看'이 어기사 핵 '的'의 지정어 위치로 이동하여 어기사구 '$ForP_4$'를 도출한다. 이에 대해 어기사 핵 '了'가 확장하면, 하위의 어기사구 '$ForP_4$'는 '$ForP_3$-Spec'으로 이동하여 '那本书, 他是昨天看的了'가 도출되고, 다시 어기사 핵 '吗'가 확장하면 '$ForP_3$'은 '$ForP_2$-Spec'으로 이동하여 '那本书, 他是昨天看的了吗'가 도출되고, 이에 대해 어기사 핵 '啊'가 확장하면, '$ForP_2$'는 '$ForP_1$-Spec'으로 **연속적으로 이동**하여 '那本书, 他是昨天看的了吗啊'가 도출된다.

3) 어기사의 어투

현대중국어에서 상용되는 **어기사의 어투 의미**는 다음과 같이 요약할 수 있다.

(85) 어기사의 어투 의미
- a. '的' : 주관적으로 이야기하는 정보가 **기정사실이라고 인정하는 어투**
- b. '了' : 주관적으로 **청자가 알지 못하는 정보를 전달하는 상황**, 혹은 청자가 알고 있더라도 **화자는 청자가 전혀 알지 못하는 정보라고 간주하는 어투**
- c. '吗' : **의문의 어투**
- d. '啊' : 놀라움이나 기쁨 등 모종의 **감정적 어투**

다음 예를 통해 이들 어투에 대해 확인해 보자.

(86) A_1: 我昨天去易买得<u>了</u>。
나는 어제 월마트에 갔었어요.
B_1: 什么时候去**<u>的</u>**?
언제 갔었는데요?
A_2: 上午去**<u>的</u>**。
오전에 갔었어요.
B_2: 和谁一起去**<u>的</u>**?
누구랑 같이 갔던 거예요?
A_3: 和我同屋一起去**<u>的</u>**。
제 룸메이트랑 함께 갔었어요.

B3: 买什么<u>了</u>?
뭘 샀어요?
A4: 买衣服<u>了</u>。
옷을 샀어요.
B4: 给谁买**<u>的</u>**?
누구에게 사준 거예요?
A5: 给孩子买**<u>的</u>**。
아이에게 사줬어요.

A와 B의 대화를 통해, 어기사와 정보와의 관계를 생각해보자. A_1의 '我昨天去易买得了'는 **완전히 새로운 신(未知) 정보**를 말한다. 그러나 '去'와 관련된 내용은 말하는 순간 구(/기지) 정보가 되었다. 그러므로 이후의 대화에서 '去'와 관련된 정보에는 **모두 '的'를 사용**한다. B_3의 '买什么'는 완전히 새로운 신정보이므로 '了'를, 이에 상응하는 대답 A_4역시 신정보이므로 역시 **문미에 '了'를 부가**한다. 이후 '买衣服'는 구정보가 되었으므로, 아래에서 '买'와 관련된 정보는 모두 '的'로 마무리 지었다.

이상에서 보듯, '了'는 **신정보를 전제**로 하고, '的'는 **기지의 정보**에 대해 단언(assertion, 断言)한다. 여기서 주의할 점은 **'的'가 쓰인 문장에도 신정보가 있을 수 있는데**, 이때는 **'是'로 음성 실현된 초점사(FOCUS)를 사용**한다. 다음 예를 보자.

(87) A1: 我昨天去易买得了。
나는 어제 이마트에 갔었어요.
B1: **<u>是</u>**什么时候去**<u>的</u>**?
언제 간 거예요?
A2: **<u>是</u>**上午去**<u>的</u>**。
오전에 갔었죠.
B2: **<u>是</u>**和谁一起去**<u>的</u>**?
누구랑 같이 간거죠?
A3: **<u>是</u>**和我同屋一起去**<u>的</u>**。
제 룸메이트랑 함께 갔죠.
B3: 买什么<u>了</u>?
뭘 샀어요?

A4: 买衣服了。
옷을 샀어요.
B4: **是**给谁买**的**?
누구에게 사준 거죠?
A5: **是**给孩子买**的**。
아이에게 사줬죠.

대화에서 '**是--的**'를 사용한 경우, 그 사이에 있는 정보는 **신정보** 혹은 **초점 정보**(질문을 통해 알고자 하는 정보), 다시 말해 **미지의 정보에 대한 의문점**이다.

10. 부정사구(NegP)

10.1. 부정사 기능범주

1) 부정사 기능범주의 이해

부정사구에 대해 정의해 보자.

(1) a. 부정사구(NegP)는 기능범주사인 부정사(Neg)를 핵으로 하여 최대투사되는 구이다.
b. 부정사 핵의 위치변화는 부정의 범위(scope)를 결정하는 결정적인 요소이다.

현대중국어에서 부정을 나타내는 핵은 '不'와 '没(有)'가 있다. 이들이 보충어를 취하여 최대투사하는 구가 바로 부정사구(NegP)이다.

2) 부정사 '不'와 '没(有)'의 상보성

중국어의 부정사 '不'와 '没(有)'는 술어와의 공기하는 중에 서로 **상보성**을 보인다.

(2) 술어의 의미특징과 부정사의 공기 양상

의미특징	부정사	
	不	沒(有)
[+ 완료성]	-	+
[+ 주관성]	+	-

(+: 사용이 가능함. -: 사용이 불가함)

첫째, '不'와 호응하는 술어특성

'不'는 **일반적으로 [- 완료성]/[+ 주관성] 술어**에 대하여 화자의 '**주관적이고 의지적'인 부정**을 표시한다. 김종호(2012)의 표를 보자.

(3) '不'와 호응하는 술어의 의미특성과 그 예

'不'와 잘 호응하는 술어			예
동태적 특징	의미적 특징	의미 분류	
[- 완료성]	[+주관성]	가치판단	值得, 类似, 大于, 小于, 等于
		심리	应该, 会, 可以, 愿意
…않는다	…않는다 …아니다 …않겠다	관계성	是, 存在, 像, 如
		형용사적 속성	好, 坏, 简单, 复杂

둘째, '沒(有)'와 호응하는 술어특성

'沒有'는 **[+ 완료성]/[- 주관성]을 가지는 술어**에 대해 동작이나 상태가 아직 '**완료(/실현)되지 않음**'을 나타낸다. '不'와 달리 일반적으로 **객관적인 부정**이다.128

128 따라서 **부정사** '沒有'와 잘 호응하는 술어는 의미적으로 객관적 사실을 나타내는 **[+객관성] 술어**이다. 또, '수동(受动)의 의미'를 가지는 동사 및 '소유'의 의미를 나타내는 '有' 등이 잘 호응된다. 객관성 술어는 동태적으로 일순간에 완료(실현)될 수 있는 **[+완료성]** 개념이 많으므로, 두 음절인 경우는 '술어성 형태소+보어성 형태소'로 이루어진 어휘들이 많다.

(4) '没(有)'와 호응하는 술어의 의미특성과 그 예

'没(有)'와 잘 호응하는 술어			술어의 예
동태적 특징	의미적 특징	의미 분류	
[+ 완료성]	[- 주관성]	탄생, 사망, 손실	诞生, 死亡, 失踪, 受伤
		변화, 종점성	变成, 碰见, 接到, 听说
않았다	않았다 못했다	방향성	下降, 沦陷, 转入
		소유, 획득	有, 考取, 得救

이상에서 보듯, 현대중국어에서 '不'와 '没'는 상보적 분포를 보이며 부정사구(NegP)를 만드는 핵이다. 이상의 내용에 근거하여 부정사의 일반적인 용법을 다음과 같이 표로 정리한다.

(5) 부정사의 일반적 용법과 그 예

부정사			예문
不	항상 '不'	판단관계 是	ⓐ 那不是书。
		가능보어의 부정	ⓑ 我记不住那些同学的名字。
			ⓒ 那张画儿挂得很好, **掉不下来**。
	일반적으로 '不'	일상적, 습관적인 동작	ⓓ **从前他不跳舞**。
		미래의 동작	ⓔ 下星期他**不进城**。
		의지나 희망	ⓕ 休息的时候儿我们都唱歌儿, 他**不唱**。
		조동사	ⓖ 你**不应该**去。
		심리/인지동사	ⓗ 因为他不告诉我, 我**不知道**。
		형용사성 술어	ⓘ 这个问题**不简单**。
没(有)	**항상 '没(有)'**	소유관계 有	ⓙ 金老师**没有**中文报。
			ⓚ 他**没有**信心。
	일반적으로 '没(有)'	행위의 비완료 표시	ⓛ 今天他**没有**来。
		결과보어구	ⓜ 我**没有**看懂这个问题, 所以回答得不对。
		동작의 진행	ⓝ 我去找他的时候儿, 他**没有学习**。
		상태의 지속	ⓞ 门**没有**开着, 窗户都**开着呢**。

3) 기본구의 도출

통사부에서 도출되는 **부정사구(NegP)의 통사 위치**를 파악해 보자.

(6) '我不吃饭'의 도출

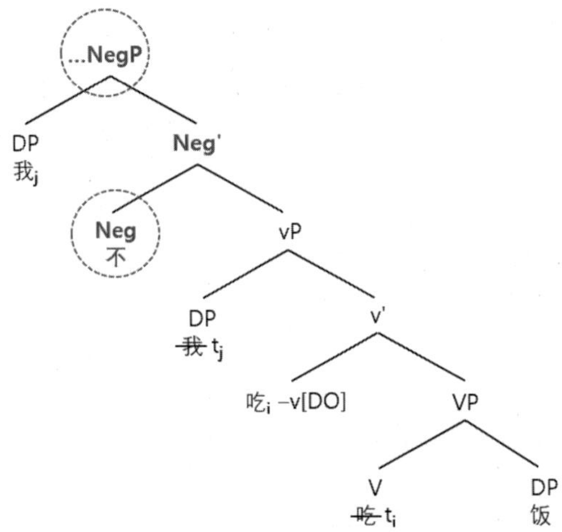

부정사는 일반적으로 **명제에 대해 부정**하므로 일반적으로 **경동사구(vP)의 상위계층**에서 도출된다. 즉, 자신의 보충어인 경동사구에 대해 '부정'의 의미를 부여한다.

10.2. 부정의 강화와 약화

1) 완전부정과 부분부정

첫째, 완전부정

'정도, 범위, 빈도' 등의 부사가 부정사의 앞에 위치하는 다음 예를 보자.

(7) '我一直没生病[완전부정: 그는 줄곧 병을 앓지 않았다]'의 도출

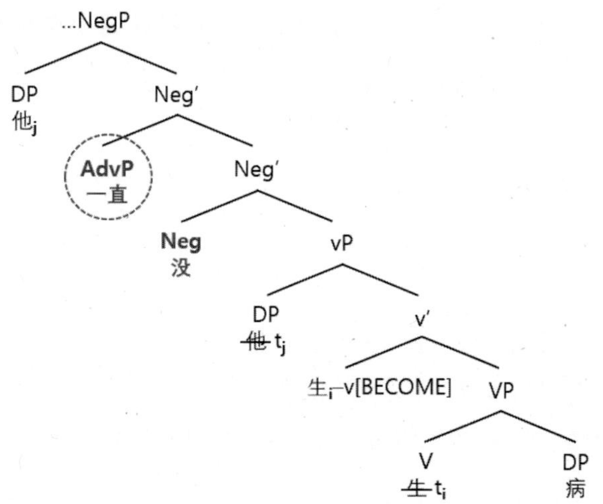

성분통어의 개념을 적용할 때, 상위의 '一直'는 하위의 '没'를 **성분통어**하여, **'부정의 의미에 대해 줄곧 그러함'**을 표시한다. 따라서 이 수식구조는 **완전부정**의 의미이다.

둘째, 부분부정

'정도, 범위, 빈도' 등의 부사가 부정사의 뒤에 위치하는 다음 수형도를 보자.

(8) '我没一直生病[부분부정: 그는 줄곧 병을 앓은 것은 아니다]'의 도출

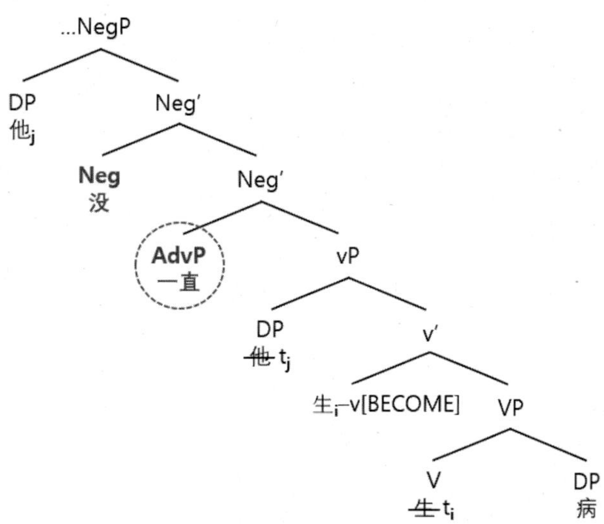

상위의 '没'는 하위의 一直'를 **성분통어**하여, '**완전 긍정명제에 대해 부정**'하므로, **부분부정**의 의미를 표시하게 된다.

결국, '정도, 범위, 빈도'등에 대한 부정의미는 부정(부)사와 해당 부사들 간의 계층적 차이에 의해 완전부정과 부분부정의 의미 차이를 나타낸다. 이 관계를 다음과 같이 표시할 수 있다.

(9) a. 완전부정의 도출 : [X ['不/没' [Y]]]
b. 부분부정의 도출 : ['不/没' [X [Y]]]
***X는 '정도, 범위, 빈도'등을 나타내는 부사어, Y는 술어**

2) 이중부정

이중부정이란 한 문장(CP) 내에 두 개의 '부정'이 출현하여 '**[부정]+[부정]→긍정**'의 의미를 나타내는 형식으로, 그 표현의 목적은 '**긍정의 강화**'에 있다. 다음 수형도를 보자.

(10) '他们不能不工作'의 도출

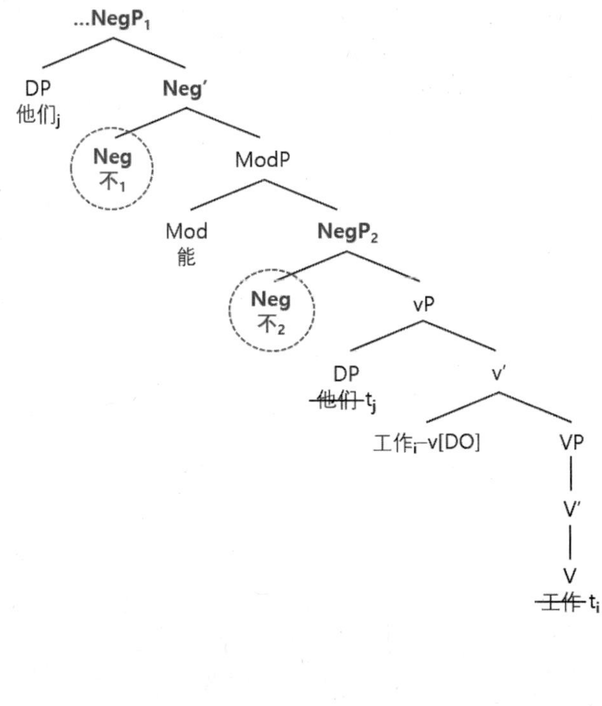

수형도에서 보듯, 이 구조는 'NegP$_1$'과 'NegP$_2$'로 구성된다. 성분통어의 개념을 적용할 때, **핵'不$_1$'은 핵 '不$_2$'를 성분통어한다.**[129] 따라서 '부정의 부정'이 되어 '긍정'의 의미를 표시한다.

이상의 내용을 다음과 같이 요약할 수 있다.

(11) 이중부정과 부정의미의 해석

<table>
<tr><th colspan="4">이중부정과 부정의미 해석</th><th>예문</th></tr>
<tr><td rowspan="3">이중
부정</td><td colspan="3">'不 + V + 不 + VP'</td><td>现在, 他们不能不工作。</td></tr>
<tr><td colspan="3">'非 + V(VP/N/NP/S) + 不可(/行)'</td><td>他非走不可!</td></tr>
<tr><td colspan="3">'没有'와 '不'의 연용</td><td>没有人不休息。</td></tr>
<tr><td rowspan="6">부정의 의미
해석</td><td rowspan="3">완전
부정</td><td rowspan="3">부식성분 + 不 + 중심어</td><td>정도</td><td>我很不高兴。</td></tr>
<tr><td>범위</td><td>我一直没生病。</td></tr>
<tr><td>빈도</td><td>他天天不上班。</td></tr>
<tr><td rowspan="3">부분
부정</td><td rowspan="3">不 + 수식성분 + 중심어</td><td>정도</td><td>我不很高兴。</td></tr>
<tr><td>범위</td><td>我没一直生病。</td></tr>
<tr><td>빈도</td><td>他不天天上班。</td></tr>
</table>

129 성분통어에 대해서는 본서 제4장의 3.1.3을 참고하라.

참고문헌

김종호(2009a), 「『论语』의 'NP,+X+以+VP'구조에 보이는 명사구의 화제화 양상 분석」, 『중국어문학논집』, 55집, 중국어문학연구회.

____(2009b), 「『论语』에 보이는 '以' 전치사구조의 명사구 초점화 양상 분석」, 『중국연구』, 45집, 한국외대 중국연구소.

____(2010), 「『论语』'PR+于+NP' 구조 속의 '于'에 대하여」, 『중국어문학논집』, 60집, 중국어문학연구회.

____(2011), 『현대중국어 화제화 이중명사구문 연구』, 서울, 한국문화사.

____(2011), 『현대중국어 10문형 50구문』, 서울, 한국외국어대학교 출판부.

____(2012[2007]), 『도표로 보는 정통 중국어 문법』, HUIN.

____(2016a), 「목적어를 갖는 두 종류의 현대중국어 방향보어구 도출 해석」, 『중국학연구』, 77집, 중국학연구회.

____(2017), 『공식으로 읽는 논어명구』, HUIN.

____(2018), 『중국어 최소주의 생성문법 13강』, HUIN.

____(2018a), 「'논어' 명구 속 '원인-결과' 사건구조의 이해와 한국어 번역」 『중어중문학』 72집.

____(2018b), 「현대중국어 '很能'의 두 통사 위치 해석」, 『중국언어연구』, 77집, 한국중국언어학회.

____(2019), 「논어 화제구의 해석과 교육(1) - '활동(DO)' 사건의미 표시구의 예를 중심으로」, 『중국연구』, 79집, 한국외대 중국연구소.

____(2019), 『한문 해석 공식 : 촘스키가 논어를 읽는다면』, 한티미디어.

____(2020), 「논이 화제구의 해석과 교육(2)- '원인-변화결과' 사건의미 구의 예를 중심으로 -」, 『중국연구』, 83집, 한국외대 중국연구소.

____(2020), 『AI 시대 기초 한문공부 : 생성문법으로 한문 해석하기』, 한티미디어.

____(2022), 『맹자』 사동 사건의미 구의 생성과 도출 해석, 『중국학연구』, 제100집, 중국학연구회.

____ · 강희명(2017), 「현대중국어 화제의 두 위치 해석」『중국언어연구』 71집, 한국중국언어학회.

____ · 金骏午(2016b), 「论所谓兼语句"S_2"的题元角色」『중국언어연구』 67집, 한국중국언어학회.

____ · 박혁재(2016a), 「현대중국어 술목 离合式 "V+谁的+O"구조의 도출과 해석 –경동사 사건구조를 중심으로-」『중국학보』 77.

____ · 서지영(2020)「현대중국어 비대격 동사 '紅'의 통사적 특징 연구 – 사건의미와 논항구조를 중심으로 – 」『中国学研究』(제91집), 서울, 중국학연구회 .

____ · 이정인(2014a), 「"V得比较句"中"比Y"的移位问题考察」『중국연구(제61권)』, 한국외국어대학교 중국연구소.

____ · 전원홍(2014b), 「與汉语宾语对应的韩语形式研究— 以韩语状语形式为中心 —」『중국문학연구』(제54집), 서울, 한국중문학회.

____ · 한수진(2022), 「중국어 성경 마태복음 '把' 사동구의 후속절 생략 현상 해석」『언어와 언어학(제97권)』, 한국외국어대학교 언어연구소.

____ · 한수진(2023), 『공식으로 한문 텍스트 읽기』, 서울, 한티미디어.

____ · 황후남(2015), 「现代汉语"可程度动词"特征分析」 『중국어문논역총간』(제37집),서울, 중국어문논역학회.

____ · 황후남(2021), 「现代汉语述补结构"洗累了"类与"吃腻了"类比较分析」『중국연구(제87권)』, 한국외국어대학교 중국연구소.

강범모(2018), 『의미론 : 국어, 세계, 마음』, 한국문화사.
顾钢(2001), 「话题和焦点分析」『天津师范大学学报(社会科学版)』, 第1期.
高顺全(2004), 『三个平面的语法研究』, 上海, 学林出版社.
고영근 · 구본관(2018[2011]), 『우리말 문법론』, 집문당.
고희정(2018), 「생성통사이론의 변천과 발전 전망」, 『한국어학』, 한국어학회 Vol.81.
郭锡良(2009)외 저, 이강재 · 김혜영외 역(2016), 『고대중국어』, 도서출판 역락.
郭锡良 · 唐作蕃 · 何九盈 · 蒋绍愚 · 田瑞娟(2009), 『古代汉语』, 商务印书馆.
김광섭(2018), 『최소주의와 최후의 수단』, 서울, 한국문화사.
김랑혜윤(2006[2005]), 「최소주의와 자질」『최소주의의 최근 흐름』, 서울, 한국문화사.
김세미(2009), 『삼항계층분절 이론을 통해 본 현대중국어의 정보구조 연구』, 연세대학교 박사학위논문.
김용석(2011), 『영어구문의 이론과 실제』, 서울, 글로벌콘텐츠.
김용석(2012), 『최소주의 문법 Glossary』, 서울, 글로벌콘텐츠.
김용하 · 최기용 · 이정훈(2018), 『한국어 생성 통사론』, 서울, 역락.
金镇宇(2012[2011]), 『인간의 언어와 뇌 –생물언어학의 전망- 』, 서울, 한국문화사.
金红梅(2017), 『현대중국어 '(NP)很能X' 구문의 양태 연구』, 서울, 연세대학교 대학원 박사학위논문.
남궁양석(2001), 『现代汉语의 语顺 研究』, 고려대학교 박사학위논문.
남궁양석(2008), 『현대중국어 어순의 정보구조와 초점』, 파주, 한국학술정보(주).
남기심 · 이정민 · 이홍배(1992), 『언어학개론』, 서울, 탑출판사.
戴维 · 克里斯特尔 编, 沈家煊译(2004), 『现代语言学词典』, 商务印书馆.
邓思颖(2002), 「经济原则和汉语没有动词的句子」, 『现代外语』 2002年 第1期.
邓思颖(2010), 『形式汉语句法学』, 上海, 上海教育出版社.
邓思颖(2018), 『语法分析』, 香港, 商务印书馆.
黎锦熙(1992[1924]) 『新著国语文法』, 北京, 商务印书馆.
雷莉(2002), 「汉语话题的辖域与层级」『中央民族大学学报(哲学社会科学版)』, 第2期.
雷莉(2002), 「话题与话题的生成」『西南民族学院学报(哲学社会科学版)』, 第1期.
刘丹青(2003), 『语序类型学与介词理论』, 北京, 商务印书馆.
刘丹青 · 徐烈炯(1998), 「焦点与背景, 话题及汉语"连"字句」『中国语文』, 年第4期).
刘炎(2004), 『现代汉语比较范畴』, 上海, 学林出版社.

柳英綠(1999),『朝韩语对比』,延吉, 延边大学出版社.

刘婉(1996),「使动, 意动用法辨析」,『古汉语研究』, 第1期(总第 30期).

刘忠华(2004a),「古代汉语使动用法与意动用法的区别」,『湘潭师范学院学报』, 第26卷 第2期.

刘忠华(2004b),「古代汉语中"为动用法"与使动, 意动用法的区别」,『阴山学刊』, 第17卷 第1期.

陆俭明(2001[1986]),「周遍性主语及其他」『 陆俭明自选集』, 长春, 东北师范大学出版社.

陆俭明(2002),「再谈"吃了他三个苹果"一类结构的性质」『中国语文』 第4期.

陆俭明(2015[2003]),『现代汉语语法研究教程(第四版)』, 北京, 北京大学出版社.

李菲菲 · 谌莉文(2015),「古汉语中使动类轻动词句法语义研究」,『现代语文』, 第 5 期.

李临定(1990),『现代汉语动词』, 北京, 中国社会科学出版社.

李泉(2001),『汉语语法考察与分析』, 北京, 北京语言大学出版社.

马建忠, 吕叔湘 · 王海棻编(1987[1898]),『马氏文通读本』, 上海, 上海教育出版社.

马庆株(2005),『汉语动词和动词性结构(一编)』, 北京, 北京大学出版社.

马庆株主编(2007),『汉语动词和动词性结构(二编)』, 北京, 北京大学出版社.

马真(2015),『简明实用汉语语法教程』, 北京, 北京大学出版社.

莫红霞 · 张学性(2001),「汉语焦点研究概观」『杭州师范学院学报』, 第4期.

满在江(2015),『DP新假说-最简方案框架下的子句论元-』, 北京, 外语教学与研究出版社.

梅广(2015),『上古汉语生语法纲要』, 臺北, 三民书局.

梅广(2015), 박정구 · 백은희 · 조은정역(2020),『고대중국어문법론』, 한국문화사.

박혁재(2021),「현대중국어 방향보어의 粒子語性」, 한국외국어대학교 대학원 박사학위 논문.

박호관(2004),「한국어 이중 주격 구문의 유형과 통사 구조」『우리말글』, 제31집.

白　蓝(2018),「制图理论背景下汉语特指疑问句中话题与焦点的分布」『吉首大学学报(社会科学版)』, 第39卷 第1期.

白水振(2003),「텍스트 결속성과 중국어 문법 교육」『中国语文学论集 第23号』, 서울, 중국어문학연구회.

范开泰 · 张亚军(2000),『现代汉语语法分析』, 上海, 华东师范大学出版社.

范晓(1996),『三个平面的语法观』, 北京, 北京外国语学院出版社.

范晓(2000),『汉语的句子类型』, 上海, 书海出版社.

范晓 · 张豫峰(2003),『语法理论纲要』, 上海, 译文出版社.
傅玉(2011),『最简句法的推导与表征』, 上海,上海交通大学出版社.
傅雨贤 · 刘街生(2002),『现代汉语语法学』, 广州, 中山大学出版社.
谢氷瑩 · 刘正浩 · 李鎏 · 邱燮友编译(1981[1968]),『四书读本』, 三民书局.
徐杰 · 李英哲(1993),「焦点和兩个非线性语法范畴, "否定" "疑问"」,『中国语文』, 第2期.
徐丹(2003),「"使"字句的演变—兼谈"使"字的语法化」,『语法化与语法研究(一)』, 商务印书馆.
徐烈烱 · 刘丹青(1998),『话题的结构与功能』, 上海, 上海教育出版社.
徐世英(1986),「古汉语中的使动, 意动说」,『天津师大学报』, 第1期.
徐烈炯 · 潘海华(2005),『焦点结构和意义的研究』, 北京, 外语教学与研究出版社.
石毓智(2001),「汉语的主语与话题之辨」『语言研究』, 第2期.
石毓智(2004),『现代汉语语法系统的建立—动补结构的产生及其影响』, 北京, 京语言文化
大学出版社.
石毓智(2006),『语法化的动因与机制』, 北京, 北京大学出版社.
石毓智(2008),『认知能力与语言学理论』, 上海, 学林出版社.
石定栩 · 胡建华(2006),「"了2"的句法语义地位」『语法研究和探索(十三)』, 北京, 商务印书馆.
苏婧(2016),『题元结构与轻动词移位的歷时演变』, 香港中文大学博士学位论文.
苏婧 · 冯胜利(2020),「上古汉语旁格述宾式的语法属性与分析」,『语言科学』, 第19卷 第2期.
송경숙(2003),『담화화용론』, 서울, 한국문화사.
宋亚云(2017),「古汉语轻动词研究———以"发""生"为例」,『历史语言学研究』, 1期.
송창선(2009),「이른바 '이중주어구문'에 대한 비판적 고찰」『국어교육연구』, 제45집.
时学伟(2011),「古汉语中使动和意动用法的辨别」, 韶关学院学报, 第5期.
신준호(2007),「Topic-Focus Structure and Quantification of Dou 'all'」『Taiwan Journal
of Linguistics』, Crane Publishing.
신준호(2008),『汉语数量词组(Numeral Phrase in Mandarin Chinese)』, 国立清华大学博
士论文.
신준호(2009a),「'都'의 배분성(Distributivity)과 망라성(Exhaustivity)」『중국학논총』 25.
신준호(2009b),「현대 중국어 比구문에서의 생략 (Ellipsis)」『중국언어연구 』 29.
안연진(2020),「중국어 근원양상 조동사 부정형식의 통시적 고찰」, 한국외국어대학교 대
학원 박사학위논문.
양동휘(2004[2003]),『최소주의 가설』, 서울, 한국문화사.

양동휘(2015), 『신 최소주의 이론: 비결정론』, 서울, 한국문화사.

杨萌萌(2020), 「上古汉语"使 NP VP"是 ECM 结构吗?」, 『当代语言学』, 第22卷, 第2期.

杨伯峻(1982[1972]), 『文言文法』, 中华书局香港分局.

杨伯峻(2018[1960]), 『孟子译注』, 中华书局.

여병창(2007), <3部 经典 중의 '以'字 用法比较研究-≪论语≫, ≪孟子≫, ≪荀子-≫>『중국문학연구(33집)』.

吕叔湘(1974[1942-1944]), 『中国文法要約』, 台北, 文史哲出版社.

吕叔湘(1986), 「汉语句法的灵活性」, 北京, 中国语文第1期(总第190期).

吴中伟(2004), 『现代汉语句子的主题研究』, 北京, 北京大学出版社.

王力(1956), 「主语的定义及其在汉语中的应用」『汉语的主宾语问题』, 北京, 中华书局.

王力(1980), 『汉语史稿』, 北京, 中华书局.

王力(1984), 『王力文集 第一卷』, 济南, 山东教育出版社.

王力(1985), 『 王力文集 第二卷』, 济南, 山东教育出版社.

王力(1996), 『汉语史稿』, 中华书局.

王广成(2013), 『汉语无定名词短语的语义和句法』, 北京, 北京大学出版社.

熊仲儒(2002), 「存现句与格理论的发展」『现代外语』, 第1期.

熊仲儒(2004), 『现代汉语中的致使句式』, 合肥: 安徽大学出版社.

熊仲儒(2005), 「以"的"为核心的DP结构」『当代语言学』, 第2期.

熊仲儒(2009), 「再论"来着"」『汉语学习』, 第3期.

熊仲儒(2013), 『当代语法学教程』, 北京大学出版社.

熊仲儒(2017), 「连字句的制图分析」『现代外语』, 第40卷 第4期.

原口庄辅 · 中村 捷(1992),강명윤 역(1998), 『촘스키 언어학 사전(Kenkyusha's Dictionary of Theoretical Linguistics) 』, 서울, 한신문화사.

袁毓林(1996), 「话题化及相关的语法过程」『中国语文』, 第4期.

유교경전번역총서 편찬위원회(2006), 『맹자』, 성균관대학교 출판부.

劉顺(2003), 「现代汉语语用平面的焦点表达」『南京林业大学学报』.

劉鑫民(1995), 「焦点, 焦点的分布和焦点化」『寧夏大学学报』第1期.

윤병달(2009), 『언어와 의미-문법현상에 대한 해석과 설명-』, 서울, 동인.

尹翡翠(2016), 「 韩汉敬语形式对比研究」, 吉林大学博士论文.

이선우(2005), 촘스키의 이해 I 』, 서울, 한국문화사.

이성하(1998), 『문법화의 이해』, 서울, 한국문화사.

이슬기(2015), 「现代汉语系词类动词的省略研究」, 北京大学博士论文.

이정모 · 김문수 · 김영진 · 이재호 외(1999), 『인지심리학』, 서울, 학지사.

이정민 · 배영남(1990), 『언어학사전』, 서울, 박영사.

이정인(2019), 「현대중국어 방향표지구문 연구」, 한국외국어대학교 대학원 박사학위논문.

이지현(2005), 「현대중국어 被구문의 통사구조 연구」, 연세대학교 대학원 박사학위논문.

이지현 · 이창호(2017), 「현대 중국어 배치/창조 의미 존재 동사 NP 목적어의 한정성 비교 분석」『중국언어연구』 69.

李臻仪(2000), 「国语中主题名词组之语义研究」『第六届世界华语教学研讨会』, 台北, 世界华文出版社.

이창호(2003), 「현대중국어 동사의 보충어에 대한 재고」『중국학보』 47.

이창호 · 이지현(2016), 「현대 중국어 명사구 내부 구성 성분에 대한 소고」『중국어문논총』 77.

이홍배 · 양동휘 · 김용석 · 임영재(1991), 『지배-결속이론의 기초』, 한신문화사.

人民教育出版社(1981), 『中学教学语法系统提要(试用)』, 北京, 人民教育出版社.

张家文(2001), 「古汉语介词"以"支配成分的移位和省略」『古汉语研究』 4期(总53期).

张拱贵(1986),『中学教学语法系统提要 』, 北京, 语文出版社.

张伯江 · 方梅(2001[1996]), 『汉语功能语法研究』, 南昌, 江西教育出版社.

张斌(2005), 『现代汉语语法十讲』, 上海, 復旦大学出版社.

张斌主编, 范开泰 · 张亚军(2000), 『现代汉语语法分析』, 上海, 华东师范大出版社.

张斌主编, 陈昌来(2000), 『现代汉语句子』, 上海, 华东师范大出版社.

张志恒(2013), 「从制图理论探索汉语话题与焦点的分布」『现代外语』, 第36卷 第1期.

张志华(2010), 「古汉语使动用法的语义类型及语义指向」, 『湖北社会科学』, 3期.

장흥석(2008), 「현대 중국어 재귀대명사 '自己'」『중국어문논총』 39.

장흥석(2011), 「현대 중국어 비전형 목적어문 연구」『중국언어연구』 36.

장흥석(2013), 「현대 중국어 부가어 연구」『중국어문학논집』 81.

宁春岩(2011), 『什么是生成语法』,上海, 上海外语教育出版社.

宁春岩(2011)저, ____ · 조일신 · 황후남 · 전원홍 · 이정인 · 손지윤 · 강희명 · 박비채윤 · 권혜리 · 한춘희 역(2015), 『생성문법이란 무엇인가』, 한국문화사.

전영철(2013), 『한국어 명사구의 의미론 - 한정성/특정성, 총칭성, 복수성』, 서울대학교

규장각한국학연구원.
정태구(2001),『논항구조와 영어통사론(Argument Structure and English Syntax)』, 서울: 한국문화사.
曹逢甫(1979[1995],『A FUNCTIONAL STUDY OF TOPIC IN CHINESE(主题在汉语中的功能研究)』, 台北, 学生书局.
曹逢甫(1995[1979]),『A FUNCTIONAL STUDY OF TOPIC IN CHINESE』, 台北, 学生书局.
조성식 외(1990),『英语学辞典』, 서울, 신아사.
조숙환 외(2000),『인간은 어떻게 언어를 습득하는가』, 대우학술총서 482, 서울, 아카넷.
赵元任(1968), 吕叔湘译(1981),『A GRAMMAR OF SPOKEN CHINESE』, 台北, 敦煌书局.
赵元任(1979),『汉语口语语法』, 北京, 商务印书馆.
朱德熙(1961/1999),「"加以"和"进行"」『朱德熙选集 4』, 北京, 商务印书馆.
朱德熙(1982),『语法讲义』, 北京, 商务印书馆.
朱德熙(1986),「现代书面汉语里的虚化动词和名动词」,『语法丛稿』, 上海教育出版社.
中国社会科学院语言研究所词典编纂室(2017[1956]),『现代汉语词典(7)』, 北京, 商务印书馆.
陈阿宝 · 吴中伟(2002),『现代汉语概论』, 北京, 语言文化大学出版社.
陈俊光(2007),『对比分析与教学应用』, 台北, 文鹤出版有限公司.
陈昌来(2003),『现代汉语语义平面问题研究』, 上海, 学林出版社.
陈平(1994),「试论汉语中三种句子成分与语义成分的配位塬则」『中国语文』, 北京, 第3期 · 总240期.
秦華鎭(2014),「현대중국어 빈어수반 형용사술어문의 타동성 연구」, 연세대학교 대학원 박사학위논문.
蔡维天(2007),「重温"为什么问怎么样, 怎么样问为什么"」『中国语文』, 第3期.
蔡维天(2010),「谈汉语模态词的分布与诠释之对应关系」『中国语文』第3期(总第336期).
蔡维天(2015),『从微观到宏观 – 汉语语法的生成视野』, 北京, 商务印书馆.
蔡维天(2016),「论汉语内, 外轻动词的分布与诠释」『语言科学』, 第15卷 第4期(总第83期).
蔡维天(2016)저, ____ · 강희명 · 황후남 역(2020),「중국어 내부 · 외부경동사의 분포와 의미 해석」,『중국연구』, 84권, 한국외대 중국연구소.
蔡维天(2017),「及物化, 施用结构与轻动词分析」Contemporary Research in Modern Chinese No. 19.
蔡维天(2017)저, ____ · 강희명 · 전원홍 역(2021),「타동화 및 응용격 구문과 경동사 분석

(공역)」, 『중국어문논역총간』, 48집, 중국어문논역학회.
崔健(2002), 『韩汉范畴表达对比』, 北京, 中国大百科全书出版社.
최기용 편저(2006[2005]), 『최소주의의 최근 흐름: Chomsky(1995) 이후』, 서울, 한국문화사.
최기용(2010[2009]), 『한국어 격과 조사의 생성통사론』, 서울, 한국문화사.
沈家煊(1999), 『不对称与标记论』, 南昌, 江西教育出版社.
沈家煊(2006), 『认知与汉语语法研究』, 北京, 商务印书馆.
沈阳 · 黄新骏蓉(2017), 「现代汉语的新型使动结构和意动结构」, 『阅江学刊』第4期.
汤廷池(1979), 『国语变形语法研究』, 台北, 臺湾学生书局.
汤廷池(1992), 『汉语词法句法四集』, 台北, 臺湾学生书局.
汤廷池(1994), 『汉语词法句法五集』, 台北, 臺湾学生书局.
汤廷池 · 郑良伟 · 李英哲编(1983), 『汉语句法 · 语义学論集』, 台北, 学生书局.
汤廷池저, 박종한 역(1990), 『中国语变形生成文法』, 서울, 학고방.
冯胜利(2005), 「轻动词移位与古今汉语的动宾关係」, 『语言科学』, 第4卷 第1期(总第14期).
冯胜利(2014), 「从古人误读看上古汉语的轻动词句法」, 『历史语言学研究』, 第八辑, 商务印书馆.
冯胜利(2016), 『汉语历时句法学论稿』, 上海, 上海教育出"†社.
何元建(2007), 『生成语言学背景下的汉语语法及翻译研究』, 北京, 北京大学出版社.
何元建(2011), 『现代汉语生成语法』, 北京, 北京大学出版社.
한수진(2019), 『《논어》 '원인-변화결과' 사건의미 구 연구 : 경동사구의 도출과 해석을 중심으로』, 한국외국어대학교 대학원 중어중문학과 석사학위논문.
玄玥(2002), 「焦点问题研究综述」, 『汉语学习』, 延吉, 第4期.
胡裕树(1995), 「试论句子类型的研究」, 『汉语学习》』 ,1995年 第5期.
黄伯荣·廖序东(2011[1991]), 『现代汉语』, 北京, 高等教育出版社.
黄正德(2007), 「汉语动词的题元结构与其句法表现」 『语言科学』, 第6卷 第4期.
黄正德 · 李艳惠 · 李亚非着, 张和友译(2013), 『汉语句法学』, 世界图书出版公司北京公司.
黄后男(2013), 「현대중국어 'V_1+V_2'식 수식구조 연구」, 한국외국어대학교 대학원 박사학위논문.

Andrew Radford저, 안동환역(2012), 『영어 문장 분석 : 최소주의 접근』, 한국문화사.

Andrew Radford저, 이홍배 역(2019), 『(최소주의) 통사이론과 영어)』, 한신문화사.

Angela D. Friederici, Noam Chomsky, Robert C. Berwick, Andrea Moro & Johan J. Bolhuis(2017), Language, mind and brain. Nature Human Behaviour VOL1 pp713-722 www.nature.com/nathumbehav.

Bertrand Russell(1997[1912]), The Problems of Philosophy, Oxford University Press..

C.-T. James Huang, Y.-H. Audrey Li, Yafei Li(2009), The Syntax of Chinese. Cambridge. Cambridge University Press.

Chafe, Wallace L.(1976), 『'Giveness, Contrastiveness, Definiteness, Subject, Topics, and Point of View' in C. Li, ed, Subject and Topic』(New York: Academic Press).

Chomsky N. (1995), The Minimalist Program. Cambridge: MIT Press.

Chomsky(2008), On the Phases. In Robert Feidin, C.P.Otero & Zubizarreta(eds.) Foundational issues in linguistic theory. Cambridge, MA: MIT Press.

Chomsky, N. (1965) Aspects of the Theory of Syntax, MIT Press, Cambridge, Mass.

Chomsky, N. (1972) Language and Mind (enlarged edition), Harcourt Brace Jovanovich, New.

Chomsky, N. (1981) Lectures on Government and Binding, Foris, Dordrecht.

Chomsky, N. (1986) Knowledge of Language: its Nature, Origin and Use, Praeger, NewYork.

Chomsky, N. (1995) The Minimalist Program, MIT Press, Cambridge, Mass.

Chomsky, N. (1998) Minimalist Inquiries: the Framework, MIT Occasional Papers in Linguisᄹtics, no. 15 (also published in R. Martin, D. Michaels and J. Uriagereka (eds.) (2000).

Chomsky, N. (2001) 'Beyond Explanatory Adequacy', unpublished manuscript, MIT.

Chomsky, N. (2002) On Nature and Language, Cambridge University Press, Cambridge.

Chomsky, Noam(1957), Syntactic Structures. The Hague: Mouton.

Chomsky, Noam(2000), Minimalist inquiries: The frame work. Cambridge: MIT Press.

Chu, Chauncy Cheng-hsi(1998), 『A discourse grammar of Mandarin Chinese』, Berkeley models of grammar ; Vol.6, (New York: Peter Lang publishing, Inc.

Curtiss, S. R.(1988). Abnormal language acquisition and the modularity of language. In F.

J. Newmeyer (Ed.), Linguistics: The Cambridge survey, Vol. 2. Linguistic theory: Extensions and implications (p. 96–116). Cambridge University Press.

David McNeill(1966), The Acquisition of Language: The Study of Developmental Psycholinguistics.

Ellen Woolford(2006), Lexical Case, Inherent Case, and Argument Structure. Linguistic Inquiry 37.

Eva Hajicova 등 지음, 고석주 옮김, 『화제초점, 삼분구조, 의미내용』, 도서출판 월인, 2002.

Feng, Sheng li(2003), Light verb syntax in classical Chinese. Paper presented in the Conference on Research and Pedagogy in Classical Chinese and Chinese language History. Columbia University, New York.

Firbas, J. (1965), A note on transition proper in functional sentence analysis, Philologica Pragensia Keenan, Edward L.(1976a) "Toward a Universal Definition of 'Subject'." in C. Li. ed., Subject and Topic, Academic Press, New York.

FRANCESCA DEL GOBBO(2014), Classifiers, The Handbook of Chinese Linguistics, Edited by C.-T. James Huang, Y.-H. Andrey Li and Andrew SimPson. WILEY Blackwell.

George Yule, 노진서 · 고현아 역(2009), 『율이 들려주는 언어학 강의』, 케임브리지(주).

Giuseppe Longobardi(1994), A Theory of N-Movement in Syntax and Logical Form. Linguistic Inquiry, Vol. 25, No. 4.

Grimshaw, J. (1990). Argument structure. The MIT Press.

Gunter Radden · Rene Driven 공저, 임지룡 · 윤희수 공역(2009), 『인지 문법론』, 박이정.

Hale & Keyser(1993), On argument structure and the lexical expression of syntactic relations. The View from the Building 20: Essays in Linguistics in Honour of Sylvain Bromberger. University of Arizona Library Document Delivery.

Hoctett(霍凯特)著, 索振羽 · 叶蜚声译(1986), 『现代语言学教程』, 北京, 北京大学出版社.

Huang, C. -T. James(1993), Reconstruction and the structure of VP: some.

Huang, C.-T. James(1982), Logical relations in Chinese and the theory of grammar. Doctoral dissertation. MIT.

Huang, C.-T. James(1984), On the distribution and reference of empty pronouns. Linguistics Inquiry 15. Reprinted in C. -T.

Huang, C.-T. James(1987), Remarks on empty categories in Chinese. Linguistic Inquiry

18.

Huang, C.-T. James(1989), Pro-drop in Chinese: a generalized control theory. In Osvaldo Jaeggli, and Kenneth J. Safir, eds. , The Null Subject Parameter, Dordrecht: Kluwer Academic Publishers.

Huang, C.-T. James(1997), Lexical structure and syntactic projection. Journal of Chinese Languages and Linguistics 3.

James Huang(2010), Between Syntax and Semantics, New York and London: Routledge. Journal of Chinese Linguistics Monograph Series, No. 14.

Kayne. R. (1994), The antisymmetry of syntax. MIT Press. Cambridge, Mass.

Knud Lambrecht 지음/ 고석주, 김현강 등 옮김, 『정보 구조와 문장 형식』, 도서출판 월인, 2003.

Li & Sandra A, Thompson(1981), 『Mandarin Chinese A Functional Reference Grammar』, University of California Press.

Li & Thompson(1976), 「Subject and topic」, A new typology of language.

Li, Y.-H. Audrey(1999), Plurarity in a Classifier Language. Journal of East Asian Linguistics 8.

Lingzhong Fan, Hai Li, Junjie Zhuo, Yu Zhang, Jiaojian Wang, Liangfu Chen, Zhengyi Yang, Congying Chu, Sangma Xie, Angela R. Laird, Peter T. Fox, Simon B. Eickhoff, Chunshui Yu, Tianzi Jiang(2016), The Human Brainnetome Atlas; A New Brain Atlas Based on Connectional Architecture. Cerebral Cortex (Oxford University Press)-Vol. 26, Iss: 8.

LISA L.-S. CHENG AND RINT SYBESMA(2014), The Syntactic Structure of Noun Phrases. The Handbook of Chinese Linguistics, Edited by C.-T. James Huang, Y.-H. Andrey Li and Andrew SimPson. WILEY Blackwell.

Mingliang Hu(1993), 「DEFINITENESS AND WORD ODER IN MANDARIN CHINESE」『JCLTA. VoumeXXVIII, No.2』.

Naoki Fukui, Yuji Takano(1998), Symmetry in Syntax: Merge and Demerge. Journal of East Asian Linguistics, Vol. 7, No. 1.

Noam Chomsky(1995), 박명관 · 장영준역(2001), 『최소주의 언어이론』, 서울, 한국문화사

Norbert Hornstein(2009), A Theory of Syntax, Minimal Operations and Universal

Grammar. Cambridge University Press.

Palmer F.r(2001[1986]), Mood and Modality (second edition)[M]. Cambridge: Cambridge University Press.

Pan, Haihua and Jianhua Hu(2002), Licensing dangling topics in Chinese. Paper Presented at the 2002 LSA Annual Meeting in San Francisco, CA, USA.

Paul, W.(2005), Low IP and left periphery in Mandarin Chinese. Recherches Linguistiques de Vincennes 33.

Radford, Andrew(2012[2004]), Minimalist Syntax: Exploring the structure of English. Cambridge. Cambridge University Press, 5th edn.

Richard K. Larson(1988), On the Double Object Construction. Linguistic Inquiry, Vol. 19, No. 3.

Rizzi, Luigi(1997), The Fine Structure of the Left Periphery. Elements of Grammar: A Handbook of Generative Syntax. Ed. Liliane Haegeman. Dordrecht: Kluwer.

Rizzi, Luigi(2004), Locality and Left Periphery. In A Belletti(ed), Structure and beyond: The cartography of syntactic structure 3. New York: OUP.

Ross, John Robert(1972, 1973), 'Nouniness.', Reprinted in Aarts, Bas, David Denison, Evelien Keizer, and Gergana Popova (eds.). Fuzzy Grammar. Oxford University Press.

Sadler & Arnold(1993), Prenominal adjectives and the phrasal/lexical distinction. Journal of Linguistics 30.

Shi, Dingxu(2000), Topic and topic-comment constructions in Mandarin Chinese. Language 76.2.

So-Young Kim(2006), Topics and Null arguments in Korean: the syntax and discourse.

Steven Paul Abney(1987), The English Noun Phrase in Its Sentential Aspect, MIT Linguistics Dissertations.

T.-H. JONAH LIN(2014), Light Verbs, The Handbook of Chinese Linguistics, Edited by C.-T. James Huang, Y.-H. Andrey Li and Andrew SimPson. WILEY Blackwell.

Takano, Yuji(1996). Movement and parametric variation in syntax. DISSERTATION DOCTOR OF PHILOSOPHY, University of California, Irvine.

Tang, Chih-Chen Jane(1990), Definiteness Argreement and the Chinese DP. Language and Linguistics 2.

Tang, Chih-Chen Jane(1990), Chinese phrase structure and the extended X'-theory. Ph.D. Dissertation Cornell University.

Tang, Sze-Wing(1998), Parametrization of features in syntax. Doctoral dissertation, University of California, Irvine.

Tang, Sze-Wing(2006), A minimalist view on the syntax of BECOME. In Changguk Yim, ed., Minimalist Views on Language Design, Seoul: Hankook Publishing Company/ The Korean Generative Grammar Circle.

Tang, Ting-chi(汤廷池)(1977), Studies in Transformational Grammar of Chinese, Vol.1: Movement Transformation(中文版), 台北, 学生书局.

Tsai, Wei-tien Dylan(1994), On economizing the theory of A-bar dependencies. Doctoral dissertation, MIT.

Tzong-Hong Lin(2001), Light Verb Syntax and the Theory of Phrase Structure. DISSERTATION DOCTOR OF PHILOSOPHY, University of California, Irvine.

Victoria Fromkin 외 저(1974, 제9판), 谢富惠 외 역(2011[1999]), 『An Introduction to Language (语言学新引)』, CENGAGE Learning, 台北, 文鹤出版有限公司.

Wei-Tien Dylan Tsai(2015) The Cartography of Chinese Syntax. The Cartography of Syntactic Structures. Volume Ⅱ.

Wu Guo(1998), 『INFORMATIONAL STRUCTURE IN MANDARIN CHINESE』Beijing: Peking University Press.

YEN-HUI AUDREY LI AND TING-CH WEI(2014), Ellipsis, The Handbook of Chinese Linguistics, Edited by C.-T. James Huang, Y.-H. Andrey Li and Andrew SimPson. WILEY Blackwell.

Zang-Hee Cho, Nambeom Kim, Sungbong Bae, Je-geun Chi, Chan-woong Park, Seiji Ogawa(2014), Neural Substrates of Hanja(Logogram) and Hangul(Phonogram) Character Readings by Functional Magnetic Resonance Imaging, J Korean Med Sci, 2014 Oct; 29(10).

Zang-Hee Cho, Sun-Ha Pack, Young-Bo Kim, Taigyoun Cho, Hyejin Jeong, Haigun Lee (2022), Human Cognition and Language Processing with Neural-Lexicon Hypothesis, arXiv:2210.12960v1 [q-bio.NC] 24 Oct.

찾아보기

A

B

C

D

E

F

G

H

I

K

L

R

S

T

U

ㄹ

ㅁ

ㅂ

ㅅ

ㅇ

ㅎ

현대중국어최소주의 생성문법

현대중국어최소주의 생성문법